永州市地方志丛书

永州市公安志

（1993—2015）

永州市公安志编纂委员会　编

方志出版社
Publishing House of Local Records

图书在版编目（CIP）数据

永州市公安志：1993—2015/永州市公安志编纂委员会编．—北京：方志出版社，2018.10

ISBN 978-7-5144-3315-9

Ⅰ.①永… Ⅱ.①永… Ⅲ.①公安工作—概况—永州—1995-2015 Ⅳ.①D631

中国版本图书馆 CIP 数据核字（2018）第 224371 号

永州市公安志（1993—2015）

编　　者： 永州市公安志编纂委员会
责任编辑： 陈　效

出 版 人： 冀祥德
出 版 者： 方志出版社
地址　北京市朝阳区潘家园东里 9 号（国家方志馆 4 层）
邮编　100021
网址　http：//www.fzph.org
发　　行： 方志出版社图书经销中心
电话（010）67110500
经　　销： 各地新华书店
印　　刷： 衡阳顺地印务有限公司

开　　本： 889×1194　1/16
印　　张： 41.25
字　　数： 715 千
版　　次： 2018 年 10 月第 1 版　2018 年 10 月第 1 次印刷
印　　数： 0001～3000 册

ISBN 978-7-5144-3315-9　　**定价：** 600.00 元

《永州市公安志（1993—2015）》编纂委员会

主　任：刘新良

副主任：龙　刚　沈林松　郑　勇　秦建彪　周礼功
张　珞　雷顺华　段周权　王亚春　何永清
周备战

成　员（排名不分先后）

毛先奇　沈淑君　谭海洋　何　彬　唐红林
田辉胜　罗功军　夏卫武　刘健武　王国宣
蒋汉中　冯徐生　朱峻波　何军湘　蔡明光
蒋纯铁　屈建华　钟向华　龙海军　叶栋贤
聂红海　陈竹青　杨运吉　唐兴宇　李一红
唐伍星　李建华　郑亚军　陈　卫　郑　航
王小会　秦学君　陈志标　宋志雄　罗　轩
陈云生　李良刚　陈毅强　周　平　蒋云华
王亚珉

《永州市公安志（1993—2015）》
编纂委员会办公室

主　　　任：张　珞
常务副主任：王丽波
副　主　任：郭金原
成　　　员：黎　夏　何日华　黄和平

《永州市公安志（1993—2015）》编辑部

主　　　编：王丽波
副　主　编：郭金原
编　　　辑：黎　夏　何日华　黄和平

《永州市公安志（1993—2015）》审稿人员

蒋政平　李俊江　高　波

承修单位主笔

（排名不分先后）

冯　兵	赵贵权	周宇斓	熊　明	黄忆德	黄和平
邹智君	蒋志勇	刘文辉	郑晓旭	王　勇	李浩清
唐建金	王谋勋	黄　昆	周　伟	周艳萍	唐建国
冯荣晖	夏卫武	黄辉庆	李际运	李三元	吴晓春
蒋天威	张晓战	何　涛	倪康阮	李建华	王应华
刘少波	唐孟平	邹声延	王东波	毛先奇	蔡德明
卿春晖	唐金波	唐岳华	李俊贤	魏任沛	吴东泽
蒋先兰	屈松林	唐永恒	魏晓冬	何祉萱	王　威
唐红林	刘阳华	陈武明	唐波明	张来清	邓建军
申　勇	杜宏槐	唐延文	王志文	黄莉莎	唐　敏
顾宇阳	郭金原				

资料员

（排名不分先后）

彭红万	曾宪杰	杨　柳	肖友旭	唐　湘	刘晓梅
马　彪	李　敏	伍　鑫	蒋　欣	黄　昆	陈小莉
伍湘林	罗绍娇	陈保国	贺丽娟	唐东波	文　明
唐满国	周丽娜	何　粲	吕名栋	王　劲	李亚慈
王　辉	李　桐	彭　波	陈朝明	罗林芊	张建成

序

“治天下者以史为鉴，治郡国者以志为鉴”。史志是历史的忠实记录，为当代人和后来者存留史实、标立典范、提供警示，此史之镜鉴也。盛世修志，是中华民族的优秀文化传统，《永州市志》编修是市委、市政府的一项重大决策，是锦绣潇湘一大文化盛事。《永州市公安志》是《永州市志》的组成部分，是总结永州公安工作规律、传承警察文化、服务现实斗争的重大公安文化工程，也是展示永州公安良好形象的重要阵地。永州市公安局肩负起编修公安志这一义不容辞的历史使命，高度重视、精心谋划、高效运作、攻坚克难、快速推进，经过 2 年多时间的奋力拼搏，又好又快地完成了公安志的编纂工作。在此，我谨对给予本志编纂工作大力支持和帮助的市史志办专家和公安系统老领导、老同志以及为本志编纂付出艰辛劳动的全体工作人员表示衷心感谢！

《永州市公安志（1993—2015）》承接前部《零陵地区公安志》，坚持辩证唯物主义和历史唯物主义的立场、观点和方法，遵循依法修志、实事求是的原则，完整、系统、客观记述永州公安 23 年的发展历史和辉煌业绩，科学总结永州公安的成功经验，洋洋数十万字，浓墨重彩地再现了改革开放以来永州公安事业日新月异的发展轨迹和丰硕成果，浓缩了一代又一代永州公安人前仆后继、英勇奋战、保护人民、服务全市经济社会发展的生动实践。

纵观永州公安这二十几年，是伴随着改革开放进程长足发展、跨越发展的历史时期，一代又一代永州公安人筚路蓝缕、艰辛打拼，为永州公安创造了成功样本，树立了不朽丰碑，书写了火热传奇，老一辈公安人永远值得我们敬重和仰视，我们永远不能忘记，永远不会忘记。在新的历史条件下，我们一定要把老一辈公安人的优良传统坚持好、传承好、发扬好。我们要依托永州公安历届党委班子打下的坚实基础，锻造的优良警风，与广大公安民警做好长期团结奋斗、艰辛打拼的思想准备，激情继续永州公安薪火相传、驰而不息的接力赛。

2015 年以来，我们忠实践行省公安厅治安治警新方略和市委、市政府“四个三”“六大战役”战略布局，按照“不抓打击会误事，必须坚持打击开路；不抓基础会惹事，必须坚持防范为本；不抓法治会坏事，必须坚持严格执法；不抓队伍会出事，必须坚持铁腕治警”的治安治警思路，勇于挑最重的担子，敢于啃最硬的骨头，大力加强政治建警，全力推进严打整治斗争，着力夯实基层基础，不断深化警务机制改革，深入实施大数据警务战略，有力推动全市公安工作全领域、全流程转型升级，全市公安工作和队伍建设高开高起、风生水起、高潮迭起，全面开花、全线飘红，把更多不可能的事变成可能的事，把更多不擅长的事变成擅长的事，把更多偶然的事变成必然的事。最令人兴奋的是，公安民调逐年攀升，2015 年排名全省第三，2016 年排名全省第二，2017 年排名全省第一。2017 年，省公安厅对全省市（州）公安局 3 个全局性、综合性考核，永州均排名全省第一，即公安民调排名全省第一、绩效评估排名全省第一、党廉考核排名全省第一。绩效评估连续 5 年被省公安厅评为优秀单位，党廉考核连续 8 年被省公安厅评为先进单位。永州市公安局被省综治委评为 2017 年度全省十大平安创建示范单位，系全省公安机关唯一获此殊荣的单位。市公安局被省人社厅、省公安厅评为 2012—2017 年“全省优秀公安局”。永州市公安局是全省公安局长会议上唯一连续两年（2016 年、2017 年）荣获大满贯奖项的市州公安局。在 2015 年、2016 年、2017 年永州市人大常委会对市政府 32 个工作部门年度审议评价中，市公安局分别以 97. 15、97. 375、97. 09 的高分连续 3 年排名第一。最令人振奋的是，警务机制改革打造了永州样板、创造了永州经验，走在了全省前列。永州市公安局在全省率先建成“一平台五中心”，12 个县（区）公安局（分局）建成“五大中心”，186 个派出所建成综合警务指挥室，实现互联互通、实体化运行。2017 年 1 月，永州市公安局与华为公司战略合作，在全省升起第一朵“警务云”，建成全省第一个公安大数据实战平台，归集数据 545 类 50 亿余条。全市建设人脸识别系统点位 3000 路，建成目前全国最大的地市级公安机关人脸识别应用基地。通过智能比对，实现对目标人员一键定格、一秒识别、一览无遗、一网尽收。全省公安机关社会治安防控体系建设、全省公安机关刑事技术工作、全省公安监管信息化建设、全省做好涉众型经济犯罪案件维稳处置工作、全省公安机关视频图像侦查实战团队建设暨人像识别技术建设应用等 5 个现场会相继在永州召开，隆重推介永州经验。2017 年 12 月，永州市委、市政府作出学习永州公安精神的决定，号召全市各级各部门大力弘扬永州公安“不妄称第一，不甘居第二”的进取精神。全国76个兄弟单位1720余人到永州市公安局考察交流经验。最令人骄傲的是，我们坚持打击开路、防范为本，向犯罪分子公开宣战、主动亮剑，每年全市刑事案件破案率达到50%以上，均高居全省第一，有影响的刑事案件全部侦破。成功侦办习近平总书记作出重要指示的全国经济犯罪第一案、全国传销犯罪第一案、中共十九大维稳安保第一案——“善心汇”组织、领导传销活动案，受到中央及省委、省政府和公安部、省公安厅的充分肯定。永州公安变遭遇为机遇，变压力为动力，变挑战为决战，扬善惩恶，扬眉吐气，扬我警威，一炮打响，一网打尽，一战成名。

长江后浪推前浪。永州公安系统继一批前辈全国英模之后，又涌现出全国特级优秀人民警察、全国巾帼建功标兵、全省唯一女刑侦大队长、湖南省人大代表周巧云，2017年度“全国十大法治人物”排名第一的黄辉庆，“湖南好人”杜宏槐，2018年“时代楷模”——国家重要试验平台抢险英雄群体成员之一的黄超富等一批先进典型。

当前和今后一个时期，我们要忠诚践行依法治国总方略，主动对接从严治警新常态，坚持以人民为中心，以改革创新为动力，以“四项建设”为载体，突出侦破打击主业、基础防范主责、法治公安主线、队伍建设主题，变良好开局为系统布局、变传统警务为现代警务、变全面打击为精准打击、变公安治安为公众治安、变无限公安为有限公安、变权力公安为责任公安，最大限度激活公安队伍活力，最大限度挤压违法犯罪时空，最大限度提高违法犯罪成本，最大限度提升百姓平安指数，用忠诚赤诚守望永州、守护平安，用党性血性建公安铁军，做群众亲人，全力把永州打造成外地人向往、本地人自豪的治安高地、平安绿洲。

永州人民给我们一份职责，我们要还永州人民一方平安。我们要始终做到视职务为职责、视职业为事业、视要求为追求，始终坚持以工作为乐、以事业为乐、以奉献为乐，始终保持追梦的精神、战斗的激情、努力的状态，以“人一之我十之，人十之我百之”的干劲和韧劲抓好工作、带好队伍、做好表率，既仰望星空又脚踏实地，既吃透上情又切合下情，既立足当前又着眼长远，在永州公安现有坚实基础上，开创更加美好的明天！

永州市公安局忠实履行为永州公安存史、为永州民警立传、为永州公安事业资政的神圣职责，在保稳定、促和谐、护安全繁重压力下，以推土机和钉子精神，快速、高效、强力推进编修工作，视志书质量为生命，以代表作的标准，反复打磨，数易其稿，精益求精，下足绣花功夫，圆满完成永州市公安志编修任务，付出的汗水和劳动弥足珍贵。全市公安民警有机会阅读本志，从中吸取营养，可进一步改进工作作风，肩负新的历史使命，堪可嘉许！

光荣与梦想属于人民警察！

永州市人民政府副市长、市公安局局长　刘新良

2018 年 10 月

凡 例

一、《永州市公安志（1993—2015）》以马克思列宁主义、毛泽东思想、邓小平理论、“三个代表”重要思想、科学发展观、习近平新时代中国特色社会主义思想为指导，坚持党的路线、方针、政策，坚持辩证唯物主义和历史唯物主义的立场、观点和方法，突出时代特征、地方特色和行业特点，全面系统地记述1993—2015年间永州公安工作历史，充分反映永州公安工作改革创新、不断发展的历史进程，以史为鉴，为今后的公安工作提供经验教训与借鉴。

二、坚持实事求是与依法修志原则，严格遵守国家有关法律法规，依照国务院《地方志工作条例》，真实地记述永州公安工作改革发展、探索创新取得的成绩和经验，客观地反映不足和教训。

三、本志记述范围为现行永州市行政区划内的市、县（区）公安工作。

四、本志为1995年出版的《零陵地区公安志》的续篇，记述内容之上限原则上为1993年，与前篇记述之下限相衔接，根据记述需要，适当上溯；下限为2015年底，根据需要，个别事项下延至2017年。

五、坚守志书体例，全志共设概述、大事记、人物及专志8篇27章103节及附录，采用述、记、志、传、图、表、录等体裁，坚持生不立传。

六、时间、计量单位与数字、专有名词等一律按《〈永州市志〉编写行文通则》执行。

七、本志数据以统计部门提供的为准，统计部门没有的，采用公安内部数据。

永州市行政区划图

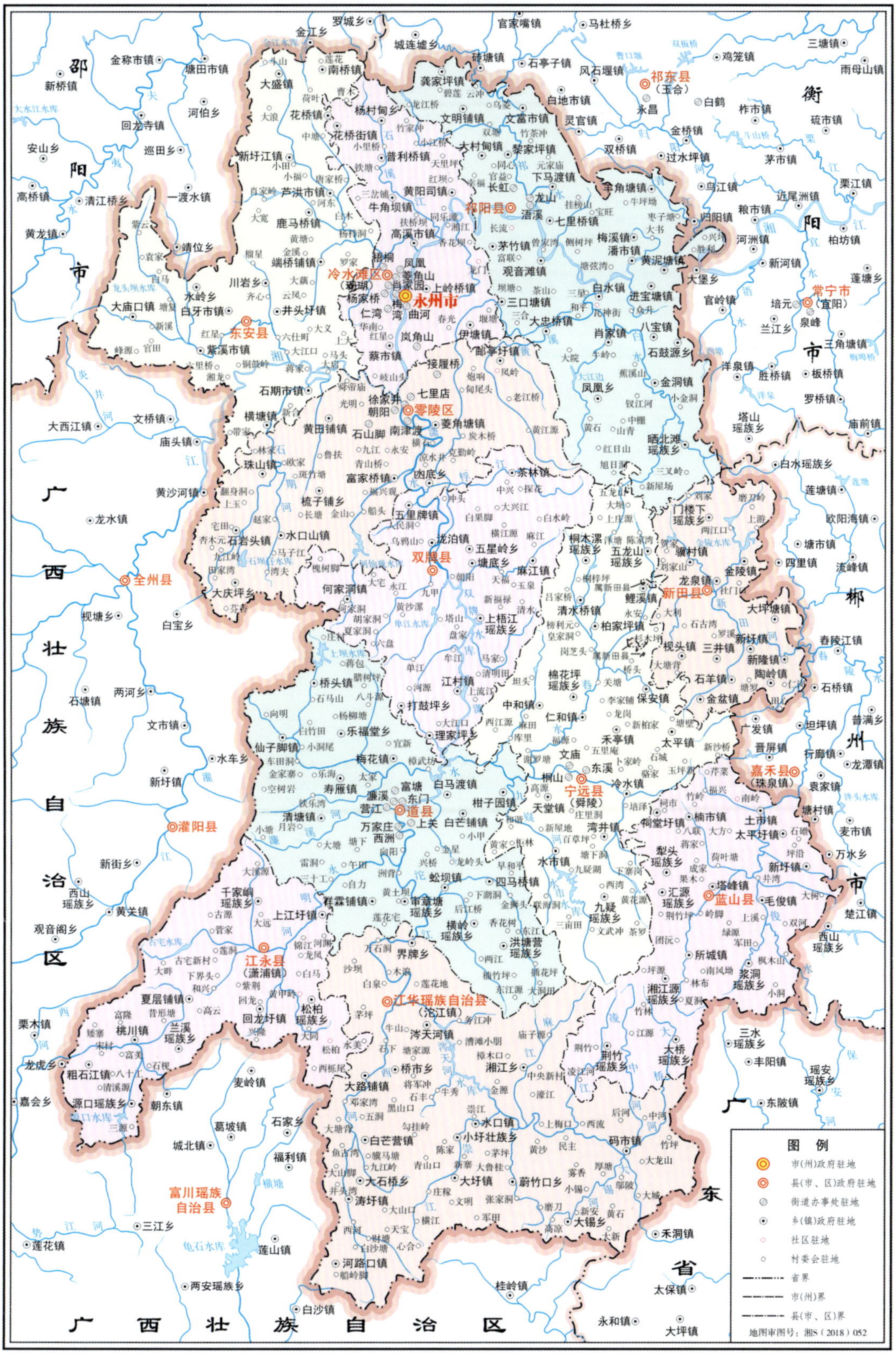

永州市
冷水滩区
零陵区
祁阳县
祁东县
(玉合)
东安县
双牌县
道县
宁远县
(舜陵)
新田县
蓝山县
嘉禾县
(珠泉镇)
江永县
(潇浦镇)
江华瑶族自治县
(沱江镇)
常宁市
(宜阳)
全州县
灌阳县
富川瑶族自治县
邵阳市
衡阳市
郴州市
广西壮族自治区
广东省
图例
市(州)政府驻地
县(市、区)政府驻地
街道办事处驻地
乡(镇)政府驻地
社区驻地
村委会驻地
省界
市(州)界
县(市、区)界
地图审图号：湘S（2018）052

领导关怀

2012年3月29日，国务委员、公安部部长孟建柱（左四）在湖南省委书记周强（左二）、湖南省委常委、政法委书记、省公安厅厅长孙建国（左一）陪同下视察永州公安工作

2002年，湖南省委常委、政法委书记、省公安厅厅长李贻衡（右）到永州检查工作，与永州市公安局局长秦伍生（左）一起观看警示教育片

2010年5月12日，湖南省委常委、政法委书记、省公安厅厅长李江（左二）在市委书记黄天锡（右一）等领导陪同下考察永州市公安局警犬基地

2011年6月17日，湖南省副省长、省委政法委第一副书记、省公安厅厅长刘力伟（前排右三）同市委书记张硕辅（前排右四）到东安县指导抗洪救灾工作

2014年1月18日，湖南省委常委、政法委书记、省公安厅厅长孙建国（左二）在市委书记陈文浩（左一）的陪同下到市公安局调研

2015年11月10日，湖南省副省长、省公安厅厅长黄关春（前中）到永州调研公安工作

2015年1月14日，湖南省委政法委常务副书记、省综治办主任田福德（前左一）一行到市公安局调研公安工作

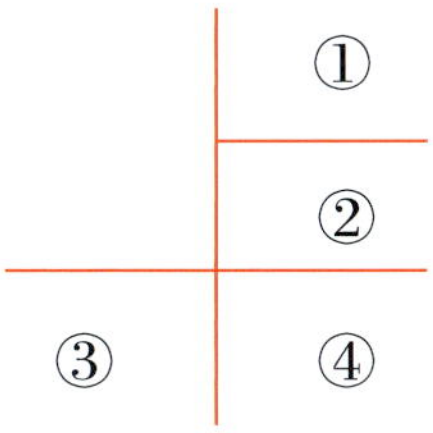

①2011年2月3日，市委副书记、市长龚武生（前右）慰问一线执勤民警

②2013年1月7日，市委副书记、市长魏旋君（左三）到南风坳调研道路交通安全工作

③2015年12月3日，市人大常委会主任高建华到市公安局调研

④2015年11月26日，市政协主席唐定到市公安局调研

打击刑事犯罪

经典案例：侦破“11.10”特大持枪抢劫银行杀人案

2005年11月10日上午7时20分，冷水滩区信用联社上岭桥信用社港子口分社发生一起开枪杀害三人、抢劫现金20.06万元的恶性案件。永州市公安局经过一年零一个月的侦查，于2006年11月21日,将犯罪嫌疑人高某亮抓获归案。

抓获犯罪嫌疑人高某亮

犯罪嫌疑人高某亮指认犯罪现场

经典案例：侦破香港英皇珠宝店被盗案

2015年1月23日，香港英皇钟表珠宝店一条镶有55颗钻石，重117.31克拉，价值1582万元的钻石项链被盗。公安部指定永州市公安局立案管辖。2015年8月10日，专案组成功抓获犯罪嫌疑人4人，当场起获被盗钻石21颗，随后陆续追回剩余被盗钻石并返还给香港籍商人。

刑侦民警在犯罪嫌疑人家中起获被盗珠宝

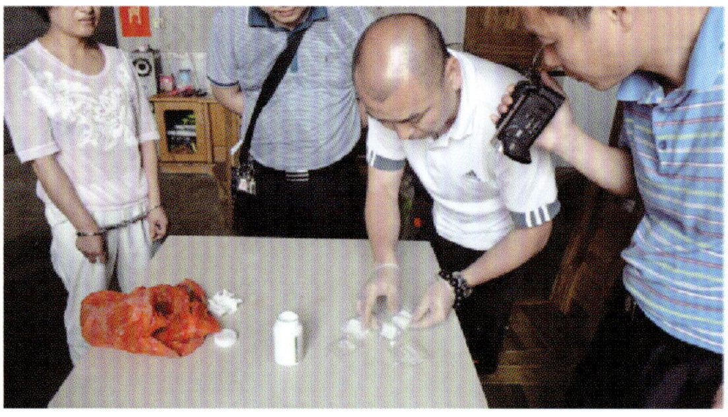
部分被盗珠宝

2015年10月25日，阳某武杀人后潜逃。副市长、市公安局局长刘新良（左一）督办，将犯罪嫌疑人抓获

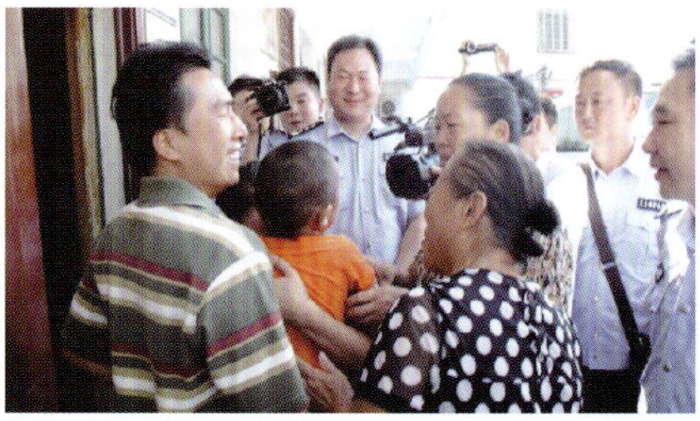
2013年7月5日，办案民警将蓝山县东村被拐卖儿童送回家中

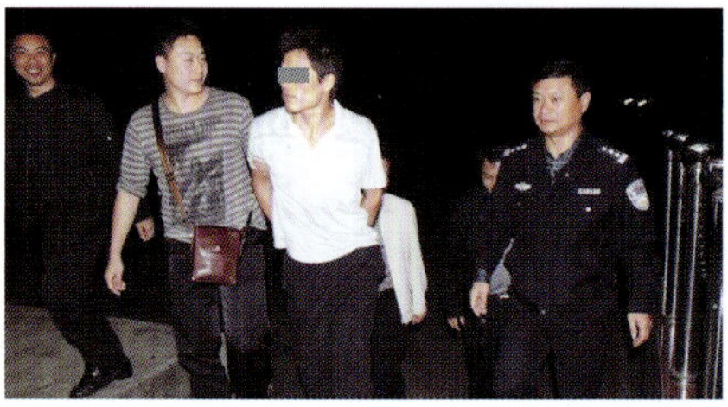
2011年10月30日，江华瑶族自治县公安局在“清网行动”中抓获潜逃十年的命案犯罪嫌疑人严某财

市公安局严打整治百日会战公开返赃大会

2015年4月17日，市公安局举行严打整治百日会战公开返赃大会，群众现场领回现金260.4万元，认领小汽车14辆、摩托车67辆、助力车10辆、家用电器5台、电脑12台、数码相机5部、手机16部、金银首饰10件。公安民警现场收到群众感谢信和锦旗20余件。活动现场展出公安机关打击违法犯罪所缴获的汽车、摩托车、毒品、枪支、子弹、管制刀具、伪基站设备、赌博机、假烟假酒、假牌假证以及作案工具和物品4000余件。

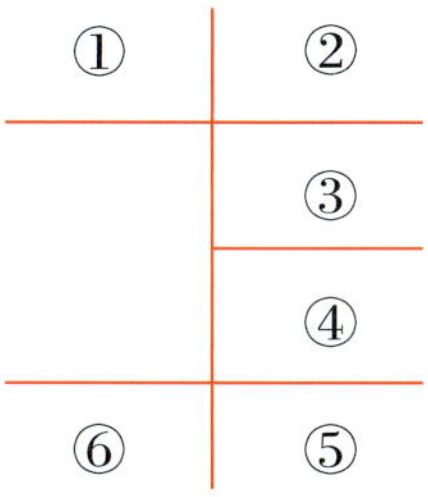

①市公安局严打整治百日会战公开返赃大会现场

②百日会战成果展示中收缴的非法枪支

③媒体现场采访认领失物的群众

④⑤群众现场认领现金，并向局长刘新良赠送锦旗

⑥缴获的机动车展示区

打击经济领域犯罪

2015年7月17日，市公安局组织召开全市防范电信诈骗工作会议

2011年，市公安局经侦支队在清网行动中收缴的POS机和银行卡

公安民警调查走访群众

经典案例：侦破周某才等人购买、运输、出售假币案

2014年7月14日，周某才等人驾驶粤Y76P61车辆运输假币至蓝山县时被当场抓获，缴获假币874万余元。

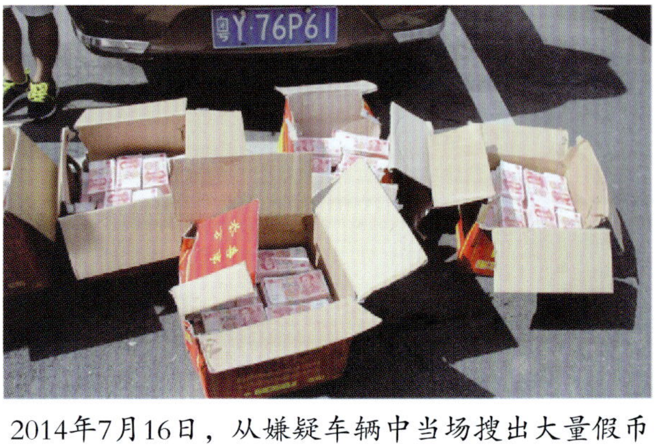

2014年7月16日，从嫌疑车辆中当场搜出大量假币

工作人员清点缴获的假币

打击毒品犯罪

经典案例：侦破”12·20“部督特大贩毒案

2016年1月，市公安局破获“10·20”贩毒案，抓获犯罪嫌疑人24名，缴获毒品15公斤。

抓获毒品犯罪嫌疑人

犯罪嫌疑人指认毒品

抓获犯罪嫌疑人并缴获毒品

经典案例：侦破公安部督办的2015年“7·3”制毒案

2015年7月3日，市公安局成立“7·3”专案组。经过8天侦查，一举抓获犯罪嫌疑人18人，查获制毒工厂1个，缴获毒品K粉535公斤、制毒原料3860公斤、自制猎枪1支、子弹10发及大量制毒设备，扣押涉案车辆8台，缴获毒资13万元。

抓获毒品犯罪嫌疑人

犯罪嫌疑人指认毒品

缴获的制毒原料

2015年12月，市公安局成功破获“12·7”贩毒案，抓获涉毒犯罪嫌疑人9人，缴获毒品8307.41克

强化治安防控

2015年7月31日，市公安局举行中心城区巡防机制改革启动仪式

2015年5月11日，市政府召开新闻发布会，通报全市公安机关严打整治百日会战战果

社区民警深入群众了解情况

2008年9月22日，治安民警集中销毁收缴的假冒伪劣香烟

市公安局民警夜巡查缉队伍

2011年12月16日，公安民警集中销毁收缴的违法枪支

解忧惠民

2015年4月17日，群众在百日会战返赃大会上向公安机关赠送锦旗

2009年1月15日，市长助理、市公安局局长刘建宽（中）接待来访群众

2011年8月22日，市公安局举行“为民服务，排忧解难”献爱心捐款仪式

2013年，市公安局开展警营志愿者关爱留守儿童活动，副市长、市公安局局长蒋建湘（前左）与留守儿童互动

警营开放

2013年10月28日至11月1日，市公安局举行以“规范执法，警民和谐”为主题的“规范执法警营开放周”活动

民警向群众展示部分警用枪械

群众观看展板认识毒品类型

市公安消防支队让群众亲身体验防化服

民警向参观群众展示警犬搜寻、扑咬技术

抢险救灾

2012年2月12日，民警上街清除积雪，为群众排除出行障碍

2013年8月17日，江永县桃川镇发生洪灾，公安民警转移受灾群众

2013年 8月 18日 ，公安民警在蓝山县“8. 16”特大洪灾中解救受困群众

警民携手重建家园

2010年5月14日，江永县上甘棠镇发生洪灾，永州消防官兵解救受困群众

2013年8月18日，公安民警在蓝山县“8. 16”特大洪灾中运送救灾物资

队伍建设

2011年4月14日，全市公安机关“弘扬永州公安精神，创建优秀公安团队”先进事迹巡回报告会在永州市委大礼堂举行

2015年8月31日，副市长、市公安局局长刘新良看望慰问一线执勤民警

2015年4月8日，副市长、市公安局局长刘新良深入冷水滩区参战督战集中清查行动

2015年6月2日，百日会战“火线提拔”的新任领导干部参观警示教育基地

2015年4月2日，市公安局组织观看警示教育片

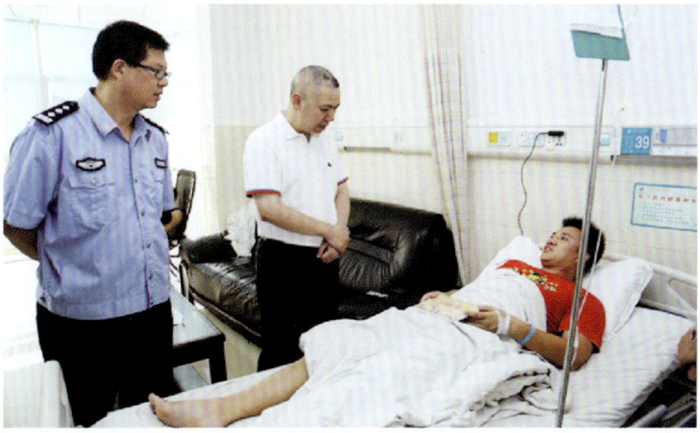

2015年8月18日，副市长、市公安局局长刘新良和局党委委员、政治部主任张珞看望在执勤中受伤的民警翟敏辉

公安培训

新警入警宣誓

民警轮值轮训时上射击课

2012年全省优秀教官评选，市公安局副局长沈林松（中）被评为全省优秀高级教官，王鹏（左一）、沈林（左三）被评为全省优秀教官

新警结业汇操表演

新警盾牌操训练

市公安局领导为2015年度培训结业新警颁发结业证书

警营文化

2015年12月16日，市公安局参加唱响永州歌咏比赛

2012年3月19日，市公安局举行公安机关首届羽毛球比赛

2014年3月3日，市公安局举行升国旗仪式

2012年5月8日，市公安局机关举行围棋比赛

2014年4月28日，市公安局举行践行党的群众路线教育演讲赛

2010年5月5日，市公安局机关举行拔河比赛，局党委班子成员与民警同乐

2012年10月17日，市公安局机关举行"文化年"知识竞赛

2012年3月23日，市公安局举行乒乓球比赛

2014年9月29日，全市公安机关举行"唱响激情·快乐警营"合唱比赛

光荣岁月

阅警式女子方阵合影

2004年9月27日，永州市公安局举行建国以来首次阅警式，市公安局局长秦伍生在阅警仪式上讲话

阅警式微型冲锋枪方阵

阅警式武警方阵

阅警式现场

警徽之光

2002年3月29日，国务委员、公安部部长孟建柱等领导接见永州市公安民警、英模、劳模代表合影。（前排左一：永州市委副书记、市长魏旋君；左二：永州市委书记张硕辅；左三：湖南省副省长盛茂林；左四：国务院副秘书长汪永清；左五：国务委员、公安部部长孟建柱；左六：湖南省委书记周强；左七：湖南省委常委、政法委书记、省公安厅厅长孙建国；左八：湖南省委副秘书长罗海燕；左九：湖南省公安厅党委副书记、常务副厅长胡旭曦）

编辑花絮

2016年8月18日，市公安局召开公安志编纂工作会议

2018年1月17日，市公安局召开《永州市公安志》稿保密审查培训会

2017年12月20日，编纂办人员在市公安局人口与出入境管理支队指导稿件修改

2018年2月1日，市公安局召开《永州市公安志（1993~2015）》稿评审会

2018年2月1日，《永州公安志（1993~2015）》稿评审会参会领导、专家

目 录

概 述

五岭北麓沃野地，蓝山深处湘江源。古郡零陵，边城永州，一地二名归潇湘；沿海腹地，内陆前沿，经济梯度占区位。湘南门户，扼粤湘桂三省之交；湖广通衢，坐云贵川渝经由处。苍梧之野舜帝魂，湖湘文化融中原。千家峒祥发万千瑶，玉蟾岩衍传稻作农。阳雕阴刻鬼崽岭，华夏考古奇迹；千古之谜女书符，世界文化奇葩。永州土地总面积 2.24 万平方公里，辖冷水滩、零陵 2 区和祁阳、东安、双牌、道县、江永、江华、宁远、新田、蓝山 9 县共 11 个县（区）［2001 年，设立回龙圩管理区；2006 年，设立金洞管理区，均系隶属于永州市人民政府的县级机构。2012 年，成立金洞公安分局，后文在不同时期与不同场合有全市“11 个县（区）公安局（分局）”及“12 个县（区）公安局（分局）”两种表述。］186 个乡镇（街道），5060 个行政村。截至 2015 年年底，永州总人口 635.28 万人，常住人口 542.97 万人，其中城镇人口 240.26 万人，乡村人口 302.71 万人。境内汉族、瑶族、壮族、回族、苗族、满族、侗族、蒙古族等 48 个民族杂居，其中少数民族人口 61 万余人，约占全市总人口的 10%，少数民族人口总数在湖南省排第 4 位。永州经济社会发展，离不开永州公安的保驾护航，永州公安辉煌业绩，根植于潇湘一片热土。

1993—2015 年，永州公安走过一段极不平凡的发展历程。23 年中，永州公安紧紧围绕中心、服务大局，不辱使命，向党和人民交出一份又一份满意答卷。永州公安一步一个脚印书写忠诚、勇敢与担当，谱写改革、创新、发展、奋进新篇章。工作模式由“汗水警务”向智慧警务、传统警务向现代警务转变；工作理念由“打击犯罪、保护人民”向“立警为公、执法为民”转变并进一步提升到以人民为中心上来；工作重心逐步转移到维稳安保、打击犯罪、防控风险、规范执法、队伍正规化建设上来；工作方式由粗放式警力布阵升级到精准维稳、精准打击、精准防控、精准管理、精准服务的警力、信息与数据科学调配与运用上来。

一

永州公安机关始终将捍卫国家安全、政权安全、网络安全、公共安全作为高于一切、重于一切的首要政治任务，提高政治警觉，聚焦风险防范。1993—2015年，全市公安机关强化情报信息工作，通过公秘结合的方式，收集各类情报2.7万余条，建立报告制度，预防和制止各类事件1120余起。构建情报信息网，获取深层次、预警性的情报信息8万余条，加强重点对象、重点群体的管控工作，对全市重点工作对象，逐一明确责任单位、责任人员并落实稳控措施。1996年开始，安全保卫工作落实到基层，加强隐蔽斗争专门手段建设，强化专案侦查工作，遏制非法集会活动，严密防范和打击境内外敌对势力、敌对分子的渗透、颠覆和破坏活动，加强同邪教组织的斗争。2007年，江华瑶族自治县公安局抓获全国“主神教”一、二号头目，查清“主神教”在全国的组织体系和主要骨干成员及大量违法犯罪事实，受到公安部表扬。

1997年，永州行政改革、企业改制、产业结构调整步伐加快，利益格局调整所引发的不安定因素增加，因人民内部矛盾引发的群体性事件急剧上升，规模越来越大、参与人数越来越多。永州公安推进“三化”（制度化、规范化、程序化）建设，建立健全情报信息4A级制度，坚持“三个高举”“三个慎用”“三可三不可”，即高举法律旗帜、维护社会稳定旗帜、维护广大人民群众根本利益旗帜，坚持慎用警力、强制措施和武器警械，坚持可顺不可激、可散不可聚、可解不可结的原则，积极预防、妥善处置群体性事件。成功处置零陵珠山事件、冷水滩区“9·21”和宁运县“10·14”事件等群体性事件。根据公安部、省公安厅部署，组织在全市范围内开展创建信访文明窗口活动，把来访接待室办成深受群众欢迎的联系点。

1999年，为贯彻省公安厅郴州会议精神，实现“三个减少”即信访量减少、越级上访减少、重复上访减少，市公安局印发《关于进一步落实信访工作领导责任制的通知》，在全市公安机关落实信访工作领导责任制。2005年5月，公安部部署在全国范围内开展开门“大接访”活动，确定5—9月在全国公安机关组织开展集中处理信访问题专项行动，市公安局明确市、县两级公安机关“一把手”为集中处理信访问题第一责任人，每周接访一次，其他局党委成员轮流陪同接访。2006年，市公安局全力打造“信访超市”，推行县（区）公安机关“连锁经营”模式，让信访群众充分表达诉求。2008年，为迎奥运保平安开展包括信访工作在内的“百日会战”。市公安局局长刘建宽被中央政法委授予“全国信访维稳工作先进个人”，负责信访工作的市公安局法制与信访办公室副主任唐波明被湖南省公安厅记“2008年北京奥运会信访维稳工作个人一等功”。2009年，市公安局开通“永州公安信访网”，建立“每日信访”“信访台账”“县区信访动态”等9个信息运用平台，确保信访动态当日公布、信息资源共享。市公安局在“全国公安机关民警大走访爱民实践活动”中排名全省第二，被公安部授予“全国公安机关排查化解矛盾纠纷先进集体”。2010年，市公安局被省公安厅命名为“全省公安信访规范化建设示范单位”。2015年，市公安局信访科被公安部评为全国公安信访窗口“示范单位”。2016年，市公安局信访科被中华全国总工会授予“全国工人先锋号”荣誉称号。

二

全市公安机关始终坚持严打方针不动摇，持续开展“严打”斗争及专项整治行动。1993年，根据湖南省委政法委、省综治委和省公安厅统一部署，零陵地区公安机关开展“三打三整一查禁行动”，即打击车匪路霸、打击抢劫和重大盗窃、打击拐卖妇女犯罪，整顿交通秩序和重点地区、路段治安秩序，查禁卖淫嫖娼统一行动。其间，全区公安机关组织开展三次“打拐”（打击拐卖妇女、儿童）专项斗争，突出重点地区，狠抓打击、解救和堵源截流等关键环节，严厉打击拐卖妇女儿童犯罪，共破获拐卖人口案件151起，抓获惩处“人贩子”155人，解救妇女儿童124人。1995年，根据省公安厅部署，组织城区公安机关开展强化城市治安管理“百日竞赛”活动，重点抓“三打三整一建”，即打击持枪持械抢劫犯罪、打击团伙犯罪、打击寻衅滋事等犯罪活动，整顿公共、复杂场所治安秩序，整顿租赁房屋治安秩序，整顿道路交通秩序，创建文明小区。1996年，公安部组织开展全国严打斗争，永州市公安机关始终把“破大案、打团伙、追逃犯”作为重点，先后组织开展一系列区域性集中行动。1997—2005年，全市公安刑侦部门把侦破大要恶性案件、疑难案件摆在首位，实行大要恶性案件挂牌督办制度和定人、定案、定奖惩措施的“三定”制度，专案专办。2006—2012年，全市公安机关将侦破命案作为公安工作的品牌建设，坚持命案必破快破不动摇，提高命案破案率，成功侦破省公安厅督办的“3·29”东安高雅寺老尼姑唐某彩被杀案，“2·4”冷水滩张某艳一家三口被杀案、“5·17”江华抢劫杀人案、“11·29”双牌母子被杀案、“9·17”零陵富家桥杀人案等命案。

2000年11月，公安部、最高人民法院、最高人民检察院、司法部印发《关于开展“打黑除恶”专项斗争有关问题的通知》，根据省公安厅部署，永州市成立以市委副书记龚武生为组长的“打黑除恶”领导小组并在市公安局设立“打黑除恶”办公室。打黑除恶专项行动锁定东安县以蒋某心、蒋某贤等人为首的黑社会性质组织团伙。2001年3月13日，公安部将此案定为部督案件。3月19日，成立以市委书记曾庆炎为指挥长、市公安局局长秦伍生为组长的专案组。专案组历时半年多时间，跨越广东、广西等15个省（直辖市、自治区），行程10万多公里进行抓捕，成功将该黑社会团伙包括头目蒋某心、蒋某贤在内的48名涉案人员全部抓获归案。东安县公安局原副局长兼交警大队大队长夏某生被判处有期徒刑15年，其他涉案人员均被依法追究刑事责任，省公安厅为专案组记集体二等功一次。2002 年 4 月，市公安局成立有组织犯罪侦查大队，专门负责全市打黑除恶工作。至 2010 年，全市公安机关先后查获冷水滩区颜某龙、黎某林黑社会性质组织案，零陵区何某勇、宁远县李某玉、江华瑶族自治县李某辉、道县杨某兆等 7 个黑社会性质组织案，查获祁阳县王某元等 121 个恶势力犯罪团伙，破获各类刑事案件 1142 起，惩处黑恶犯罪人员 949 人，收缴各类枪支 83 支，追缴财产价值 4000 余万元。市公安局原副局长王某宾，蓝山县委原常委、政法委原书记、县人民检察院原检察长徐某明等 34 名为黑恶势力充当保护伞及违法违纪的国家工作人员受到严厉查处。2015 年，全市公安机关共办理黑恶案件 112 起，打黑除恶成绩排名全省第二。

2003 年开始，在全市范围内先后组织开展打击毒品犯罪、社会治安区域重点整治行动、“扫黄禁赌打非”、查禁地下“六合彩”、打黑除恶、禁毒会战、收缴枪爆物品等专项行动。市公安局禁毒支队成功侦破于某平、任某生、唐某峰特大贩毒案，缴获毒品海洛因 10 公斤，收缴毒资及作案工具价值 100 万余元。2007 年，为遏制多发性侵财犯罪上升势头，市公安局相继组织开展“春雷战役”、“雷霆战役”、秋季侦破会战等一系列打击多发性侵财犯罪专项行动。2008 年，市公安局加强涉农犯罪、涉电犯罪侦破打击和防控力度，共破获涉农犯罪、涉电犯罪案件 622 起，查获犯罪团伙 17 个，破获系列刑事案件 56 起。2009—2010 年，针对“两抢一盗”等侵财犯罪多发、高发、反复性强特点，市公安局组织各县（区）各警种各部门多次开展打击多发性侵财犯罪专项行动。2011 年 5—12 月，由督察部门牵头，组织网上追逃专项督察“清网行动”，全市公安机关围绕“一降二升三提高”目标，共抓获行动前在逃犯罪嫌疑人 1598 人，清网率 91. 1%，排名全省第二。

2015 年，市政府副市长、市公安局局长刘新良提出“案子不破，心里难过；案犯在逃，心急火燎”“公安局长为打击犯罪而生，公安民警为打击犯罪而活”的行动口号。全市公安机关坚持打击开路、防范为本，以主力攻坚主业，以专业对职业，坚持严打整治不动摇，将日常打击贯穿始终，向犯罪分子雷霆亮剑，影响恶劣的重大案件全部告破，城区飞车抢夺案件做到发一起破一起，刑事案件破案率大幅提升，发案数大幅下降。成功破获部督“9・18”全国“反宣”第一案，查获生产窝点 2 个，刑事拘留 112 人，提请逮捕 39 人，习近平、刘云山等中央领导对该案作出重要批示。成功破获省长杜家毫批示的特大生产销售假冒螺纹钢案、部督香港英皇珠宝钻石项链被盗案和涉及 20 个省市、涉案金额达 6. 6 亿元的特大跨省网络传销案。成功破获市人大常委会高度关注的永州市潇湘公证处提存万商红商贸物流公司土地交易保证金、零陵区沿河大道拆迁款等公证款 2280 万元的邓某风特大诈骗案。

三

1993年起，开展消防专项整治，狠抓内部执法责任制落实和公众聚集场所火险隐患整改，严防重特大火灾发生。2012年，市公安局制订《永州市“十二五”消防事业发展规划》《永州市2010—2020消防专业规划》等文件，落实各级消防工作责任，为企事业单位落实人防、物防、技防措施提供指导，提高防火、灭火能力。2000—2015年，连续16年未发生重特大群死群伤火灾安全事故。

1998年开始，针对户籍管理制度中存在的不合理因素，全市公安机关进行一系列改革，降低城市落户门槛，先后完成农村户口城市化管理、人口信息微机管理、人口信息网络化管理工作，逐步实现户籍管理由“二元制”向“一元制”的转变，放宽和简化出入境条件，加强流动人口与出租房屋清查。2013年，全市公安机关人口与出入境管理部门受理、审批各类出入境申请81573人次，办理居民身份证439266张，补录户口49944人，为流动人口发放居住证6862张。

2015年，根据省公安厅提出的“一优化三服务”（优化公安行政管理，服务经济建设、服务社会发展、服务人民群众）目标，全市公安机关全面深化改革，打造“最简审批事项、最短服务半径、最优互联网+警务”服务体系，推出系列便民利民举措，提高服务水平和服务质量。

四

20世纪90年代初，开展以乡建所工作，全市共建立派出所208个（包括无房和危房派出所135个）。1993年开始，严格按照“六个统一”（统一规划、统一设计、统一标准、统一招标、统一外观、统一施工）标准，对31个乡镇无房派出所进行新建，同时改扩建派出所46个。

1997年，全市公安机关开展以落实打击和防范责任制为核心的派出所、刑侦工作改革，把派出所工作重点转移到管理防范和做群众工作中上来，建立责任区民警责任制，实行侦审合一，基本形成城市派出所和农村中心所“三队一室”警务模式，提高派出所掌控辖区社会治安能力。

2001年开始，全市公安机关推进社会治安防控体系建设，推进社区警务战略，完善人民警察巡逻体制和快速反应机制；设立社区警务室，组建社区巡逻队、保安队等群防群治队伍，治安工作社会化水平不断提高。2007年5月，市公安局印发《永州市社区和驻村民警考核细则》，规范社区和农村警务室、警务公示等建设。2011年，全市公安机关为社区民警配发移动警务通，推进社区警务信息化建设。

2013年9月，全市公安机关全面推进“一村一警”工作，破解农村派出所警力不足、基础薄弱这一制约公安科学发展的“瓶颈”。截至2015年年底，全市建立社区警务室116个，农村警务室208个，配备社区和驻村民警1591人。

2013年10月13日，永州市公安局与广西壮族自治区防城港市公安局签订警务交流友好协作框架协议，两市公安机关建立警务协作平台、协作联席会议制度、机关部门及各警种对口协作机制、互访互学机制、技术交流合作机制、公安行政服务政策措施协调机制。10月14日，永州市公安局与桂林市公安局签订两地公安机关警务友好协作框架协议，两地警方在情报信息、打击违法犯罪、治安联防联控、重点人员和重点群体管控、矛盾纠纷化解调处、处置重大突发性事件、重大警保卫活动等工作上进行深度协作。2014年1月2日，永州市公安局与广西壮族自治区贺州市公安局签订《永州、贺州两地公安机关警务交流友好协作框架协议书》，建立两地公安机关警务协作、信息交流、打防犯罪、治安联防、重大突发性事件处置等互通共享共赢机制。

五

永州公安始终坚持以事实为依据，以法律为准绳，做到公正、文明、理性、规范执法。

从2001年开始，全省推行县级公安机关执法质量考评，考评结果通报当地党委、政府，对不合格单位“一把手”责令辞职或建议当地党委予以免职，增强各级公安机关特别是“一把手”抓执法质量的责任感和紧迫感。设立执法问题举报中心，落实执法监督员监督执法工作制度和定期向人大、政协报告工作制度，增强公安执法透明度，严格执行“四个坚决”（坚决杜绝再次发生伤天害理、激起民愤的恶性案件；坚决纠正一切严重侵占群众利益的滥收滥罚政策和指标；坚决停止滥用侵犯人权、侮辱人格的强制措施；坚决撤出参与经营的娱乐场所），出台“三项禁令”（决不允许面对群众危难不勇为；决不允许酗酒滋事；决不允许进夜总会娱乐），整顿群众反响强烈的执法突出问题，实行执法过错责任追究制度，树立执法质量人人有责的意识。公安执法中存在的滥用强制措施、刑讯逼供、超期羁押、降格处理、违规取保候审等违法执法问题得到有效遏制，执法过程中的乱作为或不作为问题逐步得到纠正，民警执法素质和执法水平稳步提高，执法工作逐步走上规范化轨道。

2006年，全市公安法制部门共派出28个执法质量服务队，到各县（区）基层办案单位，服务公安业务、服务基层一线，落实执法质量考评。2007年，落实一案一考、民警执法档案制度建设和“六级”审核制度（办案民警、主办侦查员、兼职法制员、办案单位负责人、法制部门审核人、主管领导分别对案件办理进行层级审核），加强案件审核把关，从源头上防止和减少执法问题发生。

2013 年 1 月 1 日，新修订的《中华人民共和国刑事诉讼法》实施。2015 年，副市长、市公安局局长刘新良提出“三个宁可”和“三个绝不能出现”，即在依法办案上，坚决做到宁可公安局关门，也不搜刮民脂民膏；宁可案子破不了，也不屈打成招、办冤假错案；宁可全省排名末位，也不弄虚作假。始终坚守执法底线和红线，绝不能出现“我们办别人的案子、出事后别人办我们的案子”的情况，绝不能出现“犯罪嫌疑人活生生抓进来、硬梆梆抬出去”的情况，绝不能出现“我们保护老百姓的安全、连自己的安全都保护不了”的情况。永州市公安机关执法理念从以审讯为中心向以审判为中心转变，执法活动更加重证据、重程序，重破案轻办案问题得到有效解决。

六

1996 年开始，为适应公安现实斗争需要，永州市公安局内设机构及其编制有所调整，机构级别相应有所变动。至 2015 年，全市公安机关共有编制 4838 名，其中公安专项编制 4738 名，事业编制 100 名，实有在职人员 4713 人，其中，公安民警 4243 人，工勤人员 470 人，共有协辅警 2644 人。

1993 年，零陵地区公安机关以“两反”（反腐败、反刑讯逼供）、“两群”（进一步增强群众观念、走好群众路线）和反腐败教育为主导，制订领导干部廉洁自律十条规定，根据民警队伍暴露出来的问题，有针对性地制订和修改补充 21 项规章制度，加强监督制约机制，使公安机关和广大公安民警勤政为民，依法办事。1996 年初开始，全市公安机关实施以“学济南交警，树警察形象”为主题的“形象工程”建设，从增强民警个人素质入手，苦练基本功，实行规范化执勤，整改群众反映强烈的热点问题，推行便民利民措施，全面开展“阳光行动”和“树公安新风”活动。1997 年，全市公安机关开展“创一流班子，带一流队伍，干一流业绩”和创“三好”（好班长、好搭档、好班子）活动，推广祁阳县公安局“五群工作”、徐家井派出所创建“民心工程”的经验。1998 年，全市公安机关建立政治学习日制度，民警学习制度蔚然成风。开展队伍集中教育整顿，结合学习中共十五届三中全会、湖南省委七届七中全会文件精神，坚决执行收支两条线、打击走私、党政机关不再从事经商活动等 3 项重大决策，先后开展反刑讯逼供、清理警用物资、治理“三乱”（乱罚款、乱收费、乱摊派），清理非警务人员、取消“小钱柜”等专项教育活动。1999 年，开展“三讲”教育和“双创”活动以及“学习徐家井精神，创人民满意单位（民警）”活动。2000 年，开展以实是求是的思想路线教育、全心全意为人民服务的宗旨教育、严格公正文明执法的法制教育为主要内容的“三项教育”活动。2001 年，全市公安机关以开展“三个代表”重要思想教育和“三项整顿”活动为契机，加强公安队伍建设，深化“三项教育”活动，提高民警素质。2003 年，市公安局相继组织开展“执法为民”、“艰苦奋斗，廉洁从政”和“公正执法树形象”等一系列专项教育整顿活动，并制订《首问责任制》《限时办结制》《领导责任追究制》等规章制度，推行岗位目标管理，进一步强化绩效考核。2004 年，全市公安机关按照“干什么、练什么；缺什么、补什么”的原则，组织开展大练兵活动，民警的政治、业务、体能素质大幅度提高，公安队伍的精神状态和纪律作风有较大改观。市公安局成功举办庆祝中华人民共和国成立 55 周年阅警式，充分展现大练兵活动成果。2006 年开始，全市公安机关全面推行精细化管理考核，对各单位和民警个人实行 A、B、C、D 四等（优秀、良好、合格、基本合格、不合格）的等次考核，着力解决干与不干一个样、干多干少一个样、干好干坏一个样的问题。市公安局派出新提拔的科级领导干部下县（区）公安机关挂职党委委员、副局长，至 2012 年，全市共有 24 名正副科级干部下县（区）公安机关挂职锻炼。

2007 年，市公安局提出切合永州公安实际的“三基三化”（抓基层、打基础、苦练基本功、推进公安队伍思想革命化、警务专业化和各项工作规范化）建设思路，明确“政治建警、文化育警、素质兴警、科技强警、信息导警、机制活警”的建设方向。2009 年，市公安局党委坚持“抓班子建设、治突出问题，强教育训练、创管理机制，从优待警、建警营文化”的治警方略，着力破解队伍的体制性、机制性、保障性“瓶颈”。2010—2014 年，全市公安机关致力打造优秀团队、建设人民满意公安，以“八有”（有目标、有管理、有文化、有学习、有精神、有活动、有成效、有典型）为标准，以“忠诚、公正、廉明，团结、服务、奉献”为核心价值观，以“激情工作、快乐生活”为主线，推进全市公安机关优秀团队建设。

2015 年，全市公安机关创新战时思想政治工作，明确“吃苦的吃香、实干的实惠、有为的有位”选人用人导向，推出“三条火线”（“火线入党、火线记功、火线提拔”）政策，全市共有 44 名工作业绩显著、表现突出的民警火线入党，462 名民警火线记功，180 名民警被火线提拔，没有收到一封举报信，做到“提上来的服众、没提上来的服气”。分别举行严打誓师、公开返赃大会和新警入警、提拔任职、入党宣誓、子女升学壮行、为退休民警颁发从警荣誉勋章等仪式，提升民警对警察职业的归属感、自豪感、荣誉感。做大做强湖南民警基金会永州分会，注资募资人民币 1556 万元，居全省第一，市公安局对优抚民警按照省公安民警基金会标准1：1比例进行优抚救助。

1993—2015 年，永州公安系统涌现出一级英模蒋学远，二级英模廖广球、李国勤、马后有、王恩琴等一大批优秀人民警察。共有 5004 人次立功受奖，集体立功受奖304次，先后有8名公安民警英勇牺牲。

随着经济社会的发展和国际国内形势的变化，公安机关被不断赋予新的使命，永州公安将在党和政府的坚强领导下，突出维稳安保主责、打击防范主业、规范执法主线、队伍建设主题，砥砺前行，再创新的辉煌！

大事记

1993 年

2 月 中共零陵地区公安处党组研究决定，从 3 月 1 日起，全区劳动教养、收容审查审批、审核工作归口公安处法制部门。

4 月 1 日 全区人民警察首次授衔仪式在永州市（县级）工人文化宫举行。中共零陵地委、零陵行政公署、地区人大联工委、零陵军分区领导秦光荣、卞翠屏、郑邦淳、刘桂阳、葛忠志、黄兴忠等出席授衔仪式。地区公安处机关（含直属单位）、地区司法局机关（含劳改支队）、湖南省第三监狱、永州市（县级）公安局等单位被授予人民警察警衔人员代表共计 599 人参加授衔仪式。中共零陵地委书记秦光荣为被授予一级警督、二级警督的处级干部和各县（市）公安局局长、政委颁发授衔命令、证书。

4 月 零陵地区公安处开展以打击车匪路霸为重点的“金剑行动”，共抓获违法犯罪嫌疑人 1836 人，查获各类犯罪团伙 184 个，惩处团伙成员 883 人，缴获赃款赃物价值人民币 60 余万元。

5 月 王伯达任零陵地区公安处党组书记、处长，陈历秋、秦伍生任地区公安处党组副书记，龙睦保任地区公安处顾问。

8 月 零陵地区公安处联合地区人事局对全区公安系统在册的 460 余名“以工代警”人员进行调查摸底，对符合报考条件的“以工代警”人员，在地区公安干校集中进行 17 天的考前培训，并于 8 月 29 日对全体参训人员进行笔试。全区 267 名“以工代警”人员经考试合格被录用为人民警察。

9 月 零陵地区公安处针对在反腐败斗争和自清自查收费中发现存在的问题，执行国务院、公安部和湖南省政府规定，纠正 21 项提高标准的收费项目。

11 月 26 日 位于双牌县城关镇的湖南省南岭化工厂乳胶炸药生产车间发生特大爆炸案，3100 多平方米厂房以及机器设备被炸毁，当场死亡职工 61 人，炸伤 22 人，造成直接经济损失 380 余万元。零陵地区公安处经过半个月的缜密侦查，查明证实犯罪嫌疑人系该厂乳胶炸药生产车间装药工谭某鑫（因泄愤报复实施犯罪，本人被当场炸死)，并抓获其同伙苏某等9人。

1994年

2月18日 《中华人民共和国计算机信息系统安全保护条例》颁布实施。全市公安计算机管理监察部门深入各计算机应用重点单位和要害部门进行宣传，落实安全人员。

5月中旬 冷水滩发现一涉及全国的非法组织“中华民族大联合委员会”，零陵地区10个县（市）均有其组织。该非法组织封官委职，制有宣言、章程、宗旨并刻制印章、铸造钢印，印制成员登记表和专用稿纸，多次召开秘密会议，以经商为名，设立各种公司，发展成员，暗中进行反政府活动。经立案侦查，该组织涉及零陵地区的13名主要成员全部被收容审查。

6—7月 全区公安机关开展反盗窃机动车和保险柜、打击抢劫犯罪专项斗争，破获刑事案件2048起，追缴赃款217.2万元，缴获摩托车、汽车84辆。

9—10月 全区公安机关开展集中追逃行动。

10月 全区公安民警统一换着92式警服。

10月底 全区公安机关开展以打现行、扫重大积案为主要内容的侦破大会战。

11月 零陵地区公安处成立“追究执法过错责任委员会”，公安处处长王伯达任主任委员，副处长秦伍生、陈历秋、蒋兴瑾等8人任副主任委员，周生英、赵冬翠等10人任委员。

1995年

2月18日 《中华人民共和国人民警察法》颁布实施，地区公安处印发人民警察法宣传教育提纲，全区公安机关组织集中学习。

3月 零陵地区公安处组织开展“春季严打攻势”、整治农村社会治安、扫积案追逃犯以及区域性打击车匪路霸、打击盗抢机动车辆、打击盗窃耕牛等一系列专项行动，共立刑事案件4413起，破3430起，破案率77.7%，抓获犯罪嫌疑人4589人，查获犯罪团伙562个，挽回经济损失453.12万元。

4月 全区公安机关开展扫除“黄、赌、毒”行动。

8月 地区公安处部署开展查禁取缔卖淫嫖娼、色情活动统一行动。

1996年

1—3月 全区公安机关开展第二次农村社会治安整治行动。

4—9 月底 全区公安机关开展严打行动。

5 月 5 日 零陵地区公安处更名为永州市公安局。

6 月中旬和 11 月中旬 全市公安机关分别组织实施党建先锋工程和队伍教育整顿。

8 月 全市公安机关开展查禁取缔“呼喊派”等邪教组织专项斗争，查获“呼喊派”“门徒会”“全范围教会”等邪教组织聚会点 100 个，查处邪教骨干成员 299 人。

10 月 15 日 市公安局在机要通讯科基础上组建永州市公安局计算机安全监察与通讯科。

11 月 全市公安机关开展“冬季严打整治”行动。

12 月 20 日 芝山、冷水滩分局分别组建的“110”报警服务台投入试运行，12 月 25 日市公安局 110 报警服务台正式开通。

1997 年

3 月 成立永州市公安局刑事侦察支队，预审科更名为预审监管支队。成立审计科，与纪委合署办公。成立永州市看守所，为正科级行政单位。

5 月 26 日 市公安局公安政保部门在零陵区高山寺查获一非法组织“龙华会”，传唤该组织骨干成员和有关人员 18 人，缴获该组织印章 3 枚、资料和文件百余份。

6 月底 全市 188 个乡镇全部建立公安派出所，其中撤区并乡建镇后新建派出所 81 个。

8 月 开展“严打整治”“春夏严打”、禁毒、打击车匪路霸、冬季侦破大会战系列专项斗争。

9 月 25 日 祁阳县公安局抓获武汉市警方函请协查的集制黄、贩黄、运黄于一体带黑社会性质的跨国走私团伙犯罪嫌疑人潘某生。

10 月 公安部、人事部组织全国公安机关开展刑事技术资格评定工作，永州市公安系统 96 名刑事技术人员获得高、中、初级职称资格。

1998 年

1 月 9—10 日 市公安局召开全市公安局局长暨“110”报警服务平台总结表彰大会。

1 月 永州市公安局改革侦查、预审分设工作机制，实行侦审一体化，永州市公安局预审监管支队更名为永州市公安局监所工作管理支队，永州市公安局刑侦支队增设预审大队（第五大队）。

3月 全市公安机关开展为期6个月的以“反腐治奢，艰苦奋斗”为主题的公安队伍教育整顿，重点整顿私设“小钱柜”等群众反映强烈的问题。

4月 全市公安机关和武警部队出动警力，协助党委、政府及有关部门成功处置发生在芝山、冷水滩、祁阳、东安、凤凰园等县（区）的传销人员闹事、打砸抢烧及堵塞交通的突发性治安事件。

4月 永州市委、市政府研究同意永州市公安局机关搬迁。市规划局发放《用地规划红线图》及“建设用地规划许可证”，市公安局组建专门班子负责搬迁工作。

4月 市公安局党委作出“关于开展向徐家井派出所学习的决定”。

4—5月 全市公安机关开展清理收缴非法枪支弹药、危爆物品行动。

5—7月 市公安局组织开展全市侦破大会战。

6月11日至7月下旬 永州市南六县开展集中统一抓捕邪教组织“主神教”人员行动，抓获“主神教”骨干60人。

8月15—25日 全市公安经文保部门统一行动，对出售、出租出版物场所进行全面清查。

9月11日 市公安局开展全市烟花爆竹行业集中清理整顿行动。

9月 市公安局和芝山、冷水滩公安分局开通智能型“110”接警系统。

10月 永州市公安局涉税犯罪侦查支队成立。

10—12月 市公安局组织开展全市“侦防双百会战”。

11—12月 全市公安机关开展整治经济发展环境活动。

1999年

4月 市公安局开展春夏“严打”整治和整治治安秩序、打击车匪路霸专项行动。

6月 全市公安机关开展追逃和扫黑除恶专项行动。

7月 全市公安机关开展学习“徐家井精神”和“双创”活动。

12月 市公安局部署落实澳门回归安全保卫工作任务。

2000年

1月17日 道县桥头乡狮子岭小冲岭自然村发生1起特大投毒杀人案，道县公安局侦破此案，犯罪嫌疑人熊某放被依法逮捕。

1月 全市公安机关开展“扫黑除恶”专项行动，查获犯罪团伙59个，抓获犯罪嫌疑人432人，破获各类刑事案件276起。

2月 芝山公安分局破获1起非法制造假身份证、驾驶证、毕业证、学生证案件，犯罪嫌疑人蒋某峰被依法刑事拘留。该案系永州市破获的首例非法制作假居民身份证案。

2月 市公安局开展治理经济发展环境活动，整治干扰破坏企业发展的重点问题，制止“三乱”行为。

5月31日 全市公安机关集中开展打拐专项斗争统一清查行动。

5月 全市公安机关巡警部门改革勤务模式，推行“一日工作流程”，提高快速反应能力，遏制街头现行违法犯罪。

10月1日 全市公安民警换着“99”式警服。

11月 全市公安看守部门开展“反徇私枉法、反玩忽职守，防安全事故”教育，促进监所规范化管理。

11月 全市公安机关按照湖南省公安厅统一部署，以“双百双千工程”为主要内容开展“基层基础工作年”创建活动，强化基层所队和基础工作建设。

2001年

2月8日 东安县公安局成立以局长黄定德为组长的蒋某心、蒋某贤黑社会性质组织专案组，公安部将此案列为部督案件。

2月10日 湖南省公安厅授予永州市公安局出入境管理部门依法行使赴港澳探亲审批权、制证权。

3月19日 永州市公安局接管东安县蒋某心、蒋某贤黑社会性质组织案，成立以市委书记曾庆炎为指挥长的专案组，市公安局局长秦伍生任组长。经过半年时间的侦查，该案48名涉案成员全部被抓获归案。该黑恶势力团伙涉嫌组织、领导和参加黑社会性质组织罪、故意杀人罪、私藏枪支罪、强迫交易罪等15种犯罪，涉案53起，偷税80余万元。

3月 永州市公安局全面推行县级公安机关执法质量考核评议工作。

3月 永州市计委批准市公安局宿舍工程1—12栋和科技信息指挥中心项目立项。

是年 全市公安网络安全监察部门正式履行刑法第285、286条规定的计算机犯罪案件立案管辖权和行政执法权，共发现、查处网络违法犯罪案件18起，依法处罚23人。

2002 年

1 月 1 日 湖南省公安厅授权永州市公安局出入境管理部门扩大内地居民赴港澳地区探亲范围，取消探亲名额限制。

2 月 全市公安机关组织开展春节追逃专项行动，20 天内共抓获各类在逃犯罪嫌疑人 89 人。

5 月 全市公安机关加大对邪教组织重点骨干和顽固分子的控制力度，确保无邪教组织人员滋事，同时组织开展打击地下邪教组织的重点战役，打击邪教组织分子的嚣张气焰。

5—6 月 市公安局针对城区街面抢劫、入室盗窃等侵财型犯罪案件多发的情况，组织开展“三反一打”专项行动。

6 月 全市公安机关开展打黑除恶和治爆缉枪专项行动。

7 月 全市公安机关组织开展打击盗窃耕牛犯罪、打击盗抢多发性犯罪、打击“两抢”犯罪专项行动。

10 月 市公安局组织开展“治爆缉枪百日行动”和重点村整治、水域严打整治、边界地区整治和企业、校园周边治安秩序整治专项行动。

2003 年

1 月 全市公安机关对年内发生的 4 起违反“五条禁令”案件全部查处到位。

2 月初 市公安局制订《关于贯彻落实〈湖南省县级公安机关综合考评办法〉和〈湖南省公安机关执法质量考核评议办法〉暂行规定》，建立严格的执法质量责任制。

2 月 市公安局制订《永州市公安局直属支队执法质量考核评议方案》，将刑警、治安等 9 个直属业务支队执法质量考评纳入市公安局公安工作目标管理考核内容；制订《公安民警末位调整暂行规定》《领导干部辞职暂行规定》《一票否决暂行规定》等规章制度。

3 月 13 日 市公安局刑警支队、出入境管理科和宁远县公安局联合开展打击跨国拐卖越南妇女犯罪专项行动，抓获涉嫌拐卖越南妇女的“人贩子”5 人，查获非法入境越南籍妇女 8 人。

3 月 28 日至 12 月 31 日 全市公安机关开展“贯彻十六大，全面建小康，公安怎么办”大讨论活动。

3—12 月 全市公安机关开展优化经济发展环境暨行政效能监察和“创四优”活动，市公安局制订《关于永州市公安机关为民营经济服务的意见》和《永州市公安局为国有企业改革和发展服务的承诺》，向社会公开承诺“五不”“六要”“七严禁”，为全市经济建设和改革开放保驾护航。在全市创“四优”工作集中评议中，市公安局满意率为96.3%。

4月18日 市公安局组织开展永州市第二届公安理论研讨会，共收到参赛论文50余篇，评选出一等奖论文2篇、二等奖论文4篇、三等奖论文6篇、优胜奖论文10篇。

4月20日至6月10日 市公安局在全市范围内组织开展为期50天的踏查铲除毒品原植物专项行动。

4月底 市公安局组织江华、江永、道县公安机关及有关部门，对铜山岭西矿区非法采矿活动进行专项整治，收缴枪支70支，炸药360公斤，雷管320枚，导火索250米，依法炸毁非法采矿口6个。

4—10月 市公安局开展抗击“非典”行动，派出警力与有关部门在与周边县、市接壤的公路要道上设立59个检查站，出动警力3000余人次，检查入市车辆4万辆次，协助定点医院、公共场所和学校做好隔离工作。

5月15日至6月25日 市公安局组织开展为期40天的城区“三反一打”专项行动，共破获“两抢”、盗窃等刑事案件775起，查获盗抢犯罪团伙56个，抓获犯罪嫌疑人531人，收缴赃款赃物价值376万元，为群众挽回经济损失240余万元。

5月中旬 全市公安机关在抗洪救灾中出动警力4000余人次，救助群众267人次，破获盗窃、抢劫等刑事案件91起，抓获犯罪嫌疑人87人，协助有关部门化解各类矛盾纠纷70余起，维护灾区社会治安稳定。

5月22日 市公安局指纹自动识别系统正式投入运行。

5月26日 全市公安机关推行“永州市公安局民情日记制度”“首问责任制”“领导接待日制度”三项制度。

5月 市公安局开展“反扒”专项行动，抓获扒窃犯罪嫌疑人131人，查获扒窃团伙14个。

6月20日 江华瑶族自治县公安局在广东抓获被公安部督捕潜逃10年的犯罪嫌疑人刘某栋。

6月 全市公安机关相继成立“执法问题举报中心”。

7月24日 全市社区警务建设工作现场交流会在祁阳县公安局召开。

7—11月 市公安局配合人事部门组织开展公开招录人民警察工作，共录用人民警察85名。

9—12月 全市公安机关开展集中清理重要信访积压件专项行动，共清理各类信访积压件33件，其中市委、市政府督办的2起督办案件和公安部、湖南省公安厅交办的9件全部办结，受到省公安厅表扬。

10月 全市公安机关出台一系列便民利民措施，户政部门在公安部出台的便民利民措施基础上增加5条便民利民措施，出入境管理部门对凡是到永州市投资1000万元以上的企业提供上门服务，对因商务申请赴港澳台的，实行特事特办，按需审批，消防部门出台《永州市消防支队十六条便民利民措施》，交警部门出台19条便民利民措施。

11月19—21日 湘粤10县（市）第四届第10次治安联防协作会议在江华瑶族自治县召开。

12月12日至2004年2月 市公安局在全市范围内组织开展打击多发性犯罪和查禁“黄、赌”专项行动。

12月底 道县公安局摘掉“全省社会治安重点整治县”、道江镇“全市重点整治镇”、道县看守所“全国挂黄牌整治后进所”3顶落后帽子。

是年 永州市公安局在全市范围内开展“春雷”“雷霆”“秋季侦破大会战”和“年末侦破会战”专项行动，破获各类刑事案件6768起，抓获犯罪嫌疑人5267人，查获犯罪团伙257个。

2004年

1月 永州市公安局冷水滩分局与凤凰园分局合并办公。

1月 全市公安机关开展打击“两抢一盗”、打击多发性犯罪专项行动。

2月 市公安局制订《永州市公安局落实纪委谈话制度实施方案》《全市公安机关领导干部述职述廉工作规定和领导班子成员民主生活会规定》《永州市公安局廉政谈话制度》《诫免谈话制度》等规章制度。

3月10—11日 市公安局召开全市侦破命案动员部署大会，安排部署全市公安机关侦破命案专项行动。

3月11—12日 市公安局在江华瑶族自治县公安局召开全市户政管理工作会议，进一步整合警力资源，建立与新型社区相适应的社区警务机制。

3月 市公安局与永州电视台联合创办永州公安宣传平台《永州警视》栏目。

4月18—24日 全国女子举重锦标赛暨雅典奥运会女子举重选拔赛在永州市体育馆举行，永州市公安机关完成各项保卫工作任务。

4月 市公安局技侦支队协同吉林警方抓获公安部部督A级在逃犯罪嫌疑人李某勇及其同伙。

5月 市公安局经侦支队成功侦破公安部督办的“4·12”特大出售假美元案。

5月 永州市公安局正式确立城乡统一的户口登记制度。

9月14日 市公安局在宁远县召开全市“扫黄禁赌”工作会议。

9月24—25日 永州公安机关完成在宁远举行的湖南省祭舜大典安全保卫工作任务。

9月27日 市公安局在冷水滩举行庆祝中华人民共和国成立55周年阅警式，展示大练兵活动成果。

10月初 市公安局机关整体搬迁至冷水滩新址上班。

10月15日 冷水滩交警大队民警唐奎林在执勤时被害，凶手作案后逃离现场。10月17日，犯罪嫌疑人罗某荣被缉拿归案。

10月18日 市公安局、祁阳县公安局与云南警方联手破获2004年“10·17”特大贩毒案，缴获海洛因9120克。

11月5日 市公安局完成全市公安三级网设备安装调试工作。

11月 冷水滩公安分局破获1起持枪抢劫银行运钞车案，并通过此案，运用技术手段，破获公安部督办的1998年“2·6”永州市中医院骨科护士长于某被枪杀案。

12月底 根据市委指示，在市公安局机关和冷水滩公安分局进行警务体制改革试点探索，改革现行警务体制，冷水滩公安分局机关人员编制由170名精简到34名，辖区派出所人员编制由219名增加到325名。

2005年

3月18—20日 市公安局举办全市公安机关综合考评培训班，对办公室、刑警、治安、派出所内勤民警进行培训。

5月18日 市公安局组织各县（区）公安局（分局）开展“开门大接访”活动。

6月5日 市公安局组织开展集中搜捕贩毒人员和收戒吸毒人员“雷鸣行动”。

6月26日 市公安局结合“4·14”全国禁毒人民战争电视电话会议和全省禁毒工作会议精神，开展“集中宣传周”“集中宣传月”活动。

7月20日至10月30日 全市开展打击伪造、变造、买卖居民身份证、户口证件违法犯罪行为专项行动。

7月 全市公安机关精简机关，进一步充实社区警务力量，建立社区警务室113个，配备社区警务民警230人，“一区一警”“一区多警”体制全部落实到位。

8月 市公安局机关抽调131名警力，分4个组每天到冷水滩城区主要街道巡逻，增加群众的见警率。

是年 成立永州市公安局劳动教养审批委员会，全市审批劳教案件218起，审批少年收容所教养1人。

2006年

1月13日 双牌县公安局12个派出所设置为副科级单位。

2月 宁远县公安局代表队在永州市公安局举行的《中华人民共和国治安管理处罚法》知识竞赛中获第一名；继而在湖南省公安厅举行的全省公安机关《中华人民共和国治安管理处罚法》知识竞赛中获第一名。

3月23日 湖南省委书记张春贤等省委主要领导到宁远县考察，市、县公安机关完成保卫任务。

4月7日 永州市政法战线优秀共产党员先进事迹报告会在双牌县公安局召开。

4月28日 中国湖南·阳明山杜鹃花旅游节在双牌县阳明山国家森林公园举行，市公安局完成安全保卫任务。

10月30日 市公安局完成永州市公祭舜帝大典暨中央电视台“激情广场”演唱活动安全保卫任务。

11月 全市完成统一派出所建筑外观形象改造35个，完成无房派出所建设14个。

12月6日 市公安局举行新闻发布会，备受社会关注的2005年“11·10”冷水滩区上岭桥信用社港子口分社特大持枪抢劫杀人案告破，犯罪嫌疑人高某亮落入法网。2005年11月10日7时，冷水滩区信用联社上岭桥信用社港子口分社被抢走现金20余万元，犯罪嫌疑人开枪杀害3人后潜逃，犯罪嫌疑人朱某中在逃跑时因枪支走火自伤不能行走，被犯罪嫌疑人高某亮开枪打死。

是年 全市看守所投资300万元建成视频监控系统。

2007年

1月 永州市各级公安机关开展矛盾纠纷和安全隐患排查化解及信访维稳工作，为全国“两会”召开创造良好的治安环境。

3月9—11日 零陵区珠山镇发生群众因不满安达公司客运票价上涨而拦砸、放火焚烧车辆事件。市公安局及时出动警力，事件得到成功处置。2名放火焚烧车辆的犯罪嫌疑人1人投案自首、1人被抓获归案，均被依法追究刑事责任。

3月17日 公安部二十六局副局长陈斌、省公安厅副厅长蒋和平一行到永州调研防范和处理邪教工作。

3月23日 中央电视台新闻频道共同关注栏目播出宁远县看守所民警人性化关爱囚犯并陪同囚犯办理结婚证特别节目《跨越高墙的爱》，引起社会反响。

5月21—22日 市公安局召开第三次全市公安国保工作会议。

5月31日 市财政局局长刘尤碧到永州市公安局现场办公，研究解决公安信息化及刑侦技术建设资金问题。

6月4日 市人大检查组到市公安局检查贯彻执行《中华人民共和国刑法》和《中华人民共和国刑事诉讼法》情况。

6月17日 省公安厅贯彻执行《公安特警队规范建设》督导检查组一行5人到永州市公安局对永州巡特警支队在队伍建设、履职执法及训练、勤务保障、“三项建设”等公安特警队规范建设方面进行督导检查。

7月4日 永州市公安局经侦部门成功查获一假币加工窝点，主要犯罪嫌疑人何某盛被抓获归案。14日，成功侦破一伪造货币案，取缔假币加工窝点一个，犯罪嫌疑人何某喜被抓获归案。

12月1日至2008年3月10日 全市公安机关开展“反盗、打流、追逃”百日大会战。

12月17—19日 中央电视台“社会与法”频道（CCTV-12）记者会同长沙市政法频道记者到宁远县公安局就宁远县公安局命案侦破、信访、“三百民警下警区”等亮点工作进行采访报道。

2008年

1月9—10日 市公安局完成省委、省政府在祁阳县举行的陶铸一百周年诞辰纪念活动安全保卫工作。

1月11日至2月初 永州市出现持续冰冻、雨雪、严寒恶劣天气，全市公安机关投入抗冰救灾工作。

1月22日 市公安局选派7名年轻干部到部分县（区）公安局（分局）挂职锻炼。

3月1日至12月31日 全市公安机关开展“两争创”“两满意”活动。

3月初 全市公安机关组织3000民警下基层，开展“摸实情、解难题、保稳定、促发展”活动。

4月3日 市公安局完成公安部组织的“4·3”奥运会背景审查演练工作，奥运背景审查做到及时、准确、无误。

4月26日至8月5日 全市公安机关开展“迎奥运保平安严打整治百日会战”行动，落实奥运安保措施。

5月14日 全市公安民警为四川省汶川地震灾区捐款4.2万余元。

5月15日 永州市人民政府市长龚武生，市委常委、常务副市长唐松成，市委常委、市委政法委书记蒋善生到市公安局调研公安工作。

5月30日 市公安局召开奥运安保誓师大会并举行环城游行活动。

5月 全市公安机关开展治爆缉枪专项行动。

6月1日至7月31日 全市公安机关开展“重信重访、疑难信访案件攻坚大会战”。

7月 市公安局选派27名优秀民警到江苏、广东两地学习锻炼。

8月6日 根据省反恐办统一部署，永州市反恐怖工作协调小组成功举行事先不打招呼、不定时间的由武警、消防、公安、卫生、电业、环保、公用事业等部门参加的拉动式演练。

8月 全市公安机关新招录民警工作完成，共招录新警184名。

10月7日 市公安局在江华瑶族自治县召开全市社区和农村警务建设现场会。

10月27日 市公安局举行“赴广东江苏民警先进经验报告会”，从27名赴广东、江苏学习的民警中选派6名民警参加先进经验巡回演讲。

11月14日 市公安局召开全市公安局局长会议，贯彻落实公安部“南京会议”和“11·6”全省公安局局长会议精神，研究部署全市公安信息化建设和“三基三化”迎“国检”“省检”工作。

11月16日 市公安局后勤服务楼正式投入使用。

12月5日 零陵公安分局完成机构改革，全市公安机关机构改革和人事调整工作完成。

12月10日 全市公安机关开展为期3个月的集中整治赌博专项行动。

12月20日 市公安局警犬基地正式投入使用。

12月26日 在市人大对市政府部门工作测评会上，市公安局以第二名的成绩通过人大评议。

12月 市公安局对各县（区）公安局（分局）局长、政委进行轮岗和交流。

12月 湘粤边区治安协作会议、湘桂边区刑侦工作协作会议、湘桂黔边区刑侦工作协作会议相继在永州蓝山、宁远、东安召开。

12月 全市公安机关开展以打击“两抢一盗”、命案侦破、追逃为主要内容的“寒剑行动”。

2009年

1月13日 永州市公安工作暨命案侦破工作总结表彰大会在永州会堂召开。

1月18日 市公安局在市体育中心举办公安机关特警汇报表演会。

1月25日 市公安局正式启动特警24小时不间断武装巡逻堵卡和值班备勤，

10 台巡逻车、10 只防暴犬投入巡逻执勤。

2 月 6—9 日 永州市公安机关完成省委书记张春贤等领导在永州考察期间的保卫工作。

2 月 16—17 日 公安部经侦局副局长罗子发、省公安厅经侦总队副总队长刘岳斌等一行 8 人到永州督察指导打击假币犯罪“09 行动”。

2 月 18 日 市公安局召开全市禁毒工作会议。

2 月 20 日 永州市开展为期 40 天的严重交通违法行为集中整治专项行动。

2 月 21 日 永州市公安经侦部门联合市工商局、中国人民银行永州支行在全市集中开展防范和打击非法集资、传销、假币犯罪宣传咨询活动。

2 月 22 日 市公安局纪委到冷水滩公安分局凤凰园派出所督察，首次启动特邀监督员“随警”监督。

3 月 3 日 市公安局经侦支队接省公安厅指令，在深圳市公安局经侦支队情报大队支持下，在宁远县莲花大酒店现场抓获犯罪嫌疑人唐某等 3 人，缴获面额 100 元的假币近 500 万元，运输假币车辆 1 台，杀猪刀 1 把。

3 月 14—15 日 公安部、省公安厅反假币“09 行动”督导组到永州督查部督“3 · 3”专案、“3 · 11”专案进展情况。

3 月 18 日 省公安厅党委副书记、副厅长胡旭曦一行到永州检查督导反假币“09 行动”和部督案件侦办工作。

4 月 13 日 省公安厅交警总队机动车驾驶人考试中心永州考场正式开考。

4 月 13 日 新田县公安局查获一主神教聚会窝点，当场抓获参加聚会的邪教信徒 10 余人。

4 月 20 日 “沈国初先进事迹报告会”在永州会堂举行，公安民警和部分群众近 900 余人参加报告会。

4 月 28 日 市公安局完成在双牌县阳明山举行的第三届中国 · 阳明山“和”文化旅游节暨杜鹃花会、万寿寺佛堂开光法会保卫工作任务。

5 月 2—3 日 公安部督查局副局长、督查调研组组长张爱红，公安部十三局调研员熊远海一行 4 人，在省公安厅监管总队副总队长龙绍来陪同下到永州对东安县公安监所建设情况进行调研。

5 月 13 日 全市 130 名民警兵分五路，在北京、天津及永州市冷水滩区、祁阳县等地实施抓捕，一举抓获 18 名制贩毒犯罪嫌疑人，查获制造冰毒加工厂 4 个，缴获冰毒成品 700 余克、半成品 38 公斤、制毒原料 883 公斤及大批制毒设备。

5 月 15 日 省公安厅党委委员、副厅长杜亚玲代表厅党委、省公安民警基金会，资助、慰问永州市 18 名特困公安民警及家属。

5月22日 公安部经侦局副局长高峰一行4人在省公安厅经侦总队总队长唐祥生陪同下，到永州督导反假币“09行动”和部督、省督案件侦办工作。

5月22日 市公安局举行“社会治安整治行动”新闻发布会，就打击毒品犯罪和打击假币犯罪方面取得的成绩向社会发布新闻。

6月8日 全省公安机关打击假币犯罪推进会在永州召开。

6月10日 市公安局召开全市缉毒侦查工作会议。

6月11日 永州市南6县警务工作正规化指南知识考试在宁远县公安局举行，来自新田、蓝山、道县、江华、江永、宁远共6个县（自治县）公安局的73名派出所长（教导员）参加考试。

6月11—15日 中央电视台新闻频道派记者到宁远县公安局，对柏家坪镇板栗元村禁毒开展工作情况进行追踪采访。

7月6日 为策应两岸经贸文化论坛安保工作，确保论坛活动安全，全市公安机关按照省公安厅统一部署，在全市范围内两次开展统一清查行动。

7月24日 市公安局组织市公安局机关198名民警进行《正规化指南》公共部分知识考试。

7月27日 市公安局保密委组成检查组赴各县（区）公安局（分局）开展保密安全检查。

7月27日 永州公安在道县道江镇月岩中路从广西八步到道县的大巴车上抓获犯罪嫌疑人1人，当场缴获假币101.84万元。

7月31日 省公安厅刑侦总队警犬工作支队支队长刘补吾率警犬认证资格考核组到永州公安警犬基地组织考核认证工作，市公安局刑侦支队警犬工作大队训导的13条警犬全部达到三级以上认证标准，其中2条追踪犬达到二级认证标准，居全省第一。

8月9—12日 根据省公安厅统一部署，全市公安机关开展缉捕公安部A级逃犯张某禹统一清查行动。

8月28日 永州市举行全市公安机关、武警部队国庆安保誓师大会暨反恐维稳训练成果汇报表演。

8月 全市公安交警部门开展反对酒后驾驶“十大劝诫”活动，严查酒后驾车。

8月 市公安局选派15名特警队员到武警永州支队教导大队基地进行封闭式训练，提高特警队员的攀登技术、武装射击及新时期综合反恐实战战术等技能。

9月7—8日 永州市公安机关完成湖南省祭舜活动安保工作任务。

9月17—18日 永州市公安机关网络宣传员培训班开班。局机关及全市11个县（区）公安局（分局）的185名网络宣传员参加培训。

9月20日 永州市公安局交警支队政委刘祖民获“永州市首届敬业奉献模范”，受到市委、市政府表彰。

9月27日 市公安局举办“警营开放日”活动。

9月 市公安局高标准规范化刑事科学技术实验室正式挂牌。

9月 永州交警部门开展为期40天的“迎国庆、保畅安”道路交通秩序整治行动。

10月29日 市公安局召开永州市城区按需申领护照新闻发布会。

10月30日 市公安局在职公安民警415人免费注射甲型H1N1流感疫苗。

10月 全市交警部门吸取祁阳“10·2”特大交通事故教训，加强路面执法，严厉查处超载、超员、酒驾等严重违法行为，消除道路交通事故安全隐患。

10月 全市公安机关组织开展以整治娱乐、休闲场所为主题的重点整治行动。

11月1日 全市公安机关开展为期2个月的集中整治非法使用违规车辆专项行动。

11月24日 市公安局举办永州市政法系统老年门球邀请赛。

11月25日 市公安局召开局长办公会议，贯彻落实省公安厅“11·24”电视电话会议精神，部署在全市范围内开展缉捕脱逃重刑犯刘某及公安部A级在逃犯罪嫌疑人张某禹集中统一行动。

11月26日 全省公安人口与出入境管理部门文秘内勤工作会议在永州市公安局召开。

12月23日 市公安局获“2008—2009年度全省公安信访工作先进集体”。

12月 市公安局在全国公安机关开展打击假币犯罪“09行动”中被评为“全国公安机关打击假币犯罪09行动”先进集体。

2010年

1月1日 市公安局组织120名民警在广西桂林和永州冷水滩两地同时展开抓捕行动，成功抓获犯罪嫌疑人杨某凤、杨某霞等68人，收缴高档轿车15台和部分赃款赃物，冻结非法财产150余万元，破获以杨某凤5兄妹为核心的网络传销组织。

1月20日 市公安局召开全市公安机关集中清理排查布控统一行动动员部署会议，拉开为期10个月的清查布控行动序幕。

1月28日 市公安局为赴疆维稳特警分队举行欢送仪式。

2月2日 蒋建湘任永州市公安局局长。

2 月 28 日 冷水滩区长丰大道往蔡市镇方向十字路口处发生一起出租车司机被害案，公安机关经过 3 天的缜密侦查，抓获犯罪嫌疑人胡某燕。

4 月 20 日 全市打黑除恶、命案侦破总结表彰暨监管工作会议在市公安局召开。

4 月 20—21 日 全市刑侦工作会议在市公安局召开。

8 月 19 日 市公安局召开全市公安机关“三基三化”工程建设暨法制与信访工作推进会。

9 月 29—30 日 全省刑侦工作创新现场推进会在永州召开。

10 月 20 日 永连公路宁远县十里铺工业园与宁嘉公路交叉路口路段发生一起特大交通事故，一台由祁阳开往广州车牌为湘 MY0389 的大巴车与一台车牌为湘 M31571 的农用车相撞后侧翻，造成 9 人死亡、20 人受伤。市公安局局长蒋建湘立即赶往宁远指挥处置“10・20”特大交通事故。

10 月 25 日 市公安局召开全市开展道路交通秩序大整顿电视电话会议，通报宁远“10・20”特大道路交通事故情况，动员部署全市道路交通秩序大整顿工作。

12 月 16 日 湘粤 11 县（市）五届七次治安联防协作会议在宁远县举行。

12 月 23 日 湖南公安“大情报”系统建设与应用推进工作会议在永州召开。

2011 年

1 月 8 日 “芒果 RADIO 永州之声”璀璨起航暨永州市出租车社会治安联动防控网启动仪式在永州广播电视局举行，市公安局局长蒋建湘出席仪式并讲话。

1 月 19 日 由零陵公安分局主办，湖南中烟零陵卷烟厂、永州舞之梦艺术中心协办的“铁警铸平安——2011 年警民联欢晚会”在零陵卷烟厂工人俱乐部举行。

2 月 9 日 市公安局局长蒋建湘组织召开党委会，研究公安监管工作，分析江永县看守所“12・31”事故原因，针对全市公安监管工作中存在的一些突出问题和薄弱环节，讨论并通过《永州市公安局关于深入贯彻公安部〈关于进一步加强和改进公安监管工作的意见〉的实施意见》。

2 月 14—16 日 市公安局局长蒋建湘带领副局长涂乙林、各县（区）公安局（分局）副局长、副政委及市公安局警令部、政治部、纪委、督察、法制、信访等有关部门负责人赴株洲、岳阳两地考察交流公安工作。

3 月 8 日 全市治安管理工作会议在冷水滩召开。

3 月 8 日 全市反恐怖工作会议在市公安局召开。

3 月 9 日 全市公安反腐倡廉工作会议在市政府电视电话会议室召开。

3 月 22 日 全市公安经侦工作会议在冷水滩公安分局召开。

3月30日 市公安局举行“大走访”开门评警宣传活动启动仪式。

4月13日 市公安局局长蒋建湘、副局长王满秋到宁远参观宁远县莲花小学、莲花大酒店“防火墙”试点场所，听取宁远县政府主要领导关于试点工作的情况汇报，并出席全市消防工作暨“防火墙”工程建设现场会。

4月19日 市公安局在宁远县公安局召开全市公安监管工作会议。

4月21日 市公安局完成第5届中国阳明山“和”文化旅游节暨杜鹃花会开幕式安全保卫工作任务。

6月3日 市公安局召开全市公安机关防范打击袭警违法犯罪活动电视电话会议，通报2010年以来发生的6起典型暴力袭警案件，局长助理陈晓明就如何提高民警自我防范意识、应对暴力袭警作专题讲座。

7月26日 全市公安刑侦工作现场推进会在祁阳县公安局召开。

7月26—27日 全市公安机关优秀团队建设推进会在宁远县公安局召开。

8月11日 永州市公安局2011年“3·9”特大制贩冰毒案专案组分5个小组在冷水滩区、零陵区和安徽合肥实施抓捕，一举将以唐某斌为首的制贩冰毒团伙21名成员全部抓获归案，查获制造冰毒窝点4个，缴获冰毒晶体645克、冰毒水剂5195克、冰毒片（麻古）97粒、制毒原料1.4公斤及制毒设备一批。

8月26日 “警民心手相连，共建和谐永州”——永州市公安机关深入推进“为民服务排忧解难”活动宣传仪式在冷水滩区滨江广场举行。

10月10日 省公安厅督捕的潜逃近6年网上命案在逃犯罪嫌疑人邓某林在永州市公安机关强大追逃攻势下，向公安机关投案自首。

10月11日 全市公安机关涉案财物管理专项治理工作现场推进会在双牌县公安局召开。

11月9日 由中央司法体制改革领导小组、中央办公厅组成的联合督查组深入祁阳县看守所，督查公安监管场所执法管理和监督工作。市政府副厅级干部、市长助理、市公安局局长蒋建湘全程陪同。

12月10日 市公安局局长蒋建湘召开紧急会议，研究部署“两个专项治理”（涉案财物管理专项治理和被关押人员非正常死亡专项治理），迎接“部检”工作。

12月14日 全省公安工作南片调研座谈会在永州召开。省公安厅党委副书记、常务副厅长胡旭曦出席会议并讲话，衡阳、邵阳、郴州、怀化、娄底、永州6市公安局局长、警令部主任及部分县（区）公安局（分局）局长，省公安厅警令部和永州市公安局政治部、刑侦、治安、交管等部门负责人40余人参加座谈。

12月24日 市公安局组织治安、巡警、消防等警种及公安派出所共587名民警在全市范围开展“清剿火患”战役元旦“零点”行动。

2012 年

1 月 10 日 市公安局召开全市公安工作会议。

1 月 13 日 全市公安人口与出入境管理工作会议在市公安局召开。

2 月 6 日 市公安局完成永州 2012 年庆元宵大型焰火晚会安全保卫任务。

2 月 7 日 省委常委、省委政法委书记孙建国率省委政法委常务副书记宋甲武一行等到永州调研公安工作。

2 月 13—14 日 全市公安刑侦工作会议在市公安局召开。

2 月 17 日 全市公安经侦工作会议在市公安局召开。

2 月 22 日 全市铁路护路联防工作会议在冷水滩召开。

2 月 27 日 永州市公安局金洞分局挂牌仪式在金洞公安分局举行。

3 月 16 日 市公安局召开全市打击经济犯罪“破案会战”动员部署会。

3 月 23 日 市公安局召开全市公安机关执法规范化建设推进会暨法制信访工作会议。

3 月 29 日 国务委员、公安部部长孟建柱一行先后到永州市公安局情报中心、网技支队、刑侦支队、冷水滩公安分局凤凰园派出所视察。

4 月 1 日 由永州市文明办、综治办、民政局、市公安局联合举办的永州市“平安社区”创建暨“守护平安·干净社区”大型主题活动启动仪式在永州市八中礼堂举行。

4 月 12 日 市政府副市长、市公安局局长蒋建湘，市公安局副局长涂乙林、市公安局后勤装备部副主任沈拥政专程到冷水滩分局检查指导菱角山派出所新址工程建设情况。

4 月 13 日 市公安局召开全市公安局局长会议。

5 月 14 日 “全省公安机关落实‘210 工程’工作推进会”在永州召开。

5 月 15—17 日 第六届中国·阳明山“和”文化旅游节暨海峡两岸经贸旅游推介会在双牌县阳明山召开，市公安局完成安全保卫工作任务。

5 月 24 日 湖南警察学院在永州市公安干校举行湖南省警务实战专家流动课堂下基层活动启动仪式。

6 月 5 日 “全市公安机关实施‘210 工程’工作座谈会”在市公安局召开。

6 月 25 日 市公安局召开党委会贯彻落实全国公安厅（局）长座谈会议精神，通过《关于进一步加强全市公安基层基础工作的意见》。

6 月 26 日 全球第 25 个国际禁毒日，永州市举行“不让毒品进我家”“6·26”国际禁毒日大型公益宣传活动。

7 月 18 日 全市维护社会稳定暨打黑除恶工作会议在冷水滩公安分局召开。

7 月 19—20 日 全市公安刑侦工作现场推进会在宁远县公安局召开。

7 月 20 日 市公安局召开全市公安机关严厉打击经济犯罪“破案会战”推进会。

8 月 17 日 市公安局召开全市公安局局长会议。

8 月 23 日 全市公安网络安全保卫工作会议召开。

9 月 26 日 永州市道路交通安全管理评估工作推进暨国庆安保誓师动员大会在蓝山县公安局交警大队召开。

10 月 26 日 市公安局举行冷水滩公安分局菱角山派出所新址搬迁仪式。

2013 年

1 月 5 日 永州市禁毒工作被省政府评为 2012 年度全省禁毒工作先进市州，双牌、宁远、江永、江华、新田 5 县（自治县）被评为全省禁毒工作先进县（市）区。

1 月 14 日 市公安局邀请红网永州论坛 10 名网友代表召开座谈会。

1 月 18 日 市公安局被永州市委、市政府评为 2012 年度全市安全生产工作先进单位。

3 月 20 日 道县遭遇暴风袭击，市政府副市长、市公安局局长蒋建湘，市公安局副局长龙刚带领市武警、消防、局属相关部门负责人赶赴道县灾区一线指导抗灾救灾工作。

3 月 21 日 公安部“公正司法为人民”采访报道团到永州市公安局采访。报道团由《光明日报》《法制日报》和《民主与法治》三家媒体总编室及湖南记者站记者组成。

3 月 21 日 市政府副市长、市公安局局长蒋建湘走进市公安局与“芒果 RADIO 永州之声”合办的“110 直播室”第一期《警民热线》节目，向听众播报 2012 年永州公安工作和队伍建设情况。

3 月 22 日 市公安局召开全市治安管理工作会议，各县（区）公安局（分局）分管治安的局领导和治安大队长及市公安局治安支队全体民警共 60 余人参加会议。

4 月 12 日 市政府副市长、市公安局局长蒋建湘召集市政府办、市信访局、市维稳办、交警支队、冷水滩区政府、湖南省永蓝高速有限公司等部门负责人召开“4・11”冷水滩区育才路重大交通事故处理协调会。

4 月 22 日 省公安厅治安总队总队长覃德泽一行到永州市零陵区指导珠山“4・20”事故调查处置工作。

4月25日 市公安局组织机关民警为四川雅安地震灾区捐款，共募集爱心款3万余元。

5月3—4日 省委副书记、代省长杜家毫一行到永州调研工业、农业和重点项目，市公安局完成保卫工作任务。

5月9日 省公安厅经侦总队总队长唐祥生到永州督导检查打假专项行动。

5月15日 永州市“防范和打击经济犯罪宣传日”活动在冷水滩举行，市委、市政府、市公安局及相关部门领导及工作人员、群众1000余人参加活动。

5月17日 市公安局召开全市公安机关“规范执法攻坚年”活动推进会。

5月28日 市人民政府副市长、公安局局长蒋建湘到江永县督导“5·28”火灾事故处置工作。是日零时40分许，江永县千家峒瑶族自治乡凤岩山村拐子洞（地名）原生猪养殖场内一工棚发生火灾致6名民工死亡，死者均为广西灌阳籍在江永县砍伐桉树的务工人员。接警后，江永县公安民警、武警消防官兵及120名医护人员迅速赶赴现场，于凌晨1时20分左右将火扑灭。

6月3日 市公安局组织召开全市“打传销反欺诈促和谐”执法行动部署会，贯彻落实公安部、省公安厅执法行动部署电视电话会议精神。

6月4日 根据湖南省禁毒委统一部署，永州市禁毒委在市政府召开道县外流贩毒人员整治约谈会，副市长、市禁毒委主任蒋建湘代表市禁毒委对道县党委政府和禁毒委主要负责人进行约谈。

6月18日 “永州市公安机关网上警示教育基地”专栏正式开通。

6月25日 市公安局禁毒支队副支队长谢子立被国家禁毒委、中国禁毒基金会评为“全国十大禁毒先锋”，受到国务委员、公安部部长郭声琨接见。

6月26日 国际禁毒日，市禁毒委在冷水滩区滨江广场举行公开销毁毒品仪式，现场销毁各类毒品100余公斤。市委、市政府及冷水滩区委、区政府有关领导和市禁毒委成员单位代表、社区干部群众代表、“妈妈禁毒联盟”代表、青年禁毒志愿者代表、学生代表、戒毒康复人员代表、新闻媒体代表共2000余人参加活动。

8月15日 湖南省衡柳铁路护路联防工作会议在冷水滩召开。

9月26日 全市公安机关开展查缉毒品统一行动，市公安局禁毒支队领导分2组到各县（区）督导查缉工作。

10月9—10日 省公安厅党委委员、副厅长袁友方到永州市公安局调研指导规范执法和经侦工作。

10月12—15日 市政府副市长、市公安局局长蒋建湘一行赴广西防城港市、桂林市，分别与防城港、桂林两地公安机关签订警务交流友好协作框架协议。

10月29—30日 省公安厅政治部组织《人民公安报》《湖南日报》《法制周

报》《潇湘晨报》及红网等国家、省级媒体记者采访团到永州市公安局集中采访规范执法建设成果和先进典型。

11月1日 市政府副市长、市公安局局长蒋建湘率市公安局党委委员、副局长沈林松和市公安局治安支队政委谭国友深入道县督导“10·31”遗弃手榴弹爆炸伤人案件侦破工作。

11月8日 国务院安委办金属非金属矿山整顿工作第五调研督导组组长、公安部治安管理局副巡视员张少军一行到永州市公安局检查指导工作。

11月26日 省公安厅党委委员、副厅长赵立民一行到宁远县公安局调研指导公安工作。

2014年

1月3日 市公安局召开侦破命案和“打侵财保民安”专项行动新闻发布会。

1月4日 省委副书记孙金龙在市委书记陈文浩，市委副书记唐松成，副市长、市公安局局长蒋建湘等陪同下调研永州公安工作。

2月7日 永州市2013年刑事案件现场勘查工作多项指标位居全省前列，综合排名全省第一，市政府副市长、市公安局局长蒋建湘和局党委委员、副局长沈林松等在《2013年现勘、足迹系统工作情况通报》上批示。

2月26日 省公安厅治安总队总队长覃德泽、危爆支队支队长龚向云一行到蓝山县调研民用爆炸物品运行管理及使用终端价格情况。

3月13日 永州市公安局党风廉政建设排名全省第一，取得连续3年排名全省第一、连续5年获全省公安机关党风廉政建设先进单位佳绩。

3月20日 市政府召开市人大代表建议、政协委员提案交办会。市公安局办理人大代表建议、政协委员提案工作连续5年被评为先进单位，市公安局民警罗林芊被评为先进个人。

4月8日 市委书记陈文浩到金洞公安分局调研指导工作。

4月21—25日 省公安厅副巡视员汪华、信访处副处长杨力行一行到永州市公安局调研公安信访工作。

4月22日 市政府副市长、市公安局局长蒋建湘到道县公安局柑子园派出所当“普通民警”，体验基层民警生活。

5月6日 省公安厅监管总队总队长吴逊伟到江永调研监所工作。

5月8日 市政府副市长、市公安局局长蒋建湘到巡特警支队、武警永州支队教导大队、火车站等地检查反恐处突工作落实情况。

5月12—14日 省委副书记、省长杜家毫一行赴永考察调研，市公安局完成安保任务。

5月14日 市政府副市长、市公安局局长蒋建湘率市公安局党委委员、副局长沈林松及部分侦、技民警到蓝山指导督办“5·13”案件侦破和处置工作。

5月21日 省公安厅党委委员、副厅长、政治部主任吴巨培率省公安厅政治部教育训练处处长丁自平等及新华社、中新社、凤凰网、《法制日报》记者到永州调研、采访报道永州市公安局优秀团队建设经验和公安亮点工作。

6月13日 永州市公安局获得湖南省绿化委员会授予的“省级园林式单位”奖牌和证书。

6月18日 市政府副市长、市公安局局长蒋建湘督导市重点工程——冷水滩河东城市综合体拆迁工作，并在冷水滩公安分局召开督导会议。

7月1日 市委常委、市委政法委书记唐湘林到市公安局交警支队调研并座谈。

8月4日 省政协主席陈求发、省政府副省长何报翔一行到永州市督办《关于进一步推动湘南承接产业转移示范区发展的建议》重点提案办理工作，并深入东安县调研指导重点工程和园区工业建设，市公安局完成保卫工作任务。

8月5日 市政府副市长、市公安局局长蒋建湘率市道交委成员单位部门负责人深入客运企业市湘运公司、零陵旺达公司督导安全生产工作，并在市交通局召开通报会，对存在重大道路交通安全隐患的八家运输企业下发整改通知书。

8月22—25日 省委常委、省委副书记孙金龙一行到永州市新田、宁远、江永、江华、道县、蓝山调研工作，市公安局完成安全保卫工作任务。

9月9日 市政府副市长、市公安局局长蒋建湘率市局警令部副主任蒋剑彬、警务保障部副主任沈拥政到江华大圩、小圩、水口、码市等派出所以及大圩宝镜村、码市竹市村调研公安工作。

9月16—17日 省公安厅保密检查组刘礼一行，对永州市公安网保密和网络安全工作进行专项检查，并对5名市公安局聘用工作人员进行保密知识考试。

11月21日 省公安厅在永州召开新闻发布会，通报全省公安机关2014年打击整治假币违法犯罪集中行动情况和永州市打击整治假币违法犯罪工作情况。中新社、中央电视台、中央人民广播电台、《法制日报》、香港《大公报》、腾讯、凤凰网、《人民公安报》《湖南日报》、湖南经视、湖南都市等26家媒体应邀参加发布会。

12月10日 市委常委、常务副市长易佳良，市委常委、市委政法委书记唐湘林在副市长、市公安局局长蒋建湘陪同下到市公安局调研公安基础建设工作。

2015年

1月7日 市公安局党委书记刘新良到任并走访市直相关单位。当晚，刘新良安排部署对县（区）公安局（分局）夜间值班情况暗访检查专项行动，并到零陵公安分局暗访检查。

1月10日 全市公安机关开展严打整治百日会战第一次集中清查行动，市公安局局长刘新良深入一线参战督战。

1月11日 市公安局举行严打整治百日会战千人誓师大会。

1月19日 永州市第四届人大常委会召开第27次会议，任命刘新良为永州市人民政府副市长、市公安局局长，市人大常委会主任高建华为刘新良颁发任命书。

2月11日 市公安局机关推行警力下沉，从机关民警中精选40人到冷水滩、零陵公安分局基层单位锻炼。

2月12日 在全市机关党建工作会议上，市公安局机关党建工作受到市直工委表彰，连续5年获得“市直机关党建工作目标管理先进单位”荣誉称号。

2月15日 全市公安机关开展严打整治百日会战第三次集中清查行动，市人民政府副市长、市公安局局长刘新良深入冷水滩战区一线参战督战。

3月23日 市公安局召开全市公安工作会议，市委常委、市委政法委书记唐湘林，市政府副市长、市公安局局长刘新良出席会议并讲话。

3月25日 市公安局机关及直属分局严打整治百日会战火线提拔科级领导干部任职大会召开，市政府副市长、市公安局局长刘新良出席会议并讲话。

4月14日 省公安厅党委委员、副厅长李介德率刑侦总队总队长赵剑、禁毒总队总队长董瑛等一行到永州市公安局调研指导工作。

4月17日 市公安局举行严打整治百日会战公开返赃大会，市政府副市长、市公安局局长刘新良出席会议并讲话。

4月29日晚 全市公安机关开展严打整治百日会战第五次集中清查行动，市政府副市长、市公安局局长刘新良深入零陵战区一线参战督战。

5月4日 市公安局党委会研究部署“四项建设”工作。

5月13日 永州市公安局警务督察支队举行揭牌仪式，市政府副市长、市公安局局长、督察长刘新良出席仪式，警务督察支队全体督察民警参加。

5月15日 永州市中心城区2015年防范打击经济犯罪暨处置非法集资“5·15”宣传日活动启动仪式在冷水滩区万喜登广场举行，市委常委、市政府常务副市长易佳良，市政府副市长、市公安局局长刘新良等出席。

5月29日 市公安局召开全市公安机关立案突出问题专项治理动员部署会。

6月11日 全市禁毒工作专题协商会议在市政协召开，市政协主席唐定，市委常委、市委政法委书记、市禁毒委主任唐湘林，市政府副市长、市公安局局长、市禁毒委第一副主任刘新良等出席会议。

6月23日 市公安局机关及直属公安分局百日会战总结阶段火线提拔科级领导干部任职大会召开，市政府副市长、市公安局局长刘新良出席会议并讲话，市公安局机关、冷水滩公安分局民警代表及17名火线提拔的任职人员及其家属代表共140余人参加会议。

6月24日 全市公安机关百日会战总结表彰暨深化严打整治工作会议在中共永州市委党校召开，市委常委、市委政法委书记唐湘林，市政府副市长、市公安局局长刘新良分别讲话。

6月26日晚 市公安局组织实施的夜巡查缉首日，市政府副市长、市公安局局长刘新良深入冷水滩城区一线参加夜巡查缉，并对冷水滩城区的治安巡逻防控工作进行督导。

6月30日晚 市公安局组织全市公安机关开展集中清查行动，市政府副市长、市公安局局长刘新良深入冷水滩战区一线参战督战。

7月6日 市公安局机关党委受到市直工委表彰，获得“先进机关党委”荣誉称号。

7月17日 全市防范打击电信诈骗工作会议在市公安局召开，市政府副市长、市公安局局长刘新良讲话，市银监分局主要负责人，市、县两级各银行行长，市、县两级邮政公司总经理，市电信、移动、联通公司总经理，各县（区）公安局（分局）局长、主管副局长等160余人参加会议。

7月31日 市公安局举行中心城区巡防机制改革启动仪式，市委副书记张严，市人大常委会副主任杨海河，市政府副市长、市公安局局长刘新良及市直相关部门领导出席。

8月14—15日 省公安厅党委委员、副厅长、政治部主任吴巨培一行到永州市督导检查公共安全并调研公安工作和公安队伍正规化建设情况。

8月18日 市政府副市长、市公安局局长刘新良到市中心医院探望慰问因公负伤民警翟敏辉。

9月11日 市委副书记张严率市委副秘书长杨社顺、市委政法委常务副书记唐国玉等到市公安局刑科所和警犬基地调研。

9月23日 市政府副市长、市公安局局长刘新良到市中心医院探望慰问因公负伤民警刘阳华。

9月24日 乙未年湖南省政府公祭舜帝大典在宁远县九嶷山举行，永州公安机关完成安保工作任务。

9月29日 永州市公安局微博微信（@永州警事）工作室揭牌暨永州警事微信订阅号上线运行，市政府副市长、市公安局局长刘新良为工作室揭牌并发布第一条微信。

10月10日 市公安局举行新任领导干部任职大会，市政府副市长、市公安局局长刘新良主持会议并讲话，民警代表共120余人参加会议。

10月20日 省公安厅在新田县召开新闻发布会，通报永州市公安局成功侦破2015年“4·28”特大跨省网络传销案。新华社、中央电视台、《法制日报》《人民公安报》《湖南日报》《三湘都市报》《潇湘晨报》、湖南经视、湖南公共频道、湖南红网、湖南教育电视台、湖南交通电台、《法制周报》、华声在线、《长沙晚报》、长沙政法以及市级媒体等29家媒体应邀参加发布会。

10月28—29日 公安部副部长黄明两次对永州市公安局网技支队破获的非法生产销售境外电视网络接收设备（电视棒）案件批示表扬。该案由全国“扫黄打非”办、公安部分别挂牌督办，永州警方抓获程序开发者、服务器开办者，刑事拘留犯罪嫌疑人4人，查获生产窝点2个，缴获电视棒设备成品及半成品4000余件。

11月9—11日 省人民政府副省长、省公安厅厅长黄关春一行到永州调研禁毒工作。

11月13日 市公安局组织来自《湖南日报》、红网、华声在线、《永州日报》、永州电视台、永州新闻网、永州之声、《永州新报》、永州发布等20余名省、市媒体记者参加走进警营活动。

11月17日 市妇联党组书记、主席黄薇，全国人大代表阳国秀和部分女人大代表、女政协委员、女企业家以及市直单位妇委会主任代表20余人到市公安局机关参加走进警营活动。

12月3日 省公安厅在永州召开新闻发布会，推介永州市公安机关侦破打击经验和战果，市政府副市长、市公安局局长刘新良发布新闻，《法制日报》《人民公安报》、香港《大公报》、凤凰网、《湖南日报》《三湘都市报》、红网、湖南经视、湖南公共频道以及市级媒体等31家媒体应邀参加新闻发布会。

12月15日 市公安局召开新闻发布会，通报全市公安机关严打盗骗毒亮剑行动工作情况。

11月25—27日 江华瑶族自治县举行60周年县庆，参加活动总人数达15万人次，市公安局完成安保工作任务。

2016年

1月2日 在湖南省公安厅协调和云南省、怀化市警方的配合下，永州市、县两级公安机关经过3个月的缜密侦查，成功破获公安部“2015—1370”特大贩卖毒品案，抓获犯罪嫌疑人18人，缴获冰毒片剂16.2万粒，运毒车辆7台。

1月6日 市公安局举行严打盗骗毒亮剑行动公开返赃大会，认领赃物群众和社会各界代表400余人参加活动。

1月19日 市公安局在全省“打击盗骗毒全力保民安”专项行动考核排名中位居全省第一，被评为全省专项行动成绩突出集体。

1月20日 市公安局举行段周权任职市公安局副局长见面会。

2月1日 全省公安局局长会议在长沙召开。永州市公安局被评为“2015年度市州公安机关‘四项建设’评估先进单位”，“四项建设”评估排名全省第一；市公安局“改革机关警务实战化机制”和“改革中心城区巡防机制”2个项目被评为“2015年度全省公安机关成绩突出改革项目”；市公安局刑侦支队有组织犯罪侦查大队被评为“2015年度全省公安机关打黑除恶工作成绩突出集体”。

2月22日 全市2015年度工作综合表彰大会在市委礼堂召开，市公安局党委委员、副局长刁兰富代表市公安局上台领奖。

2月23日 全省第一个开工建设的省际公安检查站——永州于家公安检查站建设开工仪式在永州市零陵区珠山镇举行。

4月11日 市公安局举行全市公安机关深化“一村一警”工作启动仪式，市政府副市长、市公安局局长刘新良出席并讲话。

4月14—15日 市政府副市长、市公安局局长刘新良到江永县上江圩镇桐口村当“村警”，并调研“一村一警”工作和公安检查站建设。

4月19日 市公安局专案组成功抓获公安部督办的香港“英皇钟表珠宝”店被盗案重要在逃犯罪嫌疑人何某辉。

4月22日 省政府召开全省禁毒工作电视电话会议，永州市禁毒工作绩效评估和满意度调查排名全省第2，吸贩毒现象治理民调排名全省第3。市委副书记、市长易佳良在省政府主会场作为全省市州唯一代表作典型发言。

4月27日 市中心城区创交模交通秩序“五车”集中整治专项行动誓师大会在市公安局举行。

5月4日 第一届永州公安女警大会召开，全市公安机关女民警职工代表、市公安消防支队女警官代表共400余人参加会议。

5月7日 “北京大学永州市公安系统优秀干部执行力提升研修班（第一期）”在北京大学政府管理学院正式开班，第一期全体学员60余人参加开班典礼。年内，永州市公安局共组织市县公安机关领导和“火线提拔”民警等340余人分5期赴北京大学、复旦大学进行专题高端研修。

5月16日 永州公安文学艺术联合会成立大会在市公安局召开，各县（区）公安局（分局）、局属各单位分管领导和全市公安文艺代表共200余人参加会议。

5月18日 市公安局召开严打盗骗毒亮剑行动公开返赃暨深化严打盗抢骗专项行动推进大会，各县（区）认领赃物群众及社会各界代表与民警代表共1000余人参加大会。

5月25日 市公安局召开党委扩大会传达贯彻全省公安机关警务机制改革现场推进会精神，专题研究警务机制改革创新工作，并听取赴江苏学习代表团学习情况汇报。

5月26日 《人民公安报》内参部主任刘学刚、湖南省公安厅政治部宣传处处长姚涤非、《人民公安报》湖南记者站站长胡立强、《人民公安报》内参部记者王伟一行专程到永州采访战时思想政治工作。

5月26—27日 广西壮族自治区钦州市公安局党委书记、局长郭晓红率该市各县（区）公安局（分局）局长及相关部门主要负责人一行12人到永州市公安局考察交流警务工作。

5月30日至6月1日 省公安厅党委委员、纪委书记周赛保一行到永州市公安局检查工作，重点督导检查党风廉政建设、信访工作和两个专项整治。

6月6日 市政府副市长、市公安局局长刘新良深入冷水滩区梅湾街道帝王广场居民小区，向群众宣传防范技术开锁入室盗窃犯罪知识，现场督导小区安全防范工作。

6月13日 湖南省公安民警基金会工作会暨办事处基金建设推进会在永州召开。

6月15日 湖南省反假币专项工作永州联席会议在永州市公安局经侦支队召开。

6月24日 市公安局在冷水滩滨江广场举行“6·26”国际禁毒日公开销毁毒品仪式。

6月24日 永州市人民政府召开打击毒品犯罪新闻发布会，《湖南日报》、红网、华声在线、《永州日报》、永州电视台、永州广播电台、永州新闻网、《永州新报》和永州发布等媒体记者参加。

6月28日 永州市公安机关2015年新招录公安民警入警培训结业典礼暨“入警宣誓”“师徒结对”仪式在市公安干校举行，全市公安机关2015年度招录新警及其认结师傅、新警亲属代表共400余人参加。

6月30日 市公安局机关党委获评“全省先进基层党组织”。

7月6日 市综治委预防青少年违法犯罪专项工作推进会暨“永州市杰出（优秀）青年卫士”表彰会在市公安局召开。市政府副市长、市公安局局长刘新良宣读《关于表彰2015年“永州市杰出（优秀）青年卫士”的决定》，湖南省“最美青年卫士”周巧云、唐建球作典型发言。

7月14日 中组部老干部局副局长杨保平，一处调研员、副处长陈刚，湖南省委老干部局副局长龚健，省委老干部局三处处长罗智群等一行到永州市公安局调研老干部工作，衡阳、邵阳、郴州、怀化4市市委组织部副部长、老干部局局长随同调研。

7月21日 全市刑事技术工作会议在市公安局召开，局党委委员、副局长秦建彪作全市刑事技术工作报告。

7月22日 湖南首届警营歌手大赛暨第一季“湘警之星”评选揭晓颁奖仪式在长沙举行，永州市公安局获湖南首届警营歌手大赛优秀组织奖，永州市公安局冷水滩分局伊塘派出所所长周巧云、道县公安局治安大队副大队长黄安华获湖南省“湘警之星”荣誉称号，市公安局选送的《我们是一群乡警》《多情的土地》节目获湖南首届警营歌手大赛优秀奖，其中《我们是一群乡警》被选调在颁奖大会演出。

7月29日 市公安局举行永州市公安机关2016年上半年民警职工退休荣誉离岗仪式。

8月16日 省委常委、省委政法委书记、副省长、省公安厅厅长黄关春到永州调研寄递业安全管理工作。

8月11—12日 张家界市政府副市长、市公安局局长胡志文一行10人到永州市公安局考察交流警务工作。

8月26日 全市公安机关严打整治飓风行动千人誓师大会在市公安局举行。各县（区）公安局（分局）、市公安局局属各单位民警代表，武警永州支队、市公安消防支队官兵代表共1500余人参加。

8月28日 全省第一个市级反电诈中心永州市打击治理电信网络新型违法犯罪中心揭牌仪式在永州市公安局举行。

8月28日 市政府副市长、市公安局局长刘新良出席永州市公安局冷水滩分局宋家洲派出所新址落成揭牌仪式并讲话。

8月29日 永州市寄递安检服务中心揭牌。

9月7—10日 公安部督察专员石勇一行在省公安厅警务督察总队副总队长王勇等陪同下，到永州市公安局督导检查执法规范化建设工作。

9月19日 全市公安监所管理工作现场会在江永召开。

10月12—14日 湖南省禁毒委员会委员、省发改委副巡视员何焕鸣、省公安厅禁毒总队副总队长李鹏飞一行到永检查督导禁毒工作。

10月18日 湖南省公安机关曲艺器乐大赛暨第二季“湘警之星”揭晓颁奖仪

式在湘潭市广电中心举行，新田县公安局城东派出所户籍民警陈艳芳获湖南省“湘警之星”荣誉称号，市公安局选送的原创音乐群口快板《永州公安明天更灿烂》和情景魔术《魔高一尺道高一丈》分获曲艺类二等奖。

10月20日 市公安局进行中心城区“飓风2016”处置个人极端暴力案件实战演练，公安、武警、消防、机场派出所及其他相关反恐怖成员单位共计200余人、30余辆装备车辆参加演练。

11月2日 市公安局举行全省第一个市级公安机关新闻舆情中心永州市公安局新闻舆情中心揭牌仪式，。

11月6日 山东省淄博市政府党组成员、市公安局党委书记、局长申延军一行9人到永州市公安局考察交流。

11月22日 市公安局召开局机关及直属分局科级领导干部选拔任职大会，21名新选拔任职人员及其亲属代表参加会议。

11月23日 市公安局举行湖南省于家公安检查站揭牌启用仪式。

11月24日 省公安厅在永州市召开全省公安机关收缴整治枪爆物品专项行动现场推进会。省公安厅厅属相关单位负责人，各市（州）公安局分管局领导、治安支队支队长、治安支队危爆物品管理大队大队长参加会议。永州市政府副市长、市公安局局长刘新良和长沙市公安局副局长夏晓鸥分别作经验介绍。

11月29日 市公安局举行永州市公安局监所管理中心揭牌启用仪式，市直各单位有关负责人以及特邀嘉宾、省市有关新闻媒体记者出席。

11月29日 全省公安机关首届“平安湖南杯”微改革微创新大赛优秀项目展示暨颁奖仪式在长沙举行，永州市获2枚金牌、1枚银牌、6枚铜牌，总奖牌数据全省第一，获团队银杯；市公安局局党委委员、政治部主任张珞、市公安局法制支队支队长罗功军被评为“全省公安机关警务机制改革成绩突出个人”。

12月23—24日 国家反恐办第八督导组组长、国家邮政局副局长刘君一行，在省邮政局局长周国繁和省反恐办副主任、省公安厅反恐怖总队政委戴君明陪同下，到永州看望慰问基层反恐怖工作人员，督导检查落实全国反恐怖工作会议精神情况。

12月29日 全省公安机关队伍建设工作会议在长沙召开，长沙、株洲、永州3个市（州）公安局和衡阳县公安局、高警局衡阳支队5个单位作典型发言。

2017年

1月9日 永州市第五届人民代表大会第一次会议举行第三次全体会议，市公安局党委书记、局长刘新良满票继续当选永州市人民政府副市长。

1 月 12 日　市公安局在永州会堂举行“华为警务云”平台上线仪式。

1 月 17 日　市公安局召开“2016 年十大精品案件”评审会。

1 月 18 日　永州市公安机关 2016 年新警培训结业典礼、师徒结对暨精英教官聘任仪式在市公安干校举行。

1 月 19 日　市公安局召开新闻发布会，通报 2016 年永州公安工作情况，《湖南日报》、红网、华声在线、《永州日报》、永州电视台等 10 余家媒体记者以及部分人大代表、政协委员、永州市知名网友代表应邀参加发布会。

1 月 19—20 日　最高人民法院刑五庭副庭长马岩，国家禁毒委员会办公室副主任、公安部禁毒局总工程师王优美率国家禁毒委督导组一行到永州督导检查禁毒工作。

2 月 9 日　全省公安局局长会议在长沙召开，永州市公安局揽获全部表彰奖项，获 2016 年度市（州）公安局绩效评估先进单位、全省公安机关“四项建设”警务实战化示范单位、2016 年度全省公安机关“三实”信息集中采集专项行动成绩突出单位、2016 年度全省公安机关收缴整治枪爆物品专项行动优秀公安局、2016 年度全省公安机关优秀改革项目奖，成为全省唯一获得“大满贯”表彰的市（州）公安局。

2 月 15 日　市公安局举行派驻道县严厉打击外流盗窃犯罪突击队授旗壮行仪式。

2 月 24 日　市公安局召开全市公安工作暨反腐倡廉工作会。

2 月 28 日　永州市第五届人民代表大会常务委员会第一次会议表决通过新一届市人民政府工作部门负责人任命，刘新良全票续任市公安局局长。

3 月 10 日　市政府副市长、市公安局局长刘新良在市公安局人民来信来访接待中心约访包案化解的 3 起疑难涉法涉诉信访案件当事人，协调解决有关问题，开展“清仓见底”信访行动百案攻坚。

3 月 30 日　市政府副市长、市公安局局长刘新良率市公安局部分领导及各县（区）公安局（分局）局长、局属相关警种部门负责人赴深圳市公安局龙岗分局和华为技术有限公司实地考察学习云技术前沿科技以及云技术在公安业务中的应用，讨论华为公司《永州公安警务云整体规划方案》。

4 月 1 日　市公安局举行全市公安机关社会治安环境整治战役千人誓师大会。

4 月 5 日　全市公安机关开展社会治安环境整治战役第一次集中清查行动，市政府副市长、市公安局局长刘新良等深入冷水滩一线参战督战。

4 月 11 日　省公安厅监管总队政委陈宇湘率全省公安监所突出问题专项整治联合督察组成员到永州市看守所督察。

4月12日 全市集中整治“村霸”和宗族恶势力专项行动动员大会在市公安局召开。

4月12日 全市反恐怖工作会议在市公安局召开。

4月14日 永州市公安机关以案说防启动仪式在湖南潇湘技师学院举行。

4月25日 市委书记、市人大常委会主任李晖到市公安局调研公安工作。

4月27日 全市公安机关2017年第一期大数据实战应用培训班在市公安干校开班。

5月2—3日 省委书记、省人大常委主任杜家毫一行到永州调研，市公安局完成保卫工作任务。

5月3—5日 全省公安机关离退休人员第二届“夕阳红”杯门球赛在永州举行。

5月15日 永州市开展“5·15”打击和防范经济犯罪暨打击非法集资宣传日活动。

5月16日 市公安局及直属分局科级干部选拔任职大会召开。

5月18日 永州市公安局执法监管中心揭牌仪式举行。

5月19日 双牌县人民检察院派驻城关派出所检察室揭牌仪式举行，市政府副市长、市公安局局长刘新良，市人民检察院检察长吴秋菊，双牌县委书记苏小康出席揭牌仪式。

5月22日 市公安局举行派驻祁阳县集中整治毒品违法犯罪突击队授旗仪式。

5月22日 祁阳县举行禁毒会战千人誓师大会，市政府副市长、市公安局局长刘新良出席大会并讲话。

6月2日 省公安厅在长沙召开全省公安队伍建设工作推进会，永州市公安局以《引领风向，防控风险，全力为公安事业发展营造最佳舆论环境》为题作典型发言。

第一篇

机构与队伍

第一章　机构编制

中共十一届三中全会以后，全市各级公安机关抓住改革有利时机，按照统一领导和分级管理原则，理顺公安机关机构编制管理体制，精简机关人员，充实基层警力，加强队伍组织建设，确保公安工作有效开展。截至2015年12月，永州市公安局辖9个县公安局、3个公安分局、2个直属中心派出所、1个强制戒毒所、1个看守所、1个直属干校，内设22个机构。全市公安机关实有编制4838名，其中公安专项编制4738名，事业编制100名，实有4713人，其中民警4243人，工勤人员470人，全市实有协辅警2644人。

第一节　机构

一、市公安局

1994年9月5日，中共零陵地区委员会批准零陵地区公安处撤销党组，改设党委，同时任命纪委书记。

1995年11月21日，国务院批准撤销零陵地区，建立地级永州市。1996年4月23日，地级永州市正式成立。同年5月5日，零陵地区公安处更名为永州市公安局，直辖芝山、冷水滩两个分局。

1996年10月9日，市公安局设10个职能科（处）室、9个局直属单位、2个公安分局。其中，职能科（处）室为：办公室（指挥中心）、户政管理科、出入境管理科（对外称市公安局外事办公室）、技术侦察科、法制科、行财装备科、信访科、政治处、纪委（监察室）、机关党委，审计科与纪委合署办公。局直属单位为：刑事侦察支队（副处级行政单位）、治安管理（巡警）支队、政治保卫支队（对外加挂“市公安局台港澳事务办公室”牌子）、经文保支队、预审监管支队、收教所（加挂“市公安局戒毒所”牌子）、看守所、交通警察支队（副处级行政单位）、永州市公安干部中等专业学校（正处级事业单位）、消防处（正团级、武警现役编制）。2个公安分局为永州市公安局芝山分局、永州市公安局冷水滩分局。

2002年3月，市公安局设7个科室（部、委）、10个支队、6个直属单位，2个公安分局。其中撤销信访科，办公室加挂“信访办公室”牌子、户政管理科加挂

“市流动人口治安管理办公室”牌子；政治处更名为政治部暨人事科、警务科、宣传科（均为正科级）；纪委（监察室）加挂“市公安局警务督察室”牌子；机关党委加挂“离退休人员管理科”牌子。刑事侦察支队更名为刑事警察支队；治安管理（巡警）支队更名为治安警察支队，加挂“市公安局警卫处”牌子；政治保卫支队更名为国内安全保卫警察支队；预审监管支队更名为监所管理支队；交通警察支队加挂“市公安局交通管理局”牌子。撤销经文保支队，设立经济犯罪侦查支队（加挂“市公安局经济文化保卫科”牌子）、涉税犯罪案件侦查支队；增设公共信息网络安全监察和通信科、强制戒毒所、拘留所（加挂“收容教养所”牌子）、市公安局凤凰园分局、防暴（巡逻）警察支队、行动技术支队、禁毒支队。除刑事警察支队和交通警察支队为副处级行政机构外，其他 8 个支队支队长均高配副处级。

2003 年 5 月，设立共青团永州市公安局工作委员会，设团工委书记、副书记各 1 名，并按市公安局内设机构领导干部的条件配备，确定为正、副科级领导职务。

2003 年 6 月，公共信息网络安全监察与通信科加挂“科技科”牌子。

2003 年 11 月，市公安局防暴（巡逻）警察支队加挂“永州市反恐怖工作协调小组办公室”牌子，配备科级职数 1 名。

2007 年 6 月，撤销办公室，设立警令部（承担市人民政府反恐怖领导协调小组办公室的日常工作，主任高配副处级）；撤销行财装备科，设立后勤装备部（主任高配副处级）；撤销法制科，设立法制与信访办公室（加挂“市人民政府劳动教养委员会办公室”牌子，主任高配副处级）；撤销涉税犯罪案件侦查支队，其业务归口经济犯罪侦查支队管理；刑事警察支队更名为刑事侦查支队；治安警察支队更名为治安管理支队，加挂“市危险爆炸物品安全监督管理委员会办公室”“市铁路护路联防领导小组办公室”“市公安局护卫队管理办公室”“市公安局警卫处”牌子；禁毒支队加挂“市人民政府禁毒委员会办公室”牌子；防暴（巡逻）警察支队更名为特警防暴城管支队；户政管理科与出入境管理科合并，设立人口与出入境管理支队，对外称市公安局外事办公室，加挂“市流动人口治安管理办公室”牌子，支队长高配副处级；行动技术支队更名为网监与行动技术支队；交通警察支队更名为交通管理支队。

2010 年 5 月，市公安局刑事侦查支队有组织犯罪侦查大队大队长高配副处级。

2011 年 5 月，市公安局经济犯罪侦查支队非国家工作人员职务经济犯罪侦查大队大队长高配副处级。

2012 年 8 月，市公安局设 17 个部、委、处、支队，1 个直属机构，3 个公安分局。后勤保障部更名为警务保障部；特警防暴城管支队更名为巡特警支队，调整为副处级机构；治安管理支队调整为副处级机构；网监与行动技术支队更名为网络安全保卫与技术侦察支队，加挂“市公安局互联网信息监控中心”牌子；监所管理支队加挂“监管中心”牌子；撤销法制与信访办公室，设立法制支队；设立信访办公室，归口纪委管理；撤销警务督察科，设立警务督察支队，加挂“市公安局维护民警权益委员会办公室”牌子。

2012 年 10 月，市公安局警务督察支队支队长高配副处级。

2012 年 11 月，市公安局增设驻京维稳科。

2013 年 3 月，设立永州市公安局凤凰园经济开发区中心派出所，为市公安局直属正科级派出机构，下设案件办理中队、治安管理中队、社区警务中队。撤销市公安局冷水滩分局仁湾派出所（保留牌子），同时核销原核定的市公安局冷水滩分局仁湾派出所所长和教导员职数。同年 8 月，设立永州市公安局回龙圩管理区中心派出所，为正科级行政机构，撤销江永县回龙圩派出所，其人、财、物、事整体划入永州市公安局回龙圩管理区中心派出所，人员管理由市公安局负责，干部管理按相关权限办理，原经费保障渠道不变。

2014 年 9 月，设立永州市禁毒工作社会化办公室，为禁毒支队所属正科级行政机构，配主任 1 名（正科级领导职数），原在市公安局禁毒支队禁毒预防教育大队加挂的“永州市社会化禁毒工作办公室”牌子予以撤销。

2015 年 8 月，市公安局机构编制职责进行调整：（一）法制支队不再加挂“市人民政府劳动教养委员会办公室”牌子，内设的复议诉讼劳教大队更名为复议诉讼大队，劳动教养管理职责相应取消。（二）市公安局警令部内设的反恐怖科独立设置并更名为反恐怖支队（加挂“市政府反恐怖领导协调小组办公室”牌子），机构为正科级。（三）治安支队内设的警卫处（加挂“市委警卫处”牌子）独立设置并更名为警保卫与便衣侦查支队。（四）市公安局纪委内设的正科级行政机构信访办公室独立设置并更名为信访科。（五）增设预审支队，为市公安局内设正科级行政机构。（六）增设科技信息化支队，为市公安局内设正科级行政机构。

2015 年 11 月，设立永州市公安局网络安全保卫与技术侦察支队派驻零陵、道县、祁阳、宁远、东安技术侦察大队，机构级别均为副科级，每个大队配大队长、教导员各 1 名（均为副科级领导职数）。设立市公安局刑侦支队图像侦查大队，机构为副科级机构，配大队长、教导员各 1 名（均为副科级领导职数）。

1993—2015 年永州市公安局领导班子情况表

表 1-1-1

机构名称	届	职务	姓名	任职时间	备注
零陵地区公安处	1993. 1—1993. 6	党组书记、处长	龙睦保	1989. 5—1993. 6	
		党组副书记、副处长	王伯达	1987. 6—1993. 6	1991. 2 任党组副书记
		党组副书记、副处长	陈历秋	1990. 8—1993. 6	1993. 6 任党组副书记
		党组副书记、副处长	秦伍生	1991. 7—1993. 6	1993. 6 任党组副书记
		党组成员、副处长	蒋兴瑾	1984. 10—1993. 6	
		党组成员、副处长	贺春凡	1987. 6—1993. 6	
		党组成员、副处长	陈昌隆	1991. 2—1993. 6	
		党组成员、政治处主任	王承恩	1991. 2—1993. 6	
		党组成员、纪检组长	魏任俊	1987. 6—1993. 6	
零陵地区公安处	1993. 6—1996. 6	党组书记、处长	王伯达	1993. 6—1996. 6	1996. 9 任市委政法委委员
		党组副书记、副处长	陈历秋	1993. 6—1996. 6	
		党组副书记、副处长	秦伍生	1993. 6—1996. 6	
		党组成员、副处长	蒋兴瑾	1993. 6—1996. 6	
		党组成员、副处长	贺春凡	1993. 6—1994. 10	
		党组成员、副处长	陈昌隆	1993. 6—1994. 10	
		党组成员、政治处主任	王承恩	1993. 6—1995. 9	
		党组成员、纪检组组长	魏任俊	1993. 9 免	
			龚启建	1993. 10—1996. 6	1994. 9 任纪委书记
		党组成员、副处长	程开国	1994. 12—1996. 6	
		副处长	何礼春	1996. 1—1996. 6	
永州市公安局	1996. 6—2006. 11	市人民政府巡视员、党委书记、局长	秦伍生	1996. 6—2006. 11	
		党委副书记、副局长	陈历秋	1996. 6—2004. 6	
		党委副书记、副局长	程开国	1996. 6—2006. 11	2001. 10 任党委副书记
		党委委员、副局长	蒋兴瑾	1996. 6—1997. 7	
		党委委员、副局长	何礼春	1996. 6—2001. 10	

续表1-1-1

机构名称	届	职务	姓名	任职时间	备注
永州市公安局	1996.6—2006.11	党委委员、纪委书记	龚启建	1996.6—2003.6	
		党委委员、副局长	秦日新	1997.4—2003.6	
		党委委员、副局长	涂乙林	1997.4—2010.1	
		党委委员、局长助理	杨能	1997.5—1998.5	挂职
		党委委员、政治处主任	何德国	1999.6—2006.11	2003.6任党委委员、副局长
		党委委员	唐喜迎	2002.4—2004.12	
		党委委员、纪委书记	王满秋	2003.6—2006.11	
		党委委员、副局长	旷冬文	2003.6—2004.11	2004.11被判刑
		党委委员、政治部主任	刁兰富	2003.12—2006.11	
		党委委员	龙刚	2005.6—2006.11	
		党委委员	唐立武	2005.6—2008.11	2008.11被判刑
永州市公安局	2006.11—2010.1	市人民政府党组成员、副厅级干部、市长助理、市委政法委委员，市公安局党委书记、局长	刘建宽	2006.11—2010.1	
		党委副书记、副局长	涂乙林	2006.11—2010.1	2007.4任党委副书记
		党委副书记、副局长	何德国	2006.11—2009.8	2007.4任党委副书记
		党委委员、副局长	王石宾	2006.11—2008.6	2008.6被判刑
		党委副书记、副局长	陈祥松	2006.11—2008.11	挂职
		党委副书记、副局长	程开国	2006.11—2006.12	
		党委委员、纪委书记	王满秋	2006.11—2010.1	2008.10任党委委员、副局长
		党委委员、政治部主任	刁兰富	2006.11—2010.1	2009.8任党委委员、副局长
		党委委员、副局长	龙刚	2006.11—2010.1	
		党委委员、副局长	何永清	2007.4—2010.1	
		党委委员、副局长	沈林松	2008.10—2010.1	
		党委委员、纪委书记	郑勇	2008.10—2010.1	
		党委委员、副局长	秦建彪	2008.10—2010.1	
		党委委员、副局长	杨志红	2009.5—2010.1	挂职
		党委委员	周礼功	2009.8—2010.1	

续表1-1-1

机构名称	届	职务	姓名	任职时间	备注
永州市公安局	2010. 1—2015. 1	市人民政府党组成员、副厅级干部、市长助理、副市长、市公安局党委书记、局长	蒋建湘	2010. 1—2015. 1	
		党委副书记、副局长	涂乙林	2010. 1—2015. 1	
		党委副书记、副局长	杨志红	2010. 1—2014. 5	挂职
		党委委员、副局长	王满秋	2010. 1—2011. 3	
		党委委员、副局长、政治部主任	刁兰富	2010. 1—2015. 1	2012. 6 免政治部主任
		党委委员、副局长	龙刚	2010. 1—2015. 1	
		党委委员、副局长	何永清	2007. 4—2015. 1	
		党委委员、副局长	沈林松	2010. 1—2015. 1	
		党委委员、纪委书记	郑勇	2010. 1—2015. 1	
		党委委员、副局长	秦建彪	2010. 1—2015. 1	
		党委委员、副局长	周礼功	2010. 1—2015. 1	
		党委委员、副局长	黄尚锋	2010. 1—2014. 9	
		党委委员、政治部主任	张珞	2012. 6—2015. 1	
		党委委员、副局长	易文中	2013. 1—2015. 1	挂职
永州市公安局	2015. 1—	市人民政府党组成员、副市长，市公安局党委书记、局长	刘新良	2015. 1—	
		党委副书记、副局长	涂乙林	2015. 1—2015. 6	
		党委委员、副局长	刁兰富	2015. 1—2016. 9	
		党委委员、副局长	龙　刚	2015. 1—	
		党委委员、副局长	何永清	2015. 1—	
		党委委员、副局长	沈林松	2015. 1—	
		党委委员、纪委书记	郑　勇	2015. 1—	
		党委委员、副局长	秦建彪	2015. 1—	
		党委委员、副局长	周礼功	2015. 1—	
		党委委员、政治部主任	张　珞	2015. 1—	
		党委委员、副局长兼610办副主任	雷顺华	2015. 9—	
		工会主席	周备战	2015. 9—	

说明：1994 年 9 月 5 日，零陵地委以零委干【1994】83 号文件批准零陵地区公安处党组改设党委，同时任命纪委书记

1993—2015年永州市公安局内设三级机构一览表

表1-1-2

年　份	机　构
1993	收审所
1996	宣传教育科、干部科、警务科、刑侦一大队、刑侦二大队、刑侦三大队、刑侦四大队、刑侦秘书科
2002	人事科、警务科、宣传科、犯罪对策研究科、重案侦查大队、有组织犯罪侦查大队、预审办案指导大队、刑事技术大队
2007	综合指导科、秘书科、指挥调度科、反恐怖科、人事科、教育训练科、宣传科、离退休人员管理科、财务科、装备科、科技科、警务督察科、案件审理科、审计科、犯罪对策研究室、重案侦查大队、基础工作大队、警犬工作大队、有组织犯罪侦查大队、刑事科学技术大队、国保一大队、国保二大队、公共秩序管理大队、基层基础建设与内部保卫工作指导大队、枪支与危险物品管理大队、案件侦查大队、警卫大队、缉毒侦查大队、禁毒预防教育大队、缉毒检查站、经侦一大队、经侦二大队、经侦三大队、特警防暴大队、城市管理大队、巡警反扒窃大队、户政和流动人口工作大队、出入境工作大队、网技一大队、网技二大队、网技三大队
2012	中心工作指导科、秘书科、反恐怖科、研究室、指挥中心、情报中心、人事科、教育训练科、宣传科、综合科、离退休人员管理科、财务科、装备科、机关服务中心、党风廉政室、案件审理室、审计室、信访办公室、指导监督大队、复议诉讼劳教大队、案件审核大队、有组织犯罪侦查大队、刑事科学技术研究所、犯罪对策研究室、重案侦查大队、基础情报大队、警犬工作大队、国保一大队、国保二大队、国保三大队、国保四大队、公共秩序管理大队、基层基础工作工作指导大队、保安监管与内保工作指导大队、枪支与危险物品管理大队、案件侦查大队、警卫处、缉毒侦查大队、禁毒预防教育大队、缉毒检查站、非国家工作人员职务犯罪侦查大队、经侦一大队、经侦二大队、经侦三大队、特警一大队、特警二大队、特警三大队、特警四大队、特警五大队、特警六大队、流动人口工作大队、户政工作大队、出入境工作大队、网技一大队、网技二大队、网技三大队、网技四大队、网技五大队、网监内勤大队、监管业务指导大队、狱内犯罪侦查大队、看守所、戒毒所、拘留所、督察一大队、督察二大队、督察三大队、交警支队办公室、交警支队政工科、交警支队行政财务科、交通秩序管理科、交通设施管理科、道理交通救助基金管理科、法制科、车辆管理科、驾驶员管理科、科技科、交通安全宣传教育科、交警支队机动巡逻大队、交警支队冷水滩大队、交警支队凤凰园大队、交警支队零陵大队、交警支队金洞大队、永州市机动车驾驶人考试中心考场后勤服务中心、永州市机动车辆安全技术检测中心、消防支队司令部、政治处、后勤处、防火监督处、冷水滩消防大队、零陵消防大队、祁阳消防大队、宁远消防大队、东安消防大队、江永消防大队、江华消防大队、蓝山消防大队、新田消防大队、双牌消防大队、经开区消防大队

续表1-1-2

年　份	机　构
2015	中心工作指导科、秘书科、研究室、指挥中心、情报中心、人事科、教育训练科、宣传科、综合科、离退休人员管理科、财务科、装备科、机关服务中心、党风廉政室、案件审理室、审计室、指导监督大队、复议诉讼大队、案件审核大队、有组织犯罪侦查大队、刑事科学技术研究所、犯罪对策研究室、重案侦查大队、基础情报大队、警犬工作大队、图像侦查大队、国保一大队、国保二大队、国保三大队、国保四大队、公共秩序管理大队、基层基础工作工作指导大队、保安监管与内保工作指导大队、枪支与危险物品管理大队、案件侦查大队、禁毒工作社会化办公室、缉毒侦查大队、禁毒预防教育大队、缉毒检查站、非国家工作人员职务犯罪侦查大队、经侦一大队、经侦二大队、经侦三大队、特警一大队、特警二大队、特警三大队、特警四大队、特警五大队、特警六大队、流动人口工作大队、户政工作大队、出入境工作大队、网技一大队、网技二大队、网技三大队、网技四大队、网技五大队、网监内勤大队、监管业务指导大队、狱内犯罪侦查大队、看守所、戒毒所、拘留所、督察一大队、督察二大队、督察三大队、交警支队办公室、交警支队政工科、交警支队行政财务科、交通秩序管理科、交通设施管理科、道理交通救助基金管理科、法制科、车辆管理科、驾驶员管理科、科技科、交通安全宣传教育科、机动巡逻大队、冷水滩大队、凤凰园大队零陵大队、金洞大队、永州市机动车驾驶人考试中心考场后勤服务中心、永州市机动车辆安全技术检测中心、消防支队司令部、政治处、后勤处、防火监督处、冷水滩消防大队、零陵消防大队、祁阳消防大队、宁远消防大队、东安消防大队、江永消防大队、江华消防大队、蓝山消防大队、新田消防大队、双牌消防大队、经开区消防大队

二、指挥调度

1996年全市公安机关学习“漳州110报警服务台”经验，冷水滩、芝山公安分局于同年12月成立“110报警服务台”，各县（区）公安局（分局）相继开通，至1997年6月，11个县（区）公安局（分局）均开通“110报警服务台”。为加强管理指导，1997年9月，市公安局成立“110”指挥中心，归口办公室管理，主任由办公室副主任兼任，实行24小时值班制度，负责全市重大紧急信息的收集与处理、全市“110”接处警工作管理与指导、市公安局机关上传下达工作。2005年，市公安局机构改革，“110”指挥中心更名为指挥中心，副科级机构，为警令部内设二机机构，设主任1名。2012年，市公安局机关“三定”方案明确指挥中心主任高配正科级，设正、副主任各1名。2015年8月，市公安局开展中心城区巡防机制改革，市公安局指挥中心承担中心城区一级接警工作，冷水滩、零陵、经济开发区“110”警情由市公安局指挥中心统一接派。

1996年公安部“漳州会议”后，湖南省公安厅要求各地按照公安部和省公安厅的部署，迅速在市级公安局建立公安指挥中心，县（区）公安局（分局）建立“110”报警服务台。市公安局根据省公安厅的部署，于1996年9月11日，出台

《关于组建“110 报警服务台”实施方案》，至 1997 年 6 月，全市县（区）公安局（分局）“110 报警服务台”开通运行。至 1998 年，全市共接警 12865 次，出警 11544 次，通过处警查处治安案件 2365 起，调处纠纷 1754 起，救助群众 4584 人。2003 年起，全市公安机关根据省公安厅统一部署，推行市、县两级公安机关“110”“119”“122”报警服务台“三台合一”建设，2006 年基本完成。“三台合一”的实现，科学整合内部资源，强化勤务指挥体系，构建统一、权威、高效的公安应急指挥协作平台，基本形成以公安“110”指挥中心为龙头，以巡特警、消防、交警、防暴、派出所等警种部门为主体，其他各警种、部门密切配合的快速反应机制。“110 报警服务台”开通以后，各地公安机关按照“情为民所系”要求，认真履行“有警必接、危难必帮”的承诺，坚持快速反应，打击违法犯罪、维护政治稳定和社会治安平稳，服务、救助群众，赢得社会各界和广大群众的普遍赞誉。随着“110”报警服务台深入人心，接警量逐年上升，至 2015 年，全市接警量达到 50 余万起，其中有效报警 15 万余起。大量无效报警、非警务警情成为困扰“110”报警服务台和基层一线处警民警的一大难题，制约公安正规化建设。为减轻基层民警负担，推进公安正规化建设，2015 年，市公安局指挥中心与市政府网格化应急服务中心建立工作联动机制，实现非警务警情分流。按照全省警务体制改革提出的指挥中心工作面向实战，实现联合指挥，可视化、扁平化指挥的要求，市公安局制订《永州市公安局联合指挥中心建设工作实施方案》，开展以实现“情报一网支撑、指挥一键调度、勤务一图展示”为工作目标的联合指挥中心建设，于 2016 年完成市级建设，2017 年完成县级建设。

三、县（区）公安局（分局）

1993 年，零陵地区公安处辖 9 县 2 市共 11 个公安局，即永州市、冷水滩市 2 个县级市公安局，祁阳、东安、双牌、道县、江华、江永、宁远、新田、蓝山 9 个县公安局。各公安局设办公室、政工、政保、内保、治安、刑侦、户政、通讯、法制、信访等股（室）和交警、消防大队。

1996 年 6 月，永州市（县级）公安局更名为永州市公安局芝山分局，冷水滩市（县级）公安局更名为永州市公安局冷水滩分局。6 月 18 日，市政府印发《关于调整芝山、冷水滩两区公安管理体制的通知》，两个分局的人财物统收市公安局管理。

1997 年，县（区）公安机关进行机构改革，增设纪委、行财股、看守所、拘留所，主要业务股（室）均先后改为大队建制，设刑事侦察大队、治安管理大队、巡逻警察大队、经文保大队、政治保卫大队。

2002年3月，设立永州市公安局凤凰园分局。

同年，永州市公安局芝山分局更名为永州市芝山区公安局并划归芝山区管理。2004年6月，根据省公安厅《关于永州市公安局芝山分局更名问题的复函》，省公安厅经研究并报省人民政府同意，永州市公安局芝山分局应由市公安局直接管理，不宜更名为永州市芝山区公安局。芝山公安分局隶属永州市公安局、芝山区委双重领导，人事任免由芝山区委管理，人员编制、经费保障由市公安局管理。

2002年，县（区）公安机关进行机构改革，基本维持原有机构设置。机要通讯股更名为公共信息网络安全监察与通讯股，政治保卫大队更名为国内安全保卫警察大队。增设禁毒大队，撤销经文保大队，设立经济犯罪侦查大队和涉税犯罪案件侦查大队。

2004年1月，市公安局凤凰园分局并入市公安局冷水滩分局，保留市公安局凤凰园分局牌子，凤凰园分局撤销全部内设股、室、队。

2005年9月，永州市公安局芝山分局更名为永州市公安局零陵分局。

2008年，县（区）公安机关进行机构改革，办公室更名为指挥中心，政工室、纪委、督察合并为政工监督室，行财股更名为警务保障室，法制股更名为法制信访室，刑事警察大队更名为刑事侦查大队，国内安全保卫警察大队更名为国内安全保卫大队，治安警察大队更名为治安管理大队，户政管理股更名为人口与出入境管理大队。宁远、江华、蓝山、双牌撤销巡逻警察大队，东安保留巡逻警察大队，祁阳将巡逻警察大队更名为巡逻防暴城管警察大队，其余县（区）公安局（分局）巡逻警察大队更名为巡特警大队。

2012年8月，成立永州市公安局金洞分局，与永州市森林公安局金洞分局合署办公，实行一个机构两块牌子。

截至2015年12月，永州市公安局辖3个城区分局，9个县公安局。各县（区）公安局（分局）内设指挥中心、政工监督室、法制信访室、警务保障室、国内安全保卫大队、刑事侦查大队、治安管理大队、经济犯罪侦查大队、人口与出入境管理大队、禁毒大队、交通管理大队、巡特警大队、看守所、拘留所。除零陵、金洞、道县、江永4个公安局（分局）外，其他县（区）公安机关均增设网络安全保卫大队。冷水滩分局增设综合执法大队，金洞分局增设森保大队，祁阳县公安局增设有组织犯罪侦查大队，宁远县公安局增设反恐怖大队、预审大队。冷水滩、东安、宁远、江永4个县（区）公安局（分局）设纪委（监察）。

四、公安派出所

20世纪90年代末，永州市调整部分乡镇（街道）行政区划。为顺应公安警务机制改革，实现警务资源的优化整合，根据“派出所按照行政区划进行设置，警区和行政区相统一”原则，永州市公安机关按程序设立、撤销、合并派出所。

1993 年，全区有公安行政派出所 126 个。

1996 年，江华瑶族自治县公安局设立河路口派出所、大锡派出所、大石桥派出所、湘江派出所、蔚竹口派出所、桥市派出所、花江派出所、东田派出所、务江派出所、城南派出所、清塘派出所、城北派出所、两岔河派出所、界牌派出所、小圩派出所、桥头铺派出所，撤销新华派出所。

2002 年，江华瑶族自治县公安局撤销城北派出所。

2004 年，冷水滩分局设立梧桐派出所。

2005 年，新田县公安局组建城西派出所、城东派出所、枧头派出所、新圩派出所、骥村派出所、石羊派出所 6 个公安中心派出所。

2008 年，道县公安局水上派出所合并至城南派出所，审章塘派出所合并至祥霖铺派出所，横岭派出所合并至洪塘营派出所，白芒铺派出所合并至柑子园派出所，井塘派出所合并至蚣坝派出所，“三定”方案核定道县公安局派出所为 25 个，合并后实际为 20 个。江华瑶族自治县公安局撤销大锡派出所、涛圩派出所、贝江派出所、大石桥派出所、湘江派出所、蔚竹口派出所、桥市派出所、花江派出所、务江派出所、清塘派出所、两岔河派出所。蓝山县公安局城西派出所并入城北派出所，城郊派出所和汇源派出所并入城南派出所，紫良派出所并入所城派出所，犁头派出所并入竹管寺派出所。

2010 年，祁阳县公安局设立灯塔路派出所。

2011 年，江华瑶族自治县公安局设立大石桥派出所、城北派出所、贝江派出所。

2013 年，道县公安局重新启用白芒铺派出所，该局“三定”方案 25 个派出所，实际运行 21 个。

2015 年，道县公安局重新启用审章塘派出所，该局“三定”方案 25 个派出所，实际运行 22 个。宁远县公安局城南派出所更名为舜陵派出所，城北派出所更名为文庙派出所，泠江派出所更名为东溪派出所，荒塘派出所更名为五龙山派出所。

截至 2015 年 12 月，全市共有公安行政派出所 200 个，其中，城区派出所 34 个，农村派出所 153 个，水上派出所 3 个，未运行（待撤销或保牌）派出所 10 个。

第二节　编制

1994 年，省编办、省委政法委、省人事厅、省财政厅为全省公安机关预增编制

2500名，其中，零陵地区公安机关预增编制173名。

1996年10月9日，根据永州市人民政府办公室《关于印发永州市公安局职能配置、内设机构和人员编制方案的通知》，核定市公安局机关（不含武警现役编制的消防处）编制为110名（专项编制），其中：局长1名、书记1名、副局长4名、纪委书记1名、政治处主任（高配）1名、局长助理1名，非领导职数按有关规定配备，正、副科长（主任）32名。

1999年7月，市编办将省公安厅、省编办分配永州市的118名编制，全部下达到基层公安派出所。

2000年12月，按照中央、国务院和省委、省政府有关部门关于录用高校毕业生到基层公安机关工作的要求，为解决在1999年和2000年接收的14名优秀大学毕业生到基层公安机关工作所需编制，省编办、省公安厅为永州市基层公安机关增加14名编制。

2001年9月25日，省机构编制委员会根据中央及省委文件精神，印发《关于重新核定市县乡行政编制及政法部门专项编制的通知》，永州市政法机关（不包括公安派出所、监狱和劳教所等基层一线执法人员）专项编制精简10%，重新核定后永州市市直公安部门政法专项编制974名，县（区）公安部门政法专项编制1855名。

2002年3月19日，市人民政府印发《关于印发永州市公安局职能配置、内设机构和人员编制规定的通知》，核定市公安局机关专项编制为99名，其中：局长1名，副局长4名，纪委书记1名，政治部主任（高配）1名，正副科级领导职数35名（含机关党组织和监察室领导职数）；核定9个直属支队编制为147名，其中：专项编制50名，地方事业编制97名（待新增专项编制下达后予以冲销）；看守所核定专项编制21名；强制戒毒所核定编制10名；拘留所核定编制9名，其中专项编制3名。

2002年3月22日，永州市人事局印发《关于永州市公安局国家公务员职位设置和非领导职务设置的批复》，同意市公安局机关设置国家公务员职位246个。非领导职务职数设178名，其中，调研员2名、助理调研员4名；主任科员23名、副主任科员34名，科员、办事员115名。

2002年4月10日，永州市人民政府办公室印发《关于印发永州市公安局交通警察支队（永州市公安交通管理局）职能配置、内设机构和人员编制规定的通知》，核定永州市公安局交警支队机关专项编制为47名，其中，支队长（副处级）1名，政委（副处级）1名；副支队长2名，副政委1名，纪委书记1名（均为正科级）；正副科级领导职数20名［含纪检（监察）和党团组织负责人］。市公安局交警支队机动巡逻大队编制为24名（地方事业编制），其中，大队长1名，政委1名，副大队长2名。市公安局交警支队冷水滩大队编制为67名（专项编制18名，地方事业编制49名），其中，大队长1名，政委1名，副大队长2名，副政委1名。市公安局交警支队凤凰园大队编制为15名（地方事业编制），其中，大队长1名，政委1名，副大队长1名。

2002年4月27日，永州市人事局《关于永州市看守所国家公务员职位设置和非领导职务领导的批复》同意永州市看守所设置国家公务员职位21个，非领导职务职数设18名，其中，主任科员3名、副主任科员4名，科员、办事员11名。永州市人事局《关于永州市强制戒毒所国家公务员职位设置和非领导职务设置的批复》同意永州市强制戒毒所设置国家公务员职位10个，非领导职务职数设7名，其中，主任科员1名、副主任科员2名，科员、办事员4名。永州市人事局《关于永州市拘留所国家公务员职位设置和非领导职务设置的批复》同意永州市拘留所设置国家公务员职位9个，非领导职务职数设6名，其中，主任科员1名、副主任科员2名、科员、办事员3名。

2002年6月9日，市机构编制委员会与市公安局联合印发《关于我市公安机关增加编制的通知》，将省机构编制委员会办公室、省公安厅为永州市公安机关增加的40名编制用于增加公安一线和基层单位警力，其中，冷水滩分局5名、芝山分局3名、祁阳县公安局5名、东安县公安局3名、双牌县公安局2名、道县公安局2名、江华瑶族自治县公安局3名、蓝山县公安局2名、江永县公安局2名、市公安局交警支队3名、防暴巡逻警察支队10名。

2002年12月31日，为充实刑侦、治安、公共信息网络监察和行动技术部门的力量，省机构编制委员会办公室、省公安厅联合印发《关于为公安一线和基层下达编制的通知》，为永州市公安一线和基层单位增加专项编制14名，其中，治安支队8名、公共信息网络监察与通信科2名、行动技术支队4名。2003年8月11日，市机构编制委员会与市公安局联合印发《关于分配公安专项编制的通知》，将14名专项编制分配给市公安局3名（行动技术支队2名、公共信息网络监察1名）、冷水滩分局3名、芝山分局2名、祁阳县公安局3名、宁远县公安局2名、道县公安局1名。

2004年3月8日，市机构编制委员会与市公安局联合印发《关于增加公安专项编制的通知》，将省机构编制委员会办公室下达永州市的29名公安专项编制分配给市公安局交警支队冷水滩大队3名、强制戒毒所1名、冷水滩分局2名、芝山分局1名、祁阳县公安局6名、东安县公安局5名、道县公安局4名、新田县公安局3名、宁远县公安局3名、江华瑶族自治县公安局1名。

2007 年 6 月 6 日，永州市机构编制委员核定市公安局机关编制 252 名（不含交通管理支队），其中，专项编制 171 名，地方自定编制 81 名。领导职数（不含交通管理支队）：局长 1 名、副局长 4 名、纪委书记 1 名（副处级）、政治部主任 1 名（副处级）；内设机构和直属支队副处级和实行高配副处级领导职数 19 名、正科级和实行高配正科级领导职数 44 名、副科级领导职数 42 名。核定内设部委办 5 个、直属支队 10 个。

2008 年 2 月 15 日，永州市机构编制委员会印发《关于为市公安局下达行政编制的通知》，下达政法专项编制 628 名，其中，市公安局 357 名（包括市公安局内设机构和 9 个支队、看守所、拘留所、戒毒所 234 名，交管支队及冷水滩、凤凰园大队 123 名），冷水滩分局 121 名，零陵分局（包括零陵交警大队 70 名）150 名。主要用于解决公务员登记工作涉及的地方自定的用于公安机关的编制问题。上述政法专项编制下达后，原地方自定的用于市区公安系统的 375 名地方自定编制（市公安局机关和 9 个支队 81 名，拘留所 6 名，戒毒所 7 名，交管支队及其冷水滩、凤凰园大队 88 名，冷水滩分局 71 名，零陵分局及零陵交警大队 122 名）全部冲销，不得继续使用。今后，不得再自定编制用于政法编制。

2008 年 5 月 16 日，永州市机构编制委员会印发《关于永州市公安局机关及下属各单位专项编制分解数的复函》，同意在核定市公安局机关、直属支队及下属单位（不含冷水滩分局和零陵分局及其交警大队，下同）298 名政法专项编制的基础上，下达市公安局机关、直属支队及下属单位政法专项编制 357 名（冲销原定地方自定编制 182 名）。分解为：市公安局机关 90 名，局直属支队 496 名（含交通管理支队 194 名），局下属单位 69 名［其中看守所 21 名，戒毒所（拘留所）20 名，公安干校 28 名］。

2008 年，根据湖南省人民政府办公厅《关于低速载货汽车、三轮车和拖拉机管理职能移交有关问题的通知》，农机监理人员编制划转 86 名事业编制到市直及县（区）交警部门。其中市直 2 名，冷水滩 9 名，零陵 8 名，祁阳 2 名，东安 5 名，双牌 9 名，道县 8 名，江永 7 名，江华 14 名，宁远 11 名，新田 4 名，蓝山 7 名。

2009 年 5 月 19 日，市机构编制委员会办公室印发《关于调整市公安局局机关及下属单位政法专项编制的复函》，同意将市公安局机关政法专项编制数由 90 名调增为 100 名，刑事侦查支队政法专项编制数由 61 名调增为 64 名，治安管理支队政法专项编制数由 29 名调增为 31 名，网监与行动技术支队政法专项编制数由 49 名调减为 39 名，市看守所政法专项编制数由 21 名调减为 16 名，其他直属支队及下属单位的政法专项编制数维持原定不变。

2012 年 8 月 7 日，永州市人民政府办公室《关于印发永州市公安局主要职责内设机构和人员编制规定的通知》核定市公安局机关编制496名。领导职数为：局长1名（兼任督察长），副局长4名，纪委书记1名（副处级），政治部主任1名（副处级）。市公安局内设机构及其下设机构共核定副处级和高配副处级领导职数23名，正科级和高配正科级领导职数97名，副科级和高配副科级领导职数88名。

2012年11月3日，市公安局驻京维稳科人员定编3名，增设正科级领导职数1名。

2012年12月27日，永州市机构编制委员会《关于印发〈永州市公安局交通警察支队（永州市公安交通管理局）主要职责内设机构和人员编制规定〉的通知》核定市公安局交通警察支队机关公安专项编制为60名，农机移交事业编制2名，配支队长、政委各1名（均为副处级），副支队长3名、副政委1名、纪委书记1名（均为正科级），配正副科级领导职数29名（正科级12名，副科级17名）；核定市公安局交通警察支队机动巡逻大队公安专项编制24名，配大队长1名、政委1名，副大队长2名；核定市公安局交通警察支队冷水滩大队公安专项编制82名，农机移交事业编制9名，配大队长、政委各1名，副大队长2名，副政委1名，高配副科级领导职数19名；核定市公安局交通警察支队凤凰园大队公安专项编制23名，配大队长、政委各1名，副大队长1名，高配副科级领导职数3名；核定市公安局交通警察支队零陵大队公安专项编制83名，农机移交事业编制8名，配大队长、政委各1名，副大队长2名，副政委1名，高配副科级领导职数17名；核定市公安局交通警察支队金洞大队公安专项编制5名，配大队长、政委各1名，副大队长1名；永州市机动车驾驶人考试中心考场后勤服务中心核定全额拨款事业编制12名，配主任1名；永州市机动车辆安全技术检测中心核定自收自支事业编制5名，配主任1名、副主任1名。

2012年12月29日，经市编办研究并报市编委和省编办同意，对2012年省编办下达永州市公安系统的107名政法专项编制进行分配，其中，市直22名，冷水滩11名，零陵8名，祁阳7名，东安7名，双牌4名，道县6名，宁远6名，江永6名，江华6名，蓝山7名，新田5名，金洞12名。

2013年3月19日，永州市机构编制委员会《关于设立市公安局凤凰园经济开发区中心派出所的批复》核定永州市公安局凤凰园经济开发区中心派出所公安政法专项编制30名（从市公安局冷水滩分局划转，市公安局冷水滩分局相应核减30名公安政法专项编制），其中所长、教导员各1名，副所长3名，中队长3名（高配副科级）。

2013年8月17日，永州市机构编制委员会《关于设立永州市公安局回龙圩管理区中心派出所的通知》核定永州市公安局回龙圩管理区中心派出所公安政法专项编制 8 名（从江永县公安局回龙圩派出所划转），其中所长 1 名，教导员 1 名，副所长 1 名。

2015 年 5 月 6 日，永州市机构编制委员会《关于市公安局交通警察支队冷水滩大队和凤凰园大队机构编制事项调整的批复》就调整市公安局交通警察支队冷水滩大队和市公安局交通警察支队凤凰园大队履行职责区域、机构设置、主要职责及人员编制等事项作出批复，同意在编制总量不增加的前提下，随履行职责区域调整，从冷水滩大队划转 33 名编制（其中政法专项编制 29 名、农机移交全额拨款事业编制 4 名）到凤凰园大队。编制调整后，冷水滩大队定编 58 名（其中政法专项编制 53 名、农机移交全额拨款事业编制 5 名）；凤凰园大队定编 56 名（其中政法专项编制 52 名、农机移交全额拨款事业编制 4 名）。

2015 年 8 月 24 日，永州市机构编制委员会《关于市公安局有关职责和机构编制调整的通知》核定市公安局机关编制 511 名（未含交警支队和消防支队编制），领导职数为：局长 1 名（兼任督察长），副局长 4 名、纪委书记 1 名，政治部主任 1 名，工会主席 1 名。市公安局机关内设机构及其下设机构处级领导职数和科级领导职数（含高配的处级领导职数和科级领导职数）维持原定不变。

第二章　队伍建设

第一节　政治工作

1993—1995 年，零陵地区公安思想政治工作紧紧围绕建立社会主义市场经济体制这个中心，以评授警衔和贯彻执行《中华人民共和国人民警察法》为契机，坚持政治建警、从严治警。全区 95%的民警参加中国特色社会主义理论测试，平均成绩为 93 分。开展“两群”“两反”（增强群众观念，走好群众路线；反特权、反刑讯逼供）专项教育整顿。自清自查各种问题 709 起，涉及 742 人。全区公安机关 14 个党组（委）在当地党委的统一安排下，召开民主生活会，带头自清自查，清理整顿“三乱”（乱罚款、乱收费、乱摊派）项目 33 个，涉及金额 4.66 万元。全区公安机关推行单位“一把手”负总责、分管政工的领导具体负责、各分管业务的领导分线负责的“三线责任制”和部门领导队伍建设、业务工作一肩挑的“一岗双责”责任制。首次在全区公安机关评选出“十佳民警”和“十佳股所队”。

1996—2000年，全市公安思想政治工作以“撤区建市”“撤处建局”为契机，根据中共十五大提出的依法治国方略新要求，将学习、教育、整顿和创先争优作为政治建警和从严治警的重要内容并贯穿队伍建设的始终。组织开展“党建先锋工程”和“二学一创”（学习《中华人民共和国刑事诉讼法》《中华人民共和国行政诉讼法》、学习济南交警和创先争优活动，针对队伍中暴露出来的突出问题，集中进行执法纪律教育整顿，增强党性观念和法制观念，提升服务意识和服务水平，培育先进典型，树立学习榜样，整改执法执纪和思想道德方面存在的问题，落实政治建警和从严治警新要求，推进队伍规范化建设。为巩固学习教育成果，市公安局对机关作风、警容风纪等方面建立统一规范的行为准则和机关党委、纪委、政治处日常督察机制，将督察结果与评先评优紧密结合，奖优罚劣，改变市公安局机关工作作风和精神面貌。1999年，全市公安机关把开展“讲学习、讲政治、讲正气”为主要内容的“三讲”教育与创建人民满意派出所活动有机结合起来，制订《城区九所创建人民满意派出所实施方案》，在全市公安机关掀起内强素质、外树形象新高潮。永州市公安局芝山分局徐家井派出所被评为全省“人民满意派出所”。2000年，根据公安部和省公安厅的部署，全市公安机关开展实事求是的思想路线教育、全心全意为人民服务的宗旨教育、严格公正文明执法的法制教育“三项教育”主题活动，贯彻落实《公安机关人民警察内务条令》，以“双十双百千工程”（全省每年创建10个优秀公安局，省公安厅确定10个队伍问题或辖区治安问题相对较多的县、市公安局作为“戴帽”整治单位，树立100个省级人民满意派出所和100个人民满意基层单位，确定1000个基层股、室、所、队分别作为省、市、县公安机关领导和厅属各单位主要负责人的联系点）工作为载体，结合永州实际，制订工作方案，以党建为引领，以基层建设为重点，推进公安人事制度改革和队伍正规化建设，为各项业务工作的开展提供政治保证。

2001—2005年，全市公安思想政治工作以“三个代表”重要思想和科学发展观为统领，深化“三项教育”，探索队伍管理长效机制建设，贯彻落实《公安机关人民警察内务条令》，相继开展“贯彻十六大，全面建小康，公安怎么办”大讨论、全警“大练兵”和保持共产党员先进性教育活动，加大公安队伍建设力度，提升公安队伍整体素质。民调显示，有80.4%的群众对公安工作表示满意或基本满意，有69.4%的群众认为公安机关的工作作风和工作态度有所改进。通过专题培训、专家讲座、座谈讨论、观摩交流、知识竞赛等方式认真抓好《公安机关人民警察内务条令》的贯彻落实。从2002年开始，全市各级公安机关对队伍建设进行深层次的探索，建立队伍管理长效机制建设基本框架，对公安组织体系、运行机制、管理方式等进行有效尝试，完善进人、培训、用人、执法办案、监督制约、考评激励、保障日常管理机制。制订《首问责任制》《限时办结制》《领导责任追究制》等规章制度，推行岗位目标管理，强化质效考核。在“贯彻十六大，全面建小康，公安怎么办”大讨论活动中，紧紧抓住队伍建设这个根本点，牢牢把握执法为民这条生命线，以实现执法指导思想大转变为突破口，理清思路，明确方向，落实公安工作新举措，创造队伍建设新经验。2004 年，为提升公安队伍的战斗力，全市公安机关开展“大练兵”活动，将练兵与公安业务工作有机结合，全面提高民警的实战技能和本领。在省公安厅组织的大练兵第一阶段考核中，全市参考民警 189 人，及格人数 183 人，及格率 96.83%，全市 12 个参考单位总评得分全部及格，东安县公安局被评为全国大练兵典型单位。组织开展中华人民共和国成立 55 周年阅警式和“创先进领导班子”“先进党支部”“优秀党员”三项竞赛活动；推行“领导接待制度”“民情日记制度”“首问责任制度”三项制度。2005 年，市公安局组织开展保持共产党员先进性教育活动，全市公安机关以“提高党员素质，加强基层组织，促进各项工作，服务人民群众”为工作目标，组织召开各种座谈会 44 次，走访人大代表、政协委员 200 余人次，走访群众 1500 余人次，征集各类意见和建议 1200 余条。市公安局党委对需要整改的 6 个方面的问题，逐一列出整改措施，落实责任领导和责任单位，实现“五个明显增强”，即党员意识明显增强，党组织作用明显增强，群众工作水平明显增强，警容风纪明显增强，队伍战斗力明显增强，达到干部受教育、群众得实惠、工作获促进的预期目标。

2006 年，公安机关基层基础建设年。公安部在全国公安机关部署开展抓基层、打基础、苦练基本功“三基”工程建设。省公安厅制定五年规划部署开展“三基一化”（抓基层、打基础、苦练基本功，全面推进正规化）建设。2006 年 11 月，市公安局党委班子调整，结合永州实际情况，确定全市公安机关“政治建警、文化育警、素质兴警、信息导警、机制活警”和“三基三化”（抓基层、打基础、苦练基本功、推进公安队伍思想革命化、警务专业化和各项工作规范化）总体思路。全市各级公安机关按照市公安局统一部署，制订全年政治理论学习计划，确定“坚持科学发展，推进社会和谐”“坚持以人为本，全面推进公安事业发展和改革”等学习专题，规定每周二、五下午为政治学习时间。按照全国公安机关“树立社会主义法治理念、推进执法规范化建设”活动以及市委、市政府关于加强机关作风建设专项整治活动的有关要求，全市公安机关从 2007 年 4 月至 12 月开展为期 9 个月的规范执法专项教育整顿活动。2007 年 4 月 1 日起，在市公安局机关推行精细化管理考核，并将考核结果与民警提拔任用、奖惩福利等挂钩。6 月，在全市公安机关全面铺开，调动民警工作积极性。为切实转变民警工作作风，打牢专群结合基础，市公安局在全市公安机关统一组织开展“3000 民警下基层”活动，市公安局机关组织每批20人进村入户。通过抓队伍教育整顿、公安机构改革和队伍精细化管理工作，全市公安思想政治工作和队伍建设进一步加强，工作作风进一步转变。2008年，市（县）公安机关均制订全年政治理论学习计划，确定“坚持科学发展，推进社会和谐”等学习专题。市公安局党委抓好中心组理论学习，每月组织一次全局集中教育学习活动。3月至12月底，在全市公安机关开展“争创人民满意单位、争做人民满意警察”和提升人民群众“对社会治安的满意度、对公安队伍的满意度”的“两争创、两满意”活动。全市公安机关相继组织开展“大学习、大讨论”“大读书”“纪律作风整顿”“迎接人大评议”等学习教育活动，出台《民警离岗培训》《下基层煅炼制度》《热点岗位交流轮换制度》《对县区思想政治工作考评办法》等10余项制度。开展“深入基层解民忧，抗灾补损保平安”活动，推进“温暖工程”。2009年，市公安局党委提出思想政治工作要“服务中心、紧扣主题”要求，全市公安政工部门进一步加大民警思想政治建设力度，推进公安信息化、执法规范化、构建和谐警民关系“三项建设”，政治建警力度不断加大。加强对县（区）公安机关政治思想工作考核和市公安局局属单位精细化考核，将考核结果与民警的政治待遇、经济待遇、评先评优直接挂钩，以考核促规范化建设。开展队伍管理大调研活动，共征集论文55篇。

2010年，全市公安机关开展优秀团队建设活动，计划用3到5年时间打造出一批具有极强集体荣誉感和创先争优意识的优秀公安基层团队，营造“所队是我家”氛围，提高基层所队向心力、凝聚力、战斗力和执行力。2011年，市公安局出台《关于开展“发扬传统、坚定信念、执法为民，树立良好警风”主题教育实践活动实施方案》，将主题教育实践活动纳入县（区）公安局思想政治工作考核内容。全省民调显示，永州公安从原来的第14名跃居第3名。2012年，市公安局全面实施文化强警战略，深入推进优秀团队建设，出台《永州市公安局机关文明素质提升工程实施方案》《永州市公安局机关民警日常行为管理补充规定》，开展星级办公室评选，要求所有党员民警上班、上岗、执勤、执法佩戴党徽，接受群众监督，“讲政治、懂规矩、听指挥、顾大局、守底线”成为广大民警的自觉行动。6月，全市创先争优工作总结大会上，市公安局机关党委被评为全市创先争优先进基层党组织。2013年，市公安局出台《优秀团队建设2013—2015年三年规划纲要》等一批指导性文件，编印《优秀团队建设理论与实务》，坚持不懈推动优秀团队建设深入开展，优秀团队建设得到公安部和湖南省委政研室、省公安厅推介。2014年，永州公安政治工作围绕中央及省委、市委政法工作会议和全省、全市公安局局长会议部署，以深入开展第二批党的群众路线教育实践活动为主线，以优秀团队建设为总抓手，以提高依法履职能力为核心，以打造人民满意公安队伍为目标，坚持政治建警、文化育警、素质强警、科学用警，不断加强、改进和创新公安政治工作，坚持立说立行、边学边查、边查边改。

2015 年，全市公安思想政治工作主动对接从严治警新常态，以“四项建设”（基础信息化、警务实战化、执法规范化、队伍正规化建设）为载体，紧紧抓住全面深化公安改革契机，大力推进队伍正规化建设。制订《2015 年永州市公安局机关党建工作要点》《2015 年永州市公安局机关政治理论学习安排意见》，对市公安局机关学习贯彻中共十八届四中全会精神及习近平总书记系列重要讲话精神进行安排部署，强化思想政治学习教育，提升公安队伍思想政治素质。树立“抓好党建就是最大政绩”理念，把党建工作与公安工作深度融合，坚持以党建带队建，以党建促工作，深入开展“三严三实”（严以修身、严以用权、严以律己；谋事要实、创业要实、做人要实）专题教育活动。

第二节　党风廉政建设

1993—1995 年，零陵地区公安处根据上级党委、政府和上级公安机关的部署，组织全区公安民警学习中共十四大报告、《中共中央关于县处级以上领导干部廉洁自律的五项规定》《政法公安人员守则（试行）》、公安部《公安人员八大纪律十项注意》《公安机关和公安干警十不准》《公安干警职业道德行为规范》和湖南省公安厅《关于清理整顿公安机关和公安干警经营或参与经营娱乐场所的通知》《关于贯彻执行不准接受可能影响公正执行公务的宴请的规定》《关于贯彻执行不准参加用公款支付的营业性娱乐场所活动的通知》等规范性文件，开展对邓小平同志提出的反腐败斗争的长期性、重要性的讨论，观看电视录像《沉沦警示录》，对照廉政建设和反腐败斗争的要求自清自查自纠。1993 年，全区公安民警自清自查整顿乱收费现象，11 名处级领导干部主动清退红包礼金 2900 元。1994 年，区、县两级公安机关领导班子成员拒礼拒贿 114 人次 58950 元。处党组书记、处长王伯达拒收 3 个单位的拜年礼金 1900 元。祁阳县公安局 7 名党委成员拒礼拒贿 19 人次，金额 11300 元。1995 年，全区县（市）局以上领导班子成员拒礼拒贿 22 人次，上交现金和实物折款 44650 元。交警支队支队长周生英退交红包、礼金 3 万元。东安县公安局局长唐冬元、副局长龙永杰拒收犯罪嫌疑人蒋某某母亲行贿款 2. 1 万元。

1996 年，永州市公安局按照中纪委十四届六中全会关于反腐败斗争的“三项任务”不变的指导方针，加强监督机制建设。建立科级以上干部礼品登记制度、用车制度、公务接待制度。印发《领导干部廉洁自律方案》，定期召开党委（支部）民主生活会，在人大、政协、纪委、妇联、财政、税务、新闻等单位和部门聘请行风督察员 151 人。全市公安机关县处级以上领导干部退、交红包礼品实物折款

39000 元，民警拒礼拒贿 2400 人次，折款 20. 28 万元。在全市清房清车工作中，未发现县处级以上领导干部有违规情况。

1997 年，组织民警学习《中国共产党纪律处分条例（试行）》《中国共产党党员领导干部廉洁从政若干准则（试行）》《中华人民共和国行政监察法》《关于党政机关厉行节约制止奢侈浪费行为的若干规定》等六部法规。为检验学习效果，11 月，组织纪检监察法规知识考试，通报考试成绩。组织开展“举案讲纪”活动，从本单位本系统查办的案件中，选择有代表性的案件进行剖析，对照单位和个人自查自纠。

1998 年 3 月，按照中央及省、市统一部署，全市公安机关开展为期 6 个月以“反腐治奢，艰苦奋斗”为主题的公安队伍教育整顿，重点整顿私设“小钱柜”等群众反映强烈的问题。全市公安机关清理“小钱柜”53 个，违纪金额 101 万元。江华瑶族自治县公安局对 11 个派出所和 4 个股、队进行内部审计，清理违纪资金 80. 23 万元，取缔“小钱柜”9 个，上缴违纪金额 35. 9 万元。严格执行中央、国务院关于厉行节约，反对奢侈浪费的“八项规定”，清理通信工具，规范电话费报销制度，压缩办公费、会议费、接待费开支。办公费、会议费、招待费分别比上年减少 7%、61%、8. 5%。

1999—2003 年，以强化制度建设、开展“三项教育”“三讲教育”落实责任追究为重点，全面推进党风廉政建设。市公安局先后制订《反腐败工作责任部门责任目标》《党风廉政建设责任制实施办法》（简称《办法》）《党风廉政建设工作计划》《关于报告党风廉政建设责任制执行情况的具体办法》《关于追究违反党风廉政建设责任制行为的具体办法》《永州公安机关目标管理一票否决制暂行规定》《永州市公安机关人民警察末位调整暂行规定》等规章制度和《永州市公安局直属单位、分局党风廉政建设任务书》《党风廉政建设责任状》及其考核细则，局长和各单位“一把手”签订责任状，将党风廉政建设和业务工作一起布置、一起考核、一起落实。初步建立“党委统一领导，党政齐抓共管，部门各负其责，纪委组织协调，综合情况，督促检查，发现情况问题及时查处”工作机制。根据公安部和省公安厅的部署，组织民警学习公安部印发的反腐倡廉读本，观看《教育整顿和执法大检查警示录——关于刑讯逼供的调查报告》《公务用枪与责任同行》《扭曲的执法》《扭曲的人生》《胡长清案件警示录》录像和电影《生死抉择》等警示教育片，对照江永县公安局、芝山区公安局徐家井派出所等 15 个先进典型和宁远县中和派出所留置室发生留置人员死亡事件反面典型，要求民警对照检查，查找差距，吸取教训，联系实际剖析廉洁从警中存在的突出问题。针对少数民警纪律作风松弛，乱罚款、乱收费，随意执法等问题，市公安局印发《“民警执法办案的十六条规定”

"严格财经纪律和收支两条线管理的规定""公安民警作风纪律的几项规定"的通知》，民警违反上述规定受到纪律处分的，单位领导负连带责任。为挽救、教育、帮助在工作中犯有轻微违纪行为，尚不够处分的民警，建立诫勉谈话制度。根据公安部"四个坚决""五条禁令"和湖南省公安厅"三项禁令"、《廉政准则》等党纪警规，制订完善《首问责任制》《限时办结责任制》《岗位目标管理考核责任制》《优化经济发展环境责任追究制》和《公安民警"五不""六要""七严禁"》等八项规章制度，规范民警行为。对上级批转的督办函和群众举报投诉，确定专人逐件、逐事进行调查处理，做到事事有着落，件件有回音。责令整改行政执法 3 起，退还当事人财物 7000 元。

2004—2006 年，根据中央、省委党风廉政建设责任制会议对领导干部在廉洁自律方面"五个不许"（不许违反规定收送现金、有价证券和支付凭证；不许跑官要官；不许放纵配偶、子女和身边工作人员利用领导干部职权和职务影响经商办企业或从事中介活动谋取非法利益；不许参与赌博；不许借婚嫁丧聚之机收敛钱财），市公安局加强对广大民警，特别是党员领导干部的监督，促进廉洁从政，强化党风廉政建设和反腐败工作。组织民警学习"三个代表"重要思想，开展社会主义荣辱观、保持共产党员先进性教育和"五个不许"专题教育活动，建立纪委谈话教育制度。对有违纪问题的干部进行诫勉谈话，对提拔的干部进行任前廉政谈话，对参加晋升警衔培训和新录用民警，进行廉洁从政教育。全市公安纪检部门共开展诫勉谈话 67 人次，廉政谈话 658 人次。制订《永州市公安局落实公安部纪委谈话制度实施方案》《上级纪委参加下级公安领导班子民主生活会制度》、领导干部《廉政档案》《重大事项报告》和《礼品礼金上交登记制度》，印发《永州市公安局行政首长问责暂行规定》，推行领导干部廉政建设承诺制。市公安局机关建立 124 名副科级以上领导干部廉政档案，采集 27 名副处以上领导干部廉政档案信息，副科长以上领导干部按规定向局纪委上报本人重大事项。市公安局局长秦伍生向市党风廉政办和社会各界就自己任职期间党风廉政建设责任制和本人廉洁从政行为作出承诺，与县（区）公安局（分局）局长和局属单位主要负责人签订"党风廉政建设目标管理责任书"。全市公安机关推行主要领导不直接分管人事和财物制度。纪委和政治部对当年拟提拔的副科级以上领导干部进行考察，发现有问题或不符合规定的一律否决。对新招录民警从报名、考试、体检、录用全程监督。市公安局制订《经费包干方案》《财务管理暂行规定》，对局属各单位经费实行总包干，对局机关、交警支队等 6 个单位的收支情况进行财务审计和基建审计，审计金额 4361 万元，纠正违规资金 371 万元，核减资金 65 万元。在市公安局搬迁工程中，局纪委全程监督招标、投标过程。推行警务公开制度，将服务承诺、执法办事依据、程序、收费标准等非保密项目汇编成册，公开发布；邀请监督员对民警的服务态度、执法程序等进行全程监督；在永州电视台“政务热线”栏目，公开市公安局户政、出入境、治安等部门服务项目、服务承诺、收费依据与标准，接受社会各界和人民群众监督；开通热线电话接受群众咨询与投诉，就热点、难点问题与群众进行电话沟通。将公安部“五条禁令”（严禁违反枪枝管理使用规定；严禁携带枪枝饮酒；严禁酒后驾驶机动车；严禁在工作时间饮酒；严禁参与赌博）、省公安厅“三项禁令”（严禁刑讯逼供、体罚、变相体罚；严禁违法使用强制措施和留置盘问；严禁下达和变相下达罚没指标）的执行情况纳入党内监督和纪律要求的重点范围。在贯彻执行“五条禁令”中，突出“枪、车、赌、毒”问题整顿，出台《关于严明作风纪律加强队伍管理的几条规定》，监督管理的重点由工作场所向非工作场所延伸，由8小时内向8小时外延伸，采取定时和不定时方式明察暗访。全市公安机关共聘请警容风纪监督员359名，公布举报电话25个，设置举报箱16个，广泛接受社会监督、群众举报。将“五条禁令”和“三项禁令”以及优化永州经济发展环境、“行政效能建设”“三促进一提高”“大练兵”活动作为重要内容纳入《党风廉政建设责任制实施办法》和《党委成员党风廉政建设责任分解意见》，对贯彻执行情况进行通报、考核。市公安局在全市公安机关组织开展“三项排查”（排查是否存在特权思想、特权作风和“冷硬横推”“吃拿卡要”的问题、排查是否存在刑讯逼供、滥用枪支警械、滥用强制措施问题，排查是否存在违反规定扣押、查封、冻结、没收财产和违反规定责令停业、吊扣证照问题）和“三个治理”（治理乱收滥罚、插手经济纠纷、公路“三乱”、贪赃枉法、索贿受贿等问题；治理违反规定参与经商办企业、参与经营娱乐场所、参与矿产投资入股以及在行政审批、政府采购等过程中的商业贿赂行为；治理涉黑涉恶涉毒涉赌、为黑恶势力充当“保护伞”的问题）专项教育整顿。

2007—2009年，围绕加强党的执政能力建设和全面落实科学发展观，贯彻执行《行政机关公务员处分条例》，按照“标本兼治、综合治理、惩防并举、注重预防”的方针，坚持从严治警，强化监督制约机制，认真解决队伍中存在的突出问题，构建教育、制度、监督并重的惩治和预防腐败体系。根据公安队伍中存在纪律作风散漫、法制意识淡薄、违规参与经营活动和执法犯法等问题，市公安局与市纪委、市委组织部、市政法委、市监察局、市人事局等部门共同研究制订《关于在全市公安机关开展队伍教育整顿活动的实施意见》，开展为期9个月的全市公安机关队伍教育整顿活动。印发《永州市公安局民警驾驶机动车行为规范》《关于进一步加强警车管理和规范民警警容风纪的通知》，开展“警车归位”专项治理活动。规定法定假日和双休日因公务活动动用警用车辆的，必须经值班领导批准。严禁酒后驾车，严禁将车停放在娱乐场所、餐饮场所，违者严肃查处。市公安局党委针对近年班子成员连续出现问题的情况，将班子建设摆到突出位置，要求班子成员必须确保坚定的政治立场和正确的政治方向，公安工作必需置于党的绝对领导之下。向社会公开廉洁自律“六项承诺”（局党委成员每月下基层不少于6天；下基层指导工作一律着警服，轻车简从，不准迎来送往，不准带与本项工作无关的随行人员，下基层一律在基层公安机关食堂就餐，一律住标准间，费用自理；不准接受任何单位和个人的高档宴请，消费，特别是可能影响案件公正处理的吃喝玩乐；不对可能影响案件公正处理的事项向下属单位和民警说情，打招呼，不违反法律程序就案件的处理随意表态；不出入任何营业性歌舞娱乐场所，因工作需要，必须向上级报告；不以单位名义在任何消费场所“签单”，公务接待一律用现金支付），自觉接受民警和社会各界的监督。根据湖南省纪委《关于切实解决领导干部廉洁自律和干部选拔任用方面突出问题的通知》精神，制订《永州市公安机关领导干部廉洁自律和干部选拔任用方面突出问题整改工作方案》，加强对领导干部利用职权和职务影响，为本人、配偶、子女或其他亲友谋取不正当利益等廉洁从政方面存在的突出问题进行清理纠正。45名副处级领导干部按要求填写“在职副处级领导干部配偶、子女、身边工作人员情况登记表”，报告述职述廉情况，没有发现违规违纪情况。以“警务评议”为载体，拓宽监督渠道，建立良性互动的警民关系。制定《永州市公安机关聘请随警特邀监督员暂行规定》，每个基层单位从人大代表、政协委员、人民群众中聘请随警监督员每月“随警”3~5天，参与值班备勤、接警处警、治安巡逻等警务活动，体验执法办案，及时发现和纠正民警在执法活动中存在的问题，把警务监督与构建和谐警民关系有机结合起来，树立公安机关良好形象。建立向人大和辖区人民群众报告工作的制度，主动接受监督。对人大代表评议意见中需要整改的问题，按县（区）、警种逐项列表，县（区）公安机关、市公安局局属各单位相关警种、部门，限期整改，并将整改情况报告人大代表。全市公安机关坚持把廉政教育作为政治建警、文化育警举措，教育民警打牢“廉洁从警、执法为民”的思想根基，筑牢拒腐防变的思想道德防线。市公安局纪委对新录用民警和晋升警衔民警进行集体廉政教育，对机构改革后通过竞争上岗被新提拔的20名处级、58名正科级和50名副科级干部进行集体廉政谈话。

2010—2014年，以优秀团队建设为总抓手，结合党的群众教育实践活动，落实党风廉政建设精细化管理措施，加强纪律作风建设，创新廉政教育方法和案件查办机制，严格财务管理，建立联席会议制度，规范权力运行，坚持“从严治长、铁腕治警”，人民群众对公安队伍的满意度大幅提升。民调结果显示，全省14个市（州）人民群众对公安队伍的满意度评价，永州从2000年以前的后三位，上升到

2012 年 7 月 15 日，永州市公安局组织全市公安民警参加全省公安机关《中国共产党领导干部廉洁从政若干准则》和《公安机关人民警察纪律条令》闭卷考试。图为市公安局机关部分民警参加考试

2011 年第二位，2014 年第四位。市公安局将党风廉政建设责任制要求贯穿于公安工作的各个方面各个环节，与业务工作同布置、同检查、同督导、同落实、同考核、同奖惩，实施精细化管理考核。制订《永州市公安机关落实〈建立健全惩治和预防腐败体系2013—2017 年工作规划〉的实施方案》，把具有永州特色的惩防体系工作纳入全市公安工作总体规划，推行党风廉政建设“一把手”负责制和领导干部“一岗双责”制。建立党委成员联系点督导党风廉政建设制度，每个党委成员每月至少到联系点开展一次以上实地督导，全面掌握县（区）公安机关和局属单位工作开展情况。纪委、政治部等 6 个职能部门负责对其他警种党风廉政建设工作开展情况进行督导和日常考核。考核结果直接与公安机关领导政绩挂钩，考核排名后 2 位的县（区）公安局（分局）不能推评为全省、全市综合考评先进单位和全国、全省优秀公安局。对党风廉政建设受到上级表彰的单位和个人予以通报表扬、加分；对上级领导机关和市公安局党委部署或批示的有关党风廉政建设任务未完成，或未按时回复的，一律通报批评，予以扣分；年内发生违反党风廉政建设规定的，一律追究纪律责任，实行“一票否决”。按照 2012 年 11 月 2 日中共永州市委办公室、永州市人民政府办公室转发《永州市公安机关五条铁规》和《永州市公安机关服务群众五项承诺》规定，对领导干部带头违反承诺的从严查处。对不依法履行职责，监管失责，造成重大工作失误、重大社会影响和队伍中发生重大恶性违法违纪案件的，严肃追究领导干部责任。对民警违法违纪问题瞒案不报、压案不查、包庇袒护、恶意规避监督的，依纪依规从重处罚。祁阳县公安局党委一名班子成员酒后驾车，受到行政记过处分，被调离公安队伍。贯彻执行“中央八项规定”“湘九条”“市十条”和公安部、省公安厅关于改进工作作风、密切联系群众系列规定要求，出台《永州市公安局党委改进工作作风十项规定》。要求班子成员敢于叫响“向我看齐、从我做起、对我监督”的口号，带头遵守政治纪律，“讲政治、懂规矩、听指挥、顾大局、守底线”，带头改进工作作风，带头执行廉洁自律规定，如实申报个人财产，及时上报个人重大事项，自觉接受监督。各县（区）将

看守所和法庭作为警示教育基地，分期分批组织民警到看守所听取涉嫌职务犯罪在押人员“现身说法”；到法院旁听对职务犯罪人员的庭审，接受现实警示教育。创建“永州公安廉政短信平台”，不定期向全市公安民警群发“廉政格言、节前提醒、警示案例”短信，提醒全市民警严守警纪警规和廉洁自律规定，筑牢拒腐防变的思想道德防线。全市公安机关与民警签订《严守“五条铁规”“五项承诺”保证书》，对违反承诺者问责追责。在全市公安机关开展帮扶教育活动和“拉袖子”活动中，建立局领导、警种部门领导、民警“三对一”帮扶小组，对近三年受过党政纪处分和有违法违纪倾向的民警进行全面细致的摸排，确定193名民警为帮扶对象。按照“一案一档”“一人一档”的原则，建立健全帮扶教育工作台账，明确帮扶措施，落实帮扶领导和帮扶民警，最大限度化消极因素为积极因素。108名被帮扶对象由后进转变为先进。建立制度保廉、网络传廉、观片促廉、以文倡廉机制，在公安网开设“廉政”专栏，创办具有公安特色的“永州公安机关网上警示教育基地”，促进廉政教育从“文件”走向“文化”，从“机关”走向“基层”，传递尊廉崇廉尚廉正能量。通过“短信群发平台”，向全市公安民警通报、传递省内外民警违法违纪信息和廉政警言，丰富公安廉政文化，增强民警的遵规守纪意识和廉洁自律意识。组织开展“双廉”评选活动，弘扬廉洁从警和家庭助廉的新风正气。全市共选出勤政廉政民警和民警“廉内助”120名。组织开展以“思廉、崇廉、守廉”为主题的“清风做伴·读书思廉”活动。向全市公安民警推荐100本廉政书籍，培养民警“爱读书，读好书”的兴趣，激发民警积极进取，创先争优的工作热情，营造“学廉、思廉、守廉”氛围。启动节假日廉洁提醒，每年传统节日期间，印发《关于切实加强节日期间廉洁自律工作的通知》，强调“五条禁令”和《廉政准则》，严防节假日期间民警违纪违规问题发生。组织开展廉政文化知识讲座，由局党委成员轮流主讲。全市公安机关及其280个基层所队建立“廉政文化知识、廉洁从警警示、廉政格言警语”文化长廊，营造“处处见廉政、人人讲廉政、刻刻争廉政”的浓厚氛围。出台《永州市公安局涉案财物管理制度》，对涉案财物实行统一管理，确保涉案财物来源去向明晰、依法处理及时、全面接受监督。每月在公安网通报局领导和局属单位公务接待和财务收支情况。与市反贪局、反渎局建立联席会议制度，预防公安

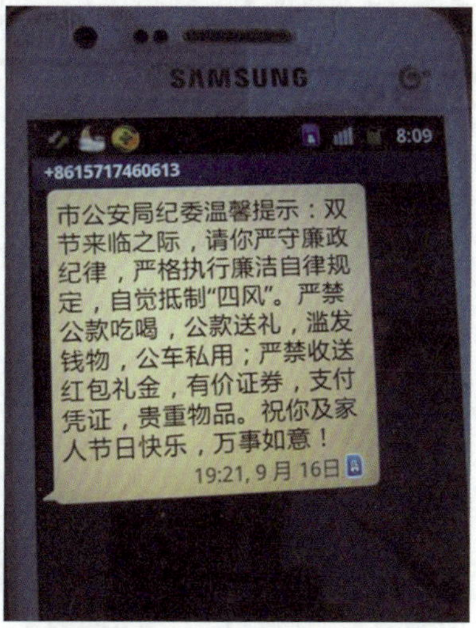

2013年9月16日，市公安局纪委通过短信平台向全局500名民警送上国庆、中秋“廉礼”

民警渎职侵权，贪污受贿。按照“梳理权力清单、查找各项权力风险点、绘制权力运行流程图、研究规范权力运行制度”的总体思路，全面完成市、县两级公安机关运行制度汇编工作，汇编63万字，涉及17个局属单位1486种公安权力。对重要岗位进行重点监督。将政治部人事科、后装部财务科、装备科等10个岗位列为重点监督对象。制订《永州市公安局重要岗位轮岗交流制度》，明确从事基建、后勤管理、户口、出入境等4大类10个岗位为轮岗范围。以公安信息化建设为支撑，充分整合纪委、警务督察、法制信访、政治部等部门的“12389”电话举报、阳光警务系统、网上警务督察、警民微信互动、“110”直播室等平台信息资源，对执法活动、窗口服务、值班备勤实施主动监督，规范权力运行。出台《永州市公安局查办重大民警违法违纪案件工作规范》《永州市公安局查处公安民警违法违纪案件协调制度》《永州市公安民警违法违纪案件督办工作规定》。建立健全党委统一领导、纪检监察部门具体组织协调的查案工作机制。明确县（区）纪委对公安机关按照干部管理权限移交查处的民警违纪案件，必须无条件受理并依纪依规处理到位，不得推诿和拖延。组织开展以“无民警违反‘三项纪律’案件，无民警涉枪涉酒涉赌案件，无执法环节涉案人员非正常死亡案件，无新增涉法涉诉上访案件，无不作为、慢作为、乱作为投诉上访案件，无重大涉警负面舆情”为主题的“六无”团队竞赛活动。实现涉警投诉举报总数、民警违纪案件总量下降，队伍建设民调满意率、执纪公信力上升的“两降两升”队伍管理目标。信访举报数从2013年的155件下降到2014年的127件，下降率18.15%；执纪公信力从2013年全市第九位上升到2014年第一位。制订《永州市公安机关作风建设明察暗访工作方案》等方案，对公安队伍纪律作风实行常态化监督。全市各级公安机关共出动督察警力3600余人次，开展各项专项督察628次，明察暗访基层所队4000次，宾馆、酒店、娱乐休闲场所3100家次，警车2100台次；发现并督促整改各类问题2835件，发督察通报247期。2014年，按照党的第二批群众路线教育实践专项整治活动要求，组织开展对公款大吃大喝、公款送礼、公车私用、“庸懒散”以及“门难进、脸难看、事难办”等5个方面群众反映的突出问题和不公正执法腐败进行专项整治，重点整治办人情案、关系案、金钱案，乱收费、乱罚款、乱摊派以及利用职权吃拿卡要等9类突出问题。

2015年，紧紧围绕公安部“四项建设”重大决策部署，坚持从严治长、铁腕治警，严格履行“两个责任”，以“零容忍”的态度、公开亮剑的作风、改革创新的方法、依法治警的思维，聚焦执法和队伍中的痼疾顽症，全面落实党风廉政建设政治责任，构建永州公安特色惩防腐败体系，推进党风廉政建设和反腐败斗争。市公安局党委先后4次召开局党委会专题研究反腐倡廉工作。出台《永州市公安机关党风廉政建设党委主体责任纪委监督责任的实施细则》，对全面履行“两个责任”提出4大类34项具体要求。印发《2015年永州市公安局党委落实党风廉政建设和反腐倡廉建设责任分工》和《局机关贯彻落实2015年党风廉政建设和反腐败工作责任分工的意见》，明确局党委、局属各单位以及纪检部门的具体职责，形成“一把手”亲自抓、党委成员分工抓、纪检监察专职抓、警种部门主动抓、全警联动相互配合的党风廉政建设工作格局。市公安局纪委分别向5名局党委成员和10个局属单位发提醒函，制订《2015年全市县级公安机关党风廉政建设考核办法》，考核成绩与全市公安机关绩效考核和局机关精细化管理考核直接挂钩，考核不合格单位不得参与绩效考核评先评优。连续2年考核结果不合格的单位，由局党委书记和纪委书记约谈。副市长、市公安局局长刘新良对市公安局党委成员及局属各单位主要负责人逐个开展廉政约谈；局党委成员不定期对分管部门和其联系的县（区）公安局（分局）开展检查指导，督促落实党风廉政建设工作任务。按照“立足教育、着眼防范、关口前移”思路，采取“教育+监督+惩处”举措，构建民警不敢违、不愿违、不能违的惩治和预防腐败体系。把“深化两个责任宣传教育年”活动与“守纪律讲规矩”专题教育相结合，教育引导广大民警牢记宗旨，永葆优秀共产党员政治本色。市公安局党委中心组先后多次专题学习《习近平总书记关于党风廉政建设和反腐斗争重要论述》及上级反腐倡廉工作会议精神。4月初，组织开展题为“牵手家庭助廉、共筑拒腐防线”专题活动，邀请民警家属与民警共同观看《失守的底线》《手莫伸》等5部警示教育片，

2015年3月，市公安局党委召开专题会议，研究反腐倡廉工作

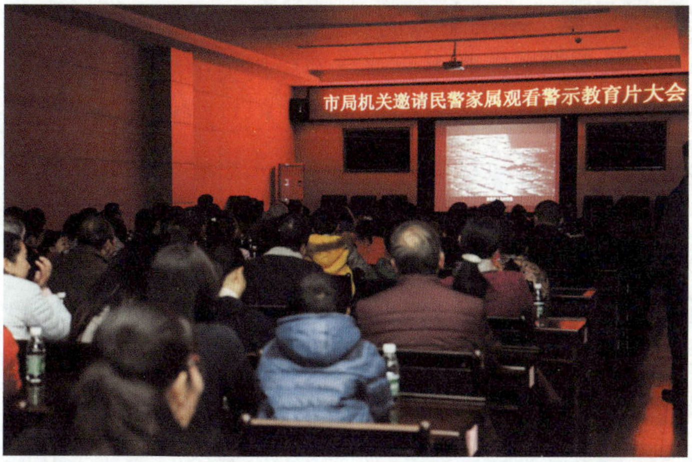

2015年，市公安局组织局机关部分民警家属观看警视教育片《失守的底线》《手莫伸》

向全市公安民警家属发送《致全市公安民警家属的一封信》。5月，副市长、市公安局局长刘新良以《“严”字当头，“实”在心头》为题为全市公安机关领导干部讲授专题党课；6月，组织全市公安机关“火线提拔”领导干部和“火线入党”民警进行集中培训，接受党性教育和廉政教育；12月17日，局党委中心组召开专题辅导报告会，对新修订的《中国共产党党员领导干部廉洁从政若干准则》和《中国共产党纪律处分条例》组织专题学习。对受过纪律处分仍有负面情绪和有违法违纪倾向的民警开展帮扶教育，及时“拉袖子”“敲警钟”，最大限度减少“非战斗减员”。组织开展第三届全市公安机关“廉政勤政卫士”和“民警廉内助”评选表彰活动，表彰廉政勤政卫士120名、民警廉内助120名。坚持“铁规管人、铁面无私、铁石心肠”，不搞下不为例、不搞纪外开恩、不搞情有可原，尤其是对损害人民群众利益和公安队伍形象的行为，不心慈手软，不姑息迁就。

第三节　人事管理

一、提拔任用

1993—1995年，加强干部队伍管理和领导班子建设，按照“四化”要求和德才标准，以“能者上、平者让、庸者下”的原则，配齐配强科股所队室的领导班子，做到“选好两个人（科股队长、教导员），走活一盘棋”。零陵地区共有206名德才兼备的中青年民警被提拔到基层领导岗位任职。全区公安机关共提拔正处级非领导职务3人、副处级非领导职务2人，正副科长（级）321人，正副股长（级）840人。坚持从严治警，推进队伍规范化管理，根据《人民警察警衔条例》《国家公务员暂行条例》等法规，全区公安机关普遍推行岗位目标管理责任制。

1996—1997年，强化班子组织建设，推动用人制度改革。1997年对市公安局机关及芝山、冷水滩分局领导班子进行调整，其中，市公安局机关中层骨干调整38人，分局班子调整8人；中层骨干调整200人，其中提拔84人，平调76人，降职18人，免职22人。在干部管理上，市公安局党委简政放权，先后将交警支队、公安干校两个单位的副科级以下领导干部和分局股所队长（非副科级）的管辖权下放给直属单位。加大对县（区）公安局（分局）的协管力度，先后对宁远、江华、东安等县级公安机关领导班子进行考察、调整、充实。各县（区）公安局（分局）逐步实行竞聘上岗，全面推行岗位交流和轮换。市公安局机关共提拔副科长以上领导干部10名，解决副主任科员以上非领导职务32名。根据公务员管理条例要求，年内市公安局完成公务员过渡。

1998—2000年，严把“协管关”，协助地方党委、政府做好换届公安局局长选配工作。1998年，对新田、宁远、蓝山等县公安局的领导班子进行调整，初步解决各级班子配线过多的问题。年内调整干部147人次，其中，提拔副主任科员以上干部127人次。1999年，全市各级公安机关把民警基本素质、领导干部任职资格考试作为素质教育的突破口，组织"双考"活动，积极推进人事制度改革，市公安局机关、芝山分局和交警支队开展竞赛和双向选择上岗，21人提拔为正科级领导干部，31人提拔为副科级领导干部，5名科级领导干部落选，6名科级领导干部由正职降为副职，8人在双向选择中落选（聘）。

2001—2004年，结合换届选举和机构改革，提高县（区）公安局（分局）局长和局机关各支队主要负责人的职级待遇，配齐配强各级公安机关领导班子。2002年，对市公安局机关和直属单位的科级正职以下干部实行全员竞争上岗、双向选择，对双向选择落选的干部实行分流。通过竞争上岗选拔分局股所队长、教导员82人次。

2005—2009年，加强和规范对各县（区）公安机关领导班子的协管工作，对班子超线问题，联合市委组织部、市委政法委下文进行督察整改，各县（区）公安机关领导班子成员均调整到规定的9个职数以内；在市委重视下，县（区）公安局（分局）政委均高配副处级。2007年，市公安局按照公安部和省公安厅要求率先启动公安机构改革，8月初完成市公安局机关竞争上岗人员调整工作，共提拔8名处级领导干部、18名正科级领导干部和28名副科级领导干部。在民警双向选择中，共有90名民警在不同部、委、室、支队之间进行交流调整。

2010—2013年，出台《永州市公安局机关干部管理暂行规定》，干部选拔任用工作进一步规范化。加强从优待警工作，组织开展公安机关执法勤务机构警员职务套改和人民警察法定工作日之外加班发放补贴工作，全市共有2898名民警参与首次警员职务套改。2011年，市公安局先后对空缺的8个副处级、25个正科级、33个副科级领导干部岗位实行公开竞争上岗，其中，8名处级领导岗位面向全市公安机关选拔。通过理论考试、体能测试、投票推荐、党委决定等程序，66名德才兼备、群众公认的优秀干部被选拔到处、科级领导岗位。加大对县（区）公安机关的协管力度，积极推进市、县公安局局长"进班子"体制的落实，对新进班子成员，由政治部会同纪委联合考察，配合党委、政府进一步优化公安机关领导班子结构，禁止超职数配备和"带病提拔"干部。2012年9月，全市12个县（区）公安局（分局）局长通过选举全部担任副县（区）长，工作经验被省公安厅政治工作简报推介。出台《关于加强全市公安机关干部队伍管理的意见》，采集建立市公安局机关及直属分局共计1560人的公务员管理信息系统，提高干部管理信息化、科学化、规范化水平。为进一步落实从优待警各项措施，政治部在首次警员职务套改的基础上，探索完善警员职务正常晋升机制，完成2010年警员职务套改的连续性和正常晋升。全市各级公安机关民警加班补贴、值勤岗位津贴全部落实到位。

2014年，开展市公安局凤凰园经济开发区中心派出所空缺科级领导干部职位竞争上岗，按规定程序任命市公安局驻京维稳科科长，制订《永州市公安局干部挂职工作管理暂行办法》。开展干部人事和机构编制领域突出问题整治活动，对全市公安机关违规借调工作人员、领导干部在企业（协会）兼职、“吃空饷”等问题进行全面摸底和清查治理，配合市政府相关部门完成市保安公司改制移交和局机关聘用人员劳务关系处理，确保机构编制和人事管理规范有序运行。完善机构设置，协调市编办完成市公安局交警支队车辆检测中心社会化职能转移。是年，市公安局印发《关于推动全市公安机关警力下沉的意见》，规定除某些特殊岗位外，凡是没有2年以上基层公安工作经历的，不得提任上一级领导职务。

2015年，印发《关于在全市公安机关严打整治百日会战期间实行“三条火线”的意见》，对在严打整治百日会战中成绩突出且平时一贯表现优秀的民警实行“火线提拔”，年内全市共有180名民警得到提拔任用。

二、干部交流

1993年，为调整和充实基层一线力量，从零陵地区公安处机关抽调50名干部充实到基层所队工作，挂职锻炼，重点培养。

1996年10月，市政府印发《关于印发永州市公安局职能配置、内设机构和人员编制方案的通知》，首次明确县（区）公安局（分局）局长异地交流和职级高配，全市11个县（区）公安局（分局）局长，7名异地异岗交流，10名高配副县级。

2008—2014年，市公安局实施民警下基层锻炼和中层干部交流制度。2008年4月，将近两年分到市公安局的军转干部和无基层工作经历的年轻民警共27人全部下到冷水滩分局各派出所锻炼一年。2009年推行新录用民警下基层锻炼制度，安排24名新录用公务员到基层所队进行为期2年的学习锻炼。在公安机构调整和人事改革中，全方位、大面积推进干部交流，中层以上干部交流达到80%以上；以县级公安班子调整为契机，跨地区、跨警种进行交流。经市委组织部批准，市公安局选派11名30岁左右的优秀科级干部到县（区）公安局（分局）挂职副局长。2011年，积极探索民警跨警种交流，对市公安局机关90余名民警进行交流轮岗，做到人事相适、人岗相适。2012年，印发《永州市公安局机关民警工作调动暂行办法》，规范民警工作调动和岗位交流。2014年，对冷水滩分局2名任职时间较长的班子副职进行交流任职，提请市委对8名县（区）公安机关主要领导进行交流任职。推动警力下沉，出台《永州市公安局关于推动全市公安机关警力下沉的意见》，全市公安机关共下沉警力355人，下沉编制248名，其中，社区民警73人。制订领导联系基层制度、机关民警下基层锻炼制度，作出“除特殊岗位，新招录公务员、军转安置干部、从外单位调入市公安局和下一级职位提升上一级职位的民警等，凡没有两年以上基层公安工作经历的，不得提任上一级领导职务”等硬性规定。市公安局机关选派11名科级干部到县（区）公安局（分局）挂任党委委员、副局长，下派30名年轻民警到中心城区进行巡逻防控和交通整治，面向县（区）公安局（分局）遴选33名民警。

2015年，抽调40名年轻无基层工作经历民警，分两组分别组建冷水滩、零陵分局刑侦二大队，成建制下到基层，专门负责打击中心城区的侵财犯罪和毒品犯罪。

三、新警录用与协辅警管理

1993年2月，湖南省委组织部、省人事厅等6部门联合印发《关于从全省政法系统“以工代警”人员中考试录用警察的通知》，全区共267名“以工代警”人员经考试被录用为人民警察。1994年，通过组织考核、集中体检、择优录取，完成第二批98名“以工代警”人员的录警工作。地区计委、教委、编委、人事局、劳动局和公安处联合印发《关于举办公安中专委培班的通知》，经过考试、考核和体检，由公安干校招收委培班2个班，解决100余名民警待业子女上学就业问题。

1996年，公安部、人事部印发《人民警察录用办法》，省人事厅、省公安厅制订《湖南省公安机关人民警察录用实施办法》。根据公安部、省公安厅要求，市公安局印发《关于进一步做好吸收公安民警工作的通知》，明确规定：（一）未按照《公政治【1993】74号通知》规定程序吸收、录用进入公安机关的人员，一律不承认其人民警察身份，不呈报评授警衔；（二）县、区公安机关需按要求逐项填报《调入公安干警呈报审批表》和《湖南省公安机关吸收、调入干警呈报审批汇总表》，每季度末集中向市公安局政治部呈报，经市公安局初审报省厅审批同意后，才能办理正式调入（录用）手续；（三）呈报吸收调入的人员，必须符合《中华人民共和国人民警察法》《国家公务员暂行条例》《关于吸收人民警察的规定（试行）》及《湖南省国家公务员录用实施办法》等法律、法规中规定的基本条件；（四）呈报调入（录用）的人员应是在核定的编制限额内，超编进入的，必须报同级编制、财政部门核准盖章后才能呈报；（五）从企、事业单位吸收调入民警按《湖南省国家公务员录用实施办法》规定，经过录用公务员考试合格，方可呈报调入审批手续，成批选调吸收人民警察，必须统一招收，统一考试，并将实施方案和结果，随同第二条规定填报的表格上报市公安局；（六）从非人民警察部门调入、录用的民警必须按照“先培训后上岗”的原则，组织岗前培训，培训考试合格后才能上岗执行职务。

2000 年，根据中组部、公安部、人事部《关于海南万宁市公安局违法违纪进人问题的通报》精神，市公安局与市委组织部、市人事局联合印发《关于进一步加强公安机关进人把关工作的通知》，明确坚持凡进必考的原则，市（县）及其以下公安机关录用人民警察必须在用人单位编制限额内拟定录用计划，对违反规定录用的人民警察限期予以清退，录用公安院校毕业生可以免试体能测试。对各级公安机关近年进人问题进行清理。2001 年，根据省人事厅、省公安厅《关于全省公安机关统一考试录用人民警察的通知》和《关于做好全省公安机关统一录用人民警察考试工作的通知》精神，对全市公安机关进人问题进行重大改革，实行“凡进必考，公开招录”。新田、宁远、江永等县公安局首次向社会公开招录人民警察 42 名。2002 年 7 月，市公安局印发《关于公安机关不再接收安置复员退伍战士的通知》，明确从 2002 年起，市公安局及其局属单位不再接收安置复员退伍人员。10 月，市公安局机关首次向社会公开招录 10 名人民警察，组建市公安局防暴（巡逻）警察支队。

2004 年 11 月，根据省公安厅、省人事厅、省编办联合印发的《关于对省公安“两校”1996—2000 级本省计划内普招公安专业毕业生组织国家公务员（人民警察）录用的实施方案》精神，组织针对公安“两校”（湖南公安高等专科学校和湖南省人民警察学校）毕业生的考试工作，通过考试录用“两校生”119 人，解决历史遗留问题。2009 年，根据中央政法委、人事部、公安部等六部委的要求，市公安局进行政法民警招录培养体制改革试点工作，顺利完成全市公安机关政法民警 79 人的定向招录工作。

2010 年，根据市委组织部、市委政法委印发的《关于严禁将工勤人员安排进入公安机关工作的通知》，加强对全市公安机关工勤人员管理。2011 年，探索文职人员制度，面向社会公开招聘 23 名文职人员，出台《永州市公安机关聘用人员管理办法》，加强对聘用人员的管理。9 月，全省公安人事工作座谈会在永州召开，推广永州公安工资和警衔管理等人事工作经验。

2013 年，完成零陵监狱司法警察交接工作，通过考试、体检、体能测试等程序，择优接收 52 名零陵监狱司法警察到公安机关工作。2015 年，出台《永州市公安机关协辅警管理办法》，明确辅警职能，理顺机制，强化制度建设，推动辅警规范化管理。

2002—2015 年，公安机关录用人民警察实行“凡进必考，公开招录”，其间，全市公安机关招录人民警察1907名。

1993—2015年永州公安系统招录新警情况一览表

表1-2-1

年度	招录新警数（人）
1993	64（毕业分配）+1（社会招收）+19（军转）+74（调入）
1994	13（毕业分配）+10（吸收工人）
1995	55（毕业分配）+7（社会招收）+22（军转）+151（调入）+32（其他）
1996	112（毕业分配）+6（社会招收）+37（军转）+105（调入）
1997	37（毕业分配）+4（军转）
1998	34（毕业分配）+9（军转）+5（调入）+7（其他）
1999	47（毕业分配）+12（军转）+4（其他）
2000	12（毕业分配）+29（军转）+8（调入）+1（其他）
2001	42（考试录用）+7（调入）
2002	21（考试录用）+1（吸收工人）+47（调入）
2003	22（考试录用）+4（军转）+38（调入）
2004	98（考试录用）
2005	153（考试录用）+33（军转）
2006	134（考试录用）
2007	7（考试录用）
2008	184（考试录用）
2009	183（考试录用）
2010	167（考试录用）+25（政法干警）
2011	188（考试录用）+14（政法干警）
2012	137（考试录用）+14（政法干警）
2013	162（考试录用）+52（接收零陵监狱司法警察）
2014	67（考试录用）+18（政法干警）+1（军转）+5（调入）
2015	114（考试录用）+14（政法干警）+1（军转）+3（调入）
合计	2873

第四节 警务督察

2015 年 5 月 13 日，市政府副市长、市公安局局长刘新良（左一）和市公安局党委委员、纪委书记郑勇（左二）为市公安局警务督察支队揭牌

永州市公安局于 1999 年开始筹划设立警务督察机构，2002 年正式成立警务督察室，2007 年改设警务督察科，2012 年更名为警务督察支队。

永州公安机关警务督察部门和督察民警围绕中心，服务大局，充分履行“抓监督、抓落实、抓规范、抓维权”的督察职责，为全市公安工作和队伍建设长足进步、长远发展提供纪律保证和监督保障。永州市公安局警务督察科、宁远县公安局警务督察大队、江永县公安局警务督察大队分别被评为 2009—2010 年度、2011—2012 年度、2013—2014 年度全省公安警务督察工作先进集体。屈建华、黄辉、罗清、何钦贵、龙江波等市（县）督察部门领导和督察民警被评为全省公安警务督察工作先进个人。

一、警务活动专项督察

2001 年 4—6 月，市公安局根据公安部警务督察局、省公安厅警务督察处统一部署，在全市开展以“坚决制止刑讯逼供、滥用枪支警械和滥用强制措施”为重点的“三项治理”集中整治活动。为督促县（区）公安机关及其基层所队严格执法办案、严格枪支使用管理、依法适用强制措施，推动集中整治活动深入开展，永州市公安局警务督察室（临时）按照工作方案的要求，对全市各县（区）公安机关集中整治活动的组织部署和措施要求落实情况开展专项督导检查，对基层股、所、队工作进展情况开展现场督察。

2002 年，市公安局警务督察室按照省委、省政府、省公安厅关于优化经济发展环境的工作部署，组织开展优化经济发展环境专项督察，查处上级交办影响经济发展环境案件 42 起。在“三项治理”督察工作中，对全市县（区）公安机关留置室、武器库开展2次专项督察，责成相关责任单位和人员落实整改。

2006年6—9月，根据公安部警务督察局、省公安厅警务督察处关于对集中整治爆炸物品、枪支弹药、管制刀具专项行动开展现场督察的部署，市公安局警务督察室制订现场督察工作方案，与县（区）公安局（分局）警务督察部门上下联动，会同治安部门采取随警督察、明察暗访等形式，对全市公安机关集中整治专项行动的组织机构、经费保障、宣传发动、收缴排查、打击处理等工作进行跟踪督察，确保各项工作部署和要求落到实处。共检查涉爆涉枪涉刀单位、场所2156处，发现安全隐患537处，印发整改通知书320份，整改安全隐患521处，收缴炸药634.9公斤，雷管2310枚，导火索1660米，各类枪支886支，管制刀具1833把，抓获违法犯罪嫌疑人182人，其中刑拘5人，治安拘留82人。

2007年，按照省公安厅警务督察处关于开展全省公安机关“千案督察”专项行动的部署，市公安局结合本地实际，以提高执法质量为目标，组织全市公安机关开展“百案督察”专项行动。全市警务督察部门联合法制、刑侦、治安等警种，主动切入执法办案工作环节，采取明察暗访、随机督察、随案督察等方式，对本级办理的刑事、行政案件进行一次全面清理，查纠办案单位执法程序不到位案件69起，执法不作为案件32起，事实不清、证据不足案件47起，印发督察法律文书635份，并通过复查督促问题整改到位。市公安局警务督察科联合法制、监管等部门，对全市监所管理工作和县（区）公安机关执法情况开展综合督察，抽查44个基层所队110起刑事、行政案卷，对个案督察中发现的问题逐案形成督察报告，剖析执法方面存在的普遍性、倾向性问题，提出督察建议26条。

2008年，根据公安部开展全国公安机关公务用枪管理使用专项检查行动的部署，市公安局警务督察科履行督察职责，督促治安、后装等警种部门和县（区）公安局（分局）对配枪单位公务用枪、配枪人员资格审核、教育、管理、培训等情况以及管理制度和安防措施落实情况进行全面排查，摸清公务用枪及弹药的数量、种类和型号，逐一登记备案。联合政工、治安、后装等部门对全市11个县（区）公安机关实地开展督导检查和验收，查纠并整改消除安全管理隐患7个。

2009年，根据公安部警务督察局和省公安厅警务督察处部署，市公安局警务督察科牵头组织开展全市公安机关预防执法非正常死亡问题专项督察。按照专项督察工作方案，指导、督促县（区）公安机关和各警种部门开展执法安全大检查，严防执法环节非正常死亡问题的发生。联合监管支队、法制信访办采取南、北分片督察的方式，现场督察县（区）公安机关和警种部门的组织部署以及工作开展情况，定期不定期对候问室、审讯室、拘留所、戒毒所、看守所等执法办案场所开展明察暗访，查纠并督促基层派出所整改执法安全问题5个，消除监管场所安全管理隐患

3个。

2010年，市公安局警务督察科按照公安部开展警车和涉案车辆违规问题专项治理的部署，先后4次牵头组织开展全市性的统一督察行动，全面摸清全市公安机关警车底数，并对车辆逐台进行检查登记。对全市公安机关警车管理使用情况开展经常性督察，对警车警牌违规外借、民警及亲属使用违规车辆问题进行重点查纠，共查纠整改各类问题223个，收回外借警车3台、外借警牌6副。在全省公安机关“两车”（警车和涉案车辆）治理考核排名中，永州排名全省第二；市公安局“两车”治理办被公安部评为“两车”综合治理工作先进集体；被省公安厅记集体二等功一次。

2011年11月14日，市公安局召开清网行动决战冲刺推进会。市政府副厅级干部、市长助理、市公安局局长蒋建湘（左二）出席会议并讲话

2011年，公安部部署开展全国公安机关网上追逃专项督察“清网行动”，永州市公安局“清网办”（设警务督察科）围绕公安部提出的“一降、二升、三提高”（即行动前网上在逃人员总量力争下降50%左右；历年网上在逃人员、命案在逃人员的抓捕率明显上升；网上在逃人员信息质量、网上追逃工作规范化水平、全警追逃破案能力大幅提高）目标，制订网上追逃专项督察工作方案和考核办法，开展现场督察、交叉督察42次，编发督察通报12期、工作简报48期，对追逃成效突出单位发贺电20份。至“清网行动”结束，全市抓获行动前在逃人员1598人，清网率91.1%，在全省综合考核中排名第二，“清网办”被市公安局记集体三等功一次。

2012年10月，公安部督察局、省公安厅督察总队启动中共十八大安全保卫现场督察工作。全市公安警务督察部门根据公安部、省公安厅安保工作总体部署，按照“严之又严、细之又细、实之又实”要求，履行督察职责，坚持高标准、严要求、强力度，确保各项安保工作措施落到实处。全市出动督察警力560人次，对安保工作发动部署情况、社会面治安防控、重点人员稳控等安保措施落实情况，全市公安机关内部管理情况开展现场督察136次，明察暗访基层所队和武装查缉执勤卡点600个次，宾馆、酒店、娱乐休闲场所、消防重点单位1400家次，发现并督促整改各类问题22个，编发督察《通报》《快报》36期。

2013年，公安部部署开展全国公安机关取保候审突出问题专项督察，全市各警种、部门和办案所队按照全市的统一安排开展清理排查、自查自纠和问题整改工作，摸清2011年1月至2013年取保候审人员底数，建立取保候审人员花名册和保证金明细台账，对取保候审保证金开展专项审计。市公安局警务督察支队先后5次牵头，与后装、纪委、法制、刑侦、交警等部门，采取查询执法办案、监管信息系统、核对法律文书、案卷评查、调阅执法办案台账、保证金审核等方式方法开展集中督察行动。通过专项督察，全市公安机关共自查自纠超范围取保、保证金未及时退还、取保候审未及时解除、取保候审人员未及时移送起诉、法律文书制作不规范等问题5033个，除个别丧失整改条件的问题外，其他问题全部整改到位。市、县（区）公安局（分局）设立取保候审金专用账户。在省公安厅组织开展的检查验收中，市公安局被评为全省“优秀单位”。

2014年，省公安厅部署开展执法检查“回头看”专项治理，永州市公安局警务督察部门组织开展集中督察3次，现场督察180次，对全市公安机关执法检查“回头看”活动进行全方位跟进督察。全市公安机关查纠接处警不规范、不及时立案、证据资料未上传、执法办案场所台账不全、管理不到位、没有严格执行“四个一律”（违法犯罪嫌疑人被带至公安机关后，一律直接带入办案区，严禁违反规定带出办案区讯问询问；违法犯罪嫌疑人进入办案区后，一律先进行人身检查和信息采集；违法犯罪嫌疑人在办案区内，一律有人负责看管；在办案区内开展执法活动，一律有视频监控并记录）、监所安全管理制度不落实等各类问题，整改率83.5%。在省公安厅组织的综合考核中，排名全省第一，被评为全省先进单位。

2015年5—12月，为落实公安部开展全国公安机关立案突出问题专项治理部署，市公安局制订《全市公安机关立案突出问题追责问责“五条铁规”》。“五条铁规”：①对群众报警置之不理，不如实立案的，有职务的一律免职并给予纪律处分，没有职务的一律给予纪律处分。办案单位“一把

2015年6月8日，省公安厅警务督察总队副总队长王勇（左一）到永州督导立案突出问题专项治理工作

手”和责任领导一律免职，分管局领导一律追究党纪政纪责任。县（区）公安局（分局）年内发现3起（含）以上不如实立案的，局长一律停止执行职务；②对不作为、慢作为、乱作为，造成群众上访投诉，经查证属实的，有职务的一律免职并给予纪律处分，没有职务的一律给予纪律处分。办案单位“一把手”和责任领导一律免职，分管局领导一律追究党纪政纪责任；③对不进执法办案区域办案，不按规定录入执法办案系统，弄虚作假，虚报、瞒报、篡改立案统计数据的，有职务的一律免职并给予纪律处分，没有职务的一律给予纪律处分。办案单位“一把手”和责任领导一律免职，分管局领导一律追究党纪政纪责任；④对滥用职权侵犯群众合法权益，违规立案、借助刑事立案插手经济纠纷和替人了难的，有职务的一律免职并给予纪律处分，没有职务的一律给予纪律处分。办案单位“一把手”和责任领导一律免职，分管局领导一律追究党纪政纪责任；⑤对搞体外循环办黑案、隐案，捞黑钱的，有职务的一律免职并给予纪律处分，没有职务的一律给予纪律处分。办案单位“一把手”和责任领导一律免职，分管局领导一律追究党纪政纪责任。构成犯罪的，依法追究刑事责任。专项治理期间，全市公安机关对2015年1—4月办理的行政、刑事案件开展自查自纠，对5—11月新发警情进行动态抽检监督。警务督察部门开展集中督察4次，现场督察540次，编发督察《通报》112期。共核查各类警情94932起，行政、刑事案件23639件，查纠有案不受、有案不立、违规立案、隐案瞒案、体外循环、立而不侦等各类问题，整改率达91.84%，在省公安厅组织的考核验收中，排名全省第二。

二、内部管理督察

2001年，全市公安机关对内部无牌无证车辆开展清理整顿。市公安局警务督察支队组织县（区）公安机关摸底排查，摸清无牌无证车辆底数，督促县（区）公安机关按照相关程序和规定，对86台符合入户条件的无牌无证车辆上牌登记，对135台不符合上户条件车辆统一登记，封存处理，消除“马路腐败”问题。

2002年，全市公安机关开展“民用警车”集中整治。市公安局督察室派出督察组对县（区）公安机关的整治工作开展实地督导检查、暗访督察，联合县（区）公安机关对挂民用牌照，安装警灯、警报器、喷涂公安外观标志的“民用警车”进行重点整治，印发督察建议书4份，拆除非法安装的警灯、警报器27件。通过集中整治，全市“民用警车”现象得到彻底根治。

2003—2005年，贯彻落实公安部关于依法整治、从严治警方针，坚决防止公安内部涉枪、酒、车、赌等突出问题的发生。警务督察部门采取明察暗访、突出检查、专项督察等方式，对基层所队、窗口服务单位的值班备勤、内务管理、窗口服务、警容风纪和枪支、警车管理使用情况开展经常性督察，对队伍管理“稀、拉、松”，内务卫生“脏、乱、差”，对待群众“冷、硬、横、推”，为民办事“索、拿、卡、要”以及工作时间饮酒、携带枪支饮酒、酒后驾驶机动车、参与赌博活动等违纪违规突出问题进行严肃查处，对11名违反警规禁令的违纪违规民警问责追责。市公安局警务督察室突出“春节”“元旦”“五一”“国庆”等时间节点开展现场督察，查纠违反警车管理使用规定问题53个，通过强有力的督察维护公安队伍铁的纪律和良好形象。

2006—2007年，根据省公安厅警务督察处部署“三基一化”工程建设督察工作的要求，全市公安警务督察部门对县（区）社区（农村）警务战略、派出所建设、基层基础、规范化管理等工作开展经常性实地检查和暗访督察；推动各县（区）加快基层派出所外观标识改造和办公用房建设；加强警力配备、装备保障、内务管理等工作；落实24小时值班制度和二代身份证换发规定要求。对督察发现的派出所未设立值班室、值班制度不健全、内务管理不规范、装备经费保障不力、基础工作不深入和窗口建设不合要求、户籍办理乱收费等问题全市通报情况，并以市公安局名义印发《关于坚决制止在办理二代身份证中强制收取保险费的紧急通知》，责成县（区）公安局（分局）落实整改，遵照执行。

2008年，为推动全市公安机关“两争创、两满意”（争创人民满意单位、争做人民满意民警）活动深入开展，提高人民群众对公安工作的满意度，市公安局警务督察科采取模拟设置警情和突击检查等方式，对全市公安机关接处警工作开展全面监督检查。抽查11个县（区）公安局（分局）“110”“122”和74个基层派出所、刑侦大队、交警大队的接处警工作，现场查纠接警人员态度差、处警民警着装不规范、处警装备携带不齐全、处警推诿扯皮、有警不处、处警速度慢、值班民警脱岗等问题19个。并将督察情况通报全市，引起县（区）公安局（分局）党委对接处警工作的重视，购买补齐处警装备、问责追责违纪违规民警，规范全市公安接处警工作。

2009年，全市公安机关开展队伍集中教育整顿和“五个严禁”“六个严禁”专项治理活动。市公安局警务督察科派出督察组对县（区）公安机关专项活动开展情况进行督察，查纠个别单位教育整顿搞形式、走过场，对“五个严禁”“六个严禁”内容不熟知，内务管理不到位，民警工作时间未按规定着装、从事与工作无关的活动等问题15个，推动集中教育整顿和专项治理工作深入开展。根据省公安厅的部署，对全市公安机关集中整治非法使用违规车辆专项行动开展督察，重点查纠公安机关和公安民警违规使用车辆、办案暂扣车辆以及违规使用无牌无证、来历不明车辆等突出问题。现场查纠警车违规停放宾馆、酒店、娱乐休闲场所问题15个次，暂扣、强制拆除和收缴非公安机关使用的警车牌证和警灯3副，并限期转户。对祁阳、东安等县（区）公安机关个别民警使用违规车辆、套牌车辆等违纪违规问题，责成当地党委问责追责，严肃处理。

2010年，市公安局警务督察科抽调县（区）督察警力，采取分南北交叉督察的方式，对全市公安机关重点工作、“110”、“122”接处警工作、内务管理、枪支弹药等危险物品管理、贯彻落实《公安部关于进一步加强和改进公安监管工作的意见》以及民警纪律作风等情况开展3次集中督察，编发督察《通报》5期，查纠并督促整改处警不及时、处警装备携带不齐全、内务卫生差、民警着装不规范、工作时间玩游戏、监所安全管理制度不落实、监室存放违禁物品、存在“牢头狱霸”现象等问题52个。

2011年，全市公安机关开展纪律作风集中教育整顿活动。全市公安警务督察部门坚持刚性督察不手软，执行铁纪不动摇，查纠整改全市公安机关及其民警在纪律作风、执法活动中存在的突出问题。共出动督察警力580人次，检查基层单位860个次，发现并督促整改各类问题332个，编发督察《通报》《快报》28期。

2012年，按照省公安厅统一部署，全市公安警务督察部门开展“五涉”问题集中整治专项督察行动，出动督察警力1660人次，检查基层单位2089个次，编发督察《通报》《快报》66期，查纠民警违反《人民警察纪律条例》和“五涉”整治“八条铁规”案件5起，对13名民警追责。其中给予警告以上处分5人，开除1人，辞退1人，免职并调离公安机关1人。

2013年9月，公安部出台“三项纪律”（决不允许面对群众危难不勇为，决不允许酗酒滋事，决不允许进夜总会娱乐），全市公安警务督察部门集中时间、集中警力，采取现场督察、暗访督察、投诉件核查等督察手段，对各单位学习宣传、民警熟知熟背和贯彻执行“三项纪律”情况开展重点督察。出动督察警力480人次，检查基层单位320个次，提升民警遵守铁规纪律的思想认识和行为自觉性，防范违反铁规禁令的问题发生。

2014年，全市公安机关开展“群众办事难”问题专项整治，深入推进党的群众路线教育实践活动。市公安局警务督察科与政治部牵头会同局纪委、法制、治安、人口、交警等警种部门人员，对县（区）公安机关开展不定期明察暗访，综合运用投诉件核查、警务调查、“阳光警务”、网上视频和语音督察等手段，查纠警情不录入接处警系统、有案不立、窗口单位办事效率低、服务质量不优等问题236个，核查并办结群众投诉、领导批办督办案件4起，推动永州市公安服务群众“五项承诺”和便民利民措施落到实处。

2015年，督察部门主动适应市公安局党委作风建设新常态，坚持在纪律和规矩面前高悬利剑、架起“带电高压线”，营造从严治警高压态势，掀起正风肃纪抓队伍，驰而不息纠“四风”督察风暴，强力整肃公安队伍中的行为陋习，查纠群众反映强烈的突出问题，提升警纪警规执行力，增强民警队伍战斗力，确保政令警令畅通，为全市公安工作跨越发展提供强有力的纪律保证和监督保障。暗访督察基层所队1868个次，现场查纠民警工作时间饮酒、值班脱岗、违规为被拘留人员请假出所、不落实监管场所安全管理制度等系列问题，禁闭违纪违规民警34人，停止执行职务37人，免职8人，诫勉谈话20人，调离工作岗位24人，通报批评、精细化管理扣分87人。

三、网上督察

2011年3月，全市公安机关完成网上督察系统建设。市公安局和全市11个县（区）公安局（分局）建立网上督察中心，建成集视频督察、语音督察、执法业务督察、GPS卫星定位、警务督察信息管理五大子系统为一体的网上督察平台和应用软件平台。全市网上督察系统接入警种督察平台4个、整合视频监控图像1125个、新建视频监控点791个、安装系统客户端79个。10月24日，公安部警务督察局工作简报推介永州网上督察系统建设与应用工作经验。

2011—2015年，全市公安警务督察部门上下联动，充分利用网上督察系统，发挥网上督察全时空、全方位动态监督的职能优势，对全市公安机关的值班备勤、接处警、执法办案、监所管理、内务管理和警车管理使用等情况开展全天候不间断的网上巡查。累计巡查基层所队152451个次，监管场所12839个次，提审室、询（讯）问室、候问室等执法办案场所15427个次，巡视监控点49600个次。发现整改单人提审、值班室无人值班、监管场所存在安全隐患、接警态度不好、不具有执法主体资格的协警执法办案、长时间因私占用接警电话、违规关闭网上督察系统规避督察、内务管理不到位等各类问题3362个，编发督察《通报》《快报》342期。

2012年2月16日，在全省公安警务督察工作株洲现场会上，市公安局党委委员、纪委书记郑勇就永州市公安网上督察系统建设与运用情况作典型经验发言

四、核查群众投诉

全市公安警务督察部门充分发挥督察部门在化解警民矛盾，构建和谐警民关系中的积极作用，对领导交办、媒体关注、群众检举控告的涉警案件开展核查、处置、督办。加强与“110”接处警的联动配合，发挥警务督察部门事前、事中监督优势，对正在发生的公安民警违法违纪行为，快速出警，依纪依规进行处置，从执法源头上预防和减少各类问题的出现，避免发生消极或较为严重的后果。2013年12月20日，公安部开通“12389”群众举报电话。2015年7月14日，根据公安部和省公安厅要求，市公安局“12389”举报电话职能从局纪委移交警务督察支队，进一步拓宽警务督察部门受理群众举报投诉的渠道，方便群众监督。

2002—2015年，全市公安警务督察部门共受理各类举报投诉3845件，其中“12389”举报平台受理280件，办结3845件，办结率100%，做到件件有着落，事事有回音。通过开展群众投诉件核查工作，澄清不实投诉，化解群众对公安工作不了解、不理解而产生的矛盾和纠纷，保护民警合法权益，还民警清白，维护公安机关的声誉。

五、警务评议

2013年，永州公安警务调查工作从局警令部移交警务督察部门。为切实加强警务调查工作的组织领导，提升人民群众对公安工作的满意度，市公安局成立由局长任组长，局党委成员任副组长的警务评议工作领导小组，将该项工作作为“一把手”工程部署落实。领导小组下设办公室，由市公安局党委委员、纪委书记兼任办公室主任，警务督察支队支队长任常务副主任，抽调3—4名督察民警专职警务调查工作。通过对报警、办事群众和案件当事人进行抽样调查，对群众测评不满意样本跟踪整改问效。是年，全市公安警务调查成绩从2012年全省第十二名稳步上升至全省第八名。2014年，全市的警务调查成绩出现下滑，排名全省第十三名。2015年，警务督察部门改变警务调查模式，将随机抽样调查改为全覆盖自动回访，全面收集掌握群众对公安工作的真实评价，强化不满意样本整改工作力度。采取“日推送、周分析、月调度、季考核”措施，加强警务工作的源头管理和警务调查的过程控制，充分运用督办、约谈、问责、追责等手段，最大限度争取群众满意。全市警务调查取得历史最好成绩，排名全省第二，市公安局被评为全省公安机关“争创群众满意先进单位”。

2013—2015年，市公安局警务调查中心累计向县（区）公安局（分局）和市公安局警种部门推送群众测评不满意样本172866个，组织对全市“110”“122”接处警，户籍、出入境、车辆上户、证照办理、驾驶员考试、执法办案、消防管理等工作开展明察暗访52次，编发督察《通报》、警务调查分析报告53期，对18个群众测评满意率低的单位主要负责人进行约谈，诫勉谈话32人次。

六、民警执法权益维护

随着我国经济转轨、社会转型，各类社会矛盾日益凸显，公安民警遭受暴力袭击、诬告陷害情形以及妨碍执行公务行为时有发生，严重干扰公安机关正常的执法活动，损害法律尊严和公安执法权威。2002年2月，永州市公安局成立人民警察正当执法权益保护委员会，由市公安局局长任主任，副局长、纪委书记和政治部主任任副主任，各县（区）公安局（分局）局长和局属各单位主要负责人为成员，办公室设政治部，由1名副局长兼任办公室主任。2006年8月，永州市公安局按照公安部2005年9月30日《关于印发〈公安机关维护民警正当执法权益调研座谈会纪要〉的通知》，调整民警维权机构，成立由市公安局局长任主任，纪委书记、政治部主任任副主任，警令部、政治部、装财、纪委、督察、法制、治安、刑侦、交警等部门负责人为委员的永州市公安局维护公安民警正当执法权益委员会，办公室设警务督察部门，由督察部门负责人兼任办公室主任，负责民警维权日常具体工作。同年，全市11个县（区）公安局（分局）相应成立由局长任主任的维权机构，全市公安机关维护民警正当执法权益机构全面建立。

2002—2015年，全市公安机关依法办理374起侵害民警执法权益案件，旗帜鲜明地为民警执法壮胆撑腰，维护公安执法权威和法律的尊严。全市公安民警维权部门不断加强和改进维权工作，建立处置侵害民警执法权益案件快速反应机制和受侵害民警慰问、救济、抚恤制度，对在执法中遭受不法侵害的民警及时看望慰问，对负伤民警的治疗费用给予垫付保障，对因公牺牲的民警，按照相关规定追授哀荣，并定期开展抚恤慰问家属活动。同时，强化执法安全风险评估，对侵害民警执法权益案（事）件发生的起因、经过，民警现场处置措施、案件查处等情况进行客观分析和科学评价，研究并提出改进措施，不断提高民警执法安全意识和警务实战技能，为全市公安民警正当执法提供全方位的保障。

2015年7月19日，江华瑶族自治县公安局大路铺派出所在处警过程中，遭到大路铺镇村民沈某康、沈某利的阻碍，一民警被沈某康用剪刀刺伤手臂。江华瑶族自治县公安局领导接报后，带领民警迅速赶往现场开展抓捕工作，将沈某利抓获。7月20日，沈某康慑于警方压力投案自首。案件发生后，江华瑶族自治县公安局维权部门及时跟进，看望慰问受伤民警，同时督促办案部门严肃查处案件。违法人员沈某利、沈某康被江华瑶族自治县公安局依法行政拘留。

第五节　纠正行业不正之风

1993年，中共中央、国务院印发《中共中央办公厅、国务院办公厅关于减轻农民负担的紧急通知》，省公安厅印发《关于制止“三乱”刹住内部分配罚没指标的紧急通知》，湖南省物价局、财政厅、公安厅联合印发《关于制止“三乱”刹住内部分配罚没指标的紧急通知》。为落实上述三个《通知》精神和公安部《关于坚决制止公安干警刑讯逼供的决定》，零陵地区公安处制定《关于严禁公安人员耍特权、搞刑讯逼供和加强廉政建设的规定》。针对部分县（市）存在自立收费项目和提高收费标准的现象，制订《关于取消18项自立收费项目和纠正21项超标准收费的决定》，要求全区公安系统行政事业性收费标准，一律按省物价局规定的收费标准执行，如有违反，坚决追究主要领导和当事民警的责任，按党纪、政纪、警纪从严处理。

1993—1995年，从各级公安机关抽调民警106名，组成38个调查组，走访单位424个，调查群众1313人，征求意见508条，发现民警违纪线索160条。在学习文件、分析典型、提高认识的基础上以自查为主，重点帮助，开展批评与自我批评和自查自纠。通过查摆问题，获取重要违纪线索21起23人。主动清理整顿经济实体10家，其中停办4家；清理公安机关和公安民警经营或参与经营的娱乐场所5家。各级公安机关按照上级部署，制订出台一系列规章制度，实行挂牌收费、罚款，及时上缴，定期审计，取消“小钱柜”，实行统一管理，坚持收支两条线，遏制“三乱”（乱收费、乱罚款、乱摊派）反弹。1995年年初，公安处党组抽调8名干部，组成两个调查组，深入永州（零陵区）、祁阳等8个县（市）调查，了解民警执法活动中的不正之风。8月，组织人员对全区公安机关执法情况进行检查，发现案卷不规范、手续不完善、降格处理等问题107个，受检单位及时采取措施予以整改。各级公安机关把接受人大代表和社会各界监督作为管理队伍、依法行政、纠风治乱的重要举措。公安处对全国及省、地人大代表提出的68条意见组织力量及时核查，落实整改措施，及时回复人大代表。对人民群众反映强烈的“三乱”问题，发现一起，处理一起，决不手软。零陵行署副专员谭正、公安处副处长陈历秋、交警支队支队长周生英等领导多次带队在322、207国道进行明察暗访，发现并撤销非法站卡2个。

1996—1999年，市公安局在纠风工作中不断加大工作力度，对公款吃喝玩乐、奢侈浪费、在公务活动中接受吃请和“三乱”歪风进行不间断整治。在全市公安机关普遍建立内部小食堂，实行招待费开支一支笔签字审批，谁超标，谁负责。根据中央及省、市严格控制新建办公楼和装修办公楼、严格控制各种会议和庆典活动的规定，全市公安机关共停建、缓建办公楼等建设项目 5 个，节约经费 210 万元，清理超面积住房 118 户，补缴超面积购房费 41 万元。压缩会议和庆典活动 5 个，节约经费 19.4 万元。清理公费电话 322 部，全部折价拍卖，折款 23.82 万元。收缴、封存电话 20 部；清理公费住宅电话 463 部；收归公用 4 部，折价处理 459 部，折款 13.47 万元。严格执行上级公安机关“严禁在执法活动中接受吃请、参与公款支付的娱乐活动”的规定，采取定期或不定期的方式明察暗访，民警在执法活动中接受吃请、参与公款支付娱乐活动的，一经发现一律给予纪律处分。1996 年，全市公安民警共拒请吃 4964 人次，拒请高消费娱乐活动 550 人次。清查“三乱”问题 10 个，清理违纪资金 10.8 万元。1998 年，落实中央关于减轻农民、企业负担的各项规定，纠正执法办案和公安行政管理工作中的“三乱”歪风。全市公安机关根据教育整顿要求进行自查自纠，共清理“三乱”资金 51.9 万元，取消乱收费项目 26 个。1999 年，全市公安机关对收费、罚款项目再次进行清理，清理“三乱”资金 14055 元，取消乱收费项目 3 个。针对群众反映看守所收取电视接见费问题，市公安局向全市公安机关印发《关于禁止看守所滥收费的通知》，取消不合理收费。为巩固纠风治乱成果，对“三乱”问题做到发现一起，查处一起。全市公安纪检系统查处“三乱”案件 10 起，违纪民警受到党纪、政纪处分。严格执行不允许民警停薪留职下海经商，从事第二职业，以及利用职权和职务之便变相经营歌舞厅等娱乐场所的规定。双牌县公安局对 2 名停薪留职外出经商的民警立即召回；祁阳县公安局有 5 名民警将私房出租给他人从事营业性经营，责令全部收回。按照中央关于军队、武警和政法机关不再从事经商活动的规定，清理公安机关开办的公司、企业 23 家。为巩固整治成果，1997—1999 年，全市公安机关每年组织开展行风评议活动，广泛听取社会各界和人民群众对公安业务工作和公安队伍的意见建议。市公安局成立以局长秦伍生为组长的行风评议领导小组，制订实施方案，成立专门办公室。市公安局主要领导和分管领导走访 20 个基层派出所和户政、刑警、巡警等窗口单位，搜集反映民警吃、拿、卡、要问题以及“三乱”、利用职权敲诈勒索、服务态度差、服务质量低等方面的问题 47 个，逐个查证落实，制订整改措施 62 条。1999 年，市人大常委会对公安机关开展为期 1 年的纠（行）风评议，评议中提出的 82 个问题全部查证处理。在市经济整治办交办反映民警违纪的 20 件信访件中，对其中 1 件构成违纪案件的责任民警，给予纪律处分，8 件属于违纪问题的责任民警，给予经济处罚和黄牌警告。

2000—2001 年，全市公安机关纠风工作以中共十五届四中全会精神为指导，以经济建设为中心，围绕人民群众反映的热点、难点问题，继续坚持“纠建并举，谁主管谁负责”的原则，突出工作重点，加大从源头上预防和治理的力度。为继续巩固治理“三乱”成果，始终把清理、整顿各部门“乱收费”行为作为治理“三乱”的重点，先后多次召开会议，专题研究布置。交警、户政、出入境、消防等部门按照市公安局纪委《关于上报擅自收费、重复收费、交叉检查、多头处罚情况的通知》要求，对本部门收费情况进行逐个清理，彻底纠正。取消乱收费项目4个，收缴“三乱”资金35000元。全市公安机关依照国务院及省政府有关部门颁发的规定主要收费项目为137项，其中交警55项、户政22项、治安23项、出入境37项、消防22项，依照国务院及省政府有关部门颁发的规定不能收费或减半收费的项目72项。针对少数单位和民警存在着有案不立、有案不查、查而不结、结而不决的问题，市公安局建立案件处理登记制度。根据国务院281号令要求，市公安局先后两次印发《关于认真贯彻国务院281号令的通知》，要求全市公安机关严格执行国务院281号令，全面推行“统一窗口”收费，实行缴罚分离，违者依纪处理。

2002年，围绕“加强公安队伍作风建设，提高民警队伍整体素质”主题，开展作风建设，纠风治乱，队伍作风有明显改善。采取召开人大代表和政协委员座谈会、发放民情调查表和征求意见卡的方法进行调查，综合各种调查情况，列出公安队伍较为集中的问题：办人情案、关系案、金钱案，办案随意性较大等；一些重大案件没有及时侦破，无回音；服务意识差，对待群众冷、硬、横、推；非警务人员执法；作风纪律涣散等5个方面。针对调查反映出来的问题，突出抓“四个重点”：重点清理各种规章制度，出台末位调整制、干部任免规定、“二票三例否决制”、目标管理责任制，解决干与不干和干多干少的问题；重点整改收费项目，取消收费项目74项（从原来的95项减少到21项），将收费项目及标准通过媒体和警务公开栏向社会公开，自觉接受群众监督，解决乱收费问题；重点整治“难”（四难作风）、“慢”（拖拉疲沓作风）、“散”（懒散作风）等不良习气。开展“乱查车、乱查房、乱检查”专项治理，建立检查呈报程序制度，解决乱上路查车、乱查房扰民等问题；重点整改各县（区）公安局（分局）确定的重点单位，做到一个问题，一套班子，一名领导。不姑息迁就，不护短袒护，解决“走过场”问题。重点检查执法质量，解决随意执法和乱执法问题。坚持“五个到位”：领导到位，“一把手”亲自抓，其他领导共同抓；责任到位，实行工作责任制和过错追究责任制；措施到位，对违法违纪民警采取教育、组织纪律处理及经济处罚措施；监管到位，加大督察和监督力度；服务到位，公正执法，热情服务，让群众满意。

2003—2006年，持续治理公路、水上“三乱”，整治“两个违规”，出台减轻农民、企业负担措施，严查妨碍经济发展环境案件，为经济发展营造良好的法治环境。为贯彻落实省、市《治理公路水上“三乱”工作方案》和《关于严禁有关单位上路检查乱罚款、乱收费的通知》，市公安局专门成立治理公路和水上“三乱”

领导小组办公室，印发《永州市公安局治理公路水上“三乱”工作方案》和《关于严禁有关单位上路检查乱罚款、乱收费的通知》，派出工作组多次上路检查，发现苗头13起，发整改通知书13份。全市公安机关未发生一起“三乱”案件，市公安局在全市治理公路、水上“三乱”工作会议上作典型发言。本着“还群众公正、对群众负责”的工作态度，坚持“谁违规、谁纠正、谁办案、谁负责”的指导思想，认真排查，着力解决一批执法不公，与民争利的“涉违”问题。

2003—2004年，市公安局在治理公路、水上“三乱”工作中成绩突出，被市政府评为治理公路、水上“三乱”工作先进单位

2003年，清理涉及农民负担收费7项，取消4项，降低收费标准2项，减少农民负担金额120万元；清理取消对机动车辆的行政事业性收费（如驾驶员年检年审等）、基金、集资摊派项目5项，涉及金额530万元。2004年5月，信访人反映冷水滩公安局梅湾派出所在办案中没收其3万元保证金，要求退还。冷水滩公安分局纪委立即进行调查，证实梅湾派出所在告知程序上存在不足，将保证金全额退还信访人，信访人停访息诉。清理和减少行政审批项目，简化审批程序，规范收费项目，全面实行警务公开和“一站式”服务，落实公安部30条便民措施。办理此类信访件25起，其中市“优化办”交办函12起，直接查办9起，转办协办3起。纠正错案2起，退回群众现金6.48万元、机动车4辆。

2007—2009年，为切实加强纠风工作，推动公安机关作风建设，密切警民关系，市公安局印发《关于深入贯彻全省纠风工作会议精神进一步加强公安纠风工作的通知》，从思想作风、纪律作风、工作作风3个大项11个小项抓整改，整改问题863个。对伤害群众感情、漠视群众疾苦，侵犯群众利益等问题进行重点治理整顿，解决要特权、违规扣押、查封、冻结、没收财产、吊扣证照、滥用强制措施、超期羁押等问题。受理此类问题投诉18起，退回当事人钱物47万元。深化“冷、横、硬、推”治理，对窗口单位的行为规范制订严格考核办法。2007年，群众投诉反映有些县公安局在办理二代居民身份证时强制保险。市公安局印发《关于坚决制止在办理二代身份证中强制收取保险的紧急通知》，要求各县（区）公安局（分局）立即整改，坚决纠正。明确规定，凡发现类似行为的，严肃追究有关单位领导和责任人的责任。市公安局纪委组织暗访督察172次，通报违规行为21人。开通24小时自动接听、录音电话，为群众提供优质高效服务。

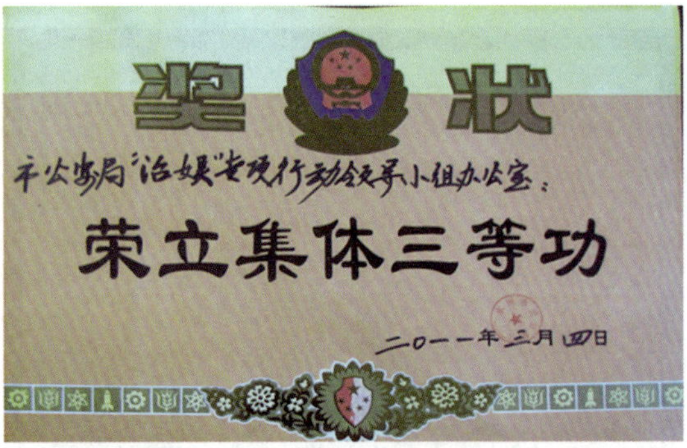

2010年，永州市公安局在全省统一组织的治理民警参与经营娱乐场所专项行动中获全省第一，市公安局荣立集体三等功

2010—2011年，全市公安机关深化警务公开，在公开办事依据、条件、执法程序、工作制度和纪律的基础上通过媒体向社会公开招录人民警察的条件、操作程序、结果以及违法人员和犯罪嫌疑人享有的合法权益。根据上级公安机关的部署，组织开展“三项专项整治”（警车和涉案车辆违规问题、民警参与经营娱乐休闲场所、执法过程中涉案非正常死亡）。查纠违规使用警车108台120人次，收缴假警牌16副，收回外借警车8台。劝退60名民警、职工及家属退出61家娱乐休闲场所经营，劝退数居全省第一。提请逮捕、劳教涉嫌黄、赌、毒娱乐休闲场所业主86人，消除各类执法安全隐患1860起，当场整改1460起，责令限期整改400起，变更涉案人员强制措施89人，预防非正常死亡安全事故36起。2011年7月9日，副市长、市公安局局长蒋建湘在全省公安机关“三项专项整治”行动电视电话会上作典型发言。

2012—2013年，开展“转作风、解难题、抓关键、见实效”专项活动，突出破解公安工作和队伍建设中的重点、难点、关键问题，以解决实际问题，推进作风转变，检验群众满意效果。开展纪律作风整肃活动，集中查摆剖析群众反映强烈的突出问题，以优良作风凝聚警心，带动警风；组织民警开展“为民、务实、清廉”主题实践活动，按照“照镜子、正衣冠、洗洗澡、治治病”的总体要求，查找整改“四风”突出问题；组织民警开展“为何从警、如何做警、为谁用警”大讨论，查找整改理想信念、执法办案、服务群众、廉洁自律、纪律作风等方面的问题，引导民警牢固树立宗旨意识和群众观念，增强党的群众路线自觉性，以群众工作推动公安工作发展，以公安工作发展更好地服务人民群众。全面开展纠风和治乱工作。部署开展执法大检查专项整治行动，深入排查，整改执法安全隐患。新建执法办案场所43个，开展执法安全隐患排查486人次，搬迁、改造“三室”26个，安装监控探头586个，投入经费1300万元，在全省公安机关执法大检查专项整治行动考核中，永州市公安局排名第一，实现执法环节涉案人员非正常死亡“零发案”目标。

2014年，按照市委、市政府部署，对照中央“照镜子、正衣冠、洗洗澡、治治病”的总体要求，结合公安机关实际，将治理“小金库”“三乱”、奢侈浪费和执法活动财物管理问题、厉行节约反对浪费纳入党的群众路线教育实践活动之中。印发《专项整治工作实施方案》，局属各单位主要负责人对本单位专项治理工作负总责，开展自清自查，作出无“小金库”公开承诺。纪委、政治部、警务保障部、督察支队等部门成立联合督察组，先后5次暗访督查，未发现“小金库”和“三乱”问题。根据永州市《关于在全市深入开展“四风”突出问题专项整治工作的实施方案》要求，市公安局制订《违规职务消费公款大吃大喝问题专项整治工作方案》《公款送礼专项整治工作方案》，全市公安机关各警种、各部门对2013年以来的职务消费和“三公”经费支出情况进行全面统计摸底，分析排查。公布自清自查情况，接受群众监督。根据公安部和省公安厅统一部署，结合执法检查“回头看”活动，市公安局对局属各执法办案单位当年查处刑事、行政案件等执法活动涉及的财物管理情况逐人逐案进行审查，责令办案单位完善法律手续，纠正执法问题、堵塞漏洞。整改问题54个，整改率100%。通过执法活动财物审计监督，遏制公安执法活动乱收乱罚、乱扣滥冻、随意处置“两物三金”等重大突出问题，推动全市公安执法规范化和队伍正规化建设。

2015年，以群众反映强烈突出的问题为导向，严厉整肃公安队伍中的不正之风。组织开展涉法涉诉中损害群众利益行为专项整改、群众办事难问题集中整治、乱收费乱罚款乱摊派问题集中整治，组织各警种部门对执法办案、行政管理各个环节深入自查，发现问题一律督促整改到位，并倒查追责问责，坚决查纠侵害群众利益的行为。组织开展为期8个月的全市立案突出问题专项治理，市、县两级公安机关均由主要领导挂帅，落实党委班子成员包片联点责任制，强力整治推诿塞责、有警不接、有案不受、有案不立、立而不侦、违规乱立、隐案瞒案、统计不实等突出问题。组织对当年办理的行政、刑事案件进行全面“回头看”，摸排警情2068起，排查问题1320个，整改1310起。通过深入推进执法规范教育、制度建设和信息化监督等举措，全市公安机关立案突出问题显著改善，公安执法规范化程度显著提升。结合“三严三实”主题教育和党的群众路线教育实践活动“回头看”工作，制订“百日会战期间纪律作风四项要求”和“严肃干部选拔工作纪律十项规定”。根据市纪委安排，在市公安局机关开展国家公职人员违规参与房地产开发清查工作，对2002—2015年国家公职人员违规参与房地产开发情况进行全面清查。印发《关于对全市公安机关重点工作开展专项督察的通知》，将贯彻落实公安机关人民警察条令、三项纪律等警纪警规情况以及针对民警队伍中常见多发的枪、车、酒、赌等方面的问题，持续组织开展专项整治，确保党纪警规成为一条不可逾越的“高压线”。全市公安机关共出动警力3978人次，开展明察暗访3365次，查纠各类问题2790个。

第六节　审计

1997年，市公安局审计科结合公安机关实际，制订审计工作规章制度，先后印发《永州市公安局关于公安内部审计工作实施办法》《永州市公安局关于对内部基建（技改）项目（预）决算进行审计监督的实施办法》《永州市公安局各级领导干部离任审计暂行规定》等规范性文件。审计科在组建后的2个月里完成审计项目2个，审计金额32.97万元，核减工程造价28550元，为建设单位节约经费28550元。

1998—1999年，围绕公安工作中心，加强审计制度建设，突出财务收支审计与基建项目审计两个重点，规范罚没与收费行为，全面履行审计监督职责。制定《关于加财政纪律、预防和杜绝经济违法违纪行为的规定》，规定每一个审计项目在审计程序的执行、审计底稿的制作、审计公文管理和审计档案管理等方面，严格按照《中国审计规范标准》执行。每完成一个审计项目，写出书面审计报告，呈报领导批示。发现重大审计项目问题，报请局领导审查，经局党委研究后作出处理。将财务收支和基本建设列为重点审计项目，组织专门力量进行审计。审计财务收支项目5个，审计金额2171万元，核减104万元。市公安局审计科与市审计师事务所对全市公安系统48个基建项目进行审计。送审工程造价3341万元，审计金额3141万元，核减金额199.2万元。针对执法单位和群众反映的热点问题，根据公安部公审计【1998】1号和省公安厅湘公审【1998】3号《关于对公安各项收费和缉私罚没收入进行专项审计的通知》精神，制订审计方案，建立专门班子，对市公安局直属7个单位进行审计，针对罚没款不及时上缴、收取“吉祥车牌号”费、行政性收费转作其他收入、隐瞒收入私设“小金库”、自立收费项目等问题，提出改正和处理意见，建立和完善管理制度，规范执法罚没和行政收费行为。

2000—2001年，继续加大内部财务和基建项目审计力度，实行目标管理，落实工作责任。全市公安审计部门审计项目102个，金额8503.54万元，其中审计财务收支单位17个，金额5183.92万元，追缴违纪金额26.736万元，取消“小钱柜”9个，提出整改意见和建议26条。审计基建项目78个，核减基建支出244.8万元。针对部分县级公安机关没有建立内审机构、未配备内审人员、审计工作不能正常开展的情况，全市公安纪检监察审计工作会议对审计机构和审计人员配置作出规定，实行目标管理考核。2000年，全市11个县（区）公安局（分局）全部配齐内审人员。市公安局拨付2万元经费对全市公安内审人员进行业务培训，为审计科配备一台工作用车，改善工作条件。在财务收支和基建项目审计中，采取预算内收支审计与其他收支审计相结合，全面审计与重点审计相结合的方法，依法审计，强化监督，审、帮结合，对被审计单位提出整改意见和建议26条，帮助被审计单位建立财务管理制度。根据上级纪检部门的要求，按照干部管理权限，全市公安机关建立领导干部离任审计制度。离任审计做到账清、手清、财清，让领导干部走得放心，使接任者心里有底，为组织人事部门正确、科学地考核和任用干部提供重要而具体的依据。

2002—2007 年，随着经济社会发展，公安队伍不断壮大，经费支出和基本建设投入逐年增多，审计项目逐年增长。2002 年，市公安局审计 8 个单位，37 个项目，金额 4920.6 万元，核减经费支出 109.07 万元，纠正应缴财政专户资金 177.1 万元。2003 年，审计 12 个单位，41 个项目，其中基建项目 36 个，968.2 万元，纠正违规资金 16.66 万元，核减基建经费 92.9 万元。2007 年，审计金额 8080 万元，纠正违规资金 362.7 万元。6 年间，市公安局审计部门共审计 58 个单位，237 个项目，审计金额 31548 万元。

2008—2009 年，市公安局审计科在全市内部审计工作考核中名列第一，被永州市审计局和永州市审计协会评为先进单位

2008—2009 年，市公安局审计科将直属分局、交警、监管部门和专项经费使用作为重点单位、重点项目开展审计工作。2008 年，对冷水滩公安分局、凤凰园交警大队 2006—2007 年度财务收支情况进行审计，审计金额 6854.54 万元，提出整改建议 7 条，帮助制定管理制度，提高财务管理水平。根据省公安厅《关于开展道路交通事故保证金专项审计的通知》要求，对全市交警大队 2005—2007 年度的道路交通事故责任保证金收支情况进行自查审计，审计金额 3303.1 万元。重点对零陵、冷水滩、凤凰园三个交警大队保证金的收支、管理情况进行现场审计，审计立案交通事故 1418 起，代收保证金 1169.1 万元。对零陵公安分局交警大队大队长任职 9 年期间的经济责任进行审计，审计金额 5461 万元，提出审计建议 4 条。2008 年根据公安部和省公安厅的部署和市公安局党委的决定，审计部门于 5—8 月对全市公安机关监管场所进行专项审计调查，共审计调查 12 个看守所、11 个行政拘留所、1 个戒毒所，审计金额 1550 万元，提出审计意见 52 条。帮助监管支队制订《全市公安机关监管场所财务管理制度》，促进全市监管场所规范管理。根据省公安厅的安排部署，全市公安机关对公安部、省公安厅 2006—2008 年下拨的专项资金和装备的落实、使用情况开展专项审计，发现有 3 个县公安局专款未拨付到位、各单位均存在专项经费与正常业务经费混合使用，未设专项经费账户问题。通过审计督促，上述问题全部整改到位。

2010 年，将市保安公司和市公安局机关食堂纳入内部审计对象，对其财务收支情况进行全面审计，审计金额 9000 万元。帮助健全制度、规范管理。对重大基建项目建设，纪委派员全程监督。是年，市公安局5个绿化、基建项目，全部在纪委的监督下进行招标，根据审计部门出具的审计报告验收。

2011—2012年，市公安局审计科在全市内部审计工作考核中名列第一，被市审计局、市内部审计协会评为先进单位

2011年，市公安公安局制订《永州市公安局内部审计监督制度》。规定凡有财务收支活动的单位或部门都要依照本规定接受审计监督。根据规定，审计科对局属各单位、部门财务计划、单位预算的执行和决算、建设项目预算和决算、行政事业性收费、罚没款收入和上缴、国有资产、政府采购、工程招标等事项进行内部审计，提出审计意见和建议63条，审计金额1400万元，涉及违纪金额88万元，为被审计单位挽回经济损失68.8万元。针对监管场所长期无专职会计人员导致财务管理混乱的现状，市公安局党委根据审计科的建议，决定将各县（区）看守所资金账户归口各县（区）公安局（分局）后装部门统一管理、统一核算，从机制上规范看守所的财务管理，堵塞漏洞。

2012年，根据《永州市公安局内部审计监督制度》的规定，对市公安局机关16个部门和单位的财务计划、单位预算的执行和决算、建设项目预算和决算、行政事务性收费、罚没款收入和上缴、国有资产、政府采购、工程招标等事项进行内部审计，查阅刑事（行政）案卷3000余本，梳理整改问题128个，提出审计意见和建议18条，审计金额1500万元，为被审单位挽回经济损失43.66万元。全市公安审计部门开展涉案财务审计监督，对审计发现的问题全面梳理，发现涉案财物、行政事业性收费、监管场所管理、公安财务管理等7大类248个问题，各县（区）公安机关在规定期限全部整改到位。

2013—2014年，共完成审计项目161个，其中经济责任审计项目93个，专项审计调查14个，公安机关办公及业务技术用房权属情况专项审计调查项目1个，房屋权属审计调查1个，零星基建项目47个，专项审计项目2个，执法活动财务管理审计项目1个，财务收支审计项目1个，中央和省级公安转移支付资金专项审计调查项目14个，市公安局机关食堂财务收支项目1个，审计金额31345.8万元，为建设单位节约资金166.2万元。开展房屋权属专项审计调查，市公安局审计小组对市公安局本级及12个县（区）公安局（分局）房屋权属进行专项审计，审计调查覆盖率100%。审计发现，普遍存在房屋“两证”办证率低、房屋权属原始资料保管不善、产权房屋未登记固定资产实物账和财务账等问题。全市公安机关办公及业务技术用房 396 幢 45.61 万平方米，其中公安机关产权房 376 幢 44.83 万平方米，非公安机关产权房（租用）20 幢 7800 平方米，办土地使用证、房产证等产权证明的房屋面积 3.307 万平方米，占房屋面积总数的 7.37%。加大领导干部经济责任审计力度，审计总金额为 17414 万元，提出审计建议 168 条。组织开展永州市机动车驾驶人考试后勤中心财务审计，对机动车驾驶人考试后勤中心 2013—2014 年财务收支情况进行审计，重点审计收取驾考人员住宿费、伙食费、考前场地适应训练服务费等经费收支情况。发现存在收费不规范、违反发票管理规定、违反现金管理规定、审核把关不严、报销手续不全、食堂物资仓库管理不规范等问题，帮助完善日常管理制度，提高后勤保障水平。

2015 年，按照《2015 年全省公安审计工作要点》和《2015 年全省公安审计实施方案》要求，进一步加大审计力度，对重点领域、重点警种开展专项审计，完成审计项目 92 个，其中经济责任审计项目 49 个，专项审计或审计调查 43 个；完成“三公”经费审计调查 13 个，全市禁毒部门执法活动财物审计 13 个，宁远县公安局治安大队经费收支专项审计 1 个，交警支队及 3 个直属大队财务收支审计 1 个，交警执法活动财物审计 1 个，交警道路事故保证金和道路交通事故社会救助基金审计 1 个，零星基建工程项目 21 个，其他审计项目 13 个，审计总金额 56544 万元，提出审计建议 168 条。开展监管场所专项审计，根据公安部审计局和省公安厅纪委《关于做好看守所思想纪律作风专项整顿活动的有关通知》要求，组成专项审计组，以审计问题为导向，以《通知》意见落实为抓手，明确工作重点，对全市监管场所开展全面审计监督，重点审计零陵看守所。审计发现，零陵看守所存在违规创收、违规发放补贴、挤占在押人员给养费、违规自费加餐、违规销售香烟、代管金管理较乱等 8 个问题，对存在的问题提出处理意见，有关违纪问题移交市公安局纪委立案查处。开展禁毒部门执法活动财物管理审计，5 月，市公安局纪委印发《关于切实做好执法活动财物管理交叉检查迎检工作的通知》，要求市公安局禁毒支队和各县（区）公安局（分局）禁毒大队对执法活动财物管理情况进行自查自纠，对存在的问题进行整改。在审计中，发现存在涉案财物应扣押未扣押、台账登记不全、毒品未及时处理等问题。下达督促整改通知书，整改问题 34 个，整改率 100%。12 月，对全市公安机关“三公”经费进行专项审计。经审计，全市公安机关“三公”经费为 3603.5 万元，其中公务接待费下降 16.6%，会议费下降 42.19%，公车购置及维护费增长 13.76%，培训费下降 18.6%。

第七节　纪检信访件查处

1993—1995 年，零陵地区公安纪检监察部门共接待群众来信来访 1746 件次，其中转外系统查证处理652件次，公安机关直接受理1103件次，查证结果回报上级公安机关和其他领导机关、来信来访本人397件，回报率为76.3%。1994年3月，永州市（零陵区）长塘乡清龙塘村农民杨某元到公安纪检部门上访，反映水口山派出所在侦破本村个体户陆某龙养殖的毒蛇被盗案时，杨某元被民警打骂，破案证实案件与杨某元无关，要求处理违纪民警。经调查，信访人反映情况基本属实，水口山派出所领导和责任民警登门向杨某元道歉，赔偿医药费、误工费1900元，信访人表示满意。

1996—1999年，全市公安纪检部门认真接待群众来信来访，把解决信访问题作为密切警民关系、接受群众监督、加强队伍建设的重要举措，配备纪检信访专干12名，接待来信来访1916件次，其中转外办理342件次，公安机关受理1574件次，省公安厅要求上报结果62件，回复54件。获取违纪线索37条49人，立违纪案件20起22人。1997年，全市公安纪检监察系统根据市政府改善外商投资环境和整治经济发展环境的需要和安排，对反映芝山区永州商业城的13个乱罚款问题和涉及全市公安系统37个问题91条案件线索，组织力量逐件查证落实，查结54起。局领导对上级公安机关、党政部门交办的39件重要信访件，逐件研究、核查，回报38件，回报率97.4%。为化解来访群众的情绪，纪检信访专干对来访群众热情相迎，以礼相待，认真听取来访者的叙述，详细记录。对每一起信访件、来访人，逐一登记、编号，及时呈报领导阅示，做到事事有着落，件件有回音。对群众反映的重要线索和上级交办的重大信访件，快查快结，使问题及时得到解决。通过办理来信来访，使违纪者受到应有的惩戒和教育，同时也为被错告的民警澄清是非。1999年，通过信访调查，澄清被错告、误告72件，查清诬告16件，为民警澄清是非165人。

2000—2002年，全市公安纪检信访工作紧紧围绕社会稳定、队伍建设、提高民警素质为中心，加大对群众的信访举报督办、查处力度。全市公安机关共受理群众来信来访3441件次，查结3188件次，查结率为92.6%。对上级领导和有关部门交办的334起重要信访件，回报302件，回报率90.4%。通过查办信访件，查清民警被错告、误告、诬告的信访件493件，处理诬告者24人，为606位民警澄清是非，维护民警的合法权益。没有发现瞒案不报、压案不查、拖延不处理、徇私枉法的情况。市公安局专门建立领导接待群众来信来访制度，局长秦伍生共接待群众来访84人次，批处信访件105件；纪委书记龚启建接待群众上访108人次，批阅信访件128件，并深入县（区）公安局（分局）调查处理重大信访问题和案件。李某等人举报蓝山县公安局一名副局长违法违纪问题，市公安局纪委书记龚启建带领刑侦、法制、纪委民警三次赴蓝山调查督办。全市各级公安纪检信访部门对群众来信来访，不论反映的问题大小，一律深入基层调查，及时查处。2002 年 7 月 4 日，江永县公安局纪委接到该县粗石江村民举报粗石江派出所罚款不开票的问题，该局纪委立即组织人员展开调查，查清该所在办理赌博案件、办理户口以及拦截不合手续的摩托车等过程中收款不开票的问题，对涉案民警给予相应的处分。对侵犯群众权益的信访件及时调查处理，保护群众的和民警的合法权益。2002 年，全市公安机关通过接待群众来信来访，查处违纪案件和问题 13 起，办理涉及诬告的信访件 21 件，处理诬告者 24 人，其中刑事拘留 1 人、治安拘留 14 人、治安罚款 5 人、警告教育 4 人。

2003—2006 年，全市公安纪检监察信访工作继续坚持标本兼治和从严治警的方针，认真贯彻落实“五条禁令”，加强教育、强化监督，共接待群众来信来访 1466 件次，其中上级交办 351 件，办理 311 件次，办结率 91.95%。查结违纪案件 12 起，除立案查处外，对有轻微违纪的民警诫勉谈话 23 人，批评教育 47 人；查结诬告信件，处理诬告者 2 人，保护被诬告民警 217 人。2005 年 5 月，公安部部署全国公安机关“大接访”活动，市公安局局长秦伍生在每月一次的局长接待日接待上访群众共 182 人次，批处信访件 158 件，督办解决信访 46 件，息访 41 件。县（区）公安局（分局）局长每月一日的接访形成长效机制。根据公安部、省公安厅关于开展对信访举报积案进行集中处理的工作部署，全市各级公安机关组织 45 批工作组派出 100 名民警集中查处信访积案，对省公安厅通报永州市公安系统的 9 起积案进行全面细致调查，并作出相应处理。通过信访积案查处，为群众解决困难 153 件。参加过抗美援朝的永州市水建公司 76 岁退休职工唐某璧，患有精神障碍，社保站以其已经死亡为由停发退休金。市公安局纪委在接访后三次派人到市水建公司和市社保站衔接，为他补发退休工资 10233 元，并重新核发退休金。

2011 年，市公安局纪检信访数量减少，查处率提高，群众满意度增强，被市纪委、市监察局评为纪检监察信访举报工作先进单位

2010—2014 年，全市公安机关纪检监察信访部门以维护民警合法权益为出发点，以查处民警典型违法违纪案件为着力点，以强化民警队伍纪律作风建设为工作目标，严格按照公安部、省公安厅各项涉警信访工作规定，及时受理群众来信来访，及时核查群众对公安民警的投诉、检举、控告，认真受理民警对案件处理的复核、复审，切实解决群众反映强烈的涉警突出信访问题。受理群众来信来访 831

件次，其中上级交办109件，直接受理25件，自办38件，转下级办理96件，办结率100%。受理信访事项入网率100%。保护被诬告民警108人，处理诬告者4人。

2015年，永州公安纪检监察信访部门紧紧围绕党风廉政建设和反腐败中心工作，认真履行职责，依法依纪处理信访事项，切实解决群众反映的信访问题，及时化解矛盾，为全市党风廉政建设和维护社会稳定发挥积极作用。全年受理信访举报件119件，其中来信来访50件，省公安厅转办34件，市纪委转办15件，市公安局领导交办17件，网络投诉3件，同比下降6.3%。办结110件，办结率92.4%。查证属实和基本属实11件，核实不属实87件。按照市公安局党委"一把手"总负责，纪委书记具体负责，市公安局、县（分）局分级负责的原则，层层落实纪检信访举报工作责任。副市长、市公安局局长刘新良多次指示纪检信访工作要紧紧围绕人民群众反映最强烈、意见最集中的执法突出问题和关键环节，大力整肃执法和队伍中存在的痼疾顽症，部署、协调、督办重要信访举报件。印发《关于涉法涉诉信访事项联合审查答复的规定》，由纪检监察、法制、信访和业务主管部门组成"3+X"信访事项办理联合审查工作小组，形成纪检监察、督察、法制、信访等部门协调运转、分工合作的工作运行机制。坚持立警为公、执法为民，以解决群众最关心最直接最现实的问题为重点，开展全市公安机关集中办理纪检监察信访件"百日会战"活动，对中共十八大以来的信访举报件存量进行"大起底"，对疑难复杂信访件逐一提出解决方案，责任到人。对全市公安机关的纪检信访情况进行通报，对带有苗头性和倾向性的问题进行分析，提出具体工作方案，以党风廉政建设和反腐败工作的新成效取信于民。

第八节　纪检监察队伍建设

1993—1995年，全区公安纪检监察机关加强自身建设，增配纪检监察力量，由1993年的32人增加到1995年的47人。强化规范化、制度化建设，制订《全区公安纪检、监察工作岗位责任目标管理实施意见》。每年11月底对11个县（市）公安局纪检监察工作进行量化考核，永州（零陵区）、冷水滩、道县等7个县（市）公安局先后被评为全市公安纪检监察工作先进集体。

1996年，全市公安纪检监察力量进一步加强，纪检监察干部从上年的47名增加到50名，干部年龄结构和知识结构进一步优化。纪检监察部门民警发扬无私奉献、艰苦奋斗、锐意进取的优良作风，较好完成全年工作任务，涌现出一批先进集体和先进个人。4个纪检监察部门被评为省、市先进集体，其中道县公安局纪委被评为全省公安纪检监察工作先进集体。17名民警被市、县（区）评为先进个人。芝山（零陵区）公安分局纪委书记黄和平被评为全国优秀人民警察和全国、全省公安纪检监察工作先进个人，出席全国公安机关在河南郑州召开的表彰大会。黄和平的事迹被公安部列入公安民警理想纪律教育丛书（八）《卫士楷模》，被誉为“碰硬书记”。市公安局纪委副书记杨惠禄、东安县公安局纪委副书记唐端志被评为全省公安纪检监察工作先进个人。

1996年11月，永州市公安局芝山分局纪委书记黄和平（二排左起第13人）参加公安部在河南省郑州市召开的全国公安机关党风廉政建设暨纪检监察先进集体先进个人表彰大会。公安部纪委书记罗峰（一排左起第13人）与参会代表合影

1997年，市公安局纪委监察部门机构增设，队伍扩大，年龄结构优化。增设审计科，民警由上年的5人增至8人，平均年龄从46岁降为43岁。全市公安纪检监察部门办公条件得到改善，工作用车由上年的8台增加到9台，有8个单位落实纪检办案补贴。5月，市公安局纪委在道县公安局召开全市公安纪检监察审计工作会议，对纪检监察工作实行目标管理，将全年工作任务分成4大项15小项进行量化考核。11月，市公安局纪委、监察室组织对各县（区）公安局（分局）和市公安局直属部门进行全面考核检查，各项工作得到较好落实。队伍爱岗敬业精神、依法依纪办案和行政监察意识明显增强，政治业务素质进一步提高。

1998—2005年，为建设一支精干高效的纪检监察队伍，市、县（区）两级公安纪检、监察部门配合市、县（区）纪委每年集中时间，以会代训，对全市公安新任或专职、兼职纪检监察干部进行业务培训，学习纪检监察法律法规，交流查办案件经验，邀请市纪委、市政府法制局和县（区）纪委领导、专家解读法律法规、党纪政纪条规，分析具体案例。2004年，为进一步增强纪检监察队伍的战斗力，市公安局着手对纪检、监察、督察、审计内部监督警力进行整合，警力由13人增加到14人，整合后的纪检监察、督察、审计合署办公，在日常工作和专项工作中警力统一调配。基层公安纪检部门办案条件得到改善，交通、通信工具和经费保障基本到位，全市11个县（区）公安局（分局）纪委配备专用汽车9辆，纪检办案津贴全部落实。

1997年5月，永州市公安局在道县召开全市公安纪检、监察、审计工作会议，市公安局局长秦伍生（前排左七）、市委政法委纪检组长贝贤瑛（前排左六）、市公安局纪委书记龚启建（前排左五）与参会代表人员合影

2006年，根据中央及省、市纪委统一部署，开展“做党的忠诚卫士，当群众的贴心人”主题实践活动，市公安局纪委印发《关于在全市公安纪检监察系统开展“做党的忠诚卫士，当群众的贴心人”主题活动实施方案》，掀起全市公安纪检监察部门开展“三基”调研高潮，推动全市公安机关党风廉政建设和反腐败斗争的深入开展。9月，市公安局纪委陈竹青被永州市纪委、监察局评为“做党的忠诚卫士，当群众的贴心人”实践活动先进个人，在全市表彰大会上作典型发言，其事迹被《永州日报》、永州电视台等媒体报道。

市公安局获评2009年度全省公安纪检监察工作先进集体

2007—2009年，永州公安纪检监察部门在全市范围内掀起“向盖起章同志学习，做党的忠诚卫士和人民群众的贴心人”活动。结合全省公安机关“三基一化”和永州公安“三基三化”工程建设，对本级纪检队伍实施精细化管理考核，制定“纪检监察岗位工作量化考核细则”，按照“日清、月结”形式进行考核。“工作干得多与少、做得好与坏、效率高与低，以分数决定。

干与不干一个样、干多干少一个样、干好干坏一个样”的问题基本得到解决。2007年，市公安局纪委党支部被市直属工委评为“先进党支部”“学习型党支部”；纪检监察案件统计工作在全省公安机关排名第一。2009年，市公安局纪检监察工作在全省公安机关综合考核中排名第四，第一次被评为“全省公安机关纪检监察系统先进集体”；“五个严禁”“六个严禁”专项治理活动在全省公安机关排名第三；非法使用违规车辆集中整治行动全省公安机关排名第一。

2012年，从严治警、民警违法违纪案件查办四项机制被评为全市公安队伍管理创新奖

2010年，市公安局被市纪委、市监察局评为反腐倡廉建设先进单位

2010—2014年，全市公安纪检监察部门牢固树立“锐意进取、多做奉献、自我加压、争创一流”的团队精神，坚持忠诚履职“零懈怠”，激情工作“零落伍”，和谐共事“零距离”，纪律监督“零容忍”。五年间，全市公安机关76名纪检监察民警甘守清贫，无私奉献，无一人违法违纪。市公安局纪委监察室荣立集体三等功1次，连续5年被评为先进党支部，连续2年被评为精细化管理先进单位；4名纪检监察民警荣立三等功，2名民警受到嘉奖。2010年，在全省公安机关考核排名第五，被省公安厅评为“2010年度全省公安机关纪检监察系统先进集体”；纪检信息工作在全省公安机关排名第三、全市公安机关第二。2011年，纪检监察案件统计工作在全省公安机关排名第一，审计监督工作在全省公安机关排名第一。2011—2013年民警违法违纪查处量在全省公安机关排名第一。2012年，在预防和惩治腐败体系建设中，创新从严治警、民警违法违纪案件查办机制，先后被市纪委、省公安厅纪委专题发文推介，被评为“全省公安队伍管理创新奖”。同年，省纪委“党风廉政建设”专题发文推介永州市公安局从严治警工作经验。2013年，永州市公安局“十廉”工作机制被省公安厅评为“全省队伍管理创新奖”，连续5年被省公安厅评为“党风廉政建设先进单位”。2010—2013年，被市委、市政府评为“全市反腐倡廉建设先进单位”。省公安厅和市委、市政府部署开展的8个队伍整治专项行动，2

个被评为全国先进集体，6 个被评为全省先进单位。2010 年，“治车”专项整治行动在全省公安机关排名第二，被省公安厅评为“全省公安机关集中整治警车和涉案车辆违规问题专项治理行动先进单位”；“治娱”专项整治行动在全省公安机关排名第三，被省公安厅评为“全省公安机关集中整治民警参与经营娱乐休闲场所专项行动先进单位”；优化经济发展环境和行政效能建设工作跃居全市第 16 名，摆脱连续两年排名全市末 3 名的局面。2011 年，在全省公安局局长会议上推介涉案财物管理工作经验；非正常死亡专项治理扎实有效，实现“零发案”目标；2011 年，纪律作风教育整顿考核在全省公安机关排名第二，被省公安厅评为“全省纪律作风教育整顿先进单位”。2012 年，“五涉”专项整治考核排名全省第五；执法大检查专项整治考核在全省公安机关排名第一。2013 年，纪律作风整肃考核在全省公安机关排名第三，被省公安厅评为“全省公安机关纪律作风整肃活动先进单位”。

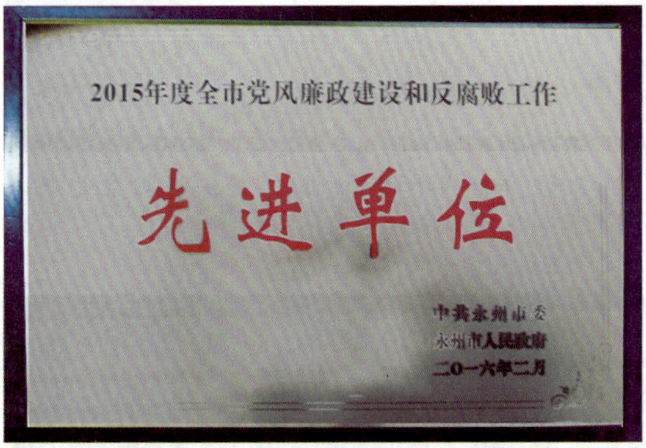

2015 年，市公安局党风廉政建设在全市考核中排名第二，被市委、市政府评为“党风廉政建设和反腐败工作先进单位”

2015 年，全市公安纪检监察部门坚持正人先正己，打造一支“忠诚担当、清正廉洁、执纪如山、作风硬朗”的公安纪检监察队伍。市公安局党风廉政建设考核排名全省公安机关第一，全市第二，连续 7 年被省公安厅评为“全省公安机关党风廉政建设优秀单位”，被市委、市政府评为“全市党风廉政建设和反腐败工作先进单位”。改革纪律检查体制，推进纪检监察部门转职能、转方式、转作风。落实纪委书记专抓队伍，不分管其他工作的要求，及时调整或退出议事协调机构，有效解决职责不清和监督缺位、越位、错位的问题，把精力聚焦到监督执纪问责上来，全力协助局党委抓队伍监督管理。以更高的纪律标准，更严的从警要求，对纪检民警自身违纪违法实行“零容忍”，防止“灯下黑”，始终做到自身正，自身净，自身硬，始终保持革命性、纯洁性和先进性。对不适合在纪检部门工作的坚决调离，违法违纪的坚决从重从严查处。全市公安纪检、监察、审计民警无一起违法违纪案件发生。市公安局党委重视纪检监察队伍的梯队建设和能力培养，对纪检监察民警实行“高进优出”。当年，1 名纪检干部被提拔任副县长、县公安局局长，3 人被提拔为正副科级领导干部。

第九节　警衔与职称评定

一、评授警衔

1992 年 7 月 1 日，《中华人民共和国人民警察警衔条例》（以下简称《条例》）颁布实施，全国人民警察实行警衔制，按照人民警察职务等级编制授予警衔。为圆满完成全市人民警察首次评授警衔工作，零陵地区公安处于 7 月成立警衔工作办公室，确定全区民警的职务和职别，对照《条例》进行评授。从 1992 年 7 月至 1993 年 4 月，全区民警首授警衔工作完成并举行人民警察授衔仪式，共有 2151 名警察被评授警衔。其中三级警监 5 人，警督 784 人，警司 1315 人，警员 47 人。

1994 年 3 月，零陵地区公安处转发公安部、国家安全部、司法部、最高人民检察院、最高人民法院联合印发的《人民警察警衔工作管理办法》《关于转发〈人民警察警衔工作管理办法〉的通知》，并提出要求：各级政工（警衔）部门是警衔工作承办部门，应严格按《警衔条例》《实施办法》和《管理办法》等政策规定履行职责，不得自行其是，擅作主张；严格按照规定的呈报、审核、批复程序办理警衔评授手续；凡属于首次授衔的，必须是严格按照湘组通【1992】3 号文件和公政治【1993】74 号通知规定吸收、录用并办理正式调任手续的人民警察；凡属于“提前晋升”“选升”“延期晋升”“降级”“取消”警衔的，必须附报有关材料；首次授衔后，干警工龄、年龄和任职时间需要更改的，必须严格按照组织、人事部门的有关规定办理，原已审定的不得随意变动。同年完成第二批警衔呈报和首次授衔后的微调工作，首次为全区已授衔的 1950 名民警办理警官证。

2000 年 3 月，永州市公安局印发《关于办理取消警衔的工作方案》，明确取消警衔的目的和要求，划定取消警衔的条件和范围，确定取消警衔的办理程序和方法。

2002 年 12 月 18 日，根据《关于取消伍纯辉等 13 名同志警衔的决定》，全市共有 13 名民警的警衔被取消。

2004 年，按照《湖南省公安人事管理信息系统建设实施方案》的要求，全市公安机关安装人事管理信息系统，警衔管理实现信息化。

随着全市警察队伍的不断扩大，警察职级的不断变化，人民警察的警衔级别也不断变动。截至 2015 年 12 月 31 日，全市现职授衔民警 4113 人。其中：三级警监 9 人；一级警督 715 人，二级警督 1230 人，三级警督 734 人；一级警司 575 人，二级警司 558 人，三级警司 292 人。

1993—2015年永州市公安机关高级警官（三级警监警衔以上）名录

（按姓氏笔画排序）

二级警监

秦伍生　蒋建湘

三级警监

刁兰富　万建强　王伯达　王丽波　王满秋　龙睦保　龙　刚
左幼林（专业技术）　刘建宽　刘祖民　刘新良　李邦才　李雪勇
郑　勇　汤晓林　陈历秋　陈昌隆　陈建华　陈亚胜（专业技术）
沈林松　何礼春　何德国　郑石瑞　贺春凡　秦二名　秦日新
秦建彪　涂乙林　唐伍星　唐喜迎　龚启建　黄定德　程开国
蒋兴瑾　魏任俊

二、职称评定

1996年，省人事厅与省公安厅联合印发《关于在公安科技人员中开展专业技术资格（职称）评审试点工作的通知》，同意在省、市两级公安机关从事刑侦、技侦等技术工作的公安科技人员中开展专业技术资格（职称）评审的试点工作。市公安局成立职称改革工作领导小组和办公室，明确专人负责。首次职称评定，全市有37名公安科技人员取得专业技术职称，其中工程师5人，助理工程师31人，主检法医师1人。

2010年10月12日，永州市职称改革工作领导小组《关于组建永州市公安局初级专业技术职务评审委员会的批复》同意组建永州市公安局初级专业技术职务评审委员会，负责全市公安机关初级专业技术职务任职资格的评审工作，设主任1名，副主任2名。评审会成员由全市公安机关具有中、高级职务任职资格人员组成，任期三年。

2011年12月16日，根据《关于组建永州市公安局初级专业技术职务评审委员会的批复》，成立永州市公安机关初级专业技术职务评审委员会。同日，市公安局成立永州市公安机关刑事科学技术、技术侦察队伍试行专业技术职位任职制度领导小组，蒋建湘任组长，刁兰富、沈林松任副组长，王丽波、蔡明光、孔小良、毛先奇、沈淑君、杨平为成员，市公安局政治部人事科为市公安机关职称评审工作领导小组的日常办事机构。

截至2015年12月31日，全市公安机关共有321名公安科技人员取得专业技术职务，其中高级职务33名、中级职务116名、初级职务172名。

第十节　立功创模

1993 年，全区公安机关涌现出一大批先进典型，各县（市）公安局向地区公安处推荐评选 13 个先进集体和 22 名先进个人，冷水滩市（县级）公安局凤凰园派出所和永州市（县级）公安局蒋世平等 12 人作为廉政爱民先进集体和先进个人被省公安厅表彰。

1994 年，全区公安机关有 63 个单位被评为先进集体，341 人被评为先进个人。7 月 23 日晚，道县公安局预审股教导员廖广球在抗洪抢险中为抢救群众财产光荣牺牲，10 月 31 日，廖广球被公安部授予二级英雄模范称号。1995 年 1 月 14 日，廖广球被湖南省人民政府批准为革命烈士。1995 年 2 月 23 日，公安部、人事部印发《关于表彰全国公安系统先进集体、英雄模范的决定》，授予王恩琴“全国公安战线二级英雄模范”称号，授予祁阳县公安局 1994 年“全国优秀公安局”称号。2 月 23—25 日，王恩琴出席公安部、人事部在北京召开的全国公安系统先进集体、英雄模范暨保卫、治保先进集体、先进个人表彰大会，受到中共中央总书记、国家主席江泽民，国务院总理李鹏等党和国家领导人的亲切接见。

1996 年，全市公安系统开展立功创模和破案、办案能手竞赛活动，在各警种、各部门评选破案、办案能手，特别突出对严打斗争有功单位和个人的表彰奖励。永州市公安干校副校长左幼林被湖南省公安厅评为“优秀人民警察”。6 月 7 日，新田县公安局大坪塘派出所民警彭士顺在抓捕行动中光荣牺牲，年仅 29 岁。1997 年 5 月 9 日，彭士顺被湖南省人民政府批准为革命烈士。1998 年 11 月 4 日，彭士顺被省公安厅追记一等功。8 月 23 日，永州市公安干校校长王满秋被公安部评为全国公安系统优秀教育工作者。12 月 28 日，宁远县公安局中和派出所所长李国勤在抓捕逃犯时壮烈牺牲，年仅 31 岁。1997 年 12 月 5 日，李国勤被湖南省人民政府批准为革命烈士，12 月 10 日，李国勤被公安部授予二级英雄模范称号。

1997 年 4 月，公安部授予祁阳县公安局 1996 年度“全国优秀公安局”称号。祁阳县公安局刑侦队被省公安厅评为全省公安系统“青年文明号”集体。芝山公安分局龚秋光被公安部授予 1996 年度“全国优秀人民警察”称号。永州市公安干校谭平被湖南省公安厅评为“优秀人民警察”。

1998 年 4 月 28 日，公安部召开电话表彰会，授予祁阳县公安局 1997 年度“全国优秀公安局”称号。龚秋光被中华全国总工会授予“全国五一劳动奖章”，永州市公安局交警支队李启凤、祁阳县公安局高铁民被评为“全国优秀人民警察”，祁阳县公安局刑侦大队第四次被公安部、共青团中央授予“青年文明号”称号。

1999 年 7 月，公安部授予永州市公安局芝山分局徐家井派出所全国公安系统

“人民满意派出所”称号，同年9月，徐家井派出所被中央精神文明建设指导委员会评为“全国文明行业工作先进单位”。同年9月17日，宁远县公安局鲤溪派出所所长蒋学远在追捕在逃犯罪嫌疑人中为抢救他人英勇牺牲，11月24日，公安部追授其“一级英模”称号。

2000年3月29日，省公安厅授予江永县公安局1999年度“全省优秀公安局”称号；授予芝山分局徐家井派出所和道县公安局寿雁派出所“全省优秀股所队”称号。授予芝山分局秦春林等5人1999年度“全省优秀人民警察”称号。永州市公安干校被湖南省教委授予“全省成人中专示范学校”称号。

2001年2月10日，公安部授予江永县公安局2000年度“全国优秀公安局”称号，授予祁阳县公安局刑侦大队“全国人民满意公安基层单位”称号。“七一”前夕，芝山公安分局徐家井派出所和江永县公安局分别被中共湖南省委评为先进基层党组织。

2002年，全市各级公安机关继续深入开展“学习徐家井派出所，创建人民满意单位（民警）活动”，进一步巩固“双十双百千工程”成果。市公安局刑侦支队、技侦支队、新田县公安局刑侦大队3个单位荣立集体二等功，东安县公安局刑侦大队等4个单位荣立集体三等功。省公安厅授予永州市全省公安系统“人民满意单位”10个，“全省优秀民警”5人。

2003年，全市公安机关和公安民警共立集体二等功2次、集体三等功5次，立个人一等功1人次、二等功15人次、三等功73人次，被评为全国优秀基层单位1个、全国优秀人民警察2人、全省优秀基层单位7个、全省优秀人民警察6人。

2004年，全市公安机关紧紧围绕队伍正规化建设要求，以“大练兵”活动为契机，开展“公正执法树形象”专项教育整顿活动，促进民警执法思想转变和队伍素质的提高，涌现出原冷水滩看守所所长马后有、新田县公安局枧头派出所所长陆强耀、冷水滩交警大队民警唐奎林等一批新的先进典型。永州市公安局芝山区分局徐家井派出所被公安部评为“十佳政法单位”并记集体一等功。冷水滩分局刑侦大队大队长陈云生等10名民警被市政府授予“永州市十大杰出民警”荣誉称号，东安县公安局被评为“全省优秀公安局”，冷水滩分局梅湾派出所等4个单位被评为“全省优秀公安基层单位”。2004年2月17日下午5时50分，冷水滩公安分局看守所所长马后有，劳累过度，在工作时心血管病突发，牺牲在监管工作岗位上，年仅50岁。11月3日，公安部追授马后有“二级英模”称号。10月15日9时10分，市公安局交警支队冷水滩交警大队民警唐奎林在执勤中遭犯罪嫌疑人行凶报复，壮烈牺牲，年仅36岁。2006年3月16日，唐奎林被湖南省人民政府批准为革命烈士，9月28日，被省公安厅追记一等功。

2005年9月，零陵公安分局徐家井派出所被省公安厅推荐出席全国公安战线立功集体英雄模范代表大会。蓝山县城北派出所所长刘冬香、市公安局交警支队冷水滩大队副主任科员石李元等6人被省公安厅评为“全省优秀人民警察”，双牌县公安局法制办、江华瑶族自治县公安局城关派出所4个单位被评为“全省优秀公安基层单位”；祁阳县公安局禁毒大队大队长陈群、冷水滩分局治安大队谭晓志被公安部评为“全国优秀人民警察”；宁远县公安局国保大队被评为“全国优秀公安基层单位”。

2007年，全市各级公安机关加大发现、培养和推介先进典型的力度，市公安局在继续抓好全国人民满意派出所——零陵公安分局徐家井派出所的同时，推出全国优秀公安基层单位双牌县公安局法制股和全国优秀人民警察市公安局刘健武、冷水滩交警大队李旭辉等先进典型。

2008年2月1日18时许，枣木铺收费站发生坍塌事故，市公安局局长刘建宽与民警冒着生命危险，救出受困群众8人。枣木铺坍塌事故抢险救援组被省公安厅记集体二等功。零陵交管大队被公安部评为全国“抗雪救灾”先进集体。市公安局刘祖民被中华全国总工会授予“全国五一劳动奖章”。

2009年，新田县公安局民警宋信军被评为“全国模范军转干部”，在人民大会堂作典型发言，受到胡锦涛总书记、温家宝总理等党和国家领导人亲切接见。

2010年1月，市公安局治安支队李映山被省公安厅授予“全省优秀人民警察”称号。零陵分局徐家井派出所荣立集体一等功，市公安局刑侦支队、市公安局“3·3”系列假币案专案组荣立集体二等功。12月，市公安局离退休管理科科长杜宏槐获中华“孝亲孝劳楷模”提名奖，在人民大会堂受到国务院副总理回良玉亲切接见。

2011年5月13日，道县公安局祥林铺派出所所长杨勇飞在出勤过程中壮烈牺牲，年仅33岁。7月8日，杨勇飞被湖南省人民政府批准为革命烈士，9月28日，被省公安厅追记一等功。

2012年，市公安局被评为“全省敬老模范单位”“全国敬老模范单位”。市公安局侦破“1·1”传销案专案组被省公安厅记集体一等功。零陵公安分局朝阳派出所杨梓塘社区民警李谋德荣获“全国爱民模范”称号。5月，市公安局政治部离退休人员管理科科长杜宏槐、道县公安局城南派出所所长廖奖安被授予“全国优秀人民警察”称号，受到胡锦涛、温家宝、习近平等党和国家领导人的接见。

2014年5月，市公安局离退休管理科科长杜宏槐被中华全国总工会授予“全国五一劳动奖章”。

2015年，全市公安机关在政策规定和权限范围内，实行“火线入党、火线记功、火线提拔”政策，在百日会战期间，市公安局分三批“火线记功”，表彰奖励6个集体，54名个人。市公安局在15项省公安厅考核排名的业务工作中，四项建设、党风廉政建设、“严打盗骗毒、全力保民安”行动、刑事案件破案率、打黑除恶、网上追逃、打击假币犯罪、打击食品药品犯罪、查处酒驾、缉枪治爆等10项工作排名全省第一；百城禁毒会战、警务调查工作、纠正涉法涉诉损害群众利益专项整改工作等3项工作排名全省第二；民意调查工作、综治工作2项工作排名全省第三。市公安局被省公安厅评为2015年度全省市（州）公安机关“四项建设”评估先进单位、2015年度全省市（州）公安机关党风廉政建设优秀单位、全省立案突出问题专项治理先进单位、全省公安机关争创全省人民满意先进单位。市公安局禁毒支队被评为“全国网络扫毒专项行动先进集体”、市公安局信访科被评为“全国公安信访示范窗口示范单位”、市公安局被省委宣传部评为湖南省十佳“书香机关”。市公安局治安支队被省烟草专卖局和省公安厅授予“全省烟草打假特殊贡献奖”。市公安局网技支队被省公安厅评为湖南省“打黄扫非”办案有功集体和全省公安机关“抗战胜利70周年纪念活动”安全保卫工作成绩突出集体。市公安局改革机关警务实战化机制和改革中心城区巡防机制2个项目被评为2015年度全省公安机关成绩突出改革项目。

1993—2015年永州市公安系统立功受奖一览表

表1-2-2 单位：人、个

年份	个人							集体				
	合计	一级英模	二级英模	一等功	二等功	三等功	嘉奖	合计	一等功	二等功	三等功	嘉奖
1993	194			4		40	150	2		1		1
1994	266		1	1	3	38	258	6	1	1	3	1
1995	314		1			50	263	1				1
1996	347			1	1	90	255	8	1	2	4	1
1997	242		1			52	189	9	2		6	1
1998	278			1	13	75	189	14			13	1
1999	438	1			6	89	342	17	1	2	14	1
2000	259				4	19	236	2			1	1
2001	267				5	34	228	3			1	2
2002	349			1	5	92	251	8		3	4	1
2003	343			1	15	73	254	8		2	5	1

续表1-2-2

年份	个人							集体				
	合计	一级英模	二级英模	一等功	二等功	三等功	嘉奖	合计	一等功	二等功	三等功	嘉奖
2004	427		1	1	12	145	268	30	1	3	25	2
2005	363				10	33	320	20		6	14	
2006	236			1	1	30	204	6			5	1
2007	261				6	73	182	18		2	15	1
2008	422			5	25	101	291	10		5	5	
2009	166			5	11	112	38	18	1	1	9	7
2010	390			9	18	121	242	30	1	3	5	21
2011	340			3	5	215	117	13		1	8	4
2012	336				18	213	105	27		3	18	6
2013	186			1	8	142	35	16		1	14	1
2014	310			1	5	166	138	16		1	15	
2015	929				12	409	508	45		4	25	15

第十一节　公安培训

2003年11月，第20次全国公安会议进一步明确“执法为民”思想在公安工作中的统领地位，永州市公安机关随之加强公安民警的政治思想和执法理念教育。2009年，公安部贯彻中央关于“大规模培训干部、大幅度提高干部素质”的战略部署，围绕新形势新任务对公安机关能力建设的新要求，印发《关于加强和改进公安教育训练工作的意见》《关于加强基层和一线民警实战训练工作的通知》等重要文件，构建分工明确、布局合理、优势互补的部、省、市、县四级训练基地网络，形成覆盖全警、严密高效的警察训练体系。永州市公安机关推进大教育大培训工作体系建设，将实战训练作为“三个必训”的重要内容，促进公安队伍整体素质和战斗力的提升，更好地服务和保障“三项重点工作”和“三项建设”等公安中心工作，为公安工作和队伍建设科学发展提供有力的素质保证和人才支持。2012年开始，永州市公安机关狠抓教官、基地、经费三块公安教育培训的“基石”，在民警的政治、道德、法制、纪律、作风、体格体能、警务技能等政治文化理论与警务实战两大领域，采取学校集中办班与机关、业务部门灵活多样的教育培训形式相结合的方法，以提升民警的综合法律素养和执法水平、推进执法规范化建设为目标，紧贴一线民警执法执勤能力需求，广泛开展一线民警执法大培训和警务技能、警务实战训练，公安教育培训规模与质量跨入新阶段走上新台阶。

2015 年 1 月 1 日起施行的《公安机关人民警察训练条令》规定“公安机关人民警察训练实行警务化管理，坚持严格教育、严格训练、严格管理、严格考核”。对此，市公安局主要领导作出永州市公安民警集训要“高标准、严管理、重实效”的指示。为进一步强化对市级公安民警培训班的管理，市公安局印发《永州市公安局关于进一步严格市级培训管理的通知》，要求做到高起点办班、高难度训练、高标准管理。据此，永州公安民警培训落实措施，按照“火线提拔领导干部培训班（精品班、示范班、样板班）”的模式，进行严格规范管理，入校学员的手机一律集中统一保管，实行严管、严训、严考。参训学员在校培训期间，严禁私自外出、严禁夜不归宿、严禁打牌赌博、严禁相互宴请、严禁饮酒酗酒，违者一律全市通报、退训并视情节予以纪律处分。

永州市公安干部中等专业学校承担永州市公安民警在校集中教育培训任务。自 20 世纪 80 年代公安干校创办至 90 年代中期，在公安成人中专学历教育任务基本完成以后，学校及时把培训重点从学历教育转移到岗位培训上来，培训体系从学历培训体系转移到岗位培训体系上来。按照公安部的规定与借鉴兄弟院校的经验，依据各警种和部门特点，制订一系列岗位培训教学大纲与实施计划；从业务部门聘请有关专业性强的教师以及添置有关教学设施以保障教学质量；主动与有关部门和各警种联系举办各类型岗位培训班。从 1991 年下半年至 1996 年年底，共举办各类岗位培训班 32 期，培训各警种人员达 2400 多人次。

自 1993 年开始，学校打破部门界限，在保证公安民警岗位培训的前提下，面向社会，实行多形式、多层次、多渠道办学。改革过去单一的办学模式为“四个结合”的多种形式办学，即学历教育与非学历教育相结合、长班与短班相结合、自主办学与联合办学相结合、脱产培训与函授教育相结合。在办学层次上，既有成人中专班、委培班，又有职业中专班和职业技术短训班，还有大专函授和自考辅导班等。

1997 年，公安干校共举办 7 种类型（警衔晋升、新警岗前培训、“110”处警培训、交警大专证书班、公安管理大专班、本科自考培训、政法干警素质培训班）11 个班级的培训班，培训人数共 850 人次（其中在职民警各类培训班 7 期共 454 人）。

2003 年，永州市委党校与永州市公安干校合并，公安干校的公安教育和培训职能不变，公安教育培训工作不因两校合并而削弱，当年举办公安民警培训班 7 期，培训人数 811 人次；2005—2010 年，共举办公安民警培训班 34 期，培训公安民警

3869人次。此后培训人数呈递次上升趋势，公安民警年度培训逾千人次。

永州市公安民警教育训练注重抓一线民警的实战必训工作，根据公安部和省公安厅“三个必训”的部署要求，重点突出基层和一线实战部门民警岗位练兵工作，做到有布置、有检查、抓落实，对基层和一线实战部门的岗位练兵工作，先后多次印发通知进行部署，市公安局机关直属单位和各县（区）公安局（分局）对一线实战部门的民警普遍组织开展不少于15天的集中训练。每年定期或不定期对各单位实训情况进行抽考和督导，年底按照考核办法规定对各县（区）基层公安机关全体民警开展苦练基本功的情况进行考核排名。

2008年，市公安局建立教育训练经费保障制度。永州市委高度重视公安教育培训，市委常委办公会议纪要明确规定，各级政府要按照“谁调训、谁负责”的原则，将公安民警教育训练经费纳入同级财政预算予以保障。

2015年，公安干校在市公安局政治部指导下制订一系列培训管理规章制度，主要有《公安民警教育培训管理规定》《公安民警教育培训期间操行评定量化标准的规定》《公安民警教育培训期间考试纪律若干规定》等，培训制度更健全，培训管理有章可循。在培训组织纪律与作风上严格按照“量化标准”执行，民警教育培训更加规范化。

1993—2015年间，永州市公安干部中等专业学校共举办公安民警岗前培训、政法干警培训、警衔晋升培训、轮值轮训等各类培训班146期，累计培训政法干警（含公、检、法、司）及其他人员3万余人次，其中公安民警近3万人次（见附表）。

一、新警培训

新警培训是对经考试录用或者从非公安机关调入公安机关任正科级以下职务的人员进行的集中岗前教育培训。

1993年，零陵地区公安处决定在公安干校举办1期新进公安队伍人员岗前培训班4个班，名称为“新警岗前培训班”，分别在校本部和祁阳县公安局教学点进行培训。

1994—1997年，共举办新警岗前培训班6期，包括“以工代警”岗前培训和新招录进公安队伍人员岗前培训，共培训新进公安队伍人员842人。

1998年以前，永州市公安干部中等专业学校举办的新警岗前培训班，主要培养和训练人民警察基本素质和从警能力，通过岗前教育训练，使参训人员树立忠诚祖国、忠诚人民、忠诚法律、忠诚党的坚定信念，养成警察职业道德观念，了解并重点掌握与公安工作密切相关的有关法律及规章制度，学会并掌握基本警务技能与战术要领，养成良好的作风和组织纪律观念，达到人民警察资格标准，初步具备从事警察职业的基本素养和能力。各新警岗前培训班主要开设政治理论、基本法律与公安业务、队列与警容风纪、警体与基本警务技能、警察心理及公共文化课程，完成学业并经考试考核合格后颁发新警岗前培训合格证书。

为全面提高新进公安机关民警的政治、业务素质，适应新形势下公安工作的需要，根据《中华人民共和国人民警察法》《公安机关人民警察培训规定》，经湖南省公安厅批准，自 1998 年始，永州市公安干部中等专业学校正式承担“新警初任”培训班培训任务，当年举办新警初任培训班一期，培训新警 93 人。自此，之前的各类新警岗前培训，统一称作“新警初任”培训。1998—2010 年，共举办新警初任培训班 13 期，总计培训新警 1765 人。

2013 年，市公安局开展新警徒步拉练暨革命传统教育

2010 年以前，新警初任培训计划与科目设计由市公安干校拟定并经市公安局政治部批准，报省公安厅政治部教育训练处同意后实施，全部培训都集中在公安干校进行。2011 年始，“新警初任”培训分三个阶段进行，第一阶段为政治法律理论、公安业务学习，第二阶段为实习、调查（新警社会调查要求撰写专题调查报告或相关论文并进行论文答辩，2010 年成功组织首次论文答辩），第三阶段为强化训练。经过三个阶段的培训，学员的政治法律水平、业务能力和体能都有明显提高。2011—2014 年，共举办新警初任培训班 6 期，培训新警总计 1122 人。

2015 年，新警初任培训班更加注重实战，始终坚持“以战代训、以战促训”，培养良好的实战技能。

根据 2015 年 1 月 1 日施行的《公安机关人民警察训练条令》规定，当年新警初任培训班培训时间为 6 个月（含实践 2 个月）。该期培训班人数 121 名，其中男生 109 名、女生 12 名。结合往届新警培训课程和信息反馈，科学合理制订新的培训计划，把业务工作中最需要、日常执法最刺手、规范建设最突出的问题作为训练重点，着重培训武器警械使用、擒拿格斗技术、风险防范方法、信息化作战应用、群体性事件处置等警务实战技能。培训模式一改过去传统封闭式集中训练，将训练阵地前移，强化“战中练、练中战”，组织学员直接参与市公安局开展的相关行动（清查、夜巡查缉等），积极探索创新“以战带训、以战促训”的培训模式。2015 年 10 月，根据市公安局统一安排，抽调 100 名新警组成 5 个青年突击队分赴冷水滩、零陵、道县、宁远、蓝山 5 县（区）公安局（分局）参加“严打盗骗毒亮剑行动”，以战训结合模式，使新警学员在实战中得到锻炼。

2013 年，市公安局举办新警演讲比赛，市公安局党委委员、政治部主任张珞（前）现场指导

2016 年 6 月 28 日，市公安局举行 2015 年新警培训结业典礼暨“入警宣誓”“师徒结对”仪式

2016 年 6 月 28 日，副市长、市公安局局长刘新良（左三）等局领导为结对新警授牌

二、警衔晋升培训

警衔晋升培训是根据《中华人民共和国人民警察警衔条例》的有关规定，为了提高人民警察的政治和业务素质，增强人民警察的责任心、荣誉感和组织纪律性，提高指挥和管理能力，更好地履行人民警察在相应岗位的职责，而对晋升警察警衔衔级的人员进行的教育培训。

1992 年 12 月至 1993 年 3 月，为配合全区人民警察首次警衔评定和授衔工作，零陵地区公安处根据零陵地委政法委员会的指示精神，对全区公安系统首次被评授警衔的 2000 余名公安民警，在公安干校分期分批进行集中短期培训。培训班开设政治理论、人民警察礼仪、警容风纪和队列、敬礼等课程与训练科目。1993 年 4 月 1 日，参加培训的零陵地区公安处机关近 400 名干警首次被授予二级警督以上警衔的人民警察，作为公安系统首次接受授衔的人民警察代表，在永州市（县级）工人文化宫参加全区人民警察首次授衔仪式，展示人民警察警容风采。

经省公安厅政治部批准，永州市公安干校于 1996 年首次正式举办警衔晋升培训班，当年共举办警衔晋升培训班 2 期，培训民警 220 人。此后每年承担警衔晋升培训任务，所有首次授衔的民警和晋升衔级的民警，都必须经培训考核并取得培训合格证书方可准许申报衔级晋升。根据职责，永州市公安干校担任本地公安民警警员至警司的衔级晋升培训。1999 年，经省公安厅政治部同意，举办 2 期一级警司晋升三级警督培训班，培训警司晋升警督民警 365 人。

20 世纪 90 年代，永州市公安干校举办警衔晋升培训班初期阶段，培训计划、课程设计、考试考核各方面主要按省公安厅政治部规定的内容进行，教学形式比较单一，学员管理以及各方面规章制度尚在探索当中，各培训班结束后都进行教学、训练、管理方面的工作总结并向省公安厅政治部汇报，同时提出关于市公安干校开展人民警察警衔晋升培训班的各方面建议，以期改进教育培训方法、提高教育培训质量。

随着公安系统大教育、大培训、大练兵体系建设的推进，永州市人民警察警衔晋升培训逐渐走向正规化，警衔晋升培训班健全制度，实行量化管理。学校制订《关于公安民警在培训期间采取末位淘汰、辞训、延缓晋升等措施的若干规定》《关于培训学员的内务设置标准》《关于干训学员对教师授课测评的制度》等培训规章制度，实行学习训练、操行评定、考试纪律等各项管理制度；严格纪律、严格考勤。学员在培训期间一律要求按规定着装，实行封闭式军事化管理，采取一日“三集合四点名”（早操集合并点名、上午上课前集合并点名，下午上课前集合并点名和晚点名）制度，做到人人有考勤、堂堂有记载、周周有检查、天天有公布，使参训学员深刻感受团结紧张、规范有序、纪律严明、作风严谨、训练有素的正规化培训氛围，潜移默化中树立自我警察意识，养成严谨的警察作风；严肃考纪，考训分离。考试由市公安局政治部直接组织实施，警体考试单个进行，始终贯彻严格、严肃、公平、公正和公开原则，考试舞弊者一律作零分处理，情节严重者作退训或延缓晋升处理。

2002 年起，根据《公安机关人民警察训练条令》规定，湖南省公安厅授权委托永州市公安干校承担除省公安厅调训以外的永州市警督级公安民警衔级晋升培训任务，当年举办 1 期一级警司晋升三级警督培训班，培训晋升三级警督民警 207 人。1996—2015 年共举办警衔晋升培训班 41 期，培训警衔晋升民警 5335 人。

三、轮值轮训

2008 年，着眼于警务实战需要，针对基层一线民警教育训练中的突出问题，公安部政治部在总结各地公安民警教育培训实践经验的基础上，在全国范围内开展公安民警轮值轮训工作，实行“轮值轮训、战训合一”的训练模式，解决工训矛盾、战训脱节问题，有效增强公安教育训练的质量和效能。市公安局为提升公安民警的综合素质、公安业务能力、执法水平和实战能力，根据不同警种和不同岗位开设相应的业务课程、理论课程和体能训练课程，达到轮训公安民警的目的。轮值轮训培训班集中进行政治业务和警务技能战术培训，统一编队作为值班备勤、处置突发事件的应急机动力量，平时训练、战时出警，常年轮换、始终坚持。市公安局政治部制订《永州市公安民警“轮训轮值”训前测试准入制度》《民警集训管理制度》等公安民警参训考核与管理相关规章制度，轮值轮训民警从集训准入到整个集训期间的管理与考核趋于正规化。2009 年，永州市公安干部中等专业学校举办首次公安民警轮值轮训培训班，当年共举办民警轮值轮训 5 期，总计 503 人。

2010—2011 年，举办各类民警培训班 12 期，共培训公安民警 1554 人，除政委教导员班 1 期 197 人以外，轮值轮训培训班共 11 期，受训民警 1357 人。

警务技能教官在学校警训馆讲解枪械理论

2012 年开始，公安民警轮值轮训视情况与警衔晋升、随岗培训相结合，开办带专题性质的公安民警轮值轮训培训班，如“轮值轮训暨警衔晋升培训班”“轮值轮训暨信息化应用培训班”“轮值轮训暨流动人口管理业务培训班”等。根据省公安厅《2013 年—2015 年全省公安机关基层基础工作大轮训实施意见》，市公安局积极探索新形势下公安民警轮值轮训的方式方法，轮值轮训培训班办班形成自己的特色：干警轮值轮训培训班更重实战性，严格按照《公安机关人民警察培训条例》和省公安厅有关轮值轮训的指示精神，以提高民警的综合素质为着力点，注重警务技能的实战性训练。培训专题设计数十项，配备优秀教师讲课，特聘市公安局领导和公安系统有关领域专家讲课。开设“潇湘公安讲坛”，聘请公安部、省公安厅以及高等院校知名专家教授、领导到学校授课，提升教学质量。对参训学员的训练强度逐步加大，有针对性地强化力量、体能、耐力训练，对擒敌拳、警械使用、查控战术、抓捕技能、实弹射击等项目实行严格考核。严格管理、严肃纪律。参训学员一律实行封闭式管理，做到堂堂有考勤，天天有记载，公布考勤，激励先进，鞭策后进。严格考场纪律，实行考训分离，提高民警整体素质。省公安厅多次明察暗访，学员的评价满意率高，优秀率达 95%。

2013—2015 年，共举办轮值轮训培训班 20 期，培训不同警种、不同专业、不同岗位的公安民警总计达 2330 人。其间，公安民警轮值轮训培训质量实现新的突破，针对民警普遍存在的体能素质不高、警务技能不强、战术训练不足的问题，学校加大警务技能教学和体能训练的力度。一是确保实战技能训练时间，课时不少于总培训课时的 50%，专业培训则达 90%以上，并安排利用早、晚时间训练；二是注重民警体能基础训练，促进学员体能达标率的提高。入学即对参训民警的体能项目进行测试摸底，然后按对象分阶段进行指导训练，并逐步加大训练强度；三是根据永州市山多与地形复杂的特点开展特色训练如攀登、泅渡训练等；四是进行实战模拟训练并注重协同作战能力的培养，提高民警的实战能力和整体功能，促进民警体能和智能的双向发展；五是培训结束时进行会操总结，由上级领导考察、检验民警的综合训练成果。

四、专题培训

公安民警专题培训是根据不同警种、不同岗位的工作特点，或者根据不同时期的形势、任务以及上级部门决策与培训思路而开展的短期主题培训，通过相应的专门理论与实践科目的教育培训，使参训民警获得相应岗位、工作或完成专门任务所需的相关知识与执法规范要求，更好地适应本职工作特别是一线民警的执法实践，提升民警的政治思想意识和专业水平，提高岗位责任意识和岗位工作能力。永州市公安干部中等专业学校自创建初期始，就承担起公安机关以及原零陵地区政法委员会下达的政法干警（公、检、法、司干警）各类岗位培训任务，如“政法干警素质培训班”“政法干警端正执法思想培训班”、公安机关内勤民警业务培训班等，对各警种各部门不同岗位的在职民警进行岗位专门培训，以适应民警的岗位工作和各类公安业务。

永州市公安民警专题培训严格参训纪律，切实加强学员管理，按警察勤务要求管理学员，实行严格的军事化管理和考勤制度，严守校纪校规；专题培训注重强化警务应用教学，注重实战训练。针对新形势下犯罪现状、特点和发展趋势，在不同层次民警培训中有针对性地加大实战教学力度。如对“110”处警的培训，加大擒敌、抓捕捆绑战术的训练，增开摩托驾驶、快速出枪射击等课程，提高民警的实战应用能力；推行多媒体电化教学。将国内外先进侦破手段、技术和最新刑事技术科研成果传授和介绍给学员；始终坚持“严格教育、严格训练、严格管理、严格纪律”的“四严”方针，切实提高专题培训质量。

1991 年下半年至 1994 年年底，学校举办各类岗位培训班共计 25 期，培训各警种人员共计 1800 多人次。其中，根据零陵地区政法委员会下达的政法干警（公、检、法、司干警）培训任务，1993 年全年共培训政法干警 653 人，其中公安民警岗位培训 4 期 197 人；录干考前辅导班 1 期 367 人，中专学历补课班 1 期 43 人，自考辅导班 1 期 46 人；开办中专学历班 5 个，共有学员 232 人，其中公安专业中专班 2 个学员 110 人，文秘专业中专班 1 个 42 人，汽修专业中专班 2 个 80 人。

1995—2001 年，举办“110”接处警班、公安管理大专证书班、交警大专证书班、本科自考培训班、计算机知识普及班、政法干警素质班（永州市委政法委员会培训任务）等各类专题培训班共 17 期，培训人数总计 2618 人。

2002 年，举办各警种专题培训班 16 期，培训全市公安民警（含工勤人员）1101 人，其中交警专业培训班 1 期 56 人；工勤人员基本素质培训班 3 期共 399 人。另外举办 WTO 基础知识和依法行政基础知识培训班共 6 期，培训人数共 697 人次。

2003—2009 年，专题培训任务相对减少，仅举办 3 期专题培训班（分别为“交警中队长培训班”“民警计算机培训班”和“基层公安机关领导班子成员端正执法思想培训班”），培训公安民警 126 人。

2010 年始，举办“潇湘公安讲坛”主题讲座活动，拓宽民警视野，激发民警训练与学习热情，采取在全市公安民警中开展“每天一学”“每周一课”“每月一考”活动和训前测试方法，促进民警日常训练与自学。市公安局明确提出“6789”训练指标，即每个所（队）长、教导员在参加省公安厅举办的专题培训班之前，其基本体能考核必须达到 60 分以上，基本警务技能考核必须达到 70 分以上，信息化应用基本技能考核必须达到 80 分以上，警务工作正规化指南考试必须达到 90 分以上。当年组织 16 期近 300 名基层所、队长参加省公安厅大轮训，在省公安厅组织的三项考核中，永州市参训人员基本体能和正规化指南考试成绩，分别排全省第二和第四名。2010—2012 年，分别举办“副所长培训班”“政委教导员培训班”“交管业务技能和所队长后备干部班”“社区警务工作和优秀团队专干班”“派出所内勤培训班”“现场勘查培训班”“重点人口活动轨迹管控系统专题培训班”等共 10 期，培训公安民警 1070 人。

2013 年，制订《永州市公安机关民警基本功考核方案》《市局机关民警射击训练比赛方案》，印发《永州市公安民警信息化基本技能培训考试方案》，利用网上考试训练平台，组织全市公安民警开展信息化基本技能日常训练。深入贯彻落实公安部政治部《关于实施〈公安机关人民警察体育锻炼达标标准〉的通知》精神，组织全市公安民警进行体育锻炼达标普测，通过以考促训，提升民警实战能力与业务素质。在全省公安民警基本功大赛中，永州市参赛选手获团体三等奖，体能比赛获全省单项团体第一名，市公安局机关民警黄光明和新田县公安局民警陈艳芳分别获得男子、女子全省第一。

2014年，市公安局对局机关民警分别在6月和10月先后两次进行体育锻炼达标普测，对县（区）公安局（分局）民警先后两次进行抽考，考试成绩纳入各单位年度工作和民警个人精细化考核，作为民警参与竞争上岗的重要依据之一。开展专题评选充实训练内容，通过宣传发动、个人申报、单位推荐、组织评审，评选出市级优秀专题9个，在各类专题培训班上开设相应的培训专题课，由该优秀专题获得者主讲。开展基本功比武竞赛，比武内容包含体能、枪支、警械、理论四大类7个项目，参赛选手采取在赛前1个月随机抽取的办法产生，全市所有符合条件的在职在岗民警都有被抽中参赛的机会，按照班子成员、所队长、普通民警三个层级和男、女民警相应比例，最后确定232名选手集中到市公安局参加比赛。通过比武，促进广大民警警务实战能力的提升。各县（区）公安机关参赛队员在本单位作为警务实战兼职教官使用，带动和促进基层一线民警的实战训练活动的开展。

湖南省警察学院警务技能教授陈晓明在市公安干校警训馆传授战术技能

2015年，在市公安干校举办治安、法制、网技、经侦等专题培训班，以及“火线提拔”领导干部和派出所长“样板班”培训班。上述培训班级的专题主讲，主要从省内外聘请专家教授担纲。其后选派60余名“110”接处警、视频侦查、网络安全、技术侦查、刑事技术、综合调研等部门的业务骨干和接处警员，赴北京、上海、深圳、杭州、济南、南京、长沙、株洲等地跟班培训（“随岗培训实践班”）。同中国刑事警察学院合作开办法医、痕迹检验专题培训班，选派市公安局、各县（区）公安局（分局）从事法医、痕迹检验的民警赴沈阳，在中国刑事警察学院集中学习3个月，提高法医、痕迹检验技术民警从事法医、痕迹检验业务的水平和专业技术能力。

五、随岗培训（岗位大练兵）

2004年，全国公安系统开展练意志、练体能、练作风的全警“大练兵”活动，永州市公安机关以此为契机，按照“干什么、练什么，缺什么、补什么”的原则和全警参与、立足基层、立足岗位、注重实效的要求，开展公安民警岗位培训工作。至2007年，市县（区）两级公安机关所有警种都结合实际进行岗位培训。为保证岗位培训效果，市公安局制订切实有效的岗位培训计划，不定期进行核查督导，年终进行考核评比，全市公安民警岗位培训工作基本上达到要求。

2008年，为贯彻落实省委组织部、省委政法委、省财政厅、省人事厅、省公安厅《关于进一步加强和改进全省公安教育训练工作的决定》和全省公安教育训练工作会议精神，切实加强基层和一线民警的岗位练兵工作，提高公安民警的业务水平和实战本领，结合永州实际，市公安局政治部制订《永州市公安机关随岗培训指导意见》《永州市公安民警苦练基本功学分制管理办法》等一系列关于在职民警岗位大练兵的意见和训练管理制度，明确职责权限和奖惩措施，规范和保障教育训练工作的有序进行。

市公安局成立由局长任组长、副局长任副组长的永州市公安民警随岗培训领导小组，下设办公室具体负责日常工作，办公室主任由局党委委员、政治部主任兼任。局属各单位“一把手”为本单位民警随岗培训工作第一责任人，对本单位本警种民警随岗培训工作负总责，政委具体抓落实到位。各县（区）公安机关成立相应机构，明确专人负责，加强对民警随岗培训工作的组织领导，加强对民警随岗培训工作的日常督促、指导和检查，确保本单位民警随岗培训工作的正常开展。

市公安局建立一批随岗培训基地（点），并在局机关和县（区）公安局（分局）建立一支业务相对过硬的教官队伍［每个县（区）有10名以上的随岗培训教官］，每个随岗培训基地，选聘1~3名随岗培训教官担任日常带徒培训任务。随岗培训教官由县（区）公安机关确定并颁发聘书，报市公安局政治部备案。市公安局各支队随岗培训点负责组成随岗教学任务的带训教官，由市公安局政治部颁发聘书；建设随岗培训教材体系，随岗点和随岗培训教官在总结特色工作经验的基础上，提炼有效工作方法，制作简便、易学、易记、易操作的简易教材用于培训；建立健全全市公安民警随岗培训长效工作机制。

是年，市公安局选派27名一线民警到广东、江苏两省基层公安机关跟班学习。永州公安信息港开辟“广东江苏学习锻炼专栏”，刊载参训民警学习交流心得30余篇，总结出“拓宽眼界”学习法。宁远、江永等县级公安机关主动与广东、广西两省毗邻市、县公安机关相互结为友好单位，互派民警跟班学习，互派代表考察交流，相互学习相互促进。市公安局先后选派两批共19名民警到基层公安机关和一线实战单位挂职锻炼和跟班作业，同时从县（区）公安机关和基层派出所选派民警轮流到其他机关业务部门跟班学习，加强市公安局机关与基层一线实战单位民警的交流和良性互动。

2009年，市公安局制订并实施学分管理制、训前测试末位淘汰制和“以考促训”制，开通基本法律和正规化指南网上在线考试系统，并把民警平时学习训练考试考核成绩纳入民警精细化管理和单位综合考评内容，调动民警学习训练积极性和自觉性，强化各单位抓学习训练的责任心。政治部教育训练主管部门印发随岗培训工作指导意见和随岗培训点考核评估办法，通过现场检查、验收和集体评议，对得分较高的随岗培训点，由市公安局统一授牌。

2010年以前，永州市公安民警随岗培训主要以市、县（区）两级随岗培训基地为主，随岗培训采用“传授+体验”法，即传授、交流、体验、观摩等，训练的主要形式有理论传授、操作示范、跟班作业、讨论交流、难题会诊、观摩学习等。随岗培训的对象主要是基层一线民警，重点是“三所三队”的民警、新录用民警、岗位业务能力需要进一步提高的民警、基本功考核不过关的民警，以及需要知识更新、提高业务能力的民警，通过岗位练兵、跟班学习等形式，达到教育训练目的。2010年始，永州市公安民警随岗培训突破培训基地限制，以灵活多样的形式和渠道，在更加广阔的范围和空间里开展训练，形成公安民警随岗培训与岗位大练兵的大舞台。

在“每周一课”的业务学习上，围绕业务工作重点、提出知识疑点、解决问题难点等三个关键点，采取由民警轮流讲课，逐个发言、提问、谈感想、讲看法、提建议，然后由主持人（政治部领导）总结点评的方法，加强对民警的业务培训，有效地提高民警的逻辑思维能力、语言表达能力和岗位业务能力。双牌县公安局经侦大队总结出办理刑事案件口诀法；江村派出所针对辖区地处双牌水库上游，水面宽、水上治安情况复杂的县情，为适应水上治安管理工作需要，对民警进行游泳训练，有效地提高民警水上实战能力。市公安局巡特警支队除坚持组织民警“每周一训”集体训练外，还选出练兵能手组建流动服务队，下县（区）基层公安机关指导基层一线民警开展岗位练兵、进行处突演练。

2010年，结合打造“信访超市”，全力化解信访难题活动，市公安局机关新提拔的58名干部，轮流到法制信访室跟班学习、跟班接访并要求包案息诉，以强化晋升职务的领导干部的群众观念和法制观念。

2011 年，市公安局举办随岗培训教官训练班，全市 42 名来自一线实战部门的各随岗培训基地教官集中参加为期 1 个月的封闭式训练，并以点带面，促进全市公安民警的实战训练。该期随岗培训教官训练班特邀湖南警察学院、广东警官学院、长沙武警指挥学院、香港警务处及“飞虎队”等公安高等院校及警察机构中享有较高知名度的教官前来讲学、指导并传授技艺。是年，《永州市公安局注重“三突出、三创新”，扎实推进“三练两赛一进”活动》《找准结合点，念好“三字经”，积极推进心理服务进全警活动》《永州市公安机关多维度创新工作机制，推进公安教育训练工作上台阶》《永州市公安局五项措施，推进随岗训练示范点活动》《永州市公安机关以“三带头”为动力，牵引全市公安机关警务实战技能大培训》等一系列随岗培训经验材料，分别被省公安厅网站“三练两赛一进”专栏和省公安厅公安政工信息网，作为经验材料发布。

2012—2014 年，先后邀请湖南警察学院专家和本市公安业务能手、训练标兵，送教下基层，为一线民警传授警务实战技能。同时，学法用法网上在线考试形成制度化，民警每月一次的法律知识在线考试，纳入县（区）公安机关思想政治工作考核和全市民警精细化考核体系。

截至 2015 年年底，全市共有省级随岗培训点 1 个，市级随岗培训点 12 个，县（区）级随岗培训点 45 个。是年，市公安局印发《永州市公安机关师傅带徒弟活动实施方案》和《永州市公安机关随岗训练示范点考核评估标准》，成立全市公安机关师傅带徒弟活动领导小组。全市各级公安机关和业务部门中，民警 10 人以下的单位建立 1 对师徒，11~20 人的单位建立 2 对师徒，20 人以上的单位建立 3 对以上的师徒。市公安局机关由曾经赴县（区）公安局（分局）挂职副局长的 12 名经验丰富的民警各带 1 名青年民警（师徒结对），共同组建一个 25 人的直属教导大队，把实战当训练场，采取师傅带徒弟、边学习边工作的形式，开展为期 7 个月的实战训练，既检验挂职民警执行警令的坚定态度，又锻炼青年民警的工作和学习意志、提升青年民警的实战能力。

为推进全市公安民警岗位大练兵的深入开展，市公安局印发《落实训练日制度实施意见》《关于推进全市公安民警实战训练常态化的实施意见》，将每周二定为全市公安民警训练日，以基层所、队为基本单位全面推行日常训练。同时，将公安民警的日常训练与日常夜巡查缉工作对接，按照训练日与夜巡查缉相结合、集中教与随岗学相结合、师傅带与岗位练相结合的“三个相结合”的原则，将日常训练融入夜巡查缉工作，全面推进训练日制度常态化。

六、民警心理知识培训与心理服务

2011 年，市公安局组织开展读心理书刊、看经典心理电影、手机短信传送心理健康知识等一系列心理服务活动。市公安局巡特警支队组织开展心理拓展训练活动，建立心理咨询兴趣小组，组织开展心理专业知识学习考级活动。冷水滩分局针对不同特质群体，有针对性地组织开展同质团体心理辅导活动。双牌、道县等县公安局成立心理服务小分队，开展心理服务送教上门活动。江华瑶族自治县公安局开展“每天赏析一警句”活动，每天编辑一条励志名言警句、修养身心经典，以“飞幕”形式加载局域网，使民警从中得到启示和教益。在日常学习和工作中，为广大民警营造一个有益于心理健康的良好氛围。市公安局政治部教育训练科科长唐延文整理撰写的《找准结合点，念好“三字经”，积极推进心理服务进全警活动》被省公安厅信息网作为经验材料转发。

2012 年，结合工作实际，以服务优秀团队建设，服务公安中心工作为主线，多措并举，大力开展民警心理服务工作，推进“阳光警营”文化建设和“民警阳光心态建设”主题活动。根据省公安厅《2012 年全省公安民警心理服务工作计划》，结合永州市工作实际，制订《2012 年永州市公安机关构建“阳光警营”活动计划》。通过绿色通道，从应届大学毕业生中选拔 2 名心理服务专业人员，充实市公安局心理服务中心。3 月，选拔人员参加省公安厅举办的第四期全省公安民警心理服务工作专业人员培训班。市公安局领导对民警心理素质高度关注，对民警心理服务工作十分重视，将心理服务工作纳入年度工作综合考评，建立考核机制，心理服务工作逐步加强。逐步推进心理服务工作场地和专业设施硬件建设。根据实际情况，在心理健康服务中心办公场地及其配套设施建设上研究制订投资百万的基础建设方案，建立市公安局机关民警心理服务室。该服务室包括心理服务民警办公接待室、个体咨询室、音乐放松室、宣泄室。在市级心理服务中心，建立民警心理行为拓展训练场，进一步完善市级心理服务中心配套设施。

2013 年，按照省公安厅统一部署，市公安局申报的《基层民警主观幸福感与职业倦怠的相关因素》和《积极心理体验与创建优秀团队》两个专题，按期顺利结题。江华瑶族自治县公安局研发的《积极心理体验与创建优秀团队探讨与实践》被评为公安民警心理服务实战专题三等奖。市公安局研发的《基层民警幸福感与职业倦怠的深度分析与对策》被公安部评为公安机关思想政治工作优秀案例。建立和完善心理健康服务咨询室，充分利用硬件设施推动心理工作发展。交警支队、道县、双牌县公安局建立专门的心理健康服务咨询室，开通咨询服务电话和预约面谈电话。市公安局机关民警心理服务中心全年共接待来访 50 余人次，图书借阅 100 余本。零陵公安分局、道县公安局开通民警心理健康专栏。东安县公安局聘请专业人员重新设置心理健康服务网页，网站运行一年中，点击量达到 3000 余次。

2014 年，为进一步促进全市公安民警心理服务工程建设，市公安局加大公安民警心理服务工作方面的人才培养力度，采取集中办班培训、组织外出进修以及实践锻炼相结合的方式，继续强力推进心理服务专业人才队伍的壮大和提质，着力打造一支专业民警心理服务队伍。市公安局政治部组织举办全市公安民警心理服务人才培训班，来自全市各级公安机关从事公安民警心理服务工作的专（兼）职民警心理服务工作者和骨干心理咨询师共 42 人参加培训。其后，又分期分批组织公安机关民警心理咨询师到国内先进地区进行专业提质集中培训，拓宽视野；组织心理服务工作骨干到国内先进地区考察学习心理服务工作软、硬件建设，借鉴经验。

2015 年，全市公安民警心理服务工作以提升警队个体快乐力和团队归属感为工作目标，推进“积极心理育警”理念的普及，不断推动全市公安民警心理服务工作向纵深发展。组织民警学习《湖南省公安民警心理服务工作 100 问》《永州市公安民警心理健康知识手册》，宣传普及心理健康基本常识、职业心理健康、自我意识培养、压力管理、情绪管理、人际交往、婚姻家庭等方面的心理知识，使广大公安民警充分认识维护自身心理健康的积极作用，增强参与心理健康保护活动的自觉性和主动性，形成心理健康保护的良好氛围。发挥市公安局民警心理服务“绿色通道”反应灵敏、及时快速、协同作战、优质高效的作用，更好地服务全警。市公安局民警心理服务中心、县级站和基层点三级心理服务机构主动作为，依托“绿色通道”，切实加强专业队伍提质、个体心理咨询、团体心理辅导、心理危机干预、心理疾病诊治和重点对象服务等方面的工作。市公安局民警心理服务中心牵头，各部门各负其责，组织全警进行心理测评，对全市公安民警开展心理状况普查。根据测评情况和普查结果，市公安局民警心理服务中心对全市民警心理状况进行分析研判，形成分析报告，为全市公安民警心理服务工作的开展提供科学依据。各单位根据心理测评和普查结果，结合平时掌握的情况，确定本单位心理预警人员。对心理预警人员作初步筛查后，因地制宜、因人制宜地组织“一对一”访谈。其后，市公安局民警心理服务中心组织心理咨询专家，指导各级各部门判别需要重点关注的对象。对重点关注对象，由各责任单位制订个性化心理服务计划，组织开展跟踪服务。

是年，市公安局推行公安民警心理健康档案建设，市公安局民警心理服务中心、县（区）公安局民警心理服务站（点）三级心理服务体系建立，着手开展民警心理健康档案建设工作，对新警、监所民警、常年工作在执法一线的民警等容易产生适应状况不佳、紧张压抑等心理因素的重点群体以及对身体有疾病或伤残、家庭发生变故、夫妻关系紧张等容易产生情绪波动的重点个体，进行跟踪关注，重点服务。市公安局结合思想政治工作的开展，各部门协同配合，综合施策，因地制宜落实从优待警措施，最大限度解决好民警的权益保护、工资待遇、办公条件、医疗住房、子女入学问题、休假问题以及民警夫妻两地分居等关乎民警切身利益的问题，培育民警的职业自豪感、荣誉感和归属感，建立并定期上报“民警谈心卡”。同时，通过多种平台，积极利用社会专家力量、警营自愿者活动、吸收警察家庭参与等多种方式，赢得广大民警、辅警力量及民警家属的理解、认同，激发参与心理服务活动的兴趣，确保民警心理服务工作取得实效。

1993—2015 年永州市公安民警培训情况统计表

表 1-2-3

年份	期间	培训班（期）	人数	小计（人次）
1993	2. 16—4. 1	派出所长培训	48	730
	3. 15—5. 29	政法干警培训（地区政法委一期）	49	
	5. 20—6. 19	经济民警比武培训	56	
	6. 12—7. 22	保安复退军人培训	46	
	6. 14—7. 23	政法干警培训（地区政法委二期）	44	
	7. 22—9. 16	新干警岗前培训（4 个班）	377	
	9. 2—1995. 6. 25	公安中专学历班（2 个班）	110	
1994	3. 24—6. 24	新警岗前培训（一期“以工代警”班）	270	452
	6. 26—8. 26	新警岗前培训（二期）	66	
	6. 26—8. 26	新警岗前培训（二期祁阳办学点）	42	
	7. 12—7. 27	交警（一期）	36	
	8. 12—8. 28	交警（二期）	38	
1995	6. 25—7. 10	新警岗前培训（一期）	97	266
	7. 15—8. 28	新警岗前培训（二期）	169	
1996	6. 17—7. 28	警衔晋升（一期）	110	325
	7. 8—8. 18	警衔晋升（二期）	110	
	8. 18—11. 5	新警岗前培训	105	
1997	4. 8—4. 23	110 处警培训	85	454
	5. 1—716	交警大专证书班	45	
	6. 4—8. 4	警衔晋升	75	
	6. 10—9. 10	新警岗前培训	93	
	7. 20—8. 18	政法干警素质培训（政法委）	32	
	8. 20—11. 5	公安管理大专证书班	56	
	11. 10—11. 30	本课自考培训	68	

续表1-2-3

年份	期间	培训班（期）	人数	小计（人次）
1998	5. 4—6. 13	警衔晋升	118	824
	5. 30—8. 29	新警初任	93	
	6. 22—9. 30	交通管理大专证书班（3 个）	613	
1999	5. 23—7. 3	警衔晋升（一期）	188	1841
	6. 1—8. 30	新警初任（一期）	67	
	6. 15—7. 3	警司晋升警督（一期）	183	
	6. 16—6. 29	计算机知识普及（1）	150	
	6. 27—8. 7	警衔晋升（二期）	195	
	7. 6—7. 24	警司晋升警督（二期）	182	
	7. 7—7. 19	计算机知识普及（2）	150	
	7. 27—8. 26	新警初任（二期）	126	
	7. 28—8. 10	计算机知识普及（3）	150	
	8. 18—8. 31	计算机知识普及（4）	150	
	11. 10—11. 23	计算机知识普及（5）	150	
	12. 1—12. 14	计算机知识普及（6）	150	
2000	4. 9—6. 9	政法干警班（一期）	112	635
	6. 15—8. 14.	政法干警班（二期）	218	
	7. 14—8. 24	警衔晋升	125	
	8. 28—10. 28	政法干警班（三期）	180	
2001	3. 20—9. 20	新警初任	242	481
	7. 14—8. 27	警衔晋升	177	
	9. 12—10. 11	政法干部素质班	62	
2002	3. 23—6. 22	新警初任（一期）	79	702
	6. 30—8. 15	一级警司晋升三级警督	207	
	7. 15—10. 15	新警初任（二期）	74	
	8. 2—8. 17	二级警司晋升一级警司	130	
	9. 5—9. 21	交警专业班	56	
	9. 22—10. 5	三级警司晋升二级警司	126	
	9. 22—11. 2	一级警员晋升三级警司	30	

续表1-2-3

年份	期间	培训班（期）	人数	小计（人次）
2003	4. 1—4. 15	警司晋升	266	811
	4. 18—5. 2	一级警司晋升三级警督	105	
	4. 30—7. 31	新警初任	140	
	5. 6—5. 20	交警中队长班	30	
	6. 3—6. 18	民警计算机培训	50	
	9. 11—9. 25	三级警督晋升二级警督	174	
	10. 20—11. 1	基层公安机关领导班子成员端正执法思想轮训	46	
2004	9. 13—11. 2	一级警司晋升三级警督	218	561
	10. 18—12. 30	新警初任	133	
	10. 18—11. 7	一级警司晋升三级警督	210	
2005	3. 28—6. 25	新警初任	117	531
	8. 17—9. 25	一级警司晋升三级警督	170	
	10. 8—11. 6	三级警司晋升二级警司	74	
	10. 8—11. 6	二级警司晋升一级警司	136	
	10. 8—11. 6	一级警员晋升三级警司	34	
2006	2. 20—5. 20	新警初任	134	660
	5. 29—7. 7	一级警司晋升三级警督	159	
	7. 10—8. 9	一级警员晋升三级警司	247	
	9. 16—9. 30	三级警督晋升二级警督	120	
2007	3. 12—6. 12	新警初任	135	591
	6. 28—7. 27	二级警司晋升一级警司	107	
	6. 28—7. 27	三级警司晋升二级警司	113	
	6. 28—8. 6	一级警员晋升三级警司	25	
	8. 28—9. 28	一级警员晋升三级警司	115	
	11. 10—11. 25	三级警督晋升二级警督	96	
2008	3. 3—3. 18	二级警督晋升一级警督	97	520
	9. 1—11. 30	新警初任（一期）	48	
	10. 21—11. 4	三级警督晋升二级警督	83	
	11. 5—11. 15	二级警司晋升一级警司	101	
	11. 5—12. 4	三级警司晋升二级警司	90	
	12. 8—2009. 3. 15	新警初任（二期）	101	

续表1-2-3

年份	期间	培训班（期）	人数	小计（人次）
2009	3. 2—3. 27	轮值轮训（一期）	101	779
	4. 7—4. 30	轮值轮训（二期）	105	
	5. 6—5. 29	轮值轮训（三期）	86	
	6. 9—6. 26	轮值轮训（四期）	104	
	7. 6—7. 30	轮值轮训（五期）	107	
	9. 21—12. 21	新警初任	276	
2010	3. 10—3. 29	副所长培训	93	788
	4. 1—4. 30	轮值轮训（一期）	95	
	5. 10—5. 29	轮值轮训（二期）	89	
	7. 7—7. 30	轮值轮训（三期）	90	
	9. 6—9. 29	轮值轮训（四期）	103	
	10. 12—10. 31	轮值轮训（五期）	121	
	10. 20—11. 5	政委教导员班	197	
2011	2. 28—5. 28	新警初任（一期）	206	1167
	5. 15—6. 3	轮值轮训（一期）	124	
	6. 13—7. 3	轮值轮训（二期）	124	
	7. 13—8. 8	轮值轮训（三期）	180	
	9. 13—10. 3	轮值轮训（四期）	129	
	10. 12—10. 29	轮值轮训（五期）	209	
	10. 12—2012. 1. 12	新警初任（二期）	85	
	11. 7—2012. 1. 7	新警初任（三期）	110	
2012	3. 5—3. 23	轮值轮训暨警衔晋升	122	1279
	4. 9—4. 18	轮值轮训暨交管业务技能和所队长后备干部班	124	
	4. 19—4. 28	轮值轮训暨社区警务工作和优秀团队专干	118	
	5. 7—5. 16	轮值轮训暨侦查办案	121	
	5. 21—5. 30	轮值轮训暨派出所内勤	119	
	6. 4—6. 23	轮值轮训	130	
	7. 2—7. 11	轮值轮训暨信息化应用	127	
	9. 13—12. 13	新警初任	137	
	11. 28—12. 10	轮值轮训暨现场勘查	121	
	12. 10—12. 12	轮值轮训暨重点人口活动轨迹管控系统专题	20	
	12. 25—12. 28	轮值轮训暨系统运行维护专题	30	

续表1-2-3

年份	期间	培训班（期）	人数	小计（人次）
2013	4. 7—4. 17	轮值轮训（一期）	110	598
	4. 19—4. 28	轮值轮训（二期）	110	
	6. 16—6. 25	轮值轮训（三期）	63	
	6. 16—8. 16	司法民警转公安民警	52	
	7. 8—7. 17	轮值轮训（四期）	143	
	9. 21—12. 20	新警初任	120	
2014	5. 5—5. 16	轮值轮训暨警衔晋升	151	1055
	5. 19—5. 24	轮值轮训暨武器警械	68	
	5. 26—5. 31	轮值轮训暨武器警械	67	
	6. 3—6. 7	轮值轮训暨武器警械	64	
	6. 9—6. 14	轮值轮训暨武器警械	71	
	6. 30—7. 11	兼职教官与人口培训	132	
	7. 28—7. 30	少数常用枪支业务骨干	32	
	9. 9—9. 20	轮值轮训暨警衔晋升	147	
	9. 9—11. 17	新警初任	67	
	11. 17—11. 21	民警技能比武	234	
	12. 24—12. 26	民警心理测试	22	
2015	5. 5—5. 7	轮值轮训暨流动人口管理业务	35	1747
	5. 11—5. 25	轮值轮训暨警衔晋升	172	
	5. 27—5. 29	轮值轮训暨信息化应用	50	
	6. 1—6. 3	轮值轮训暨处置非法集资工作业务骨干	53	
	6. 1—6. 3	轮值轮训暨禁毒业务	96	
	6. 5—6. 19	轮值轮训暨警衔晋升	176	
	6. 22—6. 26	轮值轮训暨危爆物品安全监管	170	
	6. 29—7. 6	轮值轮训暨火线提拔领导干部	161	
	7. 9—7. 23	轮值轮训暨警衔晋升	194	
	7. 27—7. 29	轮值轮训暨民警执法与出庭应诉能力提升	311	
	7. 27—7. 31	轮值轮训暨兼职教官	34	
	8. 2—8. 11	轮值轮训暨派出所长	174	
	9. 21—2016. 3. 21	新警初任	121	
累　计	1993—2015	146 期	17797 人次	

附：永州市公安干部中等专业学校

一、公安干校简况

永州市公安干部中等专业学校，创建于1984年10月，原名为零陵地区公安干部学校，零陵地区编制委员会批准为科级事业单位，隶属于零陵地区公安处，校长由地区公安处处长卢腊庆兼任，校址设于公安处院内。1985年6月，省委组织部批准更名为零陵地区公安干部中等专业学校。12月，经零陵地区编制委员会批准，确定为县级事业单位，设三科一室，即教务科、学生科、总务科和办公室，定编30人。

1987年7月，学校搬迁至零陵区城南路107号原零陵县公安局看守所院内，校园占地面积10余亩，建筑面积6500平方米。

1990年12月，中共零陵地委组织部批准成立中共零陵地区公安干部中等专业学校委员会，1991年2月，贺春凡任党委书记兼校长。

1994年12月30日，中共零陵地委组织部任命王满秋为党委书记，零陵行政公署任命王满秋为校长。

1996年8月15日，湖南省公安厅党委委员、政治部主任张正元（中）到永州市公安干校考察，市委政法委副书记李宣元（右一）、市公安局局长秦伍生（左一）陪同座谈

学校于1998年搬迁至冷水滩凤凰园开发区内，新校区占地面积160余亩，其中教学楼一幢，面积10000平方米，学员宿舍楼两幢，面积8000平方米，食堂楼一幢，面积5000平方米，400米标准田径运动场一个。其后又陆续建成现代化体育馆一个，面积8000平方米、教工宿舍楼五幢，面积共4000平方米，警训馆一个，面积1200平方米。

2003年，根据中共永州市委常委会会议纪要（2012年12月11日），永州市公安干校与中共永州市委党校合并，实行一个机构两块牌子合署办公，合并后保留永州市公安干校公安民警培训基地，公安干校原有编制、工作职能和教工待遇不变。同年6月，中共永州市委对合并后的两校领导班子作出调整：陈石庆任市委党校（公安干校）校长，赵湘华任市委党校（公安干校）副校长，樊成喜任市委党校校务委员、公安干校副校长，王惠军任市委党校校务委员，谭中南任公安干校副校级干部。

1998年11月12日，为迎接全省公安干部中专综合考评，校领导向市公安局领导及市公安局政治部汇报工作

2009年10月，中共永州市委、永州市政府任命文锦菊为中共永州市委党校校长兼市公安干校校长，中共永州市委党校（公安干校）升格为副厅级。11月，中共永州市委、永州市人民政府任命席小刚担任市委党校副校长、市公安干校常务副校长。

2013年11月，《永州市委常委办公会议纪要》规定：市委党校、公安干校“实行党校、干校分设，党校由市委直接管，公安干校由市公安局接管过去，然后理顺管理体制”。2017年1月1日，永州市公安干校与永州市委党校分开办公。

1984—2015年永州市公安干部中等专业学校领导一览表

表1-2-4

届	职　务	姓　名	任职时间
1984. 10—1991. 2	校长（正处级）	卢腊庆（兼）	1984. 10—1991. 2
	副校长（副科级）	刘大镛	1985. 4—1987. 11
	副校长（副科级）	王敦惠	1985. 6. —1985. 9
	副校长（副处级）	胡华西	1987. 5—1992. 7
	副校长（副处级）	王满秋	1989. 3—1994. 11
	副校长（副处级）	邓集昌	1991. 7—1992. 7
1991. 3—1994. 10	校长（正处级）	贺春凡	1991. 3—1994. 10
	副校长（副处级）	王满秋	1989. 3—1994. 11
	副校长（副处级）	左幼林	1993. 5—2003. 5
1994. 12—2003. 5	校长（正处级）	王满秋	1994. 12—2003. 5
	副校长（副处级）	左幼林	1993. 5—2003. 5
	副校长（副处级）	赵湘华	1995. 12 任职
	副校长（副处级）	樊成喜	1996. 10 任职

续表1-2-4

届	职　务	姓　名	任职时间
2003. 6—2009. 9	校长（正处级）	陈石庆（市委党校校长兼）	2003. 6—2009. 9
	副校长	赵湘华	2003. 6—2009. 10
	副校长	樊成喜	2003. 6—2009. 10
2009. 10—2014. 5	校长（副厅级）	文锦菊（市委党校校长兼）	2009. 10—2014. 5
	常务副校长（正处级）	席小刚	2009. 1—2011. 4（调离）
	副校长（副处级）	王惠军	2009. 10 任职
	副校长（副处级）	夏卫武	2011. 2—2014. 1（调离）
	副校长（副处级）	孔小良	2014. 2 任职
2015. 11—	校长（正处级）	唐伍星	2015. 11 任职
	政委（正处级）	王丽波	2014. 9 任职
	副校长（副处级）	王惠军	2009. 10 任职
	副校长（副处级）	孔小良	2014. 2 任职
	副校长（副处级）	朱建成	2014. 12 任职

二、师资队伍

1985 年，零陵地区公安干部学校创建时有教职员工 11 人。同年年底，落实编制以后，教师队伍逐步得到充实。1996 年《永州市人民政府办公室关于印发永州市公安局职能配置、内设机构和人员编制方案的通知》确定市公安干校专项编制 28 名，当年实有教职员工 30 名，其中高级讲师 1 人，讲师 7 人，经济师 1 人，档案官员 1 人，助教和教师 7 人，其他专业技术人员 3 人。

学校自始至终注重加强教师队伍建设，确保师资力量。编制范围内，逐年选调相应教学岗位的教师，引进人才，选送教师到高校进行学历和岗位培训，定期或不定期安排教师到基层公安一线锻炼，在公安业务部门评聘兼职教官，并在此基础上实行教师（专职教官）与公安业务民警（包括兼职教官）的双向交流。

至 2015 年，学校师资力量（教官队伍）构成：副教授 1 人、高级讲师 2 人；讲师 6 人；教师 5 人；警务技能教官 6 人；心理咨询师 2 人；兼职教官 45 人（其中初级教官 26 人、中级教官 19 人）。

2015 年，为加强公安教官队伍建设，使教官评聘制度化、科学化，结合永州市公安局民警训练工作实际，永州市公安局依据《公安机关人民警察训练条令》，制订《永州市公安机关教官评聘制度》。为进一步加强公安民警的教育训练工作和提高专职教官的实战能力和水平，公安干校制订《永州市公安干校专职教官与公安实战部门业务骨干双向交流办法》及《永州市公安干校警官培训中心专职教官到实战一线锻炼、调研、跟班实施方案》，使公安民警教育训练更加贴近一线、贴近实际、贴近实战，做到理论与实战相结合，"一切面向实战、一切为了实战"，进一步提高公安民警的实战能力。

三、教学科研

永州市公安干部中等专业学校一直把教学与科研工作放在首位，不断提高教学质量，一手抓教学，一手抓科研，以教学促科研，以科研带动教学。学校鼓励教师积极参与理论探讨，撰写教学及学术论文，对公开发表的论文或者在各种各类学术研讨会上交流、获奖的论文实行奖励。历年来，永州市公安干校以其雄厚的教学科研实力，在全省市级公安干部学校（警官培训中心）中享有较高声誉。

1993—2015 年永州市公安干部中等专业学校科研成果统计表

表 1-2-5

时间	论文（著作）名称	发表刊物（出版社）	作者
1993. 6	经济法基础知识	中国商业出版社	罗瑞平（参编）
1993. 6	经济法基础知识学习指导	中国法制出版社	罗瑞平（参编）
1993. 12	《经济法教程》第 11、16、20 章	中国法制出版社	罗瑞平（参编）
1995. 3	《经济法案例集锦》第 8、16 章	气象出版社	罗瑞平（参编）
1996. 3	公安法律课堂教学中的图表运用初探	湖南省公安系统师资教学理论研讨会优秀论文	郭金原
1997. 6	浅谈公安文书写作中的要素化教学	中等教育教学探索	翟冰林
1998. 5	基层公安教育教学方法与测试制度改革刍议	永州市公安理论研讨会三等奖	郭金原
1998. 9	关于综合治理腐败问题的法律探讨	吉林大学社会科学学报	罗瑞平
1998. 10	试论无限防卫的条件	中南政法学院《通向 21 世纪的中国法治之路》（中国青年出版社）	郭金原
1999. 5	论跨世纪心理素质的培养	新疆大学学报	廖　非
1999. 9	防范金融风险强化金融监督	教研论丛	罗瑞平
2000. 3	素质教育与学历教育	当代教育教学文论	廖　非

续表

时间	论文（著作）名称	发表刊物（出版社）	作者
2000.10	警察搏击术（专著）	中国文联出版社	蒋详明
2000.11	试论无限防卫的条件	永州市首届社会科学优秀成果优秀奖	郭金原
2001.6	论市场经济法制化	武汉经济管理干部学院学报	廖　非
2002.8	论素质教育	教学研究与管理论文集	廖　非
2004.1	收听外台节目是提高英语听力水平的有效途径	中国高教论丛	罗瑞平
2004.2	试论社会主义法律的权威性	零陵学院学报	廖　非
2004.2	我国区域刑事法律冲突初探	南华大学学报	廖　非
2004.2	论严禁刑讯逼供的重要意义	航空教育	王　鹏
2004.8	论我国区际刑事法律冲突	求索	廖　非
2004.8	浅析《行政许可法》的亲民性	永州日报	郭金原
2004.10	权力观的建构与权力的法制化运行	湖南省党校、行政学院系统理论研讨会三等奖	郭金原
2005.1	“永州九记”中的山水画意	柳宗元研究	陈亚胜
2005.2	论国家刑事法律冲突的表现与解决办法	南华大学学报	廖　非
2005.3	当前黑社会性质犯罪的特点及治理对策	中国高教论丛	罗瑞平
2005.5	荀况犯罪心理学思想初探	零陵学院学报	陈亚胜
2005.6	中国经济发展实现跨越的哲学与现实思考	湖南科技学院学报	郭金原
2005.6	解读柳宗元的“断刑论”	当代教育论坛	翟冰林
2005.12	法律图解浅论	湖南科技学院学报	郭金原
2006.1	无限防卫成立与合法的要件探析	湖南行政学院学报	郭金原
2006.2	行政许可基本法的亲民价值试解读	湖南公安高等专科学校学报	郭金原
2006.2	永州市“十一五”人才发展战略构想	湖南省委党校社科类课题	廖　非
2006.5	群体性治安事件的控制和预防	新时期公安基层基础建设研究与实践	廖　非
2006.7	权力的法理解读与规制	湖南科技学院学报	郭金原

续表

时间	论文（著作）名称	发表刊物（出版社）	作者
2007.2	荒原、自由、爱情、死亡：艾米莉.勃朗特诗歌的主题	安徽文学	贺夏蓉
2007.3	“永州九记”美学意境初探	永州柳学	陈亚胜
2007.5	渔翁：承载柳宗元高洁旷达人格的形象	湖北行政学院学报	翟冰林
2008.4	困难群体法律援助与维护社会稳定——永州市法律援助工作述评与展望	湖南行政学院学报	郭金原
2008.5	中国社会弱势群体权利保护研究	省委党校规划课题（结题）	郭金原
2008.7	政协民主监督职能的法律思考	文史博览	郭金原
2008.8	警力不足现状及改善途径	中国青年科技	王　鹏
2008.10	公安民警正当执法权益保护问题研究	中国经济与管理科学	王　鹏
2009.2	地方领导干部的文化自觉与“非遗”保护	湖北经济学院学报	贺夏蓉
2009.6	论对行政执法自由裁量权的控制	中南林业科技大学学报	廖　非
2009.6	我国确定沉默权原则的价值评判	法制与社会	王　鹏
2009.7	论艾米莉·勃朗特诗歌意向的多重象征	文学教育	贺夏蓉
2009.8	艾米莉·勃朗特诗歌中荒原意向的多重解读	青年文学家	贺夏蓉
2010.3	女书及女书文化的保护原则及其应用	船山学刊	贺夏蓉
2010.3	论女书及女书文化的传承演变及特征分析	文化遗产	贺夏蓉
2010.4	寻中西文化契合之道、求世界文学多元之美	外国文学研究	贺夏蓉
2010.6	失范与规范：基于越轨理论视角下女书生成与消亡的社会学解析	理论月刊	贺夏蓉
2010.11	信息时代网络隐私权概况及其保护对策探讨	新课程学习	廖鹏波
2010.11	观展/表演范式下女书及女书文化传承场域变化与文化差异	山东社会科学	贺夏蓉
2010.12	符号经济视角下湖湘文化的传承及其产业品牌的传承	湖南省社会科学界首届学术年会优秀论文奖	贺夏蓉

续表

时间	论文（著作）名称	发表刊物（出版社）	作者
2010. 12	我国社会弱势群体权利保护问题初探	青春岁月	郭金原
2011. 2	民警心理问题咨询案例报告	企业家天地	廖　非
2011. 4	论青少年犯罪的原因及对策	企业家天地	邓联华
2011. 5	警务应用射击训练初探	法制与经济	邓联华
2011. 6	浅谈校园暴力的成因及预防	法制与社会	邓联华
2011. 11	提高计算机教学质量的一点思考	城市建设理论研究	廖鹏波
2011. 11	培育民警积极心理，构建和谐执法局面	湖南省犯罪学研究会法制心理专业委员会第四届学术研讨会优秀论文集	廖　非
2012. 11	浅谈多媒体教学手段的运用	管理学家	廖鹏波
2013. 8	侦查机关如何应对律师辩护权的前置	青年与社会	郭金原
2013. 9	市县级公安民警业务培训方法与测试制度改革刍议	华人时刊	郭金原
2013. 10	社会转型期心理学应用之犯罪心理画像简论	科技资讯	廖　非
2013. 11	巨额财产来源不明罪之浅见	学习导刊	郭金原
2014. 8	追诉与抗辩同步：刑侦工作法治新图景初构	湖南警察学院学报	郭金原
2014. 10	加强反洗钱监控，维护公共经济安全	科学导报	郭金原
2014. 11	永州市基层公安民警武器警械使用情况调查分析与对策	科技中国	邓联华
2015. 1	切实提高永州民警职业幸福感	职工法律天地	廖　非
2015. 8	永州公安职业保障体系现状调查与展望	佳木斯职业学院学报	廖　非
2015. 12	刑事辩护新规制下侦查工作面临的挑战与应对	中国警学论坛文集（中国人民公安大学出版社）	郭金原

第二篇

刑事案件侦查

第一章　刑事犯罪侦查

1993—1995年，零陵地区公安处刑事侦查科负责刑事侦查和刑事技术工作。1997年3月，永州市公安局刑事侦察支队成立，下设秘书科和四个大队。1998年1月，刑事侦察支队增设第五大队，负责预审办案工作。2007年，刑事侦察支队增设对策研究室和警犬工作大队，撤销秘书科。2010年，设立永州市公安局刑事科学技术研究所，隶属于刑事侦察支队。

第一节　立案、侦查管理和侦查协作

一、立案

1993年，永州盗窃案件的立案标准为：一般案件为500元以上；重大案件为2000元以上，或虽不足2000元，但是情节严重的，立为重大案件；特别重大案件为2万元以上，或虽不足2万元，但是情节严重的，立为特大案件。1993—1997年，全市共立刑事案件10055件，平均年增331起；破案8693件，破案率为86.53%。1998年3月17日，《最高人民法院关于审理盗窃案件具体应用法律若干问题的解释》公布施行，对盗窃公私财物“数额较大”“数额巨大”“数额特别巨大”的标准作出规定。永州公安机关根据湖南省公安厅《关于办理盗窃犯罪案件执行的数额标准的规定》和永州经济发展的情况确定：个人盗窃公私财物“数额较大”的起点为1000元，“数额巨大”的起点为1万元，“数额特别巨大”的起点为5万元。1998—2002年，全市共立刑事案件23635起，平均年增920起，破案17633起，破案率为74.6%。

二、案件管理和侦查协作

1993年，零陵地区公安处为稳定治安形势，决定各县（市）公安局刑侦部门负责侦查发生在本辖区内的刑事案件；重大犯罪、重大集团犯罪案件和当地公安机关侦破有困难的、跨区域的重大刑事案件由公安处刑事侦察科或上级公安机关牵头负责组织侦破。每年召开全区刑侦工作会议，总结协作办案工作情况，交流经验，研究新形势下打击犯罪对策，刑侦协作办案取得显著成绩。2008年11月22日，道县发生一起持枪抢劫金店案，12月6日，蓝山县发生同类持枪抢劫金店案。2起案件发生后，市公安局成立专案组，运用多种侦查措施和侦查协作机制，开展大量调查访问和串并案侦查工作。侦查发现，2008 年 11 月后，湖南、广西、广东以及江西 4 省（自治区）先后发生 9 起持枪抢劫金店案，可实行并案侦查。2010 年 11 月，经公安部同意，专案组更名为湘粤桂赣系列抢劫金店案专案组。2011 年 4 月 12 日，市公安局副局长沈林松重启专案侦查机制，主持召开湘桂粤赣系列抢劫金店案永州片侦办会议，决定由市公安局副局长沈林松为专案组组长，刑侦支队支队长蔡明光、网技支队支队长孔小良为副组长，刑侦支队副支队长陈云生为常务副组长，刑侦支队重案大队为该案主要侦破力量，将该案与广东肇庆怀集、广西柳州融安、江西赣州永丰等 9 起抢劫金店案件并案侦查，历时 3 年时间锁定该起系列案件犯罪嫌疑人。2013 年 1 月 7 日，犯罪嫌疑人再次作案，在湖南省公安厅直接指挥下，永州市公安局刑事侦察支队成功抓获 2 名宁远籍犯罪嫌疑人，一举侦破湘粤桂赣系列抢劫金店案。

2012 年 7 月 24 日，永州市公安局刑事侦察支队和双牌县公安局联合侦办湖南省公安厅、湖南省检察院挂牌督办的双牌县张某平等黑社会性质组织案，该案涉案人数众多，案件性质恶劣，案件起数特多，单凭一个县的刑侦力量办案难度极大。市公安局刑侦支队运用侦查协作机制，与县局联合办案，历时一年，终于成功将此案侦破，共移送审查起诉 21 人，其中 17 人以黑社会性质组织罪名审查起诉，涉及组织、领导、参加黑社会性质组织罪、贩毒罪、故意伤害罪、聚众斗殴罪、寻衅滋事罪、非法拘禁罪、强迫交易罪、赌博罪、开设赌场罪。经人民法院审理最终判决张某平有期徒刑 13 年，其他团伙成员均被判处有期徒刑 1 年以上刑罚。根据双牌县公安局统计，张某平黑社会性质组织被侦破查处后，双牌县公安局接处警、刑事案件和黄赌毒等违法行政案件同比分别下降 33.9%、57.1%和 39.1%。

1985 年，湖南、广西、贵州 3 省（自治区）边界地区的县（市）刑侦部门组织成立湘桂黔边区刑侦工作协作会。湘桂黔边区刑侦工作协作会成员单位共有 3 省（自治区）边界地区 6 个市（州）的 27 个县及县级市。1993 年 7 月至 2001 年 10 月，永州公安机关陆续抓获负案在逃和批捕在逃的犯罪嫌疑人 192 人，查获流窜在案的犯罪团伙 26 个。2013 年 10 月 13 日，湖南省永州市、广西壮族自治区防城港市在防城港市公安局指挥中心举行警务交流友好协作框架协议签字仪式，永州、防城港两市间搭建五个方面的警务协作平台：一是建立协作联席会议制度；二是建立机关部门及各警种对口协作机制；三是开展互访互学；四是加强技术交流合作；五是加强公安行政服务政策措施的协调。同年 10 月 14 日，永州市公安局与广西桂林市公安局在桂林市举行两地公安机关警务友好协作框架协议签订仪式，桂林、永州两地警方在情报信息、打击违法犯罪、治安联防联控、重点人员和重点群体管控、矛盾纠纷化解调处、处置重大突发性事件、重大警保卫活动等7个方面进行深度协作。2014年1月2日，广西壮族自治区贺州市政府副市长、市公安局局长李伟章率贺州市公安局代表团一行30多人到永州市公安局开展警务协作交流活动，并签订《永州、贺州两地公安机关警务交流友好协作框架协议书》。2015年，永州公安刑侦部门与周边地（市）公安机关全面建立协作机制，大力开展网上跨区域核实案件和调查取证工作，在无额外投入的情况下，足不出户破获一大批外地案件，新机制推进工作进展明显，打团伙破系列案件的能力明显加强。破获影响较大的跨省（直辖市、自治区）、市（区）案件8起，抓获犯罪嫌疑人33人，挽回经济损失3900万元。

2015年1月23日下午，香港九龙尖沙咀1881英皇珠宝店一串由55颗钻石串成重达117.31克拉的钻石项链被盗，价值港币3365万元，折合人民币2893万元。对此，香港各大新闻媒体竞相报道，影响巨大。案发后，香港九龙警察总署刑事侦缉总部迅速出击，初步锁定永州道县籍何某辉等5人有重大作案嫌疑。2月12日，公安部、湖南省公安厅组织召开专案协调会，决定该案由永州市公安局刑侦支队立案侦查。永州市人民政府副市长、市公安局局长刘新良挂帅，市公安局党委委员、副局长沈林松为组长，从市公安局刑侦支队、网技支队和道县公安局抽调30名精干民警组成专案组。8月4日，公安部刑侦局四处副处长黄毅和省公安厅刑侦总队重案支队支队长张建成、副支队长张中胜等一行，赶赴永州具体指导专案侦办工作。当日下午，专案组在副市长刘新良指挥下，由副局长沈林松带领，赶赴道县迅速开展实地侦查抓捕和调查取证工作。8月10日17时，专案组作出收网行动命令，组织100余名民警兵分多路，果断采取统一抓捕行动，将主要犯罪嫌疑人何某辉、蒋某秀、何某秀、蒋某鸾抓获归案，连夜审查相关人员22人。为悉数追缴被盗钻石，尽最大努力挽回损失，专案组民警先后辗转广东、广西、上海等多地开展取证、追捕工作，追回35颗共71.87克拉钻石，全部退给被盗单位。该案的成功侦破，受到公安部刑侦局以及湖南省委常委、省委政法委书记、副省长、公安厅厅长黄关春等领导高度肯定和赞许，并发来贺电。香港九龙警察总署与被盗单位香港英皇钟表珠宝店对永州警方成功侦破此案表示由衷感谢。

第二节　一般刑事犯罪侦查

1993—1994年，根据上级统一部署和各个时期刑事犯罪活动规律、特点，零陵地区公安机关不失时机开展各种专项斗争和侦破战役23次，其中地区公安处统一组织5次，县（市）组织18次。通过专项斗争和侦破战役共侦破刑事案件2375起（含积、漏案1210起），抓获违法犯罪嫌疑人4320人，挽回经济损失120.5万元。

1993年4月，零陵地区公安机关刑侦部门充分发挥职能作用，开展以打击车匪路霸为重点的“金剑行动”，共抓获违法犯罪人员1836人，查获各类犯罪团伙184个，惩处团伙成员883人，缴获赃款赃物价值60余万元。“金剑行动”破获以陈某国、周某都为首，身着治安标志警服，持械作案的8人抢劫团伙，破获1993年“3·13”特大抢劫案，深挖出与之相关的两伙治安队员冒充执勤民警在322国道实施抢劫的14人犯罪团伙，破获该团伙抢劫案件30余起。1995年，零陵地区公安处先后开展“春季严打攻势”“百日安全竞赛”“反车匪路霸专项打击”“反盗机动车和打击盗窃耕牛犯罪”等专项行动，打击盗抢机动车犯罪嫌疑人、流氓团伙人员、流窜作案犯罪嫌疑人、杀人、放火、爆炸、投毒、强奸、抢劫和重大盗窃等七类严重犯罪人员以及拐卖妇女儿童的人贩子，强迫、容留妇女卖淫的犯罪嫌疑人和一些重新犯罪的劳改释放人员、负案在逃犯罪嫌疑人。共立刑事案件4413起，破3430起，破案率77.7%，其中立重大刑事案件1931起，破1630起，立特大刑事案件231起，破217起，重、特大刑事案件破案率为85.4%。通过破案抓获犯罪嫌疑人4589人，查获犯罪团伙562个，挽回经济损失453.12万元。

1996—1998年，永州市公安机关根据省公安厅刑侦部门印发的《全省破大案、打团伙、追逃犯、打黑行动方案》，相继开展“冬季严打”“春夏严打”和“侦防双百”大会战，行动重点对象是杀人、抢劫、爆炸、投毒、绑架人质、盗抢枪支等严重暴力犯罪嫌疑人；特大盗窃、抢劫、诈骗等侵财性犯罪嫌疑人和重大犯罪团伙首犯及骨干嫌疑人，带黑社会性质犯罪团伙及其“后台”“保护伞”，地痞地霸流氓恶势力犯罪嫌疑人、重特大负案在逃犯罪嫌疑人。1998年，永州市立刑事案件2811起，破案2632起，其中重大案件立案1038起，破案973起，破案率分别为93.6%，93.7%，查获各类犯罪团伙326个，查处团伙成员1352人，追回在逃犯罪嫌疑人224人，挽回经济损失700余万元。

1999—2002年，全市公安组织各种区域性专项斗争17次。1999年3月，蓝山县公安机关与该县相关部门紧密配合处置竹管寺镇宗族性械斗事件，惩处宗族性恶势力头目20余人。10月，宁远县出动警力180余人次，处置柏家坪镇坝子头村、冷水镇夏壁村等少数村民聚众冲击国家机关、暴力抗税、企图以宗族势力取代基层党组织的暴力性事件，惩处宗族恶势力头目31人，提请逮捕16人，劳教4人，维护当地社会稳定。

2003—2005年，永州市公安局一手抓防“非典”和抗洪抢险工作，一手抓社会稳定，组织开展春季侦破大会战、“元旦”“春节”反扒、“打击两抢一盗”等一系列侦破行动，全市公安机关在专项行动中共破获盗窃、抢劫等刑事案件91起，抓获犯罪嫌疑人87人。永州市公安机关紧紧围绕命案侦破工作“一抓三年”“两降

2005年2月18日，专案组民警押解冷水滩“2·4”命案犯罪嫌疑人伍某指认犯罪现场

一升”（命案发案数下降、命案在逃犯罪嫌疑人数下降、命案破案率上升）的目标，精心组织、强化措施，将命案侦破专项行动引向深入，成功侦破2004年“3·29”东安高雅寺老尼姑被杀案，2005年“2·4”冷水滩张某艳一家三口被杀案等一批恶性案件。3年共立刑事案件36430起，破案21768起，刑事拘留8908人，执行逮捕151人。

2006—2012年，市委、市政府将打黑除恶、命案侦破、打拐等刑侦主要业务工作纳入市委常委会议和市政府常务会议议程。永州公安坚持命案必破、快破不动摇，将侦破命案作为全市公安工作的品牌来倾力打造，成功侦破双牌2009年“6·4”入室抢劫杀人案、新田2009年“6·23”故意杀人案、双牌2010年“1·28”故意杀人案、祁阳2010年“5·10”故意杀人案、祁阳2010年“9·11”抢劫案、江华2011年“6·11”故意杀人案、祁阳2011年“7·27”故意杀人案、冷水滩区2005年“11·10”特大持枪抢劫银行杀人案等一批重特大刑事案件。

2008—2012年，永州市公安局连续5年被评为湖南省命案侦破先进单位。2011年11月，市公安局刑侦支队被省委、省人民政府表彰为“湖南省人民满意公务员集体”。2012年，在全省公安机关综合考评中，永州公安工作继续保持全省领先，其中刑事案件查办、打击“盗抢”犯罪、打击涉黑犯罪、打击拐卖妇女儿童犯罪、网上追逃、警犬技术、DNA信息采集与应用等7项工作排名全省第一，刑事案件现场勘查排名全省第三，全市逮捕、劳教、起诉犯罪嫌疑人4718人，较前三年平均值上升61.87%，打击处理增长率排名全省第一。

2013—2014年，永州市公安机关刑侦部门坚持以优秀团队建设为总抓手，突出侦破打击主业，扎实推进“智慧刑侦”建设，新建刑侦网上作战平台和视频监控设备、文检、心理测试等刑事技术，严厉打击各类刑事犯罪活动。先进的刑侦、信息、警犬等技术手段为命案侦破提供攻坚能力。2013年，永州市69起现行命案全破，并攻克命案积案13起，抓获外省在逃犯罪嫌疑人15人。2014年3月21日，永州市零陵区大西门码头发现一个用白色蛇皮袋包裹的无头男尸，市、区两级公安机关刑侦部门综合运用调查走访、视频侦查、刑事技术等多种侦查手段，通过综合信息研判，查明死者的真实身份，并排查出重点嫌疑人郑某，破获此案。2013—2014 年，永州公安机关运用 DNA 对比手段直接破获命案积案 5 起，出动警犬参与侦破杀人案件 15 起，协助抓获重大犯罪嫌疑人 13 人。

2015 年，永州公安刑侦部门紧紧围绕公安中心工作，以百日会战和严打盗骗毒专项行动为主线，以创建“科学指挥、合成作战、现场必勘、专业研判、分类侦查、正确办案”为内容的打击犯罪新机制为主题，持续深入开展严打整治，打击罪犯嚣张气焰，取得突出战果。全市共立刑事案件 19813 起，破案 9526 起，破案率 48. 1%；每百名民警刑拘 183. 7 人，同比上升 102. 4%；每百名民警移送审查起诉 155. 4 人，同比上升 71. 1%；强制隔离戒毒 2415 人，同比增长 142. 5%；抓获网上在逃犯罪嫌疑人 1966 人，同比增长 29. 3%，上述 5 项打击处理指标均排名全省第一。在打击严重暴力犯罪专项行动中，永州公安刑侦部门破获暴力袭警、暴力抗法案件 7 起，持枪犯罪案件 2 起，以危险方法危害公共安全案件 4 起，纵火等个人极端案件 2 起，提请逮捕严重暴力犯罪嫌疑人 22 人，破获境内外暴恐团伙设置在四川省泸州市的组织涉疆涉恐人员偷越国境中转站一个，抓获国内涉疆涉恐犯罪重要头目玉苏普 · 麦某提。

第三节　打黑除恶

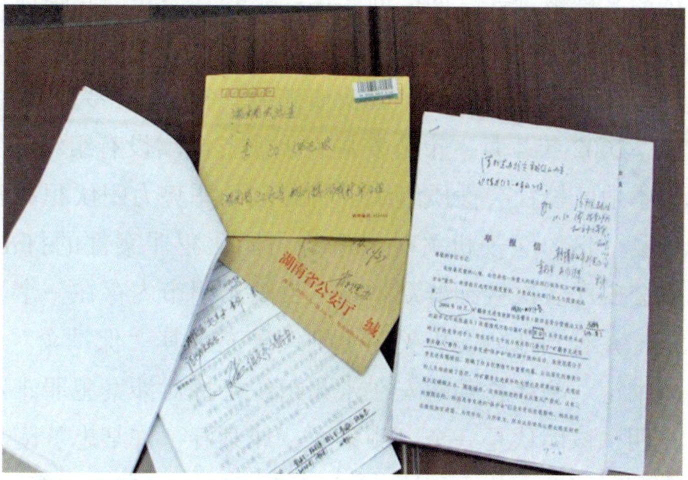

群众举报线索

1992 年 3 月 14 日，省公安厅印发《关于严厉打击带黑社会性质犯罪团伙的通知》，零陵地区公安处根据全区实际情况，确定“打黑扫邪”七类重点对象：报复社会、寻衅滋事分子，私藏、买卖枪支分子，从事毒品贩运、销售分子，以敲砸勒索等犯罪目的绑架劫持人质分子，插手各类纠纷，充当打手、杀手、残害群众分子，充当地头蛇，称霸一方，为非作歹分子，与海外黑恶势力勾结，有可能在内地发展组织的人员。1995 年，零陵地区公安处开展春季“严打”攻势，把打击黑恶势力作为重点之一。1997 年和 1998 年在夏季“严打”斗争中，将黑恶势力犯罪团伙及其后台、保护伞、流氓团伙列为打击重点。2000 年 11 月 30

日，最高人民法院、最高人民检察院、公安部、司法部印发《关于开展“打黑除恶”专项斗争有关问题的通知》，永州市成立以市委副书记龚武生为组长的“打黑除恶”领导小组，“打黑除恶”办公室设市公安局，全市开展声势浩大的打黑除恶专项斗争。是年，大量关于湖南省东安县蒋某心、蒋某贤等人黑社会性质组织团伙在东安县欺行霸市、为非作歹的举报信寄送到中央及省、市有关部门。2001 年 2 月 8 日，东安县公安局成立以局长黄定德为组长的专案组。在侦查过程中，专案组遇到各种各样的阻力，工作无法有效推进。鉴于案情复杂，2001 年 3 月 13 日，公安部将此案定为部督办案件。3 月 19 日，市公安局接管此案，成立以永州市委书记曾庆炎为指挥长的专案组，市公安局局长秦伍生任专案组组长，专案组成员由市公安局刑事侦察支队民警和东安县公安局从各部门抽调的民警组成。

专案组历时半年多时间，跨越广东、广西等 15 个省（自治区）市，行程 10 万多公里进行抓捕，将该团伙 48 名涉案人员全部抓获归案。该黑恶势力团伙涉嫌组织、领导和参加黑社会性质组织罪、故意杀人罪、私藏枪支罪、强迫交易罪等 15 种罪名，涉案 53 起，偷税 80 余万元，严重危害当地正常的社会秩序。

2002 年 1 月，永州市人民检察院对该案犯罪团伙人员提起公诉，其中有 16 名国家公务人员因涉嫌受贿等罪名被起诉。经永州市人民法院终审判决，该黑恶团伙头目蒋某心、蒋某贤被判处有期徒刑 20 年，并各处罚金 80 万元。东安县委原副书记胡某栋被判处有期徒刑 8 年；东安县公安局原副局长兼交警大队大队长夏某生被判处有期徒刑 15 年；其他涉案人员根据情节轻重被判处 1 至 17 年有期徒刑和缓刑。该黑恶势力团伙案成功侦破后，省公安厅为专案组记集体二等功一次。

2002 年 4 月，市公安局在刑警支队增设有组织犯罪侦查大队，负责直接组织侦查本地区黑社会性质组织、有影响的恶势力团伙犯罪和跨区域集团犯罪案件，指导各县（区）公安机关对黑恶势力团伙犯罪案件的打击侦破工作。2005 年 10 月起，省公安厅多次接到群众举报，反映永州市内存在一个聚众赌博、放高利贷的犯罪团伙，并有当地公安机关的个别领导充当其“保护伞”。2006 年 7 月，省公安厅党委副书记、副厅长励明安在永州组织指挥对涉案犯罪嫌疑人的集中抓捕行动。经初步查明，该团伙是一个以颜某龙、屈某春、许某忠、陶某生等人为首的聚众赌博、放高利贷犯罪团伙。该团伙自 2003 年以来，在永州等地一些酒店、宾馆内开设赌场，组织、诱使一些私营老板和群众参赌，并在赌场内放高利贷，然后采取威胁、非法拘禁等暴力手段追讨高利贷，涉案金额数千万元。同时查明，市公安局副局长王某宾与此案有直接牵连。此案由市公安局立案侦办，省公安厅派出工作组赴永州全程指挥、督办，并从全省抽调精干力量充实专案队伍。该团伙主要犯罪嫌疑人颜某龙、屈某春、许某忠、陶某生及其他涉案人员共计 14 人被抓捕归案。犯罪嫌疑人王某宾被判处有期徒刑11年，该团伙主要犯罪嫌疑人颜某龙被判处有期徒刑19年、屈某春被判处有期徒刑8年、许某忠和陶某生均被判处有期徒刑3年，其他涉案人员均被判处3年以下有期徒刑。

2007年6月，市公安局进行机构改革，刑侦支队有组织犯罪侦查大队人员由4人增至12人，提出“打黑除恶，舍我其谁”口号。随着“打黑除恶”工作的开展，市公安局为解决“不愿打、不敢打、不会打”的问题，陆续从各部门抽调优秀民警，充实到有组织犯罪侦查大队，民警增加至25人。2月，蓝山县森林公安局在侦办一起滥伐林木案时，发现一个涉黑团伙。7月24日，市委、市政府决定由市公安局成立专案组侦办此案，专案名称为蓝山县周某刚黑社会性质组织案，简称“7·24”专案。该专案由市委书记曾庆炎为专案组组长，市政府副厅级干部、市公安局局长刘建宽为副组长，公安部对此案进行挂牌督办。专案组成员由市公安局刑侦支队、网技支队、蓝山县公安局和从其他县（区）公安机关抽调的精干警力组成。

2007年8月至2008年3月，专案组民警经过8个多月的连续奋战，破获此案。主犯周某刚、肖某峰、吉某、黄某友受到法律惩处；27名为周某刚黑社会组织提供保护伞的党政干部有5人被依法追究刑事责任。

2010年1月，零陵区何某勇黑社会性质组织案宣判

2008年，市公安局刑事侦察支队有组织犯罪侦查大队民警在各县（区）摸排各地黑恶势力团伙线索时发现：零陵区一个以何某勇为首的黑恶势力团伙，通过开设赌场、放高利贷、垄断啤酒销售、收取保护费，替人“了难”收取好处费、敲诈勒索等违法犯罪行为牟取利益，严重影响零陵区的社会治安和经济秩序。市公安局党委决定成立专案组侦破此团伙案件。专案组由局长刘建宽任总指挥长，市公安局党委委员、副局长沈林松为组长，成员由刑事侦察支队民警和从各县（区）公安机关抽调的精干民警组成。鉴于案情重大，公安部对零陵区何某勇等人黑社会性质组织案挂牌督办。

专案组民警经过半年日夜奋战，先后奔赴广东、广西、云南等省（自治区）追捕和取证。经侦查查明，该团伙自2004年以来，不断发展成员，扩充势力，逐渐形成比较紧密的犯罪组织。通过有组织的违法犯罪活动，以暴力、威胁手段非法控制零陵区南门夜市，并非法垄断南门夜市、体育馆夜市和原中级法院门前夜市的啤酒市场，非法插手零陵区珠山镇锰矿行业、客运行业等。在非法谋求巨额经济利益的同时，该团伙成员目无国法，大肆炫耀势力，任意欺压群众，多次有组织地进行持械聚众斗殴、寻衅滋事，气焰极其嚣张。2010年1月，何某勇等人黑社会性质组织案在永州市中级人民法院审判庭公开宣判。该团伙人员共涉嫌组织、领导、参加黑社会性质组织罪、故意杀人罪等14种罪名，实施犯罪45起，其中故意杀人1起、故意伤害14起（其中重伤12人，轻伤9人）、强奸1起、聚众斗殴4起、寻衅滋事11起、非法拘禁2起、非法侵入住宅1起、非法持有枪支1起、强迫交易2起、敲诈勒索3起、赌博2起、开设赌场2起、窝藏包庇1起。经人民法院审理并依法公开宣判，该组织领导者何某勇因犯组织、领导黑社会性质组织罪、故意伤害罪等罪被依法判处有期徒刑20年，组织成员刘某、兰某拂、卢某明因犯参加黑社会性质组织罪、故意伤害罪等罪被依法判处有期徒刑20年，剥夺政治权利2年，其他21名组织成员被依法判处有期徒刑2年至9年不等。

2008年6月，冷水滩区颜某龙黑社会性质组织案开庭审理

2006—2010年，永州公安机关先后破获冷水滩区颜某龙、黎某林黑社会性质组织案，蓝山县周某刚、零陵区何某勇、宁远县李某玉、江华瑶族自治县李某辉、道县杨某兆等7个黑社会性质组织案，破获祁阳县王某元等121个黑恶势力犯罪团伙，惩治处理黑恶犯罪嫌疑人949人，破获各类刑事案件1142起，追缴没收财产价值4000余万，收缴各类枪支83支。蓝山县委政法委原书记、蓝山县人民检察院原检察长徐某明等34名为黑恶势力充当保护伞及违法违纪的国家工作人员受到严厉查处。

永州打黑除恶工作综合考评全省排名，从2006年的倒数第一名到2007年全省第五名，2008年、2009年连续两年位居全省第一。公安部打黑除恶工作网站多次对永州打黑除恶工作作出肯定。2010年，永州市成立以市委常委、政法委书记蒋善生为组长的永州市打黑除恶专项斗争领导小组，制订打黑除恶专项斗争协调会议制度、打黑除恶工作责任制等一系列工作机制。市委、市人大、市政府、市政协四大家领导多次带队到各县（区）督察。祁阳县公安局组建成立有组织犯罪侦查大队，创全省县级公安机关有组织犯罪侦查机构建制的先河。永州公安机关首次明确派出所对辖区内黑恶线索的查证机制及对四类案件统一归刑侦大队办理等机制。

2011—2015 年，永州公安机关按照“打早打小，除恶务尽”的方针，坚持露头就打，“打黑除恶”行动力度不减，将各种黑恶势力组织消灭在萌芽状态，为全市经济发展、社会稳定和人民安居乐业创造良好社会治安环境。5 年间，永州公安机关先后查获双牌县张某平黑恶势力团伙、冷水滩区吴某辉黑恶势力团伙和祁阳县郭某安黑恶势力团伙。2011 年 7 月，双牌县一伙人在县城内肆意打砸“小绵羊”游戏厅，致使该游戏厅内的多数游戏被损坏。接到报案后，双牌公安局侦查发现，以张某平为首的黑恶势力团伙在双牌县涉嫌 26 起违法犯罪事实，涉及 10 种罪名，其违法犯罪行为严重破坏双牌县的经济、社会生活秩序。双牌县公安局立即将情况上报市公安局党委。市公安局党委决定由市公安局刑侦支队和双牌县公安局成立专案组联合侦办此案，市公安局党委委员、副局长沈林松任指挥长。鉴于案情重大，该案被省公安厅、省人民检察院挂牌督办。专案组民警历时 3 个月进行调查取证和审讯，跨越广东、广西等地和永州市各县（区）进行抓捕，抓获犯罪嫌疑人和违法人员 20 余人。张某平黑恶势力团伙成员自 2009 年开始形成并发展，共有组织成员 20 余人。该组织通过开设赌场、强迫交易、敲诈勒索等非法手段疯狂聚敛钱财，以暴力、威胁等手段强迫交易、非法拘禁，任意欺压、残害群众，实行垄断经营，并有组织开设赌场进行赌博等违法犯罪活动，对双牌县部分行业从事生产、经营的群众形成心理压力，致使其合法利益受损，群众不敢举报、控告。该团伙先后实施 20 余起有组织的违法犯罪行为，涉嫌组织、领导、参加黑社会性质组织罪、贩毒罪、故意伤害罪、聚众斗殴罪等 10 种罪名。

2012 年 9 月 4 日，人民法院对此案作出终审判决：张某平被判处有期徒刑 13 年，其他 20 名团伙成员均被判处有期徒刑 1 年以上并处罚金。该案成功侦破后，专案组被省公安厅记集体二等功，专案工作中成绩突出的民警分别被记个人二等功、三等功和嘉奖。

2012 年，冷水滩城区街面电游赌博活动猖獗，街面商铺摆放数百台赌博机，群众反应极大。冷水滩区公安分局组织力量进行秘密调查，摸清该团伙的组织结构、经营方式。市公安局党委成立由副市长、市公安局局长蒋建湘任组长，刑事侦察支队支队长蔡明光和冷水滩分局局长文声禄任副组长的专案组，通过 3 个月的工作初步查明：以吴某辉为首的黑势力团伙自 2011 年 11 月以来，共同出资在冷水滩城区投放大量赌博机牟取暴利，先后纠集欧某兵、陈某军等人在冷水滩城区的各商铺店面摆放赌博机400多台，非法获利220万元。通过威胁、暴力等手段，称霸一方，残害百姓，严重破坏当地的经济秩序和社会生活秩序。涉嫌组织、领导黑社会性质组织、开设赌场、抢劫、故意伤害4种罪名。2013年6月，永州市中级人民法院对该团伙案件依法作出判决，该团伙头目吴某辉被依法判处有期徒刑12年，其他团伙成员均被判处有期徒刑1年至12年不等。

2014年6月，“4·17”案专案组民警了解案情

2014年4月17日，永州市公安局祁阳县打黑除恶专案组正式成立，副市长、市公安局局长蒋建湘任专案组总指挥长。专案组以市公安局和祁阳县公安局两级打黑专业队伍为主，并从全市公安机关抽调100余名警力参与办案。市委、市政府专门成立“4·17”专案领导小组，市委书记陈文浩任组长，市长向曙光、市委副书记唐松成任副组长。专案侦办期间，省公安厅刑侦总队领导率打黑专家赴永州指导办案。专案民警先后奔赴广东、广西、云南、四川、江西等省（自治区）追捕和取证，经过5个月的奋战，形成侦查案卷130册共1.6万余页的材料，先后将首犯郭某安及其同案人员李某峰等45名犯罪嫌疑人抓获归案，成功破获盘踞祁阳近20年的郭某安黑社会性质组织。经侦查查明：郭某安黑社会性质组织实施违法犯罪946起，共涉嫌组织、领导、参加黑社会性质组织罪，故意杀人（未遂）罪，故意伤害罪，非法采矿罪，敲诈勒索罪，强迫交易罪，赌博罪，开设赌场罪，诈骗罪，伪造、买卖国家机关公文、证件、印章罪，非法拘禁罪，寻衅滋事罪，容留他人吸毒罪，引诱、教唆、欺骗他人吸毒罪，非法侵入他人住宅罪，窝藏罪，非法持有枪支罪等17种罪名；冻结犯罪嫌疑人郭某安及其家属、情妇现金资产500余万元，查封其房产、地产等不动产资产4000余万元，扣押其违法所得的借条3300余万元及价值100余万元的豪车和金银首饰。郭某安被判处有期徒刑19年，其他团伙成员均被判处有期徒刑1年至15年不等。

自2002年组成有组织犯罪侦查大队至2015年，全市公安机关共破获黑恶势力团伙11个，团伙成员中5人受到法律严惩，194人被判处1年至20年不等有期徒刑。市公安局刑侦支队有组织犯罪侦查大队在 2008 年、2009 年、2010 年三次被评为永州市打黑除恶先进单位，被授予“永州市青年文明号”1 次，被公安部记集体一等功 1 次，被省公安厅记集体二等功 2 次，民警个人被授予“湖南省优秀青年卫士”“湖南省先进工作者”各 1 次，被记个人一等功 1 人次，个人二等功 3 人次。

第四节　专项斗争

一、打击“两抢一盗”等侵财型犯罪

1993 年，零陵地区公安处通过侦查梳理，共串并案件 98 串 490 起，其中大案 143 起，全部破获。特别是上半年破获蓝山县城关镇、毛俊镇等几十家药材公司被盗案 36 起，破获新田县药材被盗案 5 起，共挽回经济损失 20 余万元。下半年组织开展侦破战役，破获各类刑事案件 1218 起，抓获违法犯罪人员 2159 人，缴获赃款赃物总价值 199. 8 万元。

1994 年，零陵地区公安机关梳理串并 486 起侵财案件，破获案件 430 余起，破获刘某龙和唐某元为首的两个盗窃团伙，破获盗窃案 120 余起，其中大案 70 余起。12 月，公安机关破获九嶷山制药厂被盗案，追缴被盗药品 110 余公斤，价值 39. 4 万元，破获道县普普机械有限公司被盗案，追缴价值 40 余万元的生产模具 4 件。1994 年，全区组织开展反车匪路霸专项行动，破获拦路抢劫案件 170 起，其中大案 167 起，查获拦路抢劫犯罪团伙 46 个，抓获违法犯罪嫌疑人 161 人。在 322 国道开展的打击车匪路霸专项行动中，抓获以莫某亮、韦某海等为首先后流窜湖南、广东、广西、浙江等 7 省（自治区）作案的拦路抢劫团伙，破获大案 45 起，其中特大案件 38 起。

1995—1996 年，永州公安机关开展反盗窃机动车和保险柜、反抢劫专项斗争，破获刑事案件 2048 起，其中大案 743 起，追缴赃款 217. 2 万元及摩托车、汽车共 84 辆。1997 年，永州公安刑侦部门以串并案为重点，组织并案 24 起，串案 72 起，通过串并案破案 568 起；在反偷盗机动车专项行动中抓获偷窃机动车犯罪嫌疑人周某平，破获盗窃机动车案件 11 起，查获犯罪团伙 3 个，追缴机动车 10 辆；在反抢劫专项行动中破获零陵师范高等专科学校附近系列持刀抢劫案，查获以申某武、吴某军为首的 14 人抢劫团伙；在打击破坏农业生产专项斗争中破获各类刑事案件 107 起，查获盗窃团伙 7 个。1997 年，永州公安机关在打击车匪路霸专项斗争中破获车匪路霸案件 32 起，抓获犯罪嫌疑人 35 人。

1999—2001 年，永州公安机关在打击盗抢犯罪中注重串并案侦查，共组织串并案件 216 起，破案 632 起，通过串并案查获以黄某军、陈某平等人为首的特大盗窃

团伙，破案39起，收缴被盗机动车29台。各地公安机关通过审讯深挖，扩案926起，抓获犯罪嫌疑人581人，查获一个先后在湘潭、邵阳、娄底、祁阳等地作案17起，盗窃物资30余万元，成员20余名的流窜盗窃团伙。3年共破获各类盗抢犯罪团伙441个，抓获违法犯罪嫌疑人1763人，涉案1226起。

2002年，组织开展打击盗窃耕牛犯罪、打击盗抢多发性犯罪、打击“两抢”犯罪等一系列打击多发性犯罪专项行动。在打击盗窃耕牛犯罪专项行动中，破获盗窃耕牛案件205起，破获盗窃耕牛团伙29个，抓获违法犯罪成员115人，取缔销赃窝点27个。在打击“两抢”犯罪专项行动中，共查获“两抢”犯罪团伙122个，破获抢劫、抢夺、盗窃刑事案件2064起，其中盗窃案件947起，抢劫案件367起，抢夺案件182起，抓获“两抢”犯罪嫌疑人1907人，查扣机动车2591辆，追缴赃款赃共计50余万元。

2003—2007年，市公安局相继组织开展“春雷战役”“雷霆战役”、秋季侦破会战等一系列打击多发性犯罪专项行动，其中“春雷战役”破获刑事案件1254起，抓获违法犯罪嫌疑人1230人，追回在逃犯罪嫌疑人122人，挽回经济损失515万元。“雷霆战役”专项行动破获刑事案件775起，盗窃案件402起，抢劫案件160起，抢夺案件55起，破获犯罪团伙56个，抓获违法犯罪嫌疑人531人。江华瑶族自治县公安局破获一个集盗窃、窝藏、销赃一条龙的盗窃耕牛犯罪团伙，抓获团伙成员16人，破获盗窃耕牛案件115起，追回被盗耕牛20头。全市共抓获网上在逃犯罪嫌疑人402人，其中部督在逃犯罪嫌疑人1人。

2008年，市公安局先后组织开展“反盗、打流、追逃百日大会战”“打盗抢、抓逃犯”“迎奥运保平安严打整治百日会战”等系列专项行动，重点打击涉及面广、人民群众反映强烈的“两抢一盗”等多发性、突出性犯罪，突出对流窜犯罪、结伙犯罪、涉农犯罪、涉电犯罪的侦破打击和防控力度。全年共破获“两抢一盗”案件6620起，查获犯罪团伙57个，破系列串案256串，当年抢劫、抢夺发案数同比分别下降21.7%、23.36%。冷水滩区公安分局破获省公安厅督办的牛角坝联通基站被盗案，宁远县公安局破获“7·17”“8·28”系列入室抢劫电站电力设备案，江永县公安局破获何某全蒙面持刀抢劫、强奸案，祁阳县公安局查获一个由吸毒人员组成的盗窃机动车犯罪团伙，破获系列盗窃汽车、摩托车案件56起，追回被盗车辆17台。

2009—2010年，针对“两抢一盗”等侵财性犯罪案件多发、高发、反复性强这一特点，市公安局组织各县（区）公安局（分局）各警种、各部门开展多次打击多发性侵财犯罪专项行动。根据不同时段和地点“两抢一盗”等多发性侵财犯罪特点，各县（区）公安机关相继成立相应的领导小组和办事机构，因地制宜，确定打防工作思路。同时，市、县（区）两级公安机关积极向当地党委、政府汇报，争取党委、政府重视，各级政府共拨付打击侵财犯罪专项经费360余万元。县（区）公安机关普遍加强对“两抢一盗”犯罪形势的分析，组织专门力量深入街道、社区、单位和公共复杂场所开展调查摸排，澄清底数，明确打击重点。2010年2月初，市公安局刑事侦察支队破获黄某辉、曹某军特大跨区域盗窃机动车辆犯罪团伙，抓获团伙成员8人，侦破发生在长沙、衡阳、永州、郴州、湘潭等地的系列面的车、皮卡车被盗案30余起，涉案价值上百万元。

2011年，永州公安机关相继组织开展打击多发性侵财犯罪、电信诈骗犯罪、拐卖妇女儿童犯罪等社会广泛关注的犯罪活动专项行动，取得良好的社会效果。1月，市公安局与祁阳县公安局协同作战，成功破获一个岳阳籍流窜入室盗窃犯罪团伙，抓获犯罪嫌疑人4人，破获涉及株洲、衡阳、湘潭、永州等市的系列入室盗窃案件100余起，涉案价值达100余万元。5月，市公安局刑侦支队与新田县公安局破获一起新疆籍人员盗窃案，成功解救4名新疆籍未成年人。冷水滩区公安分局刑侦大队破获杨某华特大流窜抢劫、强奸犯罪团伙，抓获该团伙成员杨某华、彭某泉等4人，破获涉及湖南省永州、郴州、湘潭、娄底、邵阳、益阳、怀化和广西壮族自治区梧州、柳州、贵港等地的系列抢劫、强奸案件12起。

2013年3月，市公安局副局长沈林松（主席台左一）在“打侵财，保民安”专项行动新闻发布会上发言

2012—2013年，市公安局先后组织开展“打侵财保民安”等专项行动，破获“两抢一盗”及诈骗等侵财性案件3217起，查获盗抢犯罪团伙183个，抓获系列侵财型犯罪嫌疑人2804人，提请逮捕或劳教犯罪嫌疑人2585人，运用协作平台打团伙破系列案件4串61起，追回被盗抢机动车117辆、摩托车96辆，为人民群众挽回经济损失5000余万元。

2014年1月、3月、12月，市公安局先后三次组织开展打击多发性侵财犯罪专项行动。各县（区）公安局（分局）局长签订工作责任状，刑侦、网技部门建立定期集中研判机制，市公安局进行高密度督导。全市“发案率大幅下降、打击处理持续增高、群众满意度显著提升”的三大目标基本实现。2014年，永州市共立

“两抢一盗”案件12740起，破获侵财性刑事案件5397起，追缴赃款赃物价值5000余万元，其中运用协作平台打团伙破系列案件11串136起，为人民群众挽回经济损失3000余万元。永州居民对打击“盗窃抢劫犯罪现象”的评价居全省第5位，创历年新高。

2015年，全市公安机关发动全警打合成战，建立专业队伍打攻坚战，按照省公安厅严打“盗骗毒”专项行动部署，全力投入打击侵财型犯罪，着力解决多发性侵财型犯罪这个痼疾顽症。2月初，市公安局划拨15个专项编制给两个直属分局加强破案力量，并抽调40名精干民警成建制组建冷水滩区、零陵区公安分局两个刑侦二大队，专门打击侵财犯罪和毒品犯罪。在严打“盗骗毒”行动中，市公安局组建巾帼建功突击队，并将100名新警组建成5个青年突击队分赴冷水滩、零陵、道县、宁远、蓝山5个县（区）投身实战，增强打击力量。永州公安机关以巡防警务体制改革为重点，强化社会管控，有效挤压侵财性违法犯罪时空，实行常态化夜巡，全面提升中心城区打击防范侵财犯罪能力，深入开展预防性教育宣传，严格考核机制，打击防范两手抓。是年，全市共立五类侵财案件13643起，破案4103起，破案率为30.07%，比上年同期上升18%。在2015年的考核评比中，永州公安机关打击侵财犯罪、打击经济犯罪等业务指标排名全省第一。

二、命案侦破

永州市公安机关始终坚持“命案必破”的总体要求，围绕“两降一升”、“两个确保”（确保不因办案质量问题不能定罪、确保不出一起冤假错案）的目标，创新机制、创新打法、抓落实、见成效。全市公安刑侦部门以“现行命案必破”为主线，以“命案积案攻坚”为突破口，以“异地办案协作”为平台，坚持贴近实战、服务实战，创新靠前指挥、直接侦办工作机制，创新快速反应、“六侦同步”（刑侦、视侦、技侦、网侦、技术、情报）工作机制，创新挂牌督办、动态考核工作机制，坚持现行命案必破和命案积案攻坚两手抓，将命案侦破工作作为公安机关的第一要务和保障民生的最低要求来抓。

1993—1996年，零陵地区公安处刑侦部门以攻克重大案件为主攻目标。1993年11月26日下午4时，双牌县南岭化工厂一车间发生特大爆炸，总面积为2000平方米的3个车间被夷为平地，当场死亡60人，伤22人，车间内无一人幸免，造成直接经济损失380多万元。案发后，省、地、县党政领导亲临一线指挥，零陵地区公安处组织180余名民警，全力以赴开展侦破工作，经过5昼夜的艰苦工作，运用侦查技术手段，查明证实犯罪嫌疑人系死者之一谭某鑫，并另抓获同伙人员苏某等9人。

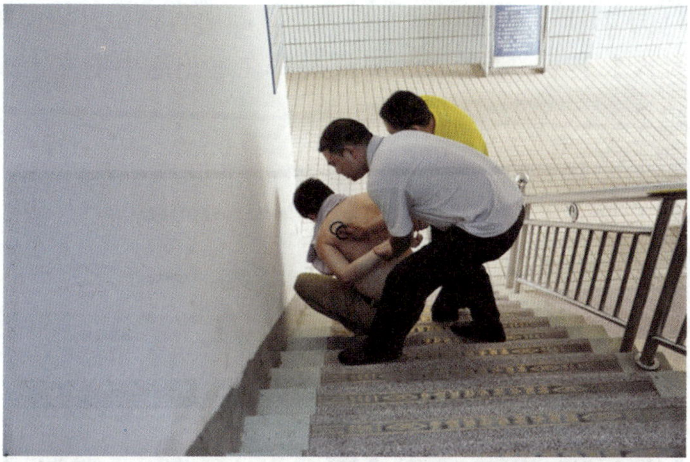

2005 年 8 月，重案大队民警抓获命案犯罪嫌疑人

1997—2005 年，永州公安刑侦部门把大要恶性案件、疑难要案的侦破摆在首要位置，实行大要恶性案件挂牌督办制度，凡发生重大恶性案件和疑难案件，由市公安局刑事侦察支队和各县（区）公安机关刑侦大队确定一名领导负责，实行定人、定案、定奖惩措施的“三定”制度，专案专办。2002 年，永州市公安机关刑侦部门对现行大要案件实行“零指标”管理，加大侦破力度，公安刑侦部门命案侦破率达到 83%。全市公安机关共立命案 328 起，综合运用多种侦查手段破案 137 起。2005 年 2 月 4 日，永州市冷水滩区蔡市镇虾塘村西塘岭组发生一起特大杀人案，代销经营店主张某艳一家 3 口惨遭杀害，店内保险柜存放的 1.2 万元现金被洗劫一空。省委常委、省委政法委书记、省公安厅厅长李江，中共永州市委书记曾庆炎相继作出批示，省公安厅将此命案列为督办案件。市公安局从刑事侦察支队、行动技术支队、冷水滩公安分局抽调 90 名民警，成立“2·4”案件专案组。省公安厅刑侦总队总队长孙湘龙率领刑侦专家赶赴现场。参战民警和当地数十名乡镇干部对附近乡镇进行“地毯式”摸排，在 15 天的侦查中，专案组共排查走访 1.8 万余人次。2 月 15 日，抓获犯罪嫌疑人伍某。经审查，伍某交代其伙同刘某虎作案的全部过程。专案组继而派出力量远赴天津抓捕犯罪嫌疑人刘某虎，在当地公安机关协助下，2 月 24 日，在天津宁河县成功将刘某虎抓获归案。同年 11 月 10 日 7 时 20 分左右，冷水滩区信用联社上岭桥信用社港子口分社营业员莫某辉接收信用联社送款员的钱箱后，被 2 名非法携带枪支并尾随进入的犯罪嫌疑人挟持。莫某辉护住钱箱与劫匪搏斗，并大声呼救。听到呼救声的三多亭社区居委会党支部书记陈某亮和梅湾办事处计生干部何某军赶来制止。劫匪拔出手枪，向三人开枪，将装有 20.06 万元现金的钱箱抢走后逃逸。莫某辉当场死亡，陈某亮、何某军两人胸部各中一枪，被送往医院抢救无效死亡。案发后，市公安局迅速调集百余名民警维护现场、围追堵截、开展侦破。省公安厅接到报告后，副厅长张朝维与刑侦总队总队长赶到现场，指挥侦破，省委副书记孙载夫批示要求公安部门尽快破案。市委书记曾庆炎接报后指示，要竭尽全力，不惜一切代价追捕凶手。经过一年零一个月的艰难追捕，特大持枪抢劫银行杀人案成功侦破。2006 年

11 月 21 日，犯罪嫌疑人高某亮（湖南省祁阳县浯溪镇人）落入法网，另一犯罪嫌疑人朱某中（江苏省沭阳县人）在逃跑途中枪支走火自伤后不能行走，被高某亮枪杀。

永州公安机关荣获全省命案侦破工作 2009 年、2010 年、2011 年、2012 年“四连冠”

2006—2012 年，永州公安刑侦部门严格执行“一长双责”制，命案破案率始终保持全省较高水平，其间共立现行命案 539 起，破 515 起，破案率为 95.55%，破命案积案 111 起。2007—2010 年，命案积案侦破数连续四年排名全省第一。2008—2010 年，永州公安机关命案侦破工作在全省连续三年排名第一，实现“三连冠”。2011 年 3 月，市公安局充分运用信息化手段，将命案在逃犯罪嫌疑人关系人信息通过“SIS 系统”与全国其他地区相关社会信息进行比对，从中发现在逃犯罪嫌疑人落脚点线索，于 3 月 30 日抓获潜逃 6 年的犯罪嫌疑人蒋某贤、蒋某龙，破获道县 2005 年“6·22”故意杀人案。历届市委、市政府主要领导十分重视命案侦破工作。2006—2007 年，市委书记曾庆炎多次担任命案专案领导小组组长；2008—2011 年，市委书记黄天锡多次组织专题研究命案侦破工作；2012 年，市委书记张硕辅、市长龚武生等领导多次亲临命案现场指挥案件侦破工作。2011 年 5 月 13 日，道县公安局祥霖铺派出所所长杨勇飞、副所长郭件平、祥霖铺司法所所长周局光在祥霖铺镇向阳村执行公务时，遭到犯罪嫌疑人王某园袭击，致杨勇飞当场死亡、配枪被抢，郭件平、周局光受伤。案发后，市委、市政府主要负责人当即部署组织，市公安局党委委员、副局长沈林松、周礼功，刑侦支队支队长蔡明光带领侦技民警第一时间赶到现场开展案件侦破和事件处置工作。市公安局紧急启动重大刑事案件处置预案，迅速组织全市公安机关开展搜寻、布控、堵截、协查、案情通报等工作。经市、县两级公安机关参战民警不懈努力，当日下午 5 时，民警将袭警抢枪并劫持人质拒捕的犯罪嫌疑人王某园击毙，人质安全获救。

2013 年，永州公安刑侦部门继续推行“命案必破”“一长双责”“挂牌督办”等长效机制。市公安局刑事侦察支队坚持每案必到、每案必督，强化现行命案快侦快破和疑难命案的攻坚克难，顺利实现“两高一低”工作目标。命案侦破和命案积案侦破工作综治考评、绩效评估均排名全省第一。全年共立命案 69 起，破 69 起，破案率为 100%。“2·1”蓝山抢劫杀人碎尸案、“5·5”东安二人被杀案、“5·28”江永特大纵火杀人案、冷水滩抢劫杀人焚尸案等一批有重大影响的恶性案件均成功告破。5 月，全市开展命案积案攻坚专项行动，攻克历年未破的命案积案 15 起，其中 15 年以上未破积案 5 起、外省命案积案 3 起，命案积案侦破绝对数占全省四分之一，工作经验被省公安厅推介。

2014—2015 年，永州公安机关严格落实“一长双责”“领导包案”责任制，坚持命案必破、快破，始终保持对各类严重暴力刑事犯罪活动的严打高压态势，现行命案力争发一起破一起。两年共立现行命案 122 起，破 119 起，破获命案积案 6 起。2015 年“2·26”冷水滩区唐某宝被杀案、2015 年“4·17”祁阳县入室杀人案、2015 年“10·8”江华瑶族自治县徐某玲被杀案等一批恶性案件均在短期内告破。1995 年宁远县李某清被杀案、2001 年祁阳县冯某成被杀案等积案被攻克。2015 年“10·24”冷水滩区阳某武故意杀人案，副市长、市公安局局长刘新良直接督办，率市公安局刑侦、网技、冷水滩公安分局刑侦大队、基层派出所等部门民警第一时间赶往现场，将逃往深山的犯罪嫌疑人抓获归案。

三、打击拐卖妇女儿童犯罪

1993—1994 年，零陵地区公安处组织两次打击拐卖妇女、儿童专项斗争。全区公安机关在党委、政府的领导下，与检察、法院、司法行政、妇联等部门密切配合，突出重点地区，狠抓打击、解救和堵源截流等关键环节，严厉打击拐卖妇女儿童犯罪活动。共破获拐卖人口案件 63 起，其中大案 7 起，抓获惩处“人贩子”77 人，解救妇女儿童 53 人。

1995 年，全区公安机关根据公安部、全国妇联“3·28”石家庄会议的部署和湖南省公安厅指示，开展严厉打击拐卖妇女儿童犯罪活动的专项斗争。年内破获拐卖妇女儿童案件 87 起，抓获“人贩子”78 人，查获犯罪团伙 11 个，查处 36 人，解救妇女 76 人，解救儿童 5 人。

1996—2007 年，永州公安机关因地制宜，制定一系列“打拐”专项措施，严厉打击拐卖妇女儿童犯罪。各县（区）公安机关严格落实“打拐”工作责任制。各办案单位清理案件底数，建立工作台账，对每一起儿童失踪、妇女被拐案件，都成立专案组，明确具体责任人，落实立案、破案、解救、回告回访、稳控等全程工作责任。重视网上“打拐”等日常警务信息系统的信息查询和比对工作，及时发现线索，扩大战果。各县（区）公安机关按照最高人民法院、最高人民检察院、公安部、司法部《关于依法惩治拐卖妇女儿童犯罪的意见》，加大打击、处罚买主和出卖亲生子女者的力度，遏制买方和卖方市场。对抢劫、盗窃、拐骗儿童犯罪活动，各地提前制订预案，接报案后快速判明犯罪嫌疑人去向，及时布控堵截，力争现行抓获。对有拐卖犯罪前科的人员，重点管理，及时发现违法犯罪线索，及时打击。2006 年 6 月 9 日 17 时，江华瑶族自治县公安局刑警大队接到刘某霞姐姐的报警电话，称其妹妹刘某霞于 2004 年 1 月失踪，一直杳无音信。2006 年 6 月 5 日，刘某霞突然打电话回家，说是自己被人拐骗到湖南省江华瑶族自治县的饭店内被他人控制并被迫卖淫，要求公安机关对刘某霞进行解救，并提供饭店电话号码。接警后，江华瑶族自治县公安局领导立即安排部署，组织刑侦力量前往该店。办案民警经秘密调查，找到涉案的金牛旅馆。6 月 9 日晚，刑警大队经过周密部署，对金牛旅馆进行突击清查，当场抓获犯罪嫌疑人唐某芬，成功解救出被害人刘某霞。

2008 年 5 月 1 日，市公安局正式启动“全国重大案件信息系统（类案）拐卖妇女、儿童信息库”。2009 年 4 月，永州市成立由市公安局、市委宣传部、市综治办、市妇儿工委办、市扶贫办、市总工会、团市委、市妇联等部门和单位组成的反对拐卖妇女儿童行动工作联席会议。市公安局为本级联席会议牵头单位，制订《永州市反对拐卖妇女儿童行动计划（2009—2012 年）》。市公安局认真贯彻落实公安部、省公安厅“以人为本、关爱儿童、反对拐卖”的指示精神，按照公安部的统一要求，认真受理报警，迅速组织查找，调整立案管辖规定，强化立案和侦查工作，凡是儿童失踪、妇女被拐的，都及时立为刑事案件，成立专案组开展侦查。派出所接报儿童失踪、妇女被拐的案件，及时立为刑事案件并开展侦查工作。坚持方便群众原则，切实做好采血工作，对 5 种人员必须采血，即经工作已经确认被拐卖的儿童亲生父母、自己要求采血的失踪儿童亲生父母、解救的被拐卖儿童、排查中发现的来历不明儿童、来历不明的流浪、乞讨儿童。5 月，市公安局正式启用“全国公安机关查找被拐卖/失踪儿童信息系统”和“全国公安机关查找被拐卖/失踪儿童 DNA 数据库”。7 月，市公安局“打拐办”专职民警应邀加入民间“打拐”志愿者“宝贝回家”QQ 群，并保持每天上线，及时收集本地案件线索。是年，湖南省公安厅党委决定，4 月 9 日至 12 月 31 日在全省公安机关组织开展拐卖儿童妇女犯罪专项行动。全市公安机关从破案追逃、技术检验、社会管控、宣传发动四方面着力，共破获各类涉拐案件 27 起，破获涉拐犯罪团伙 7 个，抓获各类涉拐违法犯罪嫌疑人 37 人，其中刑事拘留 32 人，抓获在逃犯罪嫌疑人 3 人，解救妇女儿童 51 人。2009 年 5 月 8 日，冷水滩 3 岁小女孩魏某在冷水滩一菜市场被陌生人抱走。冷水滩公安分局刑侦大队接警后迅速启动打拐工作预案，组织警力开展侦破。5 月 12 日，犯罪嫌疑人周某喜被抓获，被拐小女孩安全得救。

2010—2012 年，在“打拐”专项行动中，市县（区）两级公安机关充分发挥刑侦部门主力军作用，切实做到长期经营，破案、追逃、解救等工作有序开展。在3年的打击拐卖妇女儿童犯罪专项行动中，永州公安机关共破获涉拐案件140起，提请逮捕犯罪嫌疑人118人，解救被拐卖妇女儿童387人。2012年10月20日17时，蓝山县公安局城南派出所接到阮某报警，称其儿子在自家门口玩耍时被人抱走。接报后，城南派出所迅速组织全所值班警力连夜深入东村周边村道沿线走访调查、排查相关线索，并将警情向局领导汇报。由于案情特殊，10月21日，公安部将此案立为部督案件。蓝山县公安局迅速成立"10·20"儿童失踪案专案组。专案组民警通过侦查，最终锁定犯罪嫌疑人邓某。2013年7月3日晚，专案组民警在蓝山县火市乡八甲村将涉嫌拐骗儿童的犯罪嫌疑人邓某、唐某夫妇抓获。经审讯，两人如实交待了拐骗阮某小孩的犯罪事实，被拐小孩获救。

2013年，永州公安机关贯彻落实公安部、省公安厅"以人为本、关爱儿童、反对拐卖"的指示精神，结合永州工作实际，在打击拐卖儿童妇女犯罪专项行动中，层层动员、周密部署、狠抓落实，呈现出健康发展、纵深推进的良好态势。全市共立"涉拐"刑事案件16起，破案9起，惩治处理违法犯罪人员11人，及时解救被拐儿童5人、妇女37人。为进一步推进反拐工作的深入开展，严厉打击"拐卖"犯罪，提高群众防拐意识，市公安局组织"打拐"行动办民警走上街头，深入中心城区社区、中小学校，开展以"关爱儿童，反对拐卖"为主题的"反拐"宣传活动，广泛听取民声民意，虚心征求意见建议，收到良好的社会效果。宣传活动中，民警通过"反拐"宣传板，粘贴"反拐"宣传图片，发放"反拐"宣传资料，结合一些"反拐"典型案例，向群众宣讲如何制止拐骗犯罪，如何预防拐卖、以及被拐卖后如何脱逃的实用知识。2013年，永州打击拐卖妇女儿童犯罪工作在年度考核中居全省第一。2014年4月12日，永州市特殊教育学校向零陵公安分局"110"报警，称该校有4名未成年聋哑女生失踪。专案组民警以4名失联女生QQ号码为线索，运用技术手段，辗转湖南、湖北、上海、浙江4省（直辖市）

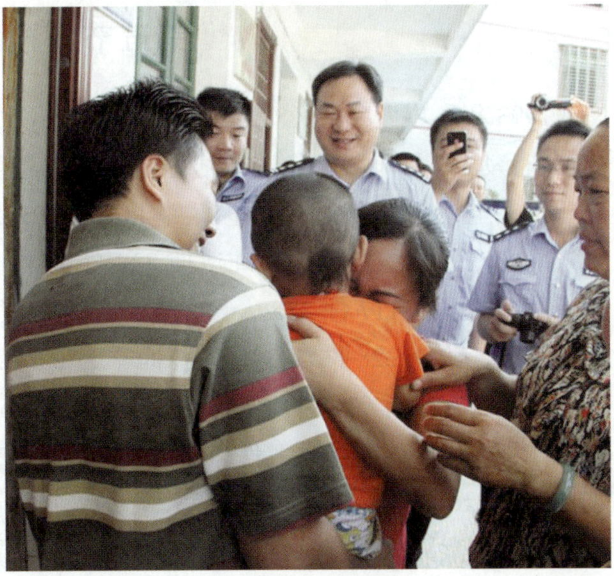

2013年7月5日，蓝山县副县长、县公安局局长黄小兵（后排左二）与办案民警将蓝山县东村被拐卖儿童彭某送到家中

16个县（区），最终在浙江省湖州市长兴县雉城镇将犯罪嫌疑人胡某抓获。根据胡某的交代，在当地公安机关的大力配合下，另一名犯罪嫌疑人蒋某迅速落网，4名失联女生及另外3名聋哑男青年最终被成功解救。2015年1月9日，祁阳县大忠桥派出所接到辖区联心村村民杨某报警，称其老婆蒋某（23岁，智障）走失1周，请民警协助查找。接报后，该所迅速展开走访调查，并发出协查通报。1月10日，侦查发现，蒋某曾在该县白水镇街头出现，后被一男一女骑摩托车带走，与受害人蒋某同村的聂某及白水镇的王某（女）有重大作案嫌疑。经进一步查实，犯罪嫌疑人聂某和王某已将蒋某拐卖至云南省昌宁县。民警立即赶往云南查找线索，经多方努力，1月18日下午，将犯罪嫌疑人聂某和王某抓捕归案。办案民警根据聂某和王某供述的线索，将被拐妇女蒋某成功解救。

第五节　预审

1993年，零陵地区公安处预审科主要负责预审、监管工作。预审部门参与“金剑行动”（打车匪路霸、地痞地霸及其他严重刑事犯罪）、整治城乡社会治安专项斗争。全年共受理各类刑事案件1142件2225人，通过预审，向检察机关报捕916件1763人，检察机关批准逮捕828件1545人，比上一年度逮捕数上升7.2%，其中重特大案件117件235人，全部审结并移送审查起诉。受理刑事拘留案件263件386人，转捕228件323人，转捕率为83.7%；受理逮捕直诉案件933件1541人，移送审查起诉916件1490人，审结率为96.7%。通过预审深挖，破获各类刑事案件457起，其中重大案件98起，特大案件25起，增捕犯罪嫌疑人70人，追回赃物折款21.1万元。破获重、特大案件数分别比上年上升26%和4倍，预审破案数占全区破案数的12%。江华瑶族自治县公安局预审股4月受理杨某勇等19人抢劫团伙大案，及时组织精兵强将进行审理，15名犯罪嫌疑人受到法律惩处。

1994年，零陵地区公安预审工作强化预审办案，自上而下建立健全一整套预审工作岗位责任制。共受理初审案件1230件2198人，初审后向检察院报捕1001件1705人，检察院批捕906件1499人；受理刑事拘留案件232件280人，转捕261人，受理逮捕直诉案件1080件1590人，审结起诉972件1510人，审结率、及时率、准确率、合法率等预审“七率”均达到预审工作《目标管理》要求。截至12月底，提请逮捕各类犯罪嫌疑人1579人，同比上升2.3%，追回批捕在逃犯罪嫌疑人180人。受理大要案件180件305人，全部在20天内审结并移送审查起诉，其中判处无期徒刑以上刑罚155人。通过预审破案410起，占破案总数的30%，增捕75人，追赃折款28.5万元。纠正错案14起18人。冷水滩市（县级）公安局预审科通过狱内侦查，审调结合等方法，一举破获该市工贸大厦1993年“10·30”特大系列盗窃摩托车和彩电等盗窃团伙案。祁阳县公安局预审股全年深挖破案 53 起，其中重特大案 11 起，位居全区首位，被湖南省公安厅评为“全省公安预审十佳”单位。

1995 年，全区公安预审部门紧紧围绕强化预审办案这一中心工作，全力投入到“春季严打攻势”“441”统一行动（对杀人、抢劫、强奸、重大盗窃及团伙作案等作为重点打击）等专项斗争中，共受理各类刑事案件 1307 件 2181 人，报捕 1145 件 2057 人，检察院批捕 1742 人，追回批捕在逃犯罪嫌疑人 142 人，逮捕数同比上升 5. 9%。受理大要案件 240 件 462 人，全部在 20 天内审结完毕。全区公安预审部门深挖各类刑事案件 513 件，其中大案 243 件，增捕增诉 156 人，追赃折款 142 万元。江华瑶族自治县公安局预审股在“春季严打攻势”中提请批准逮捕各类犯罪嫌疑人 114 人，被零陵地区公安处记“集体三等功”一次。道县公安局预审股一举破获邓某贵、何某保等人诈骗他人 10 万余元大案。冷水滩公安局预审科采取并案侦查等方法，破获蒋某玲团伙系列盗窃案 9 起，价值 5 万余元。8 月，省公安厅组织全省预审办案质量检查评比，零陵地区公安处荣获“全省预审办案质量检查优胜单位”称号。

1996 年，以修改后的刑事诉讼法实施为契机，以“严打”为重头戏，抓办案，促稳定。全市公安预审部门共受理各类刑事案件 1287 件 2161 人，审结 1246 件 2117 人，其中提请批准逮捕 1697 人，移送审查起诉 1752 人，深挖各类刑事案件 448 起 597 人，其中大案 147 起，增捕增诉 152 人，追赃折款 226 万元。4 月 20 日至 9 月 25 日“严打”期间，预审部门共受理刑事案件 647 件 1056 人，审结 582 件 948 人，其中提请批准逮捕 820 人，移送审查起诉 525 件 736 人，深挖各类刑事案件 187 件 241 人，其中大案 97 起。涌现出东安、江华、祁阳、冷水滩、蓝山、道县 6 个预审工作先进集体。江华瑶族自治县公安局预审股被省公安厅记集体二等功一次，全市有 57 名公安预审民警被评为先进个人。

1997 年 3 月，市公安局根据市政府 1996 年 10 月批准印发的《关于永州市公安局国家公务员设置方案》，原来负责预审、监管工作的预审科更名为预审监管支队，定编 14 人。1997 年 4 月，根据新刑事诉讼法第二十条和湖南省公安厅《关于地（州）市预审部门承办‘三类’案件的通知》规定，市公安局预审监管支队从 1997 年 5 月 1 日起直接承办部分刑事案件，主要受理市公安局政保、经文保、刑侦等部门侦破的案件；芝山（零陵）、冷水滩两个公安分局侦破的“三类案件”；各县（区）公安局（分局）侦破的具有重大影响的“三类案件”；市委、市政府、市人大交办的案件。全年共受理刑事案件 1564 件 2511 人，其中刑事拘留 2312 人，提请批准逮捕 199 人。审结 1409 起 2263 人，其中报捕 1501 人，批准逮捕 1356 人，移送审查起诉1035人。其中410起重特大案全部在20天内审结。深挖各类刑事案件391起，其中大案121起，增捕增诉102人，同时，支队承办芝山（零陵）、冷水滩两区“三类”案件6起，深挖案件8起，破获特大贩毒案件2起，抓获重大在逃犯罪嫌疑人3名。在审理伍某平等人特大贩毒案中，经预审深挖，彻底查清全案，贩毒数量由侦查部门认定的1050克上升至1700克，批捕起诉人数由4人增至7人。

1998年1月，根据公安部和省公安厅关于改革刑事侦查工作的总体目标要求，改革侦查预审分设的工作机制，实行侦审一体化，根据永编办《关于市公安局预审监管支队更名和在刑侦支队内增设第五大队的批复》，市公安局预审监管支队更名为永州市公安局监所工作管理支队，在市公安局刑侦支队增设预审大队（第五大队），直接参与审查犯罪嫌疑人，收集证据，并负责提请逮捕、移送审查起诉等工作。第五大队更名为预审办案指导大队，为副科级单位。

实行“侦审合一”改革后，全市各级刑侦部门相应进行编制调整，刑事案件的侦破、审讯、报捕、移送审查起诉全部在刑侦部门完成，完善以破案责任制为核心的竞争激励机制，提升破案率和打击处理率，刑事办案质量有较大提高。2007年4月，警务体制改革，机构调整，市委同意市公安局撤销预审办案指导大队，预审负责的提请逮捕、移送审查起诉等工作全部交由市公安局法制部门主管。

2015年10月，为对接司法体制改革，解决公安机关“重破案、轻办案”问题，确保刑事案件办案质量，根据永编办《关于市公安局内设机构调剂使用科级领导职数的批复》，永州市在全省率先单独设立预审支队，推行刑事案件统一审核、统一“出口”机制，最大限度减少冤假错案的发生。预审支队成立后，截至12月31日，共受理刑事案件52件167人，其中批准延长刑事拘留167人，审结案件26件，提请批准逮捕82人，人民检察院批准逮捕50人，审核变更强制措施90人，纠正错案4件4人。

第六节　基础业务建设

1993—1997年，零陵地区公安处刑事侦查科履行基础情报职能，没有专门的基础情报机构。1997年，市公安局刑事侦察支队成立，其第三大队负责基础情报工作。2002年，市公安局机构改革，取消负责基础情报工作的专门机构。2006年，刑警支队重设基础工作大队。2015年，基础工作大队更名为基础情报大队。

1999年以前，基础工作大队主要负责刑事秘密力量建设和违法犯罪人员情报资料的管理工作，采用的均是原始手工操作，情报资料的指纹采集，运用的是玻璃板、滚筒加油墨方法。情报检索为人工检索，当时大队仅有警力4人。1999年开始，全国开展网上追逃工作，此项工作划归秘书科管理，基础大队的职能逐步弱化。2002年，市公安局机构改革，取消基础工作大队，各县（区）刑事秘密力量建设管理和网上追逃工作由市公安局刑侦支队秘书科负责。情报资料划归技术大队管理，开始采用万次捺印盒采集指纹。2003年，由技术大队建设指纹自动识别系统，情报资料实现信息化管理和自动检索。2006年，市公安局刑警支队重设基础工作大队，负责刑事秘密力量建设等基础性工作、网上追逃等信息系统的管理与应用及对外协查工作，指纹自动识别系统和“两个系统”（未知名尸体和失踪人员管理系统）归刑事技术大队管理。

2007年，市公安局刑事技术大队痕迹技术员蒋天威被任命为基础工作大队大队长，指纹自动识别系统和未知名尸体和失踪人员“两个系统”划归基础工作大队管理。大队设大队长和教导员各1名，警力4人。2008年1月，从重案大队调入1名警力，重案大队的信息系统管理（包括命案系统、侵财案件系统、涉拐案件系统、跨区域协作平台等）及其考核考评工作全部划归基础工作大队管理。2008年，基础情报工作实现从简单信息管理到比对查询应用，2009年，指纹信息采集进入仪器采集新时期。

2007年7月，市公安局刑侦支队副支队长李际运（站立者右一）讲授指纹自动识别系统应用

2011年1—3月间，双牌县城接连发生10余起针对小型超市的盗窃案件，嫌疑人采取撬门入室方式，将超市里的货物洗劫一空。办案民警将案件有关信息在现场勘验信息系统和大情报及作战平台中进行案件信息检索，串并案件12起。2011年3月7日，办案民警将现场指纹在指纹信息系统比对，有3起案件的现场指纹与宁远县清水桥镇郑某宝指纹同一，在指纹系统中查询，另发现有同案犯殷某朝和张某军。3月13日，郑某宝等3人被抓获归案，经捺印指纹和DNA倒查，殷某朝和张某军的指纹比中7起案件。办案民警将这些案件的作案手段、特点和痕迹物证在现场勘验信息系统中进行检索，又串并案件39起。通过审讯，共破获3人在祁阳、冷水滩、双牌及广西等地盗窃作案62起。

2012年，永州公安基础情报工作实现刑侦信息的一体化采集和查询比对，实现信息研判的静态破案。8月29日，道县道江镇小江口路黄某成住房发生盗窃案，现场勘查人员在现场提取到一枚指纹。9 月 3 日，信息研判人员将案件的现场指纹在指纹信息系统中进行查询比对，比中道县道江镇人张某的捺印指纹。将捺印指纹进行倒查，查中 6 起案件。在这些案件的作案手段和特点在现场勘验信息系统进行串并，又查中同区域发生的 4 起盗窃案。

2013—2015 年，基础情报建设稳步推进。指纹自动识别系统、协同办案系统、PDA 和 EPS 系统等项目的建设和升级工作完成，刑侦信息化作战能力不断提升。2015 年 9 月，刑侦合成作战室成立，合成作战的研判工作步入正轨。是年，市公安局以刑侦为主，开始开展联合作战中心建设，将综合情报、刑事技术、图侦和网技等手段有机融合，实现资源、人员、平台和手段的集成作战，初步建立合成作战长效机制。

随着公安工作不断发展，基础情报工作发生巨大变化。协外办案、情报研判和联合作战工作在公安工作的各个领域变得越来越重要，永州公安机关刑事基础情报技术人员在一系列重大案件侦破中不断发挥重要作用。截至 2015 年底，全市公安机关通过在逃人员信息系统抓获在逃犯罪嫌疑人 17421 名，其中故意杀人在逃犯罪嫌疑人 579 名，利用指纹信息破案 208 起，其中命案 7 起，利用 DNA 信息破案 44 起，其中命案 2 起，利用现场勘验信息系统串并案 332 串 1572 起，为国家和社会挽回直接经济损失 450 余万元。

2015 年 11 月，市公安局天威工作室成立

2007—2015 年，基础情报大队命案侦破工作先后 8 次获全省第一；2014—2015 年，基础情报大队在全省打击“盗骗毒”专项行动跨区域系统案件和合成作战工作考评中获“两连冠”；打侵财、信息采集和应用、涉拐工作每年考评均排在全省前三名；基础情报大队大队长蒋天威的信息化追逃工作名扬全省，“天威工作室”独创的“天威纵向查找函数追逃法”在湖南省首届“微改革和微创新”比赛中获得铜奖；“多系统比对和联查信息研判模式”被全国公安系统推广使用。大队集体获授公安部颁发的全国“追逃工作先进单位”荣誉称号 1 次，个人获授湖南省“抗冰救灾”先进个人荣誉称号 1 人次、湖南省“优秀刑警”各 1 人次，大队个人被记二等功 1 人次，三等功 4 人次，嘉奖 7 人次。

附：

经典案例

案例 1：

2007 年，永州市蓝山县森林公安局在侦办一起滥伐林木案时发现一涉案团伙，该团伙还牵涉蓝山县一起故意杀人案。因该团伙人员较多，案情重大，蓝山县公安局与市森林公安局报告市公安局党委。2007 年 7 月 24 日，市公安局将情况上报市委、市政府，市委决定由市公安局成立专案组侦办此案，并称此专案为蓝山县周某刚黑社会性质组织案，简称“7・24”专案。市委书记曾庆炎为该专案组组长，副市长、市公安局局长刘建宽为副组长，专案组成员由市公安局刑事侦察支队、网技支队、蓝山县公安局和从其他县（区）公安机关抽调的精干警力组成。专案组请求省公安厅派办案专家到专案组进行指导和督办，申请公安部对此案进行挂牌督办，并提请市人民检察院派员提前介入此案。

在省公安厅和市委、市政府的坚强领导下，专案组全体人员经过 8 个多月的连续奋战，先后赴广东、广西等地进行追捕和调查取证。通过审讯和调查，发现该团伙涉嫌组织、领导、参加黑社会性质组织，涉案团伙成员 44 人，当地 28 名党政干部为周某刚黑社会性质组织提供保护伞。经侦查查明，犯罪嫌疑人周某刚早年做木材生意积累原始资本，在转营客运市场被同行排斥后，开始网罗社会闲散人员，培植势力，先后笼络吉某、肖某峰、黄某友等三股势力为其所用。自 2004 年开始，为垄断蓝山县的木材市场，攫取更大的经济利益，该组织成员涉嫌故意杀人、故意伤害、寻衅滋事、爆炸、放火、滥伐林木、敲诈勒索、强迫交易等违法犯罪行为 91 起，涉及 21 个罪名，致使 1 人死亡、4 人重伤、8 人轻伤，放火造成财产损失 76 万余元。该团伙犯罪手段极其恶劣、后果极其严重，造成极大社会影响。该组织成员众多，有明确的组织者、领导者，骨干成员基本固定，有严格的组织潜规则。该组织首要分子周某刚通过骨干成员吉某、黄某友、肖某峰对其他组织成员进行控制，形成犯罪成员相对稳定的犯罪组织。该犯罪组织通过开设赌场、滥伐林木、敲诈勒索、强迫交易等违法犯罪活动牟取经济利益，并将部分非法所得用于购买枪支、管制刀具和资助违法犯罪成员逃避打击、贿赂拉拢当地党政干部。该组织为垄断蓝山县所城、紫良、大桥乡等地木材市场，采取暴力手段排除异己，肆意打击其他合法木材经销商，任意压低木材收购价格，强迫群众低价出售林木，在当地一些行业形成非法控制，严重破坏当地的经济秩序和人民群众的正常生活秩序。

2008 年 11 月，公安部挂牌督办的蓝山县周某刚黑社会性质组织案在湖南省高级人民法院终审，44名涉黑人员接受审判。该案系中华人民共和国成立以来永州破获的涉案人员最多、组织特征最典型、犯罪性质最恶劣、打“伞”（保护伞）最彻底、办案经费花费最少、办案质量最好的一起黑社会性质组织案。周某刚黑社会性质组织案成功侦破后，专案组被公安部记集体一等功，成绩突出的民警获得二等功、三等功和嘉奖等奖励。

案例2：

2014年5月30日，零陵公安分局刑侦大队民警通过悉心排查，主动出击，最终在浙江湖州某出租屋将涉嫌拐骗、组织残疾人乞讨的2名犯罪嫌疑人胡某、蒋某一举抓获，成功解救永州市特殊教育学校4名聋哑学生和另3名聋哑男青年。

4月12日8时，永州市特殊教育学校两名班主任老师向学校领导报告有4名女生失踪。校领导立即组织学校教师兵分二路，一路向学生家长报告情况，查询是否回家；一路在校园内仔细寻找，询问同班同学，没有人知道他们的去向。家长反映4名失联学生没有回家。搜索范围在继续扩大，以学校为中心的周边网吧被纳入寻找范围。直到当晚22时，失联的4名女生仍音讯全无。聋哑学校领导向零陵公安分局报警。

案情重大，市公安局刑侦支队立即从市公安局和零陵分局抽调精干警力成立专案组，展开调查。案情调查让专案组民警感到前所未有的压力，这是一次不同寻常的案件调查，依法由手语老师进行手语翻译。整整一天的调查询问，专案组民警没有获得任何有价值的线索。学校采取的是封闭式管理，聋哑学生们敏感而排外，调查初期，面对民警在老师配合下展开的调查，心中或多或少产生莫名的警惕，向民警隐瞒了4名失联女生的信息，调查让专案组民警感到从未有过的艰难。

整整8天，专案组民警一直坚守在学校，用真情与这些特殊群体的孩子进行心灵沟通。4月20日16时，一名姓刘的学生在班主任老师陪同下，来到专案组临时办公室，向民警提供失联女生中两人的QQ号。

在市公安局技侦支队的支持下，专案组民警很快在茫茫网海中发现失联女生的信息，与此同时，一名从该校毕业多年的胡姓男生进入侦查员视线。民警发现，刘姓学生提供的QQ号竟同时出现在不同地区，而且是天南海北。

在专案组分析会上，刑侦大队大队长谭克耀分析：失联的女生跑散的可能性很小，因为她们的年龄和生活上的不便决定她们的扎堆属性。一个多月的时间里，专案组民警辗转湖南、湖北、上海、浙江4省（直辖市）16个县（区），行程近2万公里。5月26日晚，通过技术侦察，专案组民警掌握一个重要线索：失联女生中一个QQ号连续3次重复登陆同一个地址，指挥中心作战电子屏上显示地址是：浙江省湖州市长兴县雉城镇。5月28日中午，刑侦大队副大队长黄少华带领5名民警驱车1200公里赶到湖州长兴县雉城镇，在当地警方配合下，对查获的出租屋进行监控。

同时，黄少华带领专案组民警采用最传统的侦察手段——走访，期望从中发现有用的线索。6名民警兵分3组，2组负责走访，1组继续监视可疑出租屋。周围商场、超市、网吧成为民警重点走访对象。5月28日21时，某超市老板根据民警提供的辨认照片，认出嫌疑人胡某，并告知民警胡某每天晚上都要到超市购物。28日21时40分，单独前往超市购物的嫌疑人胡某被抓获。

胡某落网后，专案组迅速展开审讯，在民警强大攻势下，胡某供述自己的罪行。根据胡某提供的情况，在当地公安机关配合下，另一名嫌疑人蒋某在出租房落网，犯罪嫌疑人全部被抓获归案，民警成功解救出被控制的4名女生，并成功解救出另外3名被胡某、蒋某控制的聋哑男青年。侦查员立即进行初审，两名犯罪嫌疑人供述案件真相：早在两个多月前，胡某、蒋某便着手策划，从母校——永州市特殊教育学校带几名学妹强制其乞讨，以实现自己的发财梦。

通过网上视频"聊天"，胡某物色4名女生，以找工作为名引诱该4名女生于4月12日6时翻越学校围墙与其汇合，然后包车辗转岳阳、杭州等地，其间多次换车，马不停蹄赶到浙江省湖州市长兴县，与前期被控制的3名男性青年会合。胡某、蒋某收缴7人的身份证件及通信工具，强迫7人每天上街进行"爱心"乞讨。为防止乞讨者私自截留乞讨款，胡某、蒋某每天安排两至三人为一组结伴乞讨，用以"互相监督"。如果乞讨"业绩"不佳，轻则不给饭吃，重则进行体罚。根据办案民警在出租房内找到的单据显示，4名女生每人每天乞讨多则近700元，少则1、2百元。

5月30日，接到警方通知的家长相继抵达浙江湖州。5月31日，犯罪嫌疑人胡某、蒋某被押回零陵，受到法律惩处。

案例3：

2005年11月10日7时20分左右，冷水滩区信用联社4名工作人员送款到上岭桥信用社港子口分社。当款箱送到分社营业员莫某辉手中时，2名尾随进入的犯罪嫌疑人持非法携带的手枪实施抢劫。莫某辉护住钱箱与劫匪搏斗，并大声呼救。

当劫匪将莫某辉从营业厅拖上人行道时，听到呼救声的三多亭社区居委会党支部书记陈某亮和梅湾办事处计生干部何某军赶来制止。劫匪拔出手枪，向三人开枪，将装有20.06万元现金的钱箱抢走后逃逸。胸部中弹的莫某辉当场死亡。陈某亮、何某军两人胸部各中一枪，被送往永州市第二人民医院抢救无效死亡。

案发后，市公安局"110"指挥中心迅速指示冷水滩区公安分局梅湾派出所出警，与此同时从市公安局调集百余名精干民警，分成现场维护、围追堵截、善后处理等6个组开展工作。省公安厅接报后，主管刑侦工作的副厅长张朝维与刑侦总队总队长赶到现场，指挥侦破。省委副书记、纪委书记孙载夫等领导批示要求公安部门尽快破案。中央永州市委书记曾庆炎接报后指示，要竭尽全力，不惜一切代价追捕凶手。

经过一年零一个月的艰难追捕，2006年12月6日，市公安局举行新闻发布会正式对外宣布，备受社会关注的永州市2005年“11·10”特大持枪抢劫银行杀人案成功侦破。犯罪嫌疑人高某亮（又名高某，湖南省祁阳县浯溪镇人）于2006年11月21日落入法网，另一犯罪嫌疑人朱某中（江苏省沐阳县人）在逃跑途中枪支走火自伤后不能行走，被高某亮开枪打死。介绍犯罪嫌疑人高某亮购得枪支的犯罪嫌疑人龙某生、雷某祁也分别于2006年12月5日、2007年2月13日被抓捕归案。

据犯罪嫌疑人高某亮交待，2001年，其在云南楚雄认识朱某中之后，两人多次密谋策划抢劫银行一事。2005年3月，高某亮在龙某生的介绍下，到西南边境分两次用2.2万元购得手枪和子弹等犯罪工具。2005年11月10日7时20分，高某亮驾驶两轮摩托车与朱某中窜至冷水滩区上岭桥信用社港子口分社抢劫。高某亮在外望风和接应，朱某中闯进营业厅抢劫钱箱，因遭到营业员和周边群众的顽强抵抗，高、朱二人便开枪射击，致3人死亡。高、朱二人在抢得钱箱后，迅速逃窜。逃跑时，朱在慌乱中因枪支走火自伤小腹。二人逃到冷水滩区珊瑚乡忠烈村路段一山坡上将钱箱撬开，劫走现金20余万元。朱因伤势过重，无法继续逃跑，二人便躲进路旁的山林里，高某亮开枪将朱打死，独自携款潜逃。高某亮逃回祁阳县下马渡镇后，将其作案用过的枪支埋藏在大华山上。根据高某亮的交待，2006年11月29日，警方在冷水滩区珊瑚乡四丘田山上的密林中找到朱某中的尸骨和两枚弹头、一枚弹壳。12月1日晚，警方又在祁阳县下马渡镇大华山丛林中找到犯罪嫌疑人高某亮所藏的枪支5支，子弹数十发以及其他重要物证。

1993—2015年永州市立、破刑事案件统计表

表2-1-1

年份	刑事立案（起）	破案（起）	批准刑事拘留（人）	批准逮捕（人）
1993	1328	1156	1236	325
1994	1652	1347	1568	561
1995	1891	1689	1754	481
1996	2531	2136	2367	527
1997	2653	2365	2451	459
1998	2811	2633	2768	352

续表2-1-1

年份	刑事立案（起）	破案（起）	批准刑事拘留（人）	批准逮捕（人）
1999	3856	3167	3542	586
2000	4738	3899	4174	468
2001	5791	3938	4977	732
2002	6493	3996	3873	551
2003	14446	8440	3754	355
2004	10606	6651	2484	550
2005	11378	6677	2670	613
2006	11577	7745	3184	1147
2007	12109	7321	3348	1551
2008	12456	6686	3220	1324
2009	13727	6927	3788	1606
2010	15822	5017	3732	1385
2011	18906	4534	3489	1775
2012	20141	5987	4370	1330
2013	18709	4641	3266	880
2014	16296	6404	4240	715
2015	19813	9526	8166	1958

说明：2003 年以前，刑事案件立案普遍存在立案不实的问题。2002 年 12 月，根据《湖南省公安厅关于切实采取措施纠正公安刑事治安案件统计不实的通知》，全市公安机关对 2002 年的刑事案件立、破案件数进行清理，补充立、破案件数并上报

1993—2015 年永州市查获刑事案件作案成员分类统计表

表 2-1-2　　单位：人

年份	作案成员总数	女	18 岁以下	18～25 岁	工人	农民	学生	个体户	社会闲散人员	惯犯	流窜犯	有前科者
1993	2237	256	356	1123	223	1536	113	56	659	326	324	156
1994	2891	262	387	1261	256	2069	181	47	681	354	401	136
1995	3186	386	521	1356	287	1981	164	52	710	286	228	211
1996	3362	314	432	1028	312	2265	213	61	743	401	297	143
1997	3891	217	463	1189	203	2849	187	59	391	389	381	187
1998	3736	223	581	1543	342	3321	126	39	738	357	423	132

续表2-1-2

年份	作案成员总数	女	18岁以下	18~25岁	工人	农民	学生	个体户	社会闲散人员	惯犯	流窜犯	有前科者
1999	4259	189	328	1367	103	2812	152	47	752	469	489	198
2000	4361	319	478	1361	312	2776	135	76	781	396	532	160
2001	5061	281	668	1581	312	3344	163	64	838	589	369	219
2002	4978	274	638	1551	212	3062	127	53	1254	648	394	189
2003	6320	346	959	2041	146	4212	237	66	1446	541	587	279
2004	4838	200	883	1574	74	3364	313	32	908	533	347	202
2005	4669	148	862	1527	75	3113	247	33	945	423	501	140
2006	4834	116	778	1461	74	2966	171	68	1417	330	609	142
2007	4948	144	771	1302	53	3298	153	62	1154	245	499	165
2008	4302	179	373	1027	47	1785	170	50	1087	331	468	235
2009	4551	241	425	1110	58	2211	104	152	1230	313	517	207
2010	3925	280	250	810	31	1843	80	90	1027	264	534	179
2011	3932	220	214	552	36	2472	169	67	880	266	613	202
2012	4500	250	201	578	70	1549	79	44	990	233	644	155
2013	3567	207	192	499	66	1233	73	61	789	246	484	175
2014	3855	271	132	568	33	2073	76	91	824	285	403	183
2015	9199	711	242	958	235	4873	126	179	2011	464	1265	209

第二章　经济犯罪侦查

20世纪90年代，经济领域犯罪逐渐增多，永州各级公安机关把打击经济犯罪作为保卫经济发展的一项重要任务。1991年，零陵地区公安处设立经济文化保卫科，担负全区国家机关、社会团体、企事业单位和重点建设工程的安全保卫，参与、指导和协调管辖范围内的经济犯罪案件侦破工作。1995 年 4 月，公安部决定将涉及金融、财税等方面的五类经济犯罪案件由经济文化保卫部门管辖，1996 年，永州市公安局设立经济文化保卫支队。1997 年，涉税案件由检察机关移交公安机关管辖，市公安局设立涉税犯罪侦查支队。2002 年，经济文化保卫支队改设经济犯罪侦查支队，直接参与侦查打击经济领域的犯罪。2007 年，社会主义市场经济体制得到进一步发展和完善，永州市公安局根据经济形势的发展变化，将涉税犯罪侦查支队并入经济犯罪侦查支队，成立经济犯罪侦查支队，负责侦查破坏社会主义市场经济秩序、破坏金融管理秩序、危害税收征管 5 类 85 种案件。

第一节　金融犯罪侦查

20 世纪 90 年代，在计划经济向市场经济转换过程中，破坏金融秩序管理、金融诈骗等金融犯罪案件日益增多，打击金融犯罪成为公安机关打击经济领域犯罪重要任务之一。

1995 年，全市公安经文保部门开始担任金融、财税等五类经济犯罪案件的侦查，全区共立、破金融诈骗案件 6 起，挽回经济损失 143. 7 万元。

1996 年，省公安厅经济保卫处组织、指导全省公安机关开展侦查、打击金融犯罪活动，市公安局经济文化保卫支队在银行牡丹卡站和金穗卡部配合下对金融犯罪进行全面调查，全市共立破坏金融秩序案 42 起，破获 42 起，涉案金额 200 余万元，追回信用卡恶意透支金额 57. 3 万元。立金融诈骗案 8 起，破获 8 起，挽回经济损失 204. 7 万元。立伪造假币案 2 起，破获 2 起，18 名涉案人员被全部缉拿归案。其中冷水滩公安分局侦破建设银行特大诈骗案，涉案金额 121. 81 万元，追回 116 万元。

1997 年，市公安局经文保支队狠抓大要案件侦查，破金融诈骗案 2 起，涉案金额 8. 59 万元，刑事拘留 1 人。侦破伪造假币案 1 起，涉案金额 5. 39 万元，8 名涉案人员被全部缉拿归案。

1998—2000 年，经文保部门开展打击制贩假币犯罪专项行动，破获假币案 71 起，查获 4 个犯罪团伙，收缴假 49 万元，收缴美元 36 万元，抓获犯罪嫌疑人 94 人。江华瑶族自治县一举查获 2 个贩卖假币集团，抓获犯罪嫌疑人 13 人，收缴假币 3. 36 万元。5 月，芝山公安分局税侦大队破获永州市水上大世界工程指挥部诈骗案，4 名犯罪嫌疑人杨某民、何某战、杨某林、袁某保套取政府资金、变造虚假注册资金和虚假注册项目与全国各地 23 家单位签订 100 余份合同，收取报名费、注册费、好处费共 460 万元。

2001—2002 年，针对各地制贩假币犯罪活动有所抬头的形势，省公安厅要求各地经侦部门对假币犯罪活动进行重点整治。永州公安经侦部门立、破破坏金融秩序案件13起，涉案金额108.32万元。市公安局经侦支队破获1起利用国债回购特大诈骗案，抓获陈某晖等3名犯罪嫌疑人，查封资产逾亿元。

2003—2004年，永州经侦部门牢固树立“治安环境是最重要的投资环境”理念，全力服务经济建设。开展一系列专项整治活动，共立、破金融案件200起。侦办金融涉税案件，执行逮捕7人，刑拘16人，治安拘留47人，挽回经济损失483.4万元。

2005—2007年，落实全国公安经侦工作会议精神，以规范执法和开展“大练兵”工作为契机，充分发挥公安经侦工作“打击、参谋、服务”的三大职能，开展整顿和规范市场经济秩序及打击经济犯罪各项工作，共立、破金融犯罪案件92起，涉案金额6851.78万元，抓获在逃犯罪嫌疑人41人。

2008年，永州公安经侦部门破获合同诈骗和系列保险诈骗案6起，涉案金额16万余元。3月，市公安局经侦支队接到举报，东安县汽车车主朱某德存在使用假财政票据、虚构保险事故骗取保险金问题。侦查发现，自2005年以来，朱某德先后4次骗取东安、道县保险公司车辆和人身保险，1次成功，3次未遂，共骗得保险金1.47万元。5月，祁阳县经侦大队在长沙市望城坡公安派出所协助下，抓获网上在逃犯罪嫌疑人杨某国，破获一起诈骗银行贷款15万元的大案。

2009年，市公安局经侦支队在打击假币“09”行动中获得的荣誉证书

2009年，在全国公安机关开展打击假币犯罪“09”行动中，永州市公安机关立假币刑事案件25起，破25起，其中公安部部批案件1起、部督案件3起，省公安厅督办案件2起；抓获犯罪嫌疑人36人，执行逮捕36人；涉案假人民币3000余万元，缴获假人民币1458余万元、假美元1.18万元、假马克205万元，缴获作案车辆6台，收缴赃款19万元；查获加工窝点3个，缴获假币加工设备3台。市公安局被评为“全国公安机关打击假币犯罪09行动”先进集体。市公安局纪委书记郑勇、经侦支队政委蒋秀亮被评为“全国公安机关打击假币犯罪09行动”先进个人；市公安局“3·3”系列假币专案组获集体二等功，经侦支队民警张扬名、网技支队大队长龙千勇荣立个人一等功，经侦支队大队长章拥军、道县公安局刑侦大队民警何英青分别荣立个人二等功。市公

安局经侦支队侦破的何某飞伪造货币、贩卖假币案，缴获假币2000多万元，抓获犯罪嫌疑人8人，获评全省经侦部门2009年度十大精品案例。

2010年，永州公安机关按照省公安厅经侦总队和上级有关职能部门的安排部署，积极配合人民银行集中力量侦破涉嫌银行卡犯罪案件。共立涉嫌银行卡犯罪案件16起，侦破16起，带破4起。抓获犯罪嫌疑人16人，刑事拘留12人，移送审查起诉16人，收缴银行卡94张，涉案金额176.2万元，挽回经济损失176.2万元，抓获历年涉嫌银行卡犯罪网上在逃犯罪嫌疑人4人，追回率为100%。2010年2月24日，根据公安部经侦局《关于大力弘扬“09精神”进一步做好反假币工作的通知》，经侦部门认真梳理“09行动”中掌握的假币犯罪线索，共立涉嫌假币犯罪案件9起（包括假美金诈骗案），破案9起，缴获假币82.96万元（假币冠字号YE6249），抓获犯罪嫌疑人4人，抓获公安部督办案件网上在逃犯罪嫌疑人1人，协外抓获网上在逃犯罪嫌疑人1人。2010年2月25日11时许，在道县营江乡双桥村路段将涉嫌持有假币的犯罪嫌疑人田某宣抓获，当场缴获假币52.96万元。

2011年，冷水滩公安分局破获省督涉案价值达1亿余元的伍某特大集资诈骗案，为群众挽回经济损失1000余万元。道县公安局多警种协同配合，破获部督何某花运输假币案，当场查获假人民币100余万元。全省公安经侦部门“亮剑行动”综合考评工作永州名列全省第三。全市在打击涉嫌银行卡犯罪“天网—2011”专项整治中，共立金融刑事案件41起，破案39起，收缴银行卡145张，抓获犯罪嫌疑人29人，涉案金额294.41余万元。

2011年，市公安局经侦支队在清网行动中收缴的POS机和银行卡

2012年，认真贯彻落实公安部、省公安厅关于严厉打击经济犯罪“破案会战”专项行动指示精神，周密部署、迅速推进，参与省公安厅组织的集群战役，破案31起，其中侦破部督金融案件7起，省公安厅督办金融案件5起，自侦金融大案122起，移送审查起诉300余人，综合考评工作名列

2012年市公安局经侦支队荣获“全国反假货币工作先进集体”

全省第三。在公安部部署开展的严厉打击经济犯罪破案会战（3月1日至8月31日）中，宁远、祁阳县公安局经侦大队被评为全省破案会战先进集体。永州公安在全省“打击假币”专项行动中位列第一，荣获全国“反假币”先进集体。

2013年，组织开展“打假”专项行动，共立经济犯罪案件340起，其中破金融犯罪案件284起，涉案价值3.5亿余元，挽回经济损失2166万元，共抓获犯罪嫌疑人310人，刑事拘留230人，移送审查起诉137人。东安县经侦大队破获唐某维特大非法吸收公众存款案和贷款诈骗案，抓获犯罪嫌疑人唐某维，该案涉案金额达1.4亿元，其中涉及银行资金达5000余万元。

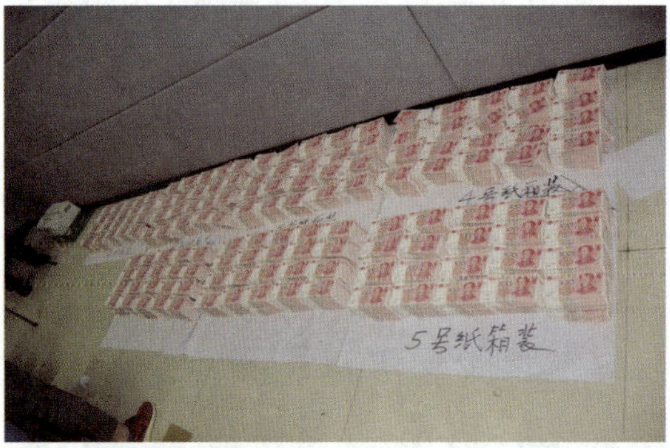

2014年，市公安局经侦支队在打击假币专项行动中缴获的部分假币

2014年，根据省公安厅统一部署，全市开展“基础建设年”和“打假”专项行动，以“多破案、办大案、办好案”为目标，对经济领域犯罪进行全方位、多领域打击和整治，侦破一批有影响的重特大经济犯罪案件，切实维护全市经济发展秩序和经济安全。全市侦办部督金融案件5起，省公安厅督办金融案件7起。立运输、持有假币案15起，破获14起，执行逮捕犯罪嫌疑人14人，收缴假币2088.7万元，占全省公安机关收缴总量的99.3%，打击假币专项行动综合考评全省第一。市公安局经侦支队民警1人记个人一等功，2人记个人二等功，6人记个人三等功。在打击假币专项行动中，周某系列假币案、顾某运输假币案等重大案件的成功侦破，受到公安部、省公安厅贺电表彰。公安部副部长刘金国，湖南省委常委、政法委书记、省公安厅厅长孙建国，省公安厅党委副书记、副厅长袁友方，省公安厅党委委员、副厅长、政治部主任吴巨培等领导均对周某系列假币案、顾某运输假币案作出重要批示。道县公安局经侦大队打击假币犯罪成绩突出，破获假币案件10起，其中部督案件3起，抓获犯罪嫌疑人10人，缴获假币1300余万元。同时协助外地公安机关破假币案件5起，抓获犯罪嫌疑人8人，缴获假币1100万元，受到公安部充分肯定和兄弟单位好评。祁阳县公安局侦办蔡某非法吸收公众存款案，涉案金额1.5亿余元。东安县公安局侦办陈某非法吸收公众存款案，涉案金额1.8亿余元。零陵公安分局连破3起涉案价值上千万元非法吸收公众存款案，抓获犯罪嫌疑人5人。7月14日，周某才等人驾驶粤Y76P61车辆运输假币874万余元至蓝山县时被当场抓获，侦破周某才等人购买、运输、出售假币案专案组荣立集体二等功。

2015 年 5 月 15 日，副市长、市公安局局长刘新良（前右一）在冷水滩河西“5·15”宣传日活动现场指导打击和防范经济犯罪宣传

2015 年，永州公安经侦部门牢牢把握服务经济建设、维护社会稳定两条主线，狠抓经济犯罪打击力度，按照“堵源截流、打防结合、综合治理、重在长效”的总体要求与“追源头、捣窝点、打团伙、摧网络”的打击策略，通过自主侦办、组织侦办等，成功侦破 18 起大要案件，其中部督案件 3 起，省公安厅督办案件 1 起。全年全市共立非法集资类案件 15 起，破案 8 起，抓获犯罪嫌疑人 32 人，涉案金额 6 亿余元，受害群众达 4000 余人。在市公安局统一指挥和调度下，江华瑶族自治县、江永县公安局成功侦破中天投资公司非法吸收公众存款案，抓获涉案主要犯罪嫌疑人刘某和等 12 名涉案人员。

按照省公安厅部署，6 月 1 日至 11 月 30 日，市公安局在全市范围内开展打击整治假币违法犯罪专项行动，侦破假币类案件 9 起，抓获犯罪嫌疑人 12 人，收缴假币 1184 万余元。8 月 13 日，道县公安局经侦大队采取多种侦查手段，侦破周某等人特大运输假币案，缴获面值百元假币 400 余万元，抓获犯罪嫌疑人 2 人。在第三季度整治假币违法犯罪专项行动考核中，永州市公安经侦部门位居全省第一。

第二节　涉税犯罪侦查

1996 年 3 月和 1997 年 10 月，修改后的《中华人民共和国刑事诉讼法》《中华人民共和国刑法》相继颁布实施，妨害税款征收犯罪和妨害发票管理罪等涉税犯罪案件由检察机关划归公安机关管辖。1997 年，永州市公安局税侦支队成立。

1997—2000 年，永州市公安税侦部门重点打击涉案数额巨大、危害严重、影响恶劣的涉税犯罪案件。1998 年，新田县公安局涉税侦查大队一举侦破盘某中涉税案。盘某中在新田县永得利商业城铺面装修及百货柜制作工程中应缴 4.28 万元税款，但其长期拖延并拒绝缴纳税款。2 月 9 日，公安机关对其刑事拘留，2 月 26 日，检察院批准对其逮捕，追缴全部应缴税款。

2001 年 4 月，根据公安部《关于深入开展打击涉税犯罪活动进一步整顿和规范税收秩序的通知》和全省第一次经济犯罪侦查工作会议精神，市公安局迅速整顿和规范税侦工作，集中开展严厉打击经济领域犯罪专项行动，重点打击危害税收征管秩序犯罪、破坏金融管理秩序和金融诈骗犯罪、商贸领域经济犯罪。共立危害税收征管案件44起，破获40起，涉案金额377.91万元。

2002年，根据公安部、国家税务总局的部署，永州公安税侦部门按照省公安厅、省国税局、省地税局联合制订的《湖南省公安税务机关开展涉税违法犯罪专项治理行动方案》和《广泛深入开展打击涉税犯罪活动进一步整顿和规范税收秩序的通知》，开展专项治理行动，有效遏制重点行业、重点地区偷税等违法犯罪活动蔓延趋势。全市公安机关受理涉税犯罪案件36起，破案36起，涉案金额达687.83万元，挽回经济损失346.65万元。

2003—2006年，全省开展打击虚开发票和制售假发票犯罪专项整治行动。永州市公安、税务部门组织300多人次对全市车站、码头、广场等重点部位和重点目标进行多次检查。共受理146起涉税案件，立案115起，其中偷税案件77起，抗税案件20起，逃避追缴欠税9起。通过侦办各类涉税案件，执行逮捕7人，刑事拘留16人，行政拘留47人，挽回经济损失483.4万元，协助税务机关追缴税款800万元。

2007年，市公安局税侦支队在办理虚开假发票案中收缴的部分假发票

2007—2010年，全市公安机关经侦部门以开展打击假发票犯罪和打击银行卡犯罪专项行动为契机，紧紧抓住打压经济犯罪这一主攻方向，多管齐下，多措并举，侦破一批有影响的重特大经济犯罪案件，共办理偷税案件32起，逃避追缴欠税款案件1起，虚开增值税发票案和制售假发票案件13起，追缴各种税款入库1020万元。通过侦办各类案件，刑事拘留41人，为国家、集体、个人挽回经济损失9140万元。2008年11月3日，市公安经侦部门侦破一起涉案发票金额达3000余万元的假发票案，抓获主要犯罪嫌疑人邓某平、谭某勇。2009年，永州公安专门开展为期3个月的打击整治涉税发票犯罪专项行动的“端点”集中行动，立案查处发票犯罪案件5起，其中假发票缴获数量在1000份以上的重大案件1起，抓获犯罪嫌疑人8人，取缔制售假发票窝点2处，查获职业犯罪团伙3个，缴

获假发票5680份；查处利用假发票偷逃税款的案件4起，抓获犯罪嫌疑人8人，挽回税款损失319万元。向税务、财政、审计等相关部门移送使用假发票线索20条，移送案件9起，涉及假发票金额5145万元。同时监控涉税违法信息，配合有关部门关闭涉税违法网站和栏目12个，删除互联网违法信息30余条，封堵涉税违法手机短信上万条。2010年1月，按照国务院的要求，公安部部署全国公安机关开展为期10个月的打击整治发票犯罪专项行动，市公安局印发《关于开展打击整治发票专项行动方案》，成立以市公安局纪委书记郑勇任组长的专项行动领导小组。在1—10月的"深入行动"中，立涉嫌发票犯罪案件4起（其中部督案件1起），破4起，查处犯罪团伙一个，抓获犯罪嫌疑人18人，取缔小型发票印制窝点2个，取缔发票储藏窝点3个，当场缴获各类假发票168万余份，涉案发票5000余万份，发票金额5600万元，并缴获各种印制加工假发票的机器10台、假印章2100枚、假证件6000本。7月29日，市公安局经侦支队兵分八路，一举抓获"4·12"刘某论等人非法制造、销售假发票案犯罪嫌疑人13人，破获部督案件1起，取缔假发票印制加工点1个、储藏假发票窝点2个，缴获各类假发票80.27万份，印制加工假发票电脑2台，打印机3台，切纸机2台，缴获各种假印章2100枚，各种假证件6260本。

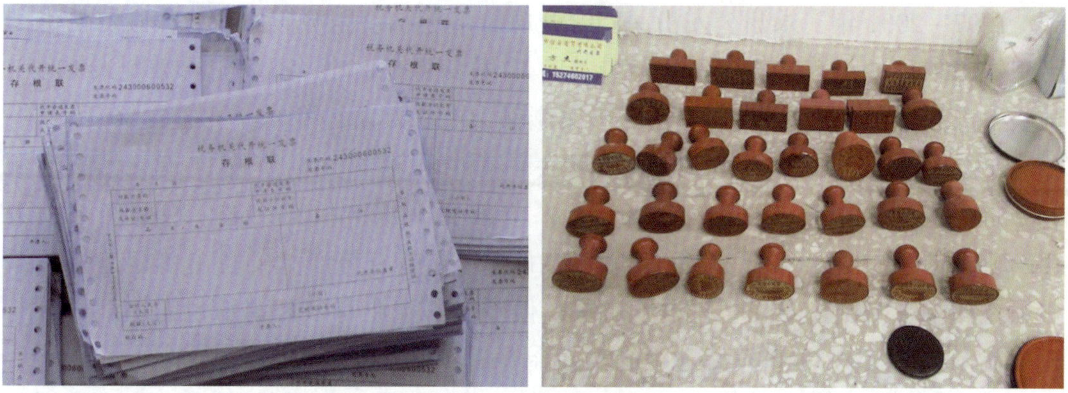

2010年10月，永州市网技支队破获一起特大制售假发票案，抓获犯罪嫌疑人5人，收缴假发票6850份，已开票额86万元，假印章33枚。图为收缴的假发票和假印章

2011—2014年，全市公安经侦部门办理偷税案件32起、逃避追缴欠税案件21起、虚开增值税发票案件47起，通过侦办各类案件，刑事拘留41人，为国家、集体和个人挽回经济损失1.18亿元。2011年6月，市公安局经侦支队跨3省行程万余公里，侦破省公安厅督办涉案价值8000余万元的滕某真等虚开增值税发票、骗取国家出口退税案。抓获犯罪嫌疑人6人，刑事拘留6人，冻结资金2000万元，暂扣宝马等高档车辆3台。2012年7—9月，市公安局经侦支队在冷水滩区张家铺村某村民出租房中查获一个特大地下印制、出售假发票窝点，抓获以黄某为首的刑事

犯罪嫌疑人4人、缴获制造假发票机器8台，查获储存假发票窝点3处，缴获假发票1000多万份。2014年，市公安局经侦支队根据省委政法委领导批示侦破王某、苏某特大涉嫌骗取贷款和虚开增值税发票案，涉案价值达2.9亿元。江永县公安局经侦大队侦破可抵扣国家税款300万元何某虚开增值税发票案。

2015年，永州公安机关开展“严打”百日整治会战专项行动，市公安局经侦支队在市中心城区103个小区对偷税漏税等涉税犯罪进行专项整治，破获逃避缴纳税款案21起，抓获犯罪嫌疑人23人，追缴税费2亿余元，其中开发商主动上缴公安机关各类税费共计9935万元。全市共立涉嫌发票犯罪案件53起，破案45起，抓获犯罪嫌疑人56人。6月，宁远县公安局经侦大队和国税局联合侦办周某等人特大虚开增值税发票案，虚开金额达9亿余元，涉及全国20个省（直辖市、自治区），共抓获犯罪嫌疑人21人。

第三节　商贸犯罪侦查

1997年，商贸领域犯罪案件中的虚报注册资金案、假冒注册商标案、合同诈骗案、非法经营案等30种刑事案件归公安部门管辖。2014年，扰乱市场秩序罪中增加组织、领导传销活动罪。

1997—2001年，永州公安机关相继开展打击走私、制贩假盐和涉嫌假冒伪劣产品犯罪专项行动，查获走私食盐案11起，收缴食盐210吨，抓获犯罪嫌疑人19人；破获生产假冒伪劣产品案件12起，涉案金额107.9万元，挽回经济损失86万元。

2002—2006年，全市受理扰乱市场秩序案件14起，立案侦破11起，涉案金额200.58万元，挽回经济损失45.58万元。立侵犯知识产权案1起，挽回经济损失1.2万元。与各地工商、民政等部门密切配合，开展声势浩大的打击传销违法犯罪专项行动。东安县公安局根据群众举报，侦破普华实业有限公司承包人郑某金等非法集资案，抓获携1300万元逃跑的郑某金等3名犯罪嫌疑人。

2007年，全市公安经侦部门共受理初查商业贿赂方面线索11起，立案3起，涉案价值50余万元。市公安局经侦支队在侦办珠山“3·11”专案中，深挖商业贿赂线索，经侦查证实零陵安达汽车运输公司法人代表徐某顺、吕某银等4人行贿受贿的犯罪事实。经侦支队与新田县经侦大队联合行动，侦破新田申龙水利水电开发有限公司王某德、王某宁抽逃出资案，提请逮捕犯罪嫌疑人2人，挽回经济损失600多万元。

2008—2009年，按照公安部、国家工商总局联合召开的全国打击传销集中行动电视电话会议精神，全市公安机关集中警力，严厉打击传销犯罪，共取缔非法传销窝点213个，抓获传销骨干人员211人，刑事拘留70人，遣返4110余人。2008年

2月22日，市公安局经侦支队在支队长刘和平、政委蒋秀亮带领下，查获位于冷水滩区百业街以所谓“网络营销”为幌子的传销团伙，当场抓获正在进行非法培训的传销人员30余人，缴获大量传销资料。根据深挖犯罪掌握的线索，支队集中警力，先后到河西觅湘路、凤凰园等地的出租房进行清查，共查封传销窝点5个，驱散传销人员上百人，抓获传销骨干成员吴某等3人。2009年，市公安经侦部门相继破获湖南跃进机电公司杨某等人“拉人头”传销案、北京亿通科技有限公司网络传销案、“3·9”法国蝴蝶夫人传销案，刑事拘留62人，人民检察院批准逮捕45人。

2010年1月，市公安局经侦支队经过长期经营，及时收网抓捕，成功侦破杨某凤、杨某霞等人特大组织领导传销案，抓获杨某凤等71名违法犯罪嫌疑人并全部予以刑事拘留，收缴13台高档轿车，追缴非法资金700余万元。该组织参与传销人员5000余人，涉案资金上亿元，涉案37名犯罪嫌疑人被移送审查起诉。2月20日，江华瑶族自治县公安局经侦大队在破获“刘某民合同诈骗案”时，深挖细审，带破一起爆炸物品连环案，抓获犯罪嫌疑人3人，缴获炸药240公斤，雷管400枚。宁远公安经侦部门深挖出一起特大串通投标案，抓获雷某南等犯罪嫌疑人9人，为国家挽回经济损失900万余元。

2011年，全市公安机关共立侵犯知识产权和制售伪劣商品犯罪案件168起，侦破168起，涉案总价值达5251万元，抓获犯罪嫌疑人176人；取缔生产窝点122个，查获批发、销售犯罪团伙83个。宁远经侦大队成功破获省公安厅督办何某富生产、销售不符合卫生标准食品案，抓获犯罪嫌疑人2人，查获非法生产、销售不符合卫生标准的肉饺黑窝点一个。新田、双牌、道县、祁阳先后追回全部在册12名通缉在逃犯罪嫌疑人。

2012年，市公安局针对金融、财税、商贸、知识产权、涉众型经济犯罪、证券等领域的突出犯罪，再次梳理确定100余起市级重点案件，实施专案专办、挂牌督办，侦破涉案金额上亿元的李某涛集资诈骗案和部督刘某莲等组织领导传销案，部督刘某强等人涉嫌生产、销售假冒化肥案，抓获犯罪嫌疑人4人，收缴假化肥百余吨，受到公安部贺电表彰，副部长刘金国批示予以奖励。

2013年，在全省“打击传销违法犯罪”专项行动中，永州公安开展“打传销、反欺诈、促和谐”执法行动，以“破大案、挖源头、捣窝点、摧网络”为主攻方向，立传销案件11起，破案12起，抓获传销人员460余人，遣送传销参与人员387人，采取刑事强制措施48人，治安处罚违法人员25人。在全省打击传销违法犯罪专项行动评比中，永州公安位列全省第一，市公安局经侦支队荣获全国“打击传销先进单位”。冷水滩经侦大队荣获全省“打击传销先进单位”。3月29日，支队在湘潭、永州两地同时收网，破获公安部督办的罗某丹销售假冒注册商标案，查

2013年3月，市公安局召开全市打击传销违法犯罪工作会议

2014年10月，永州市假烟烧毁现场

获两个假冒“迪士尼”等品牌箱包销售窝点、两个储存窝点，抓获犯罪嫌疑人3人，缴获假冒“迪士尼”品牌箱包320个。

2014年，全市开展打击传销违法犯罪行动，立传销案件12起，破10起，取缔传销窝点34个，抓获传销人员89人，查获“拉人头”传销团伙8个，市公安局打击传销专项行动综合考评位居全省第二。在打假专项行动中涉假犯罪立案88起，破获81起，取缔制假窝点8个，涉案金额达1000余万元。江华瑶族自治县公安局经侦大队联合江华瑶族自治县烟草专卖局破获以陶某等人为首的销售假冒“芙蓉王”“白沙”等品牌香烟案，涉案价值500余万元。

2015年7月22日，市公安局经侦支队和双牌县公安局经过5个多月侦查，破获“2·4”长沙超宏金属制品有限公司涉嫌生产、销售假冒注册商标商品案，涉案金额2.52亿元。收缴犯罪嫌疑人李某和李某官非法所得资金1000万元，暂扣二级经销商资金402万元，抓获犯罪嫌疑人25人，依法执行逮捕11人，冻结涉案资金7000余万元，扣押假冒钢材1000余吨、涉案车辆五台。10月18日，市公安局经侦支队和新田县公安局经过5个多月缜密侦查，成功查获一个以犯罪嫌疑人孙某春为首，总部设在河南波及全国20余个省（直辖市、自治区）会员多达6.6万人，涉案金额6.6亿余元的特大跨省网络传销犯罪团伙。该案涉案人数之多、涉案金额之大、涉及面之广，为全国罕见。该案共刑事拘留犯罪嫌疑人33人，依法执行逮捕23人，依法冻结涉案资金1.03亿元。

第四节　基础业务建设

2002—2006 年，根据省公安厅《湖南省经侦信息管理系统建设方案》，结合永州实际情况，建立上联省公安厅、下联县（区）公安局（分局）经侦系统网络，实行经济犯罪案件受理、立案、侦查、破案等各个环节于一体的网络化流程，实现与公安机关内部其他相关信息系统的信息交换和共享。

2007 年，永州公安经侦部门加强对情报信息工作的规划，积极探索建立保障情报信息工作有效运行的工作机制。与税务、工商、国土、质检等部门建立联席制度，每月定期座谈，互通信息，加强资源共享力度和宽度。同时拓展纪检、监察、检察、法院、银监等单位有关经济犯罪的情报信息新区，延伸公安派出所采集的经济犯罪情报信息外围。建立重点公司企业档案和涉案涉税企业单位台账，对重点公司企业、易发案单位、商贸密集地区、大型市场及金融等发案较多或易于发现犯罪线索的行业、领域加大信息采集力度。

2008 年，市公安局经侦部门以“三懂”（懂法律、懂经济、懂侦查）为目标，加大装备、科技投入，做到每人 1 台电脑。市公安局为经侦支队配备 5 台车辆，配齐受理室、值班室、物证室和审讯室。全市各县（区）公安局（分局）经税侦大队都配备 1 台警车和 2 台以上电脑。

2009 年，市公安局经侦支队以推广“全国经侦信息系统”为契机，加强信息研判、网上办案、案件串并、网上追逃的综合应用，切实增强情报信息辅助决策、引领实战、指导防范的效能。按照公安部确定的“机构设置功能化、执法行为规范化、警务建设标准化、经侦工作信息化”为主线的总体建设思路，加强基层经侦部门受案室、审讯室、物证室等硬件设施建设，大部分县（区）公安局（分局）经侦大队达到“三基”（基层基础建设、信息化建设、绩效考核和综合考评建设）工程硬件建设标准。

2010 年，全市公安经侦部门继续加大硬件投入力度，建好基层经侦部门受案室、审讯室、物证室、值班室，购置一批计算机和警用车，实现全市经侦民警计算机拥有率 100%、警务用车 4 人 1 台配齐到位的要求。

2011 年，永州市公安经侦部门针对当前经济领域管理出现的软肋，着力实现“整合资源、手段升级、机制创新、服务更优”四个转变，制订具体社会管理创新目标。年初，在综合各方意见的基础上，形成预防经济犯罪服务机制和经侦工作向派出所延伸两个创新项目，制订实施方案，将冷水滩区作为预防经济犯罪机制创新试点，祁阳县作为经侦工作向派出所延伸创新试点。

2012 年，市公安经侦部门加强经济犯罪案件信息资源的分析、研判和应用，充分挖掘情报信息的潜在价值，通过情报信息串并案工作取得重大突破，经侦支队两条跨省预警信息被公安部经侦局采用，山东、浙江两地警方据此破获两串系列侵犯知识产权案件。全市经侦部门探索建立健全侦控网络，建立使用假币、假发票和非法劳务中介、传销人员等高危人群“黑名单”库，进一步加强对经济犯罪活动的掌控。同时，市公安经侦部门积极探索全市经侦工作新思路新办法，创新推出管控与打击于一体的“推进三室建设（工作室、协作室、联络室），实现三个延伸”（向基层派出所延伸、向行政执法部门延伸、向企业延伸）新模式，形成“专兼结合、资源共享、密切协作、所队联动”的经侦工作共赢大格局。在全市81个派出所中建立工作室，在150个行政执法部门中建立协作室，在48家重点企业建立联络室。祁阳县公安局积极探索经侦工作向派出所延伸，逐步建立起以经侦大队为主体，以派出所为依托“专兼结合、密切协作、队所联动”的新经侦工作格局，实现经侦工作由单兵作战、事后处置向提前预警、协同作战的转变，夯实新时期公安派出所基础工作，做到经侦与派出所工作同步“双赢”。祁阳县公安局经侦大队大队长陈群被评为省公安厅“创新之星”奖，祁阳县公安局副局长范先家获评市公安局“创新之星”奖。

2013年5月15日，市委副书记唐松成（右五），市政府副市长、市公安局局长蒋建湘（右四）等领导在永州市老火车站广场参加“5·15”打击和预防经济犯罪宣传日活动

2013年，永州公安经侦部门全力拓展经侦基础，加强经侦信息化应用，在“湖南经侦信息系统”案件录入和应用工作中，录入数量和质量达到100%。重视经侦专业化队伍建设和经侦专业工作建设。通过组织参加远程教学、办业务培训班、请专家授课、旁听庭审、交流调研等工作，在经侦民警中形成人人懂法律和学经侦业务的良好氛围。突出抓好经侦工作向派出所、行政执法部门、驻永企业延伸，实现多触角、多方向收集经济领域犯罪线索和打击经济领域犯罪的能力。

2014年，全市公安经侦部门以“推进主动警务战略”为契机，以经侦专业信息化建设和运用为龙头，不断夯实专业化工作基础。将银联司法服务协助系统（JASS系统）的应用范围向各县（区）拓展，加强“违法犯罪资金查控平台”建设，继续推行“三个跟进”（跟进企业全程服务、跟进全程监管、跟进企业全程保护）机制，全力保障全市企业健康有序发展。推进“四联”（宣传联防、信息联享、线索联查、执法联动）协作机制和“派出所经侦工作三项职能”建设，实施打击防范关口前移，将工作的触角牢牢扎根基层。

2014年4月，市公安局经侦支队组织全市经侦技术装备业务能力培训

2015年，按照省公安厅经侦总队的安排部署，市公安局印发《永州公安经侦部门“基础建设年”活动评估办法》，主要抓好情报信息建设、专业手段建设、协作机制建设、工作机制建设四类基础工作建设。至年底，“I2大数据分析软件”“手机取证设备”“现场勘查取证箱”等经侦专业技术装备全部配置到12个县（区）公安局（分局）经侦部门。

第三章 网络违法犯罪侦查

20世纪80年代末，零陵地区部分党政机关、银行、学校、国有大中型企业等重点单位和要害部门率先开始在办公、生产和经营管理活动中应用计算机信息系统，此后，拥有此类系统的部门和单位逐渐增多。

1994年2月18日，国务院颁布《中华人民共和国计算机信息系统安全保护条例》，计算机信息系统安全工作开始走向法制化轨道，公安机关正式承担计算机信息系统安全保护职责。

1996年，永州市公安局在机要通信科的基础上组建计算机安全监察与通信科。1996—1997年，永州市成立由政府行政领导任组长、有关部门和单位负责人为成员的计算机安全领导小组，颁布《计算机信息系统安全管理办法》。

2009年，永州市网吧实行实名上网，至2015年，通过网吧实名报警共抓获

CCIC在逃犯罪嫌疑人446人，其中命案在逃犯罪嫌疑人10人，协助破获各类刑事案件635件。在全省组织的考核中，网吧管理工作连续7年实现零扣分。2012年4月，市公安局网技支队在省公安厅举办的全省互联网安全监察管理工作培训及研讨会上介绍永州经验。

第一节 网络违法犯罪案件侦查

针对利用互联网进行的犯罪日益增多的形势，1999年，永州公安计算机管理监察部门完成“被盗抢机动车辆查询”“被盗抢机动车辆检索中心”筹建和设备配置工作。组织开展“网上追逃专项斗争”，搜集到1990年以来的在逃犯罪嫌疑人信息，摸排出在逃犯罪嫌疑人1100余人。在与邪教作斗争的过程中，全市公安计算机管理监察部门实施全天候、全方位、全过程监控，24小时值班，成功破获1起用电子信件发布邪教信息案件。1999年7月，犯罪嫌疑人李某多次非法侵入永州、邵阳、长沙等地互联网服务器，严重干扰当地互联网正常运行。市公安局计算机管理监察科与其他地市计算机管理监察科一道，相互配合，密切协作，成功将“黑客”李某缉拿归案。

2000年，网络犯罪日渐突出，全省计算机犯罪侦查工作步伐加快，力度加大。永州市公安机关紧跟省公安厅步伐，实施计算机案件统计报告和重大案件情况报告制度，建立案件协查、通报制度，加强网络侦查工作。

2001年，省公安厅正式赋予公共信息网络安全监察部门《刑法》第285、286条计算机犯罪案件管辖权和刑事执法权，网络侦查工作进入一个新的阶段。年内，全市公安网络安全监察部门以打击网上危害国家安全和社会政治稳定、危害互联网安全的违法犯罪为重点，共发现查处网络违法犯罪案件18起，依法处罚23人。

2002年，全省公共信息安全监察工作会议后，永州市公安网监部门贯彻落实会议精神，按照全省统一部署，由公安机关牵头，政府新闻办、教育、文化、工商等有关部门参与，开展互联网有害信息专项清理整治行动。永州公共信息安全监察部门通过7个月连续奋战，共发现清除有害信息1052条，依法查处网上违法犯罪案件10起，停业整顿107家。为确保中共十六大前后网上安全，10月15日，省公安厅公共信息网络安全监察处在怀化市召开各市（州）公共信息网络安全监察科长会议，专题部署中共十六大网上安全保卫特别防护期工作。特别防护期间，永州公安公共信息网络安全监察部门全力以赴，制定互联网重大突发案件应急处置预案，依法关闭安全隐患严重的网站和栏目11个，圆满完成保卫任务。

2003—2004年，在全国开展“打击手机短信和网上诈骗”专项行动期间，受理2起网上诈骗案，涉案金额3万元。在开展“打击淫秽色情网站”专项行动期间，破获 1 起利用互联网传播淫秽物品案，抓获犯罪嫌疑人 2 人。协助外地办案 5 起，抓获犯罪嫌疑人 8 人。

2005 年，处置网上有害信息突发事件 2 起，全部落地查证；处置非法入侵计算机信息系统案件 1 起，处理非法网站 1 家；办理省公安厅交办的查证线索 7 条，均全部落地查证；上报省公安厅网络赌博线索 12 条，协助外地办案 7 起。

2006 年，受理处置网上捏造事实侵犯公民人身权利的涉网治安案件 3 起，立案侦查涉网刑事案件 2 起，协助市公安局刑侦部门抓获在逃犯罪嫌疑人 6 人，协助外地办案 3 起，抓获犯罪嫌疑人 4 人。

2007 年，设立网监与行动技术支队，网侦、技侦的侦查手段、能力、系统等方面得到有效融合和提高。是年，网技支队配合其他业务部门办理刑事案件 18 起，抓获犯罪嫌疑人 27 人，配合抓获在逃犯罪嫌疑人 11 人，协助取证分析电脑 3 台，配合外地办案 3 起，线索落地核查 9 次。

2008 年，网技支队积极利用网侦、技侦手段为刑侦、经侦等部门办理案件提供计算机取证分析、互联网侦控和技术定位等方面的支持。协助取证电脑 2 台，办理各类刑事案件 128 起，涉网刑事案件 15 起，共抓获犯罪嫌疑人 134 人；配合抓获在逃犯罪嫌疑人 14 人，配合国保部门协查邪教组织人员 6 人。

2009—2010 年，网技支队配合追逃破案工作，协助抓获违法犯罪嫌疑人 266 人，其中抓获本市违法犯罪嫌疑人 252 人，带破刑事案件 278 起；协助侦破命案工作，全市命案现案全破，破获命案积案 1 起；抓获在逃犯罪嫌疑人 18 人；自主办理涉网案件 3 起，抓获犯罪嫌疑人 5 人；协助外地办案 17 起，配合线索落地查证 13 条，抓获犯罪嫌疑人 14 人。

2011—2012 年，网技支队充分发挥网侦与技侦手段技术优势，积极开展合成作战、区域协作等办案机制，配合“清网行动”“亮剑行动”、命案侦破等专项行动，共受理网侦案件 90 起，办结网侦案件 59 起，抓获犯罪嫌疑人 80 人。

2012 年 5 月 21 日，市公安局网技支队在 18 小时内破获东安白牙市镇唐某明 4 岁儿子被绑架案。图为唐某明全家将“雷霆出击、破案神速”锦旗送到网技支队

2013 年，网技支队充分发挥技术优势，以主动

作战、合成作战、信息作战的形式配合内侦部门开展专项行动，共受理网侦案件 76 起，办结网侦案件 44 起，抓获犯罪嫌疑人 54 人。其中，破获重特大命案 5 起，抓获犯罪嫌疑人 6 人；协助破获命案积案 8 起，抓获命案在逃犯罪嫌疑人 8 人。配合公安部缉枪缉爆专项行动，利用网侦侦查手段破获影响较大的“冷水滩凯悦酒店”“五洲宾馆”“喜尔登大酒店”系列持枪抢劫案。

2014 年，在全市范围内组织开展集中打击整治网络违法犯罪专项行动，共办理网络刑事案件 33 起、网络行政案件 119 起。破获江华“6・7”非法获取国家秘密案，成功在第一时间当场抓获高考期间在互联网上非法买卖高考试题的犯罪团伙成员，共抓获犯罪嫌疑人 6 人，缴获大批作案工具及无线考试作弊器材，圆满完成 2014 年全国高考网上安保工作，获公安部通报表扬。

2015 年，在全市范围内开展“百日会战”“禁毒会战”“亮剑行动”等多个专项行动，全年网技支队共协助办案 67 起，自主立案侦办 32 起，共协助刑事拘留犯罪嫌疑人 124 人，抓获在逃犯罪嫌疑人 39 人。破获省扫黄打非领导小组督办的李某等人网络传播淫秽物品案，作为经典案例上报文化部；破获“10・14”反宣案，受到公安部副部长黄明批示表扬，市公安局被公安部记集体一等功。

第二节　网络安全监督管理

一、计算机信息系统安全管理

1994 年 2 月 18 日，《中华人民共和国计算机信息系统安全保护条例》颁布实施。全市公安计算机管理监察部门深入各计算机应用重点单位和要害部门进行广泛宣传，落实安全人员。2 月底至 3 月底，市公安局通信计算机管理科对全市各单位计算机信息系统进行安全大检查。

1995—2001 年，市公安局计算机管理监察科对市直和省驻永单位、大专院校进行安全执法大检查，及时发现、消除一批安全隐患，加强安全管理。为全面掌握计算机行业安全状况，组织开展全市计算机信息系统安全普查。各县（区）公安网监部门登门入户，调查计算机应用单位 112 家，计算机 2200 余台，人员 4100 余人。

2002—2004 年，结合全市互联网有害信息专项清理整治和中共十六大网上安全保卫工作，各级公共信息网络安全监察部门加大重点单位和要害部门网络安全管理力度，严格落实各项安全管理制度和安全措施，特别是技术防范措施。市公安局公共信息网络安全监察科会同市委宣传部、市通信管理局、市保密局等有关职能部门，对市直单位网络和重要新闻网站进行安全检查。

2005—2006 年，市公安局印发《关于在全市开展计算机信息系统安全等级保护基础调查工作的通知》，对全市各行政部门及企事业单位的计算机信息系统进行摸底清查，共清查 167 个部门单位，对 83 个部门单位的计算机信息系统提出整改意见。

2007 年，为进一步规范重点单位计算机信息系统安全管理，按照省公安厅部署，市公安局印发《关于开展全市重要计算机信息系统安全等级保护定级工作的通知》，对全市所有行政部门及企事业单位的计算机信息系统进行安全等级评定，并对各部门单位的系统管理员进行安全等级保护教育培训，进一步强化各重点、要害部门的计算机信息系统的安全防护能力。

2008—2011 年，全市公安网安部门对全市各行政部门、企事业单位、非经营性上网服务场所及营业性上网服务场所进行 IP 地址采集备案工作，在电信、联通、移动、广电等互联网运营商的支持下，共采集 3800 余条 IP 地址数据，进一步健全市 IP 地址数据库。

2012—2015 年，为履行公安机关网络安全监管职能，落实政府网站安全监管责任，进一步完善政府网站安全管理制度和技术防范措施，切实保障政府网站安全稳定运行，按照“依法管网、以人管网和技术管网”的总体要求，坚持政府网站“开办有责，属地管理”的原则，市公安局网技支队组织县（区）公安局（分局）网安大队开展政府网站定级备案和监管工作。摸清政府网站底数，开展网站定级备案。网技支队以全市政府部门及其所属单位为对象，全面摸清本地政府网站底数，建立本地政府部门网站责任单位、联系人及网站信息工作台账，督促政府部门及其所属单位落实国家信息安全等级保护制度。共摸排出政府部门及其所属单位网站 112 家，全部备案。签订责任书，明确政府网站安全责任。按照“开办有责”的原则，与政府网站备案单位签订政府网站安全责任书，逐一落实政府网站安全的责任单位、监管单位及具体负责人，明确各项工作要求，确保每个政府网站都有人建、有人管。对于新建的政府网站，督促网站开办者确定网站安全保护等级并及时到公安机关备案，确保纳入公安机关监管。加强监督指导，落实网站安全防护措施。督促指导政府部门按照“谁主管，谁负责”的原则，强化责任意识，提高重视程度，建立网站用户注册等级、信息巡查等安全管理制度，落实用户日志留存、违法有害信息屏蔽过滤等技术措施。指导网站开办者按照国家信息安全等级保护制度要求，建立落实安全管理制度和责任追究制度，建设安全防护技术，加强网站安全监测测评，查找网站安全隐患并及时整改，落实网站防攻击、防篡改、防挂马等关键技术防范措施。

二、互联网及上网服务营业场所安全管理

1996 年，互联网开通使用后，永州公安及时将其纳入管理，建立用户备案制

度，共备案26家。1997年12月30日，公安部《计算机信息网络安全国际联网安全保护管理办法》发布实施，全市进行广泛宣传，互联网安全保护工作逐步深入人心。

1998年12月中旬至1999年2月上旬，在电信、教育、科委等相关部门配合下，市公安局组织开展全市互联网集中安全检查，发现整改一批安全问题，安全秩序出现好转。2000年6月上旬到7月底，针对一些不法分子利用互联网免费个人主页大肆散布反动、淫秽信息的情况，按照公安部统一部署开展全市集中清查行动，共清理检查网站14个，免费主页6个120页，整改网站8家。8月，全市推广应用公安部"国际互联网备案系统"，实行电子备案，提高工作效率。针对电信"163"主叫上网新情况，市公安局及时与市电信集团公司商妥主叫上网数据存留条备案措施。至年底，全市备案用户达1000户，备案率达95%以上。

随着互联网的发展，"网吧"等上网服务营业场所应运而生，部分业主受利益驱动，不履行安全责任，甚至为招徕顾客不惜违法违规经营，致使制作、浏览、传播反动、黄色有害信息等安全问题突出，对社会稳定和青少年的身心健康造成相当大的危害和很坏的影响。为规划网吧安全健康发展，1999—2000年，根据省公安厅、省邮电管理局、省文化厅、省工商行政管理局联合印发的《转发三部一局关于规范网吧经营行为，加强安全管理的通知》和《关于进一步加强网吧安全管理的通知》精神，在全市组织开展专项治理行动，清查网吧127家，其中停止联网2家，停业整顿23家，停机整顿19家，取缔3家，查获违法犯罪案件61起，依法处罚73人。

2001年4月3日，信息产业部、公安部、文化部、国家工商行政管理总局联合发布《互联网上网服务营业场所管理办法》，网吧管理正式步入法制化轨道。根据该办法，4月20日，湖南省发布《湖南省互联网上网服务营业场所管理实施意见》。按照全国统一部署，由市通讯管理局牵头，市公安局、市文化局、市工商行政管理局参与，开展全市互联网上网服务营业场所专项清理整顿行动，历时4个多月。各级公安计算机管理监察部门积极参战，共清查上网场所218家，其中责令整顿36家，停业整顿23家，查获违法犯罪案件12起，查处违法犯罪人员18人。通过清理整顿，建立健全网吧安全管理制度和"谁经营、谁负责"的安全责任制度，196家网吧安装网吧安全管理软件，网吧安全审核工作进一步得到规范，全市实行全省统一的《互联网上网服务营业场所安全合格证》。5月，省公安厅转发公安部《关于加强互联网上网服务营业场所安全管理工作的通知》，明确规定网吧安全审核和安全管理工作由公安网监部门负责，消防安全和涉及治安问题的防范、处理工作由消防和治安部门或辖区派出所承担，理顺横向管理关系。

2002 年，结合互联网有害信息专项整治行动，建立健全互联网安全管理基础台账，省公安厅公共信息网络安全监察处研究开发出互联网基础业务数据库。永州公安与互联网接入服务、信息服务和联网单位逐家签订全省统一式样的安全责任书，严格落实各项安全管理制度和网络检测、漏洞扫描、病毒防治等防范措施。

2003 年，全市公安机关公共信息网络安全监察部门在“非典”期间，加强对全市网站和网吧的安全管理和监督监察，及时发现和删除网上有害信息，并对有害信息线索及时追查，确保本市各网站无网上散布“非典”谣言事件。印发《永州市公安局关于对网吧升级安装安全管理软件，推行 IC 卡实名登记制度的通知》，做好全市上网实名登记卡管理系统的安装工作，有效加强网吧的安全管理。

2004 年，根据公安部、省公安厅统一部署，开展网吧场所专项整治行动，对涉及公安机关管辖的安全问题，开展全面的执法检查，重点检查网吧的安全技术措施的安装实施情况、上网日志留存和上网实名登记制度的实行情况。全市各级网监部门共计出动警力 300 多人次，检查全市范围网吧 254 间，印发《安全警告通知书》122 份。

2005 年 4 月，市公安局印发《永州市公安局关于对互联网上网服务营业场所进行专项整顿的工作方案》，在全市范围内开展专项整顿工作，全市网监部门共查处“黑网吧”25 家，查处违法人员 12 人，及时清理不符合开业条件的网吧。

2006 年，市公安局印发《关于网吧安装升级安全管理软件落实安全防范措施的通知》，组织各县（区）公安网监大队对全市范围内的 324 家网吧进行安全软件安装升级工作，加强网吧场所的技术监管力度。

2007 年，市公安局印发《关于规范网吧安全审核和安全管理工作的通知》，对全市范围的网吧进行安全大检查。市公安局网技支队协助市文化部门查实取缔未成年人上网问题网吧 6 间，查实整治未成年人问题网吧 11 间，组织查处违规经营网吧 18 间，处罚违法人员 14 人。

2008 年，市公安局网技支队完成全市网吧安全管理软件新的改版升级安装工作，对在册的 398 家网吧的安全管理软件全面实施改版升级安装工作，并对全市所有网吧进行安全检查整治，发现问题及时要求整改。与市工商和文化部门开展联合检查，取缔主城区的“黑网吧”，查获违规接纳未成年人上网的网吧 13 家，查获违反安全管理规定网吧 28 家。

2009 年，全市公安网监部门共计检查网吧 523 家次，发放巡查警告通知书 141 份，限期整改网吧 68 家，查处严重违规经营网吧 33 家。配合工商部门查处“黑网吧”5 家。配合文化部门开展未成年人上网问题联合检查 21 次，查出未成年人违规上网 68 人次，协助文化部门停业整改违规容留未成年人上网网吧 4 间。

2010 年，重点整治网吧不如实登记身份证证件信息、无身份证上网或使用他人身份证上网以及一证多人上网问题。在全市范围内暗访网吧 218 家，查获违规上网 457 人次。对全市网吧的安全管理软件进行改版升级，实现全市各县（区）网吧安全数据联查联控，开通网上轨迹、报警监控、上网记录、实时信息等模块，实现网吧有害信息过滤封堵，网吧上网人员虚拟身份和网上活动轨迹的收集以及布控追逃工作。

2011 年，组织对全市经营规模较大的 186 家网吧设置“虚拟警察”“网上报警岗亭”链接，实现虚拟社区 24 小时网上见警。同时加强上网服务营业场所安全监管和基础数据采集工作，完善上网人员虚拟身份信息系统，落实公共上网场所安全措施 233 家，数据上传率从 73%提高至 95%。

2012 年，加强对网吧的监控、审核等管理工作，公布办理审批业务流程，规范和加强网吧的安全管理，净化社会文化环境，及时发现清理网吧淫秽色情有害信息，强化网吧上网实名制，完善网吧从业人员的管理登记，完成全市网吧年度审核工作；对全市网吧进行后台巡查共 384 次，实地巡查网吧 412 家次，依法处理违规经营网吧 84 家次。

2014—2015 年，永州市登记在册网吧 564 家，实际营业 392 家，全市网吧每天上网人员数量为 5 万余人次。市公安网安部门不断改进网吧管理方式，注重日常监督管理，督促网吧落实各项安全管理制度和安全技术措施，严格依法查处违规经营的网吧，定期组织网吧安全员进行信息网络安全法律法规培训，建立对网吧实名上网的督察、暗访和后台数据抽查制度，全市网吧实名在线率、审计在线率、探针在线率均达到 95%以上。全市通过网吧实名管理系统共获取破案线索 248 条，抓获 141 名 CCIC 在逃犯罪嫌疑人。2015 年 2—3 月，在全市开展无照经营网吧整治工作，共摸排无照经营网吧 26 家，工商部门均予以取缔。5 月，在全市开展为期 1 个月的网吧清理整治专项行动，全市网吧实名上网情况进步显著，至年底省公安厅考核，全市网吧实名在线率和合格率均达到 98%。全市停业整顿违规营业网吧 173 家次，罚款处罚 286 家次。

三、计算机安全专用产品管理

计算机安全用户产品是网络安全防范的一条重要防线。1996 年 8 月 22 日至 9 月 10 日，按照全省统一部署，市公安局对互联网安全产品应用状况进行专项调查，依法打击违规经营行为。1997 年 12 月 12 日，公安部发布实施《计算机信息系统安全专用产品检测和销售许可证管理办法》，市公安局抓住机遇，进一步加强对计算机信息系统安全专用产品的研发、生产、销售和使用单位的安全监管力度，按照

"谁经营、谁负责"的原则，建立并落实安全责任制。

从 1997 年起，国外信息网络安全检测产品开始进入中国市场。此类产品集成大量的"黑客"攻击手段和各种操作系统的弱点，用于检测发现漏洞。为防止敌对分子或其他违法犯罪分子利用其攻击、破坏国内信息网络特别是重要部门信息网络，窃取国家秘密信息，1998 年 11 月 11 日，公安部印发《关于加强信息网络安全检测产品销售和使用管理的通知》，要求建立产品购买、销售到省级公安机关备案制度，并明确规定该产品只限于单位购买使用，党政机关和银行、证券、电力、电信、铁路、民航等部门的开放式信息网络原则不使用国外同类产品。1999 年 2 月 5 日，省公安厅转发该通知，并组织部署各地认真贯彻执行，对重点部门此类产品购买、使用情况进行专项调查。在计算机安全产品市场快速发展繁荣的同时，未经许可擅自销售甚至经销假冒伪劣产品等违法犯罪问题也日趋严重，给网络安全防范工作带来严重隐患。各地采取有力措施，整肃市场安全秩序。永州对计算机安全产品经营市场进行安全检查。2002 年 4 月，省公安厅在全省统一部署开展专项行动，集中整顿计算机安全专用产品。市公安局按照省公安厅部署开展清理整顿行动，至 8 月行动结束，全市共清理有关生产销售单位 9 个，依法查处违法违规单位 3 家，严格落实销售购买备案制度。

2004 年，国家认证认可监督管理委员会印发《关于建立国家信息安全产品认证认可体系的通知》，成立国家信息安全产品认证管理委员会，负责计算机信息安全产品检测认证。此后，公安机关主要负责打击利用计算机信息安全漏洞实施的犯罪行为。

四、计算机安全人员管理

为了加强计算机安全人员的管理，提高其安全意识和法制观念，1996 年 9 月 16 日，省公安厅印发《关于在全省开展计算机安全知识培训的通知》，要求对全省计算机应用单位安全人员进行普遍培训。年内，省公安厅计算机管理监察处共举办全省计算机安全培训班 5 期，永州市公安局参训 15 人次。1997—2001 年，永州市公安机关每年组织全市各单位进行安全人员培训，累计培训 436 人次。

鉴于各地计算机安全培训工作随意性大，组织形式、培训教材不统一，师资水平和培训质量参差不齐的情况，2002 年 4 月，按照公安部有关精神，省公安厅印发《关于进一步加强和规范计算机安全员培训工作的通知》，要求全省实行定点培训、统一教材、统一考试、统一发证，并就培训工作的组织领导、培训范围和对象、规范培训考试、培训方法和计划、培训制约机制等六个方面的问题作出明确规定，市公安局公共信息网络安全监察科设立永州市计算机安全培训工作小组，负责全市计算机安全培训工作的组织管理、指导协调、检查督促等日常工作。从2002年起，市公安局公共信息网络安全监察科每年定期举办全市计算机信息网络安全管理员培训班，对全市各单位计算机网络及系统管理员进行安全培训，截至2005年，全市累计培训400余人次。

2004—2006年，永州市公安机关公共信息网络安全监察部门组织开展网监业务工作练兵活动，每年举办一次网监民警岗位业务技能培训，全体网监民警参加岗位技能培训，共计参训150余人次。通过培训，提高网监民警的计算机数据取证分析技术水平、网络安全攻防水平、侦查水平和协破案件水平。

2007年，为加强全市的互联网信息安全保卫工作，有效加强信息报送、有害信息的巡查处置、舆情控制和互联网的安全管理工作，市公安局网技支队组织全市网监民警开展全市网监互联网安全管理工作业务培训，有力促进相关业务的开展。市公安局网技支队组织举办全市行政、企业、事业单位及网吧等上网服务营业单位计算机管理员培训班7期，共计参训309人次，并与管理人员签订"网络安全责任状"，层层压实安全责任。

2008年以后，公安网监部门主要负责对各单位和要害部门的计算机信息系统进行安全管理，不再对各信息系统管理员进行安全培训。各单位、部门信息系统管理员自行参加全国计算机等级考试考取计算机网络安全等级证书。

第三节　基础业务建设

1995—1996年，市公安局对全市公安机关有线通信网络进行提质改造。全市各县（区）公安局（分局）均购置配备HJD-80型80门空分交换机，实现市公安局与全市各县（区）公安局（分局）互联互通、市公安局与省公安厅相互连通。积极组建全市150MHz警用基本级无线通信网，实现北五县手机直通，南六县车台全通。

1997年，召开全市公安机关第一次机要通信与计算机安全监察工作会，对各县（区）公安机关计算机安全及网络通信业务加强规划和指导，健全完善全市智能"110"联网。

1998年，克服人员少、经费紧、任务重等困难，组建市公安局计算机中心，出台《永州市计算机信息系统安全管理监察办法》，连同省公安厅建立CCIC网络系统，初步建成被盗抢机动车和在逃人员信息查询系统。

1999—2000年，市公安局投入10万元购买服务器设备，开通DDN专线，建成省公安厅至市公安局的公安二级网，实现本市公安信息共享与省公安厅数据库的联通。

2004—2005 年，全市公安机关共计投资 353 万元，在全市范围内建成公安三级网，在市公安局及各县（区）公安局（分局）均建设公安网机房，配置 14 条 2 兆数字电路，完善全市网络安全监控系统、三级网可视电话会议系统以及办公自动化系统。

2007—2008 年，市公安局公共信息网络安全监察支队和行动技术支队合并建立网监与行动技术支队。按照公安部对网侦、技侦达标建设的要求，市公安局网监与行动技术支队购置一批先进的器材、设备、装备，建成相关侦控系统，基础设施、侦查办案、信息监控等方面能力得到有效提升。

2011 年，市公安局在网络安全保卫与技术侦察支队成立互联网信息监控中心，为满足互联网信息监控工作正规化、专业化和规范化建设的需要，市公安局投入大量人力财力建设网综平台、网安二级网。按照公安部互联网信息监控中心建设标准，市公安局互联网信息监控中心被省公安厅评审达到三级标准。

2014—2015 年，市公安局积极响应公安部、省公安厅的号召，克服当前公安工作建设任务重、财政力量薄弱的困难，先后投入 2494 万元，保障网技系统装备达标建设。建设网安三级网、电子物证实验室，升级网综平台，购置一批先进的网络侦控设备，扩建中心机房，专业技术水平和综合业务能力得到明显提升。

第四章　涉毒犯罪侦查

第一节　禁毒

一、禁吸戒毒

（一）调查摸底

1993—2002 年，零陵地区禁毒工作领导小组按照 1993 年全省第二次禁毒工作会议提出的各地、州、市每年开展一次毒品违法犯罪情况调查摸底要求，每年对毒品违法犯罪情况进行调查摸底，先后掌握吸毒人员 654 人，其中 1993—1996 年 20 人，1997—2002 年 634 人。

2003—2007 年，为配合国家禁毒委和省禁毒委开展第一轮三年禁毒人民战争的部署，永州市禁毒工作领导小组要求各地充分调动各方面力量，想方设法摸清吸毒人员底数。先后掌握吸毒人员 3186 人，其中 2003 年 74 人（男性 62 人、女性 12 人）；2004 年 127 人（男性 110 人、女性 17 人）；2005 年 209 人（男性 182 人、女性 27 人）；2006 年 915 人（男性 779 人、女性 136 人）；2007 年 1861 人（男性 1583 人、女性 278 人）。

2008 年 4 月，为配合国家禁毒委开展第二轮禁毒人民战争的部署，按照市禁毒工作领导小组的安排和要求，公安作为主力军，以各派出所辖区为单位协调有关部门开展对辖区内吸毒人员的调查摸底工作。掌握吸毒人员 2592 人，其中男性 2203 人，女性 389 人。

2009 年 5 月，为进一步全面掌握全市吸毒人员情况，澄清全市毒情底数，按照市禁毒委开展吸毒人员排查管控行动部署，全市采取地毯式摸排工作，摸排出吸毒人员 4482 人，查处吸毒人员 1066 人，其中处罚款 493 人，强制隔离戒毒 359 人，社区戒毒 214 人。吸毒人员较上年增加 1890 人，同比上升 72.9%。

2010 年 5 月，为遏制合成毒品蔓延扩张迅猛的势头，市禁毒委员会组织开展全市范围内治理合成毒品专项行动。各级公安机关积极协调各成员单位，动员各基层组织开展扫毒行动。掌握吸毒人员 5776 人，同比增长 54.3%；查处吸毒人员 771 人，其中处罚 239 人，强制隔离戒毒 283 人，社区戒毒 249 人。

2011 年 2 月，市公安局组织开展全市公安机关禁毒严打整治行动。掌握吸毒人员 7574 人；查处吸毒人员 1675 人，其中处罚款 629 人，强制隔离戒毒 347 人，社区戒毒 699 人。

2012 年 8 月，根据国家禁毒委和省禁毒委的统一部署，全市公安机关集中开展对吸毒人员排查管控专项行动。以各县（区）为一大战区，县（区）以各派出所为一小战区。县（区）机关各单位联系一小战区工作，市公安局直接联系一大战区，全面开展专项行动。掌握吸毒人员 10189 人，查处 2718 人，其中处罚 1132 人，强制隔离戒毒 508 人，社区戒毒 1078 人。2013 年 1 月，根据公安部和省公安厅的统一安排，永州市公安机关深入开展公安机关“扫毒害保平安”严打整治行动和“肃毒害、创平安”禁毒百日攻坚会战。在调查摸底阶段掌握吸毒人员 14812 人，同比上升 45.4%。

2014 年 10 月，根据省公安厅统一部署，为有效遏制全市毒品违法犯罪的高发势头，竭力萎缩毒品消费市场，切实形成全社会共同禁毒、全民参与禁毒的良好氛围，永州市公安机关开展全市禁毒会战，全面摸排吸毒人员情况，掌握吸毒人员 16972 人，同比上升 14.6%。

2015 年，市公安局先后部署开展严打整治“百日会战”、禁毒会战、严打盗骗毒“亮剑”等一系列专项行动，严打严查吸毒人员。为配合专项行动，共摸排出吸毒人员 25385 人，同比上升 49.6%。

从摸排出的吸毒人员结构分析，男性多、无职业的多并具低龄化趋势特点。

从吸食毒品种类看，1997 年之前查获的吸毒人员吸食的毒品为海洛因，1998 年后，逐步发展到吸食冰毒、麻古等毒品。2009 年，全市查处吸毒人员 1066 人，其中吸食冰毒、麻古、K 粉等合成毒品人数为 446 人，占比 41.8%；2012 年，全市查处吸毒人员 2718 人，其中吸食合成毒品人数为 1969 人，占比 72.4%；2015 年，全市共查处吸毒人员 9643 人，其中吸食合成毒品人数为 8228 人，占比 85.3%。吸食合成毒品人数呈迅速增长态势。

（二）吸毒人员管理

1. 强制收戒

2002 年 10 月前，对符合强制戒毒的人员均送永州市公安局收容教育所（1997 年加挂“永州市公安局戒毒所”牌子）执行。2002 年 10 月，永州市强制隔离戒毒所和永州市公安局强制隔离戒毒所新址投入使用。

1999—2015 年，永州市各级公安机关根据《中华人民共和国禁毒法》《全国人大常委会关于禁毒的决定》《国务院关于强制戒毒办法》《中华人民共和国戒毒条例》，对拒绝接受社区戒毒的，在社区戒毒期间吸食、注射毒品的，严重违反社区戒毒协议的，经社区戒毒、强制隔离戒毒后再次吸食、注射毒品的 2985 名涉毒人员进行强制戒毒。

2. 社区戒毒、康复、就业

2009 年，市禁毒委印发《永州市社区戒毒（康复）工作方案》，对各部门和乡镇（街道）职责进行明确，深入推进社区戒毒康复工作。2009 年开始，市禁毒委将社区戒毒（康复）工作纳入全市禁毒工作考评和县（区）政府禁毒工作责任状，各级各部门结合自身职责认真开展吸毒人员的社区戒毒（康复）工作，推动社区戒毒（康复）工作取得实效。截至 2015 年 12 月底，全市社区戒毒（康复）人员 6696 人，报到 6049 人，实际执行率达到 90.34%。

2014 年 3 月，市禁毒委按照国家禁毒办等 11 部委“关于加强戒毒康复人员就业扶持和救助服务工作的意见”，要求各县（区）从本地实际出发，积极做好社会面戒毒康复人员的就业扶持工作。重点促进社会面上有就业愿望和劳动能力的吸食阿片类毒品的戒毒康复人员就业，有条件的地方可以针对强制隔离戒毒出所人员及家庭生活困难、有就业愿望和劳动能力的滥用合成毒品人员开展就业扶持工作。坚持以人为本、科学戒毒、综合矫治、关怀救助的戒毒工作原则，进一步创新工作理念，改进管理方法，体现人文关怀，提高服务水平，使戒毒康复人员有学可上、有业可就、病有所医、困有所帮。截至 2015 年年底，全市共安置吸毒人员 3133 人，其中自主择业2140人，务农701人，就业安置点安置213人，企事业单位分散安置56人，戒毒康复场所安置23人。

（三）创建无毒社区、村

2004年，宁远县柏家坪镇板利元村在当地党委、政府的领导和公安机关的指导下创立全国第一个村级禁毒组织，动员全村力量自发开展禁毒和戒毒工作。

2008年5月，市禁毒委按照省禁毒委的安排部署，将社区戒毒和社区康复试点工作作为贯彻《禁毒法》的切入点来抓，明确祁阳县卢家甸社区、黎家坪镇作为社区戒毒、社区康复试点单位。全市在创建“无毒社区”“无毒村”活动中，广泛宣传，密切配合，以教促帮，积极预防，提高群众自觉抵御毒品侵害的能力，有效遏制毒品犯罪，维护社会稳定。是年，冷水滩、零陵、祁阳、蓝山四个药物维持治疗点，参加药物维持治疗的吸毒人员620人，占全市在册吸毒人员的四分之一，极大地萎缩毒品海洛因的消费市场。

2009年6月20日，中央电视台《共同关注》栏目专题播出《板利元村的禁毒之路》专题节目

2009年，市禁毒委印发《2009年永州市创建“无毒社区”工作方案》，推行禁毒工作社会化，以创建“无毒社区”为平台，调动社会各界和广大人民群众的积极性，把禁毒工作由专门机关工作转化为全党动员、全民参与、群防群治、预防为主的社会行动。在祁阳县卢家甸社区、黎家坪镇试点的基础上，全市各县（区）根据本地实际，分别开展社区戒毒（康复）试点工作，采取由民警、镇干部、村居干部、家属组成的“四位一体”帮教措施，做到摸排到位、谈心到位、走访到位、指导到位、尿检到位，全面掌握吸毒人员的行踪、思想动态、家庭情况、经济情况、现实表现等信息情况，切实落实社区戒毒（康复）措施。截至2009年12月，全市318名社区戒毒、康复人员全部签订戒毒、康复协议并执行，执行率达100%。同时，努力探索和完善社区戒毒康复工作新模式。宁远县禁毒委将板利元村作为该县社区戒毒试点，依照禁毒法的规定将该村自发行为引入社区戒毒的法制轨道，规范工作职责、工作制度、工作程序和档案建设，取得明显成效。该村禁毒经验受到各级新闻媒体的高度关注。2009年6月20日，中央电视台《共同关注》栏目专题播出《板利元村的禁毒之路》，对该村开展禁毒和戒毒的做法予以高度评价，引起全

社会广泛关注。

2010 年，为进一步推进和加强创建“无毒社区”工作，全面推进禁毒人民战争、禁毒严打整治行动向纵深发展，市禁毒委组织开展“无毒县区”“无毒街道”“无毒乡镇”“无毒社区”“无毒村”“无毒单位”系列创建活动。双牌县、江华瑶族自治县先后多次获省、市“无毒害县”称号。通过开展无毒创建工作，群众的防毒拒毒意识得到增强，社区戒毒、社区康复执行率大幅提升，外流贩毒人员逐渐呈下降趋势。

（四）禁种铲毒

1993 年，零陵地区禁毒工作领导小组结合当地实际，印发《关于切实做好本年度禁种铲毒工作的通知》，要求各县（市）高度重视开展打击非法零星种植毒品原植物专项工作，在党委、政府统一领导下，按照“播种之前抓宣传，生长季节抓铲除，发现种植抓查处”的工作步骤，进一步明确责任和任务，逐级签订责任书，形成一级抓一级、一级对一级负责的工作格局。1993—2015 年，全市共铲除毒品原植物 20 余万株。

1995 年，零陵地区被列入全省 5 个地市（州）非法种植罂粟突出地区之一。针对毒品原植物非法种植问题突出的情况，零陵地区公安处在组织警力对城区大型农贸市场进行暗访检查的基础上，结合工作实际，决定在全区范围内集中开展禁种铲毒专项行动，有效打击和查处一批非法种植销售毒品原植物违法犯罪行为。专项行动期间共发现铲除非法种植毒品原植物罂粟苗 1.45 万余株，收缴非法买卖罂粟苗 8234 株，查处刑事案件 5 起 5 人，查处行政案件 12 起，行政拘留 18 人。5 月，祁阳县公安局三口塘派出所连续查获两起非法种植罂粟案件，铲除罂粟原植物 5240 株。7 月，冷水滩公安分局普里桥派出所根据群众举报，在普里桥镇清塘村收缴鸦片膏 100 克。

1996 年，全市各级公安机关充分发动群众，广辟线索来源，切实开展踏查铲毒专项行动，铲除罂粟 3500 株。

1997 年 3 月，全市公安机关以禁毒专项斗争为抓手，深入乡镇、山区、村落开展禁种铲毒工作，铲除毒品原植物 9700 株。

1998 年，全市公安机关会同宣传、教育、农业、林业等部门开展禁种铲毒工作，铲除毒品原植物 1.2 万余株。5 月 19 日，东安县公安局刑侦大队一中队在永山公乡骆家寨查获俞某种植的罂粟 1000 株。

1999—2003 年，各县（区）公安机关在开展禁毒工作中，以抓宣传教育和源头治理为重点，对种植毒品原植物的发现一处铲除一起，铲除毒品原植物 1.3 万余株，依法处理 8 人。

2004—2008 年，全市各级公安机关实行禁种铲毒责任制，开展集中踏查铲毒行动，铲除毒品原植物 1.538 万余株。

2009 年 4 月 3 日，冷水滩分局铲除非法种植的罂粟 1.1 万余株

2009 年 4 月 3 日，冷水滩公安分局深入重点地区摸排，发现杨村甸镇大力元村在山上非法种植毒品原植物罂粟，分局立即调派警力，在镇、村干部的大力协助下，铲除非法种植的罂粟 1.1 万余株。

2010 年 3 月，市公安局根据省公安厅的统一部署，在全市部署开展踏查铲毒专项行动，查处非法种植毒品原植物案件 16 起，其中刑事案件 4 起，铲除毒品原植物 1.4 万余株。5 月 19 日，双牌县公安局民警在该县打鼓坪林场双丰村进行踏查铲毒工作时，铲除非法种植的毒品原植物罂粟 2395 株，抓获犯罪嫌疑人 1 人。

2011 年 2 月，市禁毒委根据国家禁毒办关于禁种铲毒的工作要求，组织全市各级各部门开展禁种铲毒专项行动，查处非法种植毒品原植物案件 19 起，其中刑事案件 12 起，铲除毒品原植物 1.2 万余株，确保实现“零产量”目标。

2012 年，全市禁毒部门贯彻落实国家禁毒委员会《关于进一步加强禁种铲毒工作的意见》，坚持“预防为主，综合治理”“禁种、禁制、禁贩、禁吸”四禁并举的工作方针，采取有力措施，进一步健全禁种责任制，不断加大踏勘铲毒工作力度，严查、严打非法种植毒品原植物违法犯罪活动，取得显著成效，全市破获毒品刑事案件 26 起，铲除毒品原植物 3.5 万余株。

2013 年，全市禁毒部门利用 3—6 月罂粟开花、结果期，部署开展踏查铲毒专项行动，共查处非法种植毒品原植物案件 42 起，其中刑事案件 19 起，铲除毒品原植物罂粟 3 万余株，实现“零产量”目标。

2014 年 3 月 5 日，冷水滩公安分局根据群众举报，核实冷水滩区伊塘镇东风村屈姓男子在自家鱼塘旁的菜地上种植约 1 万余株罂粟苗，并已长成约 10 厘米高，民警当场予以铲除。

2015 年，按照国家禁毒办和省禁毒委关于加强禁种铲毒工作的要求，全市禁毒部门采取打击查处与宣传教育相结合的方式，进一步健全禁种责任制，开展座谈、讲座的形式向人民群众宣传毒品危害和禁毒法律法规，全面提高群众的禁种意识，同时不断加大踏查铲毒工作力度，严查、严打非法种植毒品原植物违法犯罪活动，实现“零产量”目标。

（五）毒品问题综合治理

1999年，永州被列为全省走私贩卖毒品犯罪突出地市，为了摘除“帽子”，全市上下开展扫毒禁毒行动。始终保持对毒品违法犯罪的严打高压态势，从长远着眼，逐步建立健全联合打击机制，加强与云南警方和兄弟市县的禁毒协作，互通情报，交流经验，对纳入视线的涉毒案件，快速反应，快速侦破。是年，全市破获毒品案件345起，抓获涉毒违法犯罪嫌疑人372人，缴获毒品海洛因681克、鸦片1000克、杜冷丁147支、易制毒化学品97公斤。

2009年，道县因外流贩毒人员增速迅猛被国家禁毒委列为外流贩毒重点督导地区；2010年，祁阳县因毒品犯罪多、吸毒人员多、因毒品引发的治安问题多被省公安厅列为实行两年挂牌重点整治的县市之一；2013年，祁阳县因外流贩毒问题被省禁毒委列为重点督导地区。为有效整治全市毒品和外流贩毒突出问题，市禁毒委先后对祁阳、道县、宁远6个乡镇的毒品及外流贩毒问题挂牌督办，要求相关县（区）、乡镇落实宣传教育、扶贫帮困和社会救助等各项帮教措施，开展综合治理、源头治理。全市公安机关加强重点地区外流贩毒嫌疑人的摸排和控制，与流入地公安机关开展情报交流和警务协作，先后部署严打整治外流贩毒犯罪、社会治安“冬季行动”、禁毒严打整治、娱乐场所涉毒问题集中整治、禁种铲毒、合成毒品专项治理等多个打击整治行动，大力开展涉毒问题专项整治，严打涉毒违法犯罪活动。通过一系列专项整治，2009—2015年，全市共破获毒品刑事案件2265起，抓获犯罪嫌疑人2632人，缴获各类毒品1692.75公斤，查处涉毒娱乐场所41家。重点督导地区和被挂牌重点整治地区及全市的毒品问题得到解决。2015年，全市被外省公安机关抓获的外流贩毒人员506人，与2014年522人相比下降3%，首次实现止升反降，遏制外流贩毒大幅上升的势头。

2013年10月，成立特殊人群收治中心，解决涉毒群体屡抓屡放的问题。多数涉毒人员为维系生活和毒品开销，有的以贩养吸，公开半公开贩卖毒品；有的长期从事敲诈勒索、抢夺、盗窃等违法犯罪活动，成为危害当地社会治安的毒瘤。2013年以前，永州市虽然有看守所、拘留所、强制隔离戒毒所，但因无相应的医疗条件，无法进行羁押，只能是抓了放、放了后又违法犯罪，然后再抓、再放，形成恶性循环，危害社会治安，人民群众反映强烈。2013年，市编办批准成立永州市特殊人群收治中心，将市公安局强制隔离戒毒所改造为永州市特殊人群收治中心，负责羁押收治患有严重疾病又违法犯罪的被强制隔离戒毒人员和被刑事拘留、被依法逮捕人员。截至2015年年底，市特殊人群收治中心累计收治患有严重疾病的特殊人群涉毒人员110人（其中2015年收治40人），群众反映强烈的特殊人群违法犯罪人员无地羁押、屡抓屡放的问题得到解决。

二、禁毒宣传

1987 年 6 月，联合国在奥地利维也纳召开麻醉品滥用和非法贩运问题的部长级会议，建议将每年 6 月 26 日定为“国际禁毒日”。同年 12 月，第 42 届联合国大会大通过决议，正式将每年 6 月 26 日确定为“国际禁毒日”。

禁毒宣传三湘行活动在东安举行

1993—1995 年，零陵地区主要领导通过广播电台、电视台发表有关禁毒宣传讲话，参加当地的禁毒宣传咨询活动，发动广大人民群众观看并参与宣传禁毒知识，全市设立禁毒宣传点 180 个，出动宣传车辆 120 台次，张贴宣传挂图 6 万张，制作宣传板报 510 期，发表有关禁毒新闻、案例等稿件 223 篇。

1996—2000 年，全市各级各部门通过禁毒图片展、张贴警示标语、开展法制教育、禁毒知识竞赛、万人签名、公开销毁毒品、公处公判等多种形式，在全社会营造浓厚的禁毒宣传氛围，提高全民防毒、拒毒意识。1998 年，市公安局制作 6500 套禁毒展览挂图，发至各县（区）进行大规模、长时间的巡展，展出 1200 多场次，观众达 250 万人次。2000 年，市公安局联合市教委印制《禁毒知识一堂课讲授提要》发送至全市各级各类学校；与市劳动和社会保障局对外出务工人员开展禁毒宣传工作，印制“外出务工人员禁毒知识明白卡”30 万份，免费发至基层外出务工人员手中。

2001—2007 年，根据省、市禁毒委的安排部署，全市各级各部门密切配合，开展焚烧毒品、禁毒大型湘剧演出、“禁毒宣传三湘行”、播放禁毒教育片等形式多样的禁毒宣传活动。2001 年 6 月 26 日，永州市召开打击毒品犯罪公捕公判暨焚烧毒品大会，焚烧毒品海洛因 320 公斤。2002 年，禁毒题材大型湘剧《红舞吧》在全市演出 12 场次，深受市民欢迎。2003 年，市禁毒委配合省禁毒委积极组织开展“禁毒宣传三湘行”活动，全市 6400 名志愿者积极报名参与，发放宣传资料 8 万册。2004 年，新型毒品开始在永州出现，针对这一趋势，市禁毒委组织全市 8000 名中小学生参与“全省禁毒知识竞赛”，增强抵御新型毒品的能力。2005 年，市禁毒委响应团省委联合省禁毒办开展“社区青少年远离毒品行动”的号召，在全市所有社区开设宣传栏、广播、展板等形式组织社区青少年参加“禁毒自护教育”，并

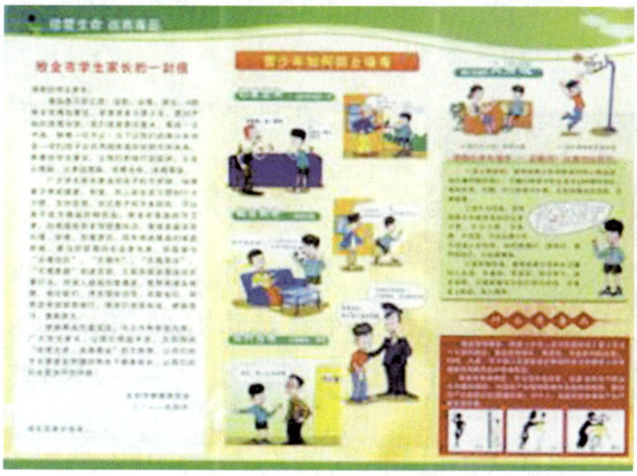

市禁毒委组织编写的《致全市学生家长的一封信》发放至学生家长

组织6000名大学生参与“2005年湖南大学生三湘行”活动。2006年，市禁毒委在全市范围内组织禁毒湘剧《珍爱生命》和禁毒教育片《死亡之吻》的巡回演出，放映30场次，观众达3万多人次。

2008—2010年，全市各级各部门以“参与禁毒斗争，构建和谐社会”为主题，广泛动员各种社会力量，开展形式多样的禁毒宣传教育活动，营造禁毒人民战争的浓厚氛围。2008年5月下旬至“6·26”国际禁毒日期间，在全市范围内开展禁毒法实施新闻发布会、举办禁毒法知识大赛、“百辆宣传车进社区、乡镇”，宣讲禁毒法、发布禁毒公益宣传短信等系列禁毒集中宣传活动。全市累计举办大型宣传活动25场，中小型活动1000场次，发放禁毒宣传资料20余万份、宣传册3万余份，举办宣传挂图展102场次，悬挂宣传横幅400幅，放映禁毒警示电影1000场次，发布禁毒公益短信150余万条，直接受教育群众300万人。2009年，针对合成毒品呈蔓延趋势、受害者多为青少年的特点，加强对全市中小学生的禁毒宣传教育。4月1日起，在全市中小学校组织开展“五个一”系列宣传教育活动：全学年学校组织学生上一堂禁毒知识专题教育课、观看一次禁毒专题教育片、参观一次禁毒教育基地、开一次“拒绝毒品，从我做起”主题班会、向每名学生家长发一封《禁毒倡议书》。6月，全市禁毒部门认真策划、精心组织，以“宣传贯彻《禁毒法》、防范合成毒品的危害”为主题，以注重实效为原则，在全市开展集中宣传活动，掀起禁毒宣传高潮。市禁毒委在市广电局的大力支持下，6月23—28日，在永州电视台都市频道播出国家禁毒委制作的禁毒公益广告片和《禁毒法》宣传片《为了国泰民安》。6月26日“国际禁毒日”当天，市禁毒委和冷水滩区禁毒委联合在冷水滩万喜登广场举行禁毒公益宣传活动。2010年，以省禁毒委开展的“拒绝毒品·阳光生活——湖南百所高校百万学子抵制毒品大行动”大型禁毒主题宣传活动为契机，市公安局会同团市委共同组织，在湖南科技学院、永州职业技术学院、湖南九嶷职业技术学院开展禁毒宣传进校园、高校禁毒社团禁毒文化风采展示、党政领导深入学校讲禁毒法制教育课等系列禁毒宣教活动，在大学校园普及禁毒知识，倡导健康文明的生活方式和积极向上的生活理念，营造浓厚的禁毒舆论氛围。同时，市禁毒委精心组织，结合湖南省“万名党政领导干部讲授毒品预防教育课”活动，在全市持续深入开展“五个一”禁毒系列宣传教育活动，并将活动的范围扩大到大学、技校和各类职业培训学校。

2013年6月20日，蓝山县邝秀谭获2013年全省十大“最美蓝结爱心人士”称号

2011—2013年，根据省禁毒委的安排部署，市及各县（区）以禁毒办、妇联为主精心组织，连续三年在全市开展“关爱生命·呵护家庭——妈妈禁毒联盟”和“蓝结家园”大型禁毒主题宣传活动（简称“活动”）。2011年4月20日，市禁毒委在冷水滩区万喜登广场举行“活动”启动仪式。市级领导及市、冷水滩区禁毒委成员单位负责人，各行业妇女代表、“妈妈禁毒联盟”志愿者共500余人参加仪式。全市大力开展“妈妈禁毒联盟”和“禁毒妈妈”进学校、进场所、进家庭及与吸毒人员“一对一”帮教活动。全市共成立“禁毒妈妈联盟”21个，招募“禁毒妈妈”志愿者186名，组织开展禁毒公益活动148场次。市直政法系统“禁毒妈妈联盟”、东安县白牙市镇梨山口社区主任周仕萍分别被省禁毒委评为“十佳妈妈禁毒联盟”和“十佳禁毒妈妈”。为加强对活动的宣传报道，《人民日报》、新浪网、新民网、搜狐网、腾讯网、湖南红网、永州各新闻单位等10余家媒体报道活动64篇次，营造强大的宣传声势。2012年4月25日，市禁毒委在冷水滩举办开展“蓝结家园”大型禁毒主题宣传活动启动仪式，市委常委、政法委书记唐湘林，市人大常委会副主任杨海河，市政协副主席何明玲等领导出席。30日，市人社局、市司法局、市禁毒办组织步步高超市、加贸电子科技有限公司等32家爱心企业开展戒毒康复人员专场招聘会，与戒毒康复人员现场签订用工合同43份。5月，市禁毒办积极参加省禁毒委组织的“蓝结家园·逃出失乐园”微电影大赛，筹拍禁毒微电影《寻人启事》并获入围奖。2013年，市禁毒委组织开展“蓝结在行动·大爱满人间”禁毒主题宣传活动，蓝山县司法局退休干部邝秀谭被省禁毒委评为“蓝结爱心人士”。持续开展全市学校“五个一”禁毒系列宣传活动，加强青少年学生防毒拒毒教育，全年受教育学生达40余万人，带动宣传学生家长，总宣传人数超过百万。市禁毒办利用本地禁毒爱心人士和吸毒人员典型事例筹拍两部禁毒公益广告

片，在市、县（区）电视台滚动播放，与“芒果 RADIO 永州之声”联合举办 11 期禁毒专题直播节目，邀请禁毒委领导、禁毒民警、禁毒爱心人士宣传毒品知识和毒品危害。是年，全市县（区）级禁毒教育基地全部建成并通过省禁毒委检查验收，有 7 个县（区）达到县市二级标准，4 个县区达到县市三级标准。

2014 年，为落实省禁毒委关于组织开展全省禁毒师资培训工作的安排，市禁毒委组织市禁毒办、教育、妇联部门召开联席会议，明确各县（区）、各部门禁毒师资培训任务和要求。上半年，全市禁毒师资培训合格人数 5897 人，其中中小学班主任 4031 人，妇联等部门 1866 人。下半年，市、各县（区）禁毒委（办）会同教育、人社、工青妇等部门精心组织、谋划，强化督导，全面推进禁毒宣传进学校、进企业、进社区。全市发放彩印禁毒宣传单 50 万份、禁毒专题教育片光碟 2300 套，组织各类大型宣传活动 12 场次、“远离毒品、阳光生活”签名活动 611 场次，组织观看禁毒专题教育片 1023 场，直接受教育学生、职工、群众 152 万人。

2015 年，市、县（区）禁毒部门利用元旦、春节、“三八”“五一”等节假日，深入车站、街道和人员聚集场所开展禁毒宣传。春节期间，市禁毒办组织在冷水滩火车站、汽车站开展禁毒宣传活动，发放宣传资料 1 万余份。6 月 26 日，市禁毒委、市公安局在冷水滩滨江广场组织开展公开销毁毒品大型公益活动，现场销毁海洛因、冰毒、K 粉等毒品 87.3 公斤，市领导唐湘林、刘新良等出席。6 月下旬至 7 月中旬，市公安局在市博物馆组织开展禁毒集中宣传月暨百日会战成果展，有干部职工、人大代表、政协委员、青年学生参观达 1 万余人次。同年，各级禁毒委（办）及相关成员单位还推出禁毒宣传进学校、进社区、进场所、进家庭、进农村，进单位

2015 年 6 月 26 日，市禁毒委组织在冷水滩滨江广场开展公开销毁毒品大型公益活动

江永县禁毒委开展禁毒宣传进农村

“六进”新举措，发放宣传资料11.2万份。文广体新部门大力开展“影动三湘·禁毒宣传进万村”宣传活动，全市200个放映队深入全市行政村播放禁毒专题片，受教育群众60余万人次。共青团积极开展“青少年远离毒品”宣传，举办禁毒知识、禁毒法律法规宣讲182场次，受教育青少年学生8万余人。市妇联积极组织妇女干部和巾帼禁毒志愿者深入社区开展“不让毒品进我家——无毒万家兴”宣传活动。市总工会开展“职工拒绝毒品零计划”宣传活动，举办禁毒知识培训15场次。市公安局开展“禁毒最前线”主题宣传，邀请传统媒体和网络媒体集中宣传禁毒工作，两次召开禁毒工作新闻发布会。全市在各级媒体播发禁毒宣传报道181条，其中中央级89条，省级主流媒体92条。

第二节　缉毒

1993—1995年，零陵地区公安处组织全区公安机关开展“打毒”专项行动、扫荡“黄、赌、毒”专项行动，集中警力打团伙、捣赌窝，破获毒品案件50起。

1996—2008年，全市公安机关对毒品犯罪坚持日常打击与专项行动相结合的手段，积极配合中央及省部署的禁毒斗争行动，相继组织开展春季严打整治、夏季严打整治、侦防双百会战、扫毒风暴、扫毒除害、打击“金三角”（泰国、缅甸、老挝）毒品入境和跨区域贩毒活动、禁毒扫毒行动和以“禁毒预防、禁吸戒毒、堵源截流、禁毒严打、禁毒严管”五大战役为重点的禁毒人民战争等系列行动，破获毒品案件1394起，抓获违法犯罪嫌疑人479人，缴获各类毒品2454克。2000年，市公安局根据公安部禁毒局《关于积极开展打击娱乐服务场所内吸毒贩毒违法犯罪活动的通知》，先后组织全市公安机关开展“加强娱乐服务场所管理，严厉打击卖淫嫖娼、赌博、吸毒贩毒等社会丑恶现象专项行动”和为期4个月（9—12月）的“打击冰毒犯罪和加强易制毒化学品管理专项整治行动”，两次行动共破获毒品刑事案件90起，抓获涉毒违法犯罪嫌疑人151人，缴获毒品海洛因820克、杜冷丁155支。2002年，市公安局根据省公安厅统一安排部署，在全市开展为期1年的“扫毒除害”专项行动，不间断地组织实施“扫毒风暴”“破冰行动”“踏查铲毒”“集中收戒”“网上追逃”五大战役。全市各级公安机关按照市公安局要求，精心组织，周密部署，全年破获毒品案件154起。2003年，市公安局根据公安部和省公安厅关于开展打击“金三角”毒品入境和跨区域贩毒活动专项行动的安排部署，迅速制订实施意见和行动方案，行动中，全市破获毒品刑事案件124起。2007年4月，市公安局根据省公安厅的统一安排和相关要求，结合全市涉毒人员“以贩养吸”以及零包贩毒活动的特点，为进一步萎缩毒品供应市场，在全市开展“清零行动”。各县（区）公安机关在不断加大毒品专案侦查工作的同时，坚持“打大”与“打零”并重的原则，积极开展打击零包贩毒犯罪活动。全年破获毒品刑事案件 97 起，抓获毒品犯罪嫌疑人 108 人，缴获毒品海洛因 1811 克、冰毒 123 克、氯胺酮 4774 克、摇头丸 30 粒。2008 年，按照国家、省禁毒委员会的统一部署，市禁毒委员会组织开展以“禁毒预防、禁吸戒毒、堵源截流、禁毒严打、禁毒严管”五大战役为重点的禁毒人民战争，全市共破获毒品刑事案件 152 起，抓获毒品犯罪嫌疑人 166 人，缴获毒品 2454 克。7 月 2 日，市公安局禁毒支队配合云南省临沧市公安局禁毒支队，成功破获一起特大贩卖新型毒品案，抓获犯罪嫌疑人 4 人，缴获毒品麻古 1 万粒，运毒车 2 台，毒资 20 万。

2012 年 9 月，市公安局禁毒支队联合蓝山县公安局在蓝山县南风坳开展公开查缉行动

2009—2014 年，根据公安部、省公安厅统一部署，全市公安机关相继开展整治娱乐场所涉毒专项行动、治理合成毒品问题专项行动、“百日会战”专项行动、堵源截流专项行动、“扫毒害保平安”严打整治行动、“扫毒除害”“禁毒会战”等专项行动，始终对毒品犯罪保持高压态势，全市破获毒品刑事案件 1542 起，抓获毒品犯罪嫌疑人 1721 人，缴获毒品 1648.8 公斤。2009 年 5 月 13 日，市公安局经过两个多月的艰苦努力，成功破获何某国制造、贩卖冰毒案，抓获犯罪嫌疑人 18 人，取缔制毒工厂及试验、加工窝点 4 处，缴获冰毒 17.7 公斤、制毒原料 883 公斤及制毒工具一批（该案被公安部评为“全国十大缉毒精品案件”）。2011 年 7 月 25 日至 11 月 5 日，按照省公安厅的部署，结合全市实际，周密安排在全市范围内组织开展以缉毒破案、追逃“清网”、禁毒管理为重点的“百日会战”专项行动，严打毒品违法犯罪活动。共破获毒品刑事案件 227 起，抓获犯罪嫌疑人 258 人，缴获各类毒品 759.8 公斤，其中易制毒化学品折算成毒品 680 公斤，纯毒品 79.755 公斤。2012 年 4—9 月，按照省公安厅统一安排，在全市范围开展以情报信息为支撑，以实战应用为核心，以合成作战为保障的堵源截流专项行动。在市公安局统一指挥下，以各县（区）为战区，采取多警种配合，各战区相互协作的战术，151 天共组织开展毒品公开查缉 52 次，出动查缉力量 490 余人次，检查车辆 7500 余台次、人员 3 万余人次，查处、破获各类毒品案件 27 起，

其中刑事案件21起，抓获犯罪嫌疑人34人，缴获各类毒品32.38公斤。同年8月，市公安局禁毒支队通过9个多月的缜密侦查，成功侦破公安部挂牌督办，以唐某峰为首，横跨云南、广东、湖南三省，以大宗毒品交易为主的特大持枪贩运毒品案，抓获犯罪嫌疑人12人，缴获冰毒620.7克、麻古9882克、枪支1支、子弹6发，斩断一条从云南、广东到湖南的毒品贩运通道。2013年1—4月，根据省公安厅的安排，在全市组织开展为期100天的“扫毒害保平安”严打整治行动。5—12月，按照公安部部署开展“2013中国新西兰‘410’行动”，阻止我国易制毒化学品特别是新康泰克等麻黄碱类复方制剂走私到新西兰用于制毒的行动。市公安局组织开展严打毒品违法犯罪活动，严格易制毒化学品管理。全年破获毒品案件356起，抓获犯罪嫌疑人379人，缴获毒品39.93公斤。2014年，全市公安机关开展“扫毒除害”“禁毒会战”专项行动，破获毒品刑事案件273起，抓获犯罪嫌疑人354人，缴获各类毒品267.6公斤。

2015年，全市公安机关坚持打击开路、防范为本，先后组织开展声势浩大的严打整治百日会战、禁毒会战、“4·14”专项行动、严打盗骗毒“亮剑”行动。集全警之力、全警之智，在全市陆续掀起缉毒破案高潮。全年破获毒品刑事案件814起，抓获犯罪嫌疑人989人，缴获毒品744.7公斤。

附：侦破毒品案件案例

1. 侦破2009年“4·2”制造、贩卖毒品案

2009年年初，市公安局获悉：冷水滩区多处非法销售的冰毒杂质非常多，而且吸食量比以前多一倍多，市公安局迅速组织搜索毒品来源。经过3天调查发现杂质冰毒来源于以何某国为首的制、贩毒团伙。为将该制贩毒团伙一网打尽，市公安局成立“4·2”专案组，从禁毒、技侦抽调精干侦查员开展专案侦查。经过2个多月的侦查，专案组获悉以何某国为首的共18人制造、贩卖毒品团伙准确信息，该团伙成员固定，分工明确。

5月13日凌晨2时，专案组组织130名警力按计划兵分五路进入各抓捕点，伺机抓捕。凌晨4时，5个抓捕小组同时出击，以迅雷不及掩耳之势一举破获隐藏在冷水滩区岚角山镇官禄塘村一村民住处的制毒窝点，抓获犯罪嫌疑人18人，缴获冰毒成品400余克，半成品38公斤，制毒原料883公斤，海洛因3.1克及大批制毒设备，取缔制毒加工厂4处。至此，本市第一起特大“自主经营”制造、贩卖毒品案件告破。

2. 侦破公安部督办 2015 年“7·3”制造毒品案

2015 年 7 月 3 日，广东惠州市公安局通报永州市公安局毒品案线索：惠州警方通过侦查，发现一伙以“古仔”“马头”为首的惠东人，从外省购进制毒原料后勾结湖南省永州人在永州进行制毒活动。通过前期侦查发现，该案系永州宁远籍人员与广东惠州籍人员勾结，在宁远制造毒品氯胺酮。为侦破该案，市公安局成立“7·3”专案组。由于制毒团伙在深山制造毒品，为准确找到制毒窝点，专案组组织民警连续两天在可疑山区进行搜寻，最终确定制毒窝点位置。经过 8 天战斗，一举破获以广东惠东人为首、组织宁远人参与的制造毒品案件，抓获犯罪嫌疑人 18 人，查获制毒工厂 1 个，缴获毒品 K 粉 535 公斤，制毒原料 3860 公斤，自制猎枪 1 支、子弹 10 发及大量制毒设备，扣押涉案车辆 8 台，缴获毒资 13 万元。该案是 2015 年湖南省破获的最有影响的制毒案件之一。

2016 年 6 月 23 日，市中级人民法院对宁远特大制造毒品案进行一审宣判

3. 侦破“6·8”引诱他人吸毒案

该案系网络毒品犯罪案件，网络组织者在浙江落地，网络服务器位于广东。为侦破该案，办案民警不分昼夜“穿梭于网络”获取证据。2015 年 6 月 18 日，市公安局禁毒支队在广东、浙江两地禁毒部门的大力配合下，成功侦破“6·8”引诱他人吸毒案，抓获犯罪嫌疑人 7

2017 年 9 月 28 日，市人民政府市长易佳良（第三排左四）等领导参加毒品案件庭审现场旁听

人，缴获冰毒 21.1 克、麻古 1.3 克、海洛因 38.31 克，查获吸毒人员 48 人，治安拘留 48 人，其中强制隔离戒毒 5 人，缴获涉案网站服务器 1 台，扣押涉案电脑 13 台，成功破获一个涉及 27 个省（直辖市、自治区）的网络毒品犯罪团伙。该案被省公安厅评为“2015 年全省十大缉毒精品案件”，市公安局禁毒支队被公安部评为“2015 年度全国网络扫毒专项行动成绩突出集体”。

第三篇

治安管理

第一章 治安行政管理

第一节 公共秩序管理

一、公共娱乐休闲服务场所管理

1993 年，全区共列管舞厅 96 家、卡拉 OK 厅 56 家、录像厅及游戏机室 434 家、夜总会 8 家、桑拿按摩室 86 家。上半年，全区各县（市）的舞厅、游戏机室打架斗殴、流氓滋扰等现象时有发生，零陵地区公安治安部门选择重点部位或区域，分别设立公安执勤室维护治安秩序，对夜摊点集中的市场实行由辖区派出所加强巡逻，实地管理，公共场所秩序好转。

1994—1997 年，根据公安部《关于严厉查处娱乐场所“三陪活动”的通知》精神，零陵地区公安处治安科与文化、工商部门密切配合，对全区城镇各类娱乐场所特别是“三厅一会”（歌厅、舞厅、卡拉 OK 厅、夜总会）进行全面清理整顿。1994 年，全区清退“三陪”服务小姐 316 人，取缔带有色情服务的舞厅、酒吧、按摩室 32 家，撤除可供色情活动的设施 1207 套，治安处罚 124 人，治安拘留 47 人。1995 年，清查 982 家文化娱乐场所，发现存在隐患漏洞的有 135 家，依法查封 23 家，限期整改 112 家。1996—1997 年，全市检查公共娱乐、休闲服务场所 783 家次，查获各类案件 493 起，抓获各类违法人员 850 人，其中治安拘留 261 人，罚款 419 人，警告 170 人。

1998 年 3 月，市公安局《关于严格掌握审批特种行业公共娱乐场所的通知》明确规定：永州市芝山、冷水滩和凤凰园经济开发区的“特种行业公共娱乐场所”审批、发证工作，由市公安局治安巡警支队负责统一办理。1999 年 3 月，国务院颁布《娱乐场所管理条例》，市公安局治安部门采取召开会议、电视宣传、张贴标语等多种形式对该条例进行宣传。4—6 月，对全市娱乐场所进行清理整顿，清理整顿按摩服务场所 896 家，查处非法经营 560 家，下达整改通知书 612 份。2000 年 1 月，市公安局治安巡警支队印发《关于规范我市特种行业、公共娱乐场所审批手续的通知》，明确界定各级治安部门审批发证的权限、范围和要求。下半年，按照全国加强娱乐服务场所暨电子游戏经营场所专项治理行动，组织 200 多次突击清查行动，查处刑事、治安案件 917 起，查获违法犯罪人员 1513 人，限期整改隐患 1177 处，取缔、压减娱乐服务场所、电游室 613 家。11 月，对辖区所有娱乐服务行业建档建卡，并制订情况报告、容量核定、人员培训等规章制度。

2001—2004 年，全市开展“扫黄打非”系列行动，各级公安机关治安部门取缔无证无照的“黑网吧”79 家，查处部分接纳未成年人、超时经营的网吧 61 家，对中小学校周边 200 米以内开设的网吧进行重点整治，发整改通知书 126 份。2004 年 4 月，市公安局治安警察支队在冷水滩零陵中路查获一地下淫秽表演窝点，现场抓获 7 名从事淫秽表演活动的工作人员，收缴电视机、VCD 放像机等一批音像设备。

2005—2007 年，根据《娱乐场所管理条例》开展娱乐休闲服务场所硬件设施达标和黄、毒问题专项整顿。2005 年，检查娱乐休闲服务场所 2100 家，限期整改 327 家，停业整顿 54 家，处罚 189 家。2007 年，检查娱乐场所 235 家，下达整改通知书 98 份。2006 年 1 月 12 日，治安巡警支队通过获取线索查处皇都“666”包厢内吸食 K 粉案，处理违法人员 11 人。2007 年，全年查处娱乐场所卖淫嫖娼案件 57 起，吸食毒品案件 24 起，截至 12 月底，全市娱乐场所的监控设施基本安装到位。

2008—2012 年，各县（区）公安治安部门按照市公安局的统一部署，对辖区公共场所的治安隐患进行定时不定时的排查，督促整改。2008 年 5 月 7 日晚 8 时组织 30 余名民警对冷水滩区万喜登、觅湘路、新益佳、步步高等公共娱乐场所开展地毯式清查，下达整改通知书 10 份，并与经营业主签订“治安消防管理责任状”。2009 年 3 月，对冷水滩区 13 家洗浴场所进行突击检查，发现治安隐患 18 处，下达整改通知书 13 份。2010 年，开展全市娱乐服务场所摸底排查、信息录入工作，共录入信息 515 条。2011 年 1 月，祁阳县公安局治安部门开展集中清查行动，清查包厢 78 间，盘查人员 531 人，抓获吸食新型毒品人员 53 人。9 月 28 日，冷水滩公安分局梅湾派出所在“小南华宾馆”2 房间查获 2 起吸毒案，处理违法人员 14 人，当场收缴吸食毒品麻古用的矿泉水瓶、吸管等工具。2012 年 4 月，宁远县公安局治安大队在该县“中国城”KTV 查房时，当场抓获吸毒人员乐某平、周某等 6 人，缴获吸食毒品若干及吸管等吸毒工具一批，涉嫌吸毒违法人员被依法治安拘留。

2013—2015 年，大力加强对休闲娱乐场所的治安检查力度，以检查促整改，强化休闲娱乐场所硬件设施规范化建设。每季度到各个县（区）随机抽选 10 家宾馆和休闲场所进行轨迹暗访检查，针对检查中出现的制度未上墙、消防不达标、管理不到位、措施不落实等情况，即时提出整改意见并进行跟踪整改。3 年共例行检查 86 次，对 167 家单位下达整改通知书，提出整改意见 523 条。

二、群体性事件预防与处置

90年代，零陵地区的群体性事件多数源自农村山林、田土、坟山、水域、宗族等纠纷引发群众性械斗苗头和隐患。针对这些突出的问题，各级公安机关突出抓各类不稳定因素的排查和化解。仅1993年上半年，全区在工作中就发现各类纠纷械斗苗头2392起，通过工作成功化解。1994—1996年，处置各类群体性事件和治安问题403起，调处各类民间纠纷5709起。1996年清明期间，全区公安部门本着“提早入手、提前介入，将纠纷械斗消除在萌芽状态”的原则，采处各种措施，消除各类纠纷苗头170起。新田县的县际农村纠纷械斗多，新田县把预防控制边界纠纷械斗作为工作重点，采取超前工作、积极疏导的方法，实现全县连续三年无纠纷械斗。1997—1998年，调处各类纠纷21561起，预防和处置群体闹事74起，消除械斗苗头239起。1999年，调处各类纠纷7682起，处置群体性治安事件220起。

2000年，全市因企业改制、移民搬迁、征地拆迁等因素引发的一些带群体性治安问题、事件明显地从农村转入城镇。群体上访、游行、静坐、冲击党政要害部门、堵塞公路干道、打砸等苗头和事件陆续出现。全市各级公安机关和其他各部门在党委政府的统一领导下，在处置各类群体性事件中坚持冷静理智、教育疏导、依法行政、快速果断、标本兼治、以人为本原则，依法妥善处置各类群体性事件。当年，调处各类纠纷5683起，处置群体性治安事件127起。2000年9月21日，冷水滩内衣厂、一建公司等五单位300余名职工，以要求按中央12号文件精神发放增补工资和生活费为名，集体到市委上访并堵塞市委大门，后又陆续赶往冷水滩区潇湘大桥和河东桥头，堵塞道路和桥梁交通4小时。通过耐心做群众工作，化解矛盾，控制事态发展，对7名有过激行为者分别给予治安拘留，对3名别有用心、有意挑起事端，为首煽动闹事及幕后策划者依法予以刑事拘留。

2001—2004年，全市摸排出因“两个确保”和企业改制及下岗职工生活困难，税费、征地、拆迁、重点工程建设，复退军人、三峡移民等特殊群体，山林、水利权属问题以及各类安全事故等因素引发的群体性事件苗头45起。在各级党委政府的重视下，各地按照本地本部门维稳工作办法和方案，各司其职，各级公安机关积极配合，耐心地向群众做宣传、教育、解释工作，45起群体性事件苗头得到控制。2002年4月，冷水滩区普利桥镇石马村伍某妹因其夫赵某在宋家洲水电站工地负伤死亡一事，认为冷水滩区政府处理不当，将其丈夫的尸体和棺材停放到区政府大楼的大厅无理取闹，严重影响正常办公秩序。冷水滩公安分局及时派出警力进行劝阻和制止，很快平息事态。鉴于伍某妹等人的违法事实，依照《中华人民共和国治安管理处罚条例》对伍某妹、赵某林给予治安拘留7天处罚。2003年4月，永州市建华机械厂部分职工以双牌线路的中巴车司机在南津渡大桥堵塞建华机械厂的公交车为由，在唐某辉、李某辉（均系个体司机）等人的煽动下，出动上百人将厂门口的107 国道堵死，造成交通中断达 10 余小时，经市委领导出面做工作予以疏通。次日，又有少数职工将双牌线路的中巴车扣押到厂内，其行为严重地破坏了正常的交通秩序。公安机关依照《中华人民共和国治安管理处罚条例》规定，对唐某辉、李某辉、李某雄、刘某林等 4 人予以治安拘留。

2005—2006 年，全市各级公安机关会同有关部门，在“两节”“两会”、清明前后和“五一”“十一”期间，深入社区、乡村、企事业单位特别是改制、亏损、破产企业，组织开展排查安全隐患。全市排查出各类不安定因素、苗头 125 个，各地按照维稳工作方案要求落实稳控措施。

2007—2008 年，处置各类群体性事件 106 起，调处和解决各类矛盾纠纷及隐患3210 起。2007 年 3 月 9 日，零陵区珠山镇部分村、居民，因对民营安达客运公司擅自提高票价不满，聚集拦载该公司客运车辆。11—12 日，安达客运公司恢复原价运营，但部分村、居民仍认为票价不合理，再度拦载该公司客运车辆，极少数不法分子乘机打砸、烧毁客车，前往维持社会秩序的公安车辆也受到不同程度损坏。为防止事态进一步扩大，市、区、乡干部分别深入村组、居委会，对群众进行耐心细致的劝解疏导工作，公安机关依法传讯打砸、烧毁客车为首人员，事态得到平息。2008 年 2 月 23 日晚 8 时许，江华瑶族自治县河路口镇大岗头村青年李某意在河路口街上被该镇牛路村源头岗自然村几个青年砍伤，随后大岗头村组织近百人持械前往源头岗村报复。江华瑶族自治县公安局获得信息后连夜组织 40 余名民警赶到现场做工作，至次日凌晨 2 时将大岗头村民劝散，避免了一场大规模的村民械斗。

2009—2013 年，全市公安机关先后开展“温暖工程”爱民实践活动、“大走访”开门评警活动、“四深入两结对一测评”［深入群众、深入村（居委会）、深入项目、深入企业，机关与村、企业结对子，机关干部与贫困户、困难职工结对子，群众对机关的满意度测评］和“三访三评”（访问民情、访查民意、访排民忧和评议工作、评查问题、评选先进）深化“大走访”活动。活动中，有针对性地开展矛盾纠纷排查化解工作。2009—2011 年，在开展“温暖工程”爱民实践活动及“大走访”开门评警活动中，出动警力 14226 人次，走访 1200 个企事业单位、1554 个村组，调查群众 15516 人次，摸排出各类矛盾纠纷 11418 件，现场化解矛盾 9900 起。发生各类群体性事件 367 起，出动警力 7284 人次。2012—2013 年，在开展“四深入两结对一测评”及“三访三评”深化“大走访”活动中，出动警力 7865 人次，走访 692 个企业、968 个村组，调查群众 6720 人次，排查各类矛盾纠纷 4576 起，化解 4253 起。

2014—2015年，全市公安机关在开展“党的群众路线教育实践活动”中，开展走访调研和矛盾纠纷排查工作，出动警力8614人次，走访516家企业、679个村组，调查群众8035人次，摸排出矛盾纠纷803起，现场调处解决329起；排查各类矛盾纠纷4829起，化解4197起。同时，全市开展打击整治“三强三堵”（强装强卸、强揽工程、强行阻工，堵门、堵路、堵桥）违法犯罪专项行动，破获“三强”刑事案件52起，刑事拘留110人；查处治安案件143起，治安拘留295人，调处化解“三强”矛盾纠纷482起；查破“三堵”刑事案件11起，刑事拘留36人；查处治安案件74起，治安拘留308人，调处化解“三堵”矛盾纠纷173起。

三、大型群众性活动安全管理

1993—2015年，全市举办的大型群众性活动51次。其中龙舟赛23次、元宵焰火晚会5次、阳明山杜娟花节1次、阳明山“和”文化旅游节9次（其中1次为阳明山“和”文化旅游节暨海峡两岸阳明山旅游合作与发展论坛活动）、永州市农博会3次、汽车展览会4次，以及湖南省第四届民族运动会，永州市农业局、冷水滩区农业局联合举办的“3·15”消费者权益活动，中日拳王对抗赛、中美男篮对抗赛、明星演唱会各1次。道县自古以来素有端午节“划龙舟”的节日活动，在县城潇水河畔举办端午“龙舟赛”，参赛的行政村达50个，100余艘龙船、2500余名运动员参赛，赛事持续4天，每天观众达6万人。1996年，冷水滩区舜德摩尔房地产开发商在永州市体育中心广场举办大型“演唱会”，观众近万人。1998年10月16—22日，湖南省第四届民族运动会在永州市冷水滩举行，每天观众达1万人。2002年3月，市农业局、冷水滩区农业局在冷水滩舜德摩尔广场联合举办“3·15”消费者权益活动，观众达1200余人。2012年2月6日晚，在冷水滩潇湘平湖举行“建设永州，再创新辉煌”为主题的元宵大型焰火晚会，市委书记张硕辅，市委副书记、市长魏旋君，市领导唐松成、董石桂、周德睿、段祥军、朱映红、石艳萍等以及离退休老领导出席并与3万余市民观看焰火晚会。2005年开始，阳明山“和”文化旅游节每年4月中旬或4月底在双牌县国家森林公园举行（2009年因故中断1次），参加人数多达2.6万人。永州市农博会分别于2011年、2012年、2013年各举行1次。2012年12月8—13日，第二届永州市农博会在冷水滩区滨江广场举行，展馆面积5000平方米，有400多家企业参展，18名台商组团参加，每天有近万人参加。2014年12月12—15日，永州冬季汽车展销会在永州火车站广场举行，吸引全市数十家汽车经销商携旗下各系高、中、低档次车型参展加盟，并推出优惠活动，满足各种购车需求，每天有3000多人参会。2015年8月11—12日与9月28日先后在永州市体育馆举办中日拳王争霸赛、中美国际男篮对抗赛、“相约永州海宁国际皮草城”迎国庆明星演唱会，每场观众都在3000人次以上。全市各级公安机关根据活动的规模、场地、环境等具体情况制订安全保卫工作方案，对活动规模大、场所复杂的活动，制订总方案和子方案，落实各项安保措施，保障活动安全。

四、淫秽物品及非法出版物查处

20世纪90年代，淫秽物品停留在影碟、录像带、照片、扑克牌、画册、书刊等初级阶段，其传播方式多为隐蔽式销售、租赁、播放。随着互联网迅速发展，淫秽物品以文字、图片与视频的形式，以电子信息的形式在网上迅速传播。

1993—1994年，零陵地区公安处部署全区公安机关重点在各县（市）城区和城郊接合部开展“扫黄”行动。1993年2月1—10日，查获传播淫秽录像案件18起，取缔窝点17个，缴获淫秽录像带40盒，录放机、彩色电视机各18台，抓获传播淫秽录像违法犯罪人员30人，查获观看淫秽录像人员300人。6月，结合全省“正风行动”，公安治安部门积极配合文化、广播、工商部门，对录像厅、书刊市场进行检查、整顿。共收缴淫秽录像带605盒，淫秽书刊923册、图牌115张。1994年，查获违反“关于严禁淫秽物品的规定”案件107起，查处违法人员147人，治安处罚142人（拘留11人、罚款121人、警告10人），收缴淫秽物品、图书杂志526本，图片照片16张，录像带878盘。

1995年，零陵地区成立以地委副书记曾昭薰为组长，行署副专员谭政，地委政法委书记杨祈贵为副组长，公安、文化、工商、宣传等部门负责人为成员的“扫黄打非”领导小组，针对全区实际情况，制订行动方案。确定以“两市（永州、冷水滩）两镇（江华码市镇、祁阳黎家坪镇）一案（冷水滩市新华书店一职工盗印中小学教材案）”为重点，全面深入开展“扫黄打非”统一行动。全区共收缴黄色书刊790册，复制、走私录像带6454盒，淫秽录像带80盒，清退“三陪”小姐316人，取缔带有色情服务的舞厅、酒吧、按摩室32家，撤除可资色情活动设施1207套（张），治安处罚124人。

1996—1997年，查处传播淫秽物品案件364起，抓获违法犯罪嫌疑人836人（刑事拘留128人，治安拘留708人），收缴淫秽录像带及光碟12437盒（盘），收缴黄色书刊4221册、淫秽图片131张。1997年12月13日下午，蓝山县治安大队接到群众举报称，在蓝山县城内有人贩卖淫秽录像带和光盘，治安大队组织力量一举将在汽车站附近开商铺的犯罪嫌疑人李某、曾某某二人抓获，当场收缴淫秽录像带和光碟320盒（盘）。

1998年，永州市公安机关依托“严打整治”专项行动，在当地政府统一领导下，公安、文化、教育、广播电视和工商行政管理等部门按照各自的分工，协作配合，查禁淫秽物品。截至12月底，全市公安机关通过警情分析、日常检查、集中整治等方式共查处涉及淫秽物品案件35起，抓获相关违法犯罪嫌疑人137人。

1999年，开展清扫“黄赌毒”行动，全市查处传播淫秽物品案件177起，收缴淫秽录像带（碟）1324本。9月20日，东安县电器总会商行经理徐某（东安县政协常委、市政协委员）以每买1台放相机搭4盒黄色淫秽录像带的方法招揽顾客，东安县公安局治安部门接警后，从该店搜出淫秽录像带13盒、黄色影碟35张。

2000年，为规范执法，依法查处走私、制作、贩卖、传播淫秽物品违法犯罪行为，市公安局淫秽物品鉴定小组成立，依照有关法律、法规，审查办案单位送检的涉嫌淫秽物品并作出鉴定结论，出具鉴定书，指导各县（区）公安局（分局）淫秽物品鉴定工作。当年，结合全市开展的“扫黄打非”行动，全市查获各类涉黄、涉非案件70余件，收缴各类非法出版物、图书等1122本（张）。

2001年，市公安局治安支队要求各县（区）公安局（分局）治安大队加强对互联网网站和互联网上网服务营业场所的监管，防止有害信息的传播；对散布政治谣言、带有淫秽内容等有害信息的网站坚决予以封堵和查处，对提供赌博、淫秽等内容的互联网上网服务营业场所坚决予以取缔。4月9日，冷水滩公安分局治安大队对冷水滩城区多家网站办公场所进行突击检查，查处非法网站3家。

2002年，全市受理淫秽案件89起，查处89起；收缴淫秽书刊31册，淫秽光盘624盘，其他淫秽物品8件。查处违法人员105人，其中治安拘留27人，警告6人，罚款72人。

2003—2004年，市公安局联合市文化局、市教育局、市工商行政管理局等部门，组织开展对出版物的检查，发现并收缴淫秽光盘565盘，有害卡通画册及淫秽“口袋本”图书624册（本）。2004年4月3日至5月4日，在全市开展为期1个月的“扫黄禁毒”专项行动，侦破涉黄涉毒刑事案件32起，抓获违法犯罪嫌疑人113人。

2005年，会同市文化、工商等有关部门贯彻党中央及省委、省政府和永州市委、市政府关于“扫黄打非”工作部署的要求，在“扫黄打非”行动中，全市共出动执法人员1151人次，检查印刷业、销售出版物店、摊点2249个次，取缔关闭非法店铺、摊点53家，清理整顿印刷企业92家，取缔非法印刷企业4家，查获非法出版物12.15万册（盘、张），其中非法书刊4.35万册，非法音像制品7.1万盘（张），非法电子出版物0.7万盘，立案查处涉黄、涉非刑事、治安案件1246件，其中治安案件982件，抓获处理违法犯罪嫌疑人2516名，刑事拘留192人，执行逮捕137人；劳动教养23人，治安处罚2164人。

2006年，根据永州市“扫黄打非”领导小组制订的《永州市2006年“扫黄打非”行动方案》，从5月初到6月中旬，组织开展对淫秽色情等有害出版物专项治理。全市收缴淫秽色情出版物12164册（盘、张），查处违法印制有害出版物单位3家，取缔制售窝点和网络11家，立案95起，抓获违法犯罪嫌疑人121人。

2007年1月，在市委宣传部的组织下，公安、工商、文化等部门联合进行销毁录像带行动，销毁2000年来全市公安机关收缴的淫秽录像带21793盒，黄色书刊79026本（册），省市两级电视台进行报道。

2008年5—10月，全市公安机关开展对利用境外注册刊号非法出版、印刷、发行期刊和盗版教材、教学辅导读物进行专项治理，严肃查处印刷、使用非法教材、教学辅导读物的单位和有关责任人。查处非法出版物经营单位78家，印刷经营单位62家，清理游商地摊11家。

2009年，全市公安治安部门会同工商、文化部门加大对印刷、音像制品销售行业的整治力度，开展4次联合清查行动，出动警力462人次，收缴非法出版物1239份、淫秽书刊2647本、涉黄光盘7265张，治安拘留17人，刑事拘留2人。

2010年，永州市公安机关开展“扫黄打非”专项行动，各县（区）公安局（分局）在调查摸底的基础上，公布举报热线，广辟线索来源，积极查办案件。全市累计查办涉黄案件283起，清查出版印刷发行单位67个，收缴各类非法出版物5320本（册）。5月10日，冷水滩公安分局对城区影像厅（店）等场所进行全面清查，查处涉嫌出售淫秽影碟的影像店8家，缴获淫秽等违禁影碟、光盘及图书1200余册，贾某、莫某等8名经营业主因出售淫秽影碟和淫秽图书被依法行政拘留。2011年，全市公安机关充分发挥主力军作用，强化措施，在“扫黄打非”工作中，出动警力1200余人次，车辆300余台次，与相关职能部门联合执法32次，收缴非法出版物6吨，盗版图书1.7万册，非法报纸500余份，盗版音像制品1350张，淫秽色情刊物（光碟）2300册，盗版计算机软件630张，立案查处盗版案件37起，治安处罚53人，取缔地摊游商36个。2012年，各县（区）公安局（分局）与文化、工商等职能部门开展“扫黄打非”专项行动，出动车辆60台次，执法人员2000人次，查获各类非法出版物2万件。

2013—2014年，贯彻落实中共十八大对“扫黄打非”工作的总体部署和湖南省“扫黄打非”工作领导小组办公室关于《湖南省开展网络淫秽色情信息专项整治“净网”行动实施方案》，精心组织，周密谋划，依法严厉打击利用互联网制作传播淫秽色情信息、提供色情电影、图片供人下载牟利的违法犯罪行为。2013年6月，查处通过互联网接入的色情网站2家。2014年4月中旬，全市查获利用“互联网”制作传播淫秽色情窝点3家，查缴各类色情音像制品1500余张。

2015年，继续严厉打击网络传淫秽色情违法犯罪。年初，在工作中发现，互联网一电影网站充斥大量淫秽色情电影及图片。经侦查，该网站系宁远县一网民建设并维护，累计已上传淫秽色情视频4000余部，图片10万余张，并通过在网站招租广告位牟利。2月3日，市公安局组织力量采取行动将犯罪嫌疑人蔡某、李某抓获，现场查获电脑2台，淫秽色情资料10余份。10月20日，市公安局治安部门侦破一起特大跨省制造、销售境外电视网络接收设备传播淫秽物品案，收缴涉及境外电视网络接收设备产品、半成品13万余套，电视棒成品2952个、电视密码卡1210张、包装盒330个、半成品电视棒1100个，刑事拘留、提请逮捕犯罪嫌疑人110人，受到全国“扫黄打非”办公室表扬。

第二节　特种行业管理

2001年前，永州市公安机关认真执行国务院、公安部以及省公安厅关于特种行业管理的规定，对特种行业进行管理。2002年，根据省公安厅的要求，永州市公安机关将旅馆业、废旧金属收购业、印刷业和印章制作业列入重点管理的行业。

一、旅馆业治安管理

1993年，全区有旅馆679个，床位7827张。随着改革开放的深入，人财物大流动，至1997年，全市有旅馆1639家，床位18284张。全市公安机关针对旅馆业业主重利益轻管理，特别是未经许可擅自经营旅管业，以及业主安全防范意识差，不按规定登记住宿，违规违法经营行为引发的安全隐患不断增多的状况，着手大规模清理整顿旅馆业。1997年5—11月，检查旅馆1178家，保留20张床位以上的旅馆258家，转为出租房管理的600家，其余全部予以取缔。对保留的258家旅馆按照“分级管理与属地管理相结合”的原则进行管理。市、县（区）公安治安部门直管35家宾馆，其余的以当地派出所管理为主，治安部门主要负责审批和监督。经过清理整顿，全市旅馆业治安状况好转。1998年，全市公安治安部门按照《湖南省旅馆业安全防范等级标准》，重点抓旅馆业安全防范评审工作，对列管单位逐家落实安全防范措施，整改隐患，提高旅馆业安全防范能力。

1999—2002年，市公安局根据全市旅馆业中的黄赌毒和住宿旅客不按规定登记等问题，组织开展日夜不定时查和分县（区）统一清查等形式，督促旅馆业落实旅客住宿登记等制度，对发现的问题除责令整改外，该处罚的给予处罚。2001年2月，召开全市旅馆业治安管理工作会议，学习《旅馆业治安管理办法》并签订“旅馆业治安责任状”。责任状明确：凡发现旅馆内存在“黄赌毒”违法犯罪现象的一律责令停止营业；两次以上发现存在“黄赌毒”违法犯罪现象的，一律吊销公安机关核发的“特种行业许可证”；违反国家机关有关规定经营行为的，公安机关将视情节对旅馆的相关责任人进行处罚。市公安局与各县（区）公安局（分局）签订“永州市公安局旅馆业治安管理责任状”，各县（区）公安机关与各旅馆业签订“旅馆业治安管理责任状”。

2003—2006 年，为落实监管责任，提高对宾馆等服务场所的治安管控能力，市公安局针对永州实际情况，出台一系列文件（通知）规定和措施。2003 年 4 月，市公安局印发《关于开展旅馆业治安管理信息系统联网工作的通知》，各县（区）公安局（分局）治安部门组织专门力量，采取召开业主会议、上门宣传等方式对旅馆业大力进行宣传发动，积极督促旅馆联网。年底，全市 50 个床位以上的旅馆业联网 24 家。2004 年 10 月，市公安局制订《关于对宾馆、娱乐服务场所实行分级管理、动态升降的规定》。至 2006 年年底，永州市联网旅馆数达到 115 家，其中 50 个床位以上旅馆业联网 50 家，20~50 个床位旅馆业联网 65 家，联网数和联网率均居全省前列。市公安局治安部门在制订《联网旅馆前台登录员管理规定》的基础上，组织联网旅馆客房经理、前台登录员进行培训。2005—2006 年，检查联网旅馆 390 家次，处罚违规旅馆 14 家次，使全市联网旅馆如实登录上传率达到 80%。2005 年 5 月 6 日，通过系统自动报警，治安部门在冷水滩金叶山庄客房抓获公安部网上在逃犯罪嫌疑人曾某明。2006 年 5 月，全省召开治安工作会议，永州市旅馆业系统建设工作被评为三等奖，受到省公安厅的表彰。

2007 年，组织全市开展整治“黑旅馆”专项行动，清查旅馆（店）500 余家，依法取缔无证经营的“黑旅馆”481 家，拆除招牌 233 块，查处各类违法案件 31 件，抓获违法人员 43 人，其中卖淫嫖娼人员 13 人，收缴管制刀具 14 把。

2008 年 10 月，在江华瑶族自治县召开全市小旅馆治安管理工作调度会，推进全市旅馆业联网工作、旅业系统与派出所联网工作、旅业系统追逃工作等三个国（省）检达标项目的建设。至 11 月底，全市联网旅馆达到 348 个，通过旅业系统抓获在逃犯罪嫌疑人 82 人。

2009—2010 年，全市公安机关提高旅馆业业主和从业人员对旅客人生财产安全的责任感和掌握旅馆业网络的运用，重点对旅管业业主及前台工作人员举办培训班。2009 年 6 月 23—26 日，由各县（区）公安局（分局）对治安管理民警和旅管业业主及前台工作人员分批次进行培训。主要学习贯彻《湖南省旅管业治安管理办法》等相关法律法规和业务知识。参加培训班学习的有单位、旅管业 1068 家，学员 2228 名（其中民警 86 名，旅管从业人员 2142 名）。年底，全市联网旅馆数达到 578 家，联网上传率达到 80%；利用旅馆业信息系统抓获网上在逃犯罪嫌疑人 161

人，其中公安部布控在逃犯罪嫌疑人 145 人，超额完成省公安厅下达的指标数，完成率名列全省第一。2010 年 4 月，组织开展学习“旅馆业住宿实名登记、上传”培训班，全市公安治安民警 62 人及全市 837 家旅馆业业主和前台工作人员共 1872 人参加培训。年底，全市联网旅馆数达到 632 家，信息上传率达到 76%，利用旅馆业信息系统共抓获网上在逃犯罪嫌疑人 90 人，其中公安部督办的网上在逃犯罪嫌疑人 5 人。两年间，检查大小旅馆 816 家，下达整改通知书 76 份，对 75 家未建立旅馆业信息系统和不及时登记入住人员信息的违法违规旅馆进行治安处罚。

2011—2014 年，实施打防并重、疏堵结合，牢牢把握住宿旅客“四实”（实名、实数、实情、实时）登记、情报预警研判等关键环节，大力加强推动全市旅馆业联网扩面、加强旅馆业信息数据采集工作，为实战提供信息支撑。全市旅馆业上传旅客信息 940 余万条，利用旅馆业信息系统抓获网上在逃犯罪嫌疑人 390 人。为做好旅馆业“四实”登记工作，2014 年，市公安局三次召开治安重点工作推介会，并派出专人常年开展暗访和明查。

2015 年，做好宾馆住宿“一人一证，本人本证”实名登记工作，市公安局派出 4 名民警常年开展明察暗访，落实实名登记工作。全市有联网旅馆 1074 家，上传入住旅客信息 126 万条。全市利用旅馆业信息系统抓获网上在逃犯罪嫌疑人 8 人。

二、废旧金属收购业管理

1993 年，零陵地区有废旧金属收购店（点）467 个，发生治安案件 41 起。

1994—1996 年，零陵地区公安处治安科为贯彻落实 1994 年 1 月国务院批准实施的《废旧金属收购治安管理办法》，会同有关职能部门对废旧金属收购业采取集中教育和突击检查与清理整顿相结合的办法，在全区 1330 家废旧金属收购业中清理整顿 57 家收购店，取缔非法收购店（点）40 个，查处非法收购案件 81 起，查处违法犯罪人员 102 人。

1997—2001 年，市公安局为规范全市废旧物品收购业的经营行为，堵塞侵财案件的销售渠道，按照公安部、省公安厅《关于清理整顿废旧金属收购站（点），严厉打击盗窃生产性废旧金属犯罪活动的通知》精神，先后开展集中清理整顿废旧金属收购站（点）、对业主和从业人员进行法律法规宣传教育、制订落实监管措施等活动。1997—1998 年，查处非法经营废旧收购点 35 个，依法取缔站（点）33 个。收缴各类生产性废旧金属 390 余吨。1999 年，重点组织各县（区）对废旧物品收购站（点）进行全面检查，查看收购站（点）手续是否齐全，是否超范围收购。在对收购业主及从业人员进行法律法规宣传教育时，要求其守法经营，严禁收购来路不明的物品，对收购金属性废品做好登记，发现可疑情况及时报告。通过专项检查，发现有安全隐患问题的收购店（点）49个，现场整改15个，下达整改通知书23份，取缔无证经营废旧收购店（点）11个。2000年，取缔废旧金属回收店（点）42个、旧货寄卖店22个。2001年，在堵塞侵财案件销售渠道上重点抓对废旧金属收购点“查、管、监、宣”四项措施落实，即不定时、不定点流动检查；实行分层管理，对从业人员强化法制教育，预防违法犯罪；与各废旧收购业主签订责任书，全面落实废旧收购业治安管理责任；发放宣传资料，公布举报电话等，动员群众参与到废旧物品收购行业的监督管理工作中来，监督从业人员及收购店（点）相关情况，引导广大群众做到发现违法犯罪行为及时向公安机关报告。

2002—2014年，对废旧物资回收站（点）坚持以日常检查与查赌侵财犯罪销售渠道为重点，规范全市废旧物资回收业经营秩序。2002年，针对一些不法分子盗窃电信、供电、市政设施比较严重，犯罪分子得手后，迅速销赃给当地废旧物资回收站等问题，11月23日，市公安局召开全市废旧物资回收站（点）专项整治动员会议，全面安排部署对废旧物资回收站（点）专项整治工作。至2003年年底，查处无证黑收购站（点）236个，查破废旧物资回收站（点）收赃案件48起，处理涉案人员66人，为国家挽回经济损失520万元。2004年，在各县（区）推广“五项制度”（综治协调制、情况通报制、联合执法制、台账资料制、督查督办制），推进全市废旧收购业长效管理工作机制。2005年5月，市公安局根据省公安厅印发的《关于加强废旧物品收购业治安管理工作决定》，专门召开全市治安工作会议安排对全市废旧物品收购业进一步进行清理整顿。全市150家（企业23家、个体户127户）废旧物品收购点中，取得工商部门营业执照的92家，其余均予以取缔。2006年，专门对全市铁路沿线的废旧金属收购站（点）进行清理整顿，清理整顿31个，责令停业整顿5个。2007年3月，结合开展治理自行车被盗专项行动，清理整治非法交易自行车旧货交易市场及废旧收购点300多个，限期整改89个，查获非法收购废旧金属物品窝点19个，取缔19个，治安处罚59人。2008年，对县（区）废旧金属收购业进行明察暗访抽查，检查9家，查处无证经营和违法违规收购3家。2009—2011年，检查废旧金属收购站（点）462个次，发现不安全隐患55处，及时整改51处，查处无证经营收购业77家，取缔22家，破获销、收赃案件17起，查获销赃、收赃团伙9个，查处违法犯罪嫌疑人36人。2012年6月17日，召开全市废旧金属收购业整治工作会议。联合市工商、商务、城管、环保、安监等部门，按照“城区为主、属地管理、部门协作、联合执法”的原则，上下联动，合力推进，集中开展废旧物资回收站（点）专项整治，依法打击惩处无照经营、严重污染环境、销赃、窝赃等违法违规行为。依法清理违法违规经营回收站（点）107

个，查破收赃案件 12 起，处理涉案人员 17 人。2013 年 3 月至 2014 年，查处无证经营收购业 23 家，刑事拘留 7 人，治安拘留 21 人。全面摸清全市废旧金属收购站（点）的底数，并对 713 家废旧金属收购业全部建立基础台账。

2015 年 5 月，按照全省统一部署，在全市范围内开展打击整治特种行业收销赃违法犯罪专项行动。破获收销赃案件 63 起，并从中带破“两抢一盗”案件 41 起，抓获犯罪嫌疑人 126 人。

三、印刷业管理

1993—1995 年，零陵地区公安机关根据《印刷业管理条例》，查处违反治安管理的违法经营 13 起，配合相关部门对擅自从事印刷经营活动的 6 家企业予以取缔。

1996 年，因彩色复印机具有复制逼真，操作方便的特点，易被不法人员利用，为加强对彩色复印机的管理，防止利用彩色复印机进行违法犯罪活动，市公安局根据国家有关规定，结合本地实际情况作出规定：凡是购买彩色复印机或对外经营彩色复印业务的，应向当地公安派出所办理登记备案手续。年底，全市有经营彩色复印业务的 23 家。

1997 年，永州市开展“清理整顿印刷行业、严厉打击非法出版活动”行动，对全市 402 家印刷企业进行全面检查，发现非法出版经营活动的 5 家，依法取缔 5 家，限期整改 42 家。芝山公安分局于 5 月 27 日查获前进街彩色印刷厂擅自印刷桂林第二制药厂商标 12 万余份，对单位涉及造假的当事人依法给予刑事拘留，对查获收缴的 12 万余份假“商标”，全部进行销毁处理。

1998 年 8 月，市公安局治安部门会同有关部门查处一起涉及道县、祁阳、芝山等地的非法印制证件案件，收缴非法产品价值 20 多万元。

1999 年，强化印刷业阵地控制，加强印刷业治安管理，各县（区）公安机关对辖区印刷场所进行专项检查，规范经营行为，严防各类违规违法行为的发生。全市登记建档印刷厂家 112 家，打字复印业 473 家，广告制作业 226 家。

2000 年，为制止非法印刷活动，规范印刷业管理，促进企业健康发展，对制作条幅、旗帜、喷绘、布告、通告等宣传材料的打字复印社、印刷厂、包装装潢、标牌制作等单位开展调查摸底、签订治安管理责任书。全市有印刷厂、打字复印、广告制作业等 811 家，与各业主签订“印刷业治安管理责任书”811 份。

2001 年，贯彻落实国务院《印刷业管理条例》，加强日常监管，严厉打击非法印刷活动，公安机关充分利用广播、电视、报纸等新闻媒体，宣传有关印刷业管理的法律、法规，建立公安、新闻出版、工商行政管理、质检等部门对印刷业的监管联动机制，建立举报奖励制度，公布举报电话，依法查处非法翻印境外政治性出版物的涉案单位和个人，查处制黄贩黄、制贩非法出版物、盗版盗印以及伪造票证、印制侵权假冒商标及产品质量标识等制假贩假的违法犯罪团伙，取缔地下印制网络。全市取缔无证无照印刷厂（点）76个，查获非法印刷窝点11个，抓获违法犯罪嫌疑人38人。是年，各县（区）公安局（分局）治安部门对辖区内经营横幅、标语、传单印刷的单位和个体印刷店进行重点检查。全市辖区内经营横幅、标语、传单印刷的单位和个体印刷店36家，全部在公安机关登记备案。

2002年，全市各级公安治安部门加强广告印刷业治安管理，组织开展对辖区广告业、印刷业进行专项检查。对是否存在印制非法传单、书籍情况进行重点检查，提醒各经营业主依法经营，切勿非法印刷、制作违法传单及书籍。检查广告业、印刷业338家，依法查处21家，刑事处罚5人，治安处罚27人。

2003年9月10—12日，全市各级公安机关根据市公安局印发的《关于进一步加强印刷业治安管理工作的通知》，组织开展印刷业专项管理摸排登记工作。对复印打字、包装装潢、广告宣传等印刷业场所、企业进行全面摸排，详细了解各单位企业名称、法人代表、经营负责人、经营地址、联系电话、经营项目、从业人员数量等基本情况，全面掌握辖区经营横幅、标语、传单、包装印刷的单位和个人的底数，进一步完善原有印刷行业基础台账，提高印刷业从业人员的守法经营意识，规范印刷业市场秩序，促进长效管理。全市有印刷、打字复印、广告制作业811家。

2004年，为遏制盗版违法犯罪活动，规范对全市印刷业的治安管理，根据国务院和公安部三局关于保护知识产权行动的统一部署，开展打击侵权盗版和印刷业专项整治行动。会同宣传、新闻出版、工商行政管理等部门组织联合执法，查处违法违规经营印刷厂（点）62个，取缔地下印刷窝点15个，查获从事盗版盗印违法犯罪活动的犯罪团伙3个，查处违法犯罪人员11人。

2005年，对全市辖区内复印打字、标牌制作等各类印刷制作企业开展治安检查，重点突出“三查三看”，即查经营记录，看有无反动、淫秽、封建迷信和国家明令禁止的违法印刷品的去向；查已做好的成品，看有无违禁物品；查业主和工作人员法制观念，看是否具备对违禁印刷品的防范知识。检查发现登记不规范等问题137处，下达整改通知书32份，并限期整改到位。同时，对印刷业业主普遍进行“三个讲清”，即讲清公安机关依法履行治安检查的职责，讲清违法印制反动、淫秽、封建迷信物品的法律后果，讲清要求承接单位印制违法物品的个人应受到的处罚，以此教育业主们合法经营，不承印非法出版物及其他印刷品，并深入发动企业员工积极提供印刷案件线索，年内，企业员工为公安机关反映线索52条。

2006年，市公安局、市新闻出版局、市工商行政管理局联合印发《进一步加强复印打字包装装潢等印刷业管理工作的通知》，加强市场监管，按照各自职责全面加强印刷业管理。

2007 年，对印刷行业进行安全教育和培训。公安机关定期或不定期地组织印刷业主学习有关印刷业管理法律、法规，进行安全生产、安全防范教育和保守国家秘密教育，使广大印刷业主能自觉遵纪守法，抵制不法经营活动。全市各县（区）组织培训 20 余次，参加培训人员 900 人，发放印刷业宣传资料 2500 份。

2008 年，各级公安机关治安部门牵头，召集各县（区）文化局、工商局以及从事印刷、广告、打字复印的企业代表就加强打字复印、广告及印刷行业的规范管理进行学习、座谈，学习《印刷业管理条例》《治安管理处罚条例》等相关法律法规。有关单位就增强印制业经营业主遵纪守法意识和自我约束能力，如何加强印刷业、广告业、打字复印店的印制内容管理进行座谈。做到不断完善印制业承接查验和问题报告等制度，所有印制业在承接业务时认真查验印刷打字复印材料内容，严禁印制非法聚会、游行、示威的横幅、标语、传单、头像、文化衫等印制品。同时，各从业单位加强对从业人员的法制教育，严格落实禁印制度，不得印刷、制作、复印含有反动、淫秽、迷信内容和国家明令禁止印刷的内容，一旦发现有印刷、打印影响社会治安稳定的内容，立即报告当地公安机关。

2009 年，全市各级公安机关为加强对印制品的监督力度，在印制业从业人员中物色信息员，从中发现印制有影响社会稳定、宣传封建迷信等内容的印制品以及翻印境外政治性出版物，盗版、盗印、制假等违法犯罪活动。全市在印制行业物建信息员 32 名，向公安机关反映线索 45 条，查处违法犯罪嫌疑人 63 人。

2010—2011 年，加强对印刷厂、图文社、誊印社、旗帜店、文化衫制作、打字复印等印刷业的治安管控工作，对全市印制业重新进行核查登记，及时发现、有效预防影响社会治安稳定的因素和苗头。在工作中收缴非法出版物 6 吨，盗版图书 1.7 万册，非法报纸 500 余份，盗版音像制品 1350 余张，盗版计算机软件 630 余张，立案查处盗版案件 37 起，治安处罚 53 人，取缔地摊游商 36 处。

2012—2015 年，公安机关与打字复印社、印刷厂、包装装潢、标牌制作等单位业主签订责任书 1512 份。同时，按照《治安管理处罚法》《印刷业管理条例》《企业事业单位内部治安保卫条例》等有关法律法规的规定，组织开展印刷行业专项整治 3 次，依法处理 33 家，刑事拘留 42 人，治安处罚 202 人。督促印刷业进一步建立健全承印验证制度、承印登记制度、印刷品保管制度、印刷品交付制度等。

四、印章刻制业管理

1993 年，《国务院关于国家行政机关和企业事业单位印章的规定》颁布实施。为加强对印章和刻制业的管理，各县（市）公安机关根据公安部《关于加强刻字业治安管理打击伪造印章犯罪活动的通告》精神，会同工商等部门对本辖区刻字业进行清理整顿。依法取缔无照经营个体刻字点（店）21家，依法处罚35人。

1994年，在全区积极推广使用原子印章。同时，地区公安处推进应用计算机印章信息系统建设，建立印章治安管理系统，用科技手段加强印章业治安管理，实行对印章行业的动态、规范化管理。

1995—1999年，为遏制一些不法分子以经济利益为诱饵，在街头巷尾个体摊点非法刻制印章，伪造证件，进行诈骗等犯罪活动，全市公安治安管理部门按照省公安厅《关于加强刻字业治安管理打击伪造印章犯罪活动的通知》精神，对刻字业进行整顿。1995年，对原子印章实行定点服务，全区在永州、道县、江永三县（市）设立定点承刻服务，使全区刻字业逐步走上规范化。1996年，全市有刻字业点（店）218家（原子印章厂家3家）。1998年6月17日，市公安局、市工商行政管理局印发《关于加强对刻字业和单位印章刻字管理的通知》，进一步规范化管理刻字业。1999年，为全面提升印章治安管理水平，防范和打击非法刻制、伪造印章等违法犯罪活动，有效保护各机关、团体、企事业单位的合法权益，根据《国务院关于国家行政机关和企业事业单位社会团体印章管理的规定》，推行新型防伪原子印章，全市开设定点生产原子印章厂家3家（零陵、冷水滩、江永各1家）。

2000年4月，市公安局根据公安部和省公安厅的要求，宣传贯彻《公安部关于贯彻执行〈印章治安管理信息系统标准〉的通知》和《印章治安管理信息系统建设规划》，督促指导各公章刻制企业提高公章信息的采集质量，所有公章刻制企业及其刻制的公章均纳入系统管理，年底前完成印章治安管理信息系统市级平台建设工作。

2001—2002年，按照省公安厅《关于印发〈公章刻制企业开办经营条件、审批发证程序以及年检年审的规定（试行）〉的通知》要求，严格落实公章刻制企业必须经过省公安厅审批同意并核发特种行业许可证后方准刻制公章的规定。对已核发特种行业许可证的公章刻制企业和个人，依据有关印章业治安管理规定，加强日常管理，及时查处违法违规行为，督促指导落实各项规章制度，确保其依法依规经营。2001年，重新换证刻字业27家［其中原子印章企业3家，刻字点（店）24家］。2002年，全市重点加强印章治安管理信息系统建设和更换编码印章工作。

2003—2005年，市公安局把打击制贩假证、非法刻制公章等违法犯罪以及印章治安管理信息数据库建设和更换编码印章工作作为日常工作的重点。在打击制贩假证、非法刻制上，会同工商等部门，采取针对性措施开展清理整治工作，严厉查处制贩假证、违反规定刻制公章的行为。3年间，取缔非法刻制点（店）61个，收缴非法刻制的公章178枚，处理非法制章违法犯罪人员16人，治安拘留5人。至

2005 年年底，全市新刻制的公章信息全部纳入系统规范管理。

2006—2008 年，进一步规范刻制公章审批程序，以适应行政审批制度改革后印章业管理工作。2006 年，针对一些县（区）印章业管理、审批不规范问题突出，存在私刻公章，无证经营公章刻制业务，利用伪造印章、公文进行违法犯罪的问题，4 月 23 日，市公安局印发《关于进一步规范印章业治安管理工作的通知》。各县（区）公安局（分局）治安部门按照通知精神严格依法审批，加强日常管理，落实各项规章制度，查处违法违规行为，督促刻制业依法依规经营。2007—2008 年，重申和坚持经营原子印章必须报经省公安厅审查批准，核发特种行业许可证；其他印章刻制企业由市、县（区）公安机关进行审批，核发特种行业许可证；刻制公章的印章企业实行总量控制，原则上每个县（区）只许各定点一个；进一步加强刻字业规范化管理，对非法刻制印章的个体刻字人员坚决预以查处；对持有营业执照的流动个体刻字人员，必须在指定地点营业，不得在街头乱设摊点；对生产原子印章的企业，重新进行核查、登记备案，加强对刻字业经营者和从业人员的管理，建立健全登记、承接、交货等规章制度，并教育其严格执行国家有关法规。同时，严厉打击伪造印章的违法犯罪活动，两年内，破获涉嫌伪造公章案件 11 起，抓获违法犯罪嫌疑人 16 人。

2009—2013 年，全市公安治安部门进一步规范辖区印章刻字业及从业人员的经营行为，预防和打击利用伪造印章进行违法犯罪活动，加强宣传教育、监管、培训，敦促其遵规守法。2009 年年初，冷水滩公安分局除举办从业人员培训班外，还深入印章刻制企业、经营网点发放宣传资料，教育从业人员自觉遵守刻字业管理法律法规。2010 年，组织民警对辖区的印章刻字业的底数、规模、分布以及从业人员基本情况重新摸排，逐一登记造册，做到底数清、情况明、不漏管；同时，联合工商等部门设立公章刻制、审批、服务窗口，专门负责申核公章的接待和审批工作。2011 年，市公安局治安部门安排专人指导，统一安装全省公章业治安信息管理系统，依托市级公安机关公章刻制业管理信息系统平台，实现随机抽取检查监管对象。2012 年，各县（区）公安机关组织业主学习《印章刻字业治安管理办法》等法律法规，与各刻字业主签订治安责任状。2013 年，各县（区）公安局（分局）治安管理部门督促公章刻字业严格遵守印章承接、制作、保密、信息采录等制度，对存在未经公安机关核准签发“准刻证”擅自承接公章刻字业务的、刻字公章不上传印章信息系统的、或不规范采集印文制作印卡，影响印章正常备案等违规行为的公章刻制企业，责令限期整改。公章刻制企业未遵守公章刻制准刻备案制度的，公安机关不得向该企业签发“准刻证”。严厉打击街头举牌办证刻章、张贴小广告刻章等伪造公章的违法犯罪活动，查处案件 102 起，抓获违法犯罪嫌疑人 42 人。（刑事处罚7人，治安处罚35人）。

2014—2015年，进一步加强全市印章业治安管理，规范和完善印章审批、申报、刻制工作机制，重点加强印章业治安管理信息系统建设，全市共录制公章5199枚。冷水滩区和零陵区分别成立永州市潇湘防伪印章制作有限公司和邵阳市胜源印章雕刻有限公司永州零陵分公司两家公司刻制企业，专门负责接洽辖区单位刻制原子印章业务，通过印章业治安管理信息系统共录制公章2100枚。

第三节 危险物品管理

一、公务用枪管理

1993—1998年，鉴于全区各地、各部门乱配、滥配枪支和滥用乱用枪支、酗酒滋事开枪、转借枪支等严重情况，为严格枪支管理，堵塞漏洞，吸取教训，杜绝和减少事件的发生，全区公安治安部门按照零陵地区公安处1993年10月7日印发的《关于对全区配发枪支重新进行清理和严格管理的通知》要求，对全区配发枪支情况进行调查，同时为全面清理整顿作准备。1994年，针对道县公安局拘留所、江永县公安局盘山林业公安派出所、永州市（县级）公安局河西派出所民警违规使用枪支情况，零陵地区公安处先后印发《关于对全区公安干警配发枪支进行严格管理的通知》和《关于再次重申严格执行公安、保卫部门枪支管理规定的通知》。根据通知精神，各县（市）积极采取措施，严格枪支集中保管、领用、交还、检查四项制度；签订枪支安全责任状，实行一票否决制。1995—1998年，根据《中华人民共和国枪支管理办法》，重点清理整顿公务用枪配枪单位，收缴超范围配枪。1995年初，对全区政法干警、保卫干部的枪支配备情况进行清理、重新登记造册，做到枪、证、卡齐全统一，并核定配枪范围，收回扩大配枪范围配发的枪支，对持枪人员进行培训、签订责任状。1996年，检查整顿公务用枪单位240个，检查公务用枪人员2499人。1997年上半年，各地对公务用枪进行全面清理检查，收回超范围配发的公务用枪320支，符合持枪条件的均登记造册报送市公安局备案，为换发持枪证工作做好准备。1998年3月20日，市公安局印发《关于认真落实湘公通【1998】2号通报加强枪支管理的通知》。4月28日，召开全市治安和经文保部门负责人紧急会议，再次部署全面收缴超范围公务配枪。年底，全市党政部门配枪51支、企事业单位配枪212支全部收回。

1999—2009年，根据往年公务用枪问题多发的情况，在配发上严把关、在管理上赌漏洞，不断完善各项制度，杜绝事故发生。1999年1月26日，市公安局印发《公务用枪换证实施方案》。5月底，全面落实各项枪支管理措施、制度，使全市实现枪支管理微机化、规范化，换证工作受到省公安厅表扬。换证工作结束后，全市建立枪支十大档案、六种台账，对不能办证的作油封枪和报废枪上交处理，实现枪枪有户口，彻底杜绝“黑”枪现象存在。2000 年 3 月，为加大对全市枪支集中保管和督查力度，杜绝涉枪事故的发生，市公安局印发《关于规范枪支管理有关规定的通知》，实行市、县（区）公安局（分局）机关及城区城镇基层所队，5 人以上的农村所、内保单位及其他配枪单位一律实行枪弹入柜、借用与集中保管和 24 小时值班制度；5 人以下农村所原则上只配发所长 1 人，配枪人分别与治安股（队）长、主管副局长签订责任书，责任到人。2004 年 4 月，市公安局治安部门根据《关于切实做好当年治安工作的通知》等文件要求，坚持“全覆盖、零容忍、严执法、重实效”，“查违规、查隐患、查制度”为重点，认真对单位枪弹库房的值班守卫、安全防范设施、消防灭火器材、监控设备和出入库台账进行检查。同时，深入县（区）公安局（分局）部分配枪单位，对枪支管理和维护保养工作进行检查。全市检查涉爆涉枪单位 126 家，发现安全隐患 57 处，下达整改通知书 32 份，均在规定的期限整改到位，建立健全相关制度 6 项。2006—2008 年，治安部门对各县（区）金融、军工、司法监狱、人民法院、人民检察院、市保安公司等 20 余家配枪单位的枪支、弹药管理进行全面专项检查。对 21 个单位 67 处安全隐患下达整改通知书，限期整改到位。2009 年，检查涉枪单位 222 家次，发现隐患 43 起，落实整改 31 起，限期整改 12 起，确定涉枪重点地区 33 个、涉枪重点人员 102 人。

2010 年 6 月 1 日 9 时 50 分左右，零陵区人民法院内发生枪击事件，导致 3 名法官死亡，3 人受伤，凶手朱某（中国邮政储蓄银行零陵区支行职工兼守护押运队队长）当场自杀。当天，市公安局治安支队火速印发《关于迅速开展公务用枪管理使用安全大检查的紧急通知》，立即开展管理使用安全大检查。6—7 月，按照市公安局《永州市枪支安全管理检查整治行动工作方案》和《关于印发〈公务用枪管理制度〉及枪支管理六本台账的通知》，开展持枪证审验和枪证、持枪证办理工作，以及持枪人员、枪支保管人员的清理排查工作。

2011—2015 年，为进一步吸取教训，严防事故的发生，市公安局治安部门加大对各级公务用枪单位和个人的监管力度。2011 年，检查涉枪单位 67 家，抽查枪支守卫和配备人员 326 人，发现安全隐患 82 处，督促整改落实 71 处，限期整改 11 处，审核申办持枪证人员 536 人。2013 年春节前后，对各县（区）公务用枪使用管理状况进行检查，检查 11 家枪库，下达整改通知书 3 份。2014 年 4 月 2 日，市公安局印发《全市公务用枪安全大检查工作方案》，开展为期 2 个月的公务用枪安全大检查。治安支队检查配枪单位 48 家，查验携带枪支人员 146 人，发现隐患 75 处，现场整改 12 处，下达整改通知书 63 份。全年办理持枪证 332 本，年度审验持枪证1201证，收回不符合配枪条件人员的持枪证27本。2015年1月7—9日，治安支队派出人员对涉枪单位进行检查，检查涉枪单位6个，发现安全隐患9处，当场整改6处，下达限期整改通知书3份。全年办理持枪证300本，年度审验持枪证729本。

二、民用枪支管理

1993—1995年，零陵地区公安处治安部门按照公安部《关于坚决禁止生产、销售钢珠枪、电击枪、催泪枪等仿真手枪的通知》要求，严管民用枪支，每年组织开展清理和收缴枪支专项工作。1993年7月26日，东安县公安局一举查获东安县“东兴公司”老板杨某英非法销售钢珠枪案件，追缴钢珠枪55支、子弹220发、催泪弹10枚。1994年1月，省公安厅同意零陵地区撤销永州市猎枪销售点，设立东安县猎枪销售点。

1996年，全市发生涉枪案（事）件14起，其中包括2起恶性持枪杀人案件和3起枪支被盗案件。3月6日凌晨2时许，祁阳县茅竹镇322国道120.6公里处，一名20岁左右的男子持非法制造的手枪，将正在修车的一辆东风货车的货主开枪打死，将司机打伤，抢走现金800元。8—10月，全市开展统一清理收缴非法持有枪支弹药行动。行动中，发表电视讲话70场，印发公安部《关于清理收缴枪支的通告》8360份，张贴宣传标语3225条，召开各级会议313场次，收缴各类枪支2954支，其中猎枪53支、火药枪2035支、钢珠枪29支、电击枪64支。

1997—2003年，为防止流散在社会上的各种民用枪支对社会造成危害，组织开展专项整治行动5次。1997年4月15—18日，开展社会流散枪支统一清查行动，收缴各类枪支112支、管制刀具276把，查获制贩枪支弹药窝点2个。1999年5月下旬，全市开展为期30天的统一收缴枪支弹药行动。12月14日，对全市上缴的1000多支报废枪支全部进行销毁。2000年初，全市开展以整治非法销售气枪为重点的清理整顿民用枪支行动，收缴各类非法持有的民用枪支607支，查获非法制枪窝点6个，制枪工具、设备130余件（套）。2001年11月20日开始，永州公安机关开展为期1个月的“收枪治爆”专项行动。全市收缴各类枪支149支、炸药3465公斤、雷管2700枚、管制刀具176把。2002—2003年，全市发生涉枪案件45起，立45起，破44起。

2004—2010年，对全市涉枪单位不定期进行检查，发现整改隐患，预防事故和案件的发生，对流散在社会上非法持有的枪支，组织清理收缴行动，对收缴的社会各类枪支进行拍照存档和销毁处理。2004年4月，全市检查涉爆涉枪单位118家，发现安全隐患51处，当场整改7处，下达整改通知书32份，限期整改44处。2009

年5月，根据在日常治安管理中获取的线索，冷水滩区治安大队破获一起特大非法制造汽枪铅弹案，缴获汽枪7支、汽枪铅弹92.2公斤约13.8万余发、铅弹制造机械6台、原材料铅锭111块（约五吨）、汽枪铅弹包装盒200个、熔铅锅及熔铅漏勺各1个、生铁膜子3块，查获涉案人员13人，刑事拘留10人，执行逮捕7人，依法追究刑事责任6人。6年间，查处涉枪违法犯罪案件73起64人。

2011—2015年，全市每年组织开展缉枪治爆专项行动，并签订“缉枪治爆专项行动工作责任状”。依法查处涉枪案件27起73人。其中，治安处罚56人，刑事处罚17人。2013年春节前后，数十名四川省黑水县藏民、羌民等少数民族同胞陆续在冷水滩、零陵、东安、宁远、道县等地的主要路口非法贩卖弩、藏刀、仿真枪等管制器具。公安机关获悉后，组织区域性集中整治行动12次，收缴管制刀具70余把、弓弩17把、仿真枪7支、钢珠、飞镖75支等管制器具，并对相关人员进行教育训诫。4月20日至5月30日，零陵区公安分局对全区12家碳酸锰矿洞采区和29家采石场进行“滚动式”排查，收缴鸟铳等各类枪支260支、雷管27枚、黑火药1050公斤、子弹1万余发。2015年1月12日，市公安局治安支队在零陵区富家桥镇破获一起特大非法制造买卖枪支弹药案，当场抓获杨某学等4名犯罪嫌疑人，缴获枪支7支、猎枪子弹50余发、自制弹壳60枚、制造枪支用的车床2台、钻床4台、枪支配件若干。

三、民用爆炸物品管理

1993年上半年，民爆器材曾一度管理混乱，导致出现生产、销售乱象，甚至有个别单位和个人非法经营民爆器材。为严格民爆器材管理，预防爆炸事故的发生，零陵地区公安处与地区物资局成立零陵地区民爆器材产品专营管理领导小组，印发《关于加强民爆器材产品专营管理规定的通知》。11月26日，位于双牌县的南岭化工厂发生特大爆炸案，震惊全国，引起各级党委、政府的高度重视。当年，地区公安处组织专门力量对全市易燃易爆单位开展安全大检查，发现隐患487处，下达整改通知书322份，督促整改311处。

1994年1月，地区公安处治安科会同地区物资局先后对7个县的民爆器材购销情况及省直南岭化工厂的销售情况进行联合检查，针对存在的问题，召集地区物资局、省属南岭化工厂、地区轻化建材公司负责人，就加强全区民爆器材管理问题进行专题研究，决定对民爆器材实行归口管理，统一由各县轻化建材公司独家经营。6月1日起，全区运输危爆物品的车辆统一启用危爆物品运输安全标志牌。治安部门对民爆物品的生产、储存仓库开展经常性的检查督促，及时整改隐患。全年发现隐患4125处，及时整改3360处，下达整改通知书601份。

1995年6月，零陵地区公安处印发《关于加强危爆物品管理的通知》，要求各县（市）公安局治安部门结合元旦、春节、“五一”“国庆”等重大节日的保卫工作，开展危爆物品安全大检查，确保人民生命财产安全。全年发现安全隐患1051处，下达整改通知书1051份；同时，抓好爆破员培训工作，全区有1513人取得爆破员资格；查处违反民爆物品管理案件4起，抓获违法犯罪嫌疑人7人。

1996年2月5日，市公安局召开紧急会议，传达贯彻省委、省政府《关于吸取邵阳爆炸事故教训，加强危爆物品管理的紧急通知》，决定成立四个检查组，分片对全市重点危爆物品生产厂家，储存仓库进行安全大检查。全市整顿小矿山66处，依法取缔无证销售危爆物品单位98家，储存单位21家，下整改通知书135份，签订责任状307份。6月26日，召开“全市民爆器材管理工作会”，推进依法、有序、安全的管理机制建设。在9月18日召开的全省清理整顿危爆物品表彰会上，冷水滩、宁远县公安局被评为全省先进单位。

1997年，组织四次对爆炸物品安全检查，检查场所2180处，发现隐患150处，收缴炸药2766公斤，雷管9000枚，导火索1021米。11月中旬，会同市轻化公司对全市民爆器材的管理工作进行专项检查，进一步规范民爆器材的经营秩序。宁远、东安、芝山等地相继建立乡镇供应网点，采取专人专车定点定时运送爆炸物品措施，解决使用单位和爆破员在购买、运输爆炸物品时出现的不便和隐患。

1998—2006年，针对民爆器材管理使用以及社会上出现的各种问题，市公安局会同物资等部门努力争取政府重视，不断改进管理手段，加大打击力度。1998年4月8日，永州市民爆器材管理稽查大队经市政府批准成立，由市公安局、市物资行业管理办公室组成，负责对全市民爆器材的生产、储存、运输、销售、使用等各环节进行安全监督检查，发现和查处违反民爆器材管理法规的行为。5—11月，治安部门在当地党委、政府统一领导下，逐级组成专门班子，对全市所有涉及爆炸物品的单位逐一进行安全大检查，检查场所2860处，发现整改隐患489处。10月12—16日，为提高管理人员的管理技能和专业知识，市公安局治安部门举办全市首届民爆用品、烟花爆竹管理人员培训班。1999年6月9日，全省清理整顿爆炸物品、严厉打击涉爆犯罪专项斗争电话会议后，全市公安机关组织4次对涉危单位特别是对各县（区）农村“三小”（小煤窑、小矿山、小采石场）企业及周边民爆器材的检查和清理整顿工作，彻底清理收缴流散在社会上的爆炸物品，依法打击涉及爆炸物品的违法犯罪活动。检查整改隐患2446处，查处涉爆案件347起，查获违法犯罪人员467人，收缴炸药1.53万公斤，雷管76659枚，导火索15530米。为规范购运、使用、储存环节，全市推广民爆服务站建设，组建乡镇民爆服务站16个。2000年，针对永连公路第二期工程在使用爆炸物品中出现的问题，治安部门印发

《永连公路爆炸物品管理规定》，从严查处违规使用炸药的施工单位和个人 2 起 5 人。3 月 28 日，市公安局印发《关于将氯酸钾、高氯酸钾纳入民用爆炸物品管理的通知》，针对境内洛湛铁路、衡枣高速公路等重点工程的相继开工，市公安局于 9 月 20 日印发《关于加强对国家重点工程使用爆炸物品安全管理的通知》。2002 年，立民爆案件 23 起，破 23 起，其中非法制造爆炸物案件 1 起，破 1 起；非法买卖爆炸物案件 22 起，破 22 起。2003 年 3 月，市公安局印发《关于规范爆炸物品登记制度的通知》，决定对全市爆炸物品实行规范登记，使用统一的《爆炸物品登记册》，治安部门审批爆炸物品时，应对该单位的登记册进行检查。2004 年，专门对“三小”企业作出规定：各县（区）矿山和乡镇企业主管部门，要把爆炸物品纳入“三小”企业的经营当中，凡不具备爆炸物品专库储存、专人管理和有专职爆破员爆破作业的主管部门不得发给矿产开采证。2005 年 3 月，为做好全市重点工程民爆器材的供应管理和服务工作，以市政府名义印发《关于加强重点工程民爆器材供应管理工作的通知》至各县（区）。同年，治安部门在冷水滩区开展民爆物品管理改革试点工作，通过指导民爆公司成立专业爆破队伍，开展民爆物品专业配送和专业爆破，推行“封闭式管理、一条龙服务”的民爆物品管理新模式，为全市民爆物品管理体制改革积累经验。全年共组织民爆物品生产、销售、储存、使用单位特别是重点工程民爆物品使用单位开展全市性的安全大检查 4 次，检查涉爆涉枪单位 812 家次，发现整改安全隐患 287 处，查处违反民爆物品管理规定案件 114 起。12 月，永州市爆破器材行业协会成立。2006 年，加大对非法买卖、运输爆炸物品案件的侦办力度，侦破刑事案件 176 起，处理各类违法犯罪人员 1619 人，其中刑事拘留 195 人，执行逮捕 27 人，移送审查起诉 22 人，劳教 25 人，治安拘留 581 人，罚款 769 人。同时，对全市部分民爆物品使用单位、民爆服务站进行检查，并对全市 93 家民爆物品使用单位的仓库保管员进行安全培训。全市民爆物品信息系统于 4 月底全面运行。

2007—2015 年，除加强涉爆日常监督检查、案件查处外，重点注重对爆破员的管理、培训。2007 年，侦破涉爆刑事案件 171 起，处理各类违法犯罪嫌疑人 240 人。全市公安治安部门在严格核发民用爆炸物品购买证和运输证的同时，通过查进出账目、查实物储存、查管理制度、查仓储条件、查流向登记制度等方法，逐步强化市县民爆公司和使用单位的规范管理。下半年，市公安局治安支队采取办培训班、逐县区指导等多种方式，促进全市民爆信息系统建设步伐，使全市民爆信息系统建设跃升为全省第 4 名。全年培训爆破员 2123 人，发证 1673 人。2008 年，市公安局先后印发《永州市公安局关于民爆物品安全管理的规定》《永州市公安局关于规范全市民爆公司申请民爆物品运输许可审批的通知》《永州市公安局关于规范民爆物品使用单位申请民爆物品购买、运输许可审批的通知》等文件，规范全市爆破作业单位许可、民爆物品购买和运输审批程序、民警监管职责等。全年培训爆破员2450人，发证2299人。检查涉枪涉爆从业单位264个，发现安全隐患21类153处。2009年，全市推动组建爆破作业单位125个，培训考核和年度审验爆破作业人员2855人。1—10月，全市民爆物品运输许可审批528次，许可运输炸药6510吨、雷管3050万发；检查涉爆从业单位1325家次，发现隐患240处，当场落实整改229处，限期整改11处；确定涉爆重点地区19个，涉爆重点人员77人。2010年，推动组建爆破作业单位40个，审验延期许可65个，考核和年度审验爆破作业人员2665人，通过年度审验1983人，颁证制卡502人，实现民爆物品封闭式管理。全年查处涉爆刑事案件13起，治安案件35起。2011年，检查涉爆从业单位81家、爆破作业点（场）257个，发现安全隐患309处，督促落实整改283处，限期整改26处，培训涉爆从业人员1200人，为重点工程召开协调会8次，及时审查考核32名重点工程爆破作业人员，颁证制卡27张，发放《民用爆炸物品安全管理条例》宣传册150本、治爆缉枪宣传单3000份，接受群众民爆物品安全生产知识咨询200余人次。同年，治安部门开展“非煤矿山整顿关闭”专项行动，全市关闭非煤矿山6家。2012年，江华瑶族自治县公安局成功侦破公安部督办的“4·25”非法制造、买卖、运输爆炸物案，11名涉案犯罪嫌疑人被缉拿归案，执行逮捕10人，非法制造窝点被取缔。为确保中共十八大顺利召开，市公安局印发《党的十八大特别防护期间全市危爆物品安全大检查工作实施方案》，10月22日至11月20日，在全市范围内开展全方位地毯式的危爆物品安全大检查，并联合督察等部门对全市枪支、危险物品进行重点督察，切实消除隐患，确保安全。2013年1月，市公安局印发《永州市爆破作业单位（非营业性）许可审批工作实施细则》，核发“爆破作业单位许可证（非营业性）”26份。4月中旬，市公安局成立专项检查组，对各县（区）危爆物品进行交叉检查，检查涉枪单位15家、涉爆单位31家，抽查行政许可卷宗12起，下达责令限期整改通知书19份，查处行政案件1起。2014年6—9月，按照永州市安全委员会“全覆盖、零容忍、严执法、重实效”的总体要求，深入开展民爆物品安全大检查大整改行动。全市检查生产经营单位12家，排查安全隐患9处，下达整改通知书3份，停业整顿1家。2015年6月，市公安局治安支队组织各县（区）民爆公司工作人员20余人，在道县开展对爆炸物品储存仓库突发火情等安全事故应急演练活动。市交通局、物管办和县公安局等相关部门负责人到现场观摩演练。

四、烟花爆竹管理

1993—1995年，全区各级公安机关针对非法生产、储存烟花爆竹相对集中的农村、城郊接合部，组织开展清查收缴行动，同时派出警力堵截外地非法烟花爆竹及原材料流入本区，消除安全隐患。1993 年 1 月 22 日，蓝山县公安局治安大队民警在执勤时发现一辆形迹可疑的箱式货车，现场查获 260 箱“开门红”，违法嫌疑人蒋某因非法运输烟花爆竹被治安拘留。3 年中，取缔非法制作鞭炮厂家 18 家，没收鞭炮成品半成品 300 万响，查处非法运输烟花爆竹案件 6 起，非法储存烟花爆竹案件 37 起，非法销售烟花爆竹案件 5 起，收缴非法烟花爆竹 2329 箱、礼花弹 820 枚。

1996—1997 年，在春节期间烟花爆竹生产、运输和销售旺季及“两会”前，市公安局印发《关于加强爆炸物品管理，确保两会、春节期间安全的紧急通知》，各县（区）公安局（分局）对辖区内烟花爆竹的生产、储存、销售和运输情况进行安全大检查，做好各项安全防范工作，全市两年未发生大的烟花爆竹事故。1997 年，新田县发布公告，规定除丧事外，一律不准燃放烟花爆竹，成为全市禁放烟花爆竹第一县。

1998—2000 年，针对非法生产、销售烟花爆竹的问题突出，全市各级政府高度重视，对生产、经营、储存烟花爆竹的行业进行专项整治。1998 年 9—11 月，对全市烟花爆竹行业开展集中清理整顿行动，取缔非法生产作坊 31 家，经营点 46 处，整改 93 处存在隐患的经营、储存点。1999 年年初，市政府组织市公安局、市经办、市企业局等有关单位对全市烟花爆竹行业进行安全大检查，对检查中发现的 21 起安全隐患进行整改。2000 年，全市开展清理整治烟花爆竹行业专项行动，印发《关于对全市烟花爆竹生产停业整顿的通知》。宁远县组织有关职能部门，对辖区舜陵镇龙家村等 4 个重点村的非法生产烟花爆竹个体户作坊进行取缔收缴统一行动，取缔 82 家，彻底整治“重灾区”。全市公安治安部门全年检查烟花爆竹企业、厂点 1790 家，依法取缔 819 家，销毁劣质产品、原材料 31.4 吨，查处涉及烟花爆竹案件 51 起，治安处罚 118 人。

2001—2005 年，继续加大对全市烟花爆竹生产、储存、销售等环节的清理整顿。2001 年 10 月 12 日和 2002 年 1 月 10 日，祁阳县羊角塘镇两个鞭炮厂（其中一家为非法）因操作不当分别发生爆炸事故，共造成 12 人死亡、11 人受伤。2002 年 1 月 10 日，市公安局、市质量技术监督局、市工商行政管理局、市供销合作联社印发《关于认真贯彻落实〈永州市清理整顿烟花爆竹市场实施方案〉的通知》，在全市开展清理整顿烟花爆竹市场，特别是生产厂家。市公安、技监、工商、供销等职能部门联合抽调精干力量组成 4 个联合督察组深入各县（区）督促指导清理整顿行动。全市取缔非法生产厂家 23 家，严重违规生产厂家 1 家。收缴成品半成品鞭炮及材料 2.3 吨，整改隐患 320 处。2003 年，市公安局制订《永州市烟花爆竹和民用爆破器材冬季专项安全整治工作方案》，对全市烟花爆竹和民用爆破器材销售领域进行安全专项整治。检查烟花爆竹销售网点 35 家，发现超量储存、违规储存和无照经营烟花爆竹场所 9 处，整改 9 处，收缴烟花爆竹 1376 件，并对收缴的烟花爆竹进行销毁处理。2004 年 1 月，对全市部分烟花爆竹生产、销售、储存单位进行安全检查时，发现祁阳县烟花爆竹经营环节隐患严重，芝山区烟花爆竹经营管理混乱，部分生产厂家存在违规生产。针对以上情况，市公安局治安部门牵头组织两地开展专项整治工作，下达整改通知书 10 份，限期整改到位 18 处烟花爆竹销售网点安全隐患，对 2 家存在违规问题的生产厂家依法进行停业整顿。是年，成立永州市安全生产监督管理局，作为本级政府主管安全生产的综合监督管理部门，并增加烟花爆竹生产经营单位安全生产监督管理的职能。2005 年，春节期间，出动警力 200 余人次，车辆 100 辆次，依法查处涉及烟花爆竹案件 62 起，治安拘留 41 人，警告 62 人，收缴各类烟花爆竹 1.2 万箱。

2006—2012 年，全市各级公安机关以宣传《烟花爆竹安全管理条例》为契机，全面履行烟花爆竹安全监管职责。2006 年 1 月，国务院颁布《烟花爆竹安全管理条例》（以下简称《条例》），各级公安机关通过发布张贴通告，发送手机短信等多种形式宣传《条例》，按照《条例》对辖区烟花爆竹产销、运输活动进行监督。2006 年年底至 2007 年年初，为切实做好元旦、春节期间烟花爆竹安全监管工作，全市公安机关按照公安部和省公安厅统一部署，深入开展对全市烟花爆竹专项检查整治行动，收缴非法烟花爆竹 42 万箱。2008 年 10 月 18 日，祁阳县羊角塘镇祁兴烟花爆竹引线厂 1 切引工在作业时引发爆炸事故，造成 3 人死亡，3 人受伤。同年 11 月至 2009 年，为防爆炸事故发生，全市排查烟花爆竹经营单位 215 家，查处整改治安隐患 9 处，查处非法买卖、运输、储存、燃放烟花爆竹案件 21 起，处罚 18 人，当场收缴礼花 231 件，烟花爆竹 172 箱。2010 年，东安县公安局花桥派出所联合安监、工商等部门连续查处 2 起非法销售储存烟花爆竹案件，行政拘留 2 人。2011 年，零陵区组织开展烟花爆竹市场专项整治行动。零陵区委常委、政法委书记唐会国带领公安、消防、安监、工商、质监、城管等部门组成检查组，对全区烟花爆竹进行消防安全专项整治。检查烟花爆竹销售网点 20 多家，发现超量储存、违规储存和无证经营烟花爆竹 6 处，现场收缴烟花爆竹 1000 余件，并对收缴的烟花爆竹进行销毁处理。2012 年春节前夕，开展烟花爆竹经营企业安全生产专项执法检查，取缔无证经营门店及摊点 81 家，收缴非法产品市值 350 万元。3 月 31 日，宁远县公安局治安大队对该县太平镇清水岭村的一处非法储存烟花爆竹的黑窝点进行查处，收缴烟花爆竹 700 余件，行政拘留 2 人。

2013—2015 年，全市先后开展以“购买合格产品、安全燃放烟花”宣传活动和打击非法生产鞭炮引线的专项活动。2013 年，在开展以“购买合格产品、安全燃放烟花”为主题的烟花爆竹燃放安全集中宣传活动中，设立现场宣传点20个，悬挂横幅、张贴标语350条，宣传展板35块，发放宣传资料2.6万份，电台播放新闻7次，发送手机短信5万条，受教育群众逾百万人次。2014年5月21日，蓝山县公安局治安大队在新圩镇涵江村枞山背自然村附近山上一废旧厂房内查获一处非法生产鞭炮引线黑窝点，共收缴鞭炮引线成品629箱，以及用于制造引线的机器10台、原材料和生产工具若干。2015年，祁阳县公安局治安大队查获该县羊角塘镇朱砂井村雄兴引线厂非法生产鞭炮引线的窝点，涉案金额达10余万元，收缴一批生产引线的引线机和成品引线，依法治安拘留16人，刑事拘留2人。

五、其他危险物品安全管理

1993年，加强化学危险物品和放射性同位素的管理，按照省公安厅文件规定，凡在境内办理化学危险物品及放射性物品安全管理手续的，须加盖“湖南省公安厅化学危险物品和放射性物品专用章”。1994年6月1日起，全区运输化学危险物品的车辆统一启用危险物品运输安全标志牌。1995年，对全区21家从事化学危险物品运输的驾驶人员、押运人员、装卸管理人员进行专业知识培训，培训掌握化学危险物品的危险性及基本常识。同时，规定化学危险物品运输必须坚持三个必须：必须采用专用包装容器装配货物；必须使用专用车辆装运，不得客货混装；装运车必须按当地公安机关规定时间和路线行驶。

1996—1999年，市公安局加强危险化学物品和放射源同位素的流通安全管理，严防事故发生，确保公众安全和健康，联合有关部门开展一系列的检查整顿和规范活动。1996年10月下旬，市卫生局、公安局对全市内厂矿、医院等具有放射源的单位开展放射源安全检查。1997年，市财贸委员会、市计划委员会、市公安局、市工商行政管理局、市医药管理局联合印发《关于进一步加强化学危险物品经营许可证发放管理工作的通知》，规范化学危险物品经营许可证的审核和发放管理。1998年，根据公安部《关于收缴“毒鼠强”等剧毒急性鼠药严厉打击投毒犯罪活动的通知》，各县（区）公安局（分局）治安部门在当地党委、政府的统一领导下，与有关部门紧密配合，开展收缴禁用剧毒性鼠药统一行动。全市收缴“毒鼠强”违禁鼠药376公斤，原材料520公斤。1999年10月下旬，市公安局治安部门根据市公安局、市卫生局印发的《转发卫生部、公安部关于开展放射源安全检查的紧急通知》，组织专门检查组，对各县（区）的厂矿、医院等具有放射源的11家单位开展安全检查。对检查中发现的2家存在安全隐患单位，责令限期整改。

2000年9月13日晚，永州境内永连公路发生1起两车相撞事故，其中1辆槽罐车载有化学物品。事故发生后，市公安局立即启动应急预案，与消防、环保、安监等单位人员赶赴现场，于次日晨5时圆满处置完毕。

2001年，以打促管，对违反剧毒化学品、放射源安全管理规定的行为，做到发现一起查处一起，消除潜在的安全隐患。全年检查涉剧毒、放射源从业单位49家次，发现安全隐患7处，当场整改4处，落实整改3处。4月21日，检查发现祁阳县黎家坪水泥有限责任公司未办理许可手续的放射源一枚，给予直接责任人行政拘留5日的处罚，罚款3万元。同时，利用广播、电视、报纸、手机短信、发放宣传资料、警民恳谈、入户走访等方式，广泛宣传、教育、发动群众，检举揭发涉剧毒、放射源等涉危物品的违法犯罪线索，增强广大从业人员及人民群众的法制和安全意识。

2002—2004年，市公安局加强对剧毒化学品、放射源从业单位的治安管理，维护人民群众生命财产安全。2002年，将涉剧毒、放射源行业纳入公安机关管理，采取人力、实体、技术等防范措施，有效预防剧毒化学品、放射源在单位存放场所（部位）被盗抢、破坏以及流失等事件发生。2003年，将31个涉剧毒单位、9个涉放射源单位的视频监控，统一接入永州公安“天网工程”平台，实现“全时空、全覆盖、可视化”监管，构筑视频3道防线，消除管理盲区盲点。针对企业台账无序混乱局面，设计剧毒化学品、放射源存放场所（部位）治安防范级别备案表、应急处置报告流程图、安全管理制度等10多种表格台账及制度模板，规范剧毒化学品、放射源的入库、保管、出库、领用等各个环节，实行双人监督管理，无缝交接流转，杜绝剧毒化学品、放射源被盗、流失案（事）件的发生。2004年11月，检查涉危单位43个，排除安全隐患16处，并与涉危单位签订安全管理责任状。

2005—2015年，全市各级公安机关加大对剧毒化学品、放射性物品的运输、储存、销售、使用等的监管力度，根据日常发现的问题和上级公安机关的部署以及有关部门的建议，履行安全监管职能，督促各销售、使用剧毒化学品单位建立健全管理体系，建章立制，确保各项安全措施落到实处。2005年，根据全国道路交通安全工作部门联席会议和公安部《关于开展剧毒、爆炸等危险化学品道路运输安全专项整治的紧急通知》要求、“4·22”全国电视电话会议和“4·29”全省电视电话会议精神、以及省公安厅关于印发《全省开展道路运输危险化学品安全专项整治方案》的通知精神，市公安局制订《全市开展道路运输危险化学品安全专项整治方案》，全市公安机关、交通管理部门联合执法，查处道路运输危险化学品违规车辆32辆。2006年，全市公安机关按照市安全生产委员会《永州市2006年危险化学品安全生产专项整治工作实施方案》，对辖区内所有涉爆危险化学品、剧毒化学品及放射性物品单位进行全面安全检查。同时，强化三级工作责任落实（强化以乡镇为单位的属地管理落实；强化公安、安监部门的监管落实；强化县区民爆公司、民爆服务站涉危爆、危化的使用责任落实），逐一与单位签订安全管理责任书，明确管理要求，落实安全责任，严防危险物品丢失、被盗案件的发生。全年查处非法使用、存储化学、剧毒放射性危险品案件5起，抓获违法犯罪嫌疑人7人，治安拘留6人，刑事拘留1人。2007年，以“一打两禁三整治”（打击侵财型犯罪；禁赌、禁毒；整治治安复杂地区，整治突出治安问题，整治道路交通秩序）专项行动为契机，对全市各县（区）涉及危险化学物品、剧毒物品及放射性元素的使用、销售单位及运输车辆进行专项检查。检查涉危单位292个，发现安全隐患110处，下达整改通知书60份，整改安全隐患110处。查处违反危险化学物品管理规定案件11起。2008年6月，按照化学危险物品“一体化”监管改革要求，由市综治部门牵头，市公安局商同经信、环保、安监等部门深入涉危企业，采取实地查看、实物核对、台账检查、系统巡查相结合的方式，从生产、销售等源头环节到储存、使用等末端管理，逐一对照相关要求和标准，严查涉危企业各项规章制度落实情况。2009年，公安机关通过签订责任状、召开会议宣传贯彻、送法入企业等形式，切实加强对涉危单位负责人、从业人员的教育，提高涉危企业安全意识。全市检查化学危险物品从业单位67个，责令整改消除各类安全隐患11类43处，查处涉危案件2起，抓获违法犯罪嫌疑人3人。2010年，按照公安部、工业和信息化部、国家工商总局、国家安监总局、国家食品药品监督局《关于加强互联网易制剧毒化学品销售信息管理的公告》精神，加强互联网易制毒化学品信息监管，防范不法分子利用互联网非法销售易制毒化学品，净化网络环境，遏制网上走私和贩卖易制毒化学品的违法犯罪活动。2011年，组织开展对剧毒化学品、易制爆化学品、放射性物品等单位安全隐患排查和整治工作，全年累计检查涉危涉爆单位269个（危险物品企业23个，化学品从业单位67个，其他179个），严防各类事故、案件的发生。2012—2014年，会同安监、环保等部门检查督促剧毒和放射性、易制爆化学品等危险物品从业单位和使用单位健全完善工作台账，严格流向登记管理；加大对剧毒和放射性、腐蚀性、易制爆化学品等危险物品从业单位和使用单位的日常检查力度，督促其严格落实人防、物防和技防等安防措施。2014年4月，零陵、双牌等县区公安局（分局）治安大队组织人员对各单位多年遗留下来的剧毒化学品进行统一销毁处理，消除安全隐患。2015年9月，根据市安委会《永州市深入开展危险化学品和易燃易爆物品安全专项整治实施方案》部署，市公安局组织治安、消防等部门，对全市民爆物品、易燃易爆化学品、剧毒化学品以及烟花爆竹、油汽管道等领域进行全面安全检查，共发现安全隐患79处，下达整改通知书16份，治安处罚5人。

1993—2015年永州市枪支弹药和爆炸物品等收缴情况表

表3-1-1

年份	各类枪支（支）	子弹（发）	炮弹（枚）	地雷、手雷（枚）	炸药（千克）	雷管（枚）	导火索（米）	管制刀具（把）
1993	25	17	—	—	1883	888	2178	355
1994	1825	365	—	—	5881	16409	20245	583
1995	4870	9665	—	—	3486	12784	20537	275
1996	805	529	—	20	35035	9231	20392	1574
1997	649	731	—	—	2766	9000	1021	1206
1998	761	592	—	—	3007	7392	2057	391
1999	803	627	2	—	4629	2364	21223	2113
2000	620	169	—	—	2174	2165	1901	1004
2001	389	318	—	—	831	1783	1745	627
2002	206	278	—	—	1257	2037	1873	469
2003	274	116	—	—	792	2106	952	528
2004	119	30	—	—	834	2135	745	715
2005	329	138	—	—	651	2437	1122	642
2006	337	229	—	—	1069	1903	879	218
2007	952	1367	—	—	3773	2947	2430	737
2008	2198	1529	—	15	5255	3566	81996	1356
2009	1181	799	43	—	4592	11658	2816	873
2010	628	7397	—	—	3916	3832	1280	2449
2011	306	2657	—	—	800	2840	1600	396
2012	715	2957	—	—	2600	1900	500	432
2013	416	20000	—	—	1784	3238	874	751
2014	356	3000	—	—	73	1218	753	342
2015	309	4000	—	—	100	30	219	300

第四节 铁路护路联防

1993—1995年，由于铁路火车事故时有发生和偷盗铁路货运物资较严重，零陵地区专门成立零陵地区铁路治安整顿办公室，设于冷水滩火车站铁路派出所。之后，成立零陵地区铁路护路联防工作领导小组办公室（简称“地区铁路护路办”），铁路护路办设于地区公安处治安科，治安科及铁路沿线县（市）公安局治安股配铁路护路专干1名，专门负责本辖区铁路沿线的治安防范工作。1995年8月，冷水滩、祁阳修建8个铁路沿线治安岗亭，组建护路队员64人，维护铁路治安。

1996年，铁路治安部门紧紧围绕加强铁路治安，确保铁路畅通的目标，坚持集中打击与综合治理相结合，因地制宜开展打击铁路违法犯罪活动。破获刑事案件260起，查处治安案件945起，抓获各类违法犯罪人员1176人，查获犯罪团伙30个。

1997年，为贯彻湖南省第五次整顿铁路治安会议精神，狠抓铁路护路联防工作，初步建立起以专业护路为骨干，义务护路为主体，群众广泛参与的护路联防网络，全市共建立专业护路队5个，义务护路队23个。东安县形成政府承包、行政主管、村为基础、路地联动、义务为主的铁路护路联防网格。冷水滩、祁阳形成以岗亭为依托，专业护路联防的新格局。

1998—1999年，围绕加强铁路治安，确保铁路畅通目标，坚持集中打击与综合治理相结合，因地制宜开展各种形式的铁路护路联防，严厉打击铁路违法犯罪活动，两年破获铁路刑事案件49起，查处治安案件176起，抓获各类违法犯罪人员314人。

2000年，落实防范控制措施，突出重点整治，每半年对铁路沿线治安状况进行一次调查摸底，了解铁路沿线不安全隐患、重点路段和易发治安案件村组情况，掌握治安信息，开展集中整治活动，清理“三无”（无暂住证、无固定住所、无固定收入）人员2人，对5名劣迹人员逐人落实帮教措施，依法取缔违法经营废品收购点1个。

2001—2003年，以宣传贯彻“护路、爱路”教育为主线，通过媒体宣传、群众宣传、舆论宣传，全方位发动干部群众共同维护铁路安全，有效预防和减少治安问题的发生，形成“知路爱路护路”人人有责、路地联手共铸平安铁路的良好氛围。全市发放“平安手册”2000册，宣传单1000份，张贴标语1500份，出板报78块，挂横幅12条，组织观看宣传片10场次。3年间，没有发生重大刑事案件、重大治安问题及行车事故，刑事、治安案件发案数与前3年相比分别下降21.6%

和18.9%。

2004年12月1日下午，永州市境内的洛湛铁路准备试运行，永州市东安县大盛镇半山村及八家村20余名村民因一些遗留问题没有解决，准备打出横幅拦火车，并用农用车将易江火车站路段（村道）堵塞，经当地公安部门和当地乡镇耐心做工作，村民将农用车开走，火车顺利通过，避免了一次人为铁路交通堵塞事故发生。

2005年，完善冷水滩、祁阳两县（区）铁路沿线岗亭护路巡逻机制，发现隐患及时排除，确保湘桂铁路永州段安全畅通。同时，加强其他铁路沿线治安防控巡逻，铁路沿线的每个村都成立义务护路联防队，巡查看护；对易发事故重点路段、无人看守道口等重点部位开展重点巡逻，发现问题，及时反馈，快速处理，震慑违法犯罪人员，预防安全事故和治安事故的发生。

2006年，冷水滩、东安和祁阳三县（区）开展为期2个月的爱车护路宣传月活动。出动宣传车7台，印发《铁路运输安全保护条例》等宣传资料8610份，沿线乡镇（办）、学校、护路岗亭书写标语620条。2007年，按照湖南省铁路护路办印发的《关于开展2007年爱车护路宣传教育月活动的通知》精神，永州市成立爱车护路宣传教育月活动领导小组。在宣传教育月活动中，投入经费5.5万元，全市各级领导发表电视广播讲话12次，出动宣传车34台次，出板报墙报55块次，张贴标语660条，悬挂横幅61幅，书写永久性标语220条，印发学习资料3150份，上法制课65堂，受教育群众6.7万人次。同时，公安治安部门在重点路段和路口加大宣传力度、安放警示牌、派员守点，减少铁路路外伤亡（死亡）事故。7—9月，全市开展整治铁路沿线废旧金属收购站点专项行动，召开各类联席会议9次，印发宣传资料2480份，制作普通警示牌96个，开展统一行动4次，收缴铁路器材（赃物）320余件，处罚12人，处罚金额达6250元，取缔2家、查封2家废品收购店，责令1家改行、5家搬迁。

2008年，永州市湘桂线祁阳和冷水滩路段（K86+0~K150+500）共64.5公里，被省综治委命名为省级“平安铁路示范路段”。8—9月，连续取得危行案件、路外伤亡死亡、机动车耕牛肇事三项指标零发案、零死亡的成绩。辖区内实现全年无群体性哄抢铁路运输物资事件、无因治安问题引发的行车重大安全事故、无群体性拦截列车事件、无中央“一委三部”（中央政法委，铁道部、交通部、公安部）新挂牌督办的重点区段、无因护路工作不到位造成的影响恶劣的刑事治安案件工作目标。

2009年，狠抓“三项”（危行案件、路外死亡、机动车耕牛肇事）案（事）件的防控工作和义务护路队伍建设，采取有力措施确保全市“春运”、“两会”和国庆期间铁路运输安全。5—10月，五类（盲人、聋哑人、跛脚、精神病患者）危行案件、路外死亡、机动车耕牛肇事三项案（事）件连续6个月达到零发案、零死亡，永州市被湖南省综治委命名为2009年度省级“平安铁路示范市”，冷水滩区、祁阳县、东安县被湖南省综治委命名为2009年度省级“平安铁路示范县区”。

2010年，全市铁路护路联防工作坚持“三个纳入”（纳入社会综合治理目标，纳入社会治安防控体系，纳入属地平安创建），健全“三个机制”（强化责任考核，经费保障，规范化建设），突出“三个抓手”（日常宣传教育，日常巡防排查，日常路外安全）全路段“五类”危行案件实现零发案，机动车耕牛肇事零发生。全路段没有发生铁路严重刑事案件、治安案件、群体性冲击铁路事件。

2011年，永州市开展“志愿·服务”，继续宣传“五无”等教育月活动。全市没有发生铁路重大刑事案件，没有发生重大路外伤亡事故，没有发生因车辆、牲畜挡道影响行车事故，有效维护全市铁路安全畅通。

2012年7月，铁路护路业务由市公安局治安部门移交市委政法委综治办。

第五节　水上治安管理

20世纪90年代初，永州市境内有冷水滩、零陵、祁阳、道县4个县（区）公安局（分局）设立水上派出所，双牌县水域由双牌县公安局江村派出所兼管水上治安业务。截至2015年，全市保留冷水滩、祁阳两县（区）水上派出所。原零陵公安分局水上派出所机构、人员编制暂时保留，道县公安局水上派出所于1996年被撤销并与县公安局城南派出所合并，其业务同时交由城南派出所接管。2010年开始，永州市公安机关治安部门以“三基工程”（抓基层、打基础、苦练基本功）建设为契机，全力创新水上治安管理机制。

一、船舶、船民、码头、渡口管理

1993年，根据公安部、交通部颁布的《客船治安管理规定》，对全区客船开办营业性公共娱乐等项目进行规范化管理。同时，开展对全区内河水上船舶、渡口、码头的督促检查，排查不安全因素，消除各种隐患。检查船舶、渡口、码头等76处，发现安全隐患13处，下达整改通知书13份，侦破涉水刑事案件1起，抓获犯罪嫌疑人2人。

1994年，零陵地区公安处转发湖南省人民政府办公厅《关于加强全省船舶安全管理的通知》，全区公安机关按照《通知》精神，配合交通、渔政等相关部门对全区县（市）乡镇水上船舶、渡口、码头等进行安全大排查。检查船舶24艘，渡口、码头35处，发现安全隐患14处，下达整改通知书5份。同年，按照公安部、农业部、交通部、国家工商行政管理总局、海关总署《关于清理取缔“三无”船舶的通告》精神，清理登记“三无”（无船民船号、无船舶证书、无船籍）船舶123艘。

1995年，督促并协助各水运企业、渡口在原有基础上进一步修订完善各项规章制度，建立健全各企业、渡口“应急救援预案、防汛工作预案”。年初，与各县（市）乡镇、各营运企业、个体船主签订水上安全管理目标责任书，在元旦、春节、“五一”、国庆节期间分别签订专项责任书。

1996年，会同冷水滩公安分局水上派出所加强与各涉水行政执法部门的合作，建立一系列协作机制。先后与市、区水利、渔政、海事、林业、环保等部门开展联合执法3次，出动人员20人次。水上派出所开展船舶户牌发放工作，办理船舶户牌57副，办理船民证121本。

1997年，省公安厅印发《关于换发船民证和临时船民证的通知》，实行统一“船舶户口簿”“船民证”“临时船民证”“船舶户牌”。5月，开始对全市船舶和船民证簿牌清理整顿、换发工作。通过调查，摸清底数，初步建立船舶、船民等基础工作台账。按照船舶的性质、种类、分别划定停靠点，逐船进行登记。全市共登记在册船舶1246条，船民1572人，并在年底前全部换发新证。

1998年，加强对广大水上船民的管理和服务工作。9月，零陵、冷水滩、祁阳公安机关水上派出所走上船头，开展普法教育宣传活动，发放各类资料500余份，为船民解答各类咨询170人。

1999年，针对“五一”旅游高峰期客流量大的实际，相关县（区）公安机关对旅游船舶和乡镇客渡船、非营运性船舶实行全天侯跟踪检查，严防死守，严厉打击违章渡运冒险航行，超载运输。在工作中发现安全隐患11处，下达整改书7份，治安拘留1人。

2000—2002年，加大对水域安全的监管力度，坚持每年不少于2次对全市所有渡口、码头、船舶的治安、消防安全巡逻检查，对存在治安、消防安全隐患当场进行整改。对没有申办船户牌、户口簿的船舶下达限期整改通知书，并进行跟踪监管。配合相关安全主管部门和当地镇（街）政府（办事处）开展经常性的安全大检查，形成齐抓共管的良好氛围。对“三无”船舶和存在安全隐患的船舶配合相关部门依法拆除。3年累计共检查大小码头63次，船舶127艘，人员260人，拆除“三无”船舶和存在严重安全隐患的船舶5艘，确保水上公共安全。

2003年，在工作中获悉江永县源口自然保护区源口水库周边村庄40多名中小学生需要乘坐渡船上学，而学生的水上安全意识较淡薄。为提高水运安全系数，遏制水上重特大事故的发生，督促江永县公安局源口派出所民警深入源口水库、渡船，给学生讲解乘坐船舶的安全常识，提高学生的自我保护能力。

2004年，加强对“船舶、渡口、码头、船员”的日常治安管理，督促水运企业、渡口加大安全投入，对船体设施进行经常性维护，更换一些船舶的索道，主钢丝绳、缆桩、缆绳，对配置不够和不符合安全要求的救生圈、灭火器进行补充和更换，制作安全监督台、渡口守则、渡口须知牌和船员、管理人员上岗证。更换灭火器10支、更换救生衣76件、制作安全监督牌2块，船舶上悬挂安全温馨提示牌248块。

2005年，各县（区）按照中央机构编制委员会办公室《关于进一步明确水上交通安全监管职责分工有关问题的通知》要求，落实乡镇非运输船舶的监管责任。对无证无照船舶和农用船、渔船等非法载客行为，严格按照《中华人民共和国安全生产法》《内河交通安全管理条例》等法律法规的规定该没收的坚决没收，该拆解的坚决拆解。提高渡口、渡船等安全设施建设，加大渡运安全的投入，改善渡口环境，更新老旧渡船，严格按照《中华人民共和国内河交通安全管理条例》关于渡口管理的相关规定进行重新审批设置并予以公布，不符合客渡渡口设置条件的予以撤销并公布。

2006年，各县（区）公安派出所狠抓乡镇船舶日常安全管理工作，与相关部门完善、落实乡镇船舶安全管理机构，配备专职或兼职安全船管员。建立县、乡、村、组四级安全管理责任体系，实行“乡镇领导包村、村委主任包组、组长包村民、教师包学生”的分片包干、分级负责制。在乡镇船舶集中的渡口、码头建立安全联组，推行组织化管理，建立乡镇船舶的“四定”（定码头、定班次、定航线、定客额）、渡口“五定”（定渡口、定渡船、定渡工、定客额、定专人管理）工作和“船主”“船员”安全生产公开承诺制度。在旅游、交通运输繁忙的江河、水库，或气候恶劣、农忙季节或交通高峰时段，或节假日、集市、农忙、学生放假期间，县（区）公安机关派出所出动警力加强对水上交通安全的组织、协调工作，严格安全监管。

2007年，随着全市水上交通安全监管力量的加强和安全责任的落实，水上交通安全状况明显好转，但是事故和险情仍有发生，安全形势仍然十分严峻。主要表现在：从业人员安全意识不强；自用船、渔船非法载客；冒险夜航时有发生。9月11日15时左右，双牌县江村镇上流村附近水域发生1起家用小渔船翻沉事故，渔船上共有15人，其中5人获救，10人遇难。

2008—2009年，根据湖南省公安厅《关于加强水上治安管理工作的通知》，在元旦、春节、“五一”、国庆等节假日期间，会同交通、地方海事部门加强对全市水上船舶、码头、渡口的安全督促检查，安排警力现场维持渡口、渡运治安秩序，制止超员超载，督促并检查落实船舶消防、救生等安全设施，确保安全。先后组织检查15次，出动警力80人次，制止超员18次，超载7次。

2010年，严格执行有关水上交通法律法规和国务院及省、市人民政府有关文件精神，对乡镇船舶和渡口严格管理。各县（区）公安局（分局）辖区派出所定期召开乡镇船舶和渡口渡船安全工作会议，建立乡镇船舶和渡口档案，与村委会和乡镇船舶、渡口所有人或经营人签订《安全管理责任书》。

2011年，冷水滩公安分局水上派出所加大对船员的培训力度，在水上安全专项治理的过程中，采取纠建并举的方针，举办安全培训班，对61名船员进行理论知识学习和实际操作能力培训。结合国内水路运输企业资质审核，对6家水运企业和21家个体船主进行法律、法规、安全知识培训，提高其法律、安全意识和业务能力。

2012年4月，零陵、冷水滩、祁阳等县（区）公安局（分局）联合地方海事局、安监、国土等部门，在辖区内开展“三无”船舶整治专项行动，制止和取缔“三无”船、鱼船、农用船等非渡船从事载客载车渡运。在联合执法行动中查获“三无”载沙货船11艘，非渡船3艘，并进行锁船暂扣。

2013年，开展“平安渡口”创建活动，重点整治渡口审批、渡口安全设施配备以及渡口标识是否符合相关规定，严厉查处未经审批私设渡口的行为，严厉查处无证无照船舶、报废船舶以及渔船、自用船、农用船等非运输船舶违法渡运行为，严厉查处渡船船员（渡工）无证、未经安全培训上岗操作的行为，查处渡船超载或冒险航行，人与大牲畜、人与危险品车辆（危险货物）混载的行为，整顿车辆渡口停车秩序和车辆上下渡船秩序，查处车辆斜坡待渡、车辆不按规定垫固、超重车辆上船或车辆配载不平衡、人车不按规定分离等行为。发现渡口、船舶不安全隐患307处，当场整改210处，下达整改通知书97份，均在规定的期限整改到位。通过开展“平安渡口”创建活动，全市水上交通安全形势好转。

2014年，针对入夏以后溺水事故频发，溺水者多为不熟悉水性学生、儿童、酒后下水游泳及垂钓者的情况，零陵、冷水滩公安分局通过实地考察，在湘江零陵段设置10处危险江段标志，设置诸如“这里危险，嬉水乘凉时远离”“水深危险”“此处水深僻静，容易发生危险”“此处水流急，在此游泳十分危险”等安全警示标志，防止溺水事故发生。

2015年，为确保渡运繁忙期水上交通运输安全有序，遇洪水期，重大节假日或者重大水上活动等，禁止渡船超载或冒险航行。祁阳县公安局联合地方海事局对全县所有渡口、码头，客船、渡船、运输船进行全面排查，强化水上运输安全。2月4日，该局在大江林场水域检查时发现，船主何某征经营船舶湘祁阳渡0089号无最低安全配员证书，船舶营运证书过期，责令其停渡并实施整改；2月6日，在祁阳县茅竹镇滴水渡口，查处张某茂所驾驶的湘祁阳渡 0132 号船舶无灭火器，责令船主配齐灭火器。春运期间，该局共检查渡船 20 艘、客船 18 艘、采砂船 2 艘、运输船 10 艘，对发现的安全隐患采取停渡整改、行政处罚、教育学习等整改措施。

二、水域严打整治

1993 年，零陵地区各县（市）公安局水上派出所在调查研究的基础上，认真总结分析水上违法犯罪活动的特点、规律，采取四项措施：加强水上巡逻，及时发现和抓获各种现行违法犯罪人员；开展调查访问，主动寻找线索，打击犯罪；通过查验居民身份证和办理暂住证，从中发现流窜在水上的违法犯罪人员；严格执法，杜绝越权管理现象的发生。9 月，祁阳县狠抓水上交通安全整治，对全县水运企业船舶渡口和水上安全隐患全面排查，检查渡口 12 处，船舶 63 艘（其中客渡船 23 艘，餐饮船 10 艘，鱼船 30 艘）全部建立船舶、渡口台账，16 处渡口全部设立永久性“渡口守则”和安全警示牌。

1994—1995 年，根据公安部统一部署，在全地区范围内开展以集中打击水上严重刑事犯罪分子为主要内容的“水网行动”。全区两年查处违法犯罪人员 214 人，查获犯罪团伙 10 个，破获刑事案件 121 起，其中重特大案件 21 起，现行案件 73 起，积案 12 起，隐案 15 起，缴获赃款赃物 49 万元。

1996 年，永州市公安机关积极探索水上交通安全监管的长效机制，开展有关专项治理活动，各项责任得到落实，安全管理规章制度进一步健全。多部门联合执法，有效遏制非法营运、非法汽渡、非法采砂问题，消除境内水库大坝、河流航道安全隐患。全市有 112 艘运砂船舶办理合法运营证件。

1997 年 6 月 25 日至 8 月 30 日，芝山、冷水滩、祁阳、道县、双牌、江华 6 县（自治县、区）水网地区开展严打整治专项行动。查处各类治安案件 165 起，查获违法犯罪团伙 26 个，惩治处理各类违法犯罪人员 386 人，对 670 只非法作业船只进行限期整改。

1998 年，与市安监、渔政、国土等部门联合开展水上专项整治行动，出动执法人员 260 人，查处“三无”船舶 21 艘，非法捕捞渔船 13 艘。6 月，双牌县公安局联合渔政执法人员近 30 人，出动宣传车、船 26 艘次，在日月湖湿地公园、渔港码头、渔民捕捞水域进行水上安全大宣教、大排查、大整治活动，上渔船 412 艘，入渔户 211 户，向渔民分发宣传资料 1500 份，查处安全隐患 8 处，查处“三无”渔船 2 条，整改到位率 100%。

1999—2000 年，建立以市安监局牵头，交通、水利农机、公安、财政、城管、旅游等部门参加的水上交通安全管理联席协调工作制度，定期组织相关部门召开水上交通安全形势分析会，及时解决水上交通安全管理中出现的问题和困难。两年间，召开部门联席会议11次，依法协商处理妨碍、破坏水上交通安全秩序及妨碍依法行政案件73起（件）。

2001—2003年，与相关部门开展打击非法采砂、非法捕捞等一系列专项整治行动。公安机关先后查获6个长期在湘江水域寻衅滋事、敲诈勒索的犯罪团伙。2002年，冷水滩公安分局以非法捕捞水产品罪立刑案3起，刑事拘留7人。2003年9月11日，祁阳县公安局水上派出所联合当地水利局执法人员对湘江祁阳段水域的非法采砂活动开展联合行动，对一艘非法采砂船当即予以查处。

2004年，永州市成立治理公路、水上“三乱”（乱设站卡、乱收费、乱罚款）领导小组，公安机关治安部门专门负责水上治安专项整治工作。市公安局被评为2004年度全市治理公路、水上“三乱”工作先进单位。

2005年，针对水上治安管理工作点多线长、面广量大、情况复杂，公安机关推进合作警务建设，通过与当地海事、水利、环保等部门的联系协商，建立常态化水上警务合作机制，提高应对和处置水上突发事件的能力。5月19日，祁阳县辖区湘江地段水域发生一起钢质货船与普通渔船相撞事故，县公安局接到目击群众电话求助后，立即启动紧急处置预案，会同海事、渔政部门，第一时间赶赴现场，救助落水渔民，拦截肇事船只，及时妥善处置。

2006年，公安机关严厉打击各种妨碍、破坏水上交通安全的违法犯罪行为及妨碍依法行政的违法行为。市政府建立以市安监局负责牵头，县（区）政府、交通、水利、农机、公安、财政、城管、旅游等部门参加的水上交通安全管理联席协调工作制度，建立信息通报和沟通协调机制，充分发挥县（区）政府和各部门的作用，协调配合，形成合力，定期组织相关部门召开水上交通安全形势分析会，及时解决水上交通安全管理中出现的问题和困难。年内召开部门联席协调会议3次，调处各类矛盾纠纷12起。

2007—2010年，查处5起非法兴建砂石场案、26起非法采砂案。2007年6月开始，市政府组织开展为期3年的湘江永州城区段河道综合整治“碧水行动”。整治期间，投入资金2000余万元，拆除、搬迁21个砂石场，切割解体8艘采砂淘金船。2008年，编制《湘江永州段采砂规划》。冷水滩区开展历时8个月的河道采砂整治行动，整治10个砂石场，并公开拍卖砂石开采权，取得资源费2500万元。2010年，出台《湘江永州段砂石开采经营管理办法》，对湘江永州段河道砂石开采、经营进行有效规范管理。

2011年11月，按照省政府开展河道采砂专项整治行动的统一部署，召开河道采砂专项整治会议，多次安排对全市河道采砂的整治工作，制止河道乱采、乱挖、乱淘、乱堆等“四乱”违法行为，非法淘金被全部取缔。道县通过集中整治，52条淘金船全部吊船上岸。全市取缔非法淘金船89条，河道采砂基本规范。责令154艘无证采砂船停止作业，切割采砂、淘金船43艘，拆除违法采砂、淘金船动力装置111艘次，查处切割吸砂船10艘，砂石码头得到整顿。全市查处整改砂石码头73个，拆除违法建设的砂石码头47个。

2012年1月5—15日，全市开展河道“四禁一清”（禁止无证船只采砂、禁止非法码头上砂、禁止在禁期间采砂、禁止非法买卖砂洲、清理采砂尾堆）专项整治行动。在“四禁一清”行动中，全市驱赶、扣押、拆除禁采区船只211艘次，取缔淘金船65艘次，清理223公里河道采砂尾堆812处、383万立方米。印发《关于开展河道采砂专项整治行动通告》《关于开展河道“四禁一清”专项整治行动通告》《关于开展取缔采砂船吸砂设备专项整治行动的通告》等1500份。

2013年，公安机关与市、区水利、环保、海事等部门组建河道采砂巡逻队，从7月1日起，连续6个月对湘江冷水滩城区段河道采砂情况实行日夜24小时巡逻值班，查处夜间偷采21艘次。各县（区）及沿河乡镇建立河道采砂巡逻队，并以每周进行2~3次日夜巡查的方式，对辖区内河道采砂情况进行巡查，做到河道非法采砂行为早发现、早制止、早处理。祁阳县组织联合执法人员先后开展2次大的整治行动，动用大型机械设备挖机5台次，运输车辆10台次，整改21个砂石场，拆除13个非法砂场，扣押8艘机械采砂船，治安拘留1人。

2014年，协同环保、食药、工商、卫监、城管及杨家桥街道办事处等部门共80多人开展宋家洲水上餐店联合整治行动，依法关停和查处洲上所有正在营业的水上餐店13家，强制拆除宋家洲洲上非法广告牌27块。通过整治行动，保护湘江水域生态环境，确保冷水滩城区饮用水安全。

2015年3月，协同渔政执法人员开展渔政联合执法行动，重拳整治电、炸、毒等违法滥捕行为，坚决取缔“布围子”“迷魂阵”等“绝户网”。同时组织人员深入渔民家中和人员聚集区发放禁渔公告，开展渔业保护宣传。截止年底，共出动渔政快艇、冲锋舟40多次，出动执法人员210人次，缴获销毁非法渔具80多件，地笼600多个。根据市人民政府6月11日《关于印发〈永州市湘江流域禁止开采区和限制开采区设置及矿业权退出方案〉的通知》精神，会同国土、水利、安监等部门联合开展执法行动，取缔非法采矿点4个，缴获挖机2台，查处非法采砂行为4起，捣毁采砂船5艘，砂架12个。

第六节　治安案件查处和相关刑事案件侦查

一、赌博案件查处

（一）党政干部及国家公职人员涉赌案件查处

2012 年 10 月至 2015 年 8 月，公安机关查处党政干部及公职人员涉赌案件 37 起，参赌人员涉及行政机关公务员、企业领导、教师、医务人员、村干部等。中共十八大前，虽然有查处党政干部和国家公职人员赌博应报告纪检、监察部门的规定，但在实际操作中，很少向纪检、监察部门报告，十八大后，这项工作得到落实。

（二）聚众赌博查处

1993—2015 年，全市各级公安机关大力开展扫除“黄赌毒”等社会丑恶现象，强化公共复杂场所治安管理。每年除日常查禁赌博外，各县（区）根据各地特点开展查禁赌博专项行动，狠刹赌博歪风。23 年间，共查处赌博案件 46683 起，抓获涉赌人员 172134 人次。刑事拘留 2123 人次，治安处罚 170821 人次。

1993—1995 年，因赌博引发的打架斗殴、入室盗窃、拦路抢劫案件频发，严重影响社会稳定。全区公安机关坚持严查、严治、严管，有针对性组织开展“禁赌”专项活动，相继查获聚众赌博团伙 203 个，查处涉案人员 1721 名。

1996—1997 年，各级党委、政府把预防和遏制聚众赌博纳入社会治安综合治理。公安机关充分发挥职能作用，两年中查处赌博案件 7568 起，处罚 27847 人。

1998—2005 年，坚持禁赌与专项整治相结合的方法，查处一大批有影响的赌博大案。1998 年 12 月 16 日晚 9 时许，冷水滩公安分局在南华大酒店查获一聚众赌博窝点，抓获参赌人员 50 人，当场缴获赌资 3 万元。1999 年 12 月 20 日，东安县公安局在石期市镇毛家村与冷水滩区蔡市镇零东圩村交界茶山中查获一涉及 40 名参赌人员的聚众赌博窝点，收缴赌资 1.5 万元。2000 年 1 月 6 日晚，市公安局治安部门组织行动组在凤凰园经济开发区凤凰楼抓获涉赌人员 80 人，当场收缴赌资 3.94 万元。江华瑶族自治县公安局针对入冬后赌博现象日趋严重的情况，突出“专”“狠”“严”开展“禁赌”专项行动。取缔沱江镇、大路铺镇等地聚众赌博窝点 15 个，查获赌博团伙 9 个，抓获赌博团伙成员 180 余人，收缴赌资 3 万元，处罚聚赌参赌人员 158 人。2001 年 6—8 月，市公安局治安部门与当地公安机关连续侦破发生在冷水滩、祁阳、东安等县（区）高档宾馆、酒店 4 起聚众赌博案件，查获赌博团伙 4 个，抓获庄家、组织者 13 人，其中刑事拘留 8 人、执行逮捕 3 人、移送审查起诉 11 人，收缴赌资及非法所得 120 万元。2002 年 8 月 15 日，芝山区公安分局民警在珠山镇老供销社后一住房内抓获参赌人员 22 人，缴获赌资 5.2 万元。2003 年 3 月 29 日，在冷水滩区虎岩公园旁的居民房内查获一“放水坐庄”赌博窝点，抓获涉赌人员 32 人。2004 年 5 月 28 日晚，在冷水滩区南华大酒店查获一个聚众赌博团伙，缴获赌资 33 万元。2005 年 1 月 13 日凌晨，市公安局治安支队在冷水滩区凤凰园美食城酒店内查获一起聚众赌博案件，现场收缴台面赌资 2 万元，抓获涉赌人员 30 人。

2006 年 5—6 月，破获冷水滩区以颜某龙、屈某春、许某忠、陶某生等人为首组织开设赌场、聚众赌博、放高利贷和暴力追债的犯罪团伙。该团伙在时任市公安局副局长王某宾的保护下涉嫌绑架、非法持有枪支、故意伤害、非法拘禁、聚众赌博等案件 137 起，涉嫌打架斗殴、赌博、寻衅滋事治安案件 65 起，抓获团伙成员 50 人，冻结涉案银行账户 43 个，涉案金额 1076 万元。

2007—2015 年，全市各级公安机关根据屡刹不止的赌博歪风，在日常治安管理中加大对赌博案件查处力度，在不同时期开展全市性行动。2007 年 8 月 14 日，在冷水滩区龙家岭村查处一起以“放水”形式的聚众赌博案，抓获涉赌人员 16 人，收缴赌资 4 万元，治安处罚 14 人。2008 年 11 月 11 日、14 日和 18 日，先后查获零陵区鼓楼巷 13 号、冷水滩区种子公司三楼和零陵区新码头旁聚众赌博窝点 3 处，抓获涉赌人员 40 人，依法刑事、行政处罚 31 人。2009 年，为增强全市公安民警禁赌工作的责任感和紧迫感，推动禁赌工作深入开展并形成长效机制，根据《中华人民共和国公务员法》《中华人民共和国人民警察法》《湖南省禁赌工作责任追究办法》等有关法律法规和规定，市公安局印发《永州市公安机关禁赌工作责任追究实施办法（试行）》。2010 年，组织开展全市“百日禁赌”专项行动，办理赌博案件 568 起，其中刑事案件 63 起，刑事拘留 115 人，执行逮捕 67 人，移送审查起诉 67 人，治安处罚 3065 人。2011 年 1—6 月，组织开展全市性禁赌专项行动 3 次，出动警力 2000 余人，警车 360 余台次，查处赌博案件 327 起，抓获涉赌违法犯罪嫌疑人 2102 人。7 月 11 日，江永县公安局查获一个跨江永、江华、道县 3 县（自治县）的聚众赌博团伙，当场抓获参赌人员 34 人，缴获赌资 4.7 万元，扣押小汽车 6 辆、摩托车 26 辆。2012 年 3 月中旬，先后破获冷水滩区城市绿岛、远志新外滩、“7·15”福泉公寓、“9·3”赌博案以及陈某等人、罗某田等人、艾某飞等人、陈某梅等人开设赌场案，取缔聚众赌博窝点 12 个，收缴赌资 200 万元。2013 年 9 月 22 日晚，江华瑶族自治县公安局查获一聚众赌博窝点，当场抓获涉赌人员 16 人，缴获赌资 12 万元。2014 年 3 月 19 日，市公安局治安支队及冷水滩公安分局治安大队在冷水滩区甲壳虫酒店一客房内，查获以陈某军等人为首的开设赌场聚众赌博犯罪团伙，缴获非法收入200万元，抓获犯罪嫌疑人7人。3月25日，治安支队查获一起以陈某明等人为首的聚众赌博团伙，缴获非法收入100万元，抓获犯罪嫌疑人9人。2015年1月13日6时，抓获在零陵与东安交界处的横塘镇陈家村一带开设赌场聚众赌博的李某及正在参赌的23名赌博人员，收缴赌资5.6万元及赌具。

（三）地下“六合彩”赌博查处

2000—2015年，全市查处地下“六合彩”赌博案件517起，涉案金额2100万元，依法刑事拘留220人，治安处罚983人。

2000年起，地下“六合彩”赌博活动陆续传入永州市少数县（区）。2003年，市委、市政府根据省公安厅召开的打击地下“六合彩”工作会议精神，成立永州市集中整治地下“六合彩”赌博活动专项行动领导小组，由市委副书记邓三龙任组长，市公安局副局长涂乙林任办公室主任，办公室设市公安局治安警察支队。2004年，查获各类“私彩”赌博案件51起，抓获违法犯罪嫌疑人389人。2005年6月中旬，江华瑶族自治县公安局治安部门经过4个多月的缜密侦查，查获全市最大赵某莲地下“六合彩”赌博团伙，破获地下“六合彩”赌博系列案件30起，抓获庄家、上线等涉赌人员72人，涉案金额达303万元。9月，治安部门开展为期1个月的整治东安县芦洪市镇地下“六合彩”行动，查处地下“六合彩”赌博案件20起，立治安案件14起，抓获涉案人员41人。

2006—2012年，全市各级公安机关本着“打庄家、理上线、查源头、堵缺口、防蔓延”的工作思路，加大防范和打击地下“六合彩”的工作力度。2006年，查处地下“六合彩”赌博案件172起，查获窝点98个，查处467人。2007年1—6月，全市查处各类赌博案件588起，涉案人员2370人，其中治安拘留1778人。2008年1月29日，在江华瑶族自治县大圩镇取缔一地下“六合彩”赌博窝点，抓获违法人员4人。东安县公安局治安大队采取在城镇、乡村构建覆盖城乡的信息网络，对地下“六合彩”赌博活动快速出击，露头就打。7月，东安县作为全省重点禁赌县被摘牌。2009年2月17日，宁远县公安局城南派出所先后取缔两个非法经营地下“六合彩”赌博窝点，抓获苏某等3名犯罪嫌疑人并依法刑事拘留，对涉案的10余名参赌人员依法给予治安处罚。2010年6月6日，祁阳县公安局治安部门在白水镇湘江村抓获正在利用手机联系写单的犯罪嫌疑人陈某盛，其半年中利用手机联络上家秘密从事地下“六合彩”赌博写单活动，其间共接单36期，金额7.1万元。2011年3月15晚，祁阳县公安局治安部门开展打击农村地下“六合彩”赌博行动，抓获庄家5人、参赌人员80余人，收缴赌资11万元，扣押赌博用码报、码单、账本、收据及1台传真机。2012年8月7日晚，江华瑶族自治县公安局河路口派出所查获一地下“六合彩”赌博窝点，抓获涉案人员8人。

2013—2015年，地下“六合彩”赌博禁而不止，有的地方特别是城区出现反弹，全市公安机关举全警之力对地下“六合彩”赌博重拳出击。2014年1—10月，开展全市打击地下“六合彩”赌博专项行动，办理地下“六合彩”赌博刑事案件4起，刑事拘留4人，治安案件173起，治安拘留436人，收缴赌资18万元。2015年1月19日，蓝山县公安局治安部门查获胡某文、刘某妹等3人在其租住的房屋中利用电脑登陆网站进行地下“六合彩”网络赌博案，涉案金额达73万元。

（四）网络、游戏机赌博查处

网络赌博兴起于20世纪90年代中期，2000年开始由境外向我国渗透、传播。

1993—1994年，地处偏僻山区的湖南零陵地区，通讯交通欠发达，城区电脑、游戏机赌博现象少。

1995年，根据省公安厅《关于取缔有奖电子游戏经营活动的通知》，从11月开始，开展为期1个月的专项治理工作，全市取缔有奖电子游戏室112家，查封有奖电子游戏机543台，撤出电脑板块87块，60家有奖电游室主动关门歇业，20家转业经营。

1996年，文化部、公安部、国家工商行政管理总局联合印发的《关于加强电子游戏机娱乐场所管理取缔有奖电子游戏机经营活动的通知》规定：凡具有退币功能和上分、扣分、加分等荧屏记分功能的电子游戏机，均应认定为赌博机，为公安机关查禁赌博、规范执法提供法规依据。1997—1998年，查获电游赌博案件88起，抓获赌博人员760人，依法刑事拘留39人，治安拘留692人，处罚提供赌博场所者29人，收缴赌博机具926台（套）。1998年9月20日，组织警力对冷水滩凤凰新村街道旁2处电游赌博机门店进行查处，当场抓获参赌人员43人，缴获赌资4.5万元。

1999年，根据国务院办公厅转发文化部等七部门联合印发的《关于开展电子游戏机经营场所专项治理的意见》（简称《意见》），开展针对游戏机市场的治理工作。从2000年开始，根据《意见》和国务院及湖南省委、省政府加强娱乐场所管理暨电子游戏经营场所专项治理工作电视电话会议精神，市公安局、市文化局、市监察局和市工商行政管理局于7月10日至9月底，在全市开展以加强娱乐服务场所管理，严厉打击卖淫嫖娼、电游赌博为主要内容的专项行动，立刑事案件76起，治安案件917起，查处违法人员1513人，限期整改隐患1777处，取缔、压减娱乐场所、电游室613家，收缴赌博机具232台（套），收缴赌资119万元。

2001—2003年，在全市部署开展查禁电游赌博违法犯罪专项行动。2001年3月，组织对零陵、冷水滩两城区电游赌博场所突击检查，查处涉赌人员25人，收缴电游赌博机200余台。2002年6月，全市以城区临街门店摆放“老虎机”以及电游室的电游赌博活动为清查重点，开展行动，查处涉赌人员 71 人，收缴赌博机 129 台。2003 年，市公安局治安部门组织力量对全市电游场所进行重点整治，查处电游赌博场所 52 处，收缴有赌博功能的各类电游机 1218 台，查处违法人员 1075 人。1 月 9 日，冷水滩区公安分局治安大队民警接到群众举报，在河西虎岩公园旁某居民闲置房内有人利用电游赌博机开设赌场，治安部门立即组织力量进行查处，在该涉赌电游室屋内当场抓获参赌人员 25 人（追究刑事责任 1 人，治安处罚 24 人），收缴电游赌博机 31 台。

2004—2009 年，全市各级公安机关根据各辖区电游赌博活动特点开展查禁工作。2004 年 4 月，市公安局治安支队组织力量，取缔冷水滩区“大家乐电玩厅”“新天地电玩”2 家利用苹果机、牌机、麻将机等电子游戏机进行赌博的地下赌博点，查处参赌人员 52 人，缴获各类赌博机电路板 80 余快、赌资 1 万元及大量筹码。2005 年 4 月 21 日，道县公安局治安大队查获 5 家电游赌博场所，收缴赌博机 76 台，铅币 780 枚，6 名参赌人员分别被处以治安拘留和罚款。2007 年 4 月 24 日，新田县公安局治安大队清查整治电游室 19 家，现场收缴“风火轮”“苹果机”“老虎机”等涉赌电子游戏机 267 台（套）。2008 年 4—6 月，查处违法经营网络电子游戏场所 486 家，查处违法人员 410 人，收缴赌博机 700 余台，游戏机主板 350 块，销毁电子网络游戏赌博机、电脑 770 台，收缴赌资 80 万元。2009 年 1—9 月，查处违法经营电子游戏场所 251 家，查处违法人员 304 人，收缴赌博机 1500 余台，销毁电游赌博机 1500 余台。8 月 12 日，市公安局治安支队对陈某鼎等人开设赌场案立案侦查，陈及其妻蒋某英自 2004 年在广州市番禺区龙美村开设开元电子商行始，采取免费提供电子游戏赌博机与湖南、广州、河南、湖北、贵州、天津、重庆等地 300 余家电子游戏店客户合伙经营开设网络赌场并直接买卖电子游戏赌博机的方式进行经营，因涉案金额巨大，涉及 14 个省（直辖市、自治区），涉及赌博网点 400 多个，涉及人员 300 多人，非法获利达 2000 余万元。该案被省公安厅、公安部列为督办案件。

2010—2013 年，全市禁赌工作以打击电子游艺娱乐场所的赌博违法犯罪活动为重点。2010 年 1 月，永州警方连续侦破 2 起网络赌博案，抓获犯罪嫌疑人 20 人，涉案金额高达 200 万元。4 月初，接连在冷水滩区、零陵区查获 7 处电游赌博窝点，抓获涉赌人员 95 人，其中刑事拘留 4 人，治安处罚 91 人，销毁各类电游赌博机 172 台。2011 年 9 月 1—30 日，在全市开展打击电子娱乐场所赌博专项整顿行动，清查电子娱乐室 304 家、网吧 308 家，查处赌博案件 28 起、警告 66 人、罚款 10 人，取缔黑网吧 8 家，停业整顿电游室 19 家，销毁赌博机 960 台。2012 年 10 月 15 日，冷水滩公安分局菱角山派出所查获零陵中路水口头 26 号三楼电游赌博窝点，收缴牌机22台、监控设备1部，抓获涉赌人员7人。2013年，全市公安治安部门共办理电游赌博刑事案件6起，刑事拘留5人，行政案件223起，行政拘留652人，收缴赌资14万元，清理整治电游赌博场所212个，收缴具有赌博功能的各类电游赌博机1840台。

2014—2015年，全市查处电游赌博案件314起，查获违法犯罪人员1019人，刑事拘留45人，治安处罚974人。2014年1月29日至3月31日，市公安局组织在全市范围内开展打击电游赌博违法犯罪专项行动，印发《全市公安机关集中开展打击电游赌博专项行动方案》，成立市公安局打击中心城区电游赌博专项行动领导小组，市公安局副局长周礼功任组长，治安支队支队长、巡特警支队支队长、纪委书记、法制与信访办主任及各县（区）公安局（分局）局长为副组长，领导小组下设办公室，具体负责整个行动的统筹协调、组织指挥、督促检查等工作。各县（区）成立相应机构。2015年2月，道县公安局治安大队查获在县五中附近的一处接纳未成年人参与赌博的电游赌博场所，当场抓获犯罪嫌疑人1人，参赌人员7人。

1993—2015年永州市查处赌博案件情况表

表3-1-2

年份	查获赌博案(起)	查处涉赌人员(人)	年度	查获赌博案(起)	查处涉赌人员(人)
1993	2390	9100	2005	1364	5741
1994	3035	10269	2006	1081	4017
1995	3168	11689	2007	1063	3051
1996	3408	12510	2008	1105	3174
1997	4160	15337	2009	934	3448
1998	3042	10691	2010	767	3092
1999	2686	8409	2011	937	3868
2000	2399	8021	2012	1119	4840
2001	2218	8042	2013	1627	6500
2002	2605	7712	2014	1635	6630
2003	2011	8212	2015	1568	8678
2004	2361	9103	合计	46683	172134

二、卖淫嫖娼查处

1993—1995年，零陵地区各级公安机关把扫除社会丑恶现象作为建设社会主义精神文明的一件大事来抓，持续开展查禁“卖淫嫖娼”专项治理。1993年，全区依法打击处理强迫、引诱、容留妇女卖淫犯罪嫌疑人 141 人，查获卖淫团伙 7 个，查处团伙人员 58 人，取缔窝点 21 个。1994 年 4—8 月，公安处治安科会同文化、工商、广播等部门，查获卖淫嫖娼案件 350 起，查处卖淫嫖娼人员 712 人，查获卖淫嫖娼团伙 6 个 39 人。1995 年 5 月，公安处治安科与冷水滩市（县级）公安局以查获一卖淫女身上携带有毒品为突破口，一举破获两个贩毒团伙，抓获 6 名贩毒犯罪嫌疑人和 50 多名吸毒人员，受到地委、行署表扬。

1996—1997 年，随着流动人口的不断增加，“黄赌毒”现象逐渐突出，人民群众对此反映强烈，公安机关主动出击，严查涉黄场所，严打涉黄违法犯罪行为。1996 年 1 月，永州市公安机关会同文化、工商部门开展专项行动，查获卖淫嫖娼案件 985 起，处罚卖淫嫖娼人员 1950 人，其中收容教养 63 人。1997 年 3 月，各县（区）公安机关查处卖淫嫖娼治安案件 216 起，查破组织、强迫、引诱、容留、介绍卖淫和组织淫秽表演等刑事案件 73 起，查获涉黄团伙 17 个，抓获犯罪嫌疑人 201 人，停业整顿涉黄场所 32 家。

1998 年，市公安局以贯彻《娱乐场所管理条例》（以下简称《条例》）为契机，加大对娱乐场所的清理整治。各级公安治安部门采取召开会议，电视宣传、张贴标语等多种形式对《条例》进行宣传，全市清理整顿按摩服务业 896 家，查处非法经营 560 家，下达整改通知书 612 份，取缔 5 家，限期整改 9 家，停业整顿 8 家，查处卖淫嫖娼人员 62 人。

1999 年 9 月，为迎接中华人民共和国成立 50 周年庆典和澳门回归，全市公安机关组织开展娱乐场所清理整顿行动和秋季禁赌禁娼专项行动，查处卖淫嫖娼案件 1469 起，查处 2612 人。

2000—2003 年，全市公安机关相继开展专项整治活动，严查卖淫嫖娼。2000 年 3 月 22 日下午，道县公安局富塘派出所破获一起强迫妇女卖淫案，抓获违法犯罪嫌疑人 3 人，刑事拘留 3 人。2001 年 8 月，零陵公安分局治安大队对宾馆、旅社、美容美发、卡拉 OK 等场所进行全面清理整顿，查处卖淫嫖娼等涉黄案件 30 起，处理违法人员 77 人。2002 年 9 月 12 日，冷水滩公安分局上岭桥派出所依法查处一强迫 13 岁少女卖淫的系列案件。2003 年 3 月 18—20 日，市公安局治安部门在冷水滩城区对群众反映强烈的卖淫嫖娼窝点开展重点清查，查处卖淫嫖娼人员 16 人，取缔非法旅馆、出租房 10 家，美容美发场所 2 处，限期整改 14 处。

2004 年，卖淫嫖娼活动从最初的容留、通信联络介绍发展为现代网络介绍。7 月，永州市公安机关按照省公安厅电视电话会议的部署，开展为期 3 个月的打击淫秽色情网站专项行动。核查淫秽色情网站线索 4 条，通报给外地公安机关线索 1 条，破获淫秽色情网站刑事案件 2 起，抓获犯罪嫌疑人 5 人，查处卖淫嫖娼治安案件 5 起，处罚违法人员 11 人，关闭淫秽色情网站 2 家。

2005 年，全市先后组织 5 次以打击卖淫嫖娼为主要内容的“扫黄”行动，查处组织、容留卖淫嫖娼案件，组织淫秽表演、传播淫秽物品案件 281 起，惩处涉黄违法犯罪嫌疑人 533 人，查获涉黄窝点 58 个。

2006 年 10 月，零陵区周某辉强行将一年仅 11 岁的小女孩带至秦某、陈某开设的休闲屋强迫卖淫，情节恶劣，市公安局成立专案组彻查此案，6 名主要犯罪嫌疑人被追究刑事责任。

2007 年 4 月，市公安局联合广电、电信、移动等有关部门组织开展打击网络淫秽色情专项行动，查获淫秽色情网站 5 家，抓获违法犯罪嫌疑人 73 人，刑事拘留 11 人，治安处罚 62 人。12 月，省公安厅、省政府新闻办、省通信管理局、省“扫黄打非”办联合召开电视电话会议，部署在全省开展专项行动，严厉打击传播网络淫秽色情等违法犯罪活动，集中整治互联网上突出的治安问题。市公安局开展网上巡查和不间断专项整治，约谈易发生卖淫嫖娼问题的宾馆、出租屋业主等，有效防范和及时打击网上淫秽色情违法犯罪活动。

2008 年，冷水滩公安分局治安大队民警在工作中发现，有人通过 QQ 发布招嫖信息，内容涉及市区多家宾馆酒店，并且语言淫秽附带色情图片。2 月 23 日，治安大队组织警力对已掌握的 2 家宾馆酒店进行突击检查，当场抓获卖淫嫖娼人员 11 人，涉嫌组织卖淫的犯罪嫌疑人陈某、宋某被刑事拘留，涉嫌卖淫嫖娼的违法嫌疑人李某、王某等 9 人分别被给予治安拘留处罚。

2009 年 6 月，中央综治委和公安部联合召开关于开展打击组织强迫妇女卖淫犯罪活动专项行动电视电话会议。全市公安机关根据上级部署，组织开展一系列专项行动，截至 10 月底，全市公安机关查破组织、强迫、引诱、容留、介绍妇女卖淫案件 60 起，介绍未成年人卖淫案件 7 起，查获犯罪团伙 24 个，抓获违法犯罪嫌疑人 76 人，解救受侵害妇女 23 人、未成年人 5 人，封停 34 家“黑猫”旅馆，教育处罚违法人员 143 人。

2010 年，开展打击组织、强迫、引诱、容留、介绍妇女卖淫的专项行动。1 月 22 日，在冷水滩“168 休闲会所”取缔一聚众卖淫嫖娼窝点，抓获涉案人员 32 人，将涉嫌容留妇女卖淫的嫌疑人周某宪（网上在逃犯罪嫌疑人）刑事拘留。6 月 18 日，道县公安局成功破获一起组织严密、分工明确的组织卖淫团伙案件，将涉嫌组织卖淫的犯罪嫌疑人李某昌、柏某欧等 4 人抓获归案。7 月 22 日晚，对冷水滩城区洗浴场所进行突击清查，现场抓获涉嫌卖淫嫖娼和介绍容留妇女卖淫的违法犯罪嫌疑人 25 人，取缔威尼斯大酒店休闲中心、华丰华天洗浴中心、龙潭休闲会所、碧涛阁洗浴中心涉黄场所 4 个，行政拘留 15 人，教育警告 10 人。

2011 年，开展两次扫黄专项行动，查破涉黄案件 313 起，查破组织、强迫、引诱、容留、介绍未成年人卖淫案件 15 起，查获团伙 32 个，抓获违法犯罪嫌疑人 216 人，其中团伙成员 83 人、嫖宿幼女犯罪嫌疑人 4 人，查封涉黄洗浴、娱乐场所 56 家。

2012 年，根据公安部扫黄禁赌“无声风暴”行动部署，组织对全市涉黄涉赌的 KTV 歌舞厅、酒店、洗浴场所、电玩城、动漫城等场所进行清查，查处涉黄涉赌场所 862 家，查处有问题场所 93 家，现场抓获涉黄涉赌人员 315 人，其中刑事拘留 39 人，治安拘留 114 人，罚款 148 人，上网追逃 14 人。

2013—2015 年，全市公安机关在日常治安管理中，重点对娱乐场所涉黄案件的发现和查处，并适时开展专项整治行动。2013 年，民警深入洗浴、足浴、宾馆、网吧、KTV、酒店等场所进行摸底排查，对各行业场所的登记制度及安全措施落实情况进行认真检查，全市共清查各类娱乐服务场所 1130 家，处罚 387 家（警告 125 家、罚款 102 家、限期整改 160 家），查处涉黄案件 124 起，查处违法人员 250 人。2014 年，市公安局统一部署，在全市开展为期 1 个月的扫黄专项行动，对易于涉黄的宾馆、酒店、洗浴、歌厅、出租房屋、交通站点等部位展开地毯式摸排，出动警力 550 人，车辆 120 辆，清查宾馆 290 家、出租屋 165 处、歌舞娱乐场所 173 家、网吧 41 家，盘查可疑人员 1075 人、车辆 221 台，抓获违法犯罪嫌疑人员 53 人，其中网上在逃犯罪嫌疑人 2 人，刑事拘留 5 人，治安处罚 46 人。2015 年 4 月，全市公安机关开展扫黄统一清查行动，重点清查出租房屋、宾馆、酒店、发廊、歌舞娱乐场所、洗浴按摩场所等，抓获涉嫌卖淫嫖娼人员 74 人。全年先后组织开展专项打击行动 3 次，查获涉黄违法犯罪嫌疑人 219 人。

1993—2015 年永州市查处卖淫嫖娼案件情况表

表 3-1-3

年份	查获卖淫嫖娼案（起）	查处卖淫嫖娼人员（人）	年度	查获卖淫嫖娼案（起）	查处卖淫嫖娼人员（人）
1993	1266	2182	2000	1257	2259
1994	1045	1813	2001	1327	2461
1995	1131	2151	2002	893	1705
1996	1069	1942	2003	994	1873
1997	1480	2701	2004	892	1642
1998	1412	2933	2005	1201	2262
1999	1519	2471	2006	1199	2179

续表 3-1-3

年份	查获卖淫嫖娼案（起）	查处卖淫嫖娼人员（人）	年度	查获卖淫嫖娼案（起）	查处卖淫嫖娼人员（人）
2007	1231	2265	2012	345	741
2008	1195	2341	2013	447	824
2009	539	981	2014	582	1240
2010	327	705	2015	483	1018
2011	362	723	合计	22196	41475

三、打击制假售假违法犯罪

（一）打击卷烟制假

宁远县禾亭镇是永州烟叶生产主要乡镇之一，也是卷烟制假重灾区。早在20世纪70年代末，禾亭镇就开始销售手工制作的无商标卷烟。进入90年代后，不法人员集资购买制假烟机设备，开始批量生产假冒卷烟。由于各种原因，一时间制假贩假非常猖獗，被列为全国卷烟制假重灾区，引起地、县两级党委、政府的高度重视。1998年11月底，市、县公安机关会同市、县烟草部门组织制订行动方案，着手打击卷烟制假。通过几年的打击整治，至2002年，宁远县禾亭镇卷烟制假得到遏制。

1993—1995年，零陵地区公安机关查处各类卷烟违法犯罪案件31起，查获运输假冒卷烟车辆5台，取缔售假窝点7个，查扣假冒卷烟540余件，刑事拘留13人，治安拘留49人。

1996—2002年，市公安局与市烟草专卖局等相关部门加强协作，密切配合，严厉打击制售假冒卷烟和其他涉烟违法犯罪活动。1996—2000年，市公安局协助市烟草专卖局出动打假人员300人次，车辆230台次，查处各类假冒商标卷烟案件27起，查获售假窝点12个，查扣各类假冒商标卷烟1316件，价值2000万元，查获卷烟机23台，接嘴机、热合机、打码器15台，刑事拘留15人，治安处罚28人。2001年5月，江永县公安局查获雷某平、李某华等人销售假烟案，涉案价值15万元。2002年，全市查处各类卷烟违法案件7起，查获卷烟113件，刑事拘留3人。4月15日，接群众举报，在永连公路上截获一大货车，内装有“软长沙”、“蓝国宝”、“延安”等5个品种83件假冒商标卷烟，公安部门及时出动警力予以依法查处。

2003—2009年，全市公安机关和烟草部门按照市政府《关于整顿和规范烟草市场秩序的通告》要求，严厉打击生产、销售假冒商标卷烟行为，对生产、销售假商标卷烟的行为、制造假冒商标卷烟的“地下工厂”和窝藏假冒商标卷烟“黑窝点”坚决予以打击取缔。2003 年，永州市成立永州整顿和规范烟草市场秩序工作领导小组，至 2009 年，全市各级公安、烟草部门在领导小组的组织下，开展一系列打击卷烟制假售假行动，缴获制假设备 10 台（套），假烟 267 件，烟丝 31 吨。2004 年 4 月，江永县公安局成功破获一起跨省非法经营卷烟案，查扣车辆 1 辆，当场缴获非法销售卷烟 1379 条，货值 7 万余元，抓获 2 名犯罪嫌疑人。2005 年 7 月 28 日，市公安局与市烟草专卖局配合，在冷水滩区蔡市镇老埠头村粮站仓库内查获一制假窝点，当场缴获 YJ14-23 型卷烟机 1 台及烟丝等制假原料。10 月 8 日，东安县公安局治安大队在井头圩镇查获一地下烟丝加工窝点，当场收缴薰蒸烤烟设备 2 套、烟丝和烟叶 1 万余公斤，抓获非法生产嫌疑人员 2 人。2006 年 6 月 19 日，宁远公安局治安大队在柏家坪镇马头上村郑某明家查获一制假卷烟窝点，当场缴获 YG13-22 型卷烟机 1 台，卷烟接嘴机 1 套，假冒郴州卷烟 20 件，烟丝 1000 公斤。2007 年 10 月，市公安局与市烟草专卖局联合，查获制造、储藏伪劣卷烟烟丝黑窝点 3 个，现场抓获违法犯罪嫌疑人 8 人，查获制造伪劣卷烟烟丝机械设备 2 台，运输烟丝货车 1 辆，成品烟丝 20 余吨，涉案金额达百万元。2008 年 1 月 5 日，宁远县公安局治安大队在舜陵镇文庙街某烟酒批发部仓库查获假冒伪劣卷烟 2770 条，金额高达 129.6 万元，提请逮捕 3 人。2009 年，在市烟草局的配合下，市公安局侦破假烟网络案件 3 起，涉案金额 200 余万元。

2010—2015 年，始终保持烟草打假高压态势，进一步健全完善与烟草、工商、质监等部门打假协作机制，开展“旋风”“利剑”“春雷 4 号”“潇湘金剑 2 号”等一系列市场清理整顿打假专项行动。2010 年，全市查处涉烟案件 1648 起，查获假冒卷烟 4689 件，查处网络涉烟案 18 起。年初，市公安局与祁阳县公安局查获一涉案价值 67 万元人民币的跨省销售假烟犯罪团伙，抓获以周某为首的犯罪嫌疑人 5 人。2011 年，市、县公安机关专案组在蓝山县所城镇万年村果木冲自然村侦破“6·10”特大制售假烟案，收缴机械 2 台、成品香烟 300 余件，总价值 600 万元。该案成为全省 5 年中破获的最大制售假烟案件之一，被列为 2011 年度全省治安部门十大精品刑事案件。2012 年 5 月，破获福建籍犯罪嫌疑人在永州市非法制售假烟案，生产销售劣质烟丝 5 万余斤，涉案金额 200 万元，涉案地域跨 4 省，涉案人员 10 人。2013 年 6 月 27 日，市公安局联合市烟草专卖局，查获制造、储藏伪劣卷烟烟丝的黑窝点 3 个，现场抓获违法犯罪嫌疑人 8 人，查获制造伪劣卷烟烟丝机械设备 2 台，运输烟丝货车 1 辆，成品烟丝 20 余吨，涉案金额达 130 万元。2014 年，市工商、烟草、公安等部门联合成立烟草打假专业执法队伍，深入推进打击制售假冒卷烟工作。全年查处各类涉烟案件1101起，查获各类卷烟4247.19万支，破获制售假烟、走私烟、非法经营烟叶国际网络案11起，破获非法经营卷烟网络案7起，刑事拘留62人，提请批准逮捕49人，追究刑事责任7人。其中“潇湘金剑2号”专项打假行动，查处各类涉烟案件1006起，查获各类卷烟3352.48万支，取缔无证经营户251户。2015年4月16日，市公安局侦破新田县公安局移送的王某红、张某仁等人涉及多个省、市并由公安部督办的国标烟草网络案，查获生产、加工、储存假烟窝点5个。4月25日，江永县公安局治安大队破获一起假烟国标网络案，涉案金额高达106万元。

（二）打击其他制假、售假

1993年，国务院成立全国打假办公室，推动在全国范围内有组织、有领导的打假工作。1998年机构改革后，其组织协调打假的职能改由质量技术监督等部门承担。2000年10月，永州市成立打假工作协调小组办公室，办公室设市质量技术监督局。

1993年4月，冷水滩公安分局成功破获一起伪造国家机关公文案，抓获违法犯罪嫌疑人2人，并依法刑事拘留。

1994—1995年，为清理整顿非法生产、销售和穿着警服、警服专用标志，严厉查处假冒警察违法犯罪活动，全区公安机关按照省、地整治办的总体部署，在全区集中开展“打假”行动，共收缴警服780套，警服专用标志1951副，纠正非人民警察穿着警服945人，取缔非法销售警服店（点）23个，在较短时间内，有效整治社会上滥着警服现象。

1996—1997年，市公安局会同市质量技术监督局、市医药管理局、市工商行政管理局等单位联合开展多次打击制假售假专项行动，查获制假售假案件69起，抓获违法人员116人，查封和没收涉案物品（成品、半成品、包装物、相关设备、销售资料）521件（箱），没收违法所得67万元，依法追究10名主要责任人的刑事责任。

1998—2002年，全市各级公安机关根据本地制假售假的违法犯罪情况会同有关部门坚持闻风而动，露头即打。1998年8月，市公安局与工商等有关部门查处1起涉及道县、祁阳、芝山等县（区）非法印制假证件案件，抓获犯罪嫌疑人3人，收缴非法产品价值27万元。1999年2月，芝山公安分局立案侦查永州市香料厂原总经理罗某熙假冒伪造该厂同类产品案，追回损失12万元。5月，祁阳县公安局与县盐务局在该县大村甸查获1车假食盐，当场抓获犯罪嫌疑人1人，没收假食盐10吨。2000年4月，查处冷水滩区胡某伟等人销售假农资案，避免了本市农户因使用该假农资造成损失3000万元。2001年5月，江华瑶族自治县公安局治安部门破获蒋某普等人销售假冒伪劣产品案，经查蒋某普多次从浙江衢州鑫宇体育健身器材有限公司（公司负责人李某晓）购进不合格的篮球架共 83 副、乒乓球桌 442 张，并将这些篮球架和乒乓球桌以正品销售给江华瑶族自治县各中小学，从中获取暴利 113 万元。2002 年 5 月，冷水滩公安分局查获一生产“地沟油”黑窝点，当场收缴地沟油 108 桶计 2.5 万公斤，抓获犯罪嫌疑人杨某某等 2 人，依法刑事拘留 1 人、治安拘留 1 人。

2003 年，组织全面开展打击生产销售假劣药品、医疗器械违法犯罪专项行动。重点打击制售假劣药品、医疗器械的窝点、销售网络、“后台”和“保护伞”，为制售假劣药品、医疗器械提供资金、机械、印刷、包装、运输、加工、仓储、邮寄等便利条件的违法单位和个人，查办拒绝、阻碍查处制售假劣药品、医疗器械行政执法及暴力抗法案件。全市查获上述各类案件 25 起，抓获违法犯罪嫌疑人 73 人。

2004—2006 年，市县（区）公安、工商、质量技术监督局紧密配合严查严打制假售假违法犯罪行为。2004 年 6 月，宁远县公安局破获蒋某成等人生产销售假药案，经查蒋某成等自 2001 年开始，在宁远县舜陵镇自己家中利用粉碎机、封口机等机器，用田七、甘草、桃仁等中草药加工成“蒋氏颈腰骨康丸 1 号”“蒋氏颈腰骨康丸 2 号”“蒋氏颈腰骨康丸 3 号” 3 种胶囊药品，通过邮寄等渠道销售从中牟利，蒋某成等 2 人被依法刑事拘留。2005 年，侦办制售假冒伪劣商品案件 17 起，查处违法犯罪嫌疑人 56 人，涉案金额 1200 万元，缴获赃款赃物价值 650 万元。2006 年，查处 14 起制售假案件，取缔 3 个制假窝点，查处违法犯罪嫌疑人 36 人，涉案金额 815 万元。

2007—2009 年，全市各级公安机关把打击制假售假团伙犯罪作为重点，实施不间断打击。2007 年 7 月，冷水滩公安分局查获周某春等人销售病死猪案，当场收缴死母猪 1 头（重约 175 公斤），已初加工存放在冰柜内的死猪肉 650 公斤，从罗某鹏的小作坊里收缴死猪肉 380 公斤，用死猪肉做成的腊肉 235 公斤，加工腊肉的亚硝酸钠 1 件（13 瓶），周某春、罗某鹏等 4 人被依法刑事拘留。2008 年 8 月，东安县公安局治安大队联合县工商局查处 1 起假冒注册商标案，查获以王某龙、熊某军、李某辉为首的 9 人制造假药团伙成员，该团伙同时附带推销“抗腿抽筋”“钙片”（经药监部门认定为假货），其团伙成员全部被依法刑事拘留。2009 年，冷水滩公安分局破获邓某仁、郭某伟、宁某华等人销售不符合安全标准的食品（病死猪）案，邓某仁、郭某伟、宁某华等 6 名犯罪嫌疑人被依法刑事拘留。

2010 年，永州市公安机关按照公安部、省公安厅统一部署，开展“打四黑除四害”（黑作坊、黑工厂、黑市场、黑窝点；制假售假、收赃销赃、涉黄涉赌、涉毒）专项行动和“打击食品犯罪保卫餐桌安全”专项行动。查处“四黑四害”十类刑事案件 287 起，刑事拘留 547 人，提请逮捕 207 人。

2011 年 10 月 31 日，东安县公安局与县工商局查获一个生产销售地沟油窝点，查获潲水油 85 桶共 16 吨

2011 年，开展“打四黑除四害”专项行动，出动警力 6275 人次，摸排出“四黑四害”线索 626 条，核查 626 条，查获“四黑四害”窝点 23 个，办理“四黑四害”案件 202 起，收缴病死猪肉 11 吨，有毒食品 300 公斤，假冒名牌高度酒 10 件，查封地沟油 132 吨，有力打击“四黑四害”违法犯罪活动。10 月 31 日，东安县公安局接到举报后，联合县工商局查获一生产地沟油黑窝点，当场查封制成的地沟油 85 桶（16 吨），抓获黑作坊“老板”易某堂（东安县鹿马桥镇陶家冲村村民）。2012 年 3 月，祁阳县公安局治安大队取缔一收购、加工、销售病死猪黑窝点，现场查扣病死猪肉 6.8 吨，共查处涉案人员 19 人，刑事拘留 7 人，提请批准逮捕 6 人，涉案价值达 300 余万元。5 月，宁远县公安局治安部门破获刘某屏、黄某标等人销售假药案，查获涉案人员 18 人，涉案价值达 52 万元。7 月，零陵区公安分局破获以蒋某林、唐某玲、张某飞、唐某江等人为首的生产销售注水牛肉伪劣产品案，涉案人员 33 人，涉案金额达 80 万元。2013 年，共查处“四黑四害”十类刑事案件 349 起，刑事拘留 669 人（涉黄涉赌 432 人、制假售假 107 人、涉枪涉爆 124 人），提请批准逮捕 227 人，查获“四黑四害”黑窝点 115 个。10 月 29 日，冷水滩公安分局在黄泥井市场一座居民出租房内，查获一销售假药窝点，当场抓获犯罪嫌疑人 1 人，缴获假药 70 余盒，涉案金额 3 万元。2014 年，市公安局与市工商、农业部门联动，按照国家农业、工商、公安联合组织开展“全国种子打假”专项行动的部署，在全市严查重点品种、重点基地、重点市场、重点企业。破获案件 11 起，挽回经济损失 67 万元。9 月 14 日，冷水滩公安分局治安大队查获在冷水滩零陵北路忠烈村和御景华城小区一车库 2 处食品加工黑窝点，抓获涉嫌生产销售有毒有害食品嫌疑人王某平、唐某元、邓某云（女）3 人，缴获明矾 43 公斤，有害物质浸泡的牛筋、牛脚制品 150 公斤，犯罪嫌疑人王某平、唐某元、邓某云被依法刑事拘留。

2015 年，开展食药打假“利剑行动”，采取“端窝点、捣网络、断渠道、除源头”等举措，全年破获食品药品刑事案件 100 起，刑事拘留 135 人，提请批准逮捕 72 人。破获公安部督案件 2 起，省公安厅督办案件 2 起，参与公安部发起的食药集群战役破案 25 起，核查食药集群战役案件线索 253 条。1 月 30 日，道县公安局治安大队在道县井塘乡查获一非法制售假食盐案，查获假冒食盐 21 吨。在开展“百日会战”中，全市公安治安部门侦破所管辖的刑事案件 67 起，办理行政案件 41 起，查处各类违法犯罪嫌疑人 319 人，刑事拘留 107 人，移送审查起诉 19 人，强制戒毒 19 人，行政拘留 117 人，缴获毒品 4800 克，收缴枪支 127 支，子弹 950 发。是年，全市公安机关开展打击整治涉网违法犯罪“断链”行动，共破获刑事案件 413 起，刑事拘留 797 人，提请批准逮捕 386 人，移送审查起诉 425 人。

1993—2015 年永州市治安案件查处与处罚情况统计表

表 3-1-4

年份	治安案件数		治安处罚情况			
	受理（起）	查处（起）	合计（人）	警告（人）	罚款（人）	行政拘留（人）
1993	11277	10311	20044	2784	14453	2807
1994	12448	11804	22309	3496	16172	2641
1995	12869	12411	24402	4337	17279	2786
1996	12731	12540	24220	4091	17402	2727
1997	14865	14712	29239	5003	20441	3795
1998	12704	12596	23387	3804	15738	3845
1999	15943	15842	25093	4580	16770	3743
2000	16572	16460	24507	3857	16929	3721
2001	15470	15709	23506	3297	16419	3790
2002	13801	13618	23700	3031	16216	4453
2003	15763	13785	23225	3206	15909	4110
2004	16373	17261	26005	3896	17196	4913
2005	16047	15632	24604	3260	16532	4812
2006	16731	16290	16692	3122	5514	8056
2007	12293	11887	13025	1585	2487	8953
2008	15342	14399	10590	1125	1948	7517
2009	19629	18558	14180	2410	2415	9355
2010	17052	15437	10377	1231	1860	7286
2011	17764	15593	10161	482	2425	7254
2012	23755	21923	12625	634	2777	9214

续表3-1-4

年份	治安案件数		治安处罚情况			
	受理（起）	查处（起）	合计（人）	警告（人）	罚款（人）	行政拘留（人）
2013	32715	29475	15055	495	2368	12192
2014	30533	27339	15339	231	1248	13860
2015	36270	31890	20620	135	1419	19066
合计	408947	385472	452905	60092	241917	150896

第七节　保安服务业管理

1993 年 4 月和 6 月，湖南省公安厅先后批复同意设立永州市道县保安服务公司、东安县保安服务公司。10 月，零陵地区保安服务总公司经省公安厅批准成立。1994 年 2 月，省公安厅批复同意设立祁阳县保安服务公司。

1996 年 6 月，永州市保安服务总公司加入湖南省保安协会。永州市保安业在前期发展过程中由于没有采取有效管理手段，导致保安市场混乱，主要表现为："经警"（20 世纪 90 年代企事业单位配置的特殊警种——经济警察）挤占保安市场、自建保安组织、保安队员素质底。对此，市公安局印发《永州市保安服务业管理暂行规定》，明确保安业归口管理部门为公安机关治安部门，保安业必须实行"六统一"，即统一审批、统一培训、统一名称、统一管理、统一服装、统一执勤证。11 月 26 日，永州市第一期保安培训班在东安举办，参培人员 50 人，永州市保安业逐步走上规范化管理轨道。

1998 年 2 月底，市公安局规定旅馆业的保安组织由治安部门统一管理。4—11 月，全市对保安业进行清理整顿，发现 5 家保安组织存在问题，经过清理整顿，撤销 1 家，其他 4 家整改后保留，对符合条件的保安组织颁发"永州市内部保安服务许可证"，对保安人员进行资格认可，统一服装、统一执勤证。

2000 年 1 月 11 日，经湖南省公安厅批准成立永州市公安局保安服务有限公司，业务归口市公安局治安管理（巡警）支队。10 月 8 日，市公安局印发《关于印发〈全市清理整顿保安市场工作方案〉的通知》，全面开展保安服务业清理整治工作，重点清理整顿未经省公安厅批准的公安机关内部自建的保安服务公司及其他非正规保安组织，社会上各类自建保安组织以及以各种名义擅自从事保安业务培训及招聘"黑保安"等。全市取缔自建保安组织 53 个，清理"黑保安"321 名。2001 年 6 月 1 日，《湖南省保安服务管理条例（修正）》施行。

2002年6月，永州市保安服务有限公司与工行、建行、农行、中行、中国邮政储蓄、中国邮政银行、交行、农村信用社、华融湘江银行、湘农商银行、村镇银行、农业发展银行等12家金融单位及中石油、中石化等20家客户单位签订押运服务合同，服务网点712个。

2003年，组织指导全市公安机关加强对保安服务活动的监督检查，在全市组织开展保安服务市场专项整治行动，发现、整改、查处全市范围内的违规保安服务行为，查处非法开展保安服务活动侵犯群众合法权益等违法违规行为4起12人，无证上岗保安（“黑保安”）83人。

2004—2005年，继续清理整顿保安市场，规范押运、守库业务。2004年4月22日，市公安局印发《关于清理整顿保安市场的通知》，继续对保安市场进行清理整顿。2005年开始，农行、工行、建行等银行金融单位网点运钞押运业务和守库业务转由有资质保安押运服务公司企业承接。

2006年，根据中国加入WTO的承诺，国内开放保安市场，保安行业社会化、市场化，全市公安机关只负责保安行业准入条件的审批，不再自办保安公司。

2007年，永州市保安服务有限公司有保安从业人员392人，派驻服务客户达到121家，全年协助公安机关查破各类案件110起，发现和消除各类不安全隐患325起，截获多装、私运货物出门72起，为客户挽回经济损失达65万元，承担各类临时社会安全治安防范保卫任务35次，出动人数达1750人次。

2008年，永州市保安服务有限公司共有保安队员603人，年投诉率为零，无重大安全事故，全年协助公安机关查获违法犯罪嫌疑人220余人，侦破案件20起，抓获违法犯罪嫌疑人24人，为客户单位挽回经济损失500万元。消除不安全隐患58处，拾金不昧25人次，总价值35万元，在社会治安防控体系建设及社会治安综合治理中发挥重大作用。建立GPS/GSM全球定位车辆防盗、防劫联网报警系统平台，以快速、精确给出移动车辆目标的位置、状态信息，防机动车被盗、被劫。是年，在市保安服务有限公司登记注册的金融押运和社会机动车辆有300余台。

2009年，永州市保安服务有限公司有保安队员663名，全年提供破案线索3条，抓获犯罪嫌疑人54人，预防灾害事故20起，挽回经济损失64万元，参加大型商贸文体展览活动40人次，参加群体性事件处置工作205人次，见义勇为2人次，因公负伤12人，收到客户单位表扬信22封，保安服务达标率、顾客满意率均达到98%以上，安全保障率达100%。2月份通过北京环通认证中心专家对公司进行的质量认证和年度审核。4月21日被湖南省公安厅授予“一级保安服务公司”称号，获得湖南省“五四红旗团总支”和冷水滩区“先进政法基层单位”奖牌，受到有关领导肯定和客户称赞。

2010年，永州市保安服务有限公司共为公安机关提供破案线索45条，为客户单位消除各类不安全隐患216处，挽回经济损失26.9万元，拾金不昧36次，收到客户表扬信100多份，承担各类临时社会安全治安防范保卫任务27次（出动人数1639人次），保安服务达标率、顾客满意率达到98%以上，安全保障率达到100%。

2011年，永州市公安局治安部门对全市保安公司改制和保安员考试发证工作进行认真研究和合理调度，制订《永州市公安机关开展初级保安员考试发证工作实施方案》，在政府网站对保安公司设立、保安员考试发证、自聘保安员单位备案等工作予以公示，在全市范围分批次分考点组织开展初级保安员考试发证工作。

2012—2014年，市公安局治安部门在市人民政府网页上以政务公开的形式公示保安员考试发证的流程及标准，对已考试发证的保安人员全部录入省公安厅保安监管信息系统。加强宣传力度，印发《保安服务管理条例》宣传手册1.8万份。全市成立保安服务公司15家（其中开展武装守护押运服务1家），保安培训机构4家，对原有保安人员进行培训考试发证近2489人，对自行招用保安单位备案93家。截至2014年12月底，市保安服务有限公司下设6个部室（办公室、财务部、人力资源部、质控部、后勤部和押运中心），1个安保分公司（2013年1月开始承包经营，主要经营技术防范和联网报警服务），党团工会组织健全，押运中心下设6个大队，10个中队，14个分队，1个监控室，103个班组，共有员工695名（押运队员577名、网点保安25名、机关办公人员44名、市公安局派遣人员27名、安保分公司22名）；共有运钞车103辆（运作车76辆、备用车17辆、报废车10辆），防暴枪247支，守护金库31个，各县（区）银行网点覆盖率100%。

2015年，永州市保安服务有限公司与市公安局完成脱钩改制工作，保安业务从此由单一的传统人力保安和人防、技防、武装押运与人力保安相结合发展至社会化运作。随着保安市场的开放，公安机关不再直接经营保安服务公司，由保安“主管机关”转变为“监管机关”，承担对保安企业的监督管理工作。面对保安市场的新发展，市公安局建立公安机关保安监管机构，配备与工作任务相适应的监管民警，统一归口公安机关治安部门管理。建立、完善保安公司及保安培训单位许可证申领程序，建立保安员证申领和自建保安组织备案的相关工作制度，建立保安服务管理信息系统，提高管理工作的信息化水平，建立、完善群众举办和投诉制度，保安监管责任追究制度，主动接受社会各界和广大人民群众的监督。公安机关按照“从严审核、审批，从严督促检查，从严培训工作，从严查处违规”的“四个从严”原则和要求，加强对保安服务业的监管。

第八节　派出所工作指导及其他业务

1993年，零陵地区共有公安行政派出所126个。1999年，全市有公安行政派出所200个，其中城市派出所37个（街道派出所25个、郊区镇派出所4个、郊区乡派出所5个）、农村派出所158个（建制镇派出所89个、乡派出所56个、区片派出所13个）、水上派出所5个；企事业派出所42个（其中大型市场派出所1个、林业派出所37个、企业派出所3个、事业派出所1个），配置民警1508名。

2000—2009年，全市有公安行政派出所171个，其中城镇派出所24个、农村派出所144个、水上派出所3个；企事业派出所42个（其中大型市场派出所1个、林业派出所37个、企业派出所3个、事业派出所1个），配置民警1478名。

2010—2015年，全市有公安行政派出所200个，其中城镇派出所34个、农村派出所153个、水上派出所3个、未运行（待撤销或保牌）派出所10个；企事业派出所42个（大型市场派出所1个、林业派出所37个、企业派出所3个、事业派出所1个），配置民警1508名。

一、派出所建设和业务工作指导

90年代初，中共零陵地委、零陵地区行政公署按照省委、省政府对公安派出所建设的要求提出公安无房派出所建设“三年为期，分批建设，争取两年完成”的目标，将派出所建房工作作为一件大事来抓。各县（市）在派出所警力配置上精简上层，充实基层，按照省公安厅的要求，各县（市）派出所配置警力超过总警力的50%，达到城镇派出所不少于15人，农村派出所不少于5人的标准，民警年龄均在35周岁以下，有一定文化水平。

1993—1994年，主要围绕零陵地委、行署提出的公安无房派出所建设目标和基层各项软件、交通设备建设以及派出所警力配置开展各项调查准备工作。

1995年，报地委、行署同意，计划新建乡镇派出所81个，各地各项筹建工作全面展开。

1996年11月29—30日，在江华瑶族自治县召开派出所建设现场经验交流会，全面安排部署加快“以乡建所”和林业公安派出所规范化建设。

1997年6月20日，全市新建81个派出所全部挂牌运转。9月初，全省公安局长会议部署派出所改革工作，9月23日，全市城区派出所改革启动。按照派出所设立三大组（外勤组、刑侦组和内勤组）的模式，一区一警，一警多能，责任到人，一包到底开展工作。明确基层派出所五大任务：管理人口户籍；管理安全文明小区；负责指导基层治保组织和群防群治工作；其他治安业务工作；协助刑侦破案。

1998年，全市有51个派出所进行改革，划分147个警区，落实责任区民警253人。按照“打防并举，以防为主”“以发案少、秩序好、群众满意为目标”的指导思想，建立一整套派出所考核考评办法。7月22日，市公安局印发《关于全市公安机关迅速开展创建人民满意派出所活动的实施方案》，确定以芝山、冷水滩、凤凰园经济开发区3个城区派出所和9个县城的城关所共25个单位为第一批创建单位，按照分类试点原则，逐步推进，全面铺开。8月13—17日，市公安局举办全市公安派出所所长培训班，对派出所所长的政治、业务进行培训，同时在全市开展“远学东莱，近学徐家井”活动。

1999年，把开展“双创”（创人民满意派出所，满意民警）工作作为深化派出所工作改革的重要举措，积极开展创建人民满意派出所活动。3月16日，市公安局召开芝山、冷水滩、凤凰园经济开发区3城区9所所长会议，对3城区9个派出所从硬件、软件方面年内达标提出具体考核要求。年底，全市评选出16个市级人民满意派出所。

2000年，贯彻落实《全省公安机关双十双百千实施方案》（创建10个优秀公安局，确定10个队伍问题或辖区治安问题相对较多的“戴帽”整治单位，树立100个省级人民满意派出所和100个人民满意基层单位，确定1000个基层股、室、队分别作为省市县公安机关领导和厅属各单位主要负责人的联系点），市公安局治安部门结合“三讲”、“反对司法腐败，确保司法公正”及“三项”教育，制订办案纪律，建立健全学习制度，上下班签到、财务管理等一系列规章制度。进一步深化警务公开制度，实施阳光工程，逐步推进“双创”工作。5月，市公安局组织各县（区）公安局（分局）主管副局长、部分派出所所长到常德参观学习基层基础工作经验和烟花爆竹管理工作经验。根据省公安厅《派出所建设规范》，结合学习、吸收外地经验和本地实际，改进和完善创建工作规范，重点规范警务程序、基础台账以及接处警、接受监督、倒查追责等制度。

2001年11月，按照公安部《公安派出所等级评定办法》和湖南省《公安派出所等级评定实施细则》要求，全市统一实行公安派出所等级评定制度，对全市行政公安派出所进行等级评定，有一级所7个，二级所23个，三级所83个，四级所69个，五级所5个。截至2015年，全市有一级所17个，二级所50个，三级所75个，四级所34个，五级所1个，其余为未评级派出所。

2001—2002年，市公安局先后组织4次明察暗访活动，对公安派出所基层基础和社区警务工作进行督促检查，推进派出所管理规范化。不定期组织治安支队、刑侦支队、人口与出入境管理支队、警令部、政治部等部门对全市公安派出所基层基础工作现场检查，采取检查文件台账、实地抽查派出所社区警务室、网上随机抽查等方式，了解掌握收集各县（区）完成各项任务的真实情况，及时发现工作中存在的问题，了解工作中面临的困难，提出解决办法，促进各项基层基础工作的落实。

2003年，全国“金盾工程”建设全面启动，全市各级公安机关以“金盾工程”

为载体全面实施科技强警战略，夯实公安基层基础工作。市公安局印发《关于成立永州市公安派出所综合管理信息系统建设领导小组及办公室的通知》，对派出所信息化建设加强组织领导。同时，出台具体措施加强公安派出所综合管理信息系统建设，整合派出所各项基础工作管理台账，为一线民警提供一个开展基层基础工作的有效平台。

2004 年，全市公安机关在开展创建人民满意派出所活动中，立足辖区实际，着眼群众满意目标，秉持“以人为本、关注民生、构建和谐”的理念，坚持打防并重，紧紧围绕影响群众安全感的犯罪活动和治安问题，持续开展各项专项行动。全市公安派出所立刑事案件 210 起，破 196 起；查处治安案件 3217 起，治安拘留 4653 人。

2007 年 5 月，贯彻落实《中共中央关于进一步加强和改进公安工作的决定》和第二十次全国公安工作会议精神，以及公安部制定的《公安派出所正规化建设规范》标准，大力加强公安基层基础工作，组织各县（区）公安机关召开专门工作会议进行培训学习，印发《全市公安派出所正规化建设规范实施意见》。

2008—2011 年，督促指导全市公安派出所候问室建设。2008 年开始，为杜绝刑讯逼供以及犯罪嫌疑人自伤、行凶等现象，派出所设立讯问嫌疑人专用的“候问室”，将硬件设施全部升级。截至 2011 年底，全市 177 个公安派出所完成“候问室”建设任务。

2012 年 3 月，组织各县（区）公安局（分局）派出所优秀社区驻村民警集中到市公安干校脱产学习，全年组织 32 次社区、驻村民警培训，每个县（区）公安机关至少开展 1 次业务培训。7 月，配合市直机关“千人”下基层活动，市公安局机关抽调 100 余人到县（区）基层公安派出所锻炼。

2013 年年初，根据公安部《贯彻落实全国公安厅局长座谈会精神加强派出所基础工作二十项任务》，结合永州实际情况，市公安局制订《永州市公安机关夯实派出所基层基础工作实施方案》。下半年，市公安局根据省委、省政府《关于改进和加强公安基层基础工作的意见》精神，印发《加强全市公安派出所建设 12 项重点工作》通知，进一步明确加强派出所建设工作任务和目标。

2014 年，全市警力下沉得到落实。冷水滩、零陵两区公安分局派出所警力达到总警力（不包括交警、巡特警、拘留所、看守所民警）的 60%以上，金洞公安分局及其他 9 县公安局派出所警力达到总警力的 45%以上。

2015 年 3 月，根据省公安厅《2015 年度市州公安机关“四项建设”评估办法》和《2015 年度市州公安机关“四项建设”评估工作涉及治安部门项目实施细则》，市公安局制订《2015 年全市公安机关派出所和社区警务工作考核办法》，将派出所警力配置、派出所侦查破案任务、社区警务工作考核和省社区警务信息综合管理系统应用等工作纳入2015年全市公安机关绩效考核，以考核促工作，督促各县区公安机关更加重视派出所工作。

二、社区和农村警务室建设

永州市社区和农村警务室建设，最早谋划组建于2003年。为加强全市公安派出所社区警务工作的指导，构建城镇社会治安防控体系，市公安局于4月17日成立社区警务建设领导小组办公室，印发《永州市公安局社区民警工作职责（试行）》，明确其职责为：抓好治安情报信息工作；加强实有人口管理；开展社区安全防范；加强治安管理；服务人民群众；完成上级布置的其他工作。

2004—2006年，各县（区）公安局（分局）开展设立"社区和农村警务室"摸索试点工作。截至2006年10月底，全市116个社区建立集社区警务、治安管理、群防群治、矛盾纠纷排查调处、外来人口管理服务、预防青少年违法犯罪、刑释解教人员安置帮教、社区矫正禁毒以及情报信息收集等多项功能于一体的综合警务室68个。

2007年5月，市公安局印发《永州市社区和驻村民警考核细则》，规范社区和农村警务室台账、警务公示栏内容。截至6月20日，全市建成226个农村警务室，配备226名驻村民警，并在全市每个社区物建5~10名信息员，广泛收集各类动态，建立信息台账。在全市公安机关开展"3000民警下警区"和"温暖工程"建设活动中，有针对性地开展矛盾纠纷排查工作，出动警力3918人次，走访187个企事业单位，324个村组，走访调查群众3726人次，共摸排矛盾纠纷451件，现场调处解决135件。

2008年，推进社区和农村警务室建设，全市组建112个社区警务室，配备318名社区民警；组建农村警务室295个，配备295名驻村民警，累计投入建设资金166万余元，完成省公安厅下达的规划任务，警务室软硬件建设达到省公安厅标准。江华瑶族自治县公安局驻村民警詹先凌获"全国公安机关实施社区和农村警务战略优秀社区民警"称号。

2009年，各县（区）公安机关严格按照市公安局《关于印发2008年全市社区和农村警务建设任务规划的通知》要求，在城郊、国省道、铁路沿线乡镇和治安复杂乡镇，以6~8个行政村或1万常住人口划分一个警务区，设置农村警务室312个，配置驻村民警312人。根据省公安厅《2009年度社区和驻村民警工作考查实施细则》和《湖南省社区和驻村民警工作考核指导意见》要求，结合永州实际，制订《永州市社区和驻村民警工作职责及考评办法》，各县（区）公安机关严格按照

《考评办法》，坚持实行三级考核制（市公安局考核县公安局、县公安局考核派出所、派出所直接考核社区和驻村民警），认真组织对社区和驻村民警的考核工作，以考核促工作，确保社区和农村警务工作发挥实效。

2010—2012 年，永州市共建设 196 个社区警务室，配备 306 名社区民警，在国道沿线、治安复杂地区建设 968 个农村警务室，配备 968 名驻村民警，警务室软硬件设施达到省公安厅标准。2011 年，各县（区）公安局（分局）普遍为社区民警配发移动警务通，开启社区警务信息化工作新篇章。4 月，冷水滩公安分局以社区警务室为平台，以“发案少、秩序好、群众满意”为目标，大力推进社区警务“1311”工作模式（即 1 名社区民警，3 名专职治安员，1 支社区巡逻队，1 群治安楼栋长，或简称“1+3 带 1 队促 1 群”模式），形成警力下沉，分工明确，力量整合，齐抓共管，以有限警力引领无限民力的社区警务新模式。

2013 年 9 月，推进“一村一警”工作，为破解农村派出所警力不足、基础薄弱这一制约公安科学发展的“瓶颈”，市政府副市长、市公安局长蒋建湘率县（区）公安局（分局）局长及警令部、后装部、治安支队等部门负责人到广西壮族自治区防城港市上思县考察“一村一警”农村警务工作模式和村警“三个六”（进村六必做：群防群治、信息采集、矛盾化解、法制宣传、管控帮教、便民服务；入户六必问：当地热点问题、治安状况、矛盾纠纷、人口动态、生产生活、、意见建议；见人六必知：知其基本情况、思想动态、现实表现、社会关系、经济状况、居住环境）工作方法。10 月，江永县公安局率先试行“一村一警”农村警务战略，出台《关于加强基层基础工作，建立“一村一警”警务工作机制的意见》，规定县公安局领导带头，部门警种民警到派出所、行政村任“村警”。

2014 年 4 月，蒋建湘率党委班子成员及市公安局警令部、后装部、治安支队等部门负责人深入道县、江永县基层派出所和村组调研和总结“一村一警”试点工作，决定从 4 月开始，在全市 12 个县（区）公安局（分局）全面推行“一村一警”农村警务战略。5 月 19—20 日，市公安局在江永县召开全市公安机关优秀团队建设暨城乡警务体制改革推进会，推介江永、道县公安局典型经验，步署全市城乡警务体制改革工作。“江永会议”后，各县（区）公安机关全面实施“一村一警”农村警务战略。截至 11 月底，全市有 1591 个行政村配备驻村民警共计 1591 名。是年，驻村民警走访群众 58 万余人次，采集录入各类信息 12 万余条，召开警民恳谈会 1200 余场次，收集各类意见建议 6200 余条，帮助群众解决困难 620 人次，调处矛盾纠纷 2660 起。全市 196 个社区警务室全部接入公安信息网，每个社区基本配备 2 名辅警，有的社区警务室还配备户口协管员。

2015 年 6 月，市公安局在市公安干校召开全市湖南省社区警务信息综合管理系统应用培训会议。至年底，全市190个公安派出所（未运行的除外）、196个社区警务室和4620个农村警务室的基础信息全部录入更新。录入实体信息26094条，房屋信息30114条，其中出租房信息13256条，录入单位信息12183条，其他人员信息43287条。

三、治保会建设

1993年，零陵地区公安处发挥治保会组织作用，全区治保组织全年协助公安机关查破刑事案件503起，抓获违法犯罪人员8790人，调解民间纠纷23689起，帮教违法人员7415人，发现事故隐患2397起，排优解难为民做好事16096起，救死扶伤2149起，缴获赃款29.27万元、赃物折款27.65万元。

1994—1995年，零陵地区贯彻中央综治委、公安部、民政部、农业部联合印发的《关于加强农村治保会工作的意见》，建立治保会6105个。1994年，全区治保会组织协助公安机关查破各类案件6026起，调处纠纷5074起，预防案件和事故1949起，挽回经济损失12万元。1995年，调整充实治保队伍，更换治保主任609名，对治保主任进行业务培训，并督促各县（市）兑现治保主任报酬。宁远、新田、道县、江永等县治保主任报酬100%得到解决，年补助最高480元，最低129元。新田县采取给治保主任多种1~2分预留田和误工补贴的办法解决报酬，个别村为治保主任办理人身保险。治保会协助公安机关抓获违法人员2673人，协助查破各类案件6060起，预防案件和事故1949起，挽回经济损失112万余元。

1996—1997年，各县（区）公安局（分局）治安大队为加强治保组织建设，采取不同形式的业务培训，提高治保人员的政治素质和业务能力。全市各类治保会、保卫组织6676个，成员24930人，协助查处治安案件3676起，提供侦破线索2512余条，调解民事纠纷22811起，帮教各类违法人员8763人。

1998年，根据公安部有关改革治安联防工作的精神，永州市公安机关对聘请的438名治安联防队员全部予以辞退。为填补治安联防队撤销后群防群治工作留下的空档，治安部门加强治保会建设，对组织涣散、能力差的治保会进行整改和调整，落实报酬和经费，建立健全各项规章制度。同时，各地以派出所为单位，分期对治保人员进行政治、业务培训，培训率达100%。全市5662个治保会当年调处群众纠纷20971起，为公安机关提供侦破线索2360条，协助破获刑事案件645起，协查治安案件3397起。

1999年，全市共有治保会5968个（内部治保会1099个、城镇治保会264个、农村治保会4605个），成员45250人。为充分发挥治保组织在社会防控体系中的作用，全市继续开展形式多样的的治保人员业务培训，治保人员培训率达到95.7%，提高治保组织参与维护一方稳定的能力。

2000—2006年，全市有较为稳定的治保会6656个，成员29999人，各类治保小组20472个59117人，成为全市开展各项社会防控工作的坚实基础。共调解民事纠纷32311件，提供侦破线索2342条，协破各类案件3966起，抓获违法犯罪嫌疑人7817人，为稳定社会治安特别是广大农村的治安发挥不可替代的作用。

2007年，各县（区）公安局（分局）建立健全社区（村）治保组织，动员离退休人员、低保人员、下岗职工、摊贩商户、治安积极分子和党团员志愿队伍就地守望，减少可防性案件的发生。依据《企业事业内部治安保卫条例》，全市确定675家内部治安保卫重点单位，其中61家单位组建有护卫队，共有队员903人。

2008年，在社区和驻村民警的指导下，永州市各街道办事处、村（居）委会大力建立健全社区（村）治保组织和治安联防队，构建群防群治网络。

2009—2015年，随着经济、治安形势发生变化，各类治保组织被其他新型基层组织，如社区楼栋长、义务联防队所取代。

四、征兵政审和“招飞”政审

（一）征兵政审

1993—2003年，征兵政审工作依据1990年10月6日公安部、总参谋部、总政治部颁发的《关于征集公民服现役的政治条件的规定》、1993年10月公安部、总参谋部、总政治部印发的《关于征集公民服现役的政治条件的规定》、1996年印发的《关于征兵政治审查组织实施工作的规定》、2002年教育部、公安部、民政部、总参某部、总政治部印发的《关于进一步做好从全日制高等学校在校学生征集新兵的通知》，对应征公民的个人基本信息、政治面貌、宗教信仰、文化程度、现实表现以及家庭主要成员和主要社会关系成员的政治情况进行审查。其间，征兵政审工作没有发生问题。

2004—2013年，按照公安部、总参谋部、总政治部《关于征兵政治审查工作的规定》，在政审内容上，以应征青年思想和道德行为的现实表现为重点，政审对象主要为城镇青年和经常外出的青年；在政审方法上，采取初审和联审相结合，先由单位初审，再由所在学校、居住地的村委会或街道居委会、派出所、工作单位和接兵部队进行联审。2008年，总参某部、总政治部、教育部、公安部、民政部印发《关于做好征集2008年度各级各类院校应届毕业生工作的通知》，征集对象从农村青年、城镇待业青年调整为全日制高中以上层次各级各类院校应届毕业生。2011年，国防部征兵办公室印发《关于调整征兵部分体检标准和高校在校生政治审查办法的通知》，对普通高等学校在校生的政治审查工作，作出相应调整，以应征青年本人现实表现为主，由其就读学校所在地县（市、区）公安部门负责，学校分管部门具体承办，原则上不再对入学前和就读返乡期间的现实表现情况进行调查。2012年，落实三级政审和区域联审制度，加大对人户分离、长期外出等动态预征对象的审查力度，不随意降低条件和简化程序，不允许将政审表交给应征者本人或家长办理，确保政审工作的严肃性。同年，对城镇非农户口高中文化应征青年，在定兵前，由市征兵办统一组织进行文化测试，各县（区）按应征青年考试成绩择优定兵。2013年，经国务院、中央军委批准，全国征兵时间由冬季征兵调整为夏秋季征兵（即调整为7、8月份开始征兵），使学生毕业时间与征兵时间有机衔接，有利于更多高素质优秀青年参军入伍，增强国防和军队建设。

2014—2015年，随着形势的发展变化，新修订的《征兵政治考核工作规定》将原来的“政治审查”改为“政治考核”。在考核程序上，将原规定的“六个考核步骤”“五个审批层级”［村居委会、学校、乡镇（街道）、派出所、县（区）征兵办政审组］简化为四个考核步骤（初步考核、联合考核、走访调查、考核结论），两个审批层级（辖区公安派出所和县级征兵办政治考核组）。

1993—2015年，全市各级公安机关主要领导将征兵政审工作作为一项政治任务来抓，征兵政审工作讲政治，严格政策标准，严把政治质量关，按标准和要求如期完成任务。

（二）“招飞”政审

从2003年开始，空军部队在永州市冷水滩、零陵、祁阳、东安四县（区）普通高中应届毕业生中招收空军飞行学员。2006年以后，扩大到在全市范围内普通高中中招收。2015年，空军新增招收应届初中毕业生。“招飞”政治审查按照教育部、公安部和总政治部《关于飞行学员政治条件的规定》和空军相关政审工作的规定，主要由空军招飞部门专业人员负责，普通高中学校和各级公安部门配合。在全市“招飞”政审工作中，公安机关从人员、车辆和工作协调等方面给予优先保障。配合“招飞”中心提前与学校及家长联络，深入考生学校、家庭、户口所在地派出所进行走访调查，对考生本人家庭成员和主要亲属的政治历史、现实表现情况进行全面审查，重点查清考生的校内外表现和报考动机、态度，父母亲和其他直接抚养者的历史情况及现实表现，关系密切亲属的历史现实问题等。2008—2010年，永州市连续3年被湖南省公安厅和空军招飞局广州招飞选拔中心评为“空军招收飞行员先进单位”；2015年，被湖南省公安厅和空军招飞局广州招飞选拔中心评为“空军招收飞行员先进单位”。

第二章 人口与出入境管理

第一节 户口登记管理

1993年，零陵地区开展农村户口整顿工作，澄清人口底数，纠正户口登记差错数据，促进农村户口管理规范化、制度化。整顿中，全区在选聘专职乡（镇）户政管理员的基础上，确定各村户口协管员，增强农村户口管理力量，并换发新的农村户口簿。各乡（镇）成立户政室，建立健全各项管理制度。根据1993年9月8日省计划委员会、省公安厅、省粮食局联合印发的《关于解决部分乡镇专职户政管理员“农转非”问题的通知》，全区办理基层户政管理员“农转非”197人。

1994年7月1日，根据省计划委员会印发的《关于零陵地区一九九四年国家建设征地“农转非”分项目建议计划的批复》，零陵地区1994年国家建设征地分项目“农转非”3050人。12月，按照省计划委员会、省公安厅、省粮食局联合印发的《关于部分基层派出所和粮店的户政员、粮管员、供应员“农转非”的通知》精神，全区相继解决一批基层户政管理员、粮管员、供应员“农转非”。

1995年6月14日，零陵地区印发零卫发《关于转发省卫生厅、省公安厅、省民政厅“关于实行〈出生医学证明书〉〈死亡医学证明书〉制度和加强人口出生、死亡统计工作的通知”的通知》，从7月1日起，全区公安部门户口登记必须凭卫生部门出具的“出生医学证明书”“死亡医学证明书”办理出生登记或注销户口登记手续。年底着手实施农村户口管理体制改革，地区公安处根据省人民政府《关于深入推进新型城镇化建设的实施意见》精神和望城农村户口城市化管理模式，在祁阳县黎家坪镇开展农村户口城市化管理试点工作。

1996年，永州市公安局将试点经验向全市铺开，按照省公安厅、省编制办、省人事厅、省财政厅《关于农村以乡镇建立公安派出所有关问题的通知》精神，设立公安派出所的乡（镇），开展农村户口城市化管理，派出所从乡（镇）政府接管农村户口工作，设立户籍室，配备户籍民警。7月1日，全市启动公安部统一编制的新的常住人口登记表和居民户口簿，原制发的户口簿、户口登记表，从7月1日起停止使用。

1997—1999年，永州市完成人口基本信息微机录入和城区联网工作。根据

《第五次全国人口普查办法》和省人民政府办公厅转发《省人民政府第五次人口普查领导小组、省公安厅关于全省第五次人口普查户口整顿工作意见的通知》以及《湖南省第五次人口普查户口整顿实施方案》精神，市公安局制订《永州市第五次人口普查户口整顿实施细则》，在全市开展第五次人口普查户口整顿。至1999年，全市总人口559.605万人，总户数149.036万户，非农业人口80.27万人，未落常住户口1.2万人，农业户口人数478.126万人。

2001—2005年，根据省公安厅、省教育厅联合印发的《关于做好大中专毕业生落户工作的通知》精神，结合永州实际情况制订具体实施办法，加强大中专毕业生的户籍管理工作，规范毕业生落户办理程序。2003年，市公安局对大中专院校学生户口迁移政策做出明确规定，凡考取普通高等学校、普通中等专业学校的学生，入学时可自愿选择是否办理迁移手续。2005年，针对2004年出现的户籍方面的违法犯罪问题，市公安局印发《永州市打击伪造、变造、买卖居民身份证、户口证件违法犯罪行为专项行动方案》，7月20日至10月30日，全市开展打击伪造、变造、买卖居民身份证、户口证件违法犯罪行为专项行动，通过3个月的整治，共摸排线索15条，查处1人。

2006—2009年，全省户口清理整顿结束后，对户口管理存在的一些薄弱环节，在全市范围内继续组织开展户口清理整顿工作。全市共清理一人多户户口923个，注销非法办理的虚假户口558个，登记应落未落常住户口17875人，注销应销未销常住户口5862人，清理、纠正户口登记项目差错7667项。通过户口整顿，发现违法犯罪线索85条，抓获违法犯罪嫌疑人9人，全市户口整顿工作取得阶段性成效，为完成预定的目标打下坚实的基础。

2010年，永州市公安机关继续开展户口整顿、重证号纠错、问题数据清理等专项行动，提高人口数据质量。4月，市公安局以市政府名义印发《永州市继续开展户口清理整顿工作实施方案》，对道县等重点县，提请市公安局党委给县委、县政府发函，予以重点整治。从6月中旬开始，开展全国“六普”前户口整顿工作。全市组织上街宣传20余次，悬挂横幅500余条，书写标语近2000余条，发放宣传资料50万份。在户口清理整顿入户核对工作中，各级公安机关进村入户，深入居民家中仔细核对，至8月31日，全面完成入户核对工作。全市共入户核对190.26万户，入户核对人数620.62万人，登记人户分离80175人，登记暂住人口21122人，注销暂住人口4425人，登记户口待定人员79486人，政策外生育人员35848人，解决登记人数9578人，变更更正户口项目26977人。通过户口整顿工作，发现违法犯罪线索222条，查处治安案件82起、破获刑事案件22起，抓获在逃犯罪嫌疑人24人，抓获违法犯罪嫌疑人128人。通过每日一通报、每月一考核，深入开展重证号纠错、问题数据清理等专项行动，清理问题数据7873条，重证信息2190条，纠正身份证重号4150个，有效提升全市人口数据质量，为第六次人口普查工作顺利开展打下良好基础。10月，市公安局按照《湖南省常住人口登记操作办法》的要求，将16周岁以上人员补录审批权限收归市公安局，并规范操作程序。是年，全市创建省级示范户籍室22个。

2011年，在全市范围开展户籍室达标活动。除上年已经建好的22个示范户籍室外，全市所有的派出所均纳入当年的户籍室达标建设。共创建省级示范户籍室29个，达标户籍室103个，投入派出所示范户籍室和达标户籍室建设资金200万元。

2012年，市公安局“档案规范管理年”，从2月20日起，部署开展为期3个月的人口与出入境档案管理清理专项行动。开展一代身份证公民换领二代身份证工作，开展16周岁以上无相片常住人口信息清理核对工作。创建规范化户籍室，在前两年已创建示范户籍室52个的基础上，又创建22个示范户籍室、20个达标户籍室。按照国家户籍管理制度改革的决策部署，制订《关于推进我市户籍管理制度改革的实施意见》，市政府出台《永州市人民政府办公室关于积极稳妥推进户籍管理制度改革的实施意见》。为解决好新生婴儿入户难的问题，市公安局提请市人民政府办公室印发《关于加强出生人口入户与死亡人口注销管理工作的通知》。市公安局制订《永州市新生婴儿“三级入户、属地管理”工作办法》，并从9月开始全面实施“三级入户”政策。

2013年2月起，在全市公安机关组织开展户口登记管理清理整治专项工作。市公安局印发《永州市公安局户口登记管理专项清理整治工作方案》和考核办法，每月对各县（区）工作情况进行考核排名，副市长、市公安局局长蒋建湘与各县（区）公安局（分局）局长签订户口清理整顿责任状，明确职责。新田县人口与出入境管理大队创新社会管理服务模式，依托3G无线网卡登陆公安网，开展上门办理居民身份证服务。5月，市公安局印发《永州市公安机关户口办理及责任追究工作制度》，对户籍业务办理系统的账号管理和使用、各类户籍业务的办理和收费、户籍档案的管理作出具体规定，建立监督举报制度、核查反馈制度和责任追究制度，公布监督举报电话。明确办理户口登记工作坚持“谁审批、谁负责，谁登记、谁负责”的原则，对违规办理的户口登记按照户籍管理的有关规定予以处理，对违法违规办理户口登记的行为由各级公安机关党委及其纪检监察部门按照职责权限负责进行责任追究。规范化户籍室创建工作取得新的进步，在前两年创建74个示范户籍室的基础上，又创建10个省级示范户籍室。

2014年，根据公安部和省厅统一部署，在全市公安机关部署深入推进户口登记管理专项清理整顿工作，计划3年内彻底解决户口登记管理中存在的“错、重、假”问题，实现全国户口和公民身份号码准确性、唯一性、权威性的目标。4 月 30 日，市公安局印发《永州市深入推进户口登记管理专项清理整顿工作实施方案》，市公安局成立领导小组，开展为期 3 年的户口登记管理专项清理整顿工作。2 月 15 日至 6 月 30 日，全市公安机关组织开展办理户口和身份证乱收费专项整治工作。2 月，报请市政府批准并报省公安厅备案后印发《永州市公安局关于转发〈永州市人民政府关于永州市户口迁移有关问题的批复〉的通知》，明确办理户口迁移的相关问题。全年创建示范户籍室 8 个，达标户籍室 20 个，合格户籍室 36 个。

2015 年，市公安局印发《永州市公安局关于深入推进户口登记管理清理整顿第二阶段工作的通知》，对当年户口登记管理专项清理整治工作进行全面安排部署，明确目标任务。全市户籍民警配备率达到 100%，清理无相片人员 51.91 万人，清理纠正重证号 110 人，核查处理常住人口相片相似人员 24235 人，清理民警及亲属重户口 11 人，清理人口信息重记录数据 760 条，清理省级人口管理信息系统中的未办结业务 4683 条，清理核对 18 周岁以下未成年人为户主的 24767 人，未满 18 周岁单独立户或既不随父也不随母落户人员 3824 人，出生入户无父母信息的 433 人，核查少数民族考生 3847 人，调查核实存疑运动员户籍信息 64 条，查处伪造、变造、买卖国家机关证件案 1 起，刑事拘留 7 人，提请批准批捕 3 人，纠正户口项目登记差错 1409 项，为无户口人员上户 41585 人。

第二节　居民身份证管理和人口信息化建设

一、居民身份证管理

2010 年 4 月，市公安局出入境管理支队为冷水滩区伍家院社区行走不便的 84 岁老人上门办理居民身份证

1985 年，第六届全国人大常委会通过《中华人民共和国居民身份证管理条例》，确立我国居民身份证制度。

1993—1996 年，居民身份证办理为手工操作，其间共办理居民身份证 235173 张。1997 年，居民身份证底卡开始实行电脑打印，全市全年办理居民身份证 60650 张。

1998—2000 年，永州市全面完成居民身份证编号清理纠错工作，全市共清理居民身份证底卡 419 万人

（证），从中发现重证 23002 人（证），错证 30964 人（证），多号证 67849 人（证）。收缴差错证件 20.1 万人（证），重新制发新证 26610 个。

2001—2002 年，针对居民身份证编号暴露出来的问题，制订一系列工作制度，纳入岗位目标管理责任制进行考核。2001 年年底，根据省公安厅印发的《关于印发〈关于编制军人和武警部队人员公民身份证号码工作的实施意见〉的通知》，与军队有关部门密切配合，如期完成编制军人和武警部队人员公民身份证号码工作。

2003—2004 年，学习、宣传十届全国人大常委会第三次会议通过的《中华人民共和国居民身份证法》，并将居民身份证工作作为推进社会治理现代化和信息化的一项重要内容推进。2004 年，根据湖南省公安厅《关于印发〈湖南省换发第二代居民身份证工作方案〉的通知》，为启动 2005 年换发二代身份证做好各项准备工作。

2005 年 1 月，全市正式启动换发二代身份证工作。

2006—2011 年，除正常办理二代证外，重点整治骗领身份证违法活动。对全市 126 个服务处的 223 个全省通系统查询、受理、审签用户账号进行核对清理，严密二代身份证“全省通”系统账号管理，落实居民身份证受理、审核工作责任，规范居民身份证受理程序和档案管理，严密防范骗领居民身份证违法事件，维护公民合法权益。共查处骗领身份证 26 起，行政处罚 28 人。

2015 年 12 月，市公安局出入境管理支队全体民警应战春节前办证高峰

2012 年 3 月 26 日，湖南省身份证遗失补领网上受理平台启动受理工作。10 月 16 日，“居民身份证申领登记表”改换新版。

2013—2015 年，全面实施居民身份证登记指纹信息和上门办理身份证工作。全市办理居民身份证采集指纹信息 845733 人，为行动不便人员上门办证服务 2078 人。

二、人口信息化建设

1996 年，市公安局印发《派出所人口信息微机管理系统建设的实施方案》，对人口信息微机管理做出具体规划，年内全市公安机关建成 25 个城镇派出所人口信息微机管理系统。1998年，全市实现户口管理机构网络化、标识碑牌化、制度规范化、登记表册化、手段微机化。

1999年，市公安局印发《关于下发“1999年永州市人口信息系统建设实施方案”的通知》，加快推进全市人口信息建设，年内实现“50%的派出所配置微机”，基本完成人口信息录入工作。

2000—2009年，完成派出所目标考核、案（事）件管理、综合数据管理分析三个子系统建设，完成文字信息转换，系统总体功能调试。2009年5月，全面启用省级人口信息系统办理人口业务，实现全省数据共享。至此，全市户籍业务信息系统均使用省级或部级系统平台，全面实现人口管理工作信息化。

第三节　流动人口管理

1993—2001年，全市公安机关共采集流动人口信息435447人，办理暂住证365153人；提供各种打击处理对象7665人、侦查线索7984条，破案4546起，查处治安案件6180起，建立帮教小组36496个，帮教力量105500人，帮教对象中停止违法犯罪活动半年以上的38412人。全市常住人口552万人，其中城区人口74万人，农村人口478万人，暂住人口4.7万人。

2002年8月1日至10月31日，在全市范围内开展为期3个月的流动人口、出租房屋清理整顿专项行动，共出动警力937人，发放各类宣传资料70000份，悬挂宣传横幅186条，建立流动人口知识宣传专栏37个，召开流动人口用工单位负责人会议42次，共1752人（次）参加。全市共采集流动人口信息116854条，出租房屋49527间（处），发现违法犯罪线索87条，抓获违法犯罪人员34人，其中在逃犯罪嫌疑人5人。

2003—2004年，按照省公安厅人口管理总队的要求，全市加强实有人口管理工作，特别是加强对暂住人口登记、房屋租赁登记备案、暂住证办理及相关信息的采集录入工作，全面掌握暂住人口基本情况；加强对基层流动人口协管员队伍的建设，采取多种渠道解决暂住人口管理经费问题；加强对出租房屋等流动人口落脚场所的经常性治安管理，适时组织开展清理整顿，努力消除治安隐患；严格落实公安部、省公安厅有关人口管理规定，确定专人做好信息采集、录入工作；结合派出所岗位目标责任制，把信息录入、维护、转递、案前管控、提供破案线索和帮教工作实效作为基本考核标准，制定奖惩制度，加强检查督促，实行规范化管理。

2005—2007年，贯彻落实国家六部委《关于进一步改进和加强出租房屋管理工作的通知》的精神，开展出租房屋清理整顿，以出租房屋管理为载体落实流动人口管理，提高暂住人口的信息录入率和发证率。指导社区资源整合，加强出租房屋和暂住人口治安管理工作，全市共建立189个暂住人口和出租房屋管理服务中心（站）；强化人口管理，加强人口信息档案等资料建设，及时录入和维护信息，确保信息真实性；加强暂住人口管理，创新管理机制。开展在押人员管理调研，制订相关规范，从源头保证处罚对象身份的真实性；加大追逃工作力度，社区民警、办证窗口民警在工作中进一步增强工作责任心，在办理户口迁移、信息录入及有关证件等工作中主动发现在逃人员线索，与刑侦等办案部门加强协调沟通，建立工作联系制度和协调机制，做好在逃人员信息的维护工作，确保追逃工作的准确高效。

2008年4月，省综治办印发《关于加强和规范全省流动人口服务中心（站）建设管理工作的通知》，全市共建立258个实有人口服务管理（中心）站，明确规范服务中心（站）有关职责。5月1日，省级流动人口管理信息系统正式启用，全市实现“以人查房、以房查人”为基础的人口流动轨迹查询。12月26日，省人民政府第21次会议审议通过《湖南省流动人口服务和管理规定》，省人民政府办公厅印发《关于切实加强流动人口服务和管理工作的通知》；省建设厅、省综治办、省公安厅、省计生委、省地税局、省财政厅印发《关于进一步加强和规范出租房屋管理工作的通知》；省公安厅印发《湖南省流动人口暂住登记与居住证发放办法（试行）》，市公安局随之对流动人口服务管理的工作机制、职责界定、考核考评、经费保障、等内容做出明确要求。

2010年，为推进流动人口、出租房屋和境外人员住宿登记信息采集工作，按照省公安厅人口与出入境管理局的要求，全市建立流动人口、出租房屋和境外人员临时住宿登记信息采集月通报制度，信息采集工作进入常态化，进一步规范流动人口服务管理工作。3月，在全市范围内接连开展两次声势浩大的统一清查行动，全市共出动警力12523人次，出动车辆1188台次，发动群防群治力量8993人，清查重点部位2284处，列管重点人员166人，清查出租房屋3170间，清理流动人口31142人，破获刑事案件2起，查处治安案件8起，其中治安拘留4人，劳动教养1人，其他行政处罚9人，解救被拐卖妇女儿童2人。8月10日，市人民政府办公室印发《关于贯彻落实〈湖南省流动人口服务和管理规定〉的通知》，要求切实加强流动人口服务管理机构建设和保障流动人口合法权益。为加强社会面管控，确保国庆、中秋两节的平安稳定，确保亚（残）运会顺利召开，10月，全市组织流动人口与出租房屋清查行动，共出动警力4167人次、车辆501台次，清查中小旅馆2018家、“黑猫旅社”293家、出租房屋1724户、流动人口5187人、网吧112家、工地126处、取缔非法出租屋201处、签订治安责任书761份、处罚用工企业18家、新登记流动人口117人、查处违法人员59人、查处治安案件29起、破获刑事案件16起、抓获犯罪嫌疑人28人、抓获网上在逃犯罪嫌疑人3人。

2011 年 8 月 31 日，市委常委会专题研究流动人口协管员配备问题，要求各县区按照实有人口 1000：1 的比例，配齐流动人口协管员。全市共配备流动人口协管员 426 名，主要负责流动人口与出租房屋信息采集、居住证办理、出租屋综合税费征收等综合服务工作。市人民政府办公室印发《关于加强全市流动人口服务和管理工作的意见》，经市人民政府同意，市综治办、市公安局、市财政局、市人力资源和社会保障局、市房产局、市人口计生委、市民政局、市工商局、市地税局等部门联合制订《永州市流动人口与出租屋协管员管理暂行办法》。为切实掌握各县（区）对流动人口、出租房屋管理工作的进展、落实、成效等方面情况，制订《永州市流动人口与出租房屋服务和管理工作督查方案》，2011 年 4 月 20 日至 4 月 25 日，市流动人口服务与管理工作领导小组办公室（简称“流口办”）组织各成员单位分 4 组，通过听取汇报、查阅资料、实地抽查等方式，对各县（区）流动人口服务与管理工作的组织领导、经费保障、考核考评、奖惩措施、力量配置等方面进行督察，对发现的主要问题进行通报，并提出下一步的工作要求。

2012 年，全市共录入流动人口 191814 人，出租房屋 72648 户（间），签订治安责任书 72648 份，发放居住证 30562 张。通过流动人口清查，处罚用工企业 23 家，查处违法人员 78 人，查处治安案件 65 起，破获刑事案件 23 起，抓获犯罪嫌疑人 32 人、网上在逃犯罪嫌疑人 32 人。为贯彻落实省人民政府《关于加强和创新流动人口服务管理工作的通知》及市人民政府《关于加强全市流动人口服务和管理工作的意见》文件精神，切实摸清全市流动人口底数，建立和完善流动人口服务和管理机制，经市流动人口服务与管理工作领导小组研究决定，自 2012 年 2 月 27 日至 4 月 1 日，在全市开展流动人口集中清查专项行动，共出动警力 4500 人次，社区工作人员和协管员 1.3 万人次，共清查流动人口 1.8 万人次，新登记录入流动人口 11643 人，清查登记县（区）内跨乡（镇）流动人口 7100 人，新办居住证 3361 人（证）；共清查出租屋 8900 户，新登记录入出租房屋 4887 户，签订出租房屋治安管理责任书 4887 份，注销流动人口暂住信息 1782 条，清理用工单位 369 个，查处治安案件 23 起，破获刑事案件 6 起，行动取得明显成效。

2013 年，全市共采集流动人口信息 253534 人，出租房屋 88965 户，发放居住证 95478 张。全年新增录入流动人口 69587 人、出租房屋 18730 户，发放居住证 32994 张。共进行 5 次暗访督察，抽查 180 个重点处（场）的流动人口 1000 余人，将结果纳入绩效和综治考评内容，督促各县（区）对存在的突出问题及时整改到位。加强对派出所社区民警、协管员的业务培训，共培训授课 12 次，培训人员 600 余人次。全市图像采集率由年初的 93%上升到 99%，流动人口准确率、出租房屋准确率达到 100%，全市各县（区）均完成年初既定工作任务的 90%以上。4 月 2 日，市人民政府办公室印发《永州市流动人口居住证使用管理办法》，进一步加强全市流动人口服务管理工作，完善居住证“一证通”制度，建立凭居住证办理相关事务、享受相关权益的工作制度，实现流动人口基本公共服务与居住证有效关联，切实维护流动人口基本权益。道县在城区建立的“社区—居民小组—楼栋、路段”三级网格，蓝山依托“驻粤流动人口综合服务站”平台建设的“流出人口有人管、孤寡老人有人帮、留守儿童有人爱”为主体的流动人口“三有”系统工程等经验在全市推广。8月20日，全市实有人口管理暨社区网格化建设现场会在道县召开，各县（区）政法委书记、副县长、公安局局长、综治办主任、人口与出入境管理部门负责人参加。省委副书记孙金龙对道县实有人口网格化管理试点工作予以充分肯定。

2014年，全市共录入流动人口331762人，出租房屋113791间，办理居住证121081张。新增流动人口信息92002人，出租房屋信息28200间（处），办理居住证29134张。7月16日至8月30日，全市开展为期45天的流动人口与出租房屋集中清查专项行动，以全面落实城乡社区网格化服务管理为契机，在“以房管人、以业管人、以证管人”上下功夫，以实现流动人口与出租房屋信息采集100%、录入100%的总目标，共出动警力1000余人次，社区工作人员300余人次，在人员密集场所开展街头宣传，解答群众及流动人口、用人单位提出的问题，发放“致流动人口、房屋出租户、用工单位的公开信”及相关法律规定宣传资料5万份，接受咨询1万人次，悬挂宣传横幅136条。冷水滩、零陵、蓝山、江华、江永、双牌、永州经开区在社区开展流动人口知识宣传专栏22个。召开流动人口用工单位负责人会议85余次，进一步明确用工单位的服务管理责任，规范和完善流动人口定期申报制度。截至8月30日，全市共采集流动人口信息308787人，出租房屋107024间（处），办理居住证115044张，发现违法犯罪线索19条，抓获违法犯罪嫌疑人员19人，抓获在逃犯罪嫌疑人3人。

2015年7月，市公安局流动人口大队工作人员进行网上信息抽查

2015年，充分发挥实有人口专项组办公室的平台作用，将成员单位职责落实情况纳入对市直单位

综治考评内容，真正形成“政府主导、综治牵头、各方参与、综合治理”的工作模式。充分借助网格化力量，强化“两实”特别是流动人口信息采集登记和录入工作，按照“派出所—基本网格（社区与驻村警务室）—单元网格”网格化管理构架，依托社区网格化服务管理平台和力量，明确职责分工、强化数据需求、推进平台整合、严格考核奖惩，全面准确登记录入辖区实有人口基础信息，积极推进网格化建设。进一步完善“以业管人”机制，建立健全用人单位流动人口信息登记报送制度。调研《居住证》使用情况，促进流动人口权益保障落实，更全面采集流动人口信息，为侦查破案和预防违法犯罪提供服务。全市共录入流动人口信息 353052 人，出租房屋信息 119526 间（处），办理居住证 129742 张。

第四节　公民出入境管理

一、公民因私出国管理

2009 年 10 月 29 日，市公安局召开按需申领护照新闻发布会

随着改革开放不断深入和对外交流的开展，公民因私出国境活动越来越频繁，出国定居、探亲、留学、就业、访问等活动日益增多。1995 年 5 月，经永州市人民政府批准，市公安局正式设立出入境管理科。

1993—1997 年，全市因私出国护照办理由省公安厅统一受理审批。1998 年，省公安厅制定《湖南省居民出国从事商务、培训等非公务活动的暂行规定》，进一步规范因私出国管理工作，扩大受理出国申请范围，永州在受理出国申请范围方面实现较大突破，1998—2000 年，有 16 人因私出国办理护照。截至 2009 年，共办理因私出国护照 12469 本。

2007 年 4 月 8 日，市人民政府批复同意在永州市城区启动按需申领护照。永州市公安机关做好按需申领护照各项基础工作，建立按需申领护照信息系统。2008 年，永州市公安机关在人员配备、场地更新、技术装备等业务建设方面开展大量前期准备工作，信息系统建设更完善。2009 年，全市按需申领护照前期准备工作按照省公安厅要求全部完成，经省公安厅验收通过并报公安部批准，永州市城区及道县、东安、江华、双牌按需申领护照工作于2009年10月30日正式启动。2009年底，永州市全部县（区）启动按需申领护照工作。2012年5月15日，全市启用普通电子护照。2007年，全市签发普通护照6519本；2008—2014年，全市签发普通护照13.93万本；2015年，全市签发普通护照60225本。

二、公民单程前往香港、澳门管理

2010年以前，永州市居民赴港澳夫妻团聚类、港澳永久居民子女类定居审批由省公安厅出入境管理局管理。2010年11月，省公安厅授权永州市公安机关出入境管理部门审批辖区内居民赴港澳夫妻团聚类、港澳永久居民子女类定居申请。2010—2015年，全市前往港澳定居情况分别为：2010年215人、2011年172人、2012年188人、2013年224人、2014年203人、2015年218人。自2014年4月1日起，永州市公安机关出入境管理部门被授权审批辖区内居民赴港澳定居投靠类、照顾类及超龄子女类申请，是年，永州市前往港澳定居203人。2015年，根据公安部出入境管理局、省公安厅相关规定，结合永州实际情况，市公安局印发《永州市公安局关于进一步规范受理审核赴港澳定居材料的通知》，全市前往港澳定居达到218人。

三、市内公民因私往来香港、澳门管理

2000年以前，公民因私事往来香港地区或者澳门地区，由省公安厅出入境管理部门管理。2001年，省公安厅授予永州市公安局依法行使赴港澳探亲审批权、制证权。2001年6月1日，为配合香港特区政府实施的"输入内地人才计划"，促进两地经济发展和扩大交流，根据公安部六局和省公安厅出入境管理处决定，永州市出入境管理部门开始受理、审批应聘香港就业的内地"专业人才"赴香港的申请。之后开始受理、审批内地亲属申请赴香港探亲。2002年1月，为扩大内地居民赴港澳地区探亲的范围，开始受理、审批为探望配偶的申请人及其未成年子女签发3个月有效多次探亲签证。7月，除港澳旅游的仍由指定旅行社在省公安厅出入境管理处办理往来港澳通行证和旅游签注外，市公安局出入境管理部门被授权行使短期赴香港澳门的全部审批权。

2001—2009年，永州市因私往来港澳人员大幅上升，办理港澳通行证情况分别为：2001年88人次、2002年434人次、2003年725人次、2004年521人次、2005年1425人次、2006年4026人次、2007年4210人次、2008年5090人次、2009年6587人次，办理港澳通行证签注人次为：2006年2097人次、2007年2500人次、2008年2837人次、2009年3349人次。

2009年11月23日，为方便人民群众办事和提高公安工作信息化水平，根据省公安厅统一安排，永州市公安机关正式开通办理市内居民再次赴港澳旅游地区签注网上受理业务。2010年，办理港澳通行证和签注分别为14669人次和6905人次，2011年，办理港澳通行证和签注较上年迅猛增长，分别上升91.94%、124.49%，达到28155人次和15501人次。

2012年，市公安局推出便民利民举措，根据省公安厅人口与出入境管理局关于进一步推动为流动人口异地办理出入境证件的规定，从5月18日起开展省内就近办理出入境证件工作，在省内非户籍地流动的全省居民（含登记备案的国家工作人员）在永州居住1年（含）以上的，凭相关证明可以就近向居住地公安机关人口与出入境管理部门申办出入境证件工作。是年，办理港澳通行证和签注分别达到41459人次和25256人次。

2013年5月1日起，市公安局推行出国境证件网上预约申请工作，公安机关人口与出入境管理部门按照预约内容开展受理工作。是年，办理港澳通行证和签注分别达到57423人次和37046人次。

2014年5月，为便利群众和提高工作效能，市公安局本级窗口引进出国境自助发证机自助填表机设备2台、本式往来港澳通行证加签机2台。2014年，办理港澳通行证和签注分别达到77981人次和56762人次。2015年，购进电子护照发证机、电子往来港澳通行证发证机各1台，自助签注一体机2台，提供自助填表、申请、受理、发证等服务，自助办理卡式港澳加签由原需7个工作日才能完成的受理审批发证工作，实现3分钟内“立等可取”。2015年，办理港澳通行证和签注分别达到92569人次和67080人次。

四、香港、澳门居民来往内地管理

根据1986年12月实施的《中国公民因私事往来香港地区或者澳门地区的暂行管理办法》，规定港澳同胞入境来内地凭“港澳同胞回乡证”或“公民入出境通行证”（由广东省公安厅签发）入境和出境；港澳同胞到永州后住宾馆、旅店、招待所的须办理临时住宿登记，住亲友家中的须在规定时间内向公安派出所办理暂住登记；要求到永州定居的向拟定居地的市、县公安局提出申请，获准后持注有回乡定居签注的“港澳同胞回乡证”入境，至定居地办理常住户口登记手续。对港澳同胞到内地探亲、旅行、经商、办企业或处理其他事务，始终采取放宽的原则。2010年以前，港澳同胞回乡由省公安厅入出境管理局管理。2011—2015年，港澳同胞到永州共285人，无港澳同胞回乡定居申请。

五、市内公民因私往来台湾管理

随着两岸关系的不断发展，台海各界加强交流、合作的积极性日益高涨，两岸人民大交流的局面初步形成。但是由于当时大陆居民因私往来台湾管理既不同于公民的出国，又不同于往来港澳管理，2002 年以前全市因私往来台湾通行证办理由省公安厅统一受理审批，2002 年 1 月 1 日起，省公安厅将赴台审批、制证权授予永州市公安局，并对永州居民前往台湾定居、探亲、访友、旅游、交流等活动申办证件进行规范要求。2003 年 11 月，根据公安部和省公安厅要求，明确规范永州居民申请“往来台湾通行证”及签注的受理、审批、签发及其管理工作。2004 年，落实公安部关于大陆居民往来台湾地区管理工作要求，简化永州居民申请赴台湾手续，放宽签发多次出入境签注范围和有效期限，明确对双重身份和大陆居民在台湾所生子女返回大陆等问题的处理。通过落实上级部门的工作要求，便利永州居民往来台湾地区，促进永州与台湾地区人员交流和往来。2002 年，签发大陆居民往来台湾通行证 456 本，2003 年，签发大陆居民往来台湾通行证 795 本，2004—2005 年，签发大陆居民往来台湾通行证 1026 本。

2006 年，根据公安部要求，公安机关凭相关材料可为台湾居民与永州非婚生子女赴台湾申请签发大陆居民往来台湾通行证和签注，进一步扩大赴台受理范围。2006—2008 年，签发大陆居民往来台湾通行证 1755 本。2008 年 7 月，根据公安部要求，开通大陆居民赴台旅游。2009 年 3 月，落实省公安厅印发的《关于做好我省居民赴台湾地区旅游出入境管理工作的通知》，规范赴台旅游受理审批程序，精心组织准备，推动全市居民赴台旅游管理工作。4 月 1 日，根据公安部《关于大陆居民赴台湾地区旅游有关事项的通知》，永州公安机关正式开通赴台湾地区旅游出入境证件，永州市居民赴台旅游办理出入境证件仍按照出国境团队旅游绿色通道模式办理。5 月 30 日，永州停止使用 2003 版大陆居民往来台湾通行证，开始启用 2003-2 版《大陆居民往来台湾通行证》。自正式开通全市居民办理赴台旅游证件以后，大陆居民往来台湾通行证签发量成倍上升，2009 年，签发大陆居民往来台湾通行证 915 本，2010 年，签发大陆居民往来台湾通行证 2241 本，2011 年，签发大陆居民往来台湾通行证 2040 本，2013 年，签发大陆居民往来台湾通行证 3208 本，2014 年，签发大陆居民往来台湾通行证 2788 本。为适应大陆居民往来台湾地区的新形势，2015 年 12 月 24 日，公安部出台新的工作规范，对往来台湾通行证及签注的受理、审批签发工作流程和管理制度进行调整和优化，包括下放受理、审批权限，简化申请材料以及规范赴台定居审批等方面。是年，永州签发大陆居民往来台湾通行证 3782 本。

六、台湾居民来往大陆管理

2000年以前，台湾居民入出境由省公安厅管辖。

2001—2005年，全市共受理台湾居民签注856人次。台湾居民来往大陆，原来一直按照1992年5月1日起施行的《中国公民往来台湾地区管理办法》的相关规定执行。随着台湾居民来往大陆的人数增多、活动频繁、交流加深，为促进海峡两岸人员往来，规范和加强台湾居民来往大陆通行证、签注的受理、审批、签发工作，简化审批手续，提高工作效率，2005年6月，公安部印发《台湾居民来往大陆通行证、签注受理审批签发工作规范》。市公安局要求全市出入境管理部门简化台湾居民入出境及在大陆居留手续，扩大多次签注签发范围，放宽签注有效期和有效次数限制，做好新旧证件、签注的衔接，并加强台湾居民在大陆的管理，夯实基层基础工作。

2006—2010年，全市共受理台湾居民签注1065人次。

2011—2015年，全市共受理台湾居民签注1068人次，到永州台湾居民1788人次。2015年6月，国务院公布《国务院关于修改〈中国公民往来台湾地区管理办法〉的决定》，规定取消台湾居民签注制度。公安部随后重新制定《台湾居民来往大陆通行证签发管理工作规范》，各地在做好涉台政策法规的宣传和政务公开工作的同时，扩大5年期台胞证的受理范围，市公安局加强对各县（区）台胞证签发管理工作的指导、监督和培训工作，要求在取消台湾居民签注后，严格管理，落实好到永州台湾居民临时住宿登记及证件过期管理制度，将辖区内的台湾居民纳入实有人口管理，及时掌握动态。

第五节　外国人入出境管理

外国人入出境管理属中央事权。2000年以前，外国人入出境管理由省公安厅管理。2001—2005年，全市共受理、审批外国人各类签证203人次。

2001年，全市全面落实公安部关于及时报告涉外案（事）件的相关规定，进一步完善对外国人依法采取强制措施或死亡后的通报备案制度，要求各级公安机关对外国人依法拘留、逮捕、监视居住或者扣留护照以及外国人死亡的，及时上报省公安厅、公安部备案，并通报当地政府外事办公室，公安机关出入境管理部门统一归口掌握并统计辖区内的涉外案（事）件的情况，是年，永州无上述事项。

2002年，全市公安机关认真执行公安部关于涉外案件处理有关规定，由出入境管理部门负责归口掌握并统计在本辖区内发生的涉外案件、事件及外国人死亡情况，当年无涉外案件、事件和外国人死亡情况。

2003 年，随着来华境外人员的增长，入境人员成份复杂，落脚点分散，活动范围广，涉外案件增多，管控工作难度增加。为加强基层公安机关境外人员管理工作，9 月，市公安局印发通知，明确主要职责和任务，将境外人员的管理工作任务落实到基层，纳入县（区）公安局（分局）、派出所等基层公安机关的日常业务范围。全市境外人员的住宿登记申报率普遍提高，及时掌握情况动态并上报，发现、控制、处理涉外案件的能力得到提升，基层基础工作得到进一步加强。

2004 年 2 月，为提高公安机关外国人管理水平，市公安局转发公安部《公安机关外国人管理工作分工配合机制规定》，全市各县（区）公安机关按照要求，明确办理涉外案（事）件的职责分工，加强协调配合，严格依法办案。

2005 年 2 月，全省正式执行《外国人签证和居留许可的工作规范》，永州市各县级公安机关出入境管理部门全面安装出入境管理系统，将外管数据纳入出入境管理系统。为加强外管工作提供技术保障，5 月，召开全市外国人管理业务培训班，邀请省人口与出入境管理局领导及业务专家授课，全市各县（区）公安机关出入境管理大队、城区派出所社区民警共计 80 余人参加培训。

2005 年 5 月，市公安局举办全市外国人管理业务培训班

2006—2010 年，全市受理、审批外国人各类签证 373 人次。2008 年，为落实公安部六局“桂林会议”精神，根据省公安厅要求，制订永州市公安局处置涉外案（事）件演练方案，组织开展奥运安保处置涉外案（事）件的实战演练，提高处置涉外案（事）件的实际操作能力和应战应变能力。5 月 19 日，市公安局人口与出入境管理支队依法查处 1 名非法居留的喀麦隆公民，6 月 13 日，将其从广州白云机场遣送出境。2010 年，为确保广州亚运会、亚残运会的成功举办，永州市公安机关人口与出入境管理部门加强对涉外单位、三资企业、散居社会面的常住境外人员的管理，强化外管业务培训和指导。实行信息共享，及时搜集上报各类涉外信息，消除涉外安全隐患。为支援第十六届广州亚运会、亚残运会涉外安保工作，在公安部、省公安厅的统一部署下，支队外管民警秦婷被选派赴东莞、广州两地参加涉外安保工作，圆满完成此次亚运安保任务。

2011 年，为在深圳世界大学生运动会期间创造良好的涉外治安环境，根据公安

2015 年 10 月 20 日，市公安局出入境管理支队将 13 名非法入境外国人员遣送出境

部和省厅的部署，市公安局自 5 月 25 日至 6 月 30 日在全市范围内开展清理整治“三非”（非法入境、非法就业、非法住留）等外国人违法犯罪专项行动。通过宣传法律法规、开展集中清查、走访涉外单位、培训涉外宾馆、制作、签证温馨提示等方式，做到“打牢一个基础”“摸清两个底数”“建立三级网络”“突出四个重点”。此次专项行动中，共清查外国人就业、居住重点场所、单位 237 个，登记在永州的外国人 37 人，查处“三非”案件 3 起 3 人。2011 年，全市共受理外国人各类签证 82 人次，登记外国人临时住宿信息 398 人次。

2012—2015 年，永州市在外国人管理工作中采取有力措施，进一步夯实基础。强化外国人临时住宿登记制度。确定专人负责，确保各县（区）严格落实责任民警负责制，对旅游、探亲、任教等境外人员，实现 24 小时完成登记，做到不迟登、不漏登，确保临时住宿登记率、上报率、准确率。全市在诸多外籍选手参加的国际比赛、国际性活动中做好涉外安保工作，如阳明山“和”文化节、中日拳王争霸赛、中美国际男篮对抗赛、江华瑶族自治县瑶族盘王节等大型安保活动，确保临时住宿登记率 100%。强化社区协管员管理机制，结合永州市网格化管理工作，以“底数清，管得住，服务好”为目标，对复杂社区、村（居）设立楼栋长，落实责任，建立外国人入住实时报告机制。做到“来时报告、去时注销”，全面澄清辖区境外人员底数。此外，市公安局人口与出入境管理支队采取严格审核材料、面见或电话询问、系统比对、签证回访等方法，严格外国人申请签证，停留证件，居留证件的延期、换发、补发工作。加强涉外企业、学校等重点地区的走访排查，对其进行外国人管理相关法律法规、政策的宣传。2012—2014 年，全市共受理外国人各类签证 397 人次，办理“三非”案件 340 起，依法遣送出境“三非”人员 51 人。办理外国人偷越国（边）境刑事案件 1 起、外国人交通肇事刑事案件 1 起；查处外国人“三非”行政案件 14 起 38 人。

2015 年，全市共受理外国人各类签证 148 人次，登记外国人临时住宿信息 263 人次，实现临住登记 100%。办理各类涉外案件 63 起，查处违法人员 82 人。其中查处“三非”案件18起37人，拘留审查36人，遣送出境24人；处罚违反临时住宿登记规定外国人45起45人。3月，人口与出入境管理支队联合冷水滩、零陵两区开展一次全面清查“三非”外国人行动，走访35个涉外单位，查验境外人员证件11人次，依法查处“三非”案件1起。7月20日起，出入境大集中系统中境外人员申请材料电子档案管理功能模块正式启用，进一步规范外国人证件签证管理。8月27日，在衡枣高速公路枣木铺查缉站查处3起毗邻国家公民非法入境17人。

1997—2015年永州中国公民出国境办证情况统计表

表3-2-1　　单位：个

年份	护照	往来港澳通行证新证	往来港澳通行证签注	大陆居民往来台湾通行证新证	大陆居民往来台湾通行证签注	前往港澳通行证
1997	0	3	0	0	0	0
1998	0	6	0	0	0	0
1999	0	75	0	0	0	1
2000	16	556	0	0	0	278
2001	711	88	0	0	719	247
2002	871	434	0	456	0	51
2003	1841	725	0	795	0	153
2004	2280	521	0	508	1	136
2005	2753	1425	0	518	0	203
2006	4013	4026	2097	636	396	122
2007	6519	4210	2500	593	321	136
2008	7163	5090	2837	526	246	172
2009	8005	6587	3349	915	307	173
2010	11314	14669	6905	2241	312	246
2011	16213	28155	15501	2040	382	164
2012	21236	41459	25256	3208	437	197
2013	31388	57423	37046	2799	420	230

续表3-2-1

年份	护照	往来港澳通行证新证	往来港澳通行证签注	大陆居民往来台湾通行证新证	大陆居民往来台湾通行证签注	前往港澳通行证
2014	43939	77981	56762	3040	489	243
2015	60225	92569	67080	3782	529	229

说明：1、以上统计数据均按照证件制作时间统计，且按照申请人次统计

2. 往来港澳通行证的统计中“新证”是指仅办理证件未办理签注或办理新证时同时办理的香港一地签注、澳门一地签注、港澳两地签注申请人次总数；“签注”是指申请人持证单独办理香港一地签注、澳门一地签注、港澳两地签注申请人次总数

3. 省公安厅办理的特殊类出国境证件未纳入统计范围

2010—2015 年永州市前往香港澳门定居情况统计表

表 3-2-2 **单位：人**

年份	前往香港总数	香港永久性居民子女	前往澳门总数	澳门永久性居民子女
2010	211	58	4	1
2011	165	47	7	0
2012	185	53	3	2
2013	219	50	5	1
2014	194	50	9	2
2015	209	48	9	2
合计	1183	306	37	8

2011—2015 年到永州境外人员一览表

表 3-2-3 **单位：人**

年份	外国人	港澳同胞	台湾同胞	合计
2011	398	28	298	724
2012	377	86	549	1012
2013	228	44	316	588
2014	274	110	272	656
2015	263	17	353	633

2001—2015 年境外人员到永州签证（注）情况一览表

表 3-2-4 单位：人

年份	外国人	台胞	合计	年份	外国人	台胞	合计
2001	34	42	76	2009	63	212	275
2002	31	145	176	2010	41	250	291
2003	35	228	263	2011	82	240	322
2004	63	204	267	2012	97	234	331
2005	40	237	277	2013	141	259	400
2006	148	198	346	2014	159	199	358
2007	80	218	298	2015	148	136	284
2008	41	187	228				

第三章 道路交通管理

永州市境内有 207 国道、322 国道、G55 二广高速、G72 泉南高速公路、永连公路贯穿全境。总通车里程 1.9 万公里，其中 207 国道、322 国道总长 393 公里，省道 9 条（S238、S217、S216、S215、S348、S326、S325、S324、S323）700 公里，县乡道 17907 公里。

1990 年 12 月，经零陵地区机构编制委员会批准，地区公安处交通警察支队调整为副处级单位，隶属地区公安处领导，实有民警 44 人（男 39 人，女 5 人）。1996 年 3 月，零陵地区公安处交通警察支队更名为永州市公安局交通警察支队。1997 年 1 月，永州市公安局交通警察支队（简称交警支队）内设机动巡逻大队、芝山大队、冷水滩大队（正科级机构）。1998 年 6 月，组建永州市公安局交警支队凤凰园大队，为正科级机构。2002 年 5 月，调整芝山区公安管理体制，芝山大队隶属于芝山区公安局，不再为交警支队直属大队，但其财务仍由交警支队统一管理。2013 年 12 月，理顺金洞管理区公安交警管理体制，成立永州市公安局交警支队金洞大队。

2015 年，交警支队内设 2 室 10 科 1 中心（办公室、监察室、政工科、法制科、科技科、设施科、行财科、车管科、驾管科、事故处理科、秩序科暨创交模办、宣

2013 年 12 月 19 日，永州市公安局交警支队金洞大队揭牌仪式

传科、检测中心），辖冷水滩、凤凰园、机动巡逻、金洞大队 4 个直属大队。在编在职人员 235 人，其中支队内设科室、中心 109 人、冷水滩大队 65 人、凤凰园大队 51 人、金洞大队 4 人、巡逻大队 6 人。副处级 7 人（含军转团职干部 3 人），科级正职 18 人，副职 40 人。除冷水滩区、金洞管理区外，其他 10 个县（区）公安局（分局）交警大队实行以块管理为主，交警支队进行业务指导。

1995—2015 年，交警支队被省委、省政府授予“文明单位”称号 1 次，被省公安厅记集体三等功 1 次，被公安部评为先进单位 1 次，受到地委、行署，市委、市政府，省公安厅表彰 11 次。1 人获评全国“五一劳动奖章”，1 人被批准为革命烈士，获评全国优秀人民警察 2 人次，获评全省优秀人民警察 5 人次，2 人荣立个人一等功，5 人荣立个人二等功。

第一节　交通安全管理

一、社会化管理

20 世纪 90 年代初期，机动车辆主要集中在各专业汽车运输公司、车队和厂矿企业事业单位，以货运汽车为主。地、市（县）公安交警部门通过这些单位内设的安全科、股等安全机构组织驾驶员开展日常性交通安全法律法规的学习、宣传、教育，落实各项安全措施，预防和减少交通事故的发生。对社会零星个体户车辆，城区按街道办事处分片，农村按区、乡（镇）、村办企业将分散的驾驶员组织起来，成立安全联组，配备安全专干。至 1993 年年底，全区建交通安全联组 72 个。

1994—1999 年，按照湖南省公安厅交警总队部署，组建城乡安全管理联组。1997 年起，开展县乡短途客运安全联组建设，将不同营运线路的短途客运车辆组建安全联组，通过民主选举产生负责人，实行同一营运线路联营自治，公安交警部门给予指导。芝山、冷水滩交警大队安全联组建设和祁阳交警大队客运“线路联营自治”管理经验在市（区）推广，到1999年底，全市安全联组增加到213个。

2000—2003年，随着机动车辆和驾驶人逐渐增加，道路条件改善，全市公安交警部门警力不足，人、车、路矛盾凸显。2000年，全市短途客运车辆按营运线路组建安全联组，互相制约，互相监督。2001年，各县（区）完善辖区短途客运车辆“联营自治”体制，个体客运车辆以线路为单位，编成车队，民主推选产生车队长、会计和出纳，由车队负责人组织本车队营运，实行统一管理、统一调度、统一分成，全部收入按车座位数平均分配。2002年2月，永州市建立政府领导牵头任主任，公安、交通、工商、公路、城建、农机、交警等部门负责人为成员的道路交通安全委员会（简称交安委）和联席会议制度，定期研究道路交通安全管理工作中的重大问题，推动各种协调运作机制的建立，道路交通管理部门的决策上升为政府行为。全市10个交通运输企业内部均建立和完善安全机构，明确企业法人是安全生产第一责任人。至2003年，各县（区）政府均成立由分管安全生产工作的行政领导为主任，相关部门负责人为成员的道路交通安全委员会，把预防道路交通事故纳入党委、政府的重要议事日程，初步形成党政统一领导的道路交通事故预防工作机制。截至年底，全市组建客运车辆安全联组108个，客运车辆3317台，驾驶员4320名。祁阳县委托当地派出所管理农村道路交通安全，江华瑶族自治县将农村道路交通安全管理工作纳入乡、镇政府工作考核范围，各乡、镇政府与县政府签订交通安全管理责任状，年终进行考核评比，实行一票否决，增强乡、镇政府交通安全管理工作的责任感。

2004—2005年，贯彻国务院“五整顿”（驾驶员队伍整顿，路面行车秩序整顿，交通运输企业整顿，机动车生产、改装企业整顿，危险路段整顿）、“三加强”（加强责任制、加强宣传教育和加强执法检查）工作措施，建立预防交通事故工作长效机制，完善市、县（区）两级“政府组织领导、部门各负其责、全社会共同参与”的工作机制。2004年5月、7月，市交安委先后印发《关于进一步加强全市道路交通安全管理工作的通知》《永州市道路交通安全委员会成员单位工作职责的通知》。10月25日，为贯彻省政府“6·30”会议和“石门会议”精神，市政府召开全市山区公路危险点段治理暨推行道路交通安全社会化管理工作会议，部署山区公路危险点段治理工作和道路交通安全社会化管理及创建“交通安全示范乡镇”工作。根据省交安委规定，江华、蓝山为全市山区公路危险点段治理工作重点县，全市确定22个创建“交通安全示范乡镇”，市交安委各成员单位对口联系一个乡（镇）。2005年8月，市交安委印发《关于深入开展创建交通安全示范乡镇活动的通知》，各县（区）以创建“交通安全示范乡镇”为重点，借鉴祁阳县黎家坪镇创建工作经验，整合社会资源，推进道路交通安全管理社会化进程。全市各乡（镇）

和社区全面加强“一组三网络”道路交通安全管理体系建设。（“一组”：乡镇、村、居委会组建道路交通安全管理工作领导小组，负责辖区内道路交通安全管理工作的组织领导；“三网络”：纵向行政责任网络，实行行政首长负责制，乡（镇）、村、居委会主要负责人为交通安全第一责任人；横向部门联动网络，综治、宣传、监察、公安、交通、农机等相关部门成立联合工作小组，协调配合工作；纵横面群防群管网络，在农村、居委会和单位确定交通协管员与联络员，联村组、联路段、联车主、联驾驶人，在复杂路段设立交通事故报警点）全市组建道路交通安全领导小组22个，村级道路交通安全领导小组924个，交通协管员与联络员620人，增设交通事故报警点120个。

2006—2010年，推进全市交通安全社会化管理，体制机制逐渐完善。2006年5月19日，市政府在宁远县召开全市创建平安畅通县（区）工作现场会，推广宁远县道路交通安全社会化管理、祁阳县交通安全示范乡（镇）创建、江华瑶族自治县“五进”（进农村、进社区、进企业、进学校、进家庭）交通安全管理及宣传工作经验。各县（区）狠抓落实，通过开展创建平安大道、实施城市畅通工程、创建交通安全示范乡（镇）、创建平安畅通县（区）等活动，加快市、县（区）、乡（镇）三级管理体系建设，建立健全道路交通事故预防工作新机制。截至10月底，市、县（区）、乡（镇）三级政府共成立道路交通安全委员会184个，乡（镇）交管站136个，乡（镇）交通安全协管员队伍扩大至262人。2007年1月，市交安委印发《2007年全市创建“平安畅通县区”工作实施方案》，制定相关单位和国、省道沿线22个创建示范乡（镇）的考核办法和奖罚措施。截至7月，市、县（区）直各部门、各乡（镇）、学校相应成立道路交通安全社会化管理组织，新建立村级道路交通安全领导小组116个。乡镇交通安全员和联络员82人，交通事故报警点135个。2008年4月，针对祁阳县人民电站引水渠道路自2007年2月始相继发生2起特大交通事故和存在严重交通安全隐患的情况，省交安委向市政府发出督办函，按照市政府安排，市交安委向祁阳县政府发出督办函。5月，祁阳县政府筹措资金150万元，对该路段进行全面维修改造，加装防护墩，该工程自6月全面动工至11月完成，并通过省交安委验收。至2009年8月，全市各县（区）逐步建立起“政府统一领导、部门依法履职、单位全面负责、群众参与、社会广泛支持”的道路交通安全工作新格局，落实政府主导责任、部门主管责任、法定代表人主抓责任。市综治委印发《永州市道路交通安全“管防包建”系统化管理模式操作办法》，规定各党政机关、企业、事业单位、社会团体以及其他组织的法定代表人为本单位道路交通安全第一负责人，严格交通事故预防责任制和责任追究制。市政府制订《永州市人民政府安全生产责任目标考核办法》《永州市人民政府安全生产责任目标考核标准》，将道路交通安全工作情况作为县（区）领导考核的重要内容，实行“一票否决”。2010 年 3 月，为缓解警力不足，聘请 69 名协管员，充实中心城区交通管控力量。

2011—2012 年，全市健全和完善市、县（区）、乡（镇）三级“道路交通安全委员会”工作机制，制定道路交通安全问责制。按属地管理原则，对道路交通安全工作实行“政府牵头总揽，安监协调落实，部门各司其职，逐级责任包保，社会综合治理，群众广泛参与”的交通安全社会化管理责任制。2011 年 7 月 21 日，市政府组团赴怀化学习农村客运网络化建设及校车管理经验。8 月 2 日，市政府在宁远召开全市道路交通安全管理工作会议，推介“溆浦经验”，全面启动全市农村道路交通安全整治工作。按照“一乡一站”模式，加快乡镇交管站建设步伐，全市 11 个县（区）通过自筹资金、政府补贴、抽调乡镇政府工作人员等方式建立农村交通安全队伍，新建乡镇交管站 31 个，各县（区）的农村交通安全协管队伍基本组建到位。2012 年 10 月，市政府办公室印发《关于强化客运交通安全管理措施的通知》，对客运车辆和驾驶人严格实行“十个一律”措施，即列入“黑名单”的驾驶人一律辞退；驾驶人“毒驾”一律注销驾驶证；车辆技术状况不符合标准一律停止发班；车辆超员、超速，驾驶人疲劳驾驶一律顶格处罚；客运车辆发生责任事故一律严格追责；车辆检验率、注销率及驾驶人审验率不达标一律停办业务；举报客运车辆严重交通违法行为的奖励费用一律由该车辆所属企业承担；车辆超员的卸客转载费用一律由车主承担；客运企业违反安全管理规定的，一律责令整顿；企业管理不力的一律对相关负责人进行处罚，促进全市客运企业主体责任的落实，重拳整治客运交通安全。

2013 年 2 月，根据国务院《关于加强道路交通安全工作的意见》，交警支队提请市政府办公室印发《关于实施道路交通安全社会化管理责任制的意见》，全市建立包保责任机制。按照“横向到边、纵向到底、无缝覆盖”的原则，逐级、逐单位、逐人明确包任务。具体为：县级领导包乡镇和辖区内的国、省道、城区主干道和党政机关、企业事业单位、社会团体的驾驶人、车辆的管理；乡（镇）、社区领导包村、县乡道及所辖区的驾驶人、车辆、农村客运站及招呼站的管理；村委会主任包本村的交通安全工作的管理，村组干部包村道和本村内的货运汽车、农村客运站及起讫点无车站的始发客运班车、摩托车及其驾驶人的管理。全市 188 个乡（镇）、街道办事处成立交通安全监督管理领导小组，5000 多个行政村成立道路交通安全管理服务站。与广东清远、广西桂林交警部门建立联动联勤协作机制，保安全、保畅通，提升道路交通安全管理社会化水平。

2014 年，全市道路交通安全社会化管理进一步落实，全市 215 个乡（镇），有

196个乡（镇）完成交通安全管理服务站建设，完成率达91%。双牌县15个乡（镇）设置交通安全管理站，明确各行政村交通安全员由各村委主任担任，县财政每年给予600元财政补贴。市、县道路交通安全委员会对问题突出，安全措施整改不到位的企业实行约谈，召开约谈会13次，约谈客货运企业15家，下达整改通知书15份。

2015年，各县（区）将道路交通安全社会化管理纳入综合治理和绩效考核，县（区）、乡（镇）组织机构、人员、职责全部落实。全市新建农村道路交通安全管理服务站、交通安全劝导站46个，215个乡（镇）全部完成交通安全管理服务站建设。

二、交通安全检查

1993—1998年，辖区内公路“三乱”（乱设站卡、乱罚款、乱收费）问题突出，永州公安交警按照党委、政府的部署，会同有关部门开展辖区治理公路“三乱”和清理整顿道路检查站工作。1994年8月底至10月，地委、行署先后2次组织7个检查组深入各县（市）督察省委、省政府“8·23”电话会议贯彻落实情况。8月28日，由地委委员、政法委书记杨祈贵和行署副专员谭政为组长的南、北两个督察组，带领有关部门和新闻单位人员，深入11个县（市）督察。采取“看交通秩序的现状，看撤站、卡的速度，听贯彻意见和采取措施”的办法，当场拍板解决重点问题，限期改正。9月8日，零陵地委办公室印发《中共零陵地委办公室零陵地区行署办公室关于治理公路“三乱”整顿交通秩序的具体规定》，除公安、交通、林业等部门外，严禁其他行政部门、单位、组织和个人在公路上设置任何形式的检查站（点）、收费站（点）和在公路上拦车进行检查、罚款、收费等。整顿期间，全区撤除各种道路站、卡66个，其中未经省政府批准非法设置的站、卡64个，清除路边店13个，取消强制性洗车场8个，处理非法上路拦车村民10人，查获车匪路霸团伙13个，查处43人。经清理整顿，全区保留经省政府批准设立的林业检查站11个，公路收费站8个。1995年，全区撤除各类固定或流动非法检查站卡78个，取消强制性洗车场12个，对8个经批准的收费站和37个林业检查站进行规范，查处公路“三乱”人员20人。1996年，在国、省道沿线设立举报箱，在永州电视台和《永州日报》公布举报电话，聘请执法监督员，动员全社会力量对公路“三乱”行为进行监督，会同有关部门派出8批检查组上路进行明察暗访，查处4起公路“三乱”行为。1997年5月，副市长林克屏率公安交警、交通、林业、市政府办督查室、新闻单位记者等14名工作人员，在全市范围内暗访公路“三乱”行为，拆除非法新建公路检查站卡4个，收缴非法使用的公安停车牌4个，制止公路“三乱”反弹。1998年，市、县（区）加大督察力度，采取专门督察与平时检查相结合，定期与不定期检查相结合，领导组织检查与部门自行检查相结合的办法，对全市公路“三乱”现象进行全方位督察。开展督察12次，查处一批典型案件。1月30日，道县劳动局在207国道拦车检查，强行要求每个外出打工人员办理“就业登记卡”被当场查处。通过治理、整顿，1999年年底，永州市被评为全省首批五个基本无公路“三乱”的市（州）之一。

1999年春运期间，交警排查客车交通安全隐患

1999年春运期间，加强重点路段、重点时段的路口监控。全市除经省政府批准设立的珠山交通安全检查服务站外，根据全市实际情况，报请省公安厅批准，在跨省、跨市、县（区）边界的江华瑶族自治县白芒营、江永县粗石江、双牌县打鼓坪、蓝山县猫仔冲、祁阳县白水镇设立5处春运交通安全检查服务站。2月1日至3月12日，全市核发春运“准驾证”6900个，“临检合格证”5000张，签订“安全责任状”1.2万份。检查车辆6.8万台，纠正各类交通违章1.4万台次，转运乘客5600人次，刑事拘留15人，吊扣驾驶证35本。12月，交警支队组织两个调查组，对辖区内国、省、县道交通安全隐患进行实地勘查，排查道路交通安全隐患73处、易引起交通堵塞路段31处、需增设标志标线的路段280处、容易发生车匪路霸滋事路段24处。

2000年5月17日，为促进322国道永州段的平安创建工作向纵深发展，确保各项创建任务按期完成，市创建“平安大道”领导小组对祁阳、冷水滩、芝山3县（区）创建工作进行一次全面检查，重点检查沿线公路市场，户外广告清理、宣传标牌设计、交通、治安秩序、交通标志、标线等。23日，针对检查中存在的问题，下发整改通知书3份，分别责令3县（区）创建“平安大道”领导小组办公室督促有关成员单位对照创建目标责任书所规定的时间和要求，限期、保质完成整改通知书所列创建任务。12月7—8日，对322国道永州段“平安大道”的创建工作进行综合检查验收。

2001年9月19—23日，根据市委、市政府的部署，交警支队牵头，市农机局、交通局派员参加组成4个督查组，对全市11个县（区）的道路交通安全秩序整治工作进行专项检查。当年，查处严重交通违章3.5万起，行政拘留130人，吊扣驾驶证180本，强制报废车辆251台，督促1646台“两无”车辆办理入户手续。

2002—2007年，根据《湖南省2002年预防道路交通事故工作方案》，市交安委组织安监、交通、公路、交警等部门全面加强对辖区交通安全隐患的排查治理工作，排查治理交通事故多发点段4617处。2004年4月，市交安委从交通、公路、公安交警等部门抽调专人组成治理办，开展道路交通事故“黑点”排查治理工作，出动车辆400台次，人员2000人次，对辖区内710条总里程6671.90公里的山区公路临水、临谷、临崖危险点段进行普查，对亟需整改的3925处危险点，提出具体整改措施呈报省政府。2005年，市交安委对2004年全市列入全省山区公路危险点段治理工作的江华、蓝山2县（自治县）加大检查验收力度，当年，江华瑶族自治县191处、蓝山县170处省交安委挂牌整治的交通事故“黑点”全部治理到位。2007年1月4日，祁阳县八宝镇砖潭村县人民电站专用道发生特大校车交通事故，8—14日，市政府组织安监、公安、交警、教育、交通、公路等部门分4个组对全市中小学校、幼儿园校车安全管理进行专项检查。排查校车1093台，对589台非法营运，没有与学校签订协议的“黑校车”予以取缔；对504台接送车辆进行集中统一安全技术检测，取消257台安全技术不符合要求的车辆，强制报废32台面包车，处罚驾驶人690人，处罚幼儿园主103人，对247台车辆技术良好、手续齐全的接送幼儿和中小学生的车辆，纳入客运车辆户籍化管理。

2008年6月21—27日，根据省公安厅交警总队《湖南省“迎奥运、保平安”道路交通秩序整治百日会战行动方案》，组织辖区内各客运企业参加全市互检互查活动，全市客运企业和10台车辆以上的客运线路车队共163家参加互检互查，通过检查，落实交通安全主体责任，督促整改安全隐患。10月7—13日，按照省交安委《关于2008年开展全省创建“平安畅通县区”评价工作的通知》，市交安委组织相关部门对全市11个县（区）创建平安畅通县（区）工作进行检查初评，全市11个县（区）全部达到三等以上管理水平，其中祁阳、冷水滩、宁远、道县达到二等管理水平。2010年6月，省交安委组织复评检查，全市又有7个县（区）达到二等以上管理水平。9月5日，省交安委部署“迎亚运、迎国庆、创文明、保平安”文明交通行动计划百日行动，10月，启动蓝山南风坳省际春运检查服务站，对来往的客运车辆进行逐车检查，对违法车辆逐台登记。

2011年，市政府将交通安全工作纳入安全生产考核监督体系，对交通安全教育、安全监管、安全隐患排查治理等情况进行全面检查考核，实现交通安全工作与其他安全生产工作同检查、同考评、同奖惩。1月13—14日，市交安委组织安监、

2011 年 1 月，交通民警检查永连公路安全防护墙

交通、公安交警等部门深入永连公路全线 165.5 公里路段就 2010 年市政府交办的永连公路被省交安委列入规划治理的 110 处交通安全隐患整治工作情况进行检查验收，零陵、双牌、宁远、蓝山 4 县（区）110 处隐患全部治理到位。6 月，市政府组织安监、交通、运管、交警等部门联合对全市 11 个县（区）的 47 个客运企业、客运场站采取先暗访后明查的方式开展联检互查，抽检客运车辆 108 辆、客运驾驶员 121 人次，对存在交通安全隐患的 27 家单位下发整改通知书，责令按照市联合检查组规定的期限切实整改到位。11 月，各交警大队结合“三超一疲劳”（超速、超员、超载和疲劳驾驶）专项整治行动会同县（区）客运管理处（所）深入客运企业检查，合理调整客运车辆始发时间，避开客运车辆凌晨 2 点至 5 点运营时间，减少疲劳驾驶现象的发生。

2012 年 11 月，全市各级公安交警部门依托市政府《关于强化客运交通安全管理措施的通知》，突出重大节假日，在国、省道设置交管服务站（临时执勤点）的方式，对 7 座以上的客运车辆和货运车辆逢车必检、逢车必查、逢车必登记。对隐患突出的客运企业负责人进行约谈，对 3 个客运企业进行挂牌整改；对超速 50%以上、超员达 20%以上的 6 家客运企业法人予以行政处罚；将 1721 台已实际报废，但未办理报废手续的客运车辆依法依规予以注销；并建立客运驾驶人“黑名单”，责令客运企业辞退 56 名交通违法超分驾驶人。2013 年 4—11 月，为深入推进全市道路交通安全社会化管理责任制的落实，市政府先后 4 次组织公安交警、安监、交通、公路、教育等职能部门对全市 11 个县（区）和金洞、回龙圩管理区、凤凰园开发区道路交通安全社会化管理工作进行全面检查和暗访。全市 85%的乡镇和行政村建立工作机构，确定专人专抓，开展隐患排查治理、交通安全宣传、车辆及驾驶人台账登记等工作，从纵到横夯实道路交通事故预防基层基础工作。全市湘运系统落实企业主体责任，强化客运场站“三不进站、六不出站”、GPS 监控平台使用、车辆安全例检、驾驶人安全教育等工作力度，狠抓各项安全措施落实。对责任落实不力，隐患排查不彻底，整改措施不力的县（区）、乡（镇）、中小学校、客货运企业、职能部门在全市范围进行通报批评，对存在突出问题的乡（镇）、中小学校、客货运企业进行黄牌警告。2014 年 5 月 13—16 日，根据市政府办公室《关于开展

2012 年 11 月，交通民警对客车车厢进行安全检查

道路交通安全社会化管理工作督查的通知》，市政府督查室牵头、安监、交通、交警、教育等部门对各县（区）、管理区辖区内乡（镇）政府，街道办事处，村（居）委会道路交通安全责任承包任务落实情况进行一次全面督促检查并通报。8—10 月，根据省政府的部署，进一步深入推进《永州市人民政府办公室关于开展安全生产“大排查、大检查、大整治、大督查”专项行动的紧急通知》各项措施的落实，在全市集中开展校车安全、危险化学品安全、交通安全专项大检查行动。9 月 22—25 日，市交安委组织安监、教育、交通、交警支队等成员单位，分成 4 个督查组，采取实地察看、明察暗访、台账对比、资料核审、座谈交流等形式对各县（区）校车安全管理工作进行一次专项督查。全市共有专用校车 1217 台，办理校车驾驶许可 1389 人，办理专用校车标牌 823 辆。

2015 年，对新开通的冷祁公路和永州大道湘江二桥至汽车北站段开展隐患排查，对排查出的 40 余处隐患点段，全部下达限期整改通知书，责令主管部门整改到位。7—8 月，针对金洞作为全市较大的漂流景点，现有旅游线路路面较窄，全路段基本临水、临崖的特点，市交安委先后二次对金洞管理区旅游线路及客运车辆安全情况进行检查及对整改情况进行验收式检查。对该辖区全长 14 公里左右牛头山至桐子山漂流客运道路，只有 1/3 路段新建水泥防护墩，2/3 的路段防护措施缺失等问题和隐患再次提出整改意见，并限期整改到位。

三、交通安全宣传教育

1993 年 5 月 7 日，交警支队结合《中华人民共和国道路交通管理条例》实施 5 周年和“畅安工程”活动，开展“畅安伴我万里行，我为畅安做贡献”百万人签名活动，全区 15 万余人参加签名。

1994—1995 年，根据全省统一部署，零陵地区公安、交通、保险、宣传、司法、农机、教育、妇联、共青团等部门紧密配合，开展道路交通安全宣传活动。

1994年，市公安局交警支队举办“交通安全在我心中”演讲大赛

1994年5月20日至8月31日开展以“教育为主，宣传领先”的“百日交通安全宣传教育”活动，活动中，全区出动宣传车264台次，悬挂横幅158条，张贴宣传标语5896条、举办图片展览480张，办墙报、黑板报290期，制作永久性宣传牌130块，组织交通安全报告会41场，印发宣传资料12450份。8月20日，从各县（市）数百名选手中挑选出28名优秀选手在永州市（县级）参加全区“交通安全在我心中”演讲比赛。11月，全区各县（市）自上而下举办“畅安乐万家”为主题的交通安全文艺晚会，巩固“畅安工程”成果。

1996年4月，根据公安部《关于搞好‘交通安全宣传周’活动的通知》和省政府《关于1996年全省开展‘安全年’活动的通知》，全市开展以“维护交通安全是全社会的共同责任”为主题，以宣传《交通安全教育三年计划》为重点的交通安全宣传活动，市、县（区）领导发表电视讲话，电视台播放《关于集中开展全国道路交通秩序整顿通告》、自制“交警新姿”电视片及《他山石》《马路战争》等交通安全宣传影视作品，并悬挂宣传横幅、张贴宣传标语、给中小学生上安全课，组织“小交警”上路执勤等多种形式开展交通安全宣传活动。截至12月27日，全市各级领导发表电视讲话80次，利用各种宣传舆论工具宣传3100次，做到“报上有文，电台有声、电视有影”。

1997年，根据国家教委、公安部等七部委《关于建立我国中小学生安全教育日制度通知》和省厅交警总队明传电报精神，4月6日，各县（区）开展“安全教育日”和“交通安全宣传周”活动。截至4月11日，全市悬挂宣传横幅164条，张贴宣传标语23000张，出动宣传车18台次，各中小学校出黑板报、墙报415期，在城区开辟宣传橱窗35个，编写和印发适合中小学生特点的“交通安全常识讲义”1.9万册。同时全市抽调74名有丰富交通管理经验的民警担任学校辅导员，深入辖区中小学校上交通安全教育课380堂，全市各县（区）从学校抽调700名老师参加交通法规教育和交通安全常识培训，实施学校行政领导包年级，班主任及任课老师包班级，学生自己管自己的交通安全管理机制。并开展一次每个同学写一封致家长信的活动，形成“学生促家长，家长促学生”全社会关心重视交通安全的网络。

1998 年 3 月，国务院《道路交通管理条例》实施 10 周年。根据公安部 3 年道路交通安全宣传教育计划的要求，交警支队在永州电视台和《永州日报》开辟“红绿灯”和“人·车·路”专栏，常年开展交通安全和交通法规宣传。3 月 28 日，根据市委、市政府领导的批示，在冷水滩城区开展道路交通管理法规知识咨询宣传活动，发送宣传单 1.2 万份，解答群众提问 46 人次，纠正交通违章 102 起。5 月 25 日，与市委宣传部、市综治办、市普法依法治理领导小组、团市委、《永州日报》社共同举办“道路交通安全管理法规知识竞赛”活动，在《永州日报》专版刊登竞赛试卷 8 万份，广大市民积极参与知识竞赛。

1999 年 1 月 18—24 日，为贯彻《湖南省机动车保险实施办法》，确保春运交通安全，联合市 3 家保险公司在全市范围内开展“保险杯”宣传周活动。全市出动宣传车 100 台次，悬挂、张贴标语 1.2 万条，并在永州电视台、《永州日报》《永州广播电视报》开辟专栏连续 6 期进行宣传，宣传资料发行 25 万份。在 1 月 21 日的“咨询日”活动中，全市 200 名交警、250 名保险工作人员走上街头设点咨询，接待咨询群众达 80 万人次。6—8 月，为推动创建“平安大道”工作，全市公安交警部门利用报纸、广播、电视等新闻媒介及宣传车、黑板报、标语、横幅、图片开展广泛宣传发动，营造“大家齐动手，人人都参与”的氛围。出动民警 2000 人次，宣传车 520 台次，发放宣传资料 10 万份，张贴标语 2 万张，流动图片展览 150 场次。同年 3 月，市公安局副局长、交警支队支队长何礼春《小城镇交通拥堵的成因及对策》一文获全省公安交警系统理论调研文章评比三等奖。

2000 年，根据公安部《关于开展第五次“交通安全宣传周”活动的通知》，将宣传周活动由每年 4 月改为每年 9 月的第一周，9 月 4—10 日，在全市范围内开展以遵守交通法规，保护个人和他人的安全，崇尚现代文明，塑造自己和城市的良好形象为主题的“交通安全宣传周”活动。9 月至 12 月 10 日，全市公安交警部门结合创建“平安大道”活动、实施“畅通工程”，深入开展百日交通安全竞赛活动。印发各类宣传资料 15 万份，制作 6 块大型永久性跨路宣传标牌，设立 25 块宣传牌，经常派出警力进村入校开展交通法规和法制教育，营造创建气氛。

2001 年 5 月 1 日，《湖南省道路交通安全管理办法》颁布实施，全市公安交警部门借助电视、报刊等新闻媒介，并悬挂横幅、张贴标语、出动流动宣传车、邀请领导发表电视讲话、召开车属单位、安全联组负责人会议等多种形式在社会上进行宣传。

2002 年 4 月 15 日，交警支队在冷水滩举行实施“畅通工程”启动日活动，将道路交通管理有关法律法规汇编成册，印刷 10 万份发给车主和驾驶员。5 月，联合市人寿保险公司、团市委等部门以中小学校为重点，开展“中国人寿杯少年儿童平安回家”活动，对城区交通要道的小学放学时间，开展交警护送小学生过马路活动。6月，公安多警种联手开展“关爱生命，拒绝违章”为主题的安全生产咨询活动，出动警力500人次，宣传车300台次，张贴标语2000条，横幅500条、制作发放宣传资料20万份，设立咨询点110处，受教育群众达50万人。

2003年春运期间，市、县公安交警部门与当地保险公司联合开展第五届“保险杯”春运交通安全宣传周活动。5—6月，按照省公安交警总队的部署，全市公安交警开展“限速行车、减速十公里”活动。交警支队在零陵大道两端的唬啸花坛、九嶷山学院路段各制作安装一块2米×4米反光“限速行车、减速十公里”交通安全宣传牌。并印制4600份红、黄、蓝、绿彩色不干胶“限速行驶、减速十公里”宣传横幅、标语发至各交警大队，张贴到客货营运车辆挡风玻璃醒目位置。6月8日，与冷水滩、芝山公安交警大队分别在飞龙商场、商业城举办交通安全知识咨询活动，向过往车辆车主、驾驶员、群众发送“致广大机动车驾驶员公开信”和以“限速行车、减速十公里”为主要内容的交通安全宣传资料2万份，受教育群众达6万人。6月13日，与永州电视台都市频道举办“加强行政效能建设、优化经济发展环境”的交通法规知识竞赛，将交通安全宣传教育活动推向高潮。在实施畅通工程活动中，全市公安交警部门深入开展“交通安全文明社区”和“交通安全学校”创建活动，创“交通安全文明社区”5个、“交通安全学校”12所、受教育人数达6万人；同时利用广播、电视、报纸等新闻媒体进行宣传，在永州电视台报道45次，《永州日报》和永州广播电台各报道50篇和100次，曝光违章车辆500台次。

2004年5月1日，《中华人民共和国道路交通安全法》（以下简称《道路交通安全法》）颁布实施，全市开展多种形式的交通安全宣传活动，并结合宣传活动开展交通秩序整治。5月18日，交警支队在冷水滩城区举办全市《道路交通安全法》宣传月（5月18日至6月18日）活动启动仪式，与市电视台都市频道举办全市《道路交通安全法》知识竞赛活动。冷水滩交警大队制作不干胶宣传标语，张贴在公交车上随车宣传，并与市广播电视台联合开辟“有事找小芳”、“交通广播网”栏目，在市电视台综合频道开办“交通违法曝光台”，以案说法宣传《道路交通安全法》。江华交警大队与县教委联合开展《道路交通安全法》知识竞赛，印发1.2万份试卷，由学生及家长共同完成，经家长签名后上交学校，并设立4个奖项，予以奖励。与县总工会、县委宣传部、县人保财险永州分公司等单位联合举办《道路交通安全法》知识竞赛暨精神文明建设文艺晚会，省委宣传部副部长、省文明办主任罗志丹等省、市、县领导出席晚会。10月20日至2005年2月，根据公安部《关于深入开展道路交通安全宣传“五进”活动的工作意见》，全市公安交警部门集中开展“五进”（进农村、进社区、进企业、进学校、进家庭）交通安全宣传教育活动。筹集资金 25 万元，印发各种交通安全宣传资料 120 万份，张贴标语 8.5 万张，制作横幅 2450 条，开展各种演讲、知识竞赛及大型宣传活动 45 场次。

2005 年 12 月，交通民警深入乡村集市开展交通安全宣传

2005 年 4 月 8 日，市交安委印发《永州市开展道路交通安全宣传“五进”活动实施方案》，部署在全市广泛开展以“关爱生命、安全出行”为主题的道路交通宣传活动。交警支队和各交警大队均成立《道路交通安全法》“五进”宣传领导小组。4 月 22 日至 5 月 22 日，全市公安交警部门开展为期 1 个月的《道路交通安全法》实施 1 周年宣传月系列活动。全市投入资金 7.5 万元，印刷宣传资料、标语和横幅 21 万份（幅），出动警力 2120 人次，警车 430 台次，出动社会宣传车 181 台次，悬挂跨街、跨路横幅 350 幅，设立咨询点 478 个，展放宣传板块 821 块次，组织大型活动 22 场，通过深入社区、单位、运输企业、学校、农村、集贸市场、车站、广场给群众上安全知识教育课 312 场次，媒体播放新闻、发稿 125 条次。利用永州电视台天气预报时段发布道路交通安全警示语和宣传标语，开展道路交通安全宣传工作。宁远县在中、小学生中开展交通安全知识竞赛和演讲活动；祁阳县购买《农村道路交通安全常识》电视纪录片，在全县 22 个乡镇巡回放映 22 场。5—7 月，结合交通安全宣传“五进”活动在全市开展治理摩托车违法专项行动。蓝山交警大队为过往摩托车驾驶人发送整治公开信；江永、祁阳、道县、宁远交警大队将整治通告张贴到辖区所有乡、镇、村及城区各单位、社区，并利用典型的摩托车交通事故图片、“关爱生命、安全出行”光碟，深入到各个圩场巡回展览和播放，督促摩托车主自觉到交警部门办理有关牌证。10 月，结合永连公路沿线交通安全整治行动，公安交警部门开动宣传车，对沿线的零陵、双牌、宁远、蓝山 4 县（区）的村镇学生、村民开展为期 1 个月地毯式道路交通安全宣传活动。江华瑶族自治县公安局交警大队争取县委、县政府重视，将“五进”宣传任务列入政府各有关部门及乡（镇）党政主要领导重要职责予以落实，推动“五进”宣传工作在全县铺开。截至 12 月底，各新闻媒体刊播全市公安交警道路安

全宣传稿1574篇，其中，国家级32篇，省级65篇，市级811篇，县级666篇。全市“五进”工作完成进村4085个，进社区572个，进单位847个，进学校1160个。

2006年4月29日至5月28日，全市开展道路交通安全“三湘平安宣传月”活动。4月30日，市委宣传部、市法制办、市教委、市司法局、市安全监管局、交警支队在冷水滩区举行为期3年的全国性“保护生命、平安出行”交通安全宣传教育工程启动仪式。7月6日至9月28日，以贯彻实施《道路交通安全法》《机动车第三者责任强制保险条例》为契机，市公安交警支队和团市委联合主办永州市“人保财险杯”“保护生命，平安出行”的集教育、娱乐于一体的为期3个月的“五进”道路交通安全文艺宣传活动。全市240家单位参与，从县（区）到市主会场组织以“保护生命，平安出行”为主题的交通安全宣传文艺晚会演出30场，现场观众达6万余人。8—9月，交警支队与永州电视台都市频道共同举办全市道路交通安全知识竞赛活动，参与人数达1.8万余人，整个活动参与和影响人数达150万人，其中70人获奖。截至12月底，全市“五进”工作完成进农村5028个，进社区592个，进单位942个，进学校1210个。

2007年，交警支队和全市各交警大队为推进交通安全宣传“五进”活动的开展，筹集资金50万元，印发宣传资料40万份，制作横幅600幅，张贴宣传标语2.5万张，摆放道路交通安全宣传展板2500块，在国、省道沿线及行政村路段悬挂永久性宣传标语，在全市各客运站、大型运输企业购置一套播放设备，反复播放公安部和省交警总队发布的交通事故警示片。江华、新田、零陵、宁远、东安等县（区）公安局（分局）交警大队把交通事故警示片光盘重新录制送到社区、机关、学校、村镇及驾驶员手中。

2008年1月23日，交警支队在322国道祁阳三南路口举行春运启动日仪式。春运期间，交警支队利用在永州电视台、广播电台和永州报社创办的专栏及时报道春运工作情况。同时每天采取向驾驶员发送短信、电视电台播报等方式及时向人民群众提供路面即时信息，引导群众安全、科学、合理地选择出行方式。全市发放粘贴宣传标语4000条，发放“致客运驾驶人的一封信”等各类宣传资料22万份，为6900名准驾人员上道路交通安全课700堂次。4月11日，按照省厅交警总队的统一部署，交警支队在冷水滩举行“迎平安奥运、保三湘畅安”交通安全集中宣传启动仪式。5月10日至7月25日，市、县公安交警部门与共青团市（县、区）委联合举办历时3个月的“平安奥运，文明出行”交通安全宣传活动，成功开展“喜迎奥运，文明出行”人保财险杯道路交通安全知识竞赛、道路交通安全宣传进校园、万名青少年签名宣誓、交通安全电视DV和电脑动漫制作比赛及交通安全宣传主题文艺晚会等一系列宣传活动。7月25日晚，交警支队与共青团永州市委主办、中国人民财产保险股份有限公司永州分公司协办的“平安奥运，文明出行”大型交通安全宣传文艺晚会顺利举行，省交警总队、市委、市人大、市政府、市政协、市委政法委、市公安局、市安监局、市武警支队、共青团永州市委、人保财险永州分公司、交警支队及各县（区）交警大队、市交通运输总公司、市相关医院及驾校共600人到现场观看演出，100余名演职人员参加演出。11月19日至12月25日，根据省交管局的统一部署和全国预防特大交通事故百日行动宣传工作推进会精神，在全市范围内部署开展“拒绝超速、平安归来”“拒绝超员、祝福春运平安”宣传活动。

2009年9月，民警给小学生讲解交通安全知识

2009年2月20日至3月31日，根据省厅交警总队《关于开展全省集中整治严重交通违法行为“七大宣传攻势”的通知》，全市公安交警部门开展为期40天的集中整治严重交通违法行为“七大宣传攻势”活动，以“超速、客车超员、酒后驾驶、疲劳驾驶、无牌无证驾驶”等严重交通违法行为的危害为主题，统一印制20万份交通安全宣传资料发到各县（区），形成强大的宣传氛围。9月25日为“拒绝酒后驾驶”全国交通安全主题宣传日，当日至10月1日，公安交警部门充分利用电视和广播电台等宣传媒体向全社会发出反对酒后驾驶的交通文明倡议，开展“酒后不开车，平安迎国庆”宣传周活动。组织志愿者深入到辖区餐馆、酒吧等楼堂馆所发放反酒驾宣传资料，开展形式多样的“十大劝诫”亲情提示活动，营造强大的“拒绝酒后驾驶”交通安全宣传氛围。根据《湖南省交通安全宣传亮化工程实施方案》，全市公安交警部门动员社会力量对城镇主、次干道宣传亮化、重要场所、重点单位交通安全宣传亮化、交通安全新闻宣传亮化。建立交通安全宣传示范街13条，在城区新设固定宣传牌300块，在各社区、中小学校、客运企业（场站）均设立1个宣传橱窗，漆刷2条宣传标语，张贴一套宣传挂图，在警示教育基地创建上做到“五个一”（一个固定场地、一间交通安全教室、一个交通安全宣传长廊、一个交通事故模拟现场、一支交通安全宣讲队伍），市、县两级公安交警部门共建13个交通安全警示教育基地。冷

水滩、零陵交警大队先后联系有关学校、机关、部队、企业等组织学生、干部、军人、驾驶员5000余人到警示教育基地开展宣传教育活动，播放警示教育光碟100场，发放宣传资料8万份。

2010年春运期间，全市11个县（区）以“文明出行，平安春运”为主题，以“不坐超员车、不开超速车”为重点，在客运场站、货运站场、农村集市、国、省、县道加油站分别悬挂交通安全温馨提示标语、横幅，张贴公安部和省公安厅交警总队印发的春运交通安全宣传挂图，市公安交警支队发放“致全市驾驶员的公开信”18万份。冷水滩、凤凰园交警大队以城区各大银行电子显示屏为载体，滚动播放宣传标语，向广大群众宣传交通安全知识。新田县文明办与县公安局交警大队开展“文明交通行动计划万人签名活动”。将“开车不喝酒，喝酒不开车”等标语制作成提示牌，到宾馆、酒店、娱乐场所等易发生酒后驾驶的场所发放和张贴，温馨提醒广大驾驶人切忽酒后驾车，在全市范围内营造“开车不喝酒，喝酒不开车”的氛围。

2011年2月，交警支队在新浪、腾讯网站开通永州公安交警官方微博、建立交警服务QQ群，开展网络交通安全宣传，通过及时发布路况消息和交通安全等问题解答，吸引微博粉丝达26万人，4月16日，《湖南日报》第三版对此进行报道。3月8日，各县（区）举行“交通安全校园行”护卫天使活动启动仪式，县（区）公安交警部门深入校园开展交通安全宣传，为中小学生上安全教育课135次，排查校园周边交通安全隐患47处，开展校园周边秩序整治42次，查处校车超员37起，查处违法载人70起。冷水滩交警大队在菱角山小学门前，由交警手持特制的“护学旗”带领学生安全有序地过马路，受到学生家长和社会的好评。5月1日，《中华人民共和国刑法修正案（八）》正式实施，首次将醉酒驾驶行为以危险驾驶罪列入《中华人民共和国刑法》。为强化“新法”宣传，以“唱响文明交通口号、亮响文明交通名片、打响文明交通战役、叫响文明交通文化”等“五响”工程为主题，采用悬挂横幅、张贴标语、编发宣传资料、组织反酒驾宣传教育讲座等形式，宣传“开车不喝酒，喝酒不开车”“醉酒要入刑”等理念，营造浓厚的宣传氛围。5月2日，交警支队举行“关爱生命，拒绝酒后驾驶”交通安全宣传活动；5月5日，交警支队支队长杨运吉走进“芒果RADIO永州之声”直播间，现场解答广大群众关注的道路交通安全热点和焦点问题。5月9—15日，开展“文明交通进企业”主题宣传周活动，全市公安各交警大队以客运企业为重点，组织驾驶人、车主及客运企业安全员开展签名承诺、文明交通宣誓、优秀驾驶人评选等主题宣传活动。9月11日，按照公安部、省厅交警总队统一部署，在全市范围内开展“牵手平安”文明交通进客车宣传月活动，深入推进文明交通行动计划，有效预防和遏制客运车辆重大事故的发生。编印《畅安永州》第一期之《2011 实践与探索》。

2012 年 7 月，市公安局交警支队开展“城乡同治，牵手平安”文明交通宣传活动

2012 年，交警支队投资 30 万元在中心城区主要道路设立 6 块电子显示屏，滚动播出国务院《关于加强道路交通安全工作的意见》、道路交通安全知识等内容。以文明交通行动计划为载体，先后开展“文明交通进企业、进学校、进社区、进家庭、进单位”“庆七一为民服务暨城乡同治，牵手平安”文明交通等集中宣传活动。组织文明志愿者 2300 人次，建立宣讲队 36 个，开展各类文明宣讲 236 次，进客运企业场站宣讲 114 场次。举行交通安全摄影大赛和书法笔会，提升群众交通安全意识。在客运场站，严格落实每台客车在出发前驾驶员、乘务员对乘客进行“安全行车、文明驾驶、杜绝超速、超载”承诺和驻站民警温馨提示，形成民警出站监督、乘客乘车过程监督、驾驶员自我监督的模式，共同确保客运车辆行车安全。在科目三考场核发驾驶证时，组织新驾驶人进行不少于半小时的安全文明驾驶教育并进行宣誓，提高文明驾驶的意识，确保安全行车。编印《畅安永州》第二期之《2012 交警风采摄影专辑》。

2013 年，结合“城乡同治，牵手平安”活动，深入运输企业，走访客货运驾驶人，进一步完善客运企业、驾驶人严重交通违法行为约谈机制，重点针对客货驾驶人交通违法，采取案例剖析、广播短剧等形式，面对面地宣讲道路交通安全法律法规和安全常识，提高群众交通安全意识。10 月 20 日，交警支队根据市人民政府《关于强化客运交通安全管理措施的通告》开展“利剑行动”，对客运车辆和驾驶人实行严格的管控措施。10 月 25 日，《人民公安报》第 4 版以《永州十条“高压线”严管客运驾驶员人》为题，刊登介绍永州铁腕整治道路交通安全隐患的做法。11 月 20 日，交警支队联合市委宣传部在市级各新闻媒体开展文明交通公益广告大联播活动，曝光一大批“三超一疲劳”交通违法行为。编印《畅安永州》第三期之《2013 优秀团队建设》。

2014 年 3 月 27 日，交警支队联合团市委、市文明办、市安监局、市司法局、市教育局等部门开展“文明驾驶，从我做起”及文明交通宣讲“进千村”活动。

6—11月，全市公安交警部门参加省公安厅交警总队部署开展的2014年文明交通宣传作品评选活动，交警支队选送的海报“远离酒驾”获三等奖，电视专题片《别让花朵再凋零》《肇事逃逸，难逃法网》分别获二、三等奖，视频公益广告“生命的印记”获三等奖。同时，交警支队与“芒果RADIO永州之声”开通“110直播室”栏目，采取由民警为听众查询交通违法和解答办理车辆年检、驾考等业务问题，通过“一问一答”形式常年开展交通安全广播宣传。编印《畅安永州》第四期之《畅安碑林专辑》。

2015年9月14日，市公安局交警支队联合新闻媒体拍摄微电影《天眼》现场

2015年，全市公安交警部门坚持“严治与宣教并举”的方针，充分利用户外交通安全宣传电子显示屏，全天候滚动播报“开车不喝酒、喝酒不开车”等提示语、文明平安出行等警言警句。并将饭店、排挡、酒吧等易发生酒后驾驶的场所纳入宣传预防重点单位，张贴提示语、劝导性宣传资料，公布举报电话，对饭店、酒吧从业人员以及顾客开展交通安全宣传教育，讲解酒后驾车的危害性，让“开车不喝酒、喝酒不开车”的理念深入人心。2月1日，在冷水滩步步高广场开展“情满旅途、交警同行”春运交通安全宣传咨询活动。3月30日，第20个“全国中小学生安全教育日”，交警支队组织宣讲队员开展“交通安全一节课”活动。当天，全市上“交通安全一节课”278堂，播放“农村交通安全”“孩子让我看见你”交通卡通动漫宣传片278场次，发放宣传资料30万份，受教育的中小学生达25万人。8—11月，根据公安部、省公安厅交管局的总体部署，开展2015年“我参与我安全”百城千乡交通安全巡回大宣传教育活动。9月，联合新闻媒体拍摄反映公安交警部门侦办交通肇事逃逸案件的微电影《天眼》，在网络、手机、电视台等平台播放，在社会上引起强烈反响。11月1日，《刑法修正案（九）》实施，严重超员纳入危险驾驶罪。10月30日至12月20日，根据省公安厅交通管理局《关于全省开展〈刑法修正案（九）〉有关条款集中宣传活动的通知》，公安交警支队以中心城市创建国家交通管理模范城市为契机，组织开展《刑法修正案（九）》有关条款的宣传活动，各交警大队每半年举办一期酒驾人员学

习班，让因酒驾受到处罚的驾驶人再次接受交通安全教育。全市实现所有影院、KTV 歌厅电影开播前和点歌机开机时均播放严禁酒驾、醉驾公益动画广告。编印《畅安永州》第五期之《2015 严打整治专刊》。

四、交通执勤制度

随着道路交通流量成倍增长，人、车、路矛盾突出，交通安全工作面临的压力和困难越来越大，全市公安交警部门执勤制度随之进行调整，以对城区和国、省道等路面交通秩序进行有效管理，确保辖区交通安全畅通。

1996 年芝山大队大旅社岗亭

1993—1994 年，全区公安交警部门采取合理布点、机动巡逻、点面结合的办法上路对行驶车辆的违章行为进行检查、纠正。

1995—1998 年，按照公安部部署，开展学济南交警活动，改变作风，改革勤务，服务群众，确保畅通。全市公安交警执勤过程中开展对外地过境车辆不扣车、不扣证、不罚款，只纠正违章的“三不一纠”活动。1996 年 4 月 3—5 日，市公安局在芝山召开全市“学济南、树形象”现场经验交流会，推广芝山交警大队学济南交警、规范化执勤的经验。重点推出芝山大队大旅社岗亭“青年示范岗台”和祁阳交警大队安宣股等先进典型。全市公安交警系统迅速掀起“学济南、赶芝山”的高潮，并逐步由执勤岗台向机关科、股、室延伸，使“执勤一分钟，规范六十秒”“上班一分钟，负责六十秒”逐步成为每一位交通民警的自觉行动。当年，交警支队被省公安厅评为“学济南交警先进集体”，芝山大队大旅社岗亭被共青团省委、省公安厅授予“青年文明岗亭”称号。1997 年，交警支队组建机动巡逻大队，加强路面巡逻监控，开展公路综合执法工作。各交警大队相继成立巡逻中队，负责辖区道路巡逻。1998 年 6 月，以深化学济南交警为主线，以改革勤务制度为重点，芝山交警大队率先推出勤务管理新举措，将整个城区交通管理分 6 个路段，实行路段承包责任制，由大队选聘路段负责人，再由路段负责人优化组合民警。同时，采用百分制的办法考核民警，如在路段发现3起违章行为而无人纠章的，按规定给当班民警扣5分，当月被扣30分的民警需参加岗位培训。全市所有的城区岗台、岗亭都设置打气筒和便民工具箱，广泛开展为民服务活动。

1996年12月，市公安交警系统学济南树形象总结表彰大会

1998—1999年，为提高指挥疏导交通、拦截交通肇事逃逸车辆、警卫等快速反应能力，交警支队投入资金100万元增购无线对讲机配发全市一线执勤交通民警使用，并与市维波总站联合开通阳明山无线通讯转讯台。

2000—2001年，为改革勤务制度，加强路面监控，减少道路交通管理的时、空失控面，全市公安交警改革勤务制度，由过去屯点固守的勤务方式，改为高峰站点、平峰巡逻相结合的勤务模式，提高路面监控面，减少城区交通拥堵。芝山交警大队将责任路段、责任人、承包人、监督电话等内容公开，接受社会监督。冷水滩大队对重点路段、路口实行定点、定岗、定时的工作责任制，并根据辖区现状，火车站广场实行24小时值班制，工作日不定时抽调机关民警协助城区中队巡逻纠章。

2002年，贯彻落实省公安厅交警总队《关于遏制交通事故十二条非常措施》及省、市公安机关《关于治理摩托车违章行为专项行动方案》，采取重点把守与多点巡逻相结合，加强路面巡逻监控，路面有效控制率达90%。制订道路交通事故、交通堵塞报警处置规定，城区处警民警做到白天5分钟、夜间10分钟到达现场，郊区第一时间到达。

2003年4—5月，全国"非典"期间，全市公安交警部门按照市委、市政府统一部署，实行定点执勤与线路巡逻相结合、高峰疏导与平时检查相结合、上路执勤与纠章管事相结合的方法配合卫生部门进行检疫消毒工作。芝山、江永、江华、蓝山、新田等省际边界地区的交通民警坚持24小时值班执勤，为预防“非典”工作车辆和运送防治“非典”物资的车辆及人员提供优质服务，确保“绿色通道”安全畅通。当年，交警支队被市委、市政府评为“防治非典先进基层党组织”。

2004—2006年，全市公安交警部门向科技要警力，推广电子警察执法。2005年2月，省、市、县公安交警部门共投资35万元，在重、特大交通事故频发的永连公路双牌茶林段（32KM+800处）建成1处固定电子警察。2015年7月至2006年12月，全市投入380万元，在江华、蓝山、东安、零陵建成4处固定电子警察，其中国道322线冷水滩的竹山桥、零陵的珠山、207线江华的白芒营3处，在省道永连公路双牌茶林、祁阳白水建固定电子警察2处。同时，每个交警大队配合有动态移动电子警察1台共13套用于道路测速执法。2006年10—12月，全市开展整治公路重点交通违法行为专项行动，针对重点公路交通违法行为突出的规律和特点，科学调整白天和夜间不同时段的勤务安排，明确上路定点执勤和巡逻时间，加大对重点时段、重点路段、重点交通违法行为的管理和处罚力度。零陵、冷水滩交警大队在城区交通违法行为突出的时段，坚持9时前，机关全体民警站高峰制度，从重整治超速行驶、客车超员、疲劳驾驶、非客运车辆载客、驾驶摩托车不戴安全头盔等严重违法行为。2006年，全市运用电子警察执法查处超速交通违法行为39084起，处罚34468起。

2008年2月，交通民警在永连公路上全力救援事故车辆

2008年2月，湖南省遭受50年一遇特大冰雪灾害，为切实加强对恶劣天气下的交通管理工作，提高对重大、突发道路交通事件的应对能力，根据市委、市政府的部署和《湖南省道路在冰雪恶劣天气及特殊情况下交通管理工作的紧急预案》，交警支队制订《永州市公安局交警支队抗冰保畅工作应急预案》。冰雪灾害期间，全市公安交警部门将抗冰保畅作为头等大事来抓，全警动员，全力以赴，昼夜奋战，支援高速交警打通衡枣高速，分流京珠高速滞留车辆，确保全市辖区322国道、207国道及永连公路等10条省道和中心城区及各县（区）主干道的交通安全畅通。交警支队被公安部评为“全国公安机关抗雪救灾先进集体”。

2009—2010年，全市公安交警重点在全市中小学校园周边建立动态科学的勤务制度，保证上路学生安全。在中小学生、幼儿园儿童上学、放学等重点时段和路段派驻执勤民警和协管员，增加校园周边道路的警车巡逻班次，加强对学生、儿童横过道路时的交通指挥、疏导。

2011 年，全市公安交警部门采取流动巡逻与固定岗勤、区域联勤相结合的勤务方式，将警力投入到重点路段、重点时段，实行错时、动静、点线结合的办法，延伸交通管控范围和时间，强化路面巡逻和交通疏导，从严查处涉牌涉证、报废车上路行驶、低速货车、三轮汽车、拖拉机等货运车辆违法载人、摩托车超员载客、客运、校车、危爆运输车的严重交通违法行为。

2010 年，中心城区交警对放学时段校园周边道路进行交通指挥

2012 年，全市公安交警部门全面推行执法功能分区建设，至 12 月，全市 11 个交警大队一级执法功能分区建设全部完成并投入使用。各县（区）公安交警大队配全配齐现场执法仪，所有路面民警均配带现场执法仪、单警装备上岗执勤。在中心城区，根据创建国家卫生城市工作的安排部署，优化勤务制度，科学布置警力，提高路面见警率、管事率、纠违率。对城区各交通复杂路段、路口，实行站高峰执勤，变早、中、晚三个高峰时段中队民警分段守点工作模式为中队民警高峰时段守点巡段，平峰时段民警巡逻兼守点，晚上轮班值守的新模式，有效查处各类交通违法行为，在农村，落实“警力跟着警情走”的勤务制度，开展流动巡逻。

2013 年 9 月，中心城区公安交警部门按照“分片包干、责任到人、严管重罚、坚持长效”的原则，将城区 45 条主次干道划分为 45 个网格，实行交通秩序“网格化”管理，严格执行“四包”（包路段交通畅通，包交通违法查处、包交通事故预防、包安全宣传教育）责任制，定人、定岗、定路段、定责任与城管、交通等部门开展联合执法。同时，在全市公安交警部门推行“大队包块、中队包线、民警包段”责任原则，实行路段承包责任制，确保及时发现、制止道路交通违法，及时处置道路交通事故，防止发生交通堵塞，预防道路交通事故发生。

2014 年，交警支队以创国卫、创交模为契机，进一步强化对中心城区主次干道和背街小巷的网格化管理。冷水滩、凤凰园公安交警大队严格执行“三包”（领导包片、中队领导包路段、民警包路口）、“四定”（定点、定岗、定人、定责）、“守点和巡线”（复杂路段、路口早、中、晚高峰守点，平峰时段巡逻兼守点）模式，确保综合整治交通秩序有序进行。零陵公安交警大队按照“白天见交警、晚上见警灯”要求，从上午7时至23时，时刻保持对交通违法行为的严管高压态势。

2015年，交通民警利用巡逻执勤摩托车进行交通警卫

2015年，中心城区采取“高峰站岗、平峰整治”的执勤制度，在城区建立主次干道以中队为单位开展交通安全流动巡逻，在育才路与逸云路平行交叉口、湘永路与双洲路平行交叉口、零陵中路与凤凰路平行交叉口、凤凰路与珊瑚路平行交叉口等24处人、车流集中的路口定点设立交通维护岗，在上下班高峰期进行交通疏导和维护交通秩序。

第二节　交通秩序管理

一、设施建设

1993—1994年，全区投入100万元，对易发生特大交通事故的207国道双牌大山等路段开展整治，增设三堵路边护墙（“救命墙”），900块警告标志牌。

1995年2—5月，全区公安交警部门结合“整顿城镇交通秩序百日竞赛”活动，狠抓违章占道、乱停乱摆行为的整治，提高城镇道路通行能力，全区拆除路障617处，治理整顿违章占道315处，疏通占道里程2980米，取缔违章占道摊点5410个，增设城市道路中心隔离装置2890米，施划交通标线4290米，新辟城区停车场10个。

1996年，交警支队会同公路部门改善道路通行条件和完善交通安全设施，全市新增交通标线11.5千米，交通护栏8.5千米，隔离墩460个，交通标志204块，交通安全设施42处，改善危险路段27处。

1997年，全市突出抓322国道、207国道、1830省道等事故多发路段的整治，督请公路部门投入资金200万元对20处事故多发路段进行改造，增设交通标志300块；市政府拨款28万元维修市区交通安全设施。

1998—1999年，全市公安交警系统先后投资300万元，在城区主要街道设立隔离墩和护栏2万米，在山区危险地点和事故多发路段设置防护墩890米、增设交通标志标牌530块。

2000年，中心城区在实施城市道路管理畅通工程中，完善交通基础设施，施划标线46.9千米；设置标志500多块；设置信号灯控制路口6个，路口灯控率达50%；路口渠化8个，渠化率达75%；路网密度2.7千米/每平方米，支路利用率80%。

2001年，全市公安交警部门督请有关部门改造国、省道险段险点26处，增设交通标志标牌102块，刷新交通标线60千米，双牌、东安、道县等公安交警大队对一些不符合安全通行条件的林业专用网道设立禁行标志，严禁客运车辆通行，为道路交通安全提供较好的路容路况。

2002年，全市在创建“平安大道”活动中，重点加强电子监控系统建设，省道1811线祁阳白水中队、国道207线江华白芒营中队、国道322线冷水滩竹山桥中队3个监控点投入使用。年底，增建芝山城区的南津北路、祁阳三南公路2个监控点，全市电视监控系统初步建成，有效地加强境内国、省道的全天候监控。同时，全面排查整治交通事故隐患，督请公路部门进行整改。对207国道双牌大山段投入400万元安装10公里长的高速公路式铁护栏，公路沿线增设12块交通标志牌。江永、宁远、蓝山等公安交警大队对县城道路进行交通标志、标线规划，并对辖区内省道事故多发点段和危险路段增设12块标志牌。

2003—2004年，中心城区增设交通标志54块，施划交通标线27千米。芝山黄古山十字路口安装价值25万元的现代化红绿灯灯控装置，城区灯控路口达到6个；冷水滩交警大队对建行十字路口的红绿灯进行改造，购置全市首台“流动电子警察”查处超速交通违法行为。在创建“平安大道”活动中，在322国道沿线的祁阳、冷水滩、芝山三县（区）总长110公里公路上累计投资1.7亿元，硬化全线路面和路肩，修砌水沟，加宽窄桥一座，降坡改造险段2处长800多米，安设百米警示桩24600根，刷新沿线桥栏、示警栏、里程碑，基本保证322国道永州段路面平整，公路标志、标线、里程碑、边线轮廓桩位置恰当、准确、完整。

2005—2006年，交警支队结合开展“文明在交叉路口”活动，重点加强城区交通基础设施建设，截至2006年12月23日，冷水滩城区建成灯控路口14处，设立交通标志牌70块，施划交通标线32万平方米。道县、江华、宁远、祁阳、零陵、东安等县（区、自治县）公安交警大队以城区主干道为重点施划交通标线，设立交通标志牌，有效地规范交通行为。

2007年，根据公安部交管局《关于开展公路危险路段的排查工作的通知》，全市排查出交通事故危险路段60处，公路、交警、交通联合在交通事故危险路段新设防撞墙360米，波形防护栏750米，防护墩350个，反光镜15个，警示标志、标牌160块，警示桩1200个，标线4400米。同时，切实加强城区交通基础设施建设，截至5月17日，冷水滩、零陵城区道路科学渠化路口32处，建成灯控路口16个，

2007年，交通民警对城区交通秩序管理实行电子监控

改造冷水滩城区红绿灯路口5个，重新施划交通标线900平方米。江华、零陵、东安、道县、蓝山、祁阳等县（区、自治县）公安交警大队建成城区电子监控系统，对城区主要路口实行电子监控。江永、双牌、宁远、蓝山等县公安交警大队购置流动电子警察用于路面执勤，非现场执法比率较往年上升。

2008年春运期间，全市公安交警部门在辖区重点道路和路段设置醒目交通安全警示标志426块。7月，在零陵大道建成2处电子监控点。

2009年，全市公安交警部门加大在城区和城郊接合部电子监控设施的建设力度。3月，冷水滩中心城区14处电子监控路口建成投入使用，至此，中心城区交通监控中心初步建成，填补中心城区多年没有交通电子监控的空白。是年，全市共投入使用交通监控点80个、公路电子卡口15套。6月，启动交警执法岗亭建设，在冷水滩城区（含凤凰园经济开发区）启动修建公安交警执法岗亭4个。

2010年，冷水滩区零陵中路交通隔离护栏

2010年2月，市公安局交警支队投资100万元在冷水滩二小至二中路段、零陵中路和零陵北路、零陵汽车总站至前进街等路段设置交通隔离护栏，规范道路行车秩序，有效提高中心城区道路通行能力。同时，开展对道路交通标志、技术监控设备的清理和整顿工作，清理城区道路133条400.5公里、标志牌539块、标线22.2米、红绿灯路口35个、电子警察13个、测速设备13台、电子卡口3处、电视监控点4个、交通标志和标线设置不规范路段16处、调整限速标值4处、拆除限速标志牌6块、新增警示标志牌238块。

2011年8月17日，永州市第一家驾驶员血液酒精含量检测中心在市中心医院正式挂牌成立，为查处酒后驾驶机动车的违法行为提供依据。为规范车辆通行，提高灯控路口的畅通率，与交通、建设、技术监督部门配合，对冷水滩城区 56 个道路交通电子监控设备进行全面清理，规范电子监控设备抓拍违规停车、违规掉头、占借道行驶等。

2012 年，全市公安交警部门推进“百千万生命防护工程”，按照“政府主导、交警排查、交通治理、安监督查”的要求，联合安监、公路、交通等部门开展 3 次地毯式排查临水临崖和事故频发隐患治理工作，截至 11 月 20 日，对全市排查出的 2143 处道路安全隐患实行分级督办制，强化治理责任、措施、资金并规定完成时间。新建道路波形护栏 69 公里，渠化路口 170 个，安装减速板（梯）1380 处。

2013 年，按照市委、政府创建国家卫生城市工作统一部署，交警支队对现有交通安全设施进行维护，更换中心隔离护栏 4200 米，隔离墩 125 米，排除红绿灯设备故障 289 次，修复维护隔离护栏 214 米，重新施划零陵路标线 2200 平方米、梅湾路口标线 900 平方米。

2014 年 7—10 月，按照市委、政府创建国家卫生城市要求，完成冷水滩育才路交通安全设施样板路建设任务，施划标线 8600 平方米，增设各类标志 39 块。新增城区道路交通标志牌 1421 块，标线 4.5 万平方米，红绿灯路口 48 个，新增停车泊位 1300 个，开放城区主要道路沿线党政机关停车场 81 处。同时，超额完成省政府下达的平安城市建设视频监控点任务，扩建、改建电子警察 20 处、人行信号灯 25 处。

2015 年 7 月，新建冷水滩区清桥路与湘永路交叉路口、湘江东路工商银行丁字路口、育才路与逸云路交叉路口 3 座新型交警执法岗亭。8 月至 2016 年 3 月，完成冷水滩城区交通标线和信号灯、标志、平安一期电子警察升级改造等 3 个提质改造建设项目任务，施划标线 6 万平方米、铲除标线 1.9 万平方米，新增各类标志 1272 块，升级改造或新建路口信号灯 23 套，升级改造路口电子警察 17 套。

2015 年，冷水滩区清桥路与湘永路交叉路口新型交警执法岗亭

二、秩序整顿

1993年5—12月，根据公安部《关于整顿无牌无证车辆的通知》和省委、省政府关于开展“畅安工程”活动的部署，将整顿无牌无证车辆、乱装警灯警具、车辆乱停乱放、惩治车匪路霸作为重点，开展专项治理以及对全区城乡道路交通秩序开展整顿。全区拆除违章建筑388处，临时厂棚2672处，围墙21米，消除路障15627米，搬迁马路市场42个，设立临时停车场（点）44个，纠正车辆违章7.12万台次，查处无牌无证车辆2316台，报废车辆617台，拆除非法安装警灯警具97件，规划客车、货车、摩托、人力三轮车的临时停放场地，设立临时停车场18个，配合公安刑侦、治安部门惩治车匪路霸25人，解救司机、旅客180人次，吊扣驾驶证2145本，吊销82本，治安拘留60人，追究刑事责任3人。12月9日，在全省“畅安工程”总结表彰电话会上，零陵地区被授予全省“畅安工程优胜单位”称号。12月20日，零陵地区行署召开全区“畅安工程”总结表彰大会，授予永州、东安、邵阳、江华、新田、宁远为全区“畅安工程”先进单位称号。

1994年8月，根据省委、省政府“8·23”电话会议部署，开展治理公路“三乱”、整顿交通秩序统一行动。全区每天出动50台车辆、300名警力，会同有关部门扎扎实实开展“整治”。其间，纠正各类交通违章3万余起，吊销驾驶证21本，举办违章驾驶员学习班147期，教育3507人。

1995年2—8月，全区公安交警部门参与“城市治安管理百日竞赛”活动，开展“打击盗抢机动车辆”专项行动，对全区无牌无证车辆进行集中清理整顿。截至8月，全区交警系统配合刑侦部门抓获各类违法犯罪人员722人、暂扣机动车辆90辆。清理无牌无证车辆200台，其中办理入户进口汽车103台，摩托车147台，国产大小汽车150台。

1996年，开展无牌无证交通秩序整顿行动

1996年4—11月，根据零陵地区行署办公室《关于在全区范围内开展整治无牌无证车辆的通知》，开展道路交通秩序集中整顿行动。截至11月，清理违章占道1150处，查处违章建筑43处，搬迁马路市场9个，纠正各类违章18.4万余起，暂扣车辆8710台，办理无牌无证车辆

入户 8318 台（包括摩托车、农用车等），收缴非法定号牌 185 副，警灯警报器 63 个。8 月，针对零陵大道新建成通车 1 个月内连续发生交通事故 12 起，造成 3 人死亡、10 人受伤的严峻交通安全形势，交警支队组织相关人员对零陵大道交通安全情况进行调研，向市委、市政府提交《关于对零陵大道交通安全情况的调查报告》，并组织芝山、冷水滩交警大队对零陵大道集中开展交通秩序整顿。

1997 年 3—12 月，根据省委办公厅、省政府办公厅《关于对机动车辆非法安装警灯、警报器、非法标牌等问题进行清理整顿的通知》（简称“三警一牌”清理整顿）及市委、市政府统一部署，全市公安交警部门以清理“三警一牌”为重点，先后集中开展文明行车、文明行路活动、城镇交通秩序（含夜间交通秩序）大整顿，出动警力 7860 人次，警车 1890 台次，检查车辆 17.67 万台次，纠正违章 36500 人次，扣车 890 台次，扣证 28500 本，治安拘留 78 人次，收缴非法安装和使用警灯、警报器 103 件、非法定标牌 39 块、作废公安号牌 30 副、假冒军车号牌 4 副，查获非编单位使用“湘 0”号牌车辆 3 台，用非法标牌代替车辆号牌 6 台，整治规范 14 处马路市场，清除 248 处违章占道的摊点和建筑物。

1998 年 3—5 月，针对芝山、冷水滩城区及零陵大道交通秩序比较混乱的问题，交警支队组织芝山、冷水滩、机动巡逻大队重点对冷水滩、芝山两城区及零陵大道集中开展为期 3 个月的交通秩序整顿。6 月，在全市掀起交通秩序集中整治的高潮，芝山区以整治城区为重点，突出抓中巴车、微型车、出租车停靠和行车秩序。祁阳县以白水镇、黎家坪镇为重点镇，加大对国道 322 线巡逻力度，强化路面监控。是年，祁阳县公安交警大队被评为全省交通秩序管理示范城镇达标单位。

1999 年 6—12 月，根据省委、省政府的统一部署，在全市范围内开展整治城区和国、省道交通秩序、清理整顿无牌无证车辆、创建“交通秩序管理示范城镇”和创建“平安大道”活动。公安、交通、工商、城建、卫生、农机等部门密切配合，齐抓共管，开展综合整治交通秩序。采取拆旧造新除乱等措施，对冷水滩区所辖潇湘市场、黄泥井市场出口及国道 322 线的伊塘、孟公山、竹山桥等农贸场所进行清理整顿，对 207 国道沿线集镇 30 处违章建筑、占道摊点逐户清理和拆迁，重点整治 322 国道、207 国道沿线黎家坪、接履桥、石期市、五里牌等 20 处易堵路段，派出警力加强上述马路市场的巡逻监控，保证国、省道畅通。针对因交通事故引发敲诈、哄抢财物案件频发等情况，加大打击车匪路霸犯罪的力度。6 月 9 日，交警支队机动巡逻大队民警在 322 国道石山脚路段执勤时，查获一辆无号牌桑塔纳轿车，抓获该车驾驶员刘某，经查刘某系省公安厅挂牌督办的盗车杀人在逃犯罪嫌疑人。新田县公安局交警大队在省道 1818 线抓获一个敲诈外地司机的犯罪团伙。冷水滩交警大队依法处置国道 322 线接履桥、伊塘路段经常拦车收费的残疾人。8 月，市公安交警支队牵头，联合城建、工商、客运管理处等部门对芝山、冷水滩城区和零陵大道开展为期1个月的交通秩序整治，并不定期开展夜间交通秩序突击整顿，查纠交通违章7万余起，查扣各类违章车辆2800台次。

2000年，按照省委、省政府统一部署，以冷水滩、芝山城区为重点，全面实施城市“畅通工程”。冷水滩交警大队以河西为重点，坚决执行市政府《关于禁止客运三轮摩托车进入零陵中路的通知》，严禁三轮摩托车进入该路段，解决城区拥堵顽症。芝山交警大队配合城建、工商部门清理违章占道800处，规范停车场（点）4处。祁阳县委、县政府建立县领导联系点制度，每名领导负责联系一条街，由每个成员单位抽调专人组成联合执法队开展综合整治。9月，交警支队组织开展整顿客运交通秩序专项行动，重点整顿老旧、报废客运车辆和农用车载客现象。截至11月20日，强制报废已达报废年限的客运车辆120台。

2001年，东安、双牌、道县、江华瑶族自治县公安局交警大队借鉴322国道创建“平安大道”活动的成功经验，在207国道沿线突出加强交警中队和交通安全村（校）建设。配合有关部门综合整治沿线马路市场、违章建筑、非法标志，净化交通环境，确保道路安全畅通。4—8月，根据省公安厅《关于清理整顿无牌无证车辆实施方案》，全市开展清理整顿无牌无证车辆工作。8月11—20日，开展全省性集中整治“两无”（无牌无证）、“两假”（假牌假证）车辆统一行动，全市强制373台报废车辆报废，督促1646台“两无”车辆办理入户手续。5—7月，开展公路客货运输车辆严重超载违章行为专项整治行动。7月16—23日，在开展全省反超载行动周统一行动中，查处交通违章车辆4680辆，卸客转运286台，卸货转运118台，滞留驾驶证166本，拆除非法改装车辆145台，劝返98台。

2002年，全市深入开展创建“平安大道”和实施“畅通工程”活动。查扣无牌无证摩托车4350台，纠正超载违章12063起，拆除非法改造改装车辆750多台次，整治马路市场16个，拆除违章建筑及广告牌3018块，打击车匪路霸26起，抓获犯罪嫌疑人73人，治安拘留150人。国、省道新建交警中队12个，新增中队民警70人，新增巡逻车辆18台。是年，交警支队芝山大队珠山中队获全省实施“畅通工程”、创建“平安大道”工作先进集体，芝山交警大队珠山中队长眭明进被公安部评为全国“创建平安大道先进个人”。6—7月，全市先后集中开展交通安全秩序整治“夏季攻势”、严重交通违章专项整治行动。查纠各类交通违章行为14980起，其中查扣“两无”车辆1659台，“两假”车辆146台，无证和酒后驾驶242人，治安拘留238人，强制车辆入户1487台，强制报废车辆129台，吊扣驾驶证1388本。9—11月，全市开展治理摩托车违章专项行动，查扣违章摩托车16514台，扣证12950本，处罚13538人次，行政拘留39人次，并对报废、非法拼装车辆进行公开销毁。11月，冷水滩、芝山两城区经省实施畅通工程测评组初评，达到D类四等管理水平。

2003年，在实施畅通工程中，全市公安交警部门以“严管区”和“样板街”为重点，公安交警部门先后开展“限速行车、减速10公里”“交通安全生产月”、整治客运交通秩序、取缔非法客运车辆载客营运、整治摩托车违章等专项行动。中心城区查处交通违章行为6.9万余起，暂扣证件4.068万本，吊销驾驶证3800本，暂扣机动车辆5522台，治安拘留51人，有力打击客运车辆乱停乱靠、随意调头、摩托车不按规定载人，超速行驶、严重超载、酒后驾车、无牌无证驾驶等严重影响交通安全的违章行为。11月26日，经省畅通办专家评审会初评，冷水滩、芝山城区畅通工程达到C类城市三等管理水平，祁阳县畅通工程达到D类城市三等管理水平。

2004年5月11日至8月20日，根据省厅交警总队《全省夏季百日交通秩序整治专项行动工作方案》，本着什么问题突出，就整治什么问题的原则，全市集中警力开展百日交通秩序整治专项行动。其间，全市纠正超速违法8769辆次，纠正超载违法9371辆次，纠正客运卸载转运2214人次，纠正摩托车违法21451人次，纠正无牌无证违法4103辆次，纠正无证驾驶违法3713人次，纠正非客运车辆非法载客1834辆次，纠正报废车辆上路648辆次，治安拘留175人次。7月21日至11月20日，根据国务院“五整顿、三加强”工作措施要求和湖南省“6·30”遏制和预防道路交通事故紧急电话会议精神，公安交警部门加大对全市列入全省挂牌重点整治的零陵大道和永连公路交通秩序的整治力度，并对永连公路、零陵大道交通违法行为集中开展为期4个月的专项整治行动，零陵大道和永连公路沿线的冷水滩、芝山、双牌、宁远、蓝山公安交警大队利用酒精测试仪、雷达测速枪、流动电子警察、便携式测重仪等查处交通违法行为。整治期间，全市查纠超速车辆8689台次，客车、货车超载车辆4288台次，酒后驾驶103人次，无牌无证289人次。

2005年1—6月，按照省委政法委、省公安厅的统一部署，在全市政法系统开展为期半年的警用车辆专项整治行动，检查警用特种车辆1196辆次，查纠交通违法行为118起，滞留违法违规警用车辆32台，收缴套牌、假牌11副，拆除非法安装警灯、警报器36套，全市70台违法违规警车，61台整治到位，9台被强行办理入户手续；封存、报废无牌无证警车16台，更改警用标志为民牌车颜色15台，取缔挪用警牌12台，套用警牌14台，地方领导挂靠警用车牌19台。4月，根据全省集中治理车辆超限、超载违法行为工作要求，利用电子称重仪全面开展反“双超”专项行动，全市查处超速违法行为12680起，超员违法行为2330起，卸客转运1.2万余人次，治理大吨小标车辆1260台。5—9月，为配合公安部、省公安厅打击“两抢”机动车犯罪专项行动，全市公安交警部门先后集中开展两次治理摩托车违法专项行动。纠正两轮、三轮摩托车违法行为37896台次，暂扣无牌无证摩托车9338台，治安拘留违法人员35人，暂扣驾驶证3434本，查处可疑被盗车辆32台，督促11560台“两无”摩托车办理入户手续。同时，根据省公安厅部署，开展道路运输危险化学品安全专项整治活动，重点加强对南岭化工厂、湘器、市石油公司汽车队等生产、运输、销售剧毒、危险化学品单位的驾驶人的交通安全管理，检查危险化学品运输车辆289台，查处违法行为27起。8—10月，根据公安部、交通部和国家安全生产监督管理局等部门召开的“7·13”电视电话会议部署，在全市范围内开展预防群死群伤特大交通事故专项整治行动，整治期间，重点开展综合整治零陵大道和永连公路交通秩序，全市未发生一起死亡5人以上群死群伤特大交通事故。永连公路（省道216线）全长165.5公里，是永州市一条最大的交通主动脉。2004年，该路段共发生重大交通事故39起，死亡53人，伤73人，直接财产损失117.2万元；发生特大交通事故8起，死亡27人，伤10人，直接财产损失30.5万元，被当地群众称为“死亡大道”。对此，市交安委组织有关成员单位加大综合整治零陵大道、永连公路交通秩序的力度，投入50万元完善两线的标志、标线。沿线冷水滩、芝山、双牌、宁远、蓝山公安交警大队在重点路段设立雷达测速区，利用测速仪和称重仪等查处超速、超载、强行超车、无证和酒后驾驶、非客运车辆载客等严重交通违法行为。通过整治，有效遏制两线事故多发的势头。2005年，永连公路发生道路交通事故33起，死亡38人，直接财产损失74.4万元；发生特大交通事故4起，死亡12人，伤2人，直接财产损失67万元。重大事故同比分别下降15.38%、28.30%、47.95%、16.52%，特大事故同比分别下降50%、55.56%、80%、78.03%，完成省交安委挂牌整治任务，顺利通过省级初检。

2006年6月，为推进实施城市“畅通工程”，进一步改善投资交通环境，提高永州城市品位，市委、市政府印发《永州市集中清理整顿中心城市公共客运交通市场工作方案》《永州市人民政府关于集中整顿中心城市公共客运交通市场的通告》。6月12日，市委、市政府召开集中整顿中心城区客运交通市场动员大会，就取缔二、三轮摩托车和“黑的”非法营运进行部署，制订一系列政策措施。6—8月，交警支队充分发挥主力军作用，组建100名民警的整治队伍和30名民警的应急分队，全力以赴、攻坚克难开展整顿工作，配合交通、工商、城管、公用事业、农机等部门及冷水滩、零陵两区相关职能部门成功取缔中心城区三轮摩托车非法营运行为。截至6月19日，本着“无情整治，有情收购”的原则，全市收购、销毁非法载客运营的三轮摩托车3951台，其中冷水滩区1898台，零陵区2053台，取缔“黑的”5台，中心城区交通乱源得到治理。7月，根据公安部和省公安厅的部署，针对每年7月、8月、9月3个月特大交通事故高发期及山区公路弯多、坡陡、“三临”（临崖、临水、临谷）路段多，驾驶员易疲劳的特点，狠抓永连公路、零陵大道等重点部位的预防特大交通事故专项整治行动。其间，开展国、省道联勤行动32次，取缔马路市场2个，查处交通违法行为为56912起，其中酒后驾车102人，扣证3566本，扣车345台，报废车辆37台，卸客转运乘客203人，治安拘留112人。是年，永州市特大交通事故预防工作获省交警总队二等奖，安全生产工作被市安委会评为“安全生产目标管理先进单位”。10—12月，根据公安部交管局、省公安厅交警总队统一部署，开展公路重点交通违法行为专项整治行动，重点整治超速行驶、客车超员、疲劳驾驶、不按规定使用安全带、非客运车辆载客、驾驶摩托车不戴安全头盔等6种违法行为。投入雷达测速装备24台，设置固定监测点16个、流动点26个，设立超速执勤点32个，查处疲劳驾驶2893起、超速行驶20741起，查处超员3733起，吊销驾驶证106本，治安拘留56人，卸客转运1262人，查处超员20%以上客运车辆5台，违法超载22442起，未系安全带5307起。

2007年春运期间，交通民警对客运车辆进行检查

2007年春运期间，根据省公安厅交警总队统一部署，组织开展“春运三反”（反超速、反客车超员、反酒后驾车）专项整治行动。2月9—26日，全市共开展12次专项整治统一行动，查处超速违法行为692起，客车超员375起，卸客转运5088人，酒后驾车26起。5月14日，根据省厅交警总队的要求，全市开展为期3个月的交通秩序“百日大会战”专项整治行动和夜间查处交通违法行为统一行动。其间，冷水滩和零陵交警大队在零陵大道连续开展15天的查纠夜间严重道路交通违法整治行动。5月15—31日，出动警力550人次，警车163台次，查纠交通违法行为612起，暂扣机动车辆355台，其中盗抢嫌疑车2台，套牌、假牌车9台，无牌无证车149台，其他机动车195台，扣证400本，治安拘留7人。6—8月，根据公安部交通管理局《关于开展严重交通违法行为专项整治的通知》，组织开展“五反”（反超速行驶、反客车超员、反酒后驾驶、反疲劳驾驶、反非客运车辆载客）专项整治行动，6月25日、7月23日、8月23日分别开展3次全市统一集中整治行动，纠正各类交通违法行为58533起，其中超速行驶8614起，客车超员1876起，酒后驾车31起，疲劳驾车26起，非客

运车辆载客 9925 起，其他交通违法行为 38061 起。12 月，根据公安部《关于鄂湘渝川四省（市）长途客车交通违法行为专项整治区域行动工作方案》部署，开展为期 1 个月的长途客车交通违法行为专项整治行动，查处长途客车交通违法行为 3141 起，其中客车超速 267 起，客车超员 392 起，违法超车 168 起，疲劳驾驶 68 起，不按规定车道行驶 252 起，其他交通违法行为 1994 起，卸客转运 295 人，治安拘留违法驾驶员 2 人。

2008 年 4 月 26 日，根据省公安厅交警总队《湖南省“迎奥运、保平安”道路交通秩序整治百日大会战行动方案》，先后开展“迎平安奥运、保三湘畅安”道路交通秩序整治行动、机动车涉牌涉证违法行为专项整治、农村道路交通安全集中整治、危险化学品车辆交通安全集中整治、中小学生、幼儿园校车交通安全集中整治、客运企业互检互查、客运车辆交通安全集中整治等一系列集中整治行动。5 月 22—28 日和 7 月 23—30 日 2 次开展“百日大会战”统一行动周行动。查处交通违法行为 10115 起，其中超速违法行为 1331 起，违法客车 263 辆（其中超员 20%以上客车 37 辆），疲劳驾驶 27 起，无证驾驶 657 起，酒后驾驶 12 起，无牌、假牌、套牌车 327 辆，危险化学品运输车辆交通违法 15 起，校车交通违法 24 起，查扣盗抢嫌疑车辆 15 台，查获报废车 30 辆，吊销驾驶证 3 本，治安拘留 5 人。10 月 13—20 日，开展“百日行动”全国性集中统一行动周行动，出动警力 1425 人次、警车 305 辆，投入测速设备 15 套（含电子卡口），设置检查点 24 个（含 5 个春运检查服务站），检查登记客车 1358 辆，查处超员客车 32 辆，卸客转运 128 人，查处超速车辆 265 辆，其他违法行为 1321 次。

2009 年 2 月 20 日至 3 月 31 日，根据公安部和省公安厅统一部署，组织开展以“酒后驾驶”为主题的严重交通违法行为的专项整治行动，全市检查各种车辆 27556 台，其中 7 座以上客运车辆 7896 辆、校车 691 辆、大型货车 18867 辆、危险品运输车 102 辆，查处各类交通违法行为 18157 起，其中超速行驶 3825 起、客车超员 982 起、酒后驾驶 707 起、疲劳驾驶 200 起、治安拘留醉酒驾驶员 109 人。6 月 20 日，根据省公安厅交警总队《“迎国庆、保三湘畅安”专项整治行动工作方案》，结合开展“三无”摩托车集中办牌办证专项整治行动，对机动车涉牌涉证违法行为进行集中整治。截至 9 月 30 日，全市开展集中统一整治行动 11 次，查处各类交通违法行为 9540 起，查获套牌假牌 135 起，挪用号牌 192 起，无牌无证 3757 起，不按规定安装号牌 1103 起，故意遮挡污损号牌 646 起。8—12 月，根据公安部“8·14”电视电话会议精神和省公安厅交警总队《关于集中整治酒后驾车交通违法行为专项行动方案》的安排，先后开展 5 次全市性酒后驾车违法行为专项整治统一行动日行动，出动警力 9812 人次，警车 5025 台次，投入酒精测试仪 25 台，组织异地交叉用警 136 次，对 13211 名驾驶人进行酒精测试，查处酒后驾驶违法行为 891 起，其中醉酒驾驶 202 起，行政拘留 186 人。是年，全市整治酒后驾驶工作综合排名全省第一。

2010 年 3 月，交通民警给遮挡号牌违章车辆撕“面纱”

2010 年 1 月 27 日，根据公安部交通管理局《关于春节期间开展整治酒后驾驶违法行为集中统一行动的通知》、省公安厅交警总队《关于集中整治酒后驾驶机动车交通违法行为工作方案》，全市公安交警部门集中开展整治酒后驾驶机动车交通违法行为专项行动。截至 2 月 17 日，查处酒后驾驶 276 起，其中醉酒驾驶 38 起，治安拘留 38 人。3 月 1 日，交警支队被公安部交通管理局评为全国严厉整治酒后驾驶违法行为专项行动突出集体，受到公安部通报表彰。3—10 月，按照公安部和省公安厅交警总队的统一部署，开展严厉打击套牌、假牌、故意遮挡号牌机动车涉牌涉证交通违法行为的专项整治行动，截至 10 月 10 日，查处机动车涉牌涉证违法行为 24569 起，暂扣机动车 5127 台，其中无牌 1085 台，无证 352 人，套牌 428 台（其中套用军牌 26 台），销毁报废、盗抢机动车 1632 台。交警支队在全省公安交警系统考核中排名第二，江华交警大队被评为公安部先进集体。3 月 31 日，永州市隆重召开“迎‘创卫’保畅通”集中整治中心城区交通秩序动员大会，拉开冷水滩、零陵两城区创建省级卫生城市交通秩序集中整治的序幕。6—9 月，根据省公安厅交警总队的统一部署，开展全市“三无”摩托车专项整治，截至 9 月 24 日，出动警力 4575 人次，查处摩托车严重交通违法行为 1.5 万余起，督促摩托车入户 5934 台，摩托车驾驶人考证 2718 本。5 月，开展“迎亚运，保畅通”道路交通秩序整治攻坚战。截至 10 月，全市投入警力 3445 人次，出动警车 1680 辆次，设置临时检查点 116 个，查处无牌无证 1866 起，查处低速载货汽车、三轮汽车、拖拉机违法载客 2104 起，查处摩托车驾乘人不戴头盔 3250 起，行政拘留 64 人。

2011 年 3—11 月，按照公安部交通管理局和省公安厅交警总队统一部署，全市公安交警部门在城区道路、国省道、农村道路开展反酒驾“雷霆行动”、整治客货运输车辆“蓝箭行动”、整治涉牌涉证“猎鹰行动”、反超速“飓风行动”、学校交通秩序整治“天使行动”，以“零容忍”的态度，突出重点治理交通安全顽疾。5—7月，开展反酒驾“雷霆行动”，全市查处饮酒后驾驶机动车290次，醉酒后驾驶机动车76次，总排名全省第二。8月29日，永州市召开创建省级卫生城市总结表彰暨创建国家卫生城市动员大会，拉开中心城区创建国家卫生城市序幕，交警支队发挥主力军作用，开展创建国家卫生城市交通秩序集中整治工作。截至11月20日，查处涉牌涉证34568起、超速32689起、客运超员2196起、饮酒驾驶726起、醉酒驾驶158起。

2012年2月，市公安局交通民警严查客车超载

2012年1月1日至4月10日，按照市安全生产委员会办公室《关于贯彻落实市委张硕铺书记重要指示精神切实抓好当前安全生产工作的督办函》和市委、市政府统一部署，交警支队在全市范围内开展集中整治超速行驶、客车超员、货车超载和疲劳驾驶（即“三超一疲劳”）交通违法行为专项行动和集中开展中心城区创建国家卫生城市道路交通秩序“百日整治”。出动警力21224人次，出动警车3584台次，投入测速装备392台，查处交通违法行为26103起。4—10月，根据省交安委和省实施文明交通行动计划领导小组、省公安厅交警总队的部署，先后开展“城乡同治，牵手平安”道路交通安全“百日攻坚”行动、机动车涉牌涉证违法行为集中整治行动、查处故意遮挡号牌“搜狐”行动。8—10月，出动警力2400人次，出动警车500台次，查处交通违法行为2965起、无证驾驶143起，公交车、出租车违反规定上下客253起，纠正行人交通违法10876起。7月，经省“创建平安畅通县市”检查组复评考核，江华瑶族自治县达到部级“平安畅通县市”创建标准，祁阳县达到省级“平安畅通县市”创建标准。9月至2013年1月，根据国务院《关于加强道路交通安全管理工作的意见》和市委、市政府的总体部署，全市开展预防重特大道路交通事故专项治理行动，查处各类交通违法行为55万余起。

2013年1—10月，全市公安交警部门先后开展酒驾、超速、涉牌、涉证等重点交通违法行为整治和货车大排查、大教育、大整治行动。查处重点交通违法23万余起。3—8月，联合中国人民财产保险股份有限公司永州分公司，突出解决农村

2013 年 3 月，市公安局交通民警查扣违规摩托车

地区摩托车“三低两高”（入户率低、检验率低、持证率低，交通违法率高、交通事故发生率高）问题，开展摩托车集中办牌办证、办交通事故强制保险竞赛活动，推进“平安摩托”专项整治行动。查处摩托车交通违法行为 13652 起，扣留违法摩托车 4145 台，遏制摩托车交通事故高发的势头。10 月 1 日至次年 1 月 10 日，在全市开展为期 100 天的道路交通秩序整治“百日行动”，整治超速、客车超员、疲劳驾驶、酒后驾驶及货运机动车非法载客、校车超载、涉牌涉证等严重交通违法行为。10 月至 2014 年 3 月，按照市委办、市政府办《永州市创建国家卫生城市实施方案》，开展中心城区道路交通秩序集中整治工作，交警支队机关包干负责冷水滩区育才路交通秩序整治工作，冷水滩、零陵、凤凰园 3 区各确定一条文明交通示范路，落实示范路交通秩序整治标准和各路段的责任部门、责任领导、责任人、职责任务、责任区域。与城管、交通相关部门开展联合执法行动。10 月 26 日至 11 月 20 日，市公安局从局机关抽调 30 名民警、交警支队机关抽调 24 名民警开展对整治难度大的冷水滩区零陵路交通秩序的集中整治。其间，查处各类交通违法行为 5630 起。

2014 年 2—11 月，交警支队按照公安部交通管理局、省公安厅交通管理局、市公安局统一部署，先后开展农村地区交通违法集中整治行动、机动车涉牌涉证违法行为专项整治工作、集中统一酒驾整治行动日、“打四非查四违”（四非：非法改装伪装危化品运输车，危化品生产、销售企业为不具备运输许可的车辆非法罐装危化品，不具备运输许可的车辆非法运输危化品，不具备从业资格的人员非法驾驶、押运危化品车辆；四违：客运车辆违反夜间停运规定、违反接驳运输规定、严重交通违法、违反动态监管制度）专项行动、中心城区交通秩序“严管月”专项整治行动，查处各类交通违法行为 37 万余起。

2015 年 1—4 月，交警支队根据市公安局《全市公安交警部门严打整治“百日会战”专项行动工作方案》的部署，在中心城区组织开展集中查处酒驾毒驾、超员超载、涉牌涉证等专项整治行动。3—4 月，由交警支队机关机动巡逻大队和金洞交警大队牵头，分别从冷水滩、零陵交警大队抽调 10 名民警成立交警支队特别行

2015年4月，市公安局交通民警开展严打整治百日会战酒驾查处行动

动组，逐县（区）开展“百日会战”道路交通安全专项整治及酒驾查处等专项行动。出动警力740人次，警车148台次，设立固定查纠岗50个，临时查纠岗3个，巡逻查纠组4个，各交警大队派出警力2280人次，警车650台次配合行动。查处交通违法行为1047起（其中醉酒驾驶106人、酒后驾驶326人、涉牌涉证386起、超员9起、涉枪弹1起、涉管制刀具2起、其他交通违法行为217起）。1—5月，查获酒驾违法行为3349起、醉驾违法行为700起，分别占全省查处总数的34.84%和78.65%。6月19日，省公安厅交通管理局印发《关于永州市公安交警部门开展酒驾整治工作的情况通报》，向全省公安交警部门推介永州交警支队开展酒驾整治工作经验。10月至次年3月，根据市公安局统一部署，开展为期半年的打“盗、骗、毒”亮剑行动暨“压事故、保安全”专项整治行动，严查严打酒驾毒驾、超员超速、涉牌涉证等交通违法行为，查处各类交通违法行为65万余起，其中超速23万余起，超员2224起，超载7081起，酒驾4669起，醉驾1498起，闯红灯33418起，涉牌涉证40289起，违法停车10万余起，毒驾23起，疲劳驾驶494起，行人和非机动车等其他交通违法行为22万余起。

第三节　车辆和驾驶人管理

一、车辆管理

（一）机动车管理与非机动车牌证管理

20世纪90年代，交警支队车辆管理所按照省公安厅交警总队《湖南省车辆管理工作办事程序规定》办理新车入户、车辆过户、临时号牌核发、车辆报废、车辆年检等手续，采取车辆号牌登记台账，一车一档的方式核、换发车辆牌证。

1993年9月，按照省公安厅交警总队统一部署，交警支队车辆管理所建立车辆、驾驶员档案微机管理室，实现全区车辆、驾驶员档案微机管理，并与全省机动车辆、驾驶员档案管理并网。对摩托车、农用运输车的管理，各县（市）公安局交警大队受交警支队委托办理摩托车、农用运输车等新车入户、过户、报废、年检、驾驶人考试、发证等手续；农用车、拖拉机牌证核发、安全技术检验、驾驶人考试等项工作由交警支队委托地区农业机械管理局负责，由地区、县（市）农机监理机关具体实施；自行车管理纳入公安管理范畴，永州市（县级）、冷水滩市（县级）城区自行车由交警大队负责，农村则由基层派出所负责，个别地方由驻乡（镇）公安员负责。车主凭购车发票单位（村）证明或身份证进行登记、经经办人员审查后，给予在自行车龙头上打印车牌钢印号码、发牌发证；对人力三轮车的管理，规定对车主验明身份，组织车主学习交通法规，符合条件（经营人必须具有居民身份证、暂住证、劳务输出证、计划生育证、待业证）的方可营运，并对人力车登记造册、发牌发证。1994 年底，地委、行署所在地城区人力三轮车控制在 750 辆左右。对板车通过发证管理，限制板车发展，减少市区交通拥阻。

1994—1995 年，根据省公安厅、农业机械管理局《关于农用拖拉机道路交通管理有关具体问题的通知》，地区公安处、农业机械管理局印发《关于我区农用运输车道路交通管理接交的通知》，将三、四轮、六轮农用车及驾驶员培训、考核移交给公安交通管理机关统一管理。1994 年，全区移交农用车档案 9781 份，驾驶员档案 1874 份。加强对汽车改装厂家的监督管理，严格车辆改造改型和审批手续，在对 107 厂和 7319 工厂实施监督管理的基础上，对具有一定厂房、设备、技术力量的地区二汽服务站、永州汽修厂、蓝山 303 大队、江永湘南汽车改装厂、湘运汽车保养厂进行考察，签订改装改型合同，明确为全区定点改装厂家，改装改型厂家由 1993 年的 3 家增加到 1994 年的 5 家，保障改装质量，防止车辆擅自改装。根据省公安厅《关于启用、换发九二式牌证工作有关问题的通知》，交警支队制订《全区启用、换发牌证工作实施方案》，在全区范围内部署开展启用、换发九二式机动车牌证工作。辖区所有机动车注册登记、在用机动车车辆的换发号牌全部使用编号为“湘 M · 00000—湘 M · 99999”号牌。省交通厅分配给零陵地区的原机动车号牌代号“湖南 42”号段不再使用。全区换发各类九二式机动车牌证 21822 副，其中大型汽车 5914 副，挂车 105 副、小型汽车 5903 副、农用三、四轮运输车 5019 副，二、三轮摩托车 4803 副、轻便摩托车 78 副，大、小型汽车的换牌率达到 93% 以上，历时 2 年的全区换发九二式机动车牌证工作基本结束。

1996 年 1 月下旬至 2 月初，根据省公安厅交警总队统一部署，对全区自行车管理情况进行调查。1995 年年底，全区自行车拥有量达 104. 9 万辆，其中城镇 28. 39 万辆，农村 76. 51 万辆，户平 0. 7 辆。6—12 月，全市开展启用警车号牌和公安机关“湘 0”专段号牌核发工作。政法系统的警车车身首次统一采用白底、蓝边专用图形，并在车身两边喷涂汉字“公安”“法院”“检察”“国安”“司法”外观制式，号牌为白底、黑字。省公安厅交警总队分配给永州公安号段为“湘 M·0XXX 警”，交警号段为“湘 M9XXX 警”，法院、检察、国家安全机关、司法系统警车号牌分别为“湘 MAXXX 警”“湘 MBXXX 警”“湘 MCXXX 警”“湘 MDXXX 警”；公安机关“湘 0”专段号牌为“湘 0M0XXX”，交警部门为“湘 0M9XXX”。号牌底色、字体与民用小型汽车一致。是年，全市核发警车号牌 209 副，“湘 0”公安专段号牌 281 副。

1997—2001 年，依照省公安厅交警总队《关于车辆入户有关问题的通知》及“湖南省车辆入户许可证”“湖南省进口车辆转籍过户许可证”“湖南省进口车辆散件组装许可证”，严格规范进口车辆注册登记、审批程序，实行“谁负责、谁签字，谁签字、谁负责”的原则，在开展无牌无证车辆入户的同时，对一批非法拼装的进口汽车按国家有关规定进行处理。1998 年 11 月，全市核查 1996 年以来的进口汽车、摩托车档案 1607 份，其中汽车 482 份，摩托车 1125 份，并按要求整理成表格上报省公安厅交警总队。2001 年 8 月，全市先后停办在用的汽车和“五小”车辆（低速载货汽车、三轮汽车、普通三轮摩托车、普通二轮摩托车、轻便二轮摩托车）无牌无证车辆入户。10 月 1 日，《中华人民共和国机动车登记办法》颁布实施，机动车所有人只要出具核发有效的身份证明，车辆来历凭证，整车出厂合格证和车辆购置税或完税证明，经检验合格后，即可在 1 个工作日内领到机动车号牌、“机动车行驶证”和“机动车登记证书”。11 月，根据国家经贸委、公安部、交通部《关于进一步规范卧铺客车生产、使用和管理有关工作的通知》和省公安厅交警总队《转发公安部交管局〈关于清理整顿机动车和驾驶员管理违规问题的紧急通知〉的通知》，交警支队开展清理整顿违规办理机动车改装问题的工作，重点对全市 2016 台大型客运车辆档案进行一次全面清理，清理出经交警支队车管所批准普改卧铺客运车辆 204 台，增加座位车辆 252 台，对原已在用“2+2”卧铺客车改装的指定到永州客车厂按国家规定的技术标准进行整改，对增加座位的一律恢复原座，由车管所重新核发行驶证。

2002 年 8 月，根据省公安厅交警总队部署，依照《机动车登记办法》对已达到报废车年限的车辆和注销的驾驶证进行全面清理。是年，全市已办理报废手续和已达到报废标准的车辆 32020 台。同时，确定三家抵押登记代办机构，增设注册登记代办、汽车消费贷款抵押登记业务，并派专人常驻长丰汽车销售公司办理临时牌照手续。

2003 年 8 月，交警支队及辖区各交警大队车管所依照《机动车登记办法》，在《永州日报》和车管所大厅公示栏对已达到报废标准的机动车与号牌、行驶证、登记证书公告注销。9 月，在机动车注册登记工作中，车辆号牌开始实行免费电脑公开自动选号，车主有两次选号的机会，选择其中之一作为车辆登记车牌，并开办发牌发证邮寄、速递业务。

2004 年，按照国家发改委公布的“大吨小标”车型及范围，开展辖区“大吨小标”在用车辆装载质量纠正恢复工作，清理更正“大吨小标”货运汽车 792 台。

2005 年 10 月，交警支队车管所启用全国统一机动车、驾驶人计算机登记系统，辖区交警大队全部实现车辆计算机注册登记系统，严把机动车辆入户关。

2006 年，全市对符合要求的校车启用张贴全省统一印发的校车专用标识标牌。

2007 年 2 月，按照省公安厅、省教育局统一部署，对全市所有中小学校和幼儿园专门用于接送学生、幼儿的校车启用核发“校车准运证”或“校车临时准运证”，并在车身上粘贴统一校车专用标识。6—10 月，经省公安厅交警总队批复，先后设立江华瑶族自治县、宁远、新田、冷水滩、零陵、祁阳、道县、蓝山、东安、双牌各县（区）公安局（分局）交警大队车辆管理所，经交警支队车辆管理所委托，可独立办理本县（区）低速载货汽车、三轮汽车和摩托车登记及驾驶证业务。9 月，根据省人民政府办公厅《关于低速载货汽车、三轮汽车和拖拉机管理职能移交有关问题的通知》规定，市人民政府办公室印发《永州市低速载货汽车、三轮汽车和拖拉机管理职能移交工作方案》，农机管理部门将承担的低速载货汽车、三轮汽车管理职能，拖拉机及其低速载货汽车、三轮汽车的道路安全秩序和事故处理职能移交公安交警部门，移交前由农机监理机关登记发证的农用三、四轮运输车及其驾驶人档案，由农机监理机关移交给同级公安交警部门管理。

2008 年 1 月，根据上级指示，全市停止办理公安机关“湘 0”号牌注册登记。11 月，经省公安厅交警总队批复，设立江永县公安局交警大队车辆管理所。

2010 年 8 月，根据《中华人民共和国国家标准（GB24315-2009）》对校车车身外观标识、标牌、校车停车预告标志和校车停靠站点标志等有关规定，按照省公安厅交警总队统一部署，全市启用、更换新版校车车身外观标识。10 月，按照公安部《交通管理服务群众十项措施》和省公安厅交警总队《湖南省公安交警系统服务经济发展服务人民群众十八条措施》《湖南省公安交警系统规范执勤执法十八条规定》，全市所有车管所全部实行一窗式服务和“朝九晚五”工作制，并设置警务公开栏，启用排队叫号系统，开展导办、延时、预约、邮寄等服务，推进社会化服务网络建设。在汽车销售“4S”店，城区交警中队、社区、大型企业、摩托车销售店等设立各类服务站 15 个，摩托车代办登记服务点 18 个，确定提交身体条件证明医院 13 家，各县（区）均开通机动车辆号牌“一网通”网上选号系统，群众足不出户即可办理机动车牌照选号业务。12 月 30 日，东安、江华、宁远 3 个县级车管所被评为全省创建“人民满意车辆管理所”先进单位。

2011年，市公安局交警支队车管所办证大厅

2011年8月，交警支队印发《关于全市11个县级车辆管理所业务下放情况的通知》，全市11个县（区）公安交警大队车辆管理所开始办理除进口车辆、客车、校车、特种车辆4种重点车型以外的其他机动车注册登记业务。同时，驾驶人体检、驾驶证换证、车辆检测等业务下放至各县（区）公安局（分局）交警大队。12月15日，针对全市机动车登记业务下放后出现的一些问题和情况，交警支队印发《关于进一步规范机动车登记管理有关问题的通知》，建立对县（区）车管所业务指导和监督制度，定期或不定期开展对各县（区）车辆管理所的硬件建设、服务群众、机动车及机动车驾驶人管理、考试、牌证档案管理等情况的检查，实行季度车驾管业务督察通报，月度车驾管业务数据监管情况通报制度。

2012年6月，市、县两级车辆管理所查验岗统一配备使用钢尺、铅锤、照明器具、轮胎气压表、轮胎花纹深度计、透光率计、手锤、铁钩等机动车查验装备和工具，加强对大中型客货车查验工作。7月，各交警大队车管所在办理机动车注册登记业务的基础上，可以办理对应车型机动车转移登记、变更登记、抵押登记、注销登记等业务。7月15日，道县交警大队开始办理除4种重点车型以外的其他机动车登记业务。9月，严格客运车辆管理，对各客运企业在办理车辆入户、转户手续时，必须经审核该客运企业车辆的交通违法清零、车辆年检等相关安全管理情况并出具证明后，车辆管理所方予办理车辆入户、转户等手续。10月，永州车辆管理远程服务中心热线开通，市民办理补车牌、补驾驶证等业务，无需再往返奔波，只需拨打“96588”热线服务电话就可顺利办妥。

2013年，交警支队车辆管理所对客运车辆、校车、危化品运输车辆、重型货车等重点车辆实行严格的双查验制度，对车辆外观检验发现有货箱栏板加高、加长，增设车轴，加大轮胎，增加钢板数量等改装行为的一律责令强制拆除，恢复原状后方准上线检测。3月18日，蓝山交警大队车管所开始办理国产重型、中型载货汽车登记业务。11月，交警支队车管所禁止黄标车和营运车辆注册3年以上、非营运车辆5年以上外籍车辆转入本市。

2014年1月，中心城区启动“禁摩限电”工作，冷水滩、凤凰园、零陵交警大队停止为城区居民办理摩托车注册登记。交警支队车管所被评为全国二等市级车

2013年，车管科民警整理牌证

管所，东安、祁阳和新田3个县级车管所被评为全国一等县级车管所，冷水滩、宁远等5个县级车管所被评为全国二等县级车管所。10月，交警支队投入17万元，建成永州市公安交警短信告知服务平台，实现对机动车逾期检验、强制报废以及驾驶人逾期换证、交通违法等信息的告知功能。12月，除零陵区、冷水滩区、凤凰园开发区及金洞管理区外，交警支队将校车标牌核发及校车驾驶资格许可（含校车驾驶员审验）业务下放各县（区）公安交警大队办理。设立一汽、广本、日产、申湘4S店机动车登记服务站。

2015年9月1日，市公安局交警支队印发《永州市摩托车带牌销售实施方案》，在江华瑶族自治县进行试点，在县城和偏远山区乡（镇）摩托车销售点实施。11月，在全市所有城区和重点乡（镇）实施摩托车带牌销售。11月25日，根据环保部、公安部、财政部、交通运输部、商务部《关于全面推进黄标车淘汰工作的通知》和省、市政府和省公安厅交管局部署，交警支队制订《关于加快黄标车淘汰工作方案》，开展全市黄标车报废注销工作，截至12月20日，全市淘汰黄标车9316台，其中营运黄标车淘汰2833台。

（二）车辆检测

20世纪90年代，零陵地区机动车安全技术检测站检测线

1993年3月26日，交警支队内设机构增设检测站。车辆年度检验每年从4、5月开始至10月底结束。辖区内各类汽车检测采取上固定线或流动线进行检测两种方式，即北5县（市）（永州、冷水滩、祁阳、双牌、东安）汽车在零陵地区机动车安全技术检测站（简称固定线）检测；南6县（宁远、蓝山、免费新田、道县、江华、江永）汽车首次使用流动检测车开展上门服务检测，南6县公安交警大队负责组织辖区参检车

辆，按规定时间段进行上线检测。年度检验车辆上线前由县（市）公安交警大队进行初检把关，重点检查车容是否整洁，单位名称、灯光、前后牌照、倒车镜、喇叭、免费车速、仪表灯是否齐全，发动机号、底盘号是否清晰并与行驶证记录一致，车辆是否改装、改型等，初检合格的由大队签署意见；摩托车、农用运输车由各县（市）交警大队实行人工检测。是年，检测在用和新车入户汽车 10586 辆，其中检测中心检测 7021 辆，流动检测车检测在用汽车 3565 辆。

1994 年年底，经零陵地委、零陵行政公署，报省人民政府批准，在永州市（县级）七里店办事处日升村购地 130 亩，投资 300 万元，立项兴建零陵地区机动车辆安全技术检测站和零陵地区机动车驾驶员考试培训中心。是年，全区检测车辆 12178 台（含 3 次流动检测车检测车辆 3818 台），其中年度定期检验 8579 台、新车初检和临时检验 3599 台。

1996 年 6 月，筹建市公安局交警支队机动车辆安全技术检测站，从 1997 年 9 月开工兴建到 1998 年 8 月建成。该检测站具备面积为 720 平方米的汽车检测线 1 条、144 平方米的摩托车检测线 1 条、360 平方米的检测员工宿舍 1 幢、216 平方米的检测办公室和与之配套的 900 平方米检修车间。

1998 年年初，经市编委批准设立检测科。8 月，终止与 107 厂的机动车辆安全检测合同。9 月，交警支队机动车辆安全技术检测站投入使用。从 1993—1998 年，辖区内年平均检测年度检验在用汽车、新车初检和临时检验车辆 1.25 万辆左右。

2000 年 4 月 1 日开始，北 6 县（区）冷水滩、芝山、祁阳、双牌、东安、凤凰园开发区的汽车推行车辆年度检验改革，实行按尾数签证，即车牌尾号为 0、1、2、3、4、5、6、7、8、9 的，其行驶证有效期签至下年的 10 月、11 月、12 月、3 月、4 月、5 月、6 月、7 月、8 月、9 月。南 6 县宁远、蓝山、新田、道县、江永、江华仍实行流动检测车检测。

2001 年，北 5 县（区）车辆，继续实行车牌尾数分月检测，南 6 县车辆实行车牌尾数是 3、4、5、6、7 的，签证有效期至次年 7 月，车牌尾数是 0、1、2、8、9 的，签证有效期时间为次年 9 月。同时，在车辆年度检验中规定，凡未配备事故车警告标志牌的车辆，应按规定配备后，方可参检。12 月 11 日，交警支队批复江华瑶族自治县公安局交警大队建设机动车辆检测分站。

2002 年 7 月，市公安局交警支队对原来的流动检测车进行改造升级，进一步缩短车主、驾驶员检车等候时间，保证检测数据准确。9 月 6 日，根据省人民政府《关于对建设项目和汽车（驾驶员）等收费进行整治和规范的通知》，车辆检验实行改革，所有新车入户一律免上线检测。在用营运中巴车和出租车每年检 4 次，其他营运客车车辆每年检 2 次，营运货车和非营运车辆每年检 1 次。12 月，交警支队投资 40 万元对检测中心检测设备进行技术改造，安装全省第一条平板式检测线检测设备，并在原检测线旁修建一条复线，提高车辆的检测效率。

2003 年 7 月，宁远、蓝山公安交警大队立项兴建“五小车辆”检测线。

2004 年 4 月 1 日起，对检验合格的车辆一律实行电脑签章，核发检验合格标志。摩托车、农用车等“五小”车辆年度检验，从 5 月 1 日起实行电脑签章，根据公安部“便民利民”措施，“六年以内，7 座以下非营运小轿车，可以两年检一次”，凡一年检两次以上的车辆及南 6 县流动检测站检测的车辆，实行按行驶证副证年检条章上的日期进行年检，对车辆达到 20 辆以上的车属单位，交警支队开展上门服务进行检测，但必须实行申报审批制。

2005 年 5 月，对已达到报废年限，但确有使用价值且符合延期条件的机动车辆，按照报废年限检验的有关文件规定一律上固定检测线检测，所有营运客车（包括公路客运、公交客运、旅游客运、租赁客运）5 年以内的新车每年检 1 次，5 年以上的客车 1 年检 2 次；教练车按营运客车检验，货车每年检 1 次，6 年以内 9 座以下非营运小轿车，2 年检 1 次。

2006 年，全市大多数县（区）公安局（分局）交警大队建成汽车或“五小”车辆检测线，进一步方便群众车辆检测工作。

2007 年 5 月，年检车辆实行按行驶证副证年检条章上的有效期进行或按车辆入户月份进行年检，初检工作由大队车管所民警按照车辆《外观人工检测项目报告单》逐项对照检验，并对检验情况加盖专用的确认章和民警执法章及车管负责民警签名，做到“谁把关、谁签字、谁负责”。同时，根据《中华人民共和国道路安全法》和市政府有关公告精神，实行机动车第三者责任强制保险保单第三联留存车检部门存档制度。截至 5 月 15 日，全市拥有各类机动车 347089 辆，其中汽车 57603 辆（包括农用运输车 7343 辆），摩托车 289486 辆，检测站 16 个，摩托车检测线 6 条，平均每条汽车检测线拥有检测车 3787 辆，每条摩托车检测线拥有检测车 48170 辆。

2011 年 11 月，市交警支队民警对车辆进行检测工作

2008—2010 年，市公安局交警支队先后下放祁阳、东安、双牌、道县、新田五县检测站汽车安全技术检测业务。

2011 年至 2013 年 6 月，市公安局交警支队又先后下放宁远、江华、蓝山、江永 4 县（自治县）检测站汽车安全技术检测业务。至此，全市汽车安全技术检测业务全部下放，各县（区）检测站均可检测本辖区内车辆，交警支队检测中心主要负责检测零陵、冷水滩两区的车辆。

2014 年 9 月，根据公安部、质检局《关于加强和改进机动车检验工作的意见》，机动车检验实行社会化。车主在市内可任意选择一家检测站为自己的车辆进行年度检验等检验鉴定工作。9 月 19 日，根据市机构编制委员会《关于撤销市机动车辆安全技术检测中心的批复》，撤销市机动车辆安全技术检测中心，其 10 名正式工作人员安置到永州市机动车驾驶人考试中心考场后勤服务中心。同时，交警支队成立机动车辆检测远程监控中心，通过检验机构联网监管平台对辖区内 10 个检测站实行监管，统一规范检测行为。

2015 年 4 月 23 日，根据《中华人民共和国道路交通安全法》《机动车查验工作规程》（GA801-2014）、《机动车安全技术检验项目和方法》（GB21861-2014）和《湖南省机动车安全技术检验远程监管系统运行工作规范》（以下简称《规范》），交警支队印发《关于严格机动车检验工作的紧急通知》，辖区内所有机动车检测站从 5 月 1 日起必须严格按照规定检验车辆，并按照《规范》要求上传检验项目照片。5 月，启用公安部版机动车安全技术检验监管系统，对辖区内检测站机动车检测情况进行监管。截至 12 月，全市有社会检测站 18 个，其中冷水滩 4 个，宁远、双牌、蓝山、江永、东安、江华各 1 个，零陵、道县、新田、祁阳各 2 个，检测各类汽车 83340 台。

（三）车辆户籍化管理

2001 年 8 月 27 日，交警支队在祁阳召开全市客运车辆户籍化管理工作现场会议，总结推广祁阳县公安局交警大队实施的“三知四熟”（知客运车辆数、知驾驶员数和知客车号牌，熟悉驾驶员、熟悉车况、熟悉年检年审和入保情况）“责任五连环”（大队与县政府签订责任制、大队与保险公司签订责任制、大队与中队签订客运车辆管理责任制、中队与各支队、联组签订责任制，中队与民警签订责任制）客运车辆、驾驶员管理模式，是年，市人民政府《永政通报》第 17 期转发祁阳《加强客运管理工作，确保客运安全》经验介绍，正式全面启动全市客运车辆户籍化管理工作。

2002—2003 年，全市以点带面推进客运车辆户籍化管理工作深入开展。2002 年 10 月 25 日，交警支队召开全市客运车辆户籍化管理工作会议，全面部署实施客运车辆户籍化管理工作。各交警大队在借鉴祁阳客运车辆户籍化管理经验的基础上，以客运车辆为重点，按照运输企业、乡（镇）或营运线路狠抓交通安全组织的组建工作，通过联营自治、统一保险、签订责任状等手段，健全各项安全管理制度，全面落实客运车辆户籍化管理。2003 年 10 月，交警支队抽调各交警大队分管领导组成 4 个检查组，深入各大队对客运车辆户籍化管理工作进行交叉检查，按照省公安厅交警总队《湖南省客运车辆户籍化管理考核验收方案》，对全市客运车辆户籍化管理工作进行验收评比，并进行通报。12 月，祁阳公安交警大队获“全省客运户籍化管理工作先进集体”称号。

2004 年，全市启用客运车辆微机管理系统，实现全市所有符合条件的客运车辆和运载危险物品的车辆、驾驶员纳入车辆户籍化管理范畴。

2005 年，全市各公安交警大队进一步深化客运车辆户籍化管理工作。推广“三主联动”（交警主导、公司主管、车方主动）模式，户籍化管理延伸到幼儿园接送车辆。全市纳入户籍化管理车辆 3858 台，其中大型客车 2407 台，中型客车 538 台，9 座以下营运车辆 818 台，危险物品运输车辆 6 台，接送幼儿车辆 89 台，纳入户籍化管理驾驶人 5160 人，其中大客驾驶人 3480 人，其他 1680 人。

2006—2012 年，市公安局交警支队严格落实客运车辆户籍化管理责任制度，明确客运车辆、校车、危险化学品车辆户籍化管理工作由支队“一把手”挂帅，分管副支队长专抓，交管科长主抓的管理模式，大队领导实行包片，中队、股室包线包公司、民警包车辆的承包责任制，大队和民警与客运单位及客运车辆、驾驶员层层签订责任状，实行目标考核和责任追究制度、初步建立和完善一套确保重点车辆户籍化管理机构运行的工作制度。截至 2012 年 9 月，全市登记在册的中小学校校车 856 台。

2013—2015 年，根据公安部《机动车驾驶证申领和使用规定》，对校车及校车驾驶人作出要求，进一步加强校车及校车驾驶人的管理。截至 2015 年 12 月 31 日，全市纳入户籍化管理车辆总数 6105 台，其中大型客车 2262 台，中型客车 1779 台，危险化学物品运输车辆 305 台（其中大型汽车 213 台、小型汽车 33 台、挂车 59 台），中小学校、幼儿园校车 1759 台（其中接送幼儿车辆 775 台、小学 976 台、中学 8 台），纳入户籍化管理驾驶人 7405 人。

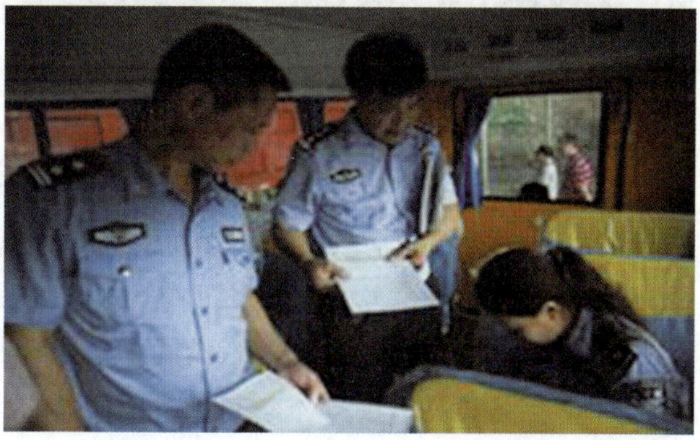

2014 年 9 月，市公安局交通民警对校车进行户籍化管理

二、驾驶人管理

（一）驾驶人培训

1993 年，零陵地区驾驶人培训主要以地区交警支队培训科（对外使用“机动车驾驶员培训中心”名称）为主，地区汽车运输总公司职工学校和蓝山县交通局汽车驾驶员培训班为辅，均采用大型货车培训学员，交警支队培训中心开办的培训班有学前班、实习班、转正班，突出考试前的短期培训。经考试合格的，分别发给学习驾驶证、实习驾驶证、驾驶证。社会办学的 2 所驾校开办的是长期培训班。全年交警支队培训中心更新教练车 17 台，报废教练车 6 台，培训汽车驾驶员 15133 人，其中大客 584 人，全训 1118 人，军换 282 人，小车班 151 人，小车实习班 211 人，补训班 26 人，学前班 7977 人，学员二次考试合格率达 95%以上。

1994 年 10 月，市公安局交警支队对驾驶员进行技术培训

1994 年 1—2 月，针对教练员队伍中少数教练员技术素质不高，教学能力较差，向学员索、拿、卡、要等问题，交警支队印发《关于整训教练员队伍的通知》和《零陵地区机动车教练员管理暂行规定》，先后在 2 月、8 月、11 月对教练员队伍进行 3 次大的整训，参训者达 131 人次，在考试和考核基础上，区别不同情况，淘汰和辞退 22 名教练员，使驾驶员培训工作逐步走上正规化。同时，改革教学方法，将学科学习从以自主学习为主、集中上课为辅改为精讲多练，突出电视录相、挂图和实物等直观教学，增强理论学习的效果。实行教练员工作实绩与工资待遇挂钩，设立教学质量奖、爱车节约奖和安全行车奖，调动教练员的积极性，提高教练员队伍的整体素质。3 月，培训科改为驾驶员培训技术学校，拥有培训场地 5000 平方米，各类教练车 52 台，汽车模拟操作机 6 台，透明汽车教具 1 套，电话视听教学设备 6 套，教练和员工 90 多人，可容纳食宿学员 500 多人，开办考前短期训练班有学前班、学习转实习班、全训班、全训熟练班、增驾大客班、军换班、实习驾驶员转正班等。5 月 16 日，地区公安干校开办汽车驾驶员培训班，培训限大货全期培训，每期每车培训学员 8~10 人，每期培训时间为 4~6 个月。截至 12 月底，交警支队驾驶员培训技术学校有 43 台教练车，除 3 台大型客车外，均系新式车型（东风 140 型 14 台，解放 CA141

型 25 台，通工小车 1 台）。培训各类学员 14394 人，其中自培学员 10745 人、委培学员 1520 人（其中湘运职校 565 人、蓝山培训班 955 人）、各县（市）交警大队代培大货班学员 1267 人、代培小车班学员 782 人、代培三轮摩托车班学员 80 人，学员 2 次考试及格率达 98%。

1995 年 9 月，按照省公安厅交警总队统一部署，为规范教练车牌证和机动车驾驶员培训学校的管理，全市启用“湘 0”教练车牌证。是年，全区培训各类学员 19098 人，较上年度增加 4704 人。

1996 年 9 月 8—10 日，交警支队在祁阳县召开永州市宣传贯彻《中华人民共和国机动车驾驶员考试办法》《中华人民共和国机动车驾驶证管理办法》新闻发布会。从 9 月起，凡申领“机动车学习驾驶证”的学驾人员，须参加由交警支队组织的交通法规与相关知识教育培训和考试，学习期为 15 日。持有“机动车学习驾驶证”的学驾人员，可自由选择学习方式，可参加培训学校集中学习，可以采取师带徒的方式跟车学习，学习期满后，到交警支队驾驶员考试中心进行 10 天的规范化集训，再进行相应科目考试。

1997 年，全市共培训各类机动车驾驶学员 25754 人。

1998 年 11 月，经市委、市政府同意，永州市机动车驾驶员培训学校更名为永州市机动车驾驶员考试培训中心。

1999 年 1 月 1 日，全省停止核发“湘 0”教练车牌证，启用“湘 S”教练车牌证，3—5 月，全市启用换发“湘 S”教练车牌证。

2000 年 7 月 1 日，按照省公安厅交警总队统一部署，全市公安交警系统全部撤销自办的机动车驾驶员培训学校，并与驾校实行脱钩，由驾校自行组织开展驾驶员培训业务，实行独立核算，自负盈亏。12 月 21 日，根据市编办《关于永州市机动车驾驶员考试培训中心更名的批复》，驾驶员考训中心更名为永州市机动车驾驶员培训学校。

2001 年 6 月 4 日，市公安局交警支队与市交通局召开联席会议，形成《关于加强永州市机动车与驾驶员培训行业管理工作会议纪要》，明确市交通局负责全市机动车驾驶员培训学校的行业管理，市公安局交警支队负责驾驶员考试发证等工作。9 月，永州市机动车驾驶员培训学校更名为永州市畅通驾驶员培训学校。同时，联合市交通局驾培办不定期对湘运、公安干校等 10 所驾校进行检查，对不按规定和用报废汽车作教练车培训学员的现象进行查处。

2002 年，交警支队对报考机动车驾驶员的学员一律实行 10 天交通安全教育和相关知识培训，再进行科目一无纸化理论考试，考试合格者核发机动车驾驶员学习证。

2003 年 12 月，根据省公安厅交警总队《关于重申交警系统自办驾驶员培训学校必须彻底脱钩的紧急通知》，对派驻畅通驾校协助管理的 2 名民警调回交警支队工作，全市机动车驾驶员培训实行全面社会化。截至 12 月 9 日，畅通驾校有在编正式职工 12 人，教练员 32 人，其他聘用人员 5 人，教练车 30 辆，其中大客车 4 辆，大货车 22 辆，小汽车 4 辆。

2004 年 12 月 20 日，根据市政府 12 月 16 日《关于研究永州机动车驾驶员培训学校〈市畅通驾驶员培训学校移交有关问题会议纪要〉》，市畅通驾校采取整体移交方式移交给永州职业技术学院。

机动车驾驶员培训实行全面社会化后，驾驶员培训市场发展迅速，2005—2011 年 7 年间，全市机动车驾驶员培训学校由 16 所增加到 36 所，汽车驾驶员培训由过去采取大货教练车培训为主转为以小汽车教练车培训为主，小车教练车也由吉普型小汽车转为轿车。

2012 年 2 月至 2015 年，按照公安部、省公安厅交警总队要求，全面启动驾考学员科日三 48 学时计时培训和 600 公里计程培训制度，采用 GPS 卫星定位和 3G 网络同步音频视频实时跟踪监控，严格实行学员科目三培训 600 公里里程再考试的新模式，真正解决挂靠经营、倒卖考试指标、培训不到位等问题。同时，通过建立和完善驾校培训质量的排名公告、驾校监管考核通报、驾校校长例会、驾校开训培训、驾考工作经常化回访等“五项制度”，强化对驾校的监管力度。截至 2015 年 10 月，全市有汽车驾驶人培训学校 76 所，其中冷水滩 15 所、零陵 12 所、双牌 4 所、祁阳 9 所、东安 5 所、道县 8 所、江华 6 所、江永 4 所、宁远 6 所、新田 4 所、蓝山 3 所，拥有教练车 2836 台，教练员 2959 人。

（二）驾驶员考试

20 世纪 90 年代，零陵地区公安处交警支队组织机动车驾驶员驾驶操作科目二（桩考）考试

1993—1996 年 8 月，根据公安部 1985 年 7 月 19 日颁布的《城市机动车驾驶员考试暂行办法》和同年发布的《交通法规及安全驾驶常识考试大纲》《机械常识考试大纲》，对辖区机动车驾驶人进行严格全面的培训和考试。考试人员分为学习、实习、正式三类。学习机动车驾驶的人领取学习驾驶证，学习期满后，申请报考，考试合格者，发给实

习驾驶证，实习一年期满后，经考试合格者，换发正式驾驶执照，并建档考核。考试内容按场内驾驶、道路驾驶考试成绩评定标准，分学科、学术两大类。学科考交通规则和安全驾驶常识、车辆机械常识。术科考驾驶技术，包括桩考和路考。考试科目顺序为：交通规则和安全驾驶、车辆机械常识，场内驾驶，道路驾驶。如不及格，在学习驾驶证有效期间允许补考一次，补考不及格的，考试终止。1994—1995年，交警支队考核大、小汽车学习驾驶员 13325 人、实习驾驶员 26825 人、转正驾驶员 22129 人。

1996 年 9 月 1 日，《中华人民共和国机动车驾驶员考试办法》实施，考试科目的顺序仍按照交通法规与相关知识（简称“科目一”）、场地驾驶（简称“科目二”，即桩考）、道路驾驶（简称“科目三”）依次进行，前一科目考试合格后，再进行后一科目考试。凡申领《机动车学习驾驶证》的学驾人员，须参加由交警支队组织的交通法规与相关知识教育培训和考试，学习期为 15 日，科目一考试采用选择、判断正误的题型，时间 45 分钟，经考试及格后，领取“机动车学习驾驶证”。持有“机动车学习驾驶证”的学驾人员，可自由选择学习方式，可参加培训学校集中学习，可以采取师带徒的方式跟车学习，学习期满后，到交警支队驾驶员考试中心进行 10 天的规范化集训，再进行相应科目考试，经考试合格的核发“机动车驾驶证”，取消原来的“机动车实习驾驶证”，但初次领证的第一年仍为实习期，科目一、二、三考试为一次，另可补考一次。补考不合格的，此次考试终止。在学习驾驶证有效期内，可申请重新考试，重新考试的时间间隔不得少于 20 天，科目一的监考和阅卷至少每个考场应有两名民警参加，科目二、三考试应有两名民警监考并签具合格与否的意见，担任考试工作的民警必须持证上岗。摩托车、农用运输车等“五小车辆”驾驶员考试工作由交警支队继续委托县、区交警大队负责组织实施。

1997—1998 年，依照《中华人民共和国驾驶员考试办法》，考核大、小汽车驾驶员 17806 人。

1999 年 10 月，交警支队兴建的机动车驾驶员考训中心投入使用，占地 110 亩，其中考坪面积约 1800 平方米，科目二安装全电脑红外线监控汽车桩考（训）系统 VMT-100 大小套库 2 套、客车库 1 套、监控室 1 座；桩训坪面积约 2 万平方米，可容纳 10 多台车同时训练，兼做交警支队培训车辆停车场，必要时可做人工桩考场。科目一考场增购 20 台电脑实施无纸化考试，采用计算机自动从省公安厅交警总队考试题库随机抽题，电脑判卷，当场公布考试成绩的方式；科目二实行红外线桩考仪智能评判系统评判学员考试成绩，改变长期以来驾考学员考试成绩由考试员人工评判的历史。当年，考核大、小汽车驾驶员 9969 人、摩托车驾驶人 9397 人，农用车驾驶员 2940 人。

2000 年 7 月起，按照省公安厅交警总队统一安排，全市汽车驾驶员科目三考试实行异地长途拉练后到总队衡阳考场考试，交警支队只承担科目一、科目二桩考考试工作。

2001—2002 年，对增驾大型客车、大型货车驾驶员考试须增加桩考科目，2 年间，考试汽车驾驶员（B、C 型）12189 人，“军换”、复验考试 5106 人。

2003 年，考试科目一学员 6461 人、科目二桩考 5713 人。

2004 年 4 月 30 日，公安部发布《机动车驾驶证申领和使用规定》，对机动车驾驶人考试内容作较大幅度调整，科目三分场内考试和场外考试（实际道路考试），在场内道路上考核驾驶机动车通过单边桥、上坡起步、通过连续障碍、曲线行驶、直角转弯、侧方停车、限速通过限宽门、起伏路行驶等测试，其中按照报考的准驾车型，设定必考项目，其他项目考试由考试员随机抽取；在实际道路上考核驾驶机动车进行起步前的准备、起步、通过路口、通过信号灯、按照道路标志驾驶、交换车道、会车、超车、定点停车等正确驾驶机动车能力等，其中按照报考的准驾车型，设定实际道路驾驶技能考试距离。小型汽车考试距离不少于 3 公里，大中型客货车驾驶人考试距离不少于 5 公里。2004—2005 年，依照公安部《机动车驾驶证申领和使用规定》考试标准要求，考试科目一学员 21442 人、科目二学员 18486 人、“军换”和复验 3146 人。

2006—2007 年，各县（区）公安交警大队逐步完成科目一无纸化考试系统建设。2006 年，江华、宁远交警大队在全市率先对“五小”车辆驾考学员实施科目一无纸化考试。2007 年 4 月 1 日，公安部《机动车驾驶证申领和使用规定》实施，按照省公安厅交警总队的安排，场地驾驶技能考试和实际道路驾驶技能考试合并进行，即桩考作为科目二考试的一个项目由交警支队组织实施，合格后按科目三规定预约时间到总队考场进行科目二场地驾驶技能其他项目考试，科目二合格后进入科目三实际道路考试，由省公安厅交警总队考场统一组织。

2008 年 4 月，全省启用新版科目一考试系统，取消人工录入考试成绩功能，并提供视屏监控等功能。6 月 27 日，交警支队印发《关于〈机动车驾驶人科目一考试程序规定〉等四项规定的通知》，明确科目一、二、三考试程序及关于驾校、学员考试违规违纪行为处理规定，方便驾校学员考试，提高办事效率，同时，按照省公安厅交警总队考试计划安排，永州市参加异地长途拉练的驾考学员分别分配到衡阳、邵阳、郴州考场进行科目二、三考试。

2009 年 2 月，根据省公安厅交警总队《关于机动车驾驶人科目二场地驾驶技能考试权下放有关事项的通知》，“自 3 月 1 日起，全省科目二场地驾驶技能考试由各市州公安局交警支队组织实施”。2—4 月，按照公安部第 91 号令对驾驶员场地考试项目标准施工和建设的要求，交警支队对原考试中心桩考场进行改造和扩建，建成永州市过渡性科目二考场（即省公安厅交警总队机动车驾驶人考试中心永州考场），并通过省公安厅交警总队验收合格。4 月 13 日，永州考场正式开考，结束全市驾考学员历时 9 年的异地考驾照历史，但大客、牵引车、城市公交车的科目三考试学员仍然按计划到省总队衡阳考场参加考试。开考以后，交警支队自始至终铁腕整治考场考风考纪，先后查处湘语、顺达、四海、公安、民生、天顺科技等 6 所驾校在考试中的违规违纪行为，分别给以 1 个月的停考整顿，刑事拘留诈骗 6 名学员 10800 元考试“保险费”的犯罪嫌疑人 3 人，《人民公安报》、湖南卫视等新闻媒体多次报道永州严肃考场考风考纪的情况。

2010 年 12 月，省公安厅交警总队下放科目三考试组织权到市公安局交警支队，由交警支队具体实施组织科目三考试。12 月 19 日，市湘运驾校 6 名残疾学员顺利通过道路技能考试，成为永州市首批取得残疾人驾驶证（C5 照）的驾考学员。

2011 年 2 月，向全社会公开驾考承诺“凡举报有考务、驾校工作人员或教练员向学员索取考试‘过关保险费’的，经查证属实的奖励人民币一万元”。6 月，江华驾考学员张某举报驾校教练员收取考试“过关费”，经查证属实，交警支队兑现公开承诺，重奖举报人 1 万元，并对江华职业中专驾校停止受理报名 3 个月，2 名诈骗驾考学员“过关费”的犯罪嫌疑人唐某英、贺某丽被依法予以刑事拘留，《三湘都市报》对此事件进行报道，当年在全省考场考风考纪评比中永州考场排名第二。7 月，根据公安部停止使用科目二场地考试手工录入成绩的规定，全市科目二场内考试停考。交警支队争取省公安厅交警总队的支持，与邵阳交警支队就全市科目二考生考试事宜进行磋商，及时组织学员按计划分流到邵阳考场考试。同时，经争取每月安排两天时间对即将到期的考生进行人工考试。11 月 7 日，交警支队筹建永州市机动车驾驶人考试中心，选址在零陵区黄田铺镇东面石棚大道以北黄田铺村与井塘尾村交界处，总规划用地面积 219.4964 亩，项目总投资 1.35 亿元。

2012 年 4 月，交警支队按要求对考试设备进行改造升级，进一步完善考试监控设施，实现科目一考试成绩单打印 3 张随即抓拍的考试照片，科目二、三考试实行音频视频同步监控。5 月，大中型货运汽车科目三实行夜间考试，小型汽车增加模拟夜间灯光使用考试等。对大中型货车科目三考试设置 3 条考试路线，增加过弯道、隧道、涵洞、陡坡等复杂条件实际道路驾驶考试项目和模拟雨、雪天、突发情况处置等项目驾驶技能考试。10 月 1 日起，全面实行驾考学员自主约考模式，学员在完成科目三 600 公里计时计程培训后，可通过电话、网络、现场等多种途径自主预约科目三考试，净化考试环境，解决学员考试难的问题。科目三考试实行人工、智能评判（人工评判项目30%、智能评判项目70%）学员考试成绩，推行学员自主驾车、安全员随车保障的考试模式。当年，考试大、小汽车驾驶人379026人次（未含自培、“军换”、满分教育人员）。

2013年1月1日，公安部《机动车驾驶证申领和使用规定》实施。4月，全市大中型客货车驾驶人科目二异地到邵阳考场进行。6月17日，为解决全市小型汽车驾驶人科目二停考的问题，交警支队利用南方驾校科目二训练场地设立全市小型汽车科目二临时过渡性考场。同时按照公安部123号令、124号令要求，驾驶人科目二考试所有业务按照新的考试标准和规范实施，科目二考试实行不上考试员，由学员单独操作驾驶，考试成绩待考试结束后全部由计算机智能评判。驾考工作群众满意度在全省警务调查中连续三年排名全省前三名。

2014年3月，新建成的永州市机动车驾驶人考试中心科目二场地

2014年年初，永州市机动车驾驶人考试中心主体工程全部完工。3月8日，小型汽车科目二考试在零陵区黄田铺新考场正式开考；7月9日，科目三新考场正式开考。

2015年4月1日，永州市机动车驾驶人考试中心工程全部完工，科目一、二、三考试系统和设备全部经省公安厅交通管理局验收合格，交警支队驾管科整体搬迁到考试中心。至此，考试中心拥有驾考（服务）工作人员130人，其中民警13人，干部、职工2人；科目一（含安全文明驾驶常识）考场有考试机位（电脑）116个；科目二、三共有各类考试车辆78辆，其中科目二考场43辆、科目三考场35辆，所有考试科目全部实行电脑智能评判，可满足年考试10~15万驾驶人的需求，当年受理小型汽车以上驾驶人488980人次考试，为105616名小型汽车以上机动车驾驶人核发驾驶证。

（三）驾驶员审验和记分管理

1993—1996年8月，机动车驾驶员审验均由县（市、区）公安交警大队按交警支队的安排组织实施，县（市、区）公安交警大队按车属单位或安全联组为片分期分批组织对参加年度审验的驾驶员进行职业道德、交通安全法律、法规知识审验前的学习、培训和考试，机动车驾驶员审验实行一年一审的制度，对初次领证满10

2015 年 4 月，新建成的永州市机动车驾驶人考试中心

年以上无重大交通事故的驾驶员可只培训学习，免考试，对审验合格的持 C 型以上驾驶执照的驾驶员用省公安厅交警总队统一雕刻的年审印章在驾驶执照副证上盖章；持摩托车、农用运输车、小四轮、三轮车、手扶拖拉机执照的驾驶员年审盖章，用交警支队统一雕刻的年审印章。通过年审，建立驾驶员安全考核卡和驾驶员花名册以及驾驶员审验登记分类台账，进一步夯实辖区驾驶员基层基础工作。

1996 年 9 月至 1998 年，根据《中华人民共和国机动车驾驶证管理办法》和《中华人民共和国机动车驾驶员考试办法》规定，对机动车驾驶员审验周期改为 2 年 1 审，免身体检查，终止驾驶的年龄由男 60 周岁、女 50 周岁改为 70 周岁。但对持有准驾车型 A（大型客车）、B（大型货车）等驾驶证的、持有准驾车型 C（小型汽车）驾驶证从事营业性运输的和年龄超过 60 周岁的，仍然每年审验 1 次。审验时主要进行身体检查，审核违章、事故是否处理结束，对审验合格的，在驾驶证上按规定格式签章或记载。同时，规定对持证人发生交通事故或违章的，实行累积记分制度，并在机动车驾驶员档案登记资料中记载，对超过违章、事故记录分数规定的，依法进行交通法规教育、考试和处罚。1998 年 3 月，按照市政府《关于开展机动车驾驶员队伍教育与整顿活动实施方案的通知》，交警支队制订《交通安全再教育培训实施方案》，凡 3 次（包括 3 次）以上交通违章或严重违章受到吊扣驾驶证 1 个月以上处分期满和交通违章无正当理由，3 个月内未接受处理的，以及因交通肇事被吊扣驾驶证处分期满的驾驶员，都必须按规定分期分批参加 3~7 天的交通安全再教育培训班进行集中学习，并经相关考试合格后方准驾车；凡吊扣 3 个月以上驾驶证处分，期满重新申领准驾 C 型以上（包括 C 型）驾驶证的，在市机动车驾驶员交通安全法制教育学校进行相关交通安全知识培训和职业道德教育，并进行相关科目的考试；其他严重交通违章行为的一律到扣证辖区机动车驾驶员交通安全法制教育学校参加培训班学习和进行相关科目的考试。是年，对全市 82348 名驾驶员进行职业道德和安全行车的培训及年度审验。

1999—2000 年，公安部和省公安厅进一步完善机动车驾驶员交通违章记分管理法规。2000年3月，按照公安部《机动车驾驶员交通违章记分办法》和《交通违章处理程序规定》，对违反交通法规的机动车驾驶员予以记分和考试，在记分分值上依据机动车驾驶人交通违章行为的严重程度，将一次记分的分值规定为12分、6分、3分、2分、1分5种，在记分执行上，记分周期为1年度，总分12分，从机动车驾驶员初次领取机动车驾驶证之日起计算，记分分值累积未达到12分的，该周期内的记分分值予以消除，不转入下一个记分周期。机动车驾驶员记分分值已满12分的，吊扣机动车驾驶证正证和副证，考试合格后及时发还。5—6月，《湖南省机动车与驾驶员交通违章记分实施办法》和《湖南省交通违章处理程序规定实施细则》相继实施。

2001—2003年，为全面贯彻落实公安部45、46号令创造条件，全市公安交警部门重点加强计算机局域网及交通违章管理信息系统建设。2003年4月，芝山、双牌交警大队率先在全市启用交通违章管理信息系统进行交通违章处罚，提高办事效率，防止人为因素，确保依法行政。8月，各交警大队统一实行电脑处理交通违章。截至12月，全市道路交通违章管理信息系统网上录入数据15956条，异地交换数据1400条，全面落实对机动车驾驶员记分管理。

2004年5月1日，《中华人民共和国道路交通安全法》、《中华人民共和国道路交通安全法实施条例》和公安部《机动车驾驶人申领和使用规定》实施。机动车驾驶人审验实行全面改革，机动车驾驶人审验改为换证审验、记分审验和提交身体条件证明3种。换证审验是对机动车驾驶证期满换发机动车驾驶证时，对机动车驾驶人进行的审验；记分审验是对机动车驾驶人在一个记分周期内累记积分达到12分的，应当在15日内到机动车驾驶证核发地或者违法行为地公安机关交通管理部门接受为期7日的道路交通安全法律、法规和相关知识的教育。机动车驾驶人接受教育后，车辆管理所在20日内对其进行科目一考试。机动车驾驶人在一个记分周期内两次以上达到12分的，车辆管理所在科目一考试合格后10日内对其进行科目三考试；提交身体条件证明，是对年龄在60周岁以上机动车驾驶人或者大中型客货车驾驶人每年进行一次身体检查。

2004年5月至2015年，公安部先后3次对《机动车驾驶人申领和使用规定》进行修订，机动车驾驶人审验更加人性化。2010年4月，规定大中型客货车驾驶人，每2年进行一次身体检查；持有准驾车型为残疾人专用小型自动挡载客汽车的机动车驾驶人，每3年进行一次身体检查；对年龄在60周岁以上的机动车驾驶人，每年进行一次身体检查。2013年1月，规定大中型客货车驾驶人每年都须参加审验，但没有记分的可以免于审验。同时，规定持有其他准驾车型驾驶证且发生交通死亡事故承担同等以上责任的，须参加当年的审验。此外，须参加不少于3小时的法律法规、交通安全文明驾驶等知识学习，并接受交通事故案例警示教育。2014 年 7 月 18 日，按照市交安委《永州市机动车驾驶人再教育工作实施细则》，将机动车驾驶人再教育分为审验教育、违法记满分前教育、违法记满后教育、违法不予处罚记分教育。审验教育适用到期接受审验、实习期满的；违法记满分前教育适用于电子监控设备记录的违法行为，无法确定违法驾驶人的；违法记满分后教育适用于一个记分周期记满 12 分以上的机动车驾驶人；违法不予处罚记分教育适用于违法行为应给予警告教育的机动车驾驶人。县（区）公安交警大队负责辖区内机动车驾驶人再教育的组织工作。2015 年 12 月，按照公安部、省公安厅统一部署，交警支队组织开展核查清理吸毒人员驾驶证核查专项行动，与禁毒部门衔接，全市清理出 4509 名吸毒驾驶人。

2015 年 2 月，市公安局交警支队组织满分学习人员接受交通法律法规再教育培训

第四节 道路交通事故查处

1993 年 3 月，零陵地区公安处交警支队分南北两个工作组对全区 11 个县、市（县级）上年度 188 起重大以上交通事故案卷进行一次执法检查，处罚不当的，分别视情重新作出吊销、吊扣驾驶证等技术处理，决定吊销驾驶证 1 人，吊扣驾驶证一年 1 人，吊扣驾驶证 10 个月 5 人，吊扣驾驶证 8 个月 11 人。维持县、市（县级）公安局交警大队吊扣驾驶证 5 个月 30 人，共计 125 人。

1994 年 2 月，交警支队印发《关于全区对肇事驾驶员追究刑事责任情况的通报》。1993 年，全区发生交通死亡事故 138 起，死亡 147 人，与上年同期相比虽然分别下降 25.4%和 26.1%，但是，在对造成这些交通事故负有主要责任的肇事驾驶员的处理上，普遍存在处理不严的问题。138 起交通死亡事故中，驾驶员负有主要责任的达 80%以上，被追究刑事责任的肇事驾驶员仅 9 人。1994 年 1—6 月，各县、市（县级）公安局交警大队对 1993 年以后发生的重、特大交通事故进行认真清理，对负有主要责任的驾驶员，依照最高人民法院、最高人民检察院的通知精神和《道路交通管理条例》有关规定，依法追究刑事责任 3 起，吊扣或吊销驾照 26 人。

1995 年，全区发生重、特大交通事故 203 起，其中驾驶员负主要以上责任的 133 起，应追究驾驶员刑事责任 107 起，实际追究 33 起，其他作调解处理；治安拘留 133 人，其中对交通事故肇事驾驶员拘留 57 人、其他违反交通管理行为拘留 76 人。

1996 年，市、县（区）公安交警部门以维护社会治安稳定为目标，充分发挥交警优势，参与“严打”斗争，出动警车 950 台次，警力 2170 人次，提供破案线索 100 余条，协助刑侦部门侦破刑事案件 240 起，抓获各类违法犯罪嫌疑人 350 人，为国家和群众挽回损失 100 余万元。同时，主动出击，查处交通肇事逃逸案件，全市侦破交通肇事逃逸案件 56 起，抓获交通肇事逃逸驾驶人员 56 人，治安拘留 16 人。

1997 年 5 月，根据公安部交通管理局、邮电部电信局《关于启用全国道路交通事故报警特服号码的通知》，为方便群众报案，便于公安交警部门及时处置道路交通事故现场，查处交通肇事逃逸案件，在全市范围内启用“122”道路交通事故报警电话，逐步形成控制、信息、指挥三位一体的管理模式。

1998 年，按照公安部《道路交通事故处理办法》实行道路交通事故责任审批制度，逐步推行每起事故的现场勘查、责任认定、调解处理工作分别由 3 个组的民警负责的“三权分离”制度，改变过去一起事故、一班人马、“一杆子”负责到底的模式。各组民警既分工负责，又相互监督，有效地杜绝暗箱操作。加大交通肇事逃逸案件的查处和打击力度，全年对 65 起交通事故责任进行重新认定。

1999 年 5 月 12 日，省公安厅交警总队印发《关于交通事故处理工作实行“阳光作业”规定的通知》，进一步规范交通事故处理工作。全市公安交警部门均建立“回音卡”制度，杜绝暗箱操作。对事故处理中关于报案、车辆扣押、责任认定、伤者治疗、伤残评定、尸体处理、事故调解的期限、损害赔偿项目及标准、责任人的处罚等与当事人权益密切相关的法律、法规及规章制度公布上墙，并印制“事故处理明白卡”和“事故处理回访卡”发到事故当事人手中，自觉接受社会监督。同时，公开事故责任认定，聘请人大、政协以及法律界、新闻界责任感、正义感强、热心社会公益事业的人士作为事故处理监督员，接受对事故处理工作的监督；对案情复杂、当事人争议较大的重大以上事故或有重大社会影响的事故，采取公开听证的方式，认定事故责任。

2000 年 3 月 30 日，市公安局交警支队部署在全市范围内开展事故处理“阳光作业”活动，依法公开、公正做好事故处理工作，切实减少申诉、上访案件，防止和杜绝冤假错案的发生，维护当事人的合法权益。10—11 月，市公安局交警支队及各县（区）公安局（分局）交警大队均成立道路交通事故错案责任追究委员会。是年，受理交通事故责任申请复议 130 起，作出复议决定 110 起，其中通过做工作当事人自动撤诉 13 起，维持原责任认定 72 起，变更 25 起。

2001 年，针对 2000 年以后全市重、特大交通事故较多，肇事驾驶员被处罚力度不够的情况，交警支队部署各交警大队对上年度发生的重大以上交通事故档案进行一次全面清理，对负主要责任以上的交通事故肇事者没有依法移送审查起诉的进行登记造册，重新整理档案，依法移送审查起诉。1—12 月，全市对发生重、特大道路交通事故负主要以上责任的 163 名驾驶员进行严肃处理，其中治安拘留 89 人，刑事拘留 50 人，提请逮捕 24 人；182 起道路交通事故逃逸案，成功侦破 166 起，侦破率达 91.2%。

2002 年 1 月，为贯彻落实国务院《关于特大安全事故行政责任追究的规定》和省公安厅交警总队《关于特大道路交通事故内部责任倒查的规定（试行）》，市公安局交警支队成立特大道路交通事故内部责任倒查委员会。

2003 年，全市公安交警部门进一步推行交通事故处理“阳光作业”，要求在交通事故处理中不搞交通事故车辆定点修理，对交通事故车辆由物价部门公开评估定损，不强制吊装交通事故车辆。冷水滩大队在交通事故处理上探索新路子，建立“122”“120”“110”三台联动机制，由医院每天派出医护人员到“122”交通事故报警服务台与交通民警共同值班，一旦发生事故造成人员伤亡，医护人员与交警同时赶赴现场，为抢救伤员赢得时间。5 月，交警支队对 2002 年 10 月以后全市发生的重大以上交通事故或逃逸案件进行一次摸底登记，对 35 名肇事驾驶员按程序和规定给予吊扣驾驶证处罚。6 月 21 日，交警支队成立道路交通事故责任认定、内部行政责任倒查追究两个委员会。

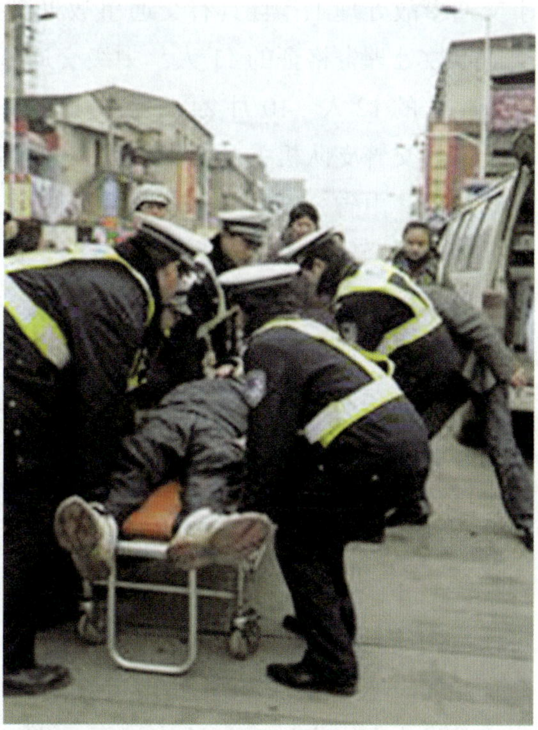

2005 年 12 月，市公安局交警支队民警抢救伤员

2004 年 5 月，公安部公布实施《交通事故处理程序规定》。2005 年 3 月 8 日，公安部印发《交通事故处理工作规范》，交通事故处理工作逐步规范化、法制化。是年，在创建“平安大道”活动中，市、县公安交警部门参照冷水滩交警大队的做法，与卫生部门建立道路交通事故急救联动机制，一旦发生道路交通事故，即可启动联动机制，交警、医护人员及时赶赴现场，抢救伤员，最大限度地减少伤员

死亡。

2007年9月1日起，全市对交通事故认定复核程序、复核资质、不予受理复核的情形、复核后的调解按照《湖南省道路交通事故认定复核暂行规定》执行，所有“交通事故认定书”注明当事人可在3日内向上一级公安机关交通管理部门申请复核的权利。9月，根据公安部《交通事故处理程序规定》《关于加强交通事故预防和处理工作的意见》《交通警察处理交通事故资格管理规定（试行）的通知》，交警支队进一步强化全市交通事故处理岗位“三基”（公安基层工作建设、基础业务建设和工作基本功训练；规范化、正规化、法制化）工程建设，按计划分别组织辖区12个交警大队民警进行处理交通事故资格培训、考试，274名民警考试合格，通过交通事故简易程序处理资格认证。截至10月20日，全市在交通事故处理岗位从事交通事故处理工作且具有交通事故处理资格证书的民警有79人，其中具有高级交通事故处理资格证的11人，中级交通事故处理资格证的56人，初级交通事故处理资格证的12人。10月24日至11月2日，交警支队对符合申报交通事故处理中级资格的交警支队机关及各交警大队30名交通事故处理民警进行10天的培训，培训结束后，由省公安厅交警总队派员监考，对考试合格的民警，由总队颁发交通事故处理中级资格证书。11月21日至12月20日，按照公安部交管局《开展集中侦破交通肇事逃逸案件专项行动实施方案》和省公安厅交警总队《湖南省开展集中侦破交通肇事逃逸案件专项行动实施方案》的部署，集中开展侦破交通肇事逃逸案件专项行动，获取重要线索30条，侦破交通肇事逃逸案件6起。

2008年3月，市公安局交警支队进一步建立和完善重特大道路交通事故案例剖析讲评、交通事故押金保管、“122”指挥中心值班、道路交通事故认定复核等各项管理制度。8月，公安部公布新修订的《道路交通事故处理程序规定》，自2009年1月1日起施行。该规定扩大交通事故处理简易程序范围，明确所有财产损失事故可以适用简易程序进行处理。

2009年5月1日，《永州市道路交通事故快处快赔实施办法（暂行）》施行，明确凡发生在本市城区（冷水滩区、零陵区）未造成人员伤亡，各方车辆损失在2000元以内的“互碰”车辆、可以移动的道路交通事故，当事人可自行协商处理，用“私”的方式快速处理交通事故，大大地缓解道路交通阻塞。6月18日，交警支队在冷水滩、零陵两城区挂牌成立道路交通事故快处快赔中心。7—9月，按照省公安厅交警总队《关于全省集中开展侦破交通肇事逃逸案件专项行动的通知》，在全市集中开展侦破交通肇事逃逸案件专项行动。市公安局交警支队及各县（区）公安局（分局）交警大队均建立专门的交通肇事逃逸案件追逃队伍，组织开展多次追逃专项行动，通过3个月的工作，侦破交通肇事逃逸案件14起。蓝山县公安局交警大队通过近3年的不懈努力，将2007年省公安厅交警总队挂牌督办的蓝山2006年“8·25”交通事故逃逸案犯罪嫌疑人黄某伟缉拿归案。

2009年11月，市交警支队民警处理交通事故现场

2009—2010年，冷水滩、宁远、祁阳、江华、零陵、双牌等县（自治县、区）创新道路交通事故调处工作。冷水滩区委、区政府专门发文要求各乡（镇）成立道路交通事故损害赔偿人民调解委员会，明确组织机构、工作职责、经费保障、奖惩措施等，通过实行道路交通事故勘查调查与损害赔偿调解完全分离的工作机制，并在道路交通事故损害赔偿调解中引入人民调解工作机制，基本做到一般交通事故不出乡镇，简单问题调处不隔夜，提高交通事故处理效率，促进社会矛盾和民事纠纷化解，得到社会各界的肯定。2009年7月至2010年6月，区、乡（镇、街道）、村三级人民调解委员会共接受各类法律咨询和开展法制宣传500余次，受理交通事故调解案件320起，调解达成协议289起（其中重大交通事故31起），调解成功率达90%，调解赔偿金额700万元，成功消除上访苗头14起，化解堵桥、堵路、堵门事件2起。2010年6月30日，“冷水滩区道路交通事故损害赔偿人民调解中心”在冷水滩交警大队正式挂牌。11月，宁远交警大队创新道路交通事故调处工作，协调法院、司法等部门成立交通事故处理巡回法庭。县法院专门配备2名法官、1名书记员在大队驻点办公，并从大队交通事故处理股抽调4名民警配合交通法庭开展工作，实行事故快速受理。交通法庭与大队交管股民警实行联动办案，随叫随到，全程受理、审理道路交通事故损害赔偿纠纷和案件，为道路交通事故案件当事人提供一站式服务，并可受理和解除交通事故案件的诉前财产保全。市公安局交警支队针对2008年12月25日道县发生的一起重大交通事故逃逸案，因道县交警大队民警失职、渎职，引发死者家属多次上访的问题，根据市公安局领导批示，立即抽调精干力量成立事故逃逸案件侦破小组。经过近3个月的走访和调查，将两年前的交通事故逃逸案成功告破，死者家属得到合理赔偿，肇事者受到法律追究。

2011年，市政府成立道路交通事故调查组，对2010年以后5起重特大交通事故进行责任倒查，对7家单位及39名人员进行责任追究，并在全市进行通报。6月，交警支队印发《永州市公安交警系统开展“清网行动”工作实施方案》，抽调人员成立“清网行动”领导小组，清理历年来因交通肇事在逃人员61人，并在电

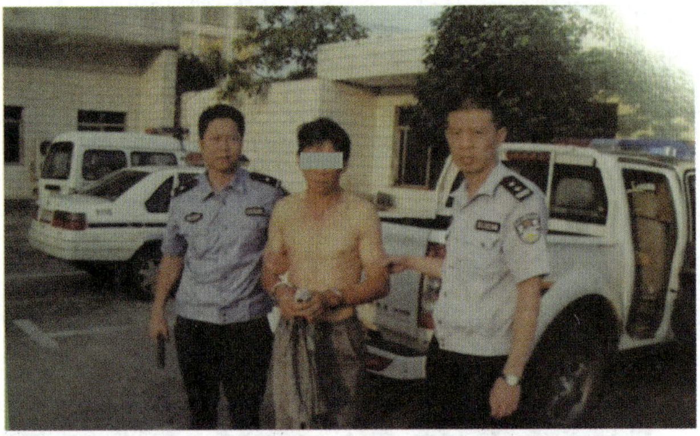
2011年6月，永州公安交警开展“清网行动”

视、电台、报纸等媒体上刊登自首公告，形成强大的舆论攻势。同时，组织民警进村入户，宣讲法律，劝导在逃人员投案自首。截至10月底，全市破获交通肇事逃逸案48起，核销和抓获交通肇事在逃人员48人，清网率达82.8%。7月11日，交警支队与市保险行业协会修订《永州市道路交通事故快处快赔实施办法》，道路交通事故快处快赔中心实行交通事故处理、保险查勘定损、理赔一站式服务，加大车辆损失赔偿金额，明确在本市范围内发生的未造成人员伤亡、双方车辆损失不超过2万元（三方以上车损不超过3万元），且单方车辆损失不超过1万元的交通事故均适用快处快赔，交通事故处理快处快赔机制进一步向县级城市延伸。

2012年6月，市财政局、市公安局、市农机局、市卫生局联合印发《永州市道路交通事故社会救助基金管理实施细则》，7月1日起正式实施道路交通事故社会救助。是年，交警支队受理群众交通事故复核申请128起，不受理5起。在作出复核结论的118起交通事故中，维持原交通事故认定的87起，撤销原交通事故认定的16起，已受理又主动撤销复核申请的8起，复核中止3起。零陵“8·28”交通事故受害者家属认为零陵交警大队认定的肇事驾驶人系冒名顶替，因此，家属上访，要求交警支队进行复核，交警支队受理后，深入道县、双牌等地调查取证，作出维持零陵交警大队的交通事故责任认定，并召集支队法制、监察、交管、零陵大队及当事人举行“听证会”，当面解答当事人的种种疑虑，当事人不再上访。

2013年，按照公安部交管局和省公安厅交警总队的统一部署，开展交通肇事逃逸案件集中侦破行动，截至12月底，共侦破交通事故逃逸案57起，其中重大交通肇事逃逸案23起，一般交通肇事逃逸案34起；依法受理交通事故复核120起，不予受理15起，复核终止4起。在受理复核的案件中，依法作出复核决定110起，其中维持101起，撤销9起；依法审核道路交通事故处理救助申请27起，其中依法救助23起，发放救助资金35万元，退回不合条件的救助申请4起。

2014年，全市受理交通事故案件27586起，其中适应简易程序事故处理13575起，一般程序处理2369起，结案13777起，自行协商处理11642起；侦破交通肇事逃逸案件18起，侦破率达90%；受理群众复核申请136起，作出复核结论的125

起交通事故中，维持91起，撤销23起；全市建立交通事故快处快赔点10个，其中县（区）级建立快处快赔点5个，受理事故案件2512起，成功处结2467起；建立专门追逃队伍的交警大队5个，专职追逃民警15人，侦破逃逸事故178起，侦破率78%，侦破死亡逃逸事故24起，侦破率79%，抓获网上在逃人员8人，归案率88%。

2015年1月10日至4月30日，在全市范围内组织开展严打整治“百日会战”道路交通安全专项整治行动。其间，侦破交通肇事逃逸案件4起。截至11月，在中心城区设立6个道路交通事故快处快赔中心，对于仅造成财产损失1万元以下的轻微交通事故，双方当事人可以在拍照取证后自行撤离现场，然后双方到快处快赔中心进行调处，无需交警介入调查处理，实现现场恢复交通快、事故处理快、群众满意的目标。

第五节　交通模范城市创建

2014年9月，市交通文明劝导员在冷水滩街头进行交通文明劝导

2014年8月20日，市委办、市政府办印发《关于印发〈永市工作方案〉的通知》，全面启动实施城市道路交通管理畅通工程、创建国家交通管理模范城市工作（简称“创交模”），同时印发《永州市创建国家交通管理模范城市工作考核办法》，明确“3+8+X”考核模式，按季度对冷水滩、零陵、凤凰园经济开发区（简称“三区”）的交通秩序管理、“禁摩限电”、公共交通管理、交通安全基础设施规划建设、宣传教育和文明交通行为劝导、监督检查等八个专业组及不同时段的重点工作责任主体单位实施督察。“三区”、各专业组相应成立组织领导机构，明确专人负责抓创交模工作。8月21日，永州市召开中心城区交通秩序大整治暨创建国家交通管理模范城市动员大会，“三区”和各专业组按照“政府主导、部门协作、社会联动、齐抓共管、综合治理”原则，以“文明交通、和谐交通、绿色交通”为主题，开展中心城区交通秩序大整治，并严格按照国家交通管理模范城市标准，落实各项工作措施，全力创建国家交通管理模范城市。8—9月，市创交模办、“三区”和各专业组围绕创交模主题，采取多种形式进行全方位宣传，在二广高速连接路口设立“创建国家卫生

城市、交通管理模范城市，打造品质活力永州”大型公益宣传广告牌；在单位、社区设立宣传橱窗、悬挂横幅；利用中心城区的电子显示屏和人行信号灯24小时不间断滚动播出交通安全提示语；公安交警和城管部门安排宣传车辆在城区大街小巷进行巡回广播，向路人发放宣传资料。同时，根据城市总体规划，确立“两岸三区四组团、五纵七横八连环”的城市交通总体架构，基本落实规划体系编制工作，优化中心城区路网结构，加大交通配套设施标准化建设力度，逐步完善公共交通系统、交通安全管理设施。9月1日，冷水滩、零陵、凤凰园经济开发区、创交模各专业组分别在市政府广场、冷水滩滨江广场、永州市八中、零陵工人文化宫等地开展形式多样的创建国家交通模范城市启动仪式；交警支队联合团市委和冷水滩区委、区政府在李达中学组织开展开学第一课——“中小学生文明出行从我做起”大型签名活动。9月13日，联合市委宣传部、团市委、市文明办在冷水滩区滨江广场开展“文明交通，绿色出行”——2014年永州市“金水湾杯”青年自行车环城宣传活动；在市城区组织志愿者和机关干部持续开展文明交通劝导活动；各新闻媒体投入创交模宣传活动，刊发《人人参与携手共创国家交通管理模范城市——致广大市民朋友的一封信》，制作宣传片和公益广告在永州4大电视频道滚动播出，永州广播电视台开辟《创交模、遵交规、保平安》专栏，永州新闻网在首页最顶端设置巨幅通栏公益广告“创建国家交通管理模范城市助推品质活力永州建设”。针对城区主次道路人行道乱停乱放、摆摊设点现象，交警支队联合交通部门对非法营运及城市道路交通陋习占道洗车、修车、卖车、出店占道经营、车辆乱停乱摆及占道夜宵烧烤等进行重点整治。截至10月10日，印发整改通知书30份，拆除违章搭建的厂棚4处，收缴违章占道经营物品28件，扣存15家夜宵摊点经营物品，查处各类交通违法行为3000余起，其中违法停车2015起，涉牌涉证136起，查处非法营运机动车68台。10月10日，交警支队与城管、交通、各办事处及相关单位抽调人员近300人组成联合执法队伍，以“文明交通、和谐交通、绿色交通”为主题，开展为期1个月的交通秩序“严管月”活动。10月13日，市公安局、市交通运输局、市城管执法局、市工商局联合印发《关于在中心城区开展交通秩序“严管重罚”专项整治的通告》，并在电台、电视台同步播发，中心城区交通秩序严管重罚专项整治行动全面启动。截至10月31日，冷水滩区查处各类交通违法行为5457起，占道经营640起，劝阻流动摊担760起，规范摩托车、自行车乱停乱放2700台次，查处非法营运机动车21台，对各类违规违法行为处罚金额达78.54万元；零陵区对机动车违反交通法规行为实施处罚1520起，查扣非法运营摩托车24辆，劝离涉嫌非法营运车辆（含摩托车）900台次，查处不进港湾停靠的公交车28台次，查处、整改占道经营及流动摊担85处，总处罚金额达20万元；凤凰园经济开发区查处占道经营418起，查处机动车乱停乱摆643起，查处非法营运车辆10台，取缔非法占道洗车8处，查处逆向行驶6起，查处摩托车非法安装遮阳伞8个。11月，交警支队启动永州大道智能交通系统建设，高清道路监控系统完成75个监控基础建设，71个监控的基础浇注，完成率达95%；完成4个城市道路卡口监控系统基础建设，4个卡口基础浇注，完成率达到67%。12月，开展校园周边交通环境及校车安全隐患排查整治，审验校车驾驶员驾驶资质100人，调整校车运行线路10条，累计查处校车违法行为87起，对校园周边交通环境进行经常性的监管和清理，排查安全隐患30处，并在各中小学校设立"护学岗"、各大中小学路段增设交通警示标志、标牌26块，完善学校周边道路标志标线150处，改善校园周边交通环境，增强校园周边交通安全保障。市创交模公共交通管理专业组、市交通局组织市客管办、零陵区等相关单位在进行专题研究的基础上，初步制订永州市公交体制改革方案，力求促进城区公交资源优化整合，提高服务水平，满足市民出行需求，形成"公交优先、一城一交、公交公营"的格局。并启动快速公交项目，在《永州市中心城区快速公交规划》基础上，编制完成《永州市首期快速公交设计方案》。永州市第二公交公司首批购置更新新能源天然气公交车辆26台，并投入营运；新建及改造公交站候车亭147座；公交行业开展优质服务竞赛活动，推行"车辆整洁、服务优质、营运规范、行车安全、经营守法"五大举措，提升服务质量。零陵、冷水滩、凤凰园区"三区"及交警部门按照创交模要求，规范停车设施建设，对城区内部分不符合要求的停车泊位予以清除，并规范施划停车泊位1700多个。零陵区通过机关单位拆除围墙建设停车场、利用城区内闲置空地新建停车场等措施增加公共停车泊位，缓解市民停车难问题。12月26日，零陵区南津路、潇水路及两侧人行道实行车辆禁停。冷水滩区完成湘江东路（汽车北站—巴洲路）、湘江西路1标（城南大道—蔡市街）、城南大道（潇湘大道—阳明大道，含两座中型桥梁）、城南大桥、阳明大道（城南大道—湘江大桥）、李达大道、湘江东路（巴洲街—泉南高速）、利安路等路网建设项目的前期工作，部分项目进入实质性施工阶段。计划整治"断头路"建设项目19个，开工项目18个（舜皇大道、新府路、盘王路等），完成6条"断头路"施工，中心城区交通路网体系得到进一步优化。

2014年9月8日，零陵区区政府生态停车场建成使用

2015年1月，市四届人大六次会议通过《关于加快创建国家交通管理模范城市工作的议案》，进一步明确创交模工作目标及工作要求。零陵区芝山路、黄古山中路、前进街、中山北路、人民路等5条主次干道及两侧人行道实行车辆禁停。同时，“三区”推行城区机关企事业单位对外开放院内停车场，并在背街小巷、次干道城区空地划出停车泊位，拆围墙腾空地增设停车泊位，着手实施对大型公共建筑配建的停车泊位被占用的情况进行清理恢复。8日，永州市创交模领导小组办公室携手平安永州微信公众平台，在市中心城区范围内开展“创交模在行动”随手拍作品征集评选系列活动。截至4月13日，采纳相关作品50篇。市教育局将中小学生交通安全知识教育课程列入教学大纲，要求各学校坚持做好常态化交通安全文明知识教育，并精心编印永州市中小学生安全知识普及教育地方性教材3本10万册。春节前后，部署全市中小学校春运交通安全教育活动，提升学生春运交通安全意识。交警支队通过“芒果RADIO永州之声”、永州电视台平安永州专栏及交警支队官方微博等方式开展文明交通宣传。2月9日，市创交模办印发《关于中心城区道路改造按创交模要求进行建设的函》，规定中心城区新建道路及道路提质改造必须按照创交模标准实施建设。2月10日，市创交模办印发《关于印发〈永州市中心城区行人、非机动车交通违法行为专项整治活动方案〉的通知》《关于印发〈永州市中心城区学校周边交通环境和校车安全隐患整治活动方案〉的通知》。春节前后，交通秩序管理专业组以公安部门“严打整治百日会战”为主抓手，协调“三区”及各成员单位成立联合执法组，对中心城区各类交通违法行为进行整治。在不到3个月的时间内，查处各类交通违法行为43575起，查处酒驾180起，醉驾45起。交通部门在春节前后，对非法营运行为进行重点整治，查处涉嫌非法运营黑的、黑摩52台，查处出租车、公交车违规违章47起。城管部门加大对占道经营情况的查处力度，对人行道停车秩序进行常态化规范管控。2月16日，召开永州市智能交通系统建设论证会，审议公安部无锡科研所编制的《永州市智能交通管理系统建设项目设计方案》，编制育才路与翠竹路交叉口平面改造和翠竹路路面改造工程的规划图，启动对冷水滩区河东逸云路、梅湾路延伸段、湘永路延伸段、育才路、翠竹路5条道路提质改造工程，落实主次干道慢行系统、公交基础设施建设。3月18日，河东梅湾路延伸段提质改造工程开工，改造建设按照创交模标准，落实主次干道慢行系统、公交基础设施建设。3月24日，全国爱国卫生工作会议暨全国城乡环境卫生整洁行动现场会在安徽马鞍山市召开。会上，永州市被全国爱国卫生运动委员会正式命名为国家卫生城市。3月26日，中心城区施划道路交通标志标线2.35万平方米，更新道路交通指示牌276块，城区道路交通路网成型。永州大道智能交通建设完毕并投入使用，平安永州一期、二期工程电子警察升级改造完成，中心城区交通违法实现电子高清实时抓拍。4 月 1 日，按市创交模领导小组关于印发《永州市中心城区停车场（泊位）专项整治方案》，开展中心城区停车场（泊位）专项清理整治工作。4 月 29 日，冷水滩区组织城管、公安、办事处等相关单位开展联合执法，对九嶷大道 3825 平方米违章建筑进行集中拆除。5 月 19 日，“经开区”城管分局出动执法人员对零陵南路四〇九队路段沿街 30 家店面业主进行市容交通秩序整治前的宣传教育，并向违规占道经营的商家逐户下达限期整改通知书。5—9 月，根据市创交模办《关于开展特种车辆专项整治的函》及《永州市中心城区“特种车辆”集中整治实施工作方案》，交警支队在中心城区范围内开展“特种车辆”集中整治专项行动。5 月 25 日，在中心城区新增和更新施划标线 3.88 万平方米，撤除不合理公交临时停靠点 16 处，新增和修改各类标志牌 80 块，建立图文并茂的货车、三轮车进城区域诱导牌 7 块。5 月 27 日，冷水滩交警大队组织民警深入辖区内学校开展“让你看见我、请为我让行，安全出行模拟体验”活动，让小朋友以模拟方式身临其境参与道路通行，领悟道路交通安全常识，受到学校广大师生的一致好评。6—12 月，根据市创交模办《关于各县组织开展交通秩序专项整治活动暨创建国家交通管理模范城市相关工作的通知》，开展道路交通秩序专项整治行动，集中查处超速、超员、超载、酒驾、醉驾、毒驾、涉牌涉证等严重交通违法行为。7 月 26—28 日，省交安委委托畅通工程专家组对永州市申报城市道路交通管理畅通工程 D 类城市二等管理水平进行复评。截至 7 月 28 日，市财政投入资金 800 万元，聘请专家团队编制《永州市城市综合交通体系规划》《永州市公共交通规划》《永州市步行和自行车交通系统规划》《永州市创交模总体规划》《永州市交通安全管理规划》《永州市停车设施规划》《永州市交通发展年度报告》《永州市中心城区交通组织优化及交通综合改善设计》《永州市智能交通管理系统初步设计与施工图设计》等 10 个规划设计方案，建立科学、完善的道路交通网络，提高城市道路通行能力和交通安全管理水平，进一步促进城市交通管理工作现代化、科学化、规范化进程。8 月 12 日，交警支队启动火车站周边道路交通秩序集中整治行动，严查无牌无证、违法停车、逆向行驶及公交车、出租车不按规定上下客等交通违法行为。10 月 22 日，在冷水滩区滨江广场隆重举行永州市创交模交通秩序大整治专项行动誓师大会，市公安局、冷水滩分局、零陵公安分局民警代表，市城管执法局、市交通运输局、市环保局、市工商局、各运输企业等部门的干部、职工代表以及文明交通志愿者等 1100 余人参加，拉开为期 6 个月的创交通模范城市交通秩序大整治专项行动序幕，掀起重点整治对机动车违法停车、逆向行驶、闯红灯、行人随意横穿道路等交通违法行为高潮。10 月 23 日开始，市公安局组织开展创交通模范城市交通秩序大整治专项行动第一次统一行动，市公安局机关抽调民警 50 人、交警支队抽调民警 30 人

2015 年 10 月 22 日，市创交模交通秩序大整治专项行动誓师大会现场

协助凤凰园交警大队开展路面执法、文明劝导和交通秩序维护工作。当天，查处各类交通违法行为 2756 起，其中违法停车 560 起，涉牌涉证 45 起，行人交通违法行为 1244 起，摩托车、电动车非法安装遮阳伞等其他违法行为 823 起，现场锁车 32 台，拖离车辆 52 台。11 月 13 日，交警支队举行创交模大整治锁车工具发放仪式，对中心城区交通秩序重点路段进行重点整治，当天纠正违法停车行为 25 起，锁车 6 台次。1—11 月，查处各类交通违法行为 15.29 万起，其中酒后驾驶 4325 起，醉酒驾驶 1352 起，刑事拘留 1193 人，治安拘留 1234 人。11 月 24 日，《永州市停车设施规划》《永州市交通安全管理规划》通过专家组评审。11 月 24—25 日，国家畅通工程专家组副组长杨晓光带领专家组对永州市创交模工作进行预检。12 月 5 日，交警支队联合市文明办、团市委、市交通运输局、中国保险永州中心支公司承办“纪念第 30 个国际志愿者日暨‘文明交通 · 从我做起’主题宣传实践活动”。全市优秀志愿者、优秀志愿服务组织、优秀志愿服务项目代表和市青年志愿者协会、市义工协会、市潇湘志愿者协会、市绿色卫士等志愿服务队代表共 500 人参加活动，传播交通安全知识，推进创交模行动。12 月 14 日，召开创交模交通秩序专业组调度会暨冷水滩区路内停车泊位设置专家论证会，对中心城区主干道路内停车泊位的铲除进入全面实施阶段。截至 12 月，按照市委、市政府提出“两年全部完成中心城区断头路建设”的目标，打通中心城区紫霞西路、百花路、富强路、长丰东路、桐木井路等 23 条“断头路”，城市道路微循环系统得到根本改善，城区道路通行更加安全通畅。新建标准公交候车棚停靠站 167 个，站牌 137 个，新增公交车辆 51 台，更新清洁能源绿色环保公交车 130 台，调整延伸公交线路 3 条，配套建设港湾式公交停靠站 36 个，设置公交专用道 22.1 公里。城区 16 个路口、3 个路段的电子警察升级改造，24 个路口的信号灯升级改造，13 条主次干道、20 条背街小巷的标线改造和 17 条主次干道、14 个路口的标志改造全部完成。12 月 28—29 日，交警支队在中心城区组织开展“文明交通从我做起”文明交通集中劝导活动。冷水滩、凤凰园、零陵交警大队各出动 2 台宣传车在城区流动宣传和发放“创交模”宣传资料，进一步深化国家交通管理模范城市创建工作，提高市民交通守法意识。12 月 30 日，举行市创交模总

体规划验收会，正式验收提交《创交模总体规划》《交通安全管理规划》《2014、2015 年交通发展年度报告》规划设计成果。12 月 31 日，省交安委印发《关于永州市城市道路交通安全管理评价结果的通报》，对全市城市交通二等管理水平进行认定；市发展和改革委员会印发《永州市机动车停放服务收费试行管理办法》，于 2016 年 1 月 15 日起试行 1 年。

2015 年 11 月，城区交通民警对路边违停车辆进行锁车

1993—2015 年永州市机动车保有量统计表

表 3-3-1　　单位：辆

年份	机动车辆总数	其中				
		汽车	摩托车	农用运输车	挂车	其他
1993	19862	16422	3440		501（不含）	0
1994	24018	19352	4664		101（不含）	2
1995	31985	21808	10177		29（不含）	0
1996	53092	19130	23810	10040	112	0
1997	73436	21168	40161	11986	121	0
1998	90373	22837	53663	13743	130	0
1999	100809	24790	61280	14616	123	0
2000	117619	27524	74801	15177	117	0
2001	141744	31175	94370	16082	117	0
2002	164904	34124	114005	16644	131	0
2003	159623	28334	124817	6374	98	0
2004	243078	34809	200811	7233	225	0
2005	287671	39924	240270	7229	248	0
2006	330952	46877	276428	7259	388	0
2007	356353	57795	284193	13769	596	0

续表3-3-1

年份	机动车辆总数	其中				
		汽车	摩托车	农 用 运输车	挂车	其他
2008	342181	69149	260758	11640	633	1
2009	403846	88903	301649	12553	740	1
2010	455905	112398	330330	12328	848	1
2011	505920	133999	360744	10299	878	0
2012	465754	152618	302331	9959	846	0
2013	491633	180418	300477	9956	782	0
2014	543992	213871	318188	11091	842	0
2015	579181	243660	321610	12967	944	0

1993—2015 年永州市机动车驾驶人保有量统计表

表 3-3-2 **单位：人**

年份	驾驶人总数	其中		
		汽车驾驶人	摩托车驾驶人	农用运输车驾驶人
1993	26733	20248	3849	2636
1994	37175	27660	6090	3425
1995	48414	36105	7502	4807
1996	58132	37784	13994	6354
1997	92154	50508	34094	7551
1998	119872	62214	49076	8582
1999	138950	70189	57533	11228
2000	154602	74766	67941	11895
2001	170461	80234	77556	12671
2002	189034	84961	90780	13293
2003	207520	91317	101856	14347
2004	293833	124255	135917	33661
2005	334975	133296	168670	33009
2006	375171	144883	197620	32668
2007	414897	162047	222363	30469
2008	458358	186913	236604	34841

续表3-3-2

年份	驾驶人总数	其中		
		汽车驾驶人	摩托车驾驶人	农用运输车驾驶人
2009	527304	215430	275924	35950
2010	625763	255100	336519	34144
2011	696578	293986	370939	31653
2012	598490	345597	230599	22294
2013	629751	379800	229037	20914
2014	667351	417349	228379	21623
2015	772757	523705	229600	19452

1993—2015 年永州市道路交通事故四项指数统计表

表 3-3-3

年份	事故次数（起）	死亡人数（人）	伤人数（人）	直接经济损失（元）
1993	770	147	486	1596537
1994	498	236	556	2087750
1995	408	217	429	1538705
1996	300	206	428	1335640
1997	229	184	326	1230218
1998	234	204	344	1535700
1999	1231	329	1412	5267528
2000	1258	265	1469	5367426
2001	1291	279	1360	4330342
2002	1177	247	1226	4369613
2003	885	273	957	3931704
2004	802	266	927	3333200
2005	681	232	907	3030000
2006	507	219	655	1455950
2007	389	182	494	1098248
2008	323	141	462	691513
2009	272	131	447	1095762
2010	399	125	606	907207
2011	345	122	432	2051511

续表3-3-3

年份	事故次数（起）	死亡人数（人）	伤人数（人）	直接经济损失（元）
2012	267	118	354	1222551
2013	258	114	300	799900
2014	215	110	194	697750
2015	397	106	428	988700

附：典型特大道路交通事故案例

案例 1：2007 年 1 月 4 日 17 时 10 分许，浏阳市七宝山乡驾驶人王某冬（住祁阳县八宝镇双合村 3 组）驾驶湘 M23655 号五菱 6330 型小型普通客车送祁阳县八宝镇乐佳幼儿园学生回家，途经祁阳县人民电站引水渠专用道时，所驾车辆坠入引水渠，造成车上 7 人溺水死亡、1 人失踪的特大交通事故。失踪者系乐佳幼儿园园主兼教师，1 月 31 日，其尸体被打捞上岸。事故发生后，经现场勘查、检验鉴定及调查取证，1 月 12 日，祁阳县公安局交通警察大队作出交通事故认定，认为此次交通事故原因及事故责任为：1. 王某冬驾驶车辆安全意识不强，饮酒后驾驶机动车，在绕行通过前方道路坑洼路面时，盲目逆向行驶，临危时采取措施不当，致使所驾车辆驶离路面坠入道路左侧引水渠内淹没，其行为违反《中华人民共和国道路交通安全法》第 22 条第 2 款、第 35 条、第 38 条之规定，是造成该次事故的直接原因，应承担该次事故的全部责任；2. 乘车的 6 名幼儿及幼儿园园主 7 人无交通违法行为，均无事故责任。由于驾驶人王某冬在本次事故中已死亡，不再追究其刑事责任。

案例 2：2010 年 10 月 20 日 12 时 05 分，杨某（男）驾驶湘 MY0389 号大型普通客车（核载 55 人，实载 29 人，其中驾驶员 2 人，乘务员 1 人，乘客 26 人）由湖南省祁阳县驶往广州市，沿 S216 线行经宁远县舜陵镇湘威鞋厂“十”字形交叉路口（永连公路与宁嘉公路交汇处）路段时，与沿宁嘉公路由嘉禾县驶往宁远县天堂镇方向由尹某化（男）驾驶的湘 M31571 低速货车相撞，导致湘 MY0389 大型普通客车侧翻于公路左侧，造成 7 名乘客当场死亡，1 人送往医院途中死亡，1 名乘客经医院抢救无效死亡，20 人不同程度受伤（其中 18 人为大客车乘客，1 名系大货车驾驶员，1 名系行人），2 辆车不同程度损坏的特大道路交通事故。事故发生后，经现场勘查、检验鉴定及调查取证，11 月 3 日，宁远县公安局交通警察大队作出道路交通事故认定，认为此次交通事故原因及事故责任为：1. 尹某化驾驶机动车上道路行驶，通过没有交通信号灯或者交通警察指挥的交叉路口时未减速慢行，未让右方道路来车先行，且临危采取措施不力，其行为违反《中华人民共和国道路交通安全法》第44条及《中华人民共和国道路交通安全法实施条例》第52条第（二）项之规定，是造成此事故发生的主要原因，应负事故的主要责任。2. 杨某驾驶机动车上道路行驶，通过没有交通信号灯或者交通警察指挥的交叉路口时未减速慢行，并且超过限速标志标明的最高时速行驶，且临危采取措施不力，其行为违反《中华人民共和国道路交通安全法》第42条第1款、第44条之规定，是造成此事故发生的又一原因，应负事故的次要责任。3. 湘MY0389号大型普通客车搭乘人28人及1名路人不负事故责任。10月22日，肇事驾驶人尹某化被宁远县公安局刑事拘留，11月4日，经宁远县人民检察院批准逮捕。2011年3月2日，宁远县人民法院经审理依法判处被告人尹某化有期徒刑6年。

第四章　消防管理

中华人民共和国成立后，永州境内消防经历三个阶段。

1950—1962年，实行义务消防。其间，进行全民防火教育，采取全民防火措施。城区各单位，厂矿企事业建消防水池，备消防桶、河沙、水枪、火钩、木梯、灭火器等必要消防设施和消防器材。政府机关和人数较多的企事业单位购置火警报警器。同时，各县城均建立30~50人不等的义务消防队。

1963—1981年，消防工作由公安部门管理。1965年1月，根据国防部、公安部、内务部、财政部、国家编委等5部委联合通知精神，零陵专署公安处始设消防科。1969年3月，撤销零陵地区公安处消防科。1974年11月，成立零陵地区公安消防大队。其间，境内消防将加强分级管理，开展群众性防火宣传教育，提高消防灭火战斗力摆到突出位置。1964—1981年，全区公安消防系统共接警出动338次，出动车辆515台、民警3638人，扑救火灾208次，扑救成功202次，成功率为97.11%。

1982年6月，根据中共中央30号文件规定，消防部队由公安部领导，并纳入中国人民武装警察部队序列。1983年，零陵地区公安消防大队更名为武警零陵地区支队消防处。1987年1月，武警部队体制改革，成立武警零陵地区消防大队（副团级）。1993年1月，武警零陵地区消防大队升格为零陵地区消防支队（正团级）。

1996年，零陵地区撤区建市后，武警零陵地区消防支队更名为武警永州市消防支队。

第一节 消防队伍

一、公安消防队伍

1987年1月，武警部队体制改革，消防与内卫分开，中国人民武装警察部队零陵地区消防大队成立，隶属中国人民武装警察部队湖南省消防总队。消防大队下辖永州（县级）、冷水滩、祁阳、东安、双牌、道县、宁远、蓝山、新田、江永、江华11个县消防中队。

1993年1月，武警零陵地区消防支队内设司令部、政治处、后勤处、防火监管处4个部（处）（均为正营级）。大队驻地迁至永州市（今零陵区）徐家井零陵地区公安处院内。

1995年，根据公安部《关于调整公安厅、消防处（局、总队）机构级别的通知》和1994年11月4日湖南省公安厅发布的《关于调整消防支队内设机构的通知》，消防支队司令部、政治处、后勤处、防火监督处4个内设部（处）调整为副团级。蓝山县撤销消防股，成立蓝山县消防大队。组建武警新田县消防中队。

2001年3月，组建永州市凤凰园经济开发区消防大队。

2002年，武警永州市消防支队辖冷水滩、芝山、祁阳、东安、江永、江华、宁远、蓝山8个县级武警消防中队和凤凰园经济开发区消防大队。

2005年，芝山消防中队更名为零陵消防中队。

2006年，市消防指挥中心及特勤消防站建成，支队机关从零陵区搬迁至冷水滩区。

2010年12月1日，成立蓝山县消防中队。

截至2015年，永州市公安消防支队内设立司令部、政治处、后勤处、防火监督处4个部（处），辖冷水滩、零陵、祁阳、宁远、东安、江永、江华、蓝山、新田、道县、双牌和凤凰园经济开发区消防大队。支队现役官兵总编制403人，其中干部编制149人，实有干部152人，正团级2人，副团级19人，正营级31人，副营级21人，连排级及学员64人，专业技术干部15人，战士编制254人，实有战士266人。全市消防部队现有各类消防车辆69台，消防船艇2艘，个人防护装备2.2万件（套），抢险救援器材976件（套）。

二、企业消防队伍

《中华人民共和国消防法》规定县级以上地方人民政府应当按照国家规定建立

公安消防队、专职消防队，并按照国家标准配备消防装备，承担火灾扑救工作。

1993年，零陵地区专职消防队伍有湖南省湘南爆破器材有限责任公司、跃进机器厂、零陵机场、零陵卷烟厂、湘江纸业、烟叶烘烤厂等16支企业专职消防队。随着企业的发展变迁，部分企业“关、停、并、转”，永州市专职消防队伍数量有所减少，至2015年，仅有零陵机场、湖南中烟工业有限责任公司零陵卷烟厂、中石化永州分公司、湖南省湘南爆破器材有限责任公司4支专职消防队，拥有专职消防人员共计47人，共配备消防车5辆。

第二节　消防监督

一、防火安全检查

1993—1996年，全市消防部门突出元旦、春节、“五一”、“十一”等重大节假日的消防安全大检查。全区共组织1214个检查组，组织检查4560人次，对12368个单位进行防火安全检查，发现火险隐患12336处，整改12200余处。同时，通过办学习班、组织参观学习等措施，对全区384个重点单位推行消防安全目标管理。

1997年，全市消防部门注重把消防安全检查与加强重点单位管理和消防执法检查有机会结合起来。对市、县（区）列管的380个重点单位，逐个建立防火档案，每个季度进行一次检查，帮助落实火险隐患整改和防范措施。1998年，全市共组织消防执法检查组183个，检查单位3140个，发现火险隐患6544处、督促整改5784处；查封单位91个，停产停业整改92个，经济处罚119个。

1998—1999年，全市消防部门在重大节假日和省四届民族运动会在永州召开期间，联合地方有关部门，对消防重点保卫单位、公共文化娱乐场所、易燃易爆化危品生产经营单位进行全面消防安全大检查。其间，先后组成566个检查组1737人次，检查单位5786个次，发现火险隐患6154处，督促整改5433处。

2000—2003年，支队开展大型室内场所、易燃易爆单位、文物古建筑、工业园区企业、养老机构等单位（部门）消防安全专项整治。共组织检查组656个1300人次，检查单位5633个，发现火险隐患7822处，督促整改7755处。

2004—2007年，支队着重开展春季、夏季消防安全大检查、建筑消防设施专项治理、学校和幼儿园及周边消防安全环境专项整治工作、消防产品专项整治、出租房屋专项治理和火灾隐患普查整治等多个消防安全专项治理。按照“检查不漏单位、单位不漏部位、部位不漏隐患”的原则，对人员密集场所、易燃易爆场所和消防安全重点单位进行扎实全面的消防安全大检查。共检查单位21330个次，发现并督促整改火灾隐患19899处，实施消防行政处罚969起。

2008年，组织开展消防安全检查项目295个次，办理行政处罚案件342件，处罚单位301家348人次，责令“三停”323家，行政拘留1人，罚款219万元。联合辖区公安派出所印发监督文书1080份，建立火灾案卷38本，办理消防处罚案件161起，警告82人，罚款2万余元，拘留7人，停产停业7家。以“平安奥运”为契机，强化消防监督，消防工作社会化得到全面推进。在全市范围内深入开展火灾隐患排查治理、灭火救援、消防宣传专项行动。政府挂牌督办的重大火灾隐患单位在奥运前夕全部整改销案，奥运保卫攻坚战开展期间，全市发现火灾隐患3230处，整改隐患3105处，投入隐患整改资金近300万元，消防安全环境得到进一步净化。

2009—2010年，支队开展铁拳整治，公众聚集场所易燃可燃装修材料、重大火灾隐患政府挂牌督办，重点落实国庆安保措施，狠抓火灾隐患整改。提请市、县（区）两级政府挂牌重大火灾隐患单位11个，其中3个省级政府挂牌重大火灾隐患在2009年7月顺利整改销案。全市共办理消防行政案件1122件，查处违法单位1023个次，查处违法个人563人次，责令“三停”668家，行政罚款1325万元，警告482人次，行政拘留132人。

2011—2012年，全市消防部队以贯彻中共十八大精神，切实加强消防安全，狠抓火灾隐患整改，全市共检查单位12988家，整改火灾隐患25551处，全市未发生较大以上火灾事故。支队在全市推行以防火监督干部配合公安派出所民警为主体的检查小组，通过业务帮扶和战役督察形式，着力构建基层大队强有力的火患排查整治力量体系。基于全新模式运行推广，支队在防火处专门成立清剿服务队，在保证完成防火处清剿任务的基础上，抽调组织防火处精干力量，分配到监督检查任务重、执法环境复杂、容易出现执法问题的基层大队、公安派出所开展消防监督执法业务帮扶、指导工作，清剿服务队实行交互式帮扶，着力为基层大队和公安派出所提供及时、高效的执法服务、法律支持和法制保障，实现基层大队监督执法总量和执法质量的双提升。

2013—2014年，市消防支队联合全市相关职能部门，深入开展“大排查大整治”“除火患、保平安”“打非治违”，商场市场、烟花爆竹、在建工程、中心城区小区物业消防安全管理等专项整治行动。全市共检查单位3793家，整改火患4892处，市县两级政府挂牌督办重大火灾隐患单位15家。其间，市消防支队全面推进消防工作社会化进程，部署开展乡镇消防安全“网格化”等“六项试点”工程。推动175个乡镇完成消防专业规划编制工作，对全市7个国家级重点镇、100个新农村建设示范村实施消防“五改”工作。

2015年，开展劳动密集型企业消防安全整治专项行动，对全市332家劳动密集型企业组织开展大排查，共发现火灾隐患789处，全部整改到位。开展中心城区

103 个小区消防安全专项治理，成立 3 个整治行动小组，对 103 个整治对象进行火灾隐患现场督改和指导，开展夏季消防检查行动，排查养老院、福利院 162 个，学校、幼儿园 373 所，易燃易爆企业 270 个，人员密集场所 755 处，发现火灾隐患 4119 处，督促整改 4023 处。

二、建筑消防审核

1993—1998 年，全市消防部门狠抓建筑工程的消防安全审核工作，切实把好新建项目的定点关、布局关、设计图纸审核关、施工监督关、竣工验收关 5 关，作为内部执法的重中之重，采取多种措施，认真组织实施。其间，共审核建筑项目 728 个，提出改进意见 6314 条；进行建筑工程施工消防安全检查 863 次，督促整改隐患 1455 处；参加竣工验收 315 次，提出整改意见 457 条。其中，1993 年度审核建筑项目 219 个，提出改进意见 1279 条；验收建筑项目 102 个，发现隐患 165 处，督促整改意见 138 处。1998 年度审核建筑项目 103 个，提出整改意见 2103 条。

1999—2001 年，支队按照省消防总队要求，用 3 年时间，以规范内部执法为突破口，全面完成消防监督规范化建设。支队在机关防火处和祁阳县消防大队进行试点。2000 年，全市消防监督部门从内部加强规范执法，支队机关和各大队设立接待室，建立被群众称为“明白墙”的办事指南宣传橱窗，公开办事程序、收费标准、处罚依据等，增强消防执法的透明度。加大硬件建设的投入。支队机关和各县（区）消防大队共投入 26 万元，配备 15 台电脑和必要的办公设备，设置文明用语镜框及标牌。7 月 18 日，支队在祁阳县消防大队召开现场会，推广该县消防大队规范化建设经验。2001 年支队印发《关于进一步规范消防执法程序的通知》，制订《内部执法检查方案》，确定分 4 个阶段在全市范围内开展内部执法检查。其间，全市共检查重点单位 1680 个次，填发消防检查意见书 217 份，检查发现火灾隐患 2452 起，及时督促整改 191 起；印发《责令限期整改通知书》871 份，对 35 个单位给予停止施工、停止使用、停产停业的行政处罚。

2002—2006 年，在抓好经常性消防安全检查的基础上，注重督促落实消防安全措施，确保全市火灾形势的平稳。2002 年，全市共检查重点单位 1772 个次，填发消防检查意见书 268 份，检查发现火灾隐患 2654 起，及时督促整改 230 起；印发《责令限期整改通知书》963 份，对 48 个单位给予停止施工、停止使用、停产停业的行政处罚。2003 年，共开展项目审核 200 个，检查施工单位 263 次，验收工程 125 个，督促有关单位新安装建筑消防设施 28 套。在实施消防行政处罚中，办理行政案件 212 件，依法实施警告 31 次，责令“三停”33 家，依法行政拘留 8 人。2004—2006 年，共排查火灾隐患 6556 处，查处违法工程 244 个、违法建筑 183 幢，依法办理行政案件745件，依法实施警告608次，责令“三停”590家，审核建筑项目563个，组织施工检查989次，验收工程296个；督促有关单位新安装建筑消防设施136套，维修清洗建筑消防设施152套。

2007—2010年，支队狠抓执法规范，强化执法监督服务理念。2007—2008年，全市共受理和审批消防许可项目1705个次，其中审核验收项目480个次，安全检查项目326个次，办理行政案件366件，查处消防违法行为356人次。2009—2010年，支队结合新消防法的实施，加大公众聚集场所在投入使用、营业前的消防安全检查工作，严把源头关、管理关，进一步规范窗口受理程序。组织开展4次执法质量考评。2009年，全年共开展项目审核259个，检查施工单位351次，验收工程178个，督促有关单位新安装建筑消防设施75套。2010年，共检查单位1757家，发现火灾隐患和消防安全违法行为2053处、责令整改火灾隐患和消防安全行为1975处，依法“三停”39家、查封40家、罚款211.45万元。

2011年，支队组织开展对建筑外保温材料、建筑消防设施和人员密集场所消防安全专项治理。在全市集中开展“清剿火患”战役，共检查单位11237个，发现火灾隐患10380处，督促整改9318处，依法查封违法单位814个，责令“三停”问题单位600个，有效净化消防安全环境。

2012年，支队全力净化社会消防安全环境。在中共十八大消防安全保卫战中，全市共检查单位12988个，发现火灾隐患26007处，整改火灾隐患25551处，印发责令整改通知书11627份，查封单位260个，“三停”单位134个，罚款430.6万元，行政拘留87人，全市消防安全环境得到明显改观。

2013年，支队根据市委市政府“四深入两结对一测评”、“项目建设年”和“工业企业服务年”等活动实施方案要求，确定51家企业和36个项目作为跟踪服务对象，建立“一个重点企业（项目）一名党委成员牵头，一个责任部门联系，一名协办人员具体负责”的工作责任机制，主动搞好上门服务。狠抓政务窗口建设，派员赴长沙、株洲考察学习省内先进地区窗口建设经验，制订《永州市公安消防支队优化经济环境事项规定》《永州支队10项便民措施》《窗口服务规范》《重点建设工程项目全程跟踪服务制度》等一系列便民利民规章制度并落实措施，在消防行政许可审批期限较消防法的规定缩短1/3的基础上，再缩短1/3。大型项目在不影响消防安全的前提下允许接受建筑工程局部验收，创新开展政务窗口军政主官“接待日”，帮助企业解决一大批难题。支队办事窗口连续3年被市政府评为全市政务公开政务服务先进单位，2013年连续6个月被评为“先进窗口”，在上半年的全市综治民意调查中，消防支队在全市140多个部门中排第30名，较上一年度的下半年上升100多名次。

2014 年，支队建立执法练兵制度，全年组织 12 次消防监督业务授课，4 次消防监督视频理论抽考。全力开展“亮窗工程”建设，提供群众消防行政许可受理便捷服务；推行军政主官窗口接待日，提高服务效率和质量。成立消防监督民意调查办公室，每月电话回访行政许可及行政处罚案件相对人，每半年调查回访消防安全重点单位管理人。提请市政府对道县佳成大酒店不执行停止使用的消防行政处罚进行强制执行，联合质监、工商部门深入开展消防产品整治行动，全力规范公安派出所消防监督执法，提高消防工作在公安机关综治考评中的比重。

2015 年，狠抓消防执法服务效能提升，部署开展消防政务窗口“亮窗工程”建设，实行“一次性告知”、“一站式服务”和首问负责制，消防支队政务窗口每月考评均为优秀，全市受理的 322 个行政许可项目全部按时办结；严格落实重大审批项目集体会审、大额行政处罚集体议案制度，全年无涉访涉诉现象发生。

三、重点单位消防安全监督管理

20 世纪 90 年代，随着社会经济的快速发展，零陵地区各类化工厂、加油站等易燃易爆化学危险品场所数量大幅增加，全区消防监督机关对易燃易爆化学危险品管理日趋严格，多次开展专项整治，净化消防安全环境。

1993 年，全区消防监督机关对易燃易爆化学危险品管理和建筑室内装修进行专项治理。在 2 次专项治理中，发现问题 46 个，帮助解决 35 个，并就易燃易爆化学危险品管理现状与应对措施写出专题报告 17 篇，引起各级政府和有关部门的重视。

1994 年，重点开展易燃易爆化学危险品经营管理消防安全治理。全区消防监督机关集中 2~3 个月时间，对易燃易爆化学危险品的生产、储运、销售和使用环节中的消防安全工作进行治理整顿，严把消防安全发证关。全年共发放安全经营许可证 450 份、储存许可证 320 份、运输许可证 500 份。

1995 年，全区对文化娱乐场所、易燃易爆物品、集贸市场、电气线路、城镇公共消防设施进行消防安全专项治理。共开展专项治理调查 146 次，发现问题 348 个，解决 388 个，形成专题报告 25 篇。

1996 年，市政府组织市新闻、国土、建委、工商、文化、电力、保险等部门成立消防执法稽查队，对“119”安全工程进行抽查，对消防违章和重大隐患分别给予处罚和公开曝光。全市重点抓易燃易爆企业专项治理。9 月开始，支队先后分 3 批对全区各石油库、液化气站等易燃易爆化危品经营单位共 58 家进行检查和换发证，对其中 25 处火险隐患限期整改；对 8 家严重违反消防安全规定的单位进行行政处罚。

1997—1999 年，按照全省统一部署，先后开展城镇和建筑消防设施、公共文化娱乐场所、易燃易爆化危品等3项消防安全专项治理。在易燃易爆化学危险品专项治理中，共组织检查组39个，检查加油站452个、油库17个、液化气站16个、液化气门市部63个，共发现安全隐患1236处，督促及时整改1220处，对芝山区天龙加油站等30家消防违法违章单位予以查封，停业整顿46家，对违章新建的芝山区石山脚加油站责令停建。

2000—2002年，全市重点开展建筑工程、公共聚集场所、易燃易爆化学危险品场所重大火灾隐患整改等消防安全专项治理。2000年，市、县（区）政府、市直消防安全重点单位与市防火安全委员会分别签订“消防安全保证书”。支队每季度组织1次检查，分片分县（区）帮助和督促重点单位检查、整改。其间，在易燃易爆化学危险品场所治理中，共检查加油站127个、液化气站16个、石油库3个、化工企业罐体储罐区4个，印发“责令限期改正通知书”54份、“责令当场改正通知书”106份，查封12家、处罚8家。在全市加油站专项治理中，共检查加油站261个，印发“责令当场改正通知书”48份、“责令限期改正通知书”131份；发现火灾隐患677处，当场整改52处；对49个加油站进行处罚，其中查封4个、吊销证照22个、拆除3个。

2003—2006年，支队按照公安部和省消防总队的统一部署，在当地政府和公安机关配合下，开展对“三合一”建筑、人员密集场所、易燃易爆化学危险品场所消防安全隐患的专项整治行动，以设有自动消防设施建筑和打击假冒伪劣消防产品为重点，着力整治疏散通道不畅、安全出口封堵、防火安全管理制度松懈及值班制度不落实、建筑自动消防设施损坏、使用易燃有毒材料装修等问题，督促各单位落实消防安全主体责任。运用法律、行政、经济、舆论等手段，强力推动政府挂牌督办单位的重大火灾隐患整治工作。采取人防、技防、物防等措施，打通安全通道，落实消防安全措施，最大限度地减少火灾事故的发生。

2007年，支队以做好中共十七大期间各项消防安全保卫工作为主线，落实消防安全责任，整治火灾隐患，改善社会消防安全环境，严防重特大火灾事故。推动自上而下逐级建立和落实消防安全责任制，按照公安部61号令严查“六落实”（消防安全责任制落实，消防安全重点部位防火措施落实，防火巡查、防火检查落实，建筑消防设施、灭火器材检查维修保养落实，火灾隐患整改落实，灭火和应急疏散预案落实），建立“安全自查、隐患自除、责任自负”的单位消防安全管理机制。会同相关部门开展火灾隐患排查及“三合一”场所火灾隐患整治，以党政首脑机关，人员密集场所、易燃易爆场所，重大活动场所、庆典场所、旅游景点，金融、通信、广播、电视等要害部门，水、电、燃气等公用设施单位和重要公共建筑等要害部位为重点，全面开展消防安全大检查。

2008年，按照省消防总队部署，开展奥运安保、消防产品专项整治，公共娱乐场所专项治理，火灾隐患排查治理，春防、冬防时期消防安全执法等专项治理活动。全市共发现各类火灾隐患7922处，整改隐患7849处，依法责令“三停”323家。

2009年，支队督促各单位将消防工作同本单位的业务工作共同计划、共同部署、共同落实，定期组织消防安全检查，各单位组织开展本行业、本系统的消防安全检查工作，有效整改火灾隐患，单位消防安全标准化管理水平进一步提升。其间，支队组织召开消防安全重点单位标准化管理现场会，推进全市消防安全重点单位标准化管理进程。支队选定华丰华天大酒店等5个一级重点单位的消防安全问题进行现场办公，加大对辖区内各单位的消防监督和隐患整改指导力度，推进消防安全标准化管理。

2010年，开展消防安全专项治理和火灾隐患排查整治，全市消防部队以上海世博会重大消防安全保卫活动为主线，开展以人员密集场所、易燃易爆场所、建设工程工地、“三合一”场所、仓储场所等为重点的消防安全专项治理活动，共检查单位1757家，发现火灾隐患2053处、责令整改火灾隐患1975处，依法“三停”39家、查封40家、罚款211.45万元。顺利完成元宵节、“两会”、清明节、“五一”、高考等重大节假日和重要安保期间的消防安全保卫任务。

2011—2012年，支队指导全市1006个消防安全重点单位进一步完善单位“户籍化”消防管理档案，建立重点单位消防信息服务QQ群，对消防安全重点单位进行网上业务指导，组织单位人员自查自改火灾隐患，并组织整改到位。全力推动消防安全重点单位备案制度，全市1006个消防安全重点单位累计落实“三项报告”备案4592家次，开展“四个能力”自查4555家次。

2013年，联合全市相关职能部门，高强度、多举措开展“大排查大整治”“除火患、保平安”“打非治违”，商场市场、烟花爆竹、在建工程、中心城区小区物业消防安全管理等专项整治行动。其间，全市共检查单位3793个，整改火灾隐患4892处，处罚单位288个，“三停”单位68个，查封单位33个，罚款320.6万元，市、县两级政府挂牌督办重大火灾隐患单位15个。

2014年，市政府确定29个重大火灾隐患单位，由市、县两级政府督办。支队派技术服务组指导祁阳椒山市场等5个加工市场进行消防安全隐患整改，成效显著。区域性火灾隐患整治贯穿全年，突出中心城区103个小区的区域火灾隐患整治，对小区上门指导，排查火灾隐患1000余处，103个小区累计投入500余万元进行火灾隐患整改。夯实火灾防控基础，市政府每年拨付135万元建设市本级合同制消防员、文职雇员队伍。派员赴宜昌、泰安消防支队学习经验，推进全市175个乡

（镇）完成消防专业规划编制工作，对全市 7 个国家级重点镇、100 个新农村建设示范村实施消防“五改”工作。

2015 年，支队深化消防安全“网格化”“户籍化”管理，提请市政府印发全市消防安全“网格化”管理实施办法，协调市委政法委将消防安全“网格化”纳入综治“网格化”管理平台。推进消防安全重点单位“户籍化”管理，消防支队（大队）列管的全市 644 个消防安全重点单位全部实行户籍化管理，户籍化率、“三项备案”率均达到 100%。组织行业部门开展易燃易爆企业集中排查整治，共检查涉易燃易爆单位 270 家，发现火灾隐患 800 余处，整改 750 余处。扎实开展彩钢板专项整治行动，摸底排查发现违章彩钢板建筑 32 处，整改拆除 2000 余平方米。

第三节　灭火救援

一、战备训练

1993—1999 年，全区消防部队在执勤基础工作中狠抓执勤值班制度的落实和日常战备训练，确保时刻准备接警出警。支队机关先后两次修订值班制度，制订支队首长轮流负责和“司”“政”“后”“防”干部轮流值班制度以及交接班与请示、汇报制度。同时，建立考勤登记制度，将出勤与岗位津贴和各项评优挂钩，保证每天 24 小时有干部值班。支队成立以支队首长为正副组长，“司”“政”“后”“防”各部门负责人为成员的正规化执勤领导小组，并确定祁阳、芝山、冷水滩 3 个消防大队为正规化执勤试点单位。制订灭火作战计划，各中队在认真进行调查研究的基础上，对辖区的消防重点单位绘制水源坐标卡片和“三标”图，对辖区内重点单位、要害部位制订灭火作战计划。1999 年，全市完成芝山、冷水滩、祁阳 3 个县（区）消防中队正规化执勤达标工作。同时，各大队结合本地国有企业改革后多元化所有制结构形式的特点，先后确定重点单位、发生火灾的等级，并根据本地公安、专职消防队的装备和实力制订各种火灾力量配备方案。加强队伍能力素质建设，举办中队长和士兵骨干参加的执勤工作培训班，同时，培训消防车驾驶员 46 人，确保执勤工作的需要。加强对新的《公安消防部队执勤业务训练大纲》的学习、宣传和贯彻，支队分两批集中对大队领导、中队干部进行消防战训业务理论统考。

2000—2008 年，全市消防部队在执勤基础工作上以正规化建设和素质强警为工作重点，开展积极有效的战备训练。2001 年，支队坚持不定期对部队执勤备战情况进行抽查，每周对机关战士在位及训练、备勤情况进行检查。开展“执勤工作月”活动，要求做到“六有”（有辖区三标图、水源卡、重点单位灭火作战预案、各项执勤制度、火灾扑救登记和战评总结)。落实三级值班执勤制度，对各中队值班战备情况进行抽查。全市各中队每周安排 1 天时间熟悉辖区水源、道路、疏散通道、安全出口等情况，支队和各大队制订和完善 13 类火灾和其他灾害事故灭火救援预案及社会联动方案，完善各中队消防安全重点单位灭火预案。

2009—2012 年，着力提升永州消防部队的攻坚能力，强化勤务实战化建设。进一步加强本级全勤指挥部的建设，遴选灭火救援经验丰富的指挥人员担任全勤指挥部指挥长，实行 24 小时专职值班制度。为全勤指挥部、大队、中队主官全部配置掌上电脑，规范值班备勤、力量调度、现场指挥等工作程序。全年共修订和完善各级各类灭火救援预案 375 份，进行灭火演练 1022 次，大型跨区域演练 13 次，出动车辆 2031 台次、人员 10080 余人次。组织编纂《永州市应急救援手册》，建立应急救援基础台账。2009 年年初，成立市应急救援指挥中心和突发事件应急救援专家库，制作专家库成员通信录，确保一旦发生突发事件，能够迅速调派专家库人员，及时为政府科学决策提供战情参谋。全市纳入统一调度体系的各级各类专业应急救援队伍 26 支（全市各专业应急救援队伍 15 支，消防队伍 11 支)，人员 600 余人。

2013 年，支队大力开展重点单位预案制订和熟悉演练工作，同时开展建筑消防设施消防功能测试专项执勤活动和市政消火栓大调查活动，制订完善灭火作战预案 1134 份，开展重点单位预案演习 203 次。着力规范执勤备战秩序，针对少数单位执勤行为不规范、安全制度不落实等问题，开展集中治理行动，先后 3 次开展集中培训，重点落实接处警程序与请示报告制度，明确接警出动、战斗行动和现场指挥程序，规范战斗结束撤离和战评总结工作。是年，支队举办 3 期基层指挥员培训班，对部队管理工作及一日生活秩序进行系统规范培训。10 月，支队组织岗位练兵比武竞赛活动，夯实全市岗位练兵成果。

2014 年，支队加大“六熟悉”力度，各单位组织一线消防官兵按要求开展“六熟悉”实战演练 24 次；发挥社会联动力量作用，动员社会车辆参与共同演练。支队共修订和完善各级各类灭火救援预案 121 份，组织开展大型跨区域演练 8 次，在全省地震救援实战演练中，支队演练成绩得到省消防总队好评。应急演练逐步常态化，全员练兵力度加大。加大应用性训练、适应性训练和战术性训练，组织部队开展恶劣环境下的阵地、供水、综合体能专项训练，制订缺水地区区域供水方案 12 份。

2015 年，支队以官兵体能、“六熟悉”和装备操作为重点，规范灭火救援现场秩序，按照《永州市公安消防部队执勤岗位人员辖区情况熟悉训练和考核细则》，实行“三遍四次”演练法，完成“三类场所”、中心城区 51 个重点小区、23 个政府挂牌督办的隐患单位和辖区重点单位的熟悉演练工作，按质按量完成全年规定的熟悉演练和预案制订及修订任务。

二、消防执勤

1993—2015 年，永州共发生火灾 9149 起，死亡 107 人，伤 147 人，烧毁面积总计约 36.29 万余平方米，受灾总户数 2575 户，直接经济损失 1.04 亿余元。永州消防部门共出警 10 万余次，出动各类消防车辆总计达 2 万余辆次，出动消防官兵累计达 13 万余人次，救援受困群众 1982 人，挽回财产损失总计达 8.5 亿余元。

1993 年，零陵地区发生火灾 149 起，死亡 2 人，伤 7 人，直接经济损失 240 余万元。全区消防部队接警出勤 208 次，出动警力 2169 人次，出动消防车辆 343 辆次，抢救人员 10 人，挽回财产损失 1593 万元。与上年比较，火灾起数下降 56%、死亡人数下降 33%，受伤人员数下降 59%，直接经济损失下降 57%。

1994 年，全区共发生火灾 156 起，死亡 9 人、伤 7 人，直接经济损失 250 余万元，同比火灾起数上升 10.46%，死亡人数上升 450%，伤人持平，直接经济损失上升 104.1%。消防部队参加社会救援 42 次，出动消防车辆 57 辆次，出动警力 576 人次，抢救受灾人员 71 人，挽回财产损失 660 余万元。江华瑶族自治县消防中队在扑救水口镇新华街"2·10"特大火灾中，广大指战员临危不惧，英勇善战，成功扑灭火灾，为国家挽回经济损失 1000 余万元，被武警湖南省消防总队记集体三等功 1 次。

1995—2000 年，永州共发生火灾 1496 起，死亡 16 人，伤 59 人，直接经济损失总计约 1750 余万元。其间，永州消防官兵英勇善战，不惧危难，不怕牺牲，受命出警 13660 余人次，出动各种消防车辆 2000 余辆次，抢救受灾人员 56 人，挽回经济损失 218 万余元。

2001 年，全市共发生火灾事故 197 起，死亡 4 人，伤 16 人，直接经济损失 277 余万元。全市消防部门在抢救火灾和各项社会救援（含受命增援）中，共接警出动 212 次，出动消防车辆 379 辆次，出动消防官兵 2298 人次，出色完成各次火灾扑救及各项社会救援任务。芝山区消防中队在扑救"11·9"情人家具城火灾中，做到"一准三快"，成功保住家具城毗邻数家家具店和储蓄所免遭火灾殃及，保护财产 1000 余万元。江华消防中队在"8·5"社会救援活动中，临危不惧，果断决策，及时施救，于险峻悬崖下成功救出一名轻生妇女。冷水滩消防中队在扑救"12·28"温湘商业街火灾中，战术运用精准，指战员英勇顽强，成功扑救火灾，挽回财产损失 2000 余万元。

2002 年，全市火灾发生频繁，共发生 273 起，死亡 9 人，伤 6 人，直接经济损失 387 万余元，全市消防部队接警出动 258 次，扑救火灾 234 起，抢险救援 187 起，抢救或疏散人员 1116 人，挽回经济损失 2929 万元。江永县消防中队在抢救

“5·6”房屋坍塌遇难民工战斗中，行动迅速、战术得当，成功救出被困民工3人，抢出遇难民工尸体7具。

2003—2004年，全市共发生火灾524起，死亡22人，伤19人，直接财产损失500余万元。全市消防部队接警961次，出警6856人次，出动消防车辆1099辆次，扑救火灾500多起，抢险救援710多次，抢救被困人员210人，挽回经济损失约1.6亿元。2004年，永州消防支队被省消防总队评为“全面建设先进支队”。

2005—2006年，全市共发生火灾388起，死亡9人，伤8人，直接财产损失350余万元，没有发生特大群死群伤恶性火灾事故。全市消防部队接警出动736次，扑救火灾380余起，抢险救援361次，疏散、抢救群众360人次，挽回财产损失8800余万元。在迎战台风“碧利斯”战斗中，消防官兵在洪流中营救被困群众200多人。在“6·2”东安县液化气站爆炸事故扑救战斗中，全体参战消防官兵奋力拼搏80分钟，成功遏制火灾的蔓延，避免220吨液化气燃烧爆炸事故；在“9·21”双牌县粮食酒家倒塌事故救援战斗中，38名消防队员连续奋战8小时，将5名被废墟掩埋的群众成功救出，中央电视台专门对此次救援事迹进行采访播报。

2007年，全市共发生火灾253起，死亡2人，直接财产损失457万元，全市消防部队共接警出动1209次，参加各类抢险救援591次，疏散、抢救群众4000余人。6月，永州发生特大洪涝灾害，全市消防部队接到群众报警122次，出警56次，出动各类抢险车辆168台次，出动官兵1176人次，抢救、疏散被困群众上千人次，挽回国家和人民财产损失近700万元。

2008—2009年，全市共发生火灾326起，死亡12人，伤4人，直接财产损失980余万元。全市消防部队共接警出动962次，其中火灾扑救282次，抢险救援和社会救助450次，抢救、疏散群众1189人次，抢救财产4429万元。

2010年，全市共发生火灾事故121起，未发生因火灾造成的人员伤亡，但火灾事故造成直接财产损失480余万元。全市消防部门在历次火灾扑救与各项应急抢险和社会救援及增援行动中，共计出警630余次，出动消防车辆210余辆次，出动消防官兵累计达1200余人次，抢救和疏散人员1434人，抢救财产价值8000余万元。在“4·22”道县飞机坠落、“6·20”洪灾和“10·20”宁远特大交通事故等突发险情事故和灾难救援中，全市消防部队快速反应，连续奋战，最大限度地减少人民群众的生命财产损失。

2011—2012年，全市消防部队接警出动近2000余次，出动消防车3665辆次，出动消防官兵2万余人次，抢救被困人员441人，疏散人员2430人，抢救财产价值6663.3万元。成功实施并完成零陵区“10·15”井矿缺氧事故救援、“10·15”深井救援等急难险重任务。

2013—2014 年，全市共发生火灾事故 2505 起，死亡 16 人，伤 7 人，直接经济损失 2165 万余元。全市消防部队共接警出动 4051 次，出动车辆 7600 辆次、出动消防官兵 37417 人次，抢救被困人员 1248 人，疏散人员 9754 人，抢救财产损失价值 2.3 亿余元。成功处置“2·9”宁远县世纪联华超市火灾、道县“3·20”特大暴风雨灾害事故和“4·20”零陵危爆物引发的爆炸事故。圆满完成 2014 年零陵、道县两地抗洪抢险任务，中央电视台及省、市级新闻媒体进行专访报道。

2015 年，全市共发生火灾 1501 起，死亡 5 人，受伤 3 人，直接财产损失 480 余万元。永州市消防部队共接警 3000 余起，出动 2973 次（含增援），出动消防车辆 4556 台次，出动消防官兵 29521 人次，抢救被困人员 778 人，疏散人员 3901 人，抢救财产价值 1.6 亿元。

三、消防竞技

1993 年，零陵地区消防部队开展百日大练兵和等级战斗员达标活动。冷水滩、永州、东安、祁阳等县（市）中队提出“当兵不习武，不算尽义务；练武不求精，不算合格兵”“苦练一百日，全部上等级”等练兵口号。在训练方法上坚持正常操课与出小操相结合，一般训练与重点攻关相结合，训练尖子与成绩差的结对训练和班与班之间开展竞赛相结合。年终经支队考核，全区消防部队官兵 100%达到三级战斗员标准，70%达到二级战斗员标准。

1994—1995 年，全区消防官兵坚持苦练基本功，开展“小老虎”练兵活动，各中队普遍制订练兵活动方案。1995 年 9 月，举办零陵地区第二届消防运动会，全区公安、企业专职、群众义务消防队共 25 个代表队 278 名运动员分组进行攀登挂钩梯、100 米 8 公斤干粉灭火等 18 个项目比赛，共有 21 人次打破 10 项全区纪录，刷新 4 项全区纪录。

1996—2005 年，永州消防部队对日常练兵常抓不懈，并创新训练形式，拓展训练渠道，改革训练内容、方法和手段，加大战术训练、应用训练、实地演练、分员训练和夜间训练力度，组织培训 20 多个新科目，开展 10 余项体能、技能训练，增强官兵身体素质，提高灭火技能，使训练更贴近火场实战需要。2002 年，在湖南省消防总队组织举办的中国湖南高层建筑灭火救援论坛中，永州消防支队 6 篇论文获奖。

2006 年，永州消防支队成立执勤岗位练兵活动领导小组，印发《2006 年永州市消防部队执勤业务训练计划暨执勤岗位练兵活动方案》《全市消防部队传统消防技能、体能竞赛活动方案》和《全市消防部队体能、技能竞赛规则》，明确练兵时间、内容、对象及要求，并规定机关每周四、五集体出操，大队（中队）每周训练不少于2次，掀起“比技能、强素质、出精兵”的练兵热潮。

2007—2009年，通过组织大（中）队指挥员和特勤班长参加救援战术战例研讨、观看典型案例录像、集中开展战评总结，提高指挥员战术水平，决策指挥和临机处置能力。举办灭火救援预案制订培训班和2期通讯信息培训班。组建全市消防部队灭火救援业务“三能”对抗赛集训队，进行集中强化训练，坚持以点带面，促进部队训练水平全面提高。支队连续3年组织开展岗位练兵和打造消防铁军活动，挑选各中队业务骨干组建集训队，三伏天战高温、斗酷暑，从严训练不间断。

2010—2012年，永州消防支队以全面深化战训改革和全员练兵，部署开展以体能、技能、“六熟悉”、车辆装备操作应用、现场急救、灭火演练、合成作战为主要内容的执勤岗位练兵活动，进一步规范部队执勤基础工作，全面提升官兵执勤战备能力。组织开展5类场所和大跨度大空间场所灭火救援两大专项执勤活动，在长丰沙发有限责任公司组织冷水滩、零陵进行大跨度大空间建筑灭火救援实战测试演练。

2013—2014年，永州消防支队以打造现代化消防铁军为目标，扎实开展铁军中队创建达标工作，全市8个中队达到一星级铁军中队评定标准。采取授课辅导、举办技术讲座、组织现场观摩等形式，让全体官兵掌握消防相关业务知识。组织举办灭火救援预案软件制作培训班、器材装备技师培训班、通讯员培训班各2次，针对辖区主要灾害事故特点开展战术研讨10次，全面提高基层官兵自防自救和救援能力。全年开展24次体能抽考和12次全面考核，开展实战化比武竞赛1次，执行勤务能力不断提高。

2015年，参加公安部消防局举办的灭火救援装备小革新小发明小创造评比，永州消防支队选送的“多用途指挥图版”和“便携式水带堵漏装具”，从全国1000多个参赛项目中脱颖而出，均获优秀奖。支队采取全员轮训、尖子集训、中队普训等方式，分3批对全市消防部队官兵的体能和技能项目进行集中轮训和考核，举办田径比武竞赛、整建制中队实战化训练比武竞赛和攻坚组人员集训活动。26名基层指挥员参加全省基层中队指挥员考评工作，合格率为100%，优秀率为38%，共有6篇论文获奖，占全省消防部队的1/3。

四、消防特勤

2003年，永州市人民政府在冷水滩区河东百花路和育才路交叉处行政划拨3.53公顷土地，用于“119”指挥中心及特勤消防站建设。项目第一期工程1.5万余平方米，投资1209万元，市政府安排200万元启动资金。2004年，消防指挥中心及特勤消防站建设顺利进行，项目累计投入经费800多万元，完成指挥中心及特勤消防站主体工程建设。2005 年，累计完成投资 1500 余万元，主体工程完工。年底，总投资 2000 余万元的市消防指挥中心及特勤消防站新建工程建成并举行搬迁庆典，消防支队从零陵区搬迁至冷水滩区办公。

2011 年 8 月，成立特勤中队，位于冷水滩区育才路 8 号，有服役官兵 42 人，执勤车辆 8 台［其中泡沫消防车 1 台、空气泡沫车 1 台、登高平台车 1 台（54 米）、举高喷射消防车 1 台（25 米），抢险救援车 1 台、照明消防车 1 台、供气消防车 1 台、战勤保障消防车 1 台］。

作为永州消防支队最精锐的力量，特勤中队主要任务是对辖区内的急难险重任务进行紧急救援和应急处置以及对消防中队难以处置的险情进行紧急增援，同时承担重大活动安全保卫任务。

永州市消防特勤中队自 2011 年年底建队至 2015 年，多次执行危难险重紧急救援任务，在 2012 年“10・15”零陵区井矿缺氧事故救援、2012 年“10・15”深井救援、2013 年“2・9”宁远县世纪联华超市火灾、2013 年“3・20”道县特大暴风雨灾害事故、2013 年“4・20”零陵危爆物引发的爆炸事故等危难险重救援任务中均发挥主力军作用。2014 年，特勤中队参与零陵、道县两地抗洪抢险，全体官兵奋勇当先，出色完成任务。

2015 年 1 月 26 日 9 时 51 分许，冷水滩冷东路骄阳水泥厂旁一内置 18 个柴油桶民房发生火灾。接到报警后，永州市消防特勤中队按照“五个第一时间”要求加强第一出动力量，出动 2 台水罐消防车，12 名官兵前往扑救。10 时 05 分许，中队官兵到达火灾现场。现场主要燃烧点一楼右侧储存有 18 个柴油桶约 150 公斤柴油的房间，火势已处于猛烈燃烧阶段，并伴有大量浓烟，有向上和向左右两侧蔓延的危险。楼上为住房，一旦火势向上蔓延，将对人民群众的生命财产安全造成巨大损失。中队指挥员立即确立“安全施救，科学施救”的指导思想，采取“先控制、后消灭”的战术措施，对参战力量进行紧急战斗部署并即刻投入灭火救援战斗。10 时 27 分许，火势得到压制，中队指挥员下达总攻命令，全体官兵奋战近 1 个小时，11 时左右成功扑灭火灾。

第四节　消防保障

一、消防车辆

1993 年，全区消防部队经费单列后，坚持“两条腿走路”的方针，一方面做好部队内部经费预、决算工作，保证官兵按时领发工资和伙食费，另一方面积极向各级政府及财政部门争取，想方设法解决消防基础设施经费不足的问题。到 1994

年，全区消防部队共筹集地方经费150余万元，修建和改建营房及办公用房1267平方米，添置装备车辆和生活用车10台、办公设施68台（套）。从支队到各中队均有营院、营房，各科、股有办公室，并全部装饰一新。1995年年初，冷水滩中队争取专项经费30万元，添置执勤消防车2台，东安县中队争取专项资金130万元。1996年，全市消防部队筹集地方经费150万元，添置灭火战斗车、消防指挥车和生活用车4台。1997年，全市消防部队筹集地方经费340余万元用于基础设施建设，其中市政府拨出专款80万元，用于支队购置大功率消防车。2000年，全市消防部队业务经费和基本建设费全部到位，购置1台中低压泵消防车。2001年，全市消防部队投入装备建设经费400余万元，其中支队购置高举消防车1台、抢救照明车1台、桑塔纳轿车2台和部分特勤器材、个人防护装备。芝山、冷水滩、双牌、道县、江华等5个县级消防大队均更新消防指挥车。2002年，支队投入100余万元，购置消防监督检查车4台、消防战斗车2台，按标准新建器材装备维修站和空气呼吸器充气泵房。至此，全市消防部队共拥有各类车辆46台。

2005年，在上半年全市消防部队装备购置建设全部达标的基础上，装备购置又投入资金480万元，新增消防车8台，改装消防车4台。2007年，支队专项购置1台价值180万元通讯指挥车，为基层添置消防监督检查车5辆，祁阳、宁远分别购置1台大型水罐消防车。2010年，投资2200万元购置消防车12台、个人防护装备353余件（套）、灭火救援器材200余件（套）。至2015年，支队共有水罐消防车31台，压缩空气泡沫车2台，水罐泡沫车2台，登高平台车1台，举高喷射车6台，通讯指挥车1台，抢险救援车12台，照明车1台，防化洗消车1台，个人防护装备9590件（套），抢险救援器材1601件（套），形成结构优化、功能齐全、科技含量较高的装备保障体系。2012年，经支队党委多方努力，在各级党委政府和职能部门的支持下，全市各级消防业务经费大幅提升，支队投入900多万元购置消防车辆装备，购置2台消防车（其中照明消防车1台、消防宣传车1台）。2013年，全市共投入消防装备建设经费1000万元，新购消防车辆7台，配齐配强个人防护装备。萍洲消防站动工建设，长丰二合一站（含战勤保障大队）、车站消防站建设完成选址、立项、规划设计和征地等前期工作；东安大队整体搬迁工程进展顺利，完成“三通一平”施工。2014年，全市投入消防装备建设经费3100万元（其中国际贷款2700万元），新购消防车辆6台，灭火救援装备579件（套），顶格、优先配齐个人防护装备和灭火救援攻坚组器材，超过使用年限的车辆装备全部更新换代，消防车辆“四个一”标准全部达标。

2015年，支队共有消防车辆72台，类型涵盖水罐消防车、压缩空气泡沫车、云梯消防车、抢险救援车、排烟车等10余种车型。

二、营区建设

1993 年，消防大队下辖 11 个中队，共有 11 个营区，消防大队在零陵地区公安处院内办公，各中队营区基础建设水平不高。

1994 年，全区消防部队共筹集地方经费 150 余万元，修建和改建营房及办公用房 1267 平方米。1995 年，支队机关 910 平方米综合大楼、祁阳消防中队 300 平方米干部宿舍楼竣工使用。1997 年，支队机关食堂、车库、财务室、公务接待室、值班室和篮球场全面装修、改造完成；零陵、冷水滩、祁阳、东安、江华、江永等 6 县（自治县、区）消防中队普遍对营房进行装修，并植树种花，绿化营院。1998 年，全市消防部队用于购置执勤消防车辆和随车消防器材，个人防护装备及车辆维修、燃料供应等经费 210 万元。各中队普遍建立起备用器材库，配合开展学天津消防活动，用于营房维修、营具添置等开支 50 万元。

2000 年，支队耗资 20 余万元，对营房、会议室重新装修，更换部分营具，并添置 5 台办公电脑。2004 年，各县消防站累计投资经费 500 万元，征地 47 亩，建筑面积 1.48 万平方米。道县、蓝山、新田、双牌消防站新建主体工程，江华消防站重建工程开工，冷水滩、祁阳、江永消防站改造顺利竣工，营房营院焕然一新。市“119”消防通信指挥调度工程于 2005 年 12 月动工建设，投资 120 万元。2006 年 5 月，全市安装 1532 个市政消火柱，消火栓和城镇消防专业规划建设得到落实。2006 年，确定冷水滩大队为正规化建设典型示范单位，投资 40 余万元进行维修改造。制订《2006 年永州市消防部队“三基”工程建设方案》，投入 100 余万元，为 7 个中队配发电脑 28 台，空调 20 台，健身器材 12 套，为冷水滩大队营区改造配置营具 70 件（套）。全市所有中队均建成电教室、战士宿舍、学习室等场所并配备空调，基层官兵执勤、训练工作生活条件明显改善。2007 年，支队坚持倾斜基层，投放 100 万元购置“三能”对抗训练器材，投入 87 万元进行网络升级改造，投入 14 万元为基层中队统一安装空调、电脑、冰箱等设施。2009 年，完成心理训练基地、营院改造等任务。

2010 年，支队完成新田县消防站、蓝山县消防站的搬迁，改善大队办公环境，提高灭火救援能力。特勤、零陵区、江华消防站旧营房的室内外装修、办公设施、生活设施实施全面改造。2011 年，支队启动公寓楼建设项目，投入 600 万元，用于公寓房建设。按照市政府第 80 次常务会会议精神，确定战勤保障大队、长丰、车站、萍洲消防站的建设责任主体和经费来源。2011 年 12 月，市委召开“三站一队”建设协调会，明确“三站一队”建设实行交钥匙工程，成立工程建设指挥部。2012 年，支队公寓房建成投入使用，启动支队体能训练馆、东安大队整体搬迁工程、江华大队和江永大队综合楼建设工程。2013 年，消防队（站）建设稳步推进，萍洲消防站动工建设，长丰二合一站（含战勤保障大队）、车站消防站建设完成选址、立项、规划设计和征地等前期工作；东安大队整体搬迁工程进展顺利，完成“三通一平”施工。2014 年，支队成立消防队站建设项目领导小组，印发《永州市消防支队重点建设项目推进方案》，明确建设目标，实行责任到人。零陵萍洲消防站建设工程完成主体基础部分施工，东安大队整体迁建工程、江华大队和江永大队综合楼主体工程竣工，市消防训练基地和宁远县第二消防站建设工程完成土地划拨和征地拆迁工作，支队体能训练馆建设项目正式动工。

2015 年，全市共投入 5680 万元（含政府投资）用于队（站）建设和老旧营房提质改造，队（站）建设任务按责任状要求全面完成。东安大队迁建工程、江华大队综合楼和江永大队执勤楼工程完工；零陵萍洲消防站和支队体能训练馆主体工程完工；支队训练基地、长丰二合一站、宁远县第二消防站和支队营区大门、围墙工程主体工程动工；车站消防站完成立项、勘探、征地拆迁和规划手续。投入 775.52 万元用于部队正规化建设、营房装修、维修和提质改造。支队机关（含特勤）投入 120 余万元用于办公室改造、营房维修和绿化改造等，江华、蓝山、道县、零陵、新田、双牌消防大队完成对老旧营房和营区环境的改造。

第五节　消防宣传与培训

一、消防宣传

1993—1996 年，支队消防宣传主要借助发放报刊、挂图的形式。1996 年起，《永州日报》社、永州市电视台、广播电台，各消防安全重点单位、各县（区）消防大队分别确定 1 名消防宣传员，制订年度消防宣传方案，抓经常性消防宣传。全区每年征订消防杂志 3000 余份、消防报刊 600 余份、消防宣传挂图 1000 余套。

1997—2002 年，消防宣传形式多样化，开始利用电影、电台等宣传面广的形式进行宣传。全市共印刷标语 6 万余条、悬挂横幅 3500 余幅、放映消防电影、幻灯录像 1890 场，出宣传栏窗 2500 余期，报刊、电台、电视台等新闻媒体刊播稿件 2800 余件、举办专题活动 150 余场。其间，全市每年征订消防杂志 3500 余份、消防报刊 500 余份、消防宣传挂图 2000 余套。

2003—2004 年，采用举办大型演出的形式将消防安全知识带进千家万户。其中 2003 年全市共印发消防宣传资料 1.1 万余份，张贴宣传标语挂图 6900 余条，横幅 360 幅，有关领导电视讲话 16 次，新闻媒体刊播专栏 20 余个。邀请省消防总队文工团深入基层、工矿企业、城镇乡村开展“祝你平安——消防文艺三湘行”演出活动，共巡演9场，近2万人次观看。支队在永州电视台、永州广播电台分别开办“消防十分”“消防之声”专栏。组织开展“119”消防宣传周活动，全市7个消防中队全部面向社会开放，接待群众6000多人次观摩和咨询。2004年，全市消防部队协助省消防总队文工团到永州巡回演出11场次，观众达3万人次，在永州电视台综合新闻频道、《永州日报》开办“火线‘119’”“消防之声”专栏，继续向社会开放消防站，全市7个消防中队接待群众4万人次的观摩和咨询。

2005年年初，消防宣传以近距离走进千家万户为主旨。市政府印发《永州市消防宣传“四进”工作方案》（进社区、进农村、进企业、进家庭），成立领导小组，召集相关部门召开消防宣传“四进”工作研讨会。确定祁阳一中、潘市镇龙溪村李家大院、金浩植物油有限公司为开展“四进”工作试点。全市101个社区中，90个社区成立消防工作组织机构；在各大、中、小学校，普遍建立宣传点，初步形成学校消防网络。在企业发放宣传资料3万余份，成立义务宣传站53个，聘请义务消防宣传员800余名，定期开展消防安全知识宣教活动。在农村，以村委会为依托，建立村民消防服务站350个，不定期开办村委会防火培训班。同时以“119”消防日宣传为契机，借助中国移动、中国联通、中国电信等网络平台，为社会各界发送消防安全警示信息100余万条。

2006年，以消防邮政贺卡作为消防宣传特色。贯彻中央1号文件提出的加强农村消防工作精神，在祁阳县李家大院开展农村消防宣传工作，独具特色的女子义务宣传队得到《人民日报》《湖南日报》的关注和报道，省消防总队将其作为全省农村消防宣传典型。在“火线‘119’”“消防之声”专栏发稿130余篇，发放宣传资料7000余份，全市7个消防站对外开放接待参观群众6000余人次。创新性地在全省消防部队中率先推进火灾公众责任保险工作和主题邮政贺卡，在全省乃至全国形成永州消防宣传特色。与邮政部门联合推出消防邮政贺卡，发行20余万枚。《法制日报》《人民公安报》以“消防首长贺卡诞生的新闻”主题作出报道。

2007年，支队以创新消防宣传方法，拓宽消防宣传领域、扩大消防宣传覆盖面为主线，力求在消防宣传效果上实现突破，全力打造消防宣传特色。年内在永州电视台综合新闻频道等媒体开办“火线‘119’”专栏，全年共编播24期，在包括中央电视台在内的各级媒体播放消防专题节目50余期，发放宣传资料7000余份，开放消防站36次，接受学生和群众参观6000人次，培训重点单位消控室管理人员以及从事井下、电力作业、金属焊接、爆破作业等特殊工种人员3060人次，举办消防知识竞赛及“生命至上，平安和谐”主题万人签名等活动。在6月上旬的抗洪、抗旱救灾中，中央电视台、永州电视台、《永州日报》、香港凤凰电视台分别进行报道，央视“中国骄傲”栏目将零陵区“7·9”矿井救人作为湖南当年首例题材予以采访报道。

2008—2009 年，在各级报刊、新闻媒体发布各类消防工作新闻、信息 131 条，在公安部消防局消防网发稿 62 篇，在省消防总队消防网发稿 1004 篇，举办大型活动 23 次。2008 年 11 月 9 日，举办宣传贯彻新修订的《消防法》暨消防志愿服务队成立仪式，在各级电视台播出消防公益广告 81 余次，发放消防短信 163 万余条，悬挂消防宣传标语近 6 千条，与永州电视台联合开办的“火线‘119’”栏目播出节目 48 期；培训重点单位消控室管理人员以及从事井下、电力作业、金属焊接、爆破作业等特殊工种人员 8000 余人次。

2010 年，消防宣传呈现多平台、大范围的特点，消防宣传教育声势浩大，在永州电视台开办“直通‘119’”栏目和“平安永州”消防专版宣传阵地。成功举办“119”消防宣传周、“平安生活无弱者”等消防安全系列宣传活动，正式建立消防特殊教育基地，设置 11 块永久性大型消防宣传公益广告牌。不断深化宣传“五进”工作，全力搭建广电传媒、手机短信、广告标语 3 大消防宣传平台，多形式、全方位普及消防常识。启动以“四个能力”建设为主题的社会单位消防培训工作，培训重点工种人员 3000 余人次。

2011 年，充分挖掘永州地域人文特色，开展消防安全知识进瑶家山寨、祁剧唱响消防歌、消防安全知识走进舜帝陵、文庙、柳子庙、法华寺等一系列具有浓郁地方特色的消防宣传活动；举办“全民消防，生命至上”“119”大型文艺晚会、“身边消防我来拍”摄影大赛等消防主题活动以及“党政领导消防日”活动；进一步巩固和发挥“直通‘119’”栏目宣传阵地，定期对重大火灾隐患曝光。另外，通过消防站对外开放、消防监管人员上门宣讲、消防志愿者广泛宣传，接受培训与宣传人员达 3 万余人次。

2012 年，成立永州市首个消防职业培训学校，举办各类培训 59 次，共计培训 4986 人次。启动第三批“消防安全教育示范学校”创建活动，全面铺开“平安我做主”消防演练活动。在永州电视台开通“直播‘119’”栏目，在各级媒体播放消防公益广告 600 余条，发放各类消防宣传资料 20 余万份，营造良好宣传氛围。

2013—2014 年，利用“110”警务宣传周、消费者权益保障日、防灾减灾日等特殊时段开展主题宣传活动，深入全市 150 所中小学开展“消防安全第一课”活动，组织 500 余名消防志愿者参与“锦绣潇湘，和美永州”“消防知识下乡”“消防宣传进村入户”等志愿活动。开展“五彩消防，情满三湘”“119”消防宣传月系列活动，消防公益宣传覆盖商场、广场、车站、机场、社区、单位各个角落。依托市公安局指挥中心每天下午 5 时的“芒果 RADIO 永州之声”电台，每天定期播报全市消防工作动态。在全市部署开展“119”微电影创作活动，与湖南科技学院、永为梦工厂联合举办“119”微电影剧本征集大赛，并自行组织拍摄永州消防微电影。全年共举办各类消防安全培训 15 次，培训人员 5000 余人次，发放宣传资料 8 万余份。

2015 年，采取“固移结合”“专群结合”的方式，在《永州日报》、永州电视台、永州广播电台和永州市政府门户网开设 4 大消防宣传阵地。在全省率先开展夏季消防安全节目访谈，邀请党政领导干部、优秀企业家等代表做客永州电视台演播室，畅谈消防知识。市消防支队联合市委党校、市公安干校，将消防安全知识纳入市、县两级党政领导、公务员和新警培训必修内容。组织教员对全市 2000 余名村支“两委”负责人进行消防知识轮训。

二、消防培训

1993—2015 年，全市共组织 900 余所学校开展消防疏散演练，100 余万名学生接受培训。全市开展消防宣传教育活动 1.1 万余场、消防志愿服务活动 2300 余次，发放消防宣传材料 900 余万份。

1993—2002 年，全市共举办各类消防培训班 230 多期，培训人员 6.5 万余人次。2003—2015 年，举办消防培训 2200 余场次，培训人员 500 余万人次。其中，各级政府及职能部门领导 5 万余人次，单位消防安全管理人、员工 30 万余人次，派出所民警 7 万余人次，消防志愿者 2 万余人次；组织社会单位开展消防疏散演练 1100 余场。

1993—2015 年永州市火灾综合情况统计表

表 3-4-1

年份	火灾概况						特大火灾				重大火灾				出警情况			救援结果	
	起数（起）	死亡（人）	受伤（人）	损失			起数（起）	死亡（人）	受伤（人）	直接经济失（元）	起数（起）	死亡（人）	受伤（人）	直接经济失（元）	出警次数（次）	出警人数（人次）	出警车次（辆）	抢救人员（人）	抢救财产价值（万元）
				直接经济失（元）	烧毁面积（平方米）	受灾户数（户）													
1993	149	2	7	2403276	10113	89									208	2169	343	10	1593
1994	156	9	7	2532580	10425	92									221	2451	379	7	1787
1995	162	3	6	2672567	10593	98									214	2329	358	6	1549
1996	175	2	8	2872513	12347	101									216	2347	362	13	1629
1997	170	3	7	2757321	10151	92									208	2056	331	7	1039
1998	152	2	16	2956352	10252	89									216	2179	347	8	1058
1999	317	4	13	3288600	12838	112									221	2286	256	12	2179

续表3-4-1

年份	火灾概况						特大火灾				重大火灾				出警情况			救援结果	
	起数（起）	死亡（人）	受伤（人）	损失			起数（起）	死亡（人）	受伤（人）	直接经济损失（元）	起数（起）	死亡（人）	受伤（人）	直接经济损失（元）	出警次数（次）	出警人数（人次）	出警车次（辆）	抢救人员（人）	抢救财产价值（万元）
				直接经济损失（元）	烧毁面积（平方米）	受灾户数（户）													
2000	520	2	9	3037915	10185	114									291	2464	425	10	695
2001	197	4	16	2778501	9872	98					1			452000	181	1689	274	3	586. 3
2002	273	9	6	3872579	6668	81					2	7		240000	258	3608	417	17	1706. 1
2003	319	14	13	3085543	15763	176									494	2993	494	5	2592
2004	205	8	6	1911440	7376	117									438	3011	503	113	3475. 3
2005	217	4	5	2250000	9300	116									238	2892	432	171	102
2006	171	5	3	1310000	4323	156									417	4320	723	108	8700
2007	253	2	0	4570000	14592	91									457	4408	609	170	3459. 9
2008	180	6	4	4600000	78443	84									292	2697	413	235	3147
2009	146	6	0	5423026	15323. 2	71									256	2155	354	153	3291
2010	121	0	0	4823064	7181. 1	46									141	1145	193	115	8000
2011	604	0	1	1460699	3536. 5	46									925	11190	2018	163	7305. 5
2012	656	1	0	12071454	28360. 0	190									1025	10461	1730	449	1. 69（亿）
2013	957	15	3	9612782	29390. 4	178									1585	16398	2565	716	1. 58（亿）
2014	1548	1	4	12044024	31821. 4	234									2921	27895	4386	597	7375. 6
2015	1501	5	3	4812290	14055. 2	110									3001	29834	4604	780	6088. 2

附：宁远县世纪联华超市“2. 9”火灾扑救案例

2013 年 2 月 9 日 19 时 46 分，宁远县消防大队值班室接到报警：县世纪联华超市发生火灾，火势很大。宁远县消防大队立即出动 4 辆消防车、20 名官兵赶往现场。

19 时 53 分，市消防支队指挥中心下达增援命令，按照“一处着火、多点调派、多线并进”的原则，调集宁远周边的蓝山、新田、道县 3 个中队 4 台消防车 20 名官兵立即赶往增援。现场指挥员根据火场态势下达作战命令：两个攻坚组在水枪的掩护下深入楼内搜救被困人员，大吨位水罐消防车占据大楼右侧的室外消火栓出两支水枪从正大门进入二楼，控制火势蔓延；照明车停靠在大楼正门的马路上负责火场照明；水驱力排烟机设置在二楼门口进行排烟。

宁远县委、县政府迅即启动宁远县应急救援预案，立即调集城市供电、供水、医疗救护、交警、巡警、武警、城建洒水车等协同力量相继赶往现场。接到火灾警情后，市政府副市长、市公安局局长蒋建湘，宁远县委副书记、县长刘卫华等领导第一时间赶到现场指挥救援，县委、政府、人大、政协其他相关领导也相继赶往现场，科学指挥灭火工作、全力部署战斗力量。市消防支队政委孙高峰及支队全勤指挥部人员，靠前指挥，鼓舞参战官兵斗志，为火灾成功扑救提供坚强领导。

2013 年 2 月 9 日 20 时 35 分，蓝山消防中队消防官兵利用高喷消防车压制世纪联华超市火势向上蔓延

20 时 30 分，楼内搜救完毕，被困人员全部安全疏散至安全区。

20 时 35 分，蓝山中队 1 辆大功率水罐车、1 辆登高平台车、8 名官兵到达现场。战斗任务为：大功率水罐车占据一楼两个室内消火栓利用水炮从大楼外部压制火势向上蔓延；登高平台车占据大门口室外消火栓利用水炮靠近外窗近距离控制火势。城建的两辆洒水车分别给大功率水罐车和登高平台车供水。

20 时 50 分，新田中队 1 辆大功率水罐车及 6 名官兵到达现场。战斗任务为：占据文庙管理所的消火栓出两支水枪阻止火势向北侧蔓延。

20 时 56 分，道县中队 1 辆大功率水罐车及 6 名官兵到达现场参与救援。

23 时 05 分，在全体参战人员的奋力扑救下，火势得到全面控制。宁远中队对楼层逐片清查，23 时 45 分残火被彻底扑灭，火灾未造成人员伤亡。

此次救援行动，消防部门反应及时、应对准确，地方政府启动应急预案，社会力量参与，科学指挥、临近增援、协同作战，48 名参战消防官兵坚守岗位，严格执行各项作战命令和安全防护措施，经过 3 个小时的奋力扑救，圆满完成救援任务。

第四篇

安全保卫

第一章 警保卫

2015年11月13日，市公安局党委委员、副局长沈林松（正面右一）出席警保卫与便衣侦查支队成立大会

警卫保卫（以下简称“警保卫”）工作是公安工作的重要组成部分，担负党和国家领导人、重要外宾、重要会议以及重大活动的安全保卫。永州市公安局警保卫部门始终严格遵守中共中央办公厅、国务院办公厅于1994年7月10日联合印发的《警卫工作规定》，做到绝对忠诚、绝对可靠、绝对安全，在历年警保卫工作中实现零事故工作目标，确保万无一失。2012年12月4日，中央政治局出台《关于改进工作作风、密切联系群众的八项规定》，市公安局警保卫部门严格执行中央规定，积极探索新形势下警保卫工作方式方法，在执行警保卫任务中做到低调高效、不扰民、不伤民，确保安全。

第一节 领导人警卫

2002年2月13日，全国政协副主席杨汝岱到永州视察工作，湖南省政协副主席范多富、永州市委副书记、市长刘爱才等人陪同。

2002年9月19—21日，全国政协副主席毛致用在永州市人民政府市长刘爱才等陪同下考察永州市种草养牛科技示范园等地。

2005年4月9—16日，中共中央军委原副主席张震到永州视察工作，中共永州市委书记曾庆炎、永州市人民政府市长刘爱才陪同视察。

2005年9月14—15日，全国政协副主席张梅颖到永州视察，9月15日，在宁远九嶷山参加湖南省首次公祭舜帝大典。在永州期间，中共湖南省委副书记、省长周伯华，湖南省人大常委会主任刘夫生，湖南省政协主席王克英等人陪同。

2009 年 9 月 8—9 日，全国政协原副主席毛致用到永州视察工作，在湖南省人民政府省长周强陪同下，出席湖南省人民政府主办的宁远九嶷山祭舜大典。

2010 年 12 月 15 日，中共中央原总书记、原国家主席、中央军委原主席江泽民乘专列从桂林出发沿湘桂线途经永州赴某地视察。永州市公安局根据《警卫工作规定》和中央办公厅的重要指示，周密部署、精心安排，执勤民警全力以赴、认真履职，当日下午 4 时许专列顺利通过永州。

2012 年 3 月 29 日，国务委员、公安部部长孟建柱在湖南省委书记、省人大常委会主任周强，省委副书记、省人民政府省长徐守盛，省委常委、省委政法委书记、省公安厅厅长孙建国等人陪同下到永州视察公安工作，看望慰问一线公安民警。永州市委书记张硕辅，市人民政府副市长、市公安局局长蒋建湘陪同视察。孟建柱一行视察了永州市公安局情报中心、刑侦支队、冷水滩分局凤凰园派出所等单位，接见永州市公安系统英雄模范、劳动模范和先进代表。

2013 年 11 月 26 日，中共中央政治局委员、国家副主席李源潮一行由广西南宁乘列车，途经永州火车站赴某地视察，永州市公安局按规定启动警卫工作方案，严密部署路线警卫工作，圆满完成警卫任务。

2015 年 5 月 29—30 日，全国政协副主席齐续春一行深入永州蓝山、宁远两县就少数民族地区生态文明建设开展专题调研。

第二节　重要会议和重大活动警保卫

1993—2015 年，共有 75 次重要会议在永州召开，有 41 次重大活动在永州举行。

一、重要会议安保

年度中共永州市委经济工作会议、永州市人民代表大会、政协永州市全体委员大会以及每五年一次的中国共产党永州市代表大会在永州冷水滩召开。永州市公安局根据不同会议规模、场地、线路、环境等，制订会议安保方案，加强冷水滩中心城区治安巡逻防控，在冷水滩中心城区设立检查站对进城过往车辆进行检查，在会前、会期中加大各类矛盾隐患的排查力度，对会址、参会人员住地、参会人员往返线路进行巡逻守护。

二、重大活动警保卫

（一）中国阳明山“和”文化旅游节暨杜鹃花会

2006 年 4 月 27 日至 5 月 29 日，首届中国阳明山“和”文化节暨杜鹃花会在双牌县阳明山森林公园举行，社会各界人士每天约3000余人参加，市公安局与双牌县公安局调集警力共同完成安保任务。此后，中国阳明山“和”文化旅游节每年4月至5月在双牌县阳明山森林公园举行，2006—2015年共举行10届，市公安局、双牌县公安局制订安保工作方案，周密安排部署，调集警力，确保活动安全。

（二）宁远县公祭舜帝大典

为弘扬中华民族传统文化，增强民族凝聚力，促进旅游文化事业发展，自20世纪90年代开始，湖南省人民政府、永州市人民政府、宁远县人民政府共举行11次公祭舜帝大典，其中省祭4次、市祭4次、县祭3次。公祭当日参加人数众多，省祭达5万余人，市祭达3万余人，县祭达1万余人。出席省祭活动的有国家领导人、部委领导、湖南省领导、永州市领导，云南省、广东省、福建省和菲律宾、马来西亚以及中国台湾地区、中国香港地区等地嘉宾与本地群众，活动规模大，规格高。市公安局制订详细安保工作方案，精心组织、全面部署，突出重点，确保每次省市公祭舜帝大典活动安全。

2014年9月20日，宁远祭舜大典安保现场

2005年9月15日，湖南省人民政府省长周伯华主祭。

2009年9月8日，湖南省人民政府省长周强主祭。

2012年9月29日，湖南省人民政府省长徐守盛主祭。

2015年9月25日，湖南省人民政府省长杜家豪主祭。

（三）江华瑶族自治县县庆

江华瑶族自治县成立于1955年11月25日，自1985年县城从水口镇搬迁至沱江镇以来，5年举行一次小（规模）庆（典），10年举行一次大（规模）庆（典）。

2005年11月25—26日，江华瑶族自治县成立50周年庆典活动在沱江镇举行，庆典主会场设在江华瑶族自治县民族一中体育场。湖南省人民政府副省长许云昭率团到会祝贺，广东、广西、云南等省（自治区）有关县市负责人出席庆祝大会，部分在江华工作过的老同志参加庆典。市公安局、江华瑶族自治县公安局根据活动安排制订周密安保工作方案，落实责任，细化措施，调集道县公安局、宁远县公安局、江永县公安局警力支援江华瑶族自治县公安局开展安保执勤，圆满完成安保任务。

2015年11月25—27日，江华瑶族自治县成立60周年暨第十三届中国瑶族盘王节庆典活动在县城沱江镇举行，庆典主会场设在江华一中体育场。国家民族事务委员会国际交流司司长倖兰、湖南省人民政府副省长蔡振红、永州市委书记陈文浩等到会祝贺。参加庆典嘉宾、群众10万余人，分别来自美国、马来西亚以及全国各地瑶族代表与江华瑶族自治县本地群众。庆典安排有文艺演出、全县群众文艺调演、欢乐大巡游、书画展、美食节、瑶族度戒文化展示、公祭盘王大典等活动，地点分散，转场频繁。市公安局、江华瑶族自治县公安局根据活动情况，制订周密安保工作方案及预案，多次对各活动地点认真勘查、检查、布警，部署各项安保措施。市公安局调集武警永州支队、市公安消防支队、治安支队、巡特警支队、刑侦支队、交警支队、国保支队、宁远县公安局、蓝山县公安局、新田县公安局、道县公安局、江华瑶族自治县公安局等单位武警、民警共1500余人参加安保执勤，确保活动安全。

2015年11月26日，江华瑶族自治县成立60周年庆典安保现场

（四）道县龙舟赛

道县每年端午节期间都在道江镇潇水河举办龙舟赛，2002年，道州被湖南省人民政府授予“龙舟之乡”称号。2006年，

2012年道县龙舟赛

"道州龙舟赛"被列入全省非物质文化遗产名录，至此规模逐年扩大，参赛龙舟150余艘，盛况空前，船赛当日观众达10万人之多。市公安局警保卫部门加强指导，道县公安局认真制订细之又细、严之又严的安保方案，狠抓各项安保措施落实，确保历届龙舟赛活动安全举办。

2000—2015年警保卫任务一览表

表4-1-1 **单位：场次**

年份	任务总数	一级	二级	三级	重大会议、重大活动保卫	备注
2000	14				14	
2001	6				6	
2002	10		1		9	
2003	15				15	
2004	6				6	
2005	6		2		4	
2006	7			2	5	
2007	5			1	4	
2008	8			3	5	
2009	17		1	3	13	
2010	19	1		1	17	
2011	51			3	48	
2012	66		2	6	59	
2013	37		1	2	34	
2014	32				32	
2015	84			1	83	

第三节 单位内部治安保卫

永州市单位内部治安保卫工作在2002年前由市公安局经文保支队管理，2002年3月，撤销经文保支队，由治安管理支队负责管理。

一、重点单位内部治安保卫

1993年，零陵地区有重点单位254个，建档卡199个；要害部位1395处，建档卡1089处。2004—2005年，根据省公安厅关于《全省治安保卫重点单位判定工作实施方案》的通知，结合永州市经济社会发展实际，确定重点单位的范围及等级判定标准，全市共确定治安保卫重点单位684个（其中市级68个），要害部位3294处（其中市级312处）。2007年，根据公安部《公安机关监督检查企业事业单位内部治安保卫工作规定》，通过调整，全市有重点单位1067个，建立档卡882个；要害部位3294处，建立档卡2771个。2010年，全市有重点单位1071个，要害部位3105处。2015年，根据省公安厅关于《湖南省治安保卫重点单位判定工作规定》的通知，按照基础调查、复核判定、上报审批、确认告知、信息录入等环节，全市通过调整后有重点单位1123个，建立档卡976个；要害部位3335处，建立档卡2971个。

1993—1995年，零陵地区公安处为落实地区综治委、地委政法委《关于在全区城乡基层单位开展“三防五无”竞赛活动的意见》（即人防、物防、技防，无影响社会稳定的群体性事件、无邪教组织人员滋事、无群体上访闹事和个人非正常赴省进京上访、无国家集体财产被盗案件、无干部职工违法犯罪），对全区重点单位、要害部位及其他内部单位进行安全大检查，督促单位内部建立各项安全保卫制度，强化安全防范意识，检查单位495个，排查安全隐患452处，下达限期整改通知书196份；其中重点单位113个，发现安全隐患23处，下达整改通知书23份。全年查处治安案件391起，查获违法犯罪人员783人，惩治处理364人，查获犯罪团伙47个，挽回经济损失百万元。报省公安厅业务处信息112条，协助有关部门化解不安定因素苗头12起，及时处置集体上访等事件21起，制止、预防报复事件和苗头105起，调处各种周边纠纷和其他问题115起。协助查破各类案件41起，查获违法犯罪人员147人，预防民转刑案件40余起。

1996—2001年，单位内部治安保卫重点放在金融单位和国有大中型企业特别是亏损严重、情况复杂的企业。1996年6月25日，市公安局印发《处置金融单位严重暴力抢劫案件预案》。市公安局经文保支队按照预案要求，在结合日常安全工作检查的同时，督促指导各金融单位结合本单位实际制订出切合本单位的“处置严重暴力抢劫案件预案”。是年，市公安局与30余家国有大中型企业特别是亏损严重、情况复杂的企业建立联系制度，为及时掌握上述单位各类信息，配备信息员1730名，全年收集各类情报信息231条，其中深层次、预警性的信息71条，整理上报67条，采用21条，为及时制止和妥善处置不安定事端打下基础。市公安局组织派出17个调查组，深入70余家厂矿企业进行调查，写出调研材料16份，整理上报专题材料9份，被采用4份，为上级正确分析形势，科学决策提供依据。1997年，市公安局经文保支队根据永州市级金融单位负责人和保卫科长会议、全市金融单位安全保卫工作会议精神，在重点要害单位和部位建立情报信息员1039名。为更好掌握单位内部不稳定因素，市公安局经文保支队把收集情报信息工作纳入目标管理，与县（区）经文保大队（股）签订责任状，缴纳责任押金。全年收集各类情报信息197条，其中深层次、预警性情报信息65条，及时制止和预防不安定事端29起，处置各类不安定事端47起。6月16日，双牌县木材总厂、酒厂、水泥厂、机械厂100余名退休工人集中在207国道拦车静坐请愿，造成交通堵塞，市公安局和双牌县公安局经文保股迅速出动，配合县委县政府开展疏导工作，将事态平息。1998年4—5月，对全市企事业单位安全保卫工作进行检查和抽查，重点检查重要的物资仓库、邮电、供电供水的重点要害部位以及重要企事业单位的重点要害部位。检查企事业单位1494个，重点要害部位1216处，发现隐患漏洞213处，及时整改194处。1999年，在围绕澳门回归、中华人民共和国成立50周年等重大节日和敏感期做好单位的维稳工作的同时，对金融单位的安全保卫工作采取市公安局、县（区）公安局（分局）和派出所三级管理的办法，共同维护金融单位的安全，督促各金融单位按照《国有企业治安保卫工作暂行规定》的要求，按照“政企分开”“谁主管谁负责”的原则，把单位内部安全保卫工作责任落实到法定代表人。全市组织安全检查12次，检查金融营业网点487个，金库75个，运钞车83辆，运钞情况45次，发现隐患126处，及时整改109处。金融单位投入资金400余万元，改造营业网点57个，金库13个，更新运钞车5台，安装各类报警器62台。搜集各类情报信息189条，其中深层次预警性情报信息64条，被省公安厅业务处采纳转发7条。受理经济犯罪案件138起，破获121起，其中重特大案件57起，惩治处理违法犯罪人员187人，挽回直接经济损失226万元。2000年，市公安局先后4次召开金融安全保卫工作会议，与市人民银行联合印发《关于加强金融单位金库、营业网点安全设施管理的通知》。市公安局经文保部门统一组织3次大检查，特别是常德“9·1”大案发生后，对全市金融系统进行全面细致的检查，共检查48次，检查网点847家，金库136个，运钞车110辆，运钞情况85次，发现隐患漏洞134处，发整改通知书134份，及时整改120处。同时对各首脑机关的安全保卫工作进行日常检查。全年收集各类情报信息259条，其中深层次预警性的情报信息86条，被省公安厅业务处采用转发情报信息4条。2001年，市公安局各级经文保部门督促内部单位安全保卫工作认真贯彻“防查并举，标本兼治，重在预防”的方针，狠抓广大干部职工的安全防范教育，严格内部管理、落实安全保卫工作制度，确保全市内部单位的稳定和安全，年底，有37个先进单位和57名优秀保卫工作者获得表彰。

2002年，市公安局内设机构调整分工，将经文保部分内保业务移交治安部门，治安部门于当年5月底组织召开全市企事业单位内部治安保卫工作会议，按照“预防为主、单位负责、突出重点、保障安全”的方针，积极构建“单位负责、政府监管”的新机制，撤销原有43个经济民警队，新组建护卫队61个，专职护卫人员820人。4—9月，治安部门对全市学校及周边治安秩序进行集中清理整顿，取缔一批非法、违规经营的网吧、电子游戏室、音像书刊点，严厉查处侵害师生人身财产安全的违法犯罪活动，并在全市乡镇中心小学以上的学校配备法制副校长，对危害学校治安秩序的违法犯罪活动打、防、控机制初步形成，师生的自我防护意识不断增强，中小学校及周边治安秩序好转。下半年，检查企事业单位550个（含金融单位93个）金融营业网点435个，提出指导性意见270条，发现整改安全隐患224处。

2003—2006年，全市公安治安部门继续抓辖区内国家重点工程安全管理和督促检查，把贯彻落实国务院《企业事业单位内部治安保卫条例》作为重点，推进单位内部治安保卫工作的开展。对辖区内国家重点工程衡枣（泉南）高速、邵永（二广）高速、道贺高速建设情况加强安全管理和督促检查，3年共排查安全隐患73处，下达整改通知书47份，保证各项工程顺利完工。2004年9月13日，国务院通过《企业事业单位内部治安保卫条例》（简称《内保条例》），市公安局在结合学习、宣传、落实《内保条例》的同时，组织各银行金融单位保卫科（部）长对公安部发布的中华人民共和国公共安全行业GA38—2004标准《银行营业场所风险等级和防护级别的规定》和《银行金库标准》（JR. T003—2000）进行业务培训。是年，与各相关保卫部门根据《内保条例》，检查市级重点单位和全市金融网点63个，发现安全隐患200处，提出整改意见260条，发出限期整改通知书46份。11月，根据省公安厅《关于加强电力设施保护工作的通知》，各县（区）公安机关加强电力设施保护，严厉打击盗窃、破坏电力设施犯罪，全市破获刑事案件31起，抓获犯罪嫌疑人52人。2005年5月，永州市人民政府确定全市69个行政、企事业单位为永州市级内部治安重点保卫单位。各级内部重点保卫单位在各级党委、政府领导和公安机关的具体指导下，认真贯彻落实《内保条例》，狠抓内部安全保卫工作，完善单位各项保卫制度。年底，市公安局给予在工作中表现突出的中国农业发展银行永州市分行保卫科等19个集体和黄群等44人记功或嘉奖。2006年5月，市公安局指派5~7名金融机构营业场所和金库安全防范建设许可专家，根据《湖南省金融机构营业场所和金库安全防范设施建设许可专家库管理办法》，对新建、改扩建银行金融网点建设统一进行安防验收。7月开始，为落实省公安厅《关于贯彻GA38—2004标准，全面开展银行营业网点场所和金库安防设施达标验收的通知》精神，市公安局在深入调查摸底的基础上，组织银行安全防范专家按照全省安防设施达标验收的标准，对全市各城区银行营业网点场所、金库进行审查验收认定工作，全市142个银行营业网点和12家金库，在2007年6月底验收中，通过率100%。

2007—2009年，全市公安机关在对单位日常治安保卫工作中，坚持“预防为主，打防结合”的方针，加强校园及周边治安的整治工作；针对盗窃、破坏电力和通信设施犯罪现象突出的实际，组织开展打击破坏电力、电信、广播电视与铁路设施（简称“三电一铁”）专项行动。2007年，按照《永州市人民政府办公室关于开展学校工作综合大检查的通知》，在全市范围内开展对学校工作综合大检查。5月和9月，先后2次检查中小学校、幼儿园62所，发现安全隐患126处，提出整改意见102条，发出限期整改通知书28份。在开展打击破坏“三电一铁”专项行动中，缴获非法收购的“三电一铁”电缆线2106米，缴获财物总价值39.61万元。全年检查金融网点259个，印发整改通知书120份。2008年5月3日，市公安局治安部门在冷水滩区水浪坝公路当场查获2辆运赃三轮摩托车，抓获犯罪嫌疑人4人，查获被盗移动通信专用电瓶32个。通过审讯深挖，成功破获冷水滩、祁阳、东安、零陵等县（区）盗窃移动和联通通信设施案件21起系列盗窃大案，含1起省公安厅挂牌督办案件。缴获通信电瓶520个、空调机3台，价值50余万元。6月，在重点中学设立警务室。全年检查中小学幼儿园1200余所，消除安全隐患655处。全年侦破“三电一铁”刑事案件197起，其中破获省公安厅挂牌督办案件4起，抓获犯罪嫌疑人251人。查处涉嫌“三电一铁”违法案件207起，取缔非法收购废旧金属窝点15家，查处未向公安机关备案的废旧金属收购站点55个，治安处罚154人，缴获财物总价值51万余元。2009年，全市公安机关共立案查处各类涉嫌侵害学校及师生人身、财产安全的刑事案件10起，刑事拘留8人。办理治安案件35起，治安处罚42人。对学校及周边易发案的重点路段和部位，增设治安岗亭和报警点64个，在复杂路段和上、放学时派员维护交通秩序1500余人次。在校园周边设置交通标志和交通安全设施142处，施划人行横道线175处，设置人行横道信号灯61处，设置临时停车泊位380个，解决涉校矛盾纠纷274起。为确保全国“两会”和中华人民共和国成立60周年庆典期间各级内保单位的安全与稳定，于年初和9月先后2次组织对全市676家内部治安保卫重点单位进行安全大检查，重点检查内部单位是否设立门卫值班室、建立24小时值班制度，检查重点部位886处，发现安全隐患591处，下达整改通知书269份。侦破“三电一铁”刑事案件186起，抓获犯罪嫌疑人241人。查处涉嫌“三电一铁”违法案件210起。3月4日和28日，冷水滩区花桥街镇敏村的超高压输电线路50万伏长宗线166号铁塔和普利桥镇八井村的171号铁塔先后被人为破坏，直接经济损失高达213万元，经过公安部门36天的不懈努力，成功破获“3·4”和“3·28”两起破坏电力设施案件，犯罪嫌疑人周某勇被依法刑事拘留。

2010—2015年，在坚持以重点单位、要害部位安保工作为重点，坚持检查督促整改不放松的同时，针对全国连续发生多起针对小学生、幼儿园儿童的恶性案件情况，加强校园及周边地区的安全防范工作。2010年3月下旬至4月，根据公安部、省公安厅“强化措施，因地制宜，深入推进学校和幼儿园安全保卫工作各项措施，确保安全”的指示精神，市长助理、市政府副厅级干部、市公安局局长蒋建湘主持召开局党委会议，就进一步加强校园及周边地区的安全防范工作进行研究部署，先后印发《关于抓紧落实校园安全“八个一”要求的通知和致家长的一封信》《关于集中开展校园技防设施专项检查整治活动的通知》，并会同市教育局印发《关于进一步加强我市中小学、幼儿园及其周边地区安全保卫工作的紧急通知》，进一步明确全市中小学、幼儿园及其周边地区人防、物防、技防工作，要求各县（区）公安机关制订专门工作方案，进一步加强领导，明确责任，强化措施，确保中小学、幼儿园安全及其周边地区社会治安平稳。全市悬挂宣传横幅800条、张贴宣传标语3940张、发放《致学生家长的一封信》6.8万份。5月5日开始，市公安局分派两个工作小组对南北两片县（区）开展加强学校和幼儿园安全保卫工作的各项工作措施落实情况进行督察。市委办公室、市政府办公室召集市公安局、教育局、卫生局等相关单位共计20余人分4个工作组对全市11个县（区）学校及幼儿园安全保卫工作进行暗访督察。6月，召开全市单位内部治安保卫工作会议，贯彻落实“5·30”继续加强学校幼儿园安全保卫工作视频会议精神，对全市加强学校及幼儿园安全保卫工作再动员、再升温、再部署，全年查处扰乱学校正常教学、生活秩序案件61起，抓获违法人员72人。是年，对全市银行638个营业网点、299个金库、274个自助银行设备、908个提款箱进行安全检查。根据《内保条例》对省重点建设工程单位内部治安保卫工作进行监督指导，发现各类治安隐患120处，责令限期整改82处，立案侦破和查处涉嫌重点建设项目违法犯罪案件19起。2011年，检查重点部位1569处，发现安全隐患485处，下达整改通知书127份。对银行业、武装守押、金银珠宝店、大型商场等安全防范进行排查，发现安全隐患381处，下达整改通知书责令限期整改87处。加强人民法院安全保卫工作，出动警力联防巡逻4200余人次，联动处置涉法涉诉纠纷270余起，联合演练处突应急预案23次，参加演练人员720人，全年未发生围堵、冲击、袭击人民法院、基层人民法庭和伤害法院干警案件。查处涉嫌“三电”案件462起，取缔非法收购废旧金属窝点141家，治安处罚435人，缴获财物总价值270万余元。检查中小学幼儿园526所，消除安全隐患350处，查处涉校治安案件126起。2012年，在全市重点单位和要害部位中，625个设立专门或合署的保卫机构，新增专兼职保卫人员993人，370个新设立门卫值班室，570个建立24小时值班巡逻守护制度，重点要害部位新增基本物防设施

527 套，电视监控、红外线报警器等技防设施 491 套。强化医疗机构及其周边治安防控措施，全面排查，开展医患矛盾化解工作，与卫生、司法等部门加强协作配合，建立长效工作机制，主动协调综治、卫生行政、宣传等部门，进一步深化“平安医院”建设，大力支持卫生、司法部门正在推行的医患纠纷第三方调解机制的建设工作。是年，全市公安治安部门受理涉医报警求助 51 起，化解医患矛盾 32 起。2013 年，深入 15 家重点企事业单位检查 20 余次，提出意见和建议 40 余条。与市教育局等部门密切配合，全年排查各类涉校矛盾纠纷 152 起，其中调处化解 127 起；排查专人负责管控可能危及校园及师生安全的各类重点人员 79 人；及时受理涉医报警求助 135 起，配合化解医患矛盾 102 起。2014 年，根据反恐防暴工作新形势新要求，组织各县（区）公安局（分局）治安大队和派出所，对全市反恐防暴重点目标和其它治安保卫重点单位进行安全大检查。检查重点部位 2985 处，发现安全隐患 3257 处，下达整改通知书 1164 份。开展“护校安园”专项行动，切实加强校园及周边治安环境整治。检查中小学幼儿园 2437 所次，整改各类安全隐患 916 处。查处侵害师生人身、财产安全的刑事案件 8 起，抓获犯罪嫌疑人 10 人，刑事拘留 7 人，提请逮捕 3 人。查处涉校治安案件 371 起，治安处罚 426 人，其中治安拘留 95 人。排查各类涉校矛盾纠纷 152 起，其中调处化解 127 起；检查清理电游室、录像厅、出租屋 681 家次，查处违法违规经营 69 家，其中取缔 31 家；查处“黑校车”“黑出租车”72 辆，新设交通岗亭、减速带、交通标志等护学安全设施 319 处。2015 年，检查重点部位 620 处，发现安全隐患 1790 处，下达整改通知书 612 份。通过检查指导和督促，全市重点目标、重点单位新增专兼职保卫人员 183 名，48 家新设立门卫值班室，375 家建立 24 小时值班巡逻守护制度，重点要害部位新增基本物防设施 142 套，电视监控、红外线报警器等技防设施 91 套。按照“社会管理综合治理责任状”的目标要求，全市公安机关为解决医患矛盾，维护医院正常诊疗秩序，开展医院综治工作。从内部环境着手，结合工作实际，加强医院警务室、投诉室、调纠室、监控室建设，开展警院共建活动，加强医院治安管理。将传统医疗纠纷接待、解决的模式，从后台推到前台，将医患纠纷和争执消除在萌芽状态。全市 32 起医患纠纷投诉得到 100%的处理，80%的纠纷现场得到解决。

二、大专院校和国家考试保卫

（一）大专院校保卫

1993—2003 年，市公安局公安文化保卫部门督促帮助大专院校建立健全保卫机构和保卫制度，以维护学校教学秩序和师生人身财产安全为中心，适时开展“严打”和学校周边秩序整治活动，广辟情报信息来源，严打严查各类违法犯罪活动。

至2003年年底，收集情报信息139条，被省市采用32条，查处各类案件69起，其中刑事案件21起，治安案件48起，查处各类违法犯罪人员85人，挽回经济损失23万元。1993年，与零陵师专保卫部门开展安全检查，全年开展大检查10次，排除安全隐患18处。1994—1995年，配合党委政府在零陵师专积极开展创治安模范单位、安全合格单位等活动，指导院校保卫部门开展“三防一保”专项行动（防抢劫、防盗窃、防诈骗，保护金融资产安全），遏制学校内“三防一保”刑事案件的发生。1996年，为净化大专院校内部单位治安环境，先后2次召开会议进行专题部署，制订方案，分3组对零陵师专进行全面调查摸底，取缔游戏厅、“黑网吧”3家。1997年8月，部署在大专院校查禁收缴非法出版物行动，共派出2个工作组深入零陵师专开展调查，共清理书报刊店音像店7家，收缴书刊15册，录相带6盒，影碟13张。1999年，在重要节点，公安机关始终保持高度警惕，加强高校值班巡逻，没有发生学生聚集事件。2000年11月，先后组织零陵师专、永州职业技术学院开展校园周边“三厅两室”（卡拉OK厅、舞厅、录像厅，电子游戏机室、桌台球室）、出租房屋的清理整顿，取缔无安全许可、无经营资质录相厅、游戏厅6家。2001—2002年，会同零陵师专、永州职业技术学院两所高校属地派出所、文化部门、高校保卫部门，开展对校内外治安环境的综合整治活动，共组织开展综合治安检查12次，收缴管制刀具45把，取缔“黑网吧”5家，净化高校治安环境。2003年“非典”期间，公安机关组织湖南科技学院、永州职业技术学院保卫部门召开“防非”工作会议，部署师生出入、安全检验、应急处置等工作，派出专门队伍指导各类院校从4月25至6月24日实行封闭式管理，严防“非典”入侵，严防院校各类事故发生，各院校秩序井然。

2004年，市公安局内部职能进行调整，将高校保卫职能移交国保支队，国保支队紧紧围绕境内外重大事件及重要节点开展情报信息工作，做好校内重大突发事件应对处置，加大对违法犯罪的打击处理，保持良好教学秩序。当年组织民警和院校保卫干部先后分别对两所院校开展不稳定因素大排查，发现各类不稳定因素35条，检查周边网吧游戏厅等36家，溜冰场、桌球室9家，出租房屋50余家，发现无证无牌、消防安全等问题12处，全部整改到位。2004—2015年，共收集情报信息378条，被省市采用96条，查处各类案件139起，其中刑事案件25起，治安案件114起，查处各类违法犯罪人员140人，挽回经济损失44万元，处理教职工非正常死亡事件10起，高校周边秩序安全有序。

2005年，传销、邪教等活动在高校内抬头，国保支队抽调6名民警深入湖南科技学院、永州职业技术学院，指导高校保卫部门利用节假日，通过新生入学教育、学生大会、日常展览、广播宣传、专家授课等多种方式开展“反传销”“反邪教”

等各类宣传教育活动21场次。

2006—2007年，相继开展高校及周边治安综合治理工作，督促落实高校人防、物防措施，整改安全消防隐患29处。湖南科技学院、永州职业技术学院增加安全保卫设施投入12万元，新增保卫人员3人、购置巡逻车4辆，实行校园24小时巡逻制度。2007年，湖南科技学院被评为全省学校及周边治安综合治理工作先进单位。

2008年，值奥运圣火传递期间，因境外企业资助煽动从事捣乱破坏活动，引发国民“抗议法国、抵制家乐福”活动。4月20日，湖南科技学院300余名学生沿杨梓塘沿河街道举行游行示威活动，国保部门配合做好现场引导疏散等工作，两小时内恢复正常秩序。

2009年12月，针对湖南科技学院校园内抢劫、盗窃案件频发，公安国保部门会同派出所、学校保卫部门加大案件侦破力度，抓获抢劫犯罪嫌疑人4人，查获被盗电脑2台。

2010—2011年，开展不安定因素排查，发现各类不安定因素5起。永州职业技术学院因扩建征地拆迁、学生非正常死亡等引发群体性事件苗头2起，通过做工作均妥善化解。

2012年，公安部在全国开展“平安高校”创建活动，公安国保部门以此为契机，印发《永州公安国保部门“平安高校年”建设活动工作方案》，成立国保与高校内保联合的“平安高校年”工作专班，加强学院的警务室建设及安保信息化建设，湖南科技学院增设视频中心，新增监控探头10个；增设学生宿舍门禁系统，加强防范管理。

2013—2014年，深入推进“平安高校”建设年，公安国保部门指导湖南科技学院完善技术防范网络，建设电子报警系统、消防监控中心、校园限速系统，指导制订《湖南科技学院突发公共事件总体应急预案》，同时指导学院处理学生因心理障碍引发的跳楼事件1起，调解因家庭矛盾引发的教职工跳楼未遂事件1起。

2015年，“平安高校”建设考核年。公安国保部门会同教育部门完成湖南科技学院“平安高校”建设测评，该学院被评为合格单位。

（二）国家考试保卫

1993—2015年，市、县公安文化保卫部门每年派员参加在永州举行的普通高校招生考试、高等教育自学考试、成人高校招生考试、硕士研究生招生考试、全省美术专业联考、高中学业水平考试及其他教育部门组织的考试保卫工作，每年开考前对考点周边环境进行综合检查整治，配合教育部门对考场考点的通信、视频、保密、安全开展督促检查，开考后在考点设立警务室，对考场进行巡查，在考点进行巡逻，指导考试中心建立存放试卷的保密室，参与考试试卷押运、守护，查处涉密作弊违法犯罪行为，维护正常考试秩序。全市没有发生有影响考试的涉密失密事件。

2015 年 11 月考试作弊行为入刑以后，市公安局国保部门严格执法，依法联合相关警种破获 2 起利用作弊设备组织考试作弊的案件，破获刑事案件 2 起，刑事拘留 5 人，移送审查起诉 5 人，缴获作弊设备发射器 2 台、接收器 6 套。

第二章　巡特警勤务

第一节　巡逻勤务

永州市公安局防暴（巡逻）警察支队组建于 2002 年，在此之前，全市巡防工作由市公安局治安部门指导。

2011 年 7 月 1 日，特警队员在冷水滩主城区步巡

2002 年 3 月至 2006 年 11 月，市公安局防暴（巡逻）警察支队根据公安部《城市人民警察巡逻规定》和《湖南省城市巡逻警察规范化建设实施细则（试行）》，主要执行巡逻防控、应急处突、反恐防暴、反扒维稳、综合执法等任务，指导县（区）巡防工作。在特别防护期、节假日、重大活动期间，会同冷水滩公安分局等单位，在中心城区采取“明确任务、条块结合、包干负责、相互策应、全面巡防、重点控制”的方法，加强人流、车流高峰时段巡逻防控，提高群众见警率，最大限度挤压违法犯罪活动空间。同时，受理群众举报案件和执行市公安局临时指派任务。2003 年，圆满完成“香港健康快车（在列车上为白内障患者免费手术）”永州站安全保卫任务，受到市政府表彰。2004 年，根据省公安厅部署开展大练兵活动，在省公安厅考评中名列第二，被市公安局记集体三等功一次。2006 年、2007 年，分别参与“6 · 28”专案、“7 · 24”专案侦办，3 名民警立功受奖。2003—2007 年办理行政、刑事案件 112 起，抓获违法犯罪嫌疑人 623 人，其中扒窃嫌疑人 121 人。

2007—2014 年，市公安局巡警特警支队（特警防暴城管支队）根据全市社会治安形势，将巡特警队伍逐渐建设成集巡逻防控、交通管制、打击犯罪、配合城管执法、服务人民群众等多职能为一体的复合型队伍，民警人数达到 79 人。在主城区、市委和市政府所在区域路段、马坪路口、汽车北站、老火车站执行巡逻任务，实现警务前移和综合执法。8 年间，破获刑事案件 52 起，办理行政案件 86 起，抓获违法犯罪嫌疑人 767 人。

2007 年起，双休日、法定节假日和特别防护期，巡特警支队安排警力在市委、马坪路口、汽车北站路口、老火车站实行 12 小时武装巡逻堵卡。2008 年，将双休日、法定节假日和特别防护期巡逻卡点增至 8 个（市委、市政府、宋家洲、长城宾馆十字路口、永州东高速路口、汽车北站、曲河大桥、马坪路口）。2009 年，巡逻时间调整为 24 小时不间断模式。2010—2015 年，巡逻时间调整为早、中、晚常态化巡逻制。

2011 年 7 月 6 日，市公安局特警队员在汽车北站设卡

2007—2009 年，巡特警支队在“三基三化”建设中，加强队伍规范化建设，提升快速反应能力，成为“三、五、十”封控战略［主城区发生重特大案件时，三分钟赶到现场、五分钟封控城区出口、十分钟封控与冷水滩区交界的县（区）路口］主力军。2010—2014 年，巡特警支队以“优秀团队建设”为总抓手，加强学习训练，加大巡防力度，在“三级战略防控网”［在城区内和周边及主要道口构建第一道防控网，在各（县）区主要出城口和县（区）之间中间地带构建第二道防控网，在永州主要出市口构建第三道防控网］建设中发挥重要作用。2014 年 3 月至 2015 年 12 月，累计盘查可疑人员 1280 人，盘查可疑车辆 265 辆，接受群众求助 562 次，抓获重大犯罪嫌疑人 12 人。2014 年 3 月 1 日，昆明火车站发生严重暴力恐怖事件，反暴恐形势日趋严峻。根据“5・22”全国反恐维稳工作紧急视频会议精神和中央领导关于进一步强化社会面巡逻防控的重要指示，以及省公安厅、省武警总队《关于建立常态化联勤武装巡逻机制的通知》，结合永州市中心城区实际，巡特警支队与武警永州支队开展联勤武装巡逻，重点围绕市委、市政府等首脑机关和永州火车站、金水湾城市广场等人员密集场所开展武装巡逻。法定节假日，另增派警力在高速公路、汽车北站、汽车西站等进出城口和人员密集场所巡逻堵卡。巡

特警支队联勤武装巡逻实行民警、武警混合编组，由民警担任指挥员。联勤武装巡逻队以驻守、车巡、步巡三种形式编组，在火车站、城市广场、市政府等人员密集场所设立执勤点，实施驻点警戒，确保发生重大突发情况能及时到场处置。联合武装车巡组（武装车巡组配备 1 辆巡逻车）采取乘车巡逻和泊车步巡相结合方式，在各进、出城卡口实行联合武装巡逻。联合武装步巡组采取分组分批并分区负责的方式，在火车站、城市广场、市政府开展联合武装巡逻。

民警、武警联勤武装巡逻机制的建立，推动巡逻防控由蹲点守面、应急联动向“四门落锁”（指本城区或外地发生恐怖袭击、重特大刑事案件之时，城区周边卡点立即启动，查缉、抓捕嫌疑人，防止嫌疑人外逃或外地嫌疑人潜逃至本城区）常态联动转型升级。

2010 年广州大学生运动会期间，特警在永州出入境路口设卡

2015 年，市公安局组织开展严打整治“百日会战”、“禁毒会战”等一系列打击违法犯罪专项行动，巡特警支队一方面组织执法办案小组，集中精锐力量聚力打击；一方面依托联勤武装巡逻机制，部署多个巡逻防控小组，分别在高速公路永州东收费站、汽车北站、永州马坪货运站等重要路口，对可疑人员、车辆进行盘查，并协同交警查处酒驾、醉驾、无证驾驶等道路交通违法犯罪行为。全年办理刑事案件 26 起，行政案件 61 起，缴获管制刀具 38 把、制式猎枪 2 支，协同交警查处违法驾驶行为 56 起，抓获违法犯罪嫌疑人 215 人，其中，依法采取刑事强制措施 36 人，依法行政处罚 179 人。

第二节　特警勤务

2007 年，市公安局巡警特警支队设立突击队，执行反恐防暴、解救人质、重大暴力犯罪处置等特警勤务。2010 年 1—4 月，巡特警支队援疆特警队前往新疆乌鲁木齐市执行援疆维稳任务。2012 年 3 月，巡特警支队圆满完成国务委员、公安部部长孟建柱一行视察永州的警保卫任务。2012 年 8 月，巡特警支队设立突击大队（即正科级特警三大队），定员 20 人，成为反恐防暴等特警勤务专业队伍。

一、反恐处突

2006—2015 年，处置突发事件 97 起，处置劫持人质事件 6 起，参与抓捕重大暴力犯罪嫌疑人 58 人。

（一）处置群体性事件

2010 年 3 月 3 日，特警队员在江华瑶族自治县东田镇维稳

因土地征用、房屋拆迁、企业改制、城市管理、山林权属纠纷等问题引发的群体性事件时有发生，不仅干扰党政机关的正常工作秩序，阻碍一些重点工程建设进度，而且威胁到人民群众生命财产安全，影响社会稳定与和谐。巡特警支队按照上级公安机关的要求，根据永州实际，制订《处置群体性事件预案》，对处置流程、战术运用进行规范，反复演练，并结合实战对预案进行修改完善，收到良好效果。2010 年 3 月 23 日 14 时许，江华瑶族自治县东田镇黎家寨与排楼村因土地权属问题，产生纠纷，双方聚集上百人，手持杀猪刀在黎家寨与排楼村交界处聚集，随时可能发生群体性械斗。巡特警支队接到上级指令，立即启动处置群体性事件预案，组织民警赶赴江华瑶族自治县东田镇，与县政府工作人员、派出所民警协同作战，按照战术方案迅速隔离双方，避免了一起流血事件。

（二）处置劫持人质案件

巡特警支队根据永州发生的劫持人质案件特点进行分析研判，制订《反劫持人质方案》，设计多种复杂情况进行演练。在处置 6 起劫持人质案件中，达到在保障人质安全的前提下有效制服劫持者、确保不伤及无辜、警察不付出伤亡、处置方式合法并得到社会舆论认同的目标。2013 年 10 月 19 日，吸毒人员曾某杰因吸食过量毒品致幻，在冷水滩区百业街一居民楼六楼持斧头劫持 2 名女性人质，打开煤气罐，手持打火机阻止民警处置。接警后，特警队员迅速反应，一面控制有利地势布置狙击手，一面派出民警正面与犯罪嫌疑人谈判，同时协调消防队员配合行动。突击大队教导员邓战友、狙击手丁伟强不顾自身安危，在消防队员侧面喷水的配合下，正面强攻，成功抓获曾某杰，安全解救 2 名人质。

（三）处置暴恐案件

2014年“3·1”昆明火车站暴力恐怖袭击事件后，3月14日，长沙市发生维吾尔族人持刀砍人事件。巡特警支队加大巡防力度，实现巡防工作常态化。通过模拟实战演练加强与其他警种之间的配合，提高特警快速反应能力。制订反恐应急预案，根据恐怖袭击事件的严重程度、可控性和影响范围等因素，将应急预案分为多个级别，针对不同级别启动相应的处置预案，保证及时、有效地处置突发事件，最大限度减少突发事件造成的损失和影响。2014年8月17日，犯罪嫌疑人唐某持刀在冷水滩区黄泥井市场对过往路人进行追砍，造成3人受伤。正在附近武装巡逻的特警队员火速赶到现场，兵分三组，一组疏散现场群众，一组救助受伤群众，一组布置狙击手。突击大队教导员邓战友率特警队员郑桐礼、蒋稳根持盾牌、防暴钢叉将犯罪嫌疑人围控到一居民楼顶，在特警队员的严密攻势下，犯罪嫌疑人唐某畏罪跳楼身亡。

二、援疆维稳

2010年1月，市公安局组织欢送援疆特警出征

2009年，“7·5”乌鲁木齐打砸抢烧严重暴力事件发生后，新疆反恐形势骤然紧张。为维护新疆稳定，2010年1月，根据公安部统一部署和省公安厅指令，市公安局从巡警特警支队挑选30名特警队员组建永州援疆特警队，由巡警特警支队副支队长朱峻波带队，赴新疆执行维稳任务，与怀化、益阳特警换防。

永州援疆特警队入疆后，被分配到乌鲁木齐市水磨沟公安分局新兴街和六道湾派出所，担任南湖路巡逻、驻地守卫、人民法院守卫、社区巡防、带勤带训等任务，并承担当地公安机关统一安排的设卡封控、警戒守卫、抓捕押解、入户走访、治安清查等临时勤务。2月，完成“7·5”乌鲁木齐打砸抢烧暴力恐怖事件犯罪嫌疑人押送、审判安保任务。3月，对新疆新进特警队员进行传、帮、带，在月底考核中，新疆特警成绩名列前茅。

在援疆维稳期间，永州特警每天派出12名队员，分两班在总长25公里的南湖

2010 年 2 月，永州援疆特警在乌鲁木齐街头执行巡逻任务

路巡逻线上进行武装巡逻，盘查可疑人员，收缴违禁物品，震慑违法犯罪，增强群众安全感。出动警力 826 人次，盘查可疑人员 785 人，检查车辆 149 辆，抓获各类违法犯罪嫌疑人 28 人，收缴钢管、大头木棒 9 根，砍刀、斧头 4 把。19 名队员因高强度巡逻脚底磨出血泡，81 人次因水土不服出现感冒、发烧、流鼻血现象。但全体队员克服各种困难，坚持在武装巡逻第一线，有效防范各类案件的发生，确保防区治安平稳。永州特警巡防辖区未发生一起群体性事件和暴恐案件。每天派出 5 名队员，担负乌鲁木齐市中级人民法院驻点守卫任务。驻守队员坚持执守 24 小时不懈甲，设置明岗暗哨，加大巡防密度，排爆队员定期对法院重点部位进行排爆检查，确保驻守目标安全。守卫期间，乌鲁木齐市中级人民法院未发生任何案件和事故。

为增进民族团结，永州特警先后派出 130 余人次深入社区，走访服务群众，宣扬民族政策，化解维汉隔阂。走访辖区单位 15 家，住户 287 户，群众 549 人，其中维族 96 户 203 人，服务群众 309 起，及时排除火险、涉盗安全隐患 26 起。1 月 31 日，在执行巡逻任务时救助在大雪中迷路且意识模糊的刘昌文老人，并在零下 15 度的低温下，想方设法将其安全送到住处。该事迹被《乌鲁木齐晚报》、兵团卫视、乌鲁木齐电台等媒体报道。3 月 7 日，永州特警前往南湖东路献血屋参加“情系新疆，热爱新疆”大型献血活动，副支队长朱峻波带头献血 400cc，全体队员积极响应，踊跃献血。永州特警以实际行动树立良好形象，为湖南、永州公安机关赢得荣誉，受到公安部协助组表场和当地群众称赞。

2010 年 2 月 2 日，乌鲁木齐市杜氏敬老院杜院长向永州特警赠送锦旗

三、抢险救灾

2013 年 8 月，特警队员帮助蓝山县所城镇群众修筑堤坝

2008 年年初，我国南方地区发生罕见冰冻灾害，永州受灾尤为严重。按照市公安局统一部署，巡特警支队全体出动，在衡枣高速枣木铺收费站进行赶往目的地抢险救灾，执行疏导车辆、维持秩序和清除路面积雪任务。队员们两班一倒，吃住在警车上，连续奋战 20 余天，圆满完成救灾任务。

2013 年 8 月中旬，连日暴雨，永州受灾，其中蓝山塔峰镇、所城镇受灾最为严重。巡特警支队接到命令后立即组织 20 名民警连夜赶赴蓝山抗洪抢险。因所城镇桥路崩塌，车辆无法进入灾区，队员徒步行进赶往目的地所城镇团源村，在镇政府组织下，与当地村民一起夜以继日，抗洪抢险，经过 18 小时的连续奋战，筑起一条长达 536 米的防洪堤，帮助 112 名村民脱离险境。

四、训练演练

2002—2006 年，防暴（巡逻）警察队员主要训练科目为体能、拳击、警棍盾牌术、射击、攀登、阻截车辆、盘查、抓捕、解救人质等。

2007 年起，巡警特警支队更加注重警务实战技能训练演练，采取日常训练演练与集中训练演练相结合的方法，不断加大训练强度和演练频率。日常训练以体能、队列、格斗、射击等为主要科目。每次安排 1 个月的集中训练和演练，重点训练反劫持、反暴恐、抓捕暴力犯罪嫌疑人、新装备使用等技能，演练突发事件处置。在训练中，创新射击训练模式，引入 CQB（室内近距离战斗战术）以及攀爬、垂降等训练科目，培养突击攻坚标兵，提升队伍战斗力。突击队员每年到武警永州支队东安教导队进行至少 1 个月的封闭式反暴恐技能训练，模拟各种复杂情况，测试心理素质和业务技能，针对存在的问题和不足加以改进和提高。

2008 年 9—12 月，组织 47 名新警，到武警长沙指挥学院进行封闭式集训。除参照部队新兵连模式进行纪律培养、体能训练、军事素质训练外，特别进行狙击、

2009 年 3 月，特警支队组织散打训练

2013 年，永州特警参加全省特警比武，获团体第二名

防暴队形、CQB 战术等特警专业项目训练。

2009—2015 年，为提升队伍的维稳处突能力，除坚持日常训练外，先后组织民警进行反恐、反劫持人质、处置群体性事件演练和参加技能培训及大比武等活动。2009 年 9 月，市公安局在武警东安教导队举行反恐维稳模拟实战演练，巡特警支队突击大队成功完成房屋突击、追击设卡、“解救人质”等演练科目任务。2010 年 4 月，在冷水滩区逸云路组织反劫持人质演练；8 月，巡特警支队组建阅警方队，代表市公安局参加全省公安机关阅警式，获得第三名。2011 年 5 月，在冷水滩区春江路组织反劫持人质演练；派出 5 名队员参加省公安厅组织的警务实战特警小教官培训，5 名队员均被评为优秀小教官。2012 年，组队参加全省公安系统散打擂台赛，特警队员王先朋获 56 公斤级第二名，赵惊涛获 80 公斤级第四名，徐凯获 60 公斤级第五名。是年，王先朋被省公安厅评为全省公安十佳狙击手。2013 年 10 月，在武警支队训练场进行处置群体性事件演练。组队参加全省特警比武，获团体第二名，王先朋被抽调省公安厅代表湖南公安参加公安部组织的中部 4 省特警大比武。2014 年 4 月，组织 40 名队员，1 台运兵车，从永州到浏阳进行省内跨市拉练训练，圆满完成野外宿营、定向目标搜寻等训练科目，提升队伍战斗力。组队参加全省特警比武，王先朋获个人全能第二名、徐凯获个人全能第三名。

第三章　专业保卫

第一节　森林保卫

一、林政管理

1993—2015 年，永州市森林公安机构、编制在历经多次变更和调整后，机构名称得到统一规范，人员编制由专项事业编制置换为森林公安政法专项编制。截至 2015 年年底，全市共有森林公安机构 54 个，其中市级机构 1 个、县（区）级机构 12 个、基层派出所 41 个。

1995 年 3 月，零陵地区林业局公安科（零陵地区公安处林业公安科）随零陵地区林业局搬迁至冷水滩区办公。1996 年 3 月，撤区建市，零陵地区林业局公安科（零陵地区公安处林业公安科）更名为永州市林业局公安科（永州市公安局林业科）。2001 年 11 月 25 日，根据省机构编制委员会办公室、省林业厅、省公安厅《关于全省林业公安机构更名的通知》，永州市林业局公安科（永州市公安局林业科）更名为永州市林业局森林公安分局（永州市公安局森林分局）。2003 年 5 月 19 日，根据市机构编制委员会《关于永州市林业局森林公安分局领导职数的批复》，配局长 1 名（高配副处级），政委、副局长各 1 名。2009 年 5 月 25 日，永州市林业局森林公安分局更名为永州市森林公安局（永州市公安局森林支队）。7 月 1 日，根据永州市机构编制委员会《关于市森林公安局内设机构设置的批复》，市森林公安局内设办公室（加挂“计划财务装备科”牌子）、警务科（加挂“督查室”牌子）、法制科、林业消防科和刑侦治安大队，均为副科级机构，配副科级领导职数 5 名。2013 年 5 月 15 日，根据市机构编制委员会《关于印发〈永州市森林公安局（永州市公安局森林支队）主要职责内设机构和人员编制规定〉的通知》，市森林公安局内设办公室（计划财务装备科）、警务科（警务督察科）、法制科、森林消防大队、刑侦治安大队 5 个副科级内设机构，核定森林公安政法专项编制 20 名，设局长、政委各 1 名（副处级），副局长 2 名（正科级，其中 1 名兼任市森林防火指挥部办公室专职副主任），内设机构高配正科级领导职数 2 名（森林消防大队、刑侦治安大队的大队长均高配正科级）、副科级领导职数 5 名。

县（区）机构设置。1995年7月10日，根据省机构编制委员会办公室、省公安厅、省林业厅《关于设立津市市公安局林业派出所等机构编制的通知》，设立江永县公安局林业分局黑山派出所，定编5名。1997年3月4日，根据省机构编制委员会办公室、省公安厅、省林业厅《关于省林业公安系统调整部分机构编制的通知》，撤销东安、宁远、蓝山县公安局林业股，设立东安、宁远、蓝山县公安局林业分局（均为副科级），分别增编9名、8名、6名。2001年5月29日，根据省机构编制委员会办公室、省林业厅、省公安厅《关于全省林业公安机构更名的通知》，江华、江永、双牌、蓝山、宁远、东安等县（自治县）公安局林业分局统一更名为县林业局森林公安分局，祁阳、新田、道县、芝山等由县（区）公安局（分局）林业股统一更名为县（区）林业局森林公安分局，冷水滩区公安分局林业派出所更名为冷水滩区林业局森林公安分局，祁阳县公安局金洞林业分局更名为祁阳县公安局金洞森林分局。县（区）森林公安分局亦称县（区）公安局（分局）森林分局。2008年9月8日，根据省机构编制委员会办公室、省林业厅、省公安厅、省人事厅《关于下达全省森林公安政法专项编制等事项的通知》，县林业局森林公安分局统一更名为县森林公安局；芝山区、冷水滩区林业局森林公安分局和祁阳县公安局金洞森林分局分别更名为永州市森林公安局零陵分局、冷水滩分局、金洞分局。县（区）机构更名的同时各派出所亦随之更名。2012年2月20日，根据市机构编制委员会《关于印发永州市公安局金洞分局主要职责内设机构和人员编制规定的通知》，设立永州市公安局金洞分局，为永州市公安局直属正科级分局，与永州市森林公安局金洞分局合署办公。

编制变化。1993年1月4日，根据省机构编制委员会办公室、省公安厅、省林业厅《关于将森林防火编制纳入林业公安编制序列的通知》，零陵地区森林防火52名编制纳入林业公安序列，全区森林公安专项编制422名。

1995年7月，江永增编5名；1997年3月，东安、宁远、蓝山增编23名。至此，全市有森林公安专项事业编制450名。

2008年9月8日，根据湘编办《关于下达全省森林公安政法专项编制等事项的通知》，核定永州市森林公安政法专项编制409名（其中派出所231名），用于置换原森林公安专项事业编制。截至2015年年底，全市森林公安机关共有在职人员405人，其中工勤人员64人。

1993年年底，全区347名森林公安民警完成首次授衔。2004年12月，《湖南省森林公安机关录用人民警察实施细则》出台，录用主任科员以下非领导职务人民警察一律实行统一考试录用制度。2009年，根据省人事厅、省林业厅《关于做好全省森林公安机构人员公务员登记工作的函》，全市328名森林公安民警符合置换政法专项编制和公务员登记条件并完成公务员登记。

1993 年，针对部分边界偷砍盗伐木材现象高发，零陵地区林业局公安科及时组织开展专项斗争，依法严打严查偷砍盗伐林木犯罪。9—12 月，江永县公安局林业分局破获在广西恭城县和道县边界连续破获偷砍盗伐、哄抢木材团伙案件 4 起，查获团伙成员 65 人，提请逮捕 18 人。11 月，组织双牌、宁远两县民警先后 5 次深入双牌县阳明山国家森林公园与宁远县荒塘乡边界调查取证，破获宁远县荒塘乡以左水源 1、2 组李某良等人为首的团伙案，涉案 40 人，盗伐阳明山杉木 287 立方米，依法收审 3 人，缴获盗伐木材 50 立方米。

1993 年 11 月，江永县森林公安查获收缴的无证木材

1994 年，林区社会治安形势依然严峻。零陵地区综治委、地委政法委根据省综治委和省委政法委的部署，将林区治安纳入农村社会治安整治范围。2 月，地区公安处、林业局联合印发《关于集中整治林区治安的通知》，开展打击破坏森林资源违法犯罪“春冬”“夏秋”“秋冬”3 大战役，查处各类林业违法案件 2497 起，其中，刑事案件 129 起，林业治安案件 743 起，查处违法人员 2942 人，其中提请逮捕 109 人，劳教 13 人，治安拘留 123 人。同年，地区林业公安机关与毗邻省（自治区）、市、县签署联防公约，建立联防和案件协查制度，共建立边界联防区 39 个，其中，省际 8 个，县际 31 个。省际护林防火联防实行边界县（区）轮流值班，每年定期走访交流、紧急情况及时互通、重要案件相互协作、2 年总结交班制度。县际边界实行不定期走访交流、案件相互协作机制。5 月 23 日，地区检察院牵头，地委政法委、林业局联合在金洞林场召开金洞、永州、祁阳、宁远、新田、双牌、常宁等县（市）边界联防会，成立“小三角”边界林区综合治理领导小组，重点整治金洞林区社会秩序。9 月 15 日，地区公安处、林业局组织道县、江永、蓝山、江华在江华瑶族自治县召开 4 县边界整治联席会议，成立江华林区大“三角区”综合治理领导小组，在南北两个“三角区”展开打击边界毁林犯罪专项斗争。

1995 年，全区在两个边界“三角区”及毁林犯罪现象高发的周边地区，由县与县之间协调组织召开边界乡、镇、场联席会议，制定边界林区综合治理方案，建立健全情报信息、治安防范、护林联防、案件协查网络，通过治理，江华务江、江永上江圩、道县新车三县交界毁林重灾区当年没有发生一起林业刑事案件。

1996 年，市林业公安科对全市林区治安状况进行摸排，确定 6 个重点部位和区域以及 11 种重点对象。江永县林业分局针对本县上江圩镇桐口村偷砍盗现象严重，组织警力进村入户调查取证，迅速掌握 70 人作案情况以及以卢某远为首的盗窃团伙，抓获犯罪嫌疑人 8 人。全市通过治理，5 个乡镇 28 个林场 204 个村林区治安秩序明显好转。

1997—1999 年，调整充实护林护村队伍，开展安全文明林区创建工作。全市林区调整充实护林护村队 146 个 1300 人，建立健全治保会、调纠会等村民自治组织 270 个 1500 人。在全市启动为期 3 年的安全文明林区创建工作。1998 年 7 月、1999 年 5 月，市综治委、市委政法委两次印发《永州市创建安全文明林区实施方案》，把开展创建安全文明林区活动作为基层安全创建活动的一项重要内容纳入社会治安综合治理工作考核。成立以市委政法委副书记、综治办主任肖斌为组长，市公、检、法、林业和有关单位领导为成员的林区创建领导小组。各县（区）、乡镇（场）共建立领导小组 107 个，成员 850 人。双牌县委书记、县长出面协调解决创建工作中的重点难点问题，全县 7 个林区乡镇（场）56 个行政村达到创建标准。全市各级领导干部 260 人督办试点 187 个，并在全市重点推介江永、双牌“护林公约自制订，矛盾纠纷自调处，劣迹人员自帮教，治安隐患自排除”的经验。全市确定 23 个国营林场、3 个国家森林公园、5 个自然保护区、270 个乡镇、村集体林场和股份制林场及 260 个林区乡（镇）村为创建单位。全市县、乡（镇）、村（场）三级签订创建责任书 8390 份，召开市、县、乡创建会议 320 场次，利用电视广播、报刊宣传 331 场次，印发宣传资料 5.4 万份，出墙报、简报 1400 期，举办培训班 46 期 1800 人，林区普法率达到 90%以上。建立村治保会、调纠会 2880 个 7460 人，村护林防火联防组织 495 个 1638 人，物建林业治安信息员 1060 人，签订护林公约 3.8 万份。共有 260 个林区乡镇（场）、村实现创建安全文明林区目标。

2001 年 7 月，江华森林公安民警巡山归来

2000—2001 年，全市建立边界联防区 45 个，召开边界联防会 35 次（省际 4 次、市际 3 次），边界走访 310 次，边界联防和治安管理逐步制度化、规范化，有力维护边界林区治安稳定。全区森林公安机关共物建林业信息员 878 名，获取有价值的信息 2000 多条，破获刑事、治安案件 137 起，抓获犯罪嫌疑人

220 人。

2002 年，全市森林公安新建信息员 330 人，通过信息员提供信息，查处各类案件 857 起，抓获违法犯罪人员 769 人，查处乱砍滥伐林木行政案件 246 起。8 月，市森林公安分局组织 82 名民警，组成 5 个专案组，6 个清理巡护组，对江华、江永、道县边界林区的 5 个重点乡镇和 14 个重点村进行清查，依法查处涉林违法犯罪人员 132 人，有效维护 3 县边界林区治安稳定。

2003—2004 年，把林区治安纳入综合治理部门统一协调部署，建立健全林区社会治安防控体系，广泛开展创建“安全文明林区”活动。调整充实护林队 100 个，建立健全治保会、调纠会、联防会等基层组织 120 个，有力维护林区社会治安稳定。

2005 年，组织开展“安全文明林区”、“无毒社区”和林区社会治安防控体系创建工作，突出案件多发区域、治安复杂地段和边界接合部位的综合整治工作，取得阶段性成效。江华、江永、道县边界接合部和江永、广西边界区域的矛盾纠纷较往年明显下降，边界偷砍盗伐行为得到遏制。江永森林公安针对管辖区林业治安混乱局面，按照县委、县政府的统一部署，历时 10 个月侦破大畔群体性毁林案件，提请逮捕 5 人，处罚 45 人。双牌森林公安针对买卖青山行为中滥伐林木现象突出的特点，组织民警深入山头地块调查摸底，收集案件线索和犯罪证据，一举破获 5 起重特大毁林案件。

2006 年 11 月 1 日至 12 月 31 日，根据省林业厅统一部署，组织开展“绿盾”特别行动，依法打击木材流通领域的违法犯罪活动。在各县（区、场）木材检查站，县、乡公路和林区主要交通要道、省国道和高速公路路口，依法对运输木材和野生动植物的车辆进行 6 次突击检查，整治和规范木材流通领域秩序。行动中，全市出动警力 3522 人次，查处各类林业案件 1367 起，其中刑事案件 48 起，林政案件 1319 起，查处各类违法犯罪人员 2991 人次，其中刑事拘留 16 人，提请逮捕 24 人，收缴野生动物 1083 头（只），木材 1674 立方米。

2007—2008 年，发动和组织群众广泛参与林业治安工作，建立健全群众性护林组织，群策群力，不断完善治安防控体系，构建起“三情四网”（山情、林情、社情，群防群治网、边界联防网、案件协查网、情报信息网）的群防群治网络。为提高林区治安防控面，双牌森林分局新建信息员 34 人，根据提供的信息，查处各类案件 46 起，处理违法人员 34 人，制止毁林案件 12 起，调处林业纠纷 11 起。2008 年 1 月，在市公安局统一组织指挥下，成功侦破蓝山县周某刚涉林、涉黑团伙案件，破获滥伐林木案件 26 起、涉案林木数量 1.6 万立方米，查封未采伐的林木面积 22.1 公顷、蓄积 2391 立方米，市森林公安局被记集体二等功。

2009 年，林区治安打防体系进一步完善。道县加大重点部位、区域、地段的管控力度，适时增派警力到复杂部位区域、地段加强巡逻、巡护、巡查，侦破各类案件81起，其中，森林刑事案件30起，提请逮捕17人，批准逮捕14人，移送审查起诉15人。宁远县通过基层情报信息网络，抓获潜逃7年的滥伐林木犯罪嫌疑人谭某江。江华瑶族自治县利用构建的情报信息网络，开展打击非法运输木材“绿畅”行动，查处非法运输木材车辆18台次，没收非法运输木材80立方米，追缴林业规费4万元，查处违法人员18人。

2010年，全市“三情四网”体系不断完善，江华瑶族自治县利用各辖区森警“110”方便林区群众报警、求助，全年接处警500多起。双牌县森林公安局打鼓坪派出所发挥情报信息作用，查获蔡某在自家责任田大量种植罂粟案，强行铲除全部罂粟，收缴罂粟果实1300余个，犯罪嫌疑人蔡某被依法刑事拘留。

2011年8月，江华瑶族自治县森林公安局在“大走访”活动中看望107岁瑶山老人

2011年，组织开展以大宣传、大走访、大服务为主要内容的“大走访”活动，全力化解林区矛盾纠纷。活动期间，发放各类宣传资料3万份、召开座谈会28场次，收回调查问卷8000份，解答林业法律、法规咨询180件，排查化解涉林矛盾纠纷31起，接待群众来信来访291人次，实现停访息诉历史积案2起。江华森林公安在“大走访”活动中积极组织开展爱心助学、扶贫帮困活动，为25名困难家庭儿童助学捐资1万元，筹资8万元帮助解决湘江乡腊竹岭村历年人蓄饮水困难问题，被当地群众称为“贴心人”。东安森林公安通过多方做工作，成功调解1起因退耕还林补助资金错领而引发的矛盾纠纷，帮助村民唐某追回补助款2.67万元。10月31日，都庞岭国家级自然保护区管理局江永分局发现保护区核心区缓冲地带“笼里关鸡”山场杉木林被大面积盗伐，案件惊动省、市有关部门领导。11月2日，江永县森林公安局成立“10·31”特大盗伐林木专案组，迅速开展调查取证工作，查获1个涉及湘桂两省（自治区）的特大盗伐林木和销赃团伙，收缴木材1037.501立方米，拆活立木蓄积1596.1552立方米，10名涉案人员被追究刑事责任。

2012年，组织开展以“访问民情、访察民意、访排民忧和评议工作、评查问题、评选先进”为主题的“三访三评”和“四深入两结队一测评”活动，持续推进林区维稳工作。活动中走访群众2482人次，企事业单位258个，执法执纪监督员、人大代表、政协委员211人次，开展评议活动116场次，评查解决问题276个，为群众办实事、做好事、解难事375件，排查矛盾纠纷402起，化解矛盾纠纷318起，化解信访积案36起，查破涉林违法犯罪案件287起。道县森林公安局在“三访三评”活动中，局机关13名民警与13户贫困户结成对子，帮助解决困难和问题18个。江华瑶族自治县森林公安在活动中评查问题64个，为群众解决问题47个，化解矛盾纠纷31起，查破涉林案件32起。6月，为更有效地打击边界毁林犯罪，市森林公安局与广西桂林、贺州森林公安局签订“三市”警务区域合作协议。

2012年6月，市森林公安局与广西桂林市、贺州市森林公安局签订“三市”警务区域合作协议

2013年，积极推进林区治安基础性工作。全市森林公安无房派出所建设项目基本完成，39个项目所中除江华瑶族自治县森林公安局务江派出所系涔天河水淹区外，其他38个派出所全部完成新建或改建工程。同年，13个市、县区森林公安机关和30个派出所接入金盾网，接入率为79.6%，新购置电脑、打印机、摄照相机、执法记录仪等办公、办案设备154台。

2014年6月15—20日，市公安干校举办森林公安民警依法使用武器警械专项培训班，市森林公安局局机关及各县（区）森林民警业务骨干60人参加训练。9月，市森林公安局及12个县（区）森林公安局（分局）41个派出所完成警用地理信息采集。10月，金洞森林公安分局通过信息化手段成功侦破一起集盗伐、运输、销售于一体的8人盗伐林木团伙案件，其中，4名主犯被依法刑事拘留。道县、江永、蓝山森林公安机关探索开展“一村一警”警务机制工作，将警务服务前移。

2014年6月，森林公安开展依法使用武器器械专项训练

道县森林公安解救被非法猎捕的老鹰

2015年，开展林区基础信息采集大会战，采集各类林业基础信息15万条。6月，市森林公安局与贺州市森林公安局通过区域警务合作，成功侦办1起非法采伐国家重点保护野生植物案件，抓获犯罪嫌疑人2人，收缴违法所得12万元。为强化市际边界林区警务合作，共同维护边界林区稳定，9月，与郴州、衡阳、邵阳市森林公安局签订警务区域合作协议。11月，道县启动县、乡（镇）、村三级联动机制为候鸟安全迁徙撑起保护伞，清除天鹅、白露、青装等“鸟模子”500余个，隐蔽射杀飞禽候鸟的草棚52个，确保候鸟迁徙安全。12月，市森林公安局通过警务合作机制，成功侦破2015年“8·25”特大非法收购、运输、出售珍贵濒危野生动物案件，查获8个涉及娄底、永州两地的收购、运输、出售珍贵濒危野生动物窝点，收缴涉案野生动物2068公斤，暂扣涉案资金20余万元、涉案运输车辆3台，抓获犯罪嫌疑人12人。

二、森林和林地资源保卫

1993—2015年，全市森林公安机关共查处侦破各类森林案件49602起，其中刑事案件3832起，林业治安、行政案件45770起，刑事拘留3792人，提请逮捕2437人；林政处罚46297人，其中治安拘留1661人。

1993年2月，省高级人民法院、省人民检察院、省公安厅、省林业厅在江华瑶族自治县召开全省打击毁林犯罪专项斗争现场会。会后，零陵地委、行署听取林业、政法部门专题汇报并决定在全区开展一场打击毁林犯罪专项斗争，成立以行署副专员朱泽民任组长，地委政法委副书记兼综治办主任高克芝、地区林业局局长蒋柏元、地区公安处处长王伯达任副组长的领导小组，3月12日，由地委政法委牵头，地区林业、公、检、法联合在双牌县召开专门会议，部署开展专项斗争，全市迅速掀起打击毁林犯罪专项斗争高潮。行动期间，清理137个乡1140个村3488个组，227个木材经营单位，927个个体户，38个木材市场，侦破林业刑事案件41起，抓获犯罪嫌疑人58人，收缴木材602立方米，补交两金、赔损和罚款45万元。1994年，江华瑶族自治县公安局林业分局被林业部评为全国严厉打击破坏森林资源违法犯罪活动专项斗争先进单位。

1995年4月，地委政法委、地区林业局、地区中级人民法院、地区人民检察院、地区公安处在蓝山县召开林区严打整治工作会议，传达贯彻最高人民法院、最高人民检察院、公安部、林业部《关于严厉打击破坏森林资源违法犯罪活动的通知》和全省林区严打整治洞口现场会议精神，部署全市林区严打整治工作，把"破大案、挖团伙、追逃犯"作为主攻方向，全年侦破林业刑事案件169起，林业治安案件293起，林业行政案件2675起，提请逮捕125人，治安拘留89人，收缴木材2419立方米。

江华县森林公安清理整顿木材经营加工市场

1996年4月，全省林区严打整治工作总结表彰会在长沙召开，江华瑶族自治县公安局林业分局、祁阳县公安局金洞林业分局被国家林业部公安局记集体二等功。5月，全市林区严打整治工作会议在东安县召开，继续部署严打整治工作，严打行动期间，破获林业刑事案件84起，查处治安案件181起，提请逮捕70人，劳教20人，治安拘留48人，查获犯罪团伙25个，抓获在逃犯罪嫌疑人55人。

1997年4月，由市委政法委牵头，市林业局、市公安局在金洞召开专题会议，部署林区严打整治工作。全年侦破林业刑事案件149起（其中重大案件7起，特大案件2起），查处治安、林政案件1775起，惩处违法人员1636人，其中提请逮捕46人，劳教21人，治安拘留89人，查获犯罪团伙43个，收缴木材1078立方米。

1998年，根据最高人民法院、最高人民检察院、国家林业局、公安部、监察部联合印发的《关于开展严厉打击破坏森林资源违法犯罪活动专项斗争的通知》精神，按照全省统一部署，全市林区严打专项斗争全面铺开，侦破林业刑事案件128起（其中大要案件14起），治安案件422起，提请逮捕82人，劳教10人，治安拘留109人，查获犯罪团伙25个，抓获在逃犯罪嫌疑人18人，收缴木材2134立方米。

1999年5月10日，针对极少数地方毁林案件有所上升，特别是毁林大要案件呈上升趋势，市委办、市政府办印发《关于加大查办毁林案件力度保护森林资源的紧急通知》。市林业局公安科认真研究、部署，全年查处侦破林业案件2478起，其中刑事案件112起，治安案件350起，惩治违法人员2953人，其中提请逮捕64人，劳教 5 人，治安拘留 106 人。6—10 月，组织“追逃战役”，抓获在逃犯罪嫌疑人 11 人。

2000 年，针对部分地方毁林案件居高不下，先后组织全市林业公安开展一系列林区严打整治行动。1—6 月，组织开展春夏严打整治行动，查获犯罪团伙 10 个，破获毁林案件 246 起，其中，大要案件 7 起，省市督办案件 9 起，提请逮捕 59 人。查处非法捕猎野生动物案件 10 起，处理 19 人，收缴野生动物 166 公斤，一、二级保护动物 51 只。1 月 3 日，宁远县林业分局破获江某胜、黄某成特大非法收购国家重点保护动物案，江某胜、黄某成分别被判处有期徒刑 7 年和 3 年。江华瑶族自治县林业分局破获何某龙等 3 人盗伐林木 385 立方米特大团伙案。6 月 26 日至 12 月 31 日，全市林业公安机关组织开展重点区域重点整治“森保三号行动”，出动民警 323 人次，整治重点区域和部位 422 个，清理没收木材 617 立方米，处理违法人员 530 人。处理冲关闯关人员 37 人次，其中刑事拘留 1 人，治安拘留 8 人。

2001 年 5—7 月，开展打击破坏野生动物资源违法犯罪“猎狐”行动，清理全市 200 多家宾馆、饭店和 68 个集贸市场，收缴并放生蛇类 906 公斤，蛙类 7117 公斤，其中，国家二级虎纹蛙 3205 公斤，查获非法收购窝点 10 处。根据 7 月 6 日全市林区严打整治斗争动员会议精神，7—10 月，在全市开展打击破坏森林资源和整治乱采滥挖珍贵树木、非法征占用林地违法犯罪“蓝剑”行动，查获犯罪团伙 10 个，侦破刑事案件 51 起，林业治安案件 109 起，林政案件 562 起，惩处违法人员 580 人，其中刑事拘留 28 人，提请逮捕 40 人，劳教 1 人，治安拘留 25 人，抓获“三逃”人员 10 人，收缴木材 852 立方米。11—12 月，组织开展“缉枪治爆”行动，收缴各类枪支 1437 支、子弹 148 发、炸药 335 公斤、雷管 860 枚、导火索 1100 米。把追逃作为当年林业保卫严打重点工作来抓，实行定领导、定人员、定任务、定时间和包抓在逃犯罪嫌疑人的“四定一包”责任制，全年抓获“三逃”人员 32 人，其中包括批捕在逃 18 人，完成追逃任务 90%。

2002 年 3—4 月，全市开展打击破坏森林和野生动植物资源违法犯罪“破案攻坚战”和“火案侦破月”行动，破获刑事案件 47 起，其中重特大案件 4 起，查处治安案件 103 起，林政案件 320 起，惩处 549 人，其中刑事拘留 48 人，提请逮捕 17 人，劳教 2 人，治安拘留 33 人，抓获“三逃”人员 4 人，查获犯罪团伙 3 个，收缴木材 414 立方米。查处森林火灾案件 39 起，其中刑事案件 21 起，依法执行逮捕 11 人，治安拘留 4 人。

2003 年 4 月，全市开展打击破坏野生动植物资源违法犯罪“春雷行动”，出动警力 1167 人次，清理宾馆、饭店酒楼 535 家、集贸市场 112 个、苗圃 26 个，收缴野生动物 44600 只，其中国家一、二级保护动物 819 只，查获非法收购窝点 10 处，侦破刑事案件 10 起，林政案件 102 起，惩治违法人员 154 人，其中刑事拘留 8 人。11 月，全市开展“绿剑行动”，办理林政案件 370 起，其中刑事案件 43 起，治安案件 46 起，查获犯罪团伙 3 个，惩处 438 人，其中刑事拘留 25 人，依法执行逮捕 42 人，收缴木材 310 立方米。8 月，市林业局森林公安分局被市委、市政府授予“严打整治”斗争先进集体。

2004 年 2 月中旬至 4 月底，组织开展打击失火毁林犯罪“红色闪电”行动和“候鸟二号”专项行动，查处森林火灾案件 230 起，其中刑事案件 89 起，提请逮捕 83 人，治安拘留 12 人。查处野生动物案件 176 起，其中鸟类案件 75 起，抓获违法人员 168 人。6—10 月，全市开展征占用林地清理行动，清理非法征占用林地 183 起 253 公顷，依法收缴植被恢复费 660 万元。

2005 年 3 月中旬至 4 月 17 日，开展“火案一号”专项行动，查破森林火灾案件 289 起，其中积案 34 起，刑事拘留 32 人，依法执行逮捕 28 人，移送审查起诉 14 人，治安拘留 9 人。4 月 11 日，省高级人民法院、省人民检察院、省公安厅、省林业厅联合组织召开全省打击破坏森林资源专项行动电视电话会议，全市在冷水滩、道县分南北两片召开专项行动动员会。4—6 月，全市共出动警力 4273 人次，侦破刑事案件 85 起，查处林业治安、行政案件 503 起，惩处违法人员 634 人，其中提请逮捕 52 人，治安拘留 8 人，抓获犯罪嫌疑人 24 人，收缴木材 1544. 97 立方米，清理林地面积 20. 97 公顷，收缴处理野生保护植物 22 株，鸟类 500 只，其他野生动物 1238 公斤。4 月 28 日，市林业局森林公安分局经过缜密侦查，一举侦破以黄某汉为首的伪造、倒卖林业票证团伙案。

2006 年，针对全市森林火警火灾频发，失火案件居高不下的严峻形势，从 3 月底开始，市森林公安分局组织为期 2 个月的森林火灾案件侦破突击战，抽调近 200 名警力投入突击破案行动。行动期间，侦破查处各类案件 543 起，惩处违法人员 731 人，成功侦破宁远县 2006 年“12・20”重大森林火灾案。3—5 月，全市开展“打团伙、挖窝点、破大案”破案攻坚战，对 2004 年以后的 51 起有影响案件实行挂牌督办，其中非法占用林地案件 12 起、非法收购木材案件 1 起、失火毁林案件 38 起，出动警力 1360 人次，查办案件 543 起，其中重特大刑事案件 11 起，查获窝点 9 个、犯罪团伙 5 个，刑事拘留 21 人，提请逮捕 32 人，收缴木材 500 立方米。是年，市林业局森林公安分局被国家林业局森林公安局记集体二等功。

2007 年 4—9 月，开展林业区域性严打专项行动和“绿盾二号”行动，查处森林案件 1286 起，其中刑事案件 113 起，惩处违法人员 1211 人，刑事拘留 81 人，提请逮捕 51 人，治安拘留 2 人，收缴木材 518 立方米，清理非法征占用林地 338 公顷，收缴野生保护植物 10 株、野生动物 1763 公斤，成功侦破金洞郭某花滥伐林

2009 年 4 月 20 日，蓝山县失火毁林犯罪人员被依法追究刑事责任

木、宁远刘某偶谦非法买卖国家票证等大要案件。

2008 年，先后组织开展“飞鹰行动”、“百日会战”和“候鸟三号”3 个专项行动，查处林业案件 662 起，其中刑事案件 103 起，惩处违法人员 674 人次，其中提请逮捕 94 人。市森林防火指挥部、市公安局、市检察院、市中级人民法院、市林业局联合开展为期 3 个月的“火案严打专项行动”，侦破查处森林火案 330 起，惩处 296 人，其中刑事拘留 153 人。

2009 年，注重因时、因地制宜，适时组织开展区域性、时段性专项行动，查处各类毁林犯罪行为。2 月中旬，开展“春季森林火案严打”行动，破获森林火灾案件 72 起，惩处违法人员 81 人。3 月初，开展“林地严打”行动，查处林地案件 88 起，其中刑事案件 16 起。6—10 月，开展“雷霆一号”行动，整治重点地区和部位 32 个，查处各类森林案件 893 起，其中刑事案件 74 起，刑事拘留 57 人，提请逮捕 27 人，抓获“三逃”人员 5 人，查获犯罪团伙 5 个，收缴国家重点保护植物 31 株、野生动物 2 万余只、木材 2243. 9 立方米。省林业厅挂牌督办的零陵区凼底乡林场滥伐林木案和市林业局挂牌督办的 10 起案件全部告破。

2010 年，先后开展“春季严打”“打击破坏野生动物资源违法犯罪”“火案二号”专项行动。“春季严打”期间，全市印发宣传资料 1. 7 万份，书写横幅标语 420 条，出动宣传人员 871 人次、车辆 442 台次，查处森林案件 742 起，其中刑事案件 105 起，查处行政案件 647 起，行政罚款 723 人。开展“打击破坏野生动物资源违法犯罪”行动，查处野生动物案件 23 起。开展“火案二号”行动，侦破查处森林火灾案件 89 起，其中积案 7 起，刑事处罚 26 人，行政处罚 64 人。开展“林地管理年”专项活动，立案查处非法占用林地案件 32 起，其中刑事案件 4 起，刑事拘留 3 人，查处行政案件 28 起，行政处罚 42 人。省林业厅挂牌督办的宁远县建材冶金工业园非法占用林地案、双牌县五里牌电站非法占用林地案被查处，依法收缴植被恢复费 350 万元。宁远县森林公安局成功侦破 2 起利用山林流转侵占群众山林、骗取造林公司资金的刑事案件，追回被侵占林地 791. 3 公顷。

2011 年，组织开展打击破坏森林和野生动物资源违法犯罪“春季攻势”，春季森林火案严打“护绿一号”，重点清理整治公路、铁路两旁非法使用林地和“清网行动”4个专项行动。3—4月，在“春季攻势”专项行动中，破获森林刑事案件21起，查获犯罪团伙5个，查处林业行政案件143起，惩处违法人员174人，其中刑事拘留18人，提请逮捕11人，抓获“三逃”人员4人，收缴木材112立方米。2—4月，“护绿一号”行动侦破森林火灾案件60起，破案率86.9%，惩处违法人员63人，其中刑事拘留29人，提请逮捕17人。在清理整治公路、铁路两旁非法占用林地专项整治行动中，恢复170处362.7公顷林地，立案44起，刑事处罚14起，处理27人。5—12月，开展追逃“清网行动”，57名网上在逃犯罪嫌疑人被抓获56人，清网率98.2%。

2012年，开展打击破坏野生动植物资源违法犯罪、非法征用林地违法犯罪和“火案侦破月”等专项行动，全年立森林案件1906起，侦破查处1713起，其中刑事案件318起、破案218起，依法执行逮捕79人；行政案件立案1588起，查处1557起。市森林公安局成功侦破东安县原野矿业有限责任公司非法占用林地特大案件，刑事拘留4人。4月，“火案侦破月”行动共查处森林火案63起，其中刑事案件41起，惩处64人，11起市公安局挂牌督办的较大森林火灾案件全部告破。

2013年，组织开展“火案严打”、打击破坏野生动物资源违法犯罪“天网行动”、保护候鸟“百日行动”、打击非法占用林地等专项行动，全年立各类森林案件1575起，侦破查处1389起，案件查处率88.2%，其中破获刑事案件111起，依法执行逮捕40人，移送审查起诉97起123人；行政案件1341起，查处1278起。在打击破坏野生动物资源违法犯罪“天网行动”和保护候鸟“百日行动”中，全市出动警力2000人次、其他执法人员1500人次，车辆1000台次，发放宣传资料410万份，查处农贸市场160个、餐馆酒家600家，收缴野生动物2万只，收缴捕鸟工具5000个（件）。市森林公安局直接办理各类案件14起，其中刑事案件6起，林政案件8起，刑事拘留4人，移送审查起诉5起9人。

2013年10月28日，蓝山县森林公安收缴野生动物制品

2014年，围绕服务“绿色永州”建设、创建国家森林城市，组织开展集中打击破坏野生动物资源违法犯罪“天剑行动”、森林火案严打专项行动。4—5月，开展森林火灾严打专项行动，查处各类森林火灾案件195起，刑事处罚57人，行政

处罚31人。8—11月，“天剑行动”出动民警和森保执法人员2000多人次，对32处候鸟迁徙通道、栖息地巡查看护，对各个农贸市场、宾馆餐厅进行突击检查，立案查处非法捕猎候鸟案件15起，刑事拘留16人，提请逮捕25人，收缴捕鸟网32张，收缴诱捕候鸟录音机9台、猎枪（汽枪）6支、其他作案工具55台（套），没收非法猎捕的鸟类1.6万余只。

2014年，祁阳县森林公安破获“5·26”特大非法采伐珍贵树木案

2015年，全市开展“利剑行动”“百日会战”“非法占用林地”“森林火案侦破月”等专项行动。全年立森林案件1062起，侦破查处968起，其中刑事案件276起、破182起，提请逮捕46人，移送审查起诉120起247人；行政案件786起，查处786起。4月，“森林火案侦破月”行动破获森林火灾案件8起（其中积案2起），刑事处罚9人，查处野外违规用火行为95人次，行政处罚64人。“百日会战”行动立刑事案件79起，刑事拘留57人，办理行政案件201起，行政拘留54人。10月，东安县森林公安局成功侦破东安县南桥镇山边村、大盛镇大喜村非法改变林地用途案，依法追缴违法所得213万元。市森林公安局探索建立以刑侦治安大队为主、各科室为辅的大刑侦新模式，全年立森林案件75起，侦破查处72起，其中，刑事案件66起，破63起，抓获犯罪嫌疑人63人，刑事拘留40人，治安拘留8人。

附：江永“10·31”特大盗伐林木案。

2011年10月31日，都庞岭国家级自然保护区管理局江永分局发现保护区核心区缓冲地带“笼里关鸡”山场杉木林被大面积盗伐，案件引起省市林业部门高度关注。11月2日，江永县森林公安局迅速成立“10·31”特大盗伐林木专案组，组织开展调查取证工作。在横跨3个年度、历时2年多的破案攻坚战中，专案组民警足迹遍布湘桂两省（自治区），行程近2万公里，走访调查300多人次，查获一个涉及湘桂两省（自治区）的特大盗伐林木及销赃团伙，收缴木材1037.501立方米，折活立木蓄积量1596.1552立方米，10名涉案犯罪嫌疑人被依法追究刑事责任。经查证，自2010年11月起，蒋某、王某、范某3名犯罪嫌疑人利用“笼里关鸡”山场距广西路程短、距离近的便利条件，以湖南林场搞一个采伐数千立方米杉木项目为幌子，明目张胆地从广西山场修路上山直达湘桂山界，组织不明真相的民工进入“笼里关鸡”山场，大肆采伐都庞岭国家级自然保护区境内的杉木，然后组织马帮、车辆拉运至灌阳县新街乡一带的木材加工厂销售，非法牟取暴利。《中国绿色时报》等新闻媒体对此案进行报道。

江永“10·31”特大盗伐林木案被盗伐的部分杉木林

1993—2015年永州森林公安查处案件情况表

表 4-3-1

年份	刑事立案（起）	刑事破案（起）	刑事拘留（人）	执行逮捕（人）	查处治安、林政案件（起）	查处治安、林政违法人员（人）	治安拘留（人）
1993	173	168	105	80	2249	2270	118
1994	131	133	136	109	2405	2339	133
1995	173	169	168	125	2653	2968	89
1996	104	104	132	89	1979	1976	68
1997	149	144	82	46	1775	1636	89
1998	144	128	109	82	2642	2011	109
1999	126	112	89	64	2366	2226	106
2000	131	115	84	90	1833	1825	92
2001	91	128	163	109	1689	1436	57
2002	123	123	97	50	1533	1288	62
2003	206	199	143	109	1827	2103	59
2004	232	206	178	144	1871	1723	25
2005	226	205	206	101	2553	2354	40
2006	189	152	175	108	2567	2493	68
2007	320	292	253	281	2874	2617	66
2008	374	267	296	168	2383	2410	59
2009	378	255	283	168	2464	2553	62
2010	243	156	193	132	2010	2000	78

续表4-3-1

年份	刑事立案（起）	刑事破案（起）	刑事拘留（人）	执行逮捕（人）	查处治安、林政案件（起）	查处治安、林政违法人员（人）	治安拘留（人）
2011	207	128	172	96	1451	1503	56
2012	318	218	234	79	1557	1590	52
2013	232	111	169	40	1278	2950	89
2014	294	137	165	121	1025	1240	46
2015	276	182	160	46	786	786	38
合计	4840	3832	3792	2437	45770	46297	1661

三、森林防火

1993—2015年，永州在市、县（区）、乡（镇）三级均设立森林防火指挥机构。截至2015年，市、县（区）两级共有森林防火指挥机构13个，领导成员150人，配备专职干部47人；乡、镇、场防火成员1983人，村组防火组织2614个、人员9851人。

（一）扑火队伍组建

1993年，地、县两级狠抓森林消防队伍建设，建立以林业职工和人民武装部民兵为主体的森林消防队。10月，全省森林防火工作会议推广双牌县人武部民兵预防和扑救火灾典型经验。1996年，全市有义务扑火队伍1872支队员21548人。森林火灾扑救以县、乡、村组干部群众组成的义务扑火队为主。2003年，全市首支地方财政负担的60人扑火专业队伍在宁远县成立。2004年，全市12个县（区）、场组建规范化的专业扑火队伍，有专业扑火队员521人，防火期集中食宿，统一管理。森林防火专业队伍建设得到国家防火办、省政府和省防火指挥部的充分肯定。2008年9月14日，在全省森林防火会议上，副市长荣燕明代表市人民政府就森林防火专业队伍建设作典型发言。2015年，根据市政府常务会议审议通过的《永州市武警森林灭火救援队伍建设方案》，组建成立市级100人、11个县（区）各20人共计320人的武警森林

2001年12月22日，新装备的东安县森林防火专业队参加培训

灭火救援队伍，完成装备投资700余万元。截至2015年年底，全市共组建扑火队伍112支18120人，其中，县级专业队800人、武警森林灭火救援队320人、乡镇半专业队5000人、村级应急分队12000人，有村级护林员24000人，10个重点林区县均建立50人以上的专业队伍。

（二）森林火灾预防

1. 宣传教育

2012年7月，永州森林公安开展森林防火“宣传月”活动

2012年2月，东安县森林公安局开展森林防火下乡演出

1993—2003年，森林防火宣传主要采取会议、宣传车、标语、广播、领导电视讲话等方式开展，并重点集中于每年的3月、9月2个森林防火宣传月。2004—2015年，全市出动宣传车辆3.5万台次，举办防扑火知识培训5万场次，培训各级干部群众、扑火队员120万人次，印发宣传资料1500万份、禁火令60万份、森林防火宣传手册11.2万册、森林防火入户通知书1620万份、挂历或宣传画60万册，发送手机短信160万条，立永久性宣传牌3.2万块。自2004年起，连续12年在全市830所中小学校开展森林防火“四个一”宣传教育活动。2007年3月，组织开展“森林防火万人签名承诺活动”，各级领导干部和社会各界共计13万人次参加签名承诺。2008年9月，市森林防火指挥部（以下简称市森防指）举行森林防火知识“进机关、进学校、进社区、进农户”的“四进“活动。2009年10月，开展“大手牵小手，筑牢防火墙”活动，全市中小学校60余万名中小学生参加活动。2011年3月，市森防指启动以“保护绿色，平安清明”为主题的森林防火万里行活动，全市1360台森林防火车辆、6740名防火人员参与活动。2013—2015年，市政府连续3年印发40万份《关于清明期间林区禁火的通告》。2014年7月至2015年底，全市各级森林防

火部门按照省森林防火指挥部的部署，持续开展以“大宣传、大培训、大排查、一落实”为主要内容的森林防火“三大一落实”活动，培训各级指挥员和扑火队员2.8万人次，排查火灾隐患173起，治安拘留24人，教育群众320万人次。

2. 火源管理

2015年4月清明节期间，双牌县森林公安民警发放资料提议文明祭祀

从20世纪90年代初开始，根据国务院《森林防火条例》，林区乡（镇）、村普遍制订《护林防火村（乡）规民约》。2002年、2003年，市政府先后印发《关于切实做好森林防火预防和扑救工作的若干意见》和《补充意见》，明确火源管理、专业队伍建设、资金投入、责任追究等具体措施。2005年12月，市政府印发《永州市森林防火重点乡镇治理工作实施意见》，将冷水滩区上岭桥镇等22个乡镇列为全市森林防火重点治理乡镇。2006年，市森防指明确1000个全市森林防火重点火险村，实行县、乡、村三级责任联保。2013年4月，市政府办印发《关于进一步强化野外火源管理工作的通知》，要求各地严格落实火源管理责任、加强森林防火宣传教育、建立健全火源管理制度、严格管控野外用火行为、加强火源管理队伍建设、落实火源管理预警措施。2015年2月，市政府办印发《关于切实加强森林防火群防群治工作的通知》，从加强宣传教育、营造良好社会氛围，健全责任体系、落实森林防火责任，强化防火措施、严防火灾事故，加强队伍建设、增强防火扑救能力，落实经费保障、确保防火设施建设，完善管理制度、严格责任追究6个方面对群防群治工作提出明确要求。

3. 责任落实

落实森林防火行政首长负责制，市、县（区）、乡（镇）、村层层签订森林防火责任状。2004年3月，市政府、市森防指将“两究”工作（追究肇事者法律责任、追究相关人员纪律责任）作为森林防火重要抓手。2008年3月4日，市政府印发《永州市森林防火责任追究暂行办法》。2004—2015年，累计对319起森林火灾进行责任追究，处理相关责任领导和责任人员604人，其中撤免职20人，开除党籍1人，降级2人，党内严重警告或行政记大过处分55人，行政记过或党内警告处分178人，诫勉谈话或通报批评或经济处罚348人。

4. 边界联防

根据湘粤桂第25次边界护林防火联防会议精神，1997年9月，成立湘粤桂护林防火联防指挥部，统一组织协调3省（自治区）边界护林防火工作。永州市共有7个县（区）参加湘粤桂边界护林防火联防组织，其中，江永县参加湘粤桂边界第十联防区联防组织，江华瑶族自治县参加湘粤桂边界第八和第四联防区联防组织，道县参加湘粤桂边界第十一和第十联防区联防组织，东安县参加湘粤桂边界第十一和第二联防区联防组织，双牌县、芝山区（现零陵区）参加湘粤桂边界第十一联防区联防组织，蓝山县参加第八联防区联防组织。边界联防组织的成立，为边界护林防火和林区社会稳定发挥重要作用。

5. 火险区划与预报

2008年12月3日，江华瑶族自治县森林消防队伍扑救森林火灾

1993年，国家森林防火指挥部办公室制定《全国森林火险区划等级》行业标准，根据区划标准，零陵地区双牌、江华瑶族自治县为Ⅰ级火险区，江永、蓝山、祁阳、道县为Ⅱ级火险区，东安、宁远、新田县、原永州市（现零陵区）为Ⅲ级火险区。根据《全国森林火险天气等级》的有关规定，1997年2月，经市森林防火指挥部与市气象局商定，市气象局每月向市森林防火指挥部办公室报送全市气象资料。2005年10月开始，市气象局在市电视台气象预报栏目中每天发布全市森林火险天气等级预报。

（三）森林火灾扑救演练

2005年11月15日，冷水滩森林消防队伍进行扑火演练

从1996年开始，全市每年举行森林火灾扑救演练培训，提高扑火处置能力。2005年11月14—15日，省森林防火指挥部在永州市召开全省森林防火现场会议，市人民政府作典型发言，并在零陵区七里店办事处日升村举行森林火灾扑救实战演习，演习使用6套卫星视频系统、2套移

动微波系统和4架摄像机分别在长沙、永州两地12个地点拍摄传输，是中华人民共和国成立以来湖南省规模最大、水准最高的一次森林火灾扑救综合演练。2007年10月10日，市政府办印发《永州市森林火灾应急预案》，规范森林火灾应急响应和扑救指挥工作，该预案分别于2010年和2015年先后2次进行修改。

附：森林火灾案例

1. 宁远县中和镇黄仟二村重大森林火灾。1999年2月23日11时许，宁远县民族中学教师胡某进（男，1958年出生），带其子、侄儿在中和镇黄仟二村为其母扫墓时，胡某进安排其子胡某（15岁）点火焚烧坟墓周边茅草，不慎引发森林火灾，烧毁林地面积227.2公顷，参与扑火群众死亡5人，烧伤5人，其中重伤2人。1999年8月4日，宁远县人民法院依法判处胡某进有期徒刑7年。

2. 宁远县仁和镇李家铺村森林火灾。2007年11月7日14时许，宁远县仁和镇李家铺村5组村民石某田（男，1949年出生），在该村桐岗岭山场砍杂竹时吸烟，随手丢弃未熄灭的烟头，引发森林火灾，烧毁森林面积19.28公顷，造成参与扑火的10名村民死亡。2008年1月20日，宁远县人民法院依法判处石某田有期徒刑7年。

1993—2015年永州市森林火灾情况表

表4-3-2

年份	起数（起）	火警（次）	一般火灾（起）	重大火灾（起）	过火面积（公顷）	受害面积（公顷）	重伤（人）	死亡（人）
1993	16	6	10		387.24	158.05		
1994	8	4	4		27.2	21.4		
1995	37	18	19		157.13	116.73		
1996	29	10	19		688.9	313.14		
1997	12	1	11		299.07	57.33		
1998	79	15	63	1	1793.53	1777.07	1	1
1999	49	3	45	1	1946.25	960.56	5	5
2000	25	4	21		427.12	238.99		1
2001	24	6	18		386.4	151.8	1	
2002	64	17	47		729.5	320.4		
2003	298	94	201	3	4946.6	2407.2	1	3

续表3-1-1

年份	起数（起）	火警（次）	一般火灾（起）	重大火灾（起）	过火面积（公顷）	受害面积（公顷）	重伤（人）	死亡（人）
2004	399	115	284		5612.9	3639.1		5
2005	313	167	145	1	2375.9	1548.1		
2006	184	97	86	1	1381.7	946.7		
2007	292	135	157		3173.6	1836.1	2	9
2008	414	161	251	2	6834.3	3726.7	1	5
2009	197	35	162		3485.2	1756.3		1
2010	47	13	34		970.05	391.5		
2011	64	16	48		1017.36	448.39		1
2012	67	21	46		772.67	442		
2013	27	17	10		440	220.1		
2014	55	37	18		1280	246.67		
2015	5	3	2		44.25	23.37		
合计	2705	995	1701	9	39176.87	21747.7	11	31

第二节 铁路运输保卫

永州站派出所原名冷水滩车站派出所，隶属于广州铁路公安局衡阳铁路公安处，成立于1949年10月，其前身为1939年10月成立的零陵铁路警署。1996年，由冷水滩车站派出所更名为永州车站派出所，担负湘桂线K133+000至K142+500共9.5公里线路安全保卫工作，线路横跨永州和青龙矶2个车站。

2002年5月，广州铁路（集团）公司和柳州铁路局调整管界，原柳州铁路局所辖的滩头湾站划归广州铁路（集团）公司，滩头湾站和湘桂线K142+500至K150+100共7.6公里线路的安全保卫工作划归永州车站派出所。2003年8月，洛湛铁路开通运营，永州车站派出所担负洛湛线K104+000至K116+000共12公里线路的安全保卫工作。2004年4月，永州车站派出所搬迁至冷水滩区潇湘大道1号永州火车站新址。

2009年6月，益湛铁路（原洛湛铁路）新线（即永州至玉林段）开通，永州车站派出所担负益湛线K315+000至K333+629（线路公里标重新调整后）共18.629公里线路的安全保卫工作，管辖线路跨越车站2个，除永州站外，新增楠木塘站。是年，湘桂铁路改造升级，关闭青龙矶站，启用湘桂正线上的银子塘站，永州车站派出所担负改造后的湘桂线K133+500至K147+600共14.1公里线路的安全保卫工作。原永州东站至永州站区段的6公里湘桂线路改为联络线（永联线），起止线为K0+000至K6+000，由永州车站派出所负责线路安全保卫。2009年6月，衡阳铁路公安处调整永州车站派出所和祁阳车站派出所管界，原祁阳车站派出所管辖的高溪市站和湘桂线K129+000至K133+500共4.5公里线路的安全保卫工作划归永州车站派出所。

2013年4月，根据广州铁路公安局《转发铁道部公安局〈关于广州铁路公安局机构编制方案的批复〉的通知》和衡阳铁路公安处《关于调整机构设置及启用新印章有关事宜的通知》精神，永州车站派出所更名为永州站派出所。2013年11月，衡柳高铁开通运营，永州站派出所担负衡柳线K120+680至K147+873共27.193公里线路安全保卫工作，线路横跨高溪市和永州2个车站。

截至2015年年底，永州站派出所共有民警39人，设客运执勤队3个、刑侦中队1个、线路警务区6个。担负永州市境内衡柳、湘桂、益湛和永联线5条线路的安全保卫工作，管辖线路全长70.422公里，其中衡柳线27.193公里、湘桂线18.6公里、益湛线18.629公里、永联线6公里。线路跨越5个铁路车站，其中，一等站2个（永州站、永州东站）、四等站1个（高溪市站）、五等站2个（滩头湾站、楠木塘站）。管内共有桥梁11座、交通涵22个、内部单位1个、内部车间11个。

一、站车治安管理

铁路站车线治安管理的内容包括客运和货运站、场、车内的社会秩序、沿线交通、消防管理等。

1993年，根据铁路公安机关提出的“以客车治安为龙头，以大站、复杂区段和铁路内部单位为重点”指导方针，对客运站盗、抢旅客财物、流氓滋扰、伪造倒卖车票等违法犯罪活动进行集中整顿。全年查处治安案件178起，治安拘留19人，治安罚款122人。

1994年，在地方党委政府的统一领导和有关部门的指导、协助下，组织专门整治工作组，持续整顿站车治安秩序，清理站场闲杂人员185人，拆除站内违章建筑22处，更新防范设施50处，站车治安环境得到改善。

1995—1996年，按照铁道部提出的大站客运工作“上水平、大变样”、铁路治安“一年明显好转，两年面目一新”和“建设安全标准线”总体部署，在管内开展旅客联防、路地联防、专业民兵护路，快速查处治安案件，调解旅客纠纷，维护站车秩序。2年破获刑事案件47起，查处治安案件124起，调解旅客纠纷21起，增强重点站、区段的治安防范能力，使管内一度困扰站、车秩序的贩烟、炒票、制贩假票、扒窃、敲诈、抢夺等现象得到整治。

1997年，开展以“保稳定、保安全、防破坏、防爆炸”为中心的安全防范活动，对车站、客车及沿线进行大规模的整顿，加强易燃易爆危险品查堵、要害部位安全检查及对危及行车安全案件查处等工作，监督检查铁路内部易燃易爆危险品运输、储存场所28个次，检查发现安全隐患12个，印发督导整改通知书6份，查处危及行车安全案（事）件5起。

1998年，在坚持严打、严防、严治、严管的同时，集中时间和力量开展大清理、大收容、大整治的“百日行动”，查处治安案件72起，清理线路及站场闲杂人员217人。

1999年，围绕“50周年国庆”和“澳门回归”两项中心保卫工作，在站车集中整治炒卖车票、制贩假票、强买强卖、随车叫卖、扒窃、抢夺等突出治安问题，在线路开展“爱车护路宣传教育月”活动。年内查处治安案件214起，治安拘留22人，查处倒卖火车票案件24起。

2000年，按照衡阳铁路公安处统一部署，在管内开展“创建平安铁道线”活动，全面强化线路基础业务建设。以铁路沿线两侧5华里范围内的群众为重点，开展爱车护路教育，线路危行案件和铁路交通事故大幅下降，分别发生5起和9起，较上年的8起和15起分别下降62.5%和40%。

2001年，围绕运输生产，落实站车治安管理措施，相继开展危险场所专项检查行动、打击倒票“春雷”行动、“绿皮客车”治安专项治理和“打黄扫非”行动，查处各类案件189起，抓获违法犯罪嫌疑人192人，治安拘留16人，行政罚款130人。

2002—2004年，各类侵犯旅客利益、扰乱站场秩序、损害铁路声誉、影响运输安全的违法犯罪活动突出，铁路公安机关开展一系列有针对性的专项整治行动。2004年4—9月，广州铁路公安局在全局范围内相继开展飓风Ⅰ号、Ⅱ号、Ⅲ号行动，集中查处非法收购铁路器材的废品收购站（点）和拆除铁路沿线两侧废旧窝棚，彻底切断破坏铁路、拆盗铁路器材和盗割铁路通讯电缆违法犯罪的销赃渠道。10月，集中开展“秋季战役”，严厉打击拆盗、非法收购和销售铁路运输物资、站车盗抢旅客财物等违法犯罪活动，举全所之力，对拆盗、破坏、收购和出售铁路器材等违法犯罪活动进行重点整治。3年间，查处各类案件220起，抓获违法犯罪嫌疑人196人，刑事拘留10人，治安拘留20人，沿线治安环境得到初步改善。

2005—2006年，按照上级铁路公安机关的部署，结合本地实际，集中开展整治旅客群众反映强烈的侵犯旅客利益、扰乱站车秩序和“百站百车”专项行动；打击拆卸、偷盗、非法收购和出售铁路器材违法犯罪的“天鹰行动”；打击倒卖车票、制贩假票违法犯罪活动的“旋风行动”。两年破获刑事案件88起，其中，货盗案件

73起，抓获犯罪嫌疑人31人，刑事拘留21人，查获货盗团伙4个，查处团伙成员8人，有效遏制站场小偷小摸、线路区间拆盗案件高发势头，货盗案件发案数下降37.88%，破案率提高13个百分点，货盗理赔款下降54.02%。

2007年，衡阳铁路公安处组织管内客运站派出所开展“学习广州所，争创三个一流”活动，永州车站派出所围绕“一流的班子、一流的队伍、一流的治安环境”要求，以广州站整治工作为标准，以警务模式“格式化”、执法执勤“程序化”、治安防控“一体化”、内务管理“军事化”、警务保障“现代化”、监督激励“绩效化”为方向，以“三基一化”（抓基层、打基础、练基本功、全面推进正规化建设）建设为依托，本着什么问题突出就集中整治什么问题的原则，采取积极措施，加大对治安重点、难点问题的整治力度，年内查获各类违法犯罪人员820人，治安拘留40人，治安罚款535人。是年，按照上级公安机关的部署，开展以打击倒卖车票、制贩假票违法活动的“秋风战役”、“猎鹰战役”和“蓝盾行动”三大战役，查破倒票案件28起，查获倒卖车票违法犯罪嫌疑人30人，治安拘留23人，缴获车票124张。

2008年，以“奥运”安保为重点，开展治安整治大会战、百日打击整治行动，大力推进站区治安“网格化”管理，强化站区巡视、清理和整治，为广大旅客出行提供良好的站车治安环境，实现平安站区、平安奥运的目标，查处治安案件860起，治安拘留22人。

2009年，以落实客站正规化建设要求为抓手，以实现“发案少、秩序好、群众满意”为目标，紧密围绕国庆安保、反恐维稳、百日打击整治行动及车站接合部联合整治等中心工作，与冷水滩区广场管理处、城管大队、综治办、环卫局、工商局、交警大队、客运管理处等部门成立站前广场综合治理办公室，推动火车站及周边地区治安管理长效化、规范化，年内查处治安案件158起，治安拘留49人，当场处罚665人。

2010年，根据铁道部和铁道部公安局统一部署，永州站在春运期间试行实名制购票乘车。为实现管内实名制售票家喻户晓、人人皆知的总体目标，确保实名制售票试点工作顺利实施，在2010年春运期间开展实名制宣传攻坚战。永州车站派出所坚持点、线、面宣传相结合，立足车站开展阵地宣传，深入铁路线路两侧进行走村入户宣传，依托市、县、乡（镇）三级政府，联合地方多个部门在全市范围内进行广泛宣传，春节前10天时间内，使春运实名制购票乘车宣传工作迅速覆盖辖区内11个县（区）、198个乡镇、4382个行政村，不知情旅客从实名制宣传工作开始前的45%迅速下降到4%，确保2010年春运平稳有序。

2011年，衡阳铁路公安处组织开展“四防一创建”专项行动和“服务旅客创先争优”活动，永州车站派出所坚持“严防、严控、严打”和“以面保点、整体防控”的原则，有的放矢，加强对管内惯性治安问题的整治与巩固，严守车站广场、售票厅、进站安检、候车室、列车乘降等“五道防线”；强化线路治安风险控制，夯实线路治安基础，预防和压减危行案（事）件的发生，着力营造宣传教育好、群众发动好、基础工作好、综合治理好、打击防范好、治安秩序好的“六好”线路治安环境，年内查处治安案件680起，治安拘留24人。

2012年，根据上级铁路公安机关的部署，在管内开展大站治安集中整治专项行动和线路治安“绿色通道”创建活动，查处治安案件350起，治安拘留6人。

2013年1月，根据广州铁路（集团）公司和广州铁路公安局的统一部署，永州等10个客运站的安检查危工作移交公安管理，在车站派出所成立安检大队，由衡阳铁路公安处统一招聘安检员，车站派出所负责安检员管理和车站安检查危工作。是年，开展以“封堵栅栏（含围墙）开口、推进线路封闭管理、全力压减伤亡事故”为主要内容的“安全屏障—2013”行动。11月，衡柳高铁开通运营，通过扎实推进“安全屏障—2013”行动和衡柳高铁基础工作，积极推进线路物防建设，全年路外伤亡事故下降70%。

2014年，根据衡阳铁路公安处衡柳线线路防控相关工作规范和机制，在站区推行等级安保勤务工作制度，节假日和重要敏感时间段落实好等级安保勤务的各项措施，确保管内安全稳定。年内查处治安案件250起，治安拘留4人。

2015年1月，根据广州铁路（集团）公司和广州铁路公安局的统一部署，由公安管理的车站安检查危工作整体移交给永州车站，永州站派出所聘请的安检员全部由车站职工置换，永州车站负责安检查危工作，永州站派出所负责检查督导。在暑期站车治安专项整治行动和抗战胜利70周年纪念活动铁路安保攻坚战中，查处治安案件540起，治安拘留7人；在“秋风”“猎鹰”打炒战役中，清查火车票代售点100余家次，查处倒卖火车票案件3起；在高铁物防隐患排查整治专项行动中，排查线路治安安全隐患120处，下达”治安安全隐患整改通知书”14份，整改治安安全隐患84处。

二、刑事犯罪打防

铁路刑事犯罪打击防范，主要包括打击防范恐怖、破坏、爆炸、纵火、杀人等恶性案件和盗窃运输物资、旅客财物、铁路设备设施、运输毒品和涉及铁路内部、线路等刑事犯罪。

1993—1994年，按照中央综合治理委员会和铁道部公安局的统一部署，结合管内客车抢劫、抢夺案件增多，铁路运输物资被盗现象十分严重的状况，先后集中开展站车围歼“车匪路霸”和“反货盗、反内盗、反扒窃、反抢劫”专项行动。两年破获各类刑事案件47起，抓获犯罪嫌疑人14人。

1995—1999年，衡阳铁路公安处针对铁路治安形势一度严峻，制造、预谋或者扬言爆炸铁路等暴力犯罪增多和盗窃、破坏铁路通信等器材设施设备、吸毒贩毒等刑事案件突出的问题，先后集中开展打击和“追逃”保平安专项行动，永州车站派出所全面实行侦破目标管理，层层量化指标，落实责任，破获刑事案件44起，抓获网上在逃犯罪嫌疑人9人。1997年，为确保香港顺利回归和全国人大、全国政协会议的顺利召开，结合开展“打现行、破大案、追逃犯、夺目标”为主要内容的破案战役和为期2个月的客车防破行动，全年破获刑事案件23起。1998年，开展“打大除恶”行动，破获盗窃案件12起。1999年7—9月，组织开展“追逃”专项行动，抓获网上在逃犯罪嫌疑人9人。

2000—2004年，针对铁路车站和列车抢劫、抢夺、盗窃旅客财物、盗窃运输物资、盗窃铁路设备设施等违法犯罪活动仍较突出的情况，先后开展一系列专项行动。2000年，在暑期严打、破案会战、破案攻坚战役中，破获刑事案件54起，抓获犯罪嫌疑人44人。2001年，以破大案、破积案为重点，开展“铁拳1号”“铁拳2号”统一行动，破获刑事案件40起，抓获犯罪嫌疑人21人。2002年，以“反盗打抢”、“抓偷打抢”为重点，破获刑事案件57起，其中，重特大案件9起，抓获犯罪嫌疑人39人。2003年，针对盗窃铁路运输物资案件高发的情况，连续组织开展“三打两反”（打货盗、打流窜作案、打盗抢旅客财物、反拆盗、反割盗）及“春季”、“冬季”反货盗等专项活动。采取内侦外查、蹲坑守候等方法，破获刑事案件65起，其中重大案件11起，抓获犯罪嫌疑人37人。2004年，组织开展“反扒打流”集中整治行动、遏制毒源专项行动、整治“黄赌毒”专项行动、“破案大会战”和“追逃”专项行动。破获包括“3·6”和“11·9”两起拆盗运输物资砸坏行车设施案在内的刑事案件102起，其中重特大案件18起，抓获犯罪嫌疑人32人，查获犯罪团伙4个，惩处团伙成员29人。

2005—2007年，盗窃铁路运输物资案件仍然高发，拆盗、割盗铁路电线电缆、运输毒品、盗窃、扒窃旅客财物等案件抬头。继续组织开展“三打两反”专项行动和“破案大会战”行动。2005年，破获各类刑事案件37起，抓获犯罪嫌疑人18人。2006年，侦破刑事案件28起，其中重大案件4起，查获犯罪团伙2个，抓获犯罪嫌疑人15人。同时将查缉追逃工作作为品牌亮点工程予以强推，开展“追逃”专项行动，抓获网上在逃犯罪嫌疑人11人。2007年，在反货盗拆盗专项行动、“平安”专项行动及“清仓”行动中，相继破获“1·16”盗窃列车货物团伙案（犯罪嫌疑人陶某德伙同艾某光在货物列车上盗窃玉米、豆粕、大豆等铁路运输物资，作案27起，涉案价值3万余元）、“5·25”永州东站特大盗窃列车货物团伙案（犯罪嫌疑人余某献伙同宋某在货物列车上盗窃废铁、铝锭、锰铁等铁路运输物资，作案23起，涉案价值9万余元）。全年破获刑事案件73起，查获犯罪团伙3个，抓获犯罪嫌疑人25人，抓获网上在逃犯罪嫌疑人38人。

2008—2013年，根据治安形势的发展变化，本着“什么犯罪突出就打击什么犯罪，哪里犯罪严重就在哪里打击”的原则，审时度势，因地制宜开展不同规模、不同区域、不同内容的专项行动。2008年，围绕“发案少、秩序好、旅客群众满意”工作目标和“打造亮点，争创一流”工作规划，以保抗震救灾物资运输安全、保奥运为重点，组织开展“平安专项行动”、打击货盗专项行动和“破案大会战”行动。查获犯罪团伙4个，破获刑事案件68起，抓获犯罪嫌疑人20人，抓获网上在逃犯罪嫌疑人36人。2009年，以国庆60周年安保为主线，组织开展破案大会战、站车缉逃、“禁毒、打拐、反假币”等专项行动，强化阵地控制等基础工作，积极作为、主动出击，严整严打刑事犯罪活动，查获犯罪团伙2个，破获刑事案件35起，抓获犯罪嫌疑人28人，抓获网上在逃犯罪嫌疑人50人。2010年，以“破大案、打流窜”为重点，组织开展打击流窜犯罪活动和反货盗活动，破获刑事案件9起，抓获犯罪嫌疑人8人。2011年，在公安部组织开展的“清网行动”中，主动出击，将网上通缉的1名在逃犯罪嫌疑人抓获归案，协助抓获网上在逃犯罪嫌疑人35人。2012年，以打击货盗、骗保、涉毒和旅财案件为重点，组织开展“捕鼠战役”、堵源截流专项行动和“铁鹰”专项打击行动。破获运输毒品案件16起，抓获网上在逃犯罪嫌疑人25人。在“捕鼠战役”中，联合永州市公安局、衡阳公安处刑警支队在祁阳站抓获犯罪嫌疑人彭某成，破获虚报骗保案件9起。2013年，铁路公安机关集中开展“打盗抢保民安”严打整治专项行动，对货盗、涉毒和盗抢旅客财物案件保持高压严打态势，破获刑事案件24起，抓获犯罪嫌疑人24人，其中破获运输毒品案件19起，抓获网上在逃犯罪嫌疑人49人。

2014—2015年，国际、国内反恐形势日益严峻，并逐渐波及铁路。2014年，相继发生昆明火车站“3·1”、乌鲁木齐南站“4·30”和广州火车站“5·6”暴恐案件。针对反恐斗争形势，铁路公安机关从思想认识、督导检查、警力投入、武器装备、防范措施、责任落实入手，全面加强反恐维稳工作。6月，永州市公安局与衡阳铁路公安处建立站周联巡联勤、日常情报会商、资源信息共享、处突统一调度、反恐合成演练等5项反恐联动机制，成立永州火车站路地联巡联勤反恐防范指挥部，将火车站广场纳入路地警力、武警流动巡逻范围，每天24小时对火车站广场及周边开展武装巡逻，强化站车线震慑防控，严防暴恐案件发生。在落实日常反恐防范的基础上，持续开展“百城禁毒会战”专项行动和破案大会战，破获刑事案件20起，其中运输毒品案件17起，抓获网上在逃犯罪嫌疑人90人。2015年，根据中国铁路总公司反恐怖防范工作要求，扎实推进反恐基础工作，全面提升反恐防范等级，开展暴恐活动“严打年”、查堵重点在逃犯罪嫌疑人会战和严打整治暴恐活动专项行动，年内破获刑事案件18起，其中运输毒品案件16起，抓获网上在逃犯罪嫌疑人90人。

第三节 民航运输保卫

永州机场派出所成立于2001年8月22日（湘公治【2001】58号《关于同意建立永州市公安局冷水滩分局零陵机场派出所的批复》），直属冷水滩公安分局。2004年6月16日，省公安厅、省财政厅、省人事厅、省机场管理集团有限公司联合发文（湘公发【2004】8号）批准组建湖南省公安厅机场公安局，省内5个机场分别设立张家界公安分局以及常德、怀化、永州机场派出所。2006年4月，湖南省公安厅机场公安局永州零陵机场派出所挂牌成立，加挂“湖南省公安厅机场公安局交通警察支队永州零陵机场大队”牌子。永州零陵机场派出所（简称机场派出所）编制5人，有民警3人、协警4人。从2006年起，机场派出所的设施和装备逐步改善。当年配置电脑并入公安网络，配置警车2辆，计算机3台，现场勘察取证器材、个人防护器材等装备按公安部标准配备到位。2008年，投资建设派出所业务用房416平方米并投入使用。

机场派出所立足抓基层、打基础、苦练基本功、队伍正规化建设，以提升队伍整体素质为目标，深化全警大练兵活动，增强民警政治、业务、体能、技能素质，被湖南省公安厅机场公安局授予2013年度党风廉政建设先进单位。

一、空防安全保卫

2008年，在永州机场围界封闭、机场基础建设中，与岚角山镇政府、机场分公司建立联席走访机制，进村入户走访周边四村，邀请村干部、村民代表开座谈会7次，收集意见100余条，发放“告村民书”800余份，宣传法律法规及净空管理相关知识。在市公安局、冷水滩公安分局指导下启动处突预案，经多方共同努力，11个围界道口按计划封闭。其后继续走访村民，了解政策落实情况，疏导、化解群众负面情绪。同时，深化联席走访机制，借鉴综治工作做法，与周边四村签订“治安联防责任书”，明确情报收集、围界安全、重点人员管控、消防安全等职责，落实考核、奖惩措施。

每年年初及十月，机场派出所与永州机场分公司邀请海军部队、当地政府、公安派出所、周边村和驻场单位召开年度军警民座谈会，为维护机场空防安全稳定工作打下良好基础。

为消除不安全隐患，机场派出所、机场执法大队联合当地公安、城管等部门，对飞机航线区域燃放烟花、烧秸秆、放孔明灯等影响飞行安全的行为及时制止查处，维护净空安全。2006—2015 年，制止燃放烟花、烧秸秆、放孔明灯等行为 200 余起。

为防止精神异常人员、流浪人员、吸毒人员等特殊人群进入机场扰乱秩序，确保特殊人群不在机场滞留，2011 年，机场派出所与市救助站、强制戒毒所等单位建立快速处理机制。2006—2015 年，成功处置特殊人群在机场滞留事件 19 起。

2006 年起，机场派出所相继制订《永州零陵机场控制区通行证申办程序》《永州零陵机场控制区通行证管理办法》《永州零陵机场员工背景调查管理规定》等规定。按照《国家民用航空安全保卫规划》《中华人民共和国民用航空安全保卫条例》《民用航空背景调查规定》《民航总局 170 号令》等要求，对车辆和人员控制区证件办理、培训、背景调查、回收销毁、补办等进行规范，证件管理规定涵盖人员、车辆证件管理制度，包括申请、审批、制作、发放、领用、回收、销毁、换证、补办程序等，确保控制区管理有序进行。2008 年起，机场派出所对每名永州机场分公司、永州空港分公司员工进行建档，每年进行背景调查，建立信息档案。

二、机场治安保卫

2006 年起，机场派出所按照上级公安机关的部署，开展严厉打击制毒、贩毒、吸毒违法犯罪活动。为严防毒品进入机场危害员工，机场派出所与永州零陵机场分公司及驻场单位签订禁毒责任状，每年均对全体员工实行禁毒宣传教育，并在办公、居住、公共区域设立永久性禁毒标语，未发现非法持有毒品案及贩毒违法犯罪嫌疑人员。

按照公安部、国家民航局公安局及《湖南省公安厅机场公安局贯彻落实〈民用机场公共区域治安防控规定〉实施方案》的要求，结合辖区实际情况，周密部署、迅速行动、狠抓落实。2010—2014 年，连续实现“五个零”目标，做到社会治安秩序继续保持良好，零发案；交通秩序继续保持良好，零事故；空防安全形势继续保持良好，零事件；警民关系、各驻场单位关系继续保持和谐融洽，零投诉、零纠纷。

2011—2015 年，机场派出所坚持打防结合、预防为主、群防群治的治安防控方针，组织和动员各驻场单位力量，建立健全人防、物防、技防相结合的防控网络，完善各项运行机制，为实现永州零陵机场辖区社会稳定提供保障。建立一批治安积极分子、联络员等，组建机场治安联防队和永州机场青年义务联防队，在永州空港分公司、永州机场分公司中选拔有一定军事素养的男性员工为联防队队员，每年对联防队员进行长棍、短棍、防暴叉等反恐应急处突培训 2 天，员工充当义务联防力量，并在工作岗位配备长棍、短棍、防暴叉，需要时能形成合力，应对各种可能发生的暴力犯罪行为。

2013 年，加强机场公安与地方公安警务合作，构筑有效的警务合作平台，实现信息共享、警情互通、人才互助、科技互惠，为社会治安防控工作提供可资利用的资源。加强社会治安管控，合理布局维稳力量，围绕突出治安问题协同整治，及时与地方公安通报重大涉枪涉爆案（事）件，联合地方公安、海军部队及机场分公司开展治理周边地区治安乱源，采取联合执法方式，最大限度挤压犯罪空间，共同构筑区域治安管控高地，形成管控合力。综合运用多种措施和手段，打造社会治安防控工作立交桥式、多层次、灵活畅通的防范网络，实行交叉巡逻，交叉布岗，定期开展区域专项整治，大力开展矛盾纠纷联合排查调处、联合办案、联合行动、协查协办等工作，构建区域全方位棋盘式治安防范网络，加强治安防控体系建设，消除区域治安乱源和不稳定因素。

2014 年，机场派出所健全完善重大活动及应急突发事件应急救援合作机制，提高治安防范能力。与市公安局及其巡特警支队、交警支队、冷水滩分局、零陵分局、武警支队等单位建立联动反恐机制，与市公安局指挥中心保持信息联系，遇到突发暴恐事件，第一时间请求支援力量。

在科技防控上通过深挖科技防控的有利资源，辖区内 42 个治安监控摄像头安装完工并 24 小时全方位监控，监控值班人员 24 小时值守监控，做到一旦有警情发生，民警立即赶赴现场处置。

2006—2015 年，坚持每月 1 次以及在重要节日及敏感时期进行大规模、全方位、深层次安全检查，检查部位涉及各重点部位、办公生活区域、对外出租区域、施工现场等，检查内容涉及消防安全、空防安全、人员身份背景调查等，坚持检查中不走过场，不放过一个隐患漏洞，将检查中发现的问题在机场分公司的月安全讲评会上予以通报，并下发整改通知，及时督促整改。辖区内有商店 2 个，无常住人口，无暂住人口，无重点人口及出租房屋。辖区治安防范工作不放松，民警及治安保卫人员职责到位，时刻绷紧治安这根弦，确保辖区内无重特大案件、事故和安全隐患。

第五篇

监所管理

永州公安监所管理范围包括看守所、强制戒毒所、收容审查所（以下简称“收审所”）、治安拘留所。1993 年，零陵地区公安处收容审查所和全区 11 个县市看守所业务工作由零陵地区公安处预审科指导。1995 年年底，零陵地区公安处预审科更名为零陵地区公安处预审监管支队。1997 年，零陵地区公安处收容所更名为永州市公安局看守所，同年成立永州市公安局强制戒毒所。1997 年实行侦审合一后，永州市公安局单设监所工作管理支队（以下简称“监管支队”），看守所由市公安局监管支队管理。1999 年，根据公安部《关于调整公安监管职能有关问题的通知》，将原来分别由禁毒、治安部门管理的强制戒毒所和 11 个县（区）治安拘留所统一归口市公安局监管支队管理。

第一章　监所设置与建设

第一节　看守所设置与建设

一、看守所设置

1993 年，零陵地区所辖 9 县 2 市（县级）各设 1 个看守所，为正股级行政单位，全区 11 个看守所共有干部职工 87 人。1997 年，永州市公安局成立市看守所，为正科级行政单位，定编 21 人，实有干部职工 16 人。

二、看守所建设

（一）永州市看守所

1997 年 1 月，根据新修改的《中华人民共和国刑事诉讼法》规定，取消收容审查制度，新成立的永州市看守所，对原收审所设施进行维修，改造，有监房 12 间，办公楼 1 幢。永州市看守所因从原收审所改建而来，安全防范设施不全，没有武警执勤，存在重大安全隐患。2010 年，经市公安局党委报请市政府同意，暂停关押，并在冷水滩区凤凰园选址筹建监管中心。

（二）县（区）看守所

1993 年以前，零陵地区 11 个县（市）使用的看守所系 20 世纪 70 年代至 80 年代修建，建设标准低，布局不够合理，当时仅停留在能关押人犯的基础上。通过组织在押人员劳动生产创收和多方筹集资金，逐年完善所内基础设施，至1994年年底，全区11个看守所按生产区、生活区、办公区、监管区“四区”规划建设基本成型。冷水滩、宁远等县（市）看守所布局合理，所内环境优美。1994年，地区公安处争取建设经费56万元，拨付各县（市）区看守所，用于各所因地制宜发展生产。

2000年，根据国务院《关于武警部队担负看守所的外围武装警戒》规定，对武警“内看守”（监区内看守）勤务方式进行改革，实行“内转外”（监区外看守）。永州市11个县（区）看守所，经过1年多努力，于上半年全部按要求建好监墙对角岗楼，实现武警看守勤务“内转外”工作目标。

为促进看守所规范化、科学化、现代化建设，提高整体工作水平，公安部于1997年开始实行看守所等级评定。1998年，祁阳县看守所被评为全国二级看守所，2001年，祁阳县看守所被评为全国一级看守所。2004—2009年，江华瑶族自治县看守所连续6年被评为二级看守所。至2015年，全市11个县（区）看守所全部被评为三级看守所。

2003年，根据中共中央《关于进一步加强和改进公安工作的决定》，国家进一步加大对公安监管场所的投入。省公安厅明确把公安监所纳入基层基础建设重点。据此，市公安局争取财政支持，对破旧监房进引维修，拆建审讯室、教育室、医务室，改建在押人员食堂，装修办公楼，新建会议室，建设监控系统，硬化所内路面，装置高压电网，购置、更换囚车等。江永县投资100万元，将该县看守所改建成全市一流看守所。2006年年底，全市12个看守所的视频监控系统全部建成投入使用。

2007年11月20日，省公安厅、省发改委、省财政厅在郴州召开全省公安监所建设现场会，会议明确提出各地学习郴州经验，建设监管中心，将看守所、拘留所、戒毒所等场所建在一起，以便统一管理。郴州会议后，永州市公安局向市政府作出专题汇报，2008年5月8日，

2013年10月28日，省公安厅监管总队调研员骞在炎（左一）在永州市监管中心工地视察

市政府第 19 次政府常务会议研究决定：整合市公安监所资源，以市戒毒所为依托，新征用地 301 亩，兴建市监所管理中心。2009 年，经市、省发改委立项核准，市看守所工程总投资 1.1 亿元，分二期建设。2010 年，第一期主体工程开工建设。2011 年，双牌县看守所筹集资金 300 万元，投入基础设施建设，共新建、扩建、改建各类建设项目 16 个，建成高清监控系统。2014 年，江华瑶族自治县完成监管中心建设，2015 年，宁远、道县监管中心第一期工程建设。2015 年年底，市监管中心完成第一期主体工程建设。

2014 年，公安部监管局在全国看守所部署“五化建设”，省公安厅监管总队在全省看守所部署推进 AB 门建设和武警执勤工作。永州市在全省最先完成任务，11 个看守所在年底前共投资 300 万元建成 AB 门并完成监区门哨武警执勤工作。截至 2015 年年底，全市看守所实有民警、工勤人员 268 人，共有监室 178 间。

第二节　强制戒毒所设置与建设

永州市公安局强制戒毒所组建于 1997 年 10 月，为市公安局二级机构，正科级行政单位，内设办公室、审查股、管教股，定编 16 人。成立之初的 11 名民警从原收审所调进。1999 年，经简单加固维修原收审所老监房后开始收治戒毒人员。

随着经济社会发展，吸、贩毒人员增多，强制戒毒所远远不能满足全市戒毒工作需要。在市委市政府高度重视下，1998 年，市公安局规划筹建新戒毒所。同年 10 月征地 45 亩，投资 1100 万元，2002 年 10 月建成并投入使用。新建的强制戒毒所为一个集强制戒毒、自愿戒毒、戒毒宣传教育于一体的综合场所，总面积 1.32 万平方米，包括康复中心大楼、办公楼、家属宿舍、食堂等。康复中心大楼面积 3100 平方米，共 4 层、28 间戒毒室，有床位 256 张，分男戒员区、女戒员区、未成年人戒员区、脱瘾区；设有医务室、文体活动室、图书馆、学习教育室。2013 年，国家废除劳动教养制度，市司法劳动教养所改为市戒毒所，市公安局强制戒毒所因存在安全隐患，市政府决定市公安局强制戒毒所停止收戒，所有戒毒人员移交市戒毒所。2015 年 6 月，市公安局强制戒毒所在加固维修确保安全后恢复收戒工作。

永州市公安局强制戒毒所 2003 年、2005 年、2007 年被评为国家二级强制隔离戒毒所。

第三节　收容审查所设置与建设

1975 年 9 月，根据国务院文件精神，组建零陵地区公安处收容审查站（驻冷水滩），配站长、管教、审讯、调查处理、看守、会计、出纳、保管、炊事员共 11 人。1980 年，配站领导 3 人、政工 1 人、行政组 11 人、收审组 8 人、管教组 4 人、生产组6人、武装警卫15人。1981年4月18日，收容审查站更名为零陵地区行政公署公安处劳动教养收审队。1984年8月20日，零陵地区行政公署公安处劳动教养收审队更名为零陵地区公安处收容审查所，下设审查股、管教股、秘书股。1987年6月，零陵地区公安处收审所定编20名，1988年，增编5名。1994年，收审所编制为21名。

第四节 治安拘留所设置与建设

1993年以前，零陵地区11个县（市）拘留所绝大部分是利用原食品站、福利工厂、造纸厂等旧房场地改建而成。这些场所比较简陋，设施不配套，严重影响工作的正常开展。1990年，道县拘留所改扩建。1992年，祁阳拘留所改扩建。1994年，江华拘留所迁址新建。2002年，零陵、东安、江永、宁远拘留所迁址新建。2004年，新田拘留所迁址新建。1993年，各拘留所配备民警2~3人。1994年，人员略有增加，11个拘留所，除新田外，其他10个拘留所民警达到4人以上，其中冷水滩、道县达到6人。1994年，蓝山县为拘留所解决经费4万元，新建拘留所围墙，购置新吉普车1台。道县、东安两所发展“庭院经济”，改善办公、生活条件。2001年，根据公安部《治安拘留所达标评定办法》，全省批准16个治安拘留所为首次达标单位，冷水滩拘留所首次达标。2002年，祁阳和东安2个拘留所达标。2003年，江华拘留所进入达标行列。2005年，永州市有冷水滩、祁阳、东安、江华、江永、新田、宁远等7个达标拘留所。2006年，公安部监管局在拘留所系统部署等级评定工作。2010年，冷水滩、零陵、祁阳、东安、江永5个拘留所被评为二级拘留所；江华、新田、蓝山、道县4个拘留所被评为三级拘留所；双牌、宁远2个拘留所被评为不达标所。2015年，全市11个拘留所除道县拘留所因管理问题被评为不达标所外，其余10个拘留所所均被评为三级拘留所。

2011年10月底，全市11个拘留所共筹资80万元，完成监控视频联网建设任务。2014年，公安部监管局在拘留所系统部署开展为期2年的“三项重点工作”（执法规范、管理创新、矛盾化解），市公安局以此为契机，加大对拘留所软、硬件建设力度，至2015年年底，11个拘留所均按上级标准配备9名以上工作人员（民警数不够的，聘用协警补充），祁阳县拘留所工作人员达14人。11个拘留所共有拘室91间，面积3773平方米。各拘留所皆建有智能化监控系统，监控视频与省、市联网。

第二章　监所安全管理

第一节　看守所安全管理

1993—1996 年，零陵地区看守部门绷紧安全弦，狠抓管理教育、巡视检查，落实安全防范措施，杜绝重大恶性事故发生，全区看守所没有发生一起重大事故。1993 年，零陵地区公安处预审科在看守所部署为期 6 个月的打击牢头狱霸专项行动。冷水滩、祁阳、蓝山、永州（现零陵区）、东安、双牌等看守所实现全年无安全事故，全区 11 个看守所监内秩序较好，牢头狱霸得到有效遏制。

1997—2003 年，为确保全市看守所安全无事故，依据《中华人民共和国看守所条例》和《中华人民共和国看守所等级评定办法》，改民警值班人员巡视为领导带班与民警值班巡查相结合、民警值班与武警执勤双向监督相结合，保证 24 小时双人值班巡视制度的落实。改一家处置突发事件预案为联合处置突发事件预案，与巡警、“110”、刑侦、交警等部门联合，提高应变能力。改间接管理为直接管理，各看守所普遍改变传统的管理模式，把值班室、教育室移至监区内，对在押人员实行全天候 24 小时面对面直接管理教育，提高看守民警及时掌握监内动态、快速处置监内紧急情况能力。1998 年，全市各看守所开展队伍教育整顿，在实行规范化管理过程中，主抓安全管理，落实安全制度，强化双人值班，加强余刑犯管理，大力整顿监内秩序。1999 年，武警看守勤务实施重大改革，明确看守所与武警的分工，外围墙以外警戒由武警负责，外围墙以内警戒由看守所负责，武警对角岗哨负责协助内围墙与外围墙之间的警戒。全市看守所建立对角岗楼，武警看守勤务“内转外”全部完成。2002 年 4 月 5 日，道县看守所在押犯罪嫌疑人胡某被同监人犯殴打致伤经抢救无效死亡，酿成“4・5”重大监所安全事故。4 月 26 日，省公安厅在道县召开全省各市（州）公安监管支队领导、永州市各看守所所长参加的全省看守所事故现场分析会，对道县看守所“4・5”事故进行分析，吸取教训，强化安全责任，量化安全任务，落实安全措施。全市各看守所贯彻落实现场会精神，结合“严格执法年”活动，坚持查摆和整改相结合，完善严格的工作制度，狠抓安全制度落实，确保监所安全，至 2003 年底，全市看守部门没有发生安全事故。

2004—2006 年，为更加有效打击犯罪，净化社会环境，维护社会稳定，根据公安部、省公安厅的统一部署，市公安局在全市监管场所开展打击牢头狱霸专项行动。各看守所对牢头狱霸一律实施严管，设立严管监室，严管期限至少为1个月，再次被严管的期限为2个月，第三次被严管的或者在严管期间仍有牢头狱霸行为的，严管期限至其本人离所。各所按照市公安局的部署，扎扎实实开展打击牢头狱霸专项行动，确保监所安全。经检查验收，全市各所没有发现牢头狱霸现象，监内秩序良好。2006年，全市看守所投资300万元建成视频监控系统，充分利用科技力量，从硬件方面给监所安全添加一层保护网。

2007年，永州市监所安全形势严峻。市公安局采取一系列措施：一是加强警示教育，增强民警安全意识，组织民警认真分析讨论在全国具有重大影响的事故案例，反思查找本单位是否存在类似问题，进一步强化安全意识；二是突出动态控制，加强日常管理；三是严厉打击牢头狱霸；四是严格入口畅通出口，及早排除安全隐患；五是突出严格执法，规范监管行为。通过以上工作，扭转全市看守所安全严峻的形势。2008—2009年，全市看守所没有发生一起重大安全事故。

2011年8月26日，为做好特别防护期的安全大检查，全市各县（区）公安局（分局）由局长带队，对监管场所进行安全隐患大排查。图为江永、宁远、江华、东安县（自治县）公安局长在带队检查隐患

2010年，全市看守所的远程网络监控系统与市公安局监管支队联网，支队除实地检查外，在办公室可以查看各所动态，及时发现问题，督促立即整改，保证安全。全市看守所对在押人员进行思想教育和安全大检查，预防发生事故。2011年2月26日，宁远县看守所获悉8号监室在押死刑犯杨某军有越狱企图后，县公安局立即采取果断措施，组织武警、公安民警对看守所8号监室进行彻底清查，当场搜缴短柄杀猪刀1把、弹簧刀4把、断钢锯片2节、手机2部，避免了一起在押人员企图暴动越狱流血事件的发生。宁远县看守所“2·26”事件虽然在第一时间快速反应，成功处置，但同时也暴露出看守所安全隐患多，漏洞大，队伍管理和教育疏于形式，民警责任心缺失等一系列问题。省公安厅、市公安局给江永和宁远两个县看守所下达整改通知书，全市开展公安监所突出问题集中整治行动。全市看守所按照行动要求，逐项进行排

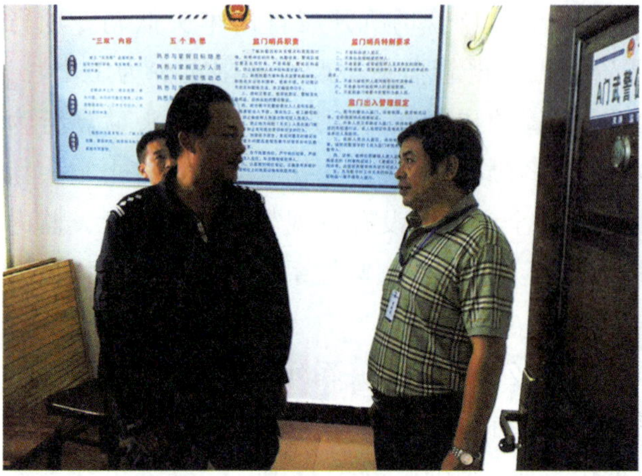
2012年8月24日，市公安局监管支队支队长蒋秀亮（右一）到双牌县看守所检查智能监管跟踪报警系统

查整改。宁远县公安局党委先后多次召开局党委会专题研究监管工作，深入剖析问题存在的原因，采取超常规措施扎实开展看守所安全隐患整改工作，严厉查处监管民警违纪违规问题。2012年开始，全市看守所实行在押人员休息时间双人值班制度，中午和晚上每个监室每班都有2个在押人员轮流值班，观察监内动态，随时报告值班巡视民警。严格落实省公安厅关于“放风门”管理的规定，严厉禁止在押人员独处，防止发生在押人员自杀自残事故。是年，全市11个看守所开辟在押人员医疗救治绿色通道，与各县（区）人民医院、中医院或规模较大的私立医院签订协议，保证在押人员能随时医治，并在协议医院开辟一间监管病房，监管病房安装铁栏杆，铁门，防止在押人员趁住院之机逃跑。同时，针对个别地方在押人员在看病途中逃跑的情况，永州市规定出所就医必须有一个武警，一个民警和一个狱医随同看守，以确保安全。宁远县看守所与县中西医结合医院签订协议，医院每天派1名医生和1名护士进驻看守所，24小时巡诊。

2015年，湖南省公安厅强力推进武警AB门哨建设，永州市积极行动，到12月底全部完成AB门哨建设任务，11个看守所武警全部上哨。A门由武警战士把守，负责检查进出看守所监区人员的身份，B门由看守所民警把守，负责检查进出看守所监区人员和物品。双重检查，双重保险，尽最大限度杜绝无关人员和违禁品进入监区，大大减低安全事故发生率。

第二节　强制戒毒所安全管理

永州市强制戒毒所1999年开始收戒吸毒人员，逐步建立值班巡视、出入所登记、安全检查、一日生活制度以及民警岗位责任制等。2000年4月，市强制戒毒所执行公安部《强制戒毒管理办法》《强制戒毒所等级评定办法》的规定，建立健全一系列安全管理制度，实行分别收治、分别管理、安全检查、24小时值班巡视和交接班、戒毒区出入制度和提讯、探视、财物保管与发还制度以及医务管理和民警岗位责任制度等。对身体脱瘾的戒毒人员实行封闭式管理。医护人员坚持每天24小时对戒毒人员进行专人护理观察，并按时定量给戒毒人员注射或服用戒毒药物。对身体脱瘾后的戒毒人员，严格执行戒毒人员行为规范和一日生活制度。管教民警坚持 24 小时值班巡视，督促、检查落实情况，对违反所规的，分别给予批评教育或警告；违反《治安管理处罚条例》的，由强制戒毒所报请所属公安机关给予治安处罚；构成犯罪的，依法追究刑事责任。

永州市强制戒毒所为确保监所安全，采取以下措施：（一）强化责任担当，打造过硬队伍。加强理论学习，加强安全意识教育，制订《管教、值班巡视民警考核规定》；（二）改革勤务模式，科学设置岗位。设立所领导带班岗、管理教育岗、巡视监控岗、收押提讯岗等，落实主、协管制度，民警面对面管理学员；（三）落实各项制度，严格日常管理。把好入所关，对新戒毒人员实行“净身入所”，对来访人员实行身份审核，对进出大门人员、车辆实行检查登记，通过电话接见、视频接见模式和完善接见工作流程来阻止各类违禁物品的流入。定期不定期清查监区，严格落实戒毒人员在重大节假日的尿检，重点岗位人员的适时尿检和一定时期的全员尿检；（四）夯实基础设施，筑牢安全底线。收戒之初，戒毒所建立电子监控系统，采用模拟技术，图像不清晰，至 2009 年系统已处于临界报废状态。2008 年 4 月 17 日，3 名戒毒人员用手折弯防护铁栏，翻越围墙脱逃。为此，市强制戒毒所维修加固加粗防护栏杆，并在围墙上增加一道钢丝网。2010 年 9 月，投资 10 万元，在办公区、监区建设升级视频监控系统，该系统分别在 28 个监室内安装 56 个高清摄像头，在全所办公区和外围区域安装 90 个普通高清摄像头，做到全所视频监控无死角。2015 年，市强制戒毒所对监区和办公区进行指纹门禁系统建设，从进戒毒所大门到戒毒人员位置，总共设计 9 道门，有效地加强监区安全和戒毒人员的监管及控制，防止戒毒人员脱逃。配备约束式电击抓捕器、钢叉、电击器、盾牌、电棍、电警棍、对讲机、手套、手铐等执法装备，组织民警和协辅警实地操作演练，提高戒毒所对突发事件的处置能力。2010—2015 年，戒毒所没有发生安全事故。

第三节　收容审查所安全管理

从 1993 年开始，永州市公安收审所逐步建立和完善值班出入所登记、健康检查、分别关押、安全检查及询问、会见等一套行之有效的制度。被收审人员入所时，须凭公安机关签发的“收容审查决定书”收审登记，填写“收容审查人员健康检查表”，按性别和是否成年等不同情况实行分别关押，严格科学、文明管理。出所时，收审所在“收容审查人员登记表”上载明出所原因及去向。对刑事、治安拘留或劳动教养处理的，依照有关法律文书办理手续，返还代管的财物。对收审室坚持每周一检查，每月彻底清查，把隐患消除在萌芽状态。对收审人员做到不打骂、不体罚、不虐待和不侮辱人格，并保障其合法权益。武装警卫人员坚持 24 小时对收审监区进行巡视，确保监区的正常秩序。同时，收审所推行安全风险抵押金目标管理责任制，实行安全与民警的经济利益挂钩，增强民警责任心，激发工作热情，使值班巡视、接见、安全检查等制度得到落实。1993 年和 1995 年，按照地区公安处预审科的统一安排，收审所开展两次声势浩大的打击“牢头狱霸”专项行动，对所内欺压被收审人员，强占铺位及殴打等狱霸行为进行严厉打击，确保收审所安全。1993—1997 年，收审所没有发生安全事故。

第四节 治安拘留所安全管理

1990 年 1 月 3 日，公安部发布施行《治安拘留所管理办法（试行）》。零陵地区治安拘留所规范被拘留人员入所、出所、生活、卫生、劳动、通信、会见、请假等各项管理制度。对被拘留人员坚持“教育、挽救、感化”的方针，严禁打骂，保持拘室整洁，注意伙食卫生，有病及时治疗，坚持每月对拘室进行 2 次安全大检查。但绝大多数治安拘留所因民警数量少，部分制度仍难以得到落实。从 1994 年起，全区大部分县（市）治安拘留所逐步建立民警岗位责任制和考核办法，调动民警的工作积极性。永州（现零陵）拘留所将依法管理与文明管理有机结合，对被拘留人员不仅坚持做到不打骂、不体罚、不虐待，并且规定拘留所拘室白天不落锁，允许拘留人员在院内自由活动。冷水滩拘留所在管理教育中坚持做到“五把关”，并在被拘留人员中组织开展遵纪守法竞赛活动，取得明显效果。双牌县拘留所加强值班和管理，7 年没有发生一起被拘留人员逃跑事故。

2001—2006 年，市公安局监管支队对照公安部《治安拘留所达标办法》等有关规定，制订拘留所队伍建设、安全工作、管理教育、执法执纪等规章制度。2001 年 10 月，省公安厅监管处在桃源县举办全省治安拘留所所长培训班，永州市 11 个拘留所所长参加培训，全面推进全市治安拘留所达标工作。全市治安拘留所达标活动中，新增警力 18 名，迁址新建的零陵、东安、江永、宁远和新田 5 个拘留所全部达标。

2006 年，公安部在全国治安拘留所开展等级评定工作，对拘留所班子配备、民警数量及日常管理和执法工作提出具体标准。永州市以此为契机，在拘留所内进行规范化管理，实行所领导带班制、民警值班巡视、拘留人员一日生活制度、拘留人员学习教育制度等。东安拘留所加大管理力度和硬件设施投入，2007 年度被评为二级拘留所。2008—2009 年，全市 11 个拘留所先后建成视频监控系统，在拘留所安全管理上增加一道屏障。2010—2011 年，全市拘留所按照公安部监管局的部署，相继与有关医院签订协议，建成在拘人员看病救治绿色通道。江永县拘留所在全市率先实行被拘留人员入所前体检制度，同看守所一样，被拘留人员入所前必须经过 5

项常规检查，凡体检不合格的，一律不准入所，把好入所关。各所每月定期或不定期清理拘室，对室内电、水、监控设备、门和窗等进行检查，将安全隐患消除在萌芽状态。管教民警及时找被拘留人员谈话教育，了解其思想动态，对重点对象进行重点关注，一方面多做思想工作，另一方面通知巡视监控民警重点看管，发现情况异常及时处置。2014 年，全市拘留所开展“三项重点工作”，创新管理，规范执法，化解矛盾。2015 年，按照省公安厅监管总队要求，拘留所视频监控室安排人员值班察看。全市 11 个拘留所，警力相对充足的安排民警察看，力量不够的聘用协警察看，确保拘留所绝对安全。2001—2015 年，全市拘留所没有发生安全事故。

第三章 教育矫治

第一节 看守所在押人员教育矫治

为确保在押人员认罪服法，揭发犯罪，改恶从善、重新做人，看守所对在押人员坚持“严密警戒，看管与教育相结合”的工作方针，注重思想教育，教育内容包括监规教育、法制教育、道德教育以及形势宣讲和劳动锻炼等教育。

1990 年 3 月 17 日，《中华人民共和国看守所条例》颁布实施后，全地区各看守所以该条例为指针，切实加强对在押人员的教育矫治工作。1993—1996 年，全地区 11 个看守所组织在押人员学习《中华人民共和国刑法》《中华人民共和国刑事诉讼法》40 余场，宣讲党的“坦白从宽，抗拒从严”政策，对在押人员进行宽严典型教育。冷水滩看守所通过政治攻势，获取犯罪线索 35 条，破刑事案件 8 起，其中重特大案件 4 起，查处各类违法犯罪人员 16 人，抓获批捕在逃犯罪嫌疑人 1 人。道县看守所通过教育，破获邓某贵、何某保等人诈骗他人 10 万余元大案。

1997 年，芝山区看守所利用社会力量在监所内建成全省第一家万册图书室，在监所内开展读书育人活动，将看守所建成一所高墙内的特殊学校。该所在监内开办学习园地，在所内创办《新生报》，实行大课教育和自我学习相结合、正面教育与打击处理相结合、法制教育与科技教育相结合的“三个结合”，根据职业、年龄、犯罪危害程度等特点，分别侧重读书内容，对知识型在押人员以文学和高科技类读物为主，农业人员以科学种养类为主，青少年以催人发奋向上的励志类书籍为主，日练 1 页字，周写 1 篇文，月懂 1 个题，季学 1 部法，并进行 4 次考试。读书育人活动的开展，不但为在押人员脱胎换骨重新做人打下基础，而且为他们释放后择业、就业开拓知识，使其真正成为有用之人。50岁的蔡某杰因包庇犯罪被依法判刑后留所改造，入所后他想到自己唯一的女儿已出嫁，自己又无所长，感到刑满后难以度日，对自己前途十分悲观。所里针对其情况，安排其饲养牲猪，并安排专人对他进行个别辅导，督促他阅读有关养殖书籍，并请当地养猪大户现场指导。由于他爱钻研，肯吃苦，2个月学会选种、配种、饲料搭配、常见病防治等技术。刑满释放后，他从事牲猪饲养，很快走向富裕之路。他逢人就说："坐了一回牢，学会一门技术，走上了富裕路，是看守民警的功劳。"1999—2002年，永州市看守所为做好邪教组织成员的思想转化工作，坚持法制教育和信仰教育，按照"团结、教育、转化、挽救"的工作方针，教育解脱大多数，打击孤立极少数。坚持集中办班教育和个别教育相结合，针对对抗心理严重的顽固分子，采取跟踪管理专人抓，及时制止邪教组织成员集体"练功"、绝食事件的发生，挽救和转化一批顽固的邪教组织成员。

2003—2004年，江华瑶族自治县看守所狠抓教育矫治，扩大社会效果。一是进行上大课教育，2年上大课50次，受教育面达3000人次，请曾经犯过罪，后努力创业走上致富之路的梁某现身说法；二是组织民族一中学生帮教在押少年犯。2004年3月，看守所与江华一中联系，由在校品学兼优的初中生与在押少年义某等人结成文化知识学习帮教对子，为他们制订学习课程、学习计划，将教科书和笔、作业本送到他们手里，鼓励他们认真改造、认真学习；三是有选择性地组织观看电视节目，对在押人员进行政治思想、理想前途和法制教育；四是个别谈心，有针对性地进行常态化谈心教育活动，促使在押人员认罪伏法、安心改造，以正确的世界观、人生观和价值观面对社会，面向新的生活；五是做好重点人员思想教育稳定工作。所长每周找重点人员谈话一次，并根据情况报请局长、政委和主管副局长到所重点帮教；六是做好留所服刑罪犯教育改造工作。在保证安全的前提下，留所服刑罪犯通过劳动生产，既改善在押人员的生活，又收到教育效果；七是对确有悔改表现或立功表现的，根据考评积分，依法呈报减刑建议，2年被呈报减刑建议的罪犯13人次。

2007年7—12月，市公安局在全市公安监管场所开展为期半年的"三学"活动，学思想品德、学法律、学技能，以此树立在押人员正确的人生观，增强法律意识，让在押人员掌握生产技能。

2011—2015年，全市看守所推行勤务模式改革，实行专职管教。民警对在押人员面对面直接管理，看守所谈话教育工作得到明显加强。管教民警对新入所在押人员进行7天跟踪谈话教育，密切关注其思想动态。各所利用电教设备和广播系统，播放正能量教育片，如法律讲坛，犯罪人员如何走向新生等电教片。宁远县看守所在监室一楼走道墙上建立文化走廊，将“老母盼儿归，妻子望夫早日回”等方面的内容，以图文形式予以体现，让在押人员感受到亲情，使他们内心深处受到震动，从而增强在押人员教育改造的信心和力量。

第二节　被强制戒毒人员教育矫治

1999—2015 年，市强制戒毒所共收治戒毒人员 2985 人。帮助吸毒人员戒掉毒瘾，既要用法律强制手段，又要用教育感化方式。市强制戒毒所在严格管理基础上积极探索人性化管理模式，切实转变管理者角色，把戒毒人员当病人看待，实行亲情式管理。

新入所戒毒学员在 24 小时内接受民警谈话，且由当班所领导进行，及时掌握其基本情况和思想状态。进入康复期后，规定管教民警对分管的戒毒人员谈话教育每周不少于 2 次，了解其本人的基本情况，家庭情况，宣讲毒品的危害及所规所纪。对有安全隐患的重点人员，安排专人看管，积极做好教育转化工作。

针对戒毒人员思想消极，作风散漫，懒惰等特点，一方面在日常管理中实行规范化和军事化管理，要求戒毒人员做到行动军事化、卫生经常化、语言文明化；另一方面从一日生活抓起，开饭前背诵行为规范，培养戒毒人员服从管理，遵守纪律等行为，做到活动在组织中，康复在活动中，管理在和谐中，增强戒毒人员安心戒毒的自觉性。

2009 年 1 月 29 日农历“小年”，永州市戒毒所开展一场特殊的卡拉 OK 比赛，主持人、参赛人、观众全部是戒毒所学员，而评委则是戒毒所民警

为进一步缓解戒毒人员不良情绪，丰富戒毒人员文化生活，永州市戒毒所首先从戒毒区环境上营造教育文化氛围。在戒毒区过道悬挂书画警示作品，戒毒区周围养植赏心悦目的花草，定期组织戒毒人员读书，组织开展读书心得交流，拔河、唱歌以及篮球、乒乓球、羽毛球等文体活动。利用重大节日适时开展爱国主义教育等，激发戒毒人员的爱国情怀和改造激情。除每月定期的法制讲课外，聘请禁毒专家、励志讲师、戒毒人员母亲来所讲课，邀请成功戒毒人员

到所现身说法。定期不定期地组织对社会开放活动，积极发挥禁毒宣传基地作用，2008年，市戒毒所被共青团永州市委命名为“青少年教育基地”。

戒毒所设立亲情接待室，开通亲情联系电话，发动亲属及社会共同关爱戒毒人员，配合戒毒所开展教育挽救、戒毒康复工作，使强戒人员始终感受到社会、亲人的关爱。

湖南省某机械厂子弟小雪（化名）是一位受过高等教育的女孩，2003年，从湖南师大艺术系毕业后到广东工作，公司待遇好，有一定积蓄。2005年，受不良朋友唆使，小雪染上毒瘾。吸毒花去她所有积蓄，还向家里要钱，吸毒3年，共花费几十万元。先后在广州白云戒毒所，湖南脑科医院等多家戒毒机构戒毒，但每次都半途而废。2008年6月，小雪被家人送到永州市公安局强制戒毒所自愿戒毒。所领导得知小雪的情况后，一方面对其专门制订有针对性的治疗方案，另一方面通过耐心细致的谈心教育，促使其树立戒除毒瘾的信心，让她负责所内其他戒毒人员文体活动辅导工作，分散强戒人员对毒品的渴求。同时请小雪的母亲和戒毒人员全某洪的母亲到所讲课，诉说做为一名吸毒者母亲心灵的痛苦和情感的折磨。动之以情，晓之以理，经过强制戒毒所工作人员的努力，小雪的毒瘾得到有效控制。3个月后，小雪顺利实现生理脱瘾出所。出所后，小雪在长沙一公司上班，身体恢复正常，生活过得充实。

第三节 被收容审查人员教育矫治

对被收审人员坚持“教育、感化、挽救”的方针，教育内容包括所规所纪教育、法制教育、道德教育、文化教育等，目的是使被收审人员认识错误，矫正错误行为，改掉恶习，成为社会有用公民。

零陵地区收容审查所从被收审人员入所第一天起，就对其宣讲国家法律及管理教育规章制度，组织学习《中华人民共和国刑法》《中华人民共和国治安管理处罚条例》等法律、法规，并结合典型事例，以案说法，提高法律意识。在教育形式和方法上，主要采取“五个结合”，即集体教育与个别教育相结合，分类教育和因人教育相结合，感化教育与自我教育相结合，文化教育与生产技能教育相结合，所内教育与社会教育相结合。邀请社会各界知名人士，包括法律学者、心理学家、社会学家及先进人物事迹报告团来所授课、作报告和咨询。动员家属对被收审人员进行规劝，适时召开家属座谈会，共同探讨做好收审人员思想矫治工作。收审所每半年上大课1次，每季度召开1次家属座谈会。通过以上措施，促使收审人员思想转变，从而达到教育矫治的目的。

第四节　被治安拘留人员教育矫治

对被治安拘留人员实行教育与处罚相结合的原则，进行法制和道德教育。20世纪90年代前，因拘留所工作人员少，对被拘留人员偏重于“收、关、放”。90年代初，治安拘留所贯彻执行公安部关于《治安拘留所管理办法（试行）》，把教育工作列入重要议事日程。大部分治安拘留所年初制订学习计划，组织被拘留人员学习《中华人民共和国刑法》《中华人民共和国刑事诉讼法》《中华人民共和国治安管理处罚条例》等法律、法规和政策，提高法制观念。市公安局拘留所（现零陵拘留所）在管理中把依法管理与文明管理有机结合，率先在全地区为被拘留人员设置图书室、娱乐室和广播室，促使被拘留人员自我教育。冷水滩拘留所在管理教育中，坚持做到“五把关”，在被拘留人员中组织开展遵纪守法竞赛活动，取得明显效果。1993年该所依法收拘249人，解除拘留返回社会后无一人重新被拘留入所。1993—1994年，全地区11个治安拘留所共依法拘留违反治安管理人员5333人次，通过法制、理想、前途和道德教育，绝大多数被拘留人员认错服罚，停止违法活动，减少社会治安乱源，2年中解拘后又重新进所的仅有14人，仅占被拘留人员总数的0.3%。各所狠抓被拘留人员的入所和出所谈话教育，入所时，拘留所民警对新入所被拘留人员进行一次谈话教育，主要是了解被拘留人员个人基本情况和家庭情况，宣讲拘留所所纪所规。被拘留人员期满出所前，管教民警坚持做好两件事，一是对解拘人员进行法律知识考核，以检验其懂法程度；二是对解拘人员思想改造进行讲评。首先由解拘人员进行自我总结，然后组织同室人员对其进行评议，摆改过成绩，讲存在问题，最后由管教民警点评，以此对解拘人员进行一次改恶从善，弃旧图新的再教育。

2001年，公安部关于《治安拘留所达标办法》颁布实施，全市各拘留所把加强被对拘留人员教育工作作为治安拘留所达标主要内容，研究制订教育计划和实施细则并抓好落实。绝大部分拘留所设置图书室、阅览室、文化活动室，配置广播、电视、录放像等教育设施。在教育内容上，主要进行法制、形势、人生观、道德观和前途教育，并结合学习《中华人民共和国治安管理处罚条例》及有关法律、法规，组织讨论、召开座谈会、出宣传栏、写学习心得等。在教育方法上，根据收拘人员不同年龄、性别、违法性质，分期分批进行所规、政策法制、理想前途教育。同时，要求管教民警做到“三知”（知被拘留人员家庭基本情况、知主要违法事实、知现实表现情况）。在此基础上，针对不同对象，对症下药，个别谈心，帮助分析原因，讲危害、挖根源、卸包袱、尽力解决实际困难，以此来感动、感化他们，促其走上改过自新之路。2006年，公安部开始在全国拘留所实行等级评定工作。全市各拘留所通过抓被拘留人员一日生活制度落实，对被拘留人员每天24小时做具体安排，除正常生活、起居休息外，大部分时间安排在对被拘留人员的教育上。每周上大课不少于10个小时，其余是自学和重点教育，使被拘留人员不仅因自己的违法行为受到处罚，而且让被拘留人员在拘留所受到教育，让其知道自己错在哪里，出所后做一个守法公民。

2012年，道县图书馆捐赠1500册图书和80种期刊在道县公安局行政拘留所设立道县图书馆分馆

2010—2013年，全市拘留所紧紧依靠和充分利用社会力量和资源，拓宽思路，拓展渠道，加强与社会各界沟通和联系，最大限度地运用社会力量和资源为教育挽救工作服务。一是主动与人大、政协、综治办、妇联、共青团、文化、教育、司法行政等部门联系，通过签订帮教协议，建立联席会议等形式，充分发挥有关部门职能作用；二是利用图书馆、博物馆、爱国主义教育基地、禁毒教育基地等社会资源，与他们合作建立所内流动图书馆、所外教育基地等；三是不断创新方式方法，组织开展法律服务进监所活动，为被拘留人员提供法律帮助。通过开设“心理咨询门诊和心理咨询信箱”、举办心理健康知识讲座等形式，对被拘留人员开展心理法律帮教。开展亲情帮教，定期与被拘留人员家属联系，召开家属座谈会，以亲属会见、亲情寄语、亲情电话、远程视频会见谈心、通信、团聚等形式对被拘留人员开展帮教，让其得到亲情关怀、规劝和感化。

2014—2015年，全市拘留所大力开展矛盾化解工作，充分利用社会力量和资源开展化解工作，建立各方参与、齐抓共管的矛盾化解工作机制。2014年7月，祁阳拘留所拘留陈某银、张某香两名女性，两人因口角发生肢体冲突，双方致轻微伤。白水镇派出所调解未果，县公安局给予陈某银、张某香两人治安拘留5天处罚。入所后，双方在拘留所大吵大闹，对立情绪非常激烈。张某香不服裁决，一直拒绝进食。值班民警将这一情况及时报告所长，所长立即与办案单位联系，办案民警、管教民警和所长轮流给双方做思想工作，并分别对双方进行法律知识教育，最后陈某银和张某香均认识到自己的错误，双方达成和解协议，和解后出所。

第四章　监所深挖犯罪

1993—2015年，永州市监管部门获取深挖犯罪线索1.2万余条，破获刑事案件7668起，抓获犯罪嫌疑人2138人，监所自侦查办刑事案件217起，追缴赃款赃物折合人民币1885.3万元。1993年，全市11个看守所和零陵地区收审所通过广辟线索来源，深层次挖掘余罪，全年共破获刑事案件457起，其中，重大案件98起，特大案件25起，增捕犯罪嫌疑人70人，追赃折款21.1万元。宁远县公安局预审股全年共破获案件77起，占全区破获刑事案件总数的17%。1994年，预审办案通过监所提供线索破案410起，占全区破获刑事案件总数的13.6%，其中，重大案件95起，特大案件11起，一般案件304起，增捕增诉犯罪嫌疑人75人，追赃折款28.5万元。1998年3月10日至6月20日，在全市看守所中开展“百日破案大会战”活动，充分利用看守所“犯罪信息库”的优势，深挖犯罪，共破刑事案件67起，增捕增诉犯罪嫌疑人11人，追赃折款20万元。冷水滩看守所从查证一盗窃案入手，顺藤摸瓜，查获以“神偷”熊某华为首的11人盗窃团伙，破案13起，追赃折款2万余元。2002年，全市各监所开展为期10个月的“深挖犯罪集中统一行动”，取得较好成绩。4—12月，全市监管场所共深挖犯罪线索408条，查证破案112起（其中监管部门自侦自破2起，协助破获杀人案件1起，毒品案件3起，涉枪案1起，涉黑案件1起，涉爆案件1起），抓获犯罪嫌疑人396人，发现和抓获在逃犯罪嫌疑人18人，其中网上追逃7人，追缴赃款物价值115.5万元。祁阳看守所通过谈话获取2年前轰动一时的爆炸案件线索，线索移交刑侦大队，很快侦破该起久侦未破的爆炸案。江华瑶族自治县看守所通过深挖，获取一重大杀人潜逃线索，迅速追回潜逃两年之久的杀人犯罪嫌疑人。

2004年，为净化社会环境，维护社会稳定，为中华人民共和国成立55周年创造安全稳定的社会环境，市公安局按照上级部署，8—12月，在全市公安监管场所开展一次深挖犯罪专项行动，充分发挥监所“犯罪信息库”独特优势和打击犯罪“第二战场”职能作用。各监所大张旗鼓地开展敦促被监管人员坦白、检举犯罪线索宣传教育活动。管教民警提高谈话教育质量，充分发挥监内侦查手段，拓宽获取线索渠道。市公安局把深挖犯罪工作纳入看守所、戒毒所、拘留所等级化管理，进行检查和评定。全市广大监所民警充分发挥主观能动性，获取一批违法犯罪线索，破获一批刑事案件，抓获一批违法犯罪嫌疑人。经省公安厅政治部批准，道县看守所被评为“深挖犯罪工作先进集体”，冷水滩看守所唐爱国被评为“深挖犯罪能手”。2004 年 7 月 9 日，省公安厅印发《湖南省公安监管部门深挖破案奖励暂行办法》，进一步完善监所深挖破案长效机制。

2008 年，全市各监管场所共深挖犯罪线索 1037 条，破获刑事案件 429 起，其中，命案 6 起，自查侦破各类刑事案件 10 起，破获毒品犯罪案件 8 起，抓获犯罪嫌疑人 76 人，抓获网上在逃犯罪嫌疑人 11 人，追缴赃款赃物折合人民币 42.76 万元，深挖犯罪工作在全省排名第四。在全国监管系统深挖犯罪专项行动中，江永县看守所副所长何冬祥被评为全国深挖犯罪专项行动先进个人，道县看守所被评为全省深挖犯罪专项行动先进集体。2009 年，市公安局印发《永州市公安监管部门深挖破案奖励办法》，对在深挖犯罪工作表现突出的予以经济奖励和立功表彰，推动全市监所深挖破案工作的深入开展。

永州市戒毒所始终将深挖犯罪摆在重要位置，努力开辟打击犯罪第二战场。组建专门审查股，抽调 3 名曾在刑事侦查一线工作多年的老侦查员和年富力强，有吃苦精神的年轻民警组成狱内侦查班子，采取以老带新，优势互补方式开展所内侦查。市戒毒所创新机制，加强交流，建立深挖犯罪联络工作制度。主动与各业务单位加强联系，定期举行情报专干交流会，互通信息，共享资源，建立起戒毒所民警与办案人员“合成作战”深挖管理模式，破获一系列吸毒人员盗窃案。2009 年 10 月 11 日，新田籍吸毒人员齐某入所自愿戒毒，带班所领导在值班民警录入信息时，敏锐地发现齐某可能是情报专干交流会上冷水滩公安分局刑侦大队通报的需密切关注对象，于是组织精兵强将对齐某进行突审。在强大的攻势下，齐某交待了 2009 年 7—9 月间多次在永州市三医院和市疾控中心办公室盗窃的犯罪事实。此线索转递给冷水滩公安分局刑侦大队后，冷水滩公安分局刑侦大队于 10 月 19 日将齐某刑事拘留，并以此为突破口，破获一系列吸毒人员盗窃案，抓获黄某飞、陈某瑜、黄某福等多名犯罪嫌疑人。

2010 年，市公安局监所管理支队内设狱内侦查大队，为副科级行政机构。全市各监所确立 2~4 名民警从事深挖犯罪工作，自此，全市监管部门开始拥有专门的狱内侦查队伍。狱内侦查从看守所向拘留所不断扩展深入。2012 年，全市监管场所通过教育感化和狱内侦查，主破或协助破获刑事案件 328 起、治安案件 52 起。冷水滩看守所被评为“全省深挖犯罪工作先进集体”，蓝山县看守所邓德峰等 3 人被评为全省监所深挖犯罪先进个人。东安县拘留所获取线索 12 条，破刑事案件 2 起，抓获违法犯罪嫌疑人 2 人，查处治安案件 4 起，查处违法人员 4 人。2014 年，祁阳县拘留所深挖犯罪线索协破 14 起刑事案件。2015 年，全市各监管场所深挖犯罪，主破或协破刑事案件378起、治安案件94起，协助追回网上在逃犯罪嫌疑人2人。4月23日，宁远县看守所民警发现在押人员黄某海入所后行为举止异常，时而情绪焦虑，心神不宁，时而面无表情，神情恍惚。所领导得知这一情况后，安排力量开展狱内侦查工作，一举破获马某明、唐某勇、黄某海3人盗窃团伙案，查获手机、高档服装、摩托车等大量赃物和作案工具，涉案价值累计200万元，得到省监管总队表彰。

1993—2015年永州市监所深挖犯罪情况表

表5-4-1

年　份	深挖犯罪线索（条）	破刑事案件（起）	抓获犯罪嫌疑人（人）	自侦查办刑事案件（起）	追缴赃款赃物折合人民币（万元）
1993	605	457	70	12	21.1
1994	592	410	75	13	28.5
1995	486	384	61	9	35.4
1996	475	357	59	7	32.8
1997	461	315	55	8	68.5
1998	438	268	45	5	80
1999	412	249	51	6	85.6
2000	587	339	76	10	95.3
2001	495	247	72	8	105.7
2002	516	142	396	6	115.5
2003	453	287	158	11	98.5
2004	479	314	85	7	76.1
2005	491	325	78	9	84.7
2006	586	443	116	13	124.7
2007	592	438	125	16	119.8
2008	1037	429	87	12	42.76
2009	608	395	77	9	91.5
2010	479	279	54	7	75.6
2011	513	284	63	8	60.28
2012	492	328	87	10	81.9
2013	517	317	73	9	105.7
2014	458	283	69	7	97.2
2015	502	378	106	15	128.16

第五章 在押人员生活与医疗卫生管理

第一节 看守所在押人员生活与医疗卫生管理

1990—1995 年，省公安厅规定在押人员基本生活费为每人每月 29 元。1996 年，公安部、财政部 6 号文件关于《看守所在押人员伙食实物量标准》规定，在押人员粮食 17~20 公斤/月，蔬菜 10~20 公斤/月，食油 0.25~0.5 公斤/月，肉食 1~2 公斤/月，蛋或鱼 0.5~1 公斤/月。随着物价的上涨，在押人员的生活费标准先后 9 次进行调整，至 2001 年，达到每人每月 75 元，医药、囚服囚被等费用提高到每月 17 元。各看守所还建立健全在押人员食物验收登记制度，保证在押人员吃饱，并在传统节日改善在押人员生活。对在押人员生活上的困难和合理要求尽量解决，如做病号饭，尊重少数民族的生活习惯等。账目日清月结，按月公布。

2005 年，在押人员给养费（生活费、医疗费、公杂费、衣被费）提高到每人每月 92 元。2006 年，在押人员给养费为每人 122 元/月，2007 年又提高到 157 元/月。2010 年，财政部、公安部下发《关于进一步加强看守所经费保障工作的通知》（财行【2009】312 号），将在押人员给养费核定为 210 元/月。2014 年，在押人员给养费提高到 270 元/月。

从 20 世纪 90 年代开始，永州市各看守所根据实际情况，想方设法进行生产创收，从办碾米厂、酿酒厂、养猪到蔬菜生产等等。一方面改变看守所经费困难问题，另一方面提高在押人员伙食水平。1993 年，各看守所共创收 50 万元。东安县看守所想方设法开创生产路径，一年内将所内山坡翻耕一遍，栽种药材和柑橘。所内生产创收按 5∶3∶2 比例提成使用，即 50%用于扩大再生产及添置装备，30%用于干警和直接参与从事带班人员的生产劳动补助，20%用于购置在押人员书报、杂志、生活补贴和生产劳动奖励。

2009 年，严禁监管场所克扣被监管人员给养费，一律不准向被监管人员高价销售商品和高价加餐，在押人员加餐每次不准超过 10 元，每天不准超过 20 元；监管场所一律不得向被监管人员销售烟酒，被监管人员不准在监室内抽烟、饮酒。

全市看守部门采取积极预防和及时治疗疾病相结合办法，对在押人员加强卫生、医疗管理。监内卫生做到每天一清扫，每周一大扫，每月对监室进行一次消毒灭蚊处理。定期安排在押人员洗澡、理发、剪指甲、洗被子、洗换衣服。全市各看守所至少配备1名狱医，设立医务室。建立防疫卫生、环境卫生、人犯健康检查、疾病治疗、病情处置、住院守护以及自备药品的采购、使用、保管等规章制度。坚持卫生防疫和治病工作有机结合，做到每日一巡诊，小病不出所，大病及时治疗，并根据季节变化适时向在押人员发放预防感冒、痢疾等易发疾病的药品，做到夏季防暑降温，冬季防寒防冻，全市各看守所在押人员未发生大的中毒、疾病流行等事件。

2011年，全市看守所收押室、监室都安装供在押人员使用的热水洗浴设施，监室门外处安装开水和饮用水供应设备，保证在押人员天凉和冷天有热水洗澡，随时有开水供应。2013年，省公安厅和省卫生厅联合印发《关于加强全省公安监所医疗卫生工作的通知》，明确将公安监所纳入社会公共卫生工作范畴。永州市各看守所落实通知要求，全部建立在押人员救治“绿色通道”。各所落实犯罪嫌疑人入所“五项体检”制度。宁远县看守所与县中西医结合医院签订协议，医院每天派1名医生和1名护士到所24小时巡诊，在押人员生病随时得到医治。

第二节　被强制戒毒人员生活与医疗卫生管理

20世纪90年代至21世纪初，根据国务院规定，被强制戒毒人员在被强制戒毒期间生活费和治疗费由本人或其家属承担。2002年，按省物价部门核定的收费标准，被强制戒毒人员生活费、治疗费每人每月1200元；自愿戒毒人员生活费、治疗费每人每月1500元。但收取被强制戒毒人员费用不足总数的50%。其中有部分每人每月只能交几百元不等，少部分人无法上交费用，经费缺口靠市财政解决，以保障被强制戒毒人员一日三餐吃热、吃熟、吃得卫生并满足开水供应。2010年，省财政厅和公安厅联合印发《关于进一步加强公安监管场所经费保障工作的通知》，规定强制戒毒所被监管人员伙食费用，参照本地看守所伙食费标准执行，由县级政府财政负担。被强制戒毒人员在戒毒期间生理脱毒所需的其他医疗费用，通过其参加的城镇职工基本医疗保险、城镇居民基本医疗保险、新型农村合作医疗等医疗保障制度解决，未参加以上医疗保障制度的，由其本人及家属负担。永州市强制戒毒所从2010年起，足额保证被强制戒毒人员每人每月200元伙食标准。由于被强制戒毒人员体质较差，市戒毒所不定期提供营养餐，重大节假日加餐。强化食堂管理，做到食堂食品加工清洁卫生，炊、餐具放置有序，勤洗刷、消毒，确保食品干净卫生。

永州市强制戒毒所设有医务室（内有诊治室、治疗室、药房），配备洗胃机、制氧机、心电图等设备，配备2名医生。医务人员实行24小时巡诊值班制度，每天早、中、晚各巡诊一次，突发情况随时处置。对一些需要出所就诊的被强制戒毒人员，严格按规定上报所领导，填写出所就诊申请表，配备3人看护小组。医务室工作人员每周对药房药品进行清理，过期药品集中销毁。对于戒毒药品等麻醉精神类管制药品，实行专人专管，并有专门的保险柜存放，用药情况详细登记。对戒毒室内外每天小清扫，每周大清除，定期消毒，做到环境整洁卫生。永州市强制戒毒所自建所始没有发生非正常死亡和流行性疾病。

第三节　被治安拘留人员生活与医疗卫生管理

根据《中华人民共和国治安管理处罚条例》规定，被拘留人员拘留期间生活费、医药费自己负担，衣被自带。20世纪90年代，永州市各拘留所想方设法抓生产创收，以缓解经费紧张局面。双牌县拘留所几名年过50的老民警，不畏严寒酷暑，靠自己肩挑手提，凿石垒坡，在陡峭的乱石坡填出5亩多梯田式生产基地，种上柑橘和蔬菜，1993年收摘4000多斤桔子。零陵拘留所积极组织被拘留人员种菜、养鱼、养猪，1993年仅蔬菜一项就达到70%的自给，养猪收入1800余元。冷水滩、祁阳等地拘留所因地制宜发展庭院经济。各所的创收，弥补了被拘留人员生活费不足，保证被拘留人员一日三餐吃饱。2005年以前，全市各拘留所按物价局的核定标准，被拘留人员每人每天交生活费10元，2005—2015年，物价上涨，标准提高到每人每天20元，但拘留所只能收到70%左右被拘留人员的生活费。拘留所本着节约的原则，经费不足部分想办法向财政部门汇报，争取财政支援，由政府解决。随着社会进步，经济发展，政府加大对拘留所的投入，全市各拘留所的条件逐步得以改善。2011年，全市拘留所安装热水洗浴设施，被拘留人员随时有热水洗澡。

在卫生医疗方面，全市各拘留所对被拘留人员入所时进行体检，了解被拘留人员的身体健康状况，对有传染病的对象不准入所。拘留所每天对拘室内外进行一次清扫，每周对拘室消毒一次，确保拘室内卫生。2013年，省公安厅和省卫生厅联合印发《关于加强全省公安监所医疗卫生工作的通知》。永州市各拘留所按通知要求，建立被拘留人员救治“绿色通道”，每个所与附近医院或诊所签订就医协议，医院或诊所保证随叫随到，确保被拘留人员生病时能得到及时医治。江永拘留所在全市拘留所系统率先实行被拘留人员入所时的“五项体检”。

第六篇

公安法治　信访

第一章 公安法治

第一节 案件审核

1993年3月，零陵地区公安处法制部门承担收审审核工作，全区共收审4312人，审结3840人，其中转捕930人，转劳动教养238人，治安处罚1228人，其他处理276人，解除收审1168人。5月20日，零陵地区公安处决定从6月1日起，全区公安法制部门承担对治安拘留案件的审核把关工作。

1994—1996年，全区公安法制部门共审核刑事案件2742起，提请逮捕1053人；审核治安案件9356起，行政处罚16580人；收审9148人，查清处理6757人（含上年遗留人数），其中提请逮捕2273人。公安处法制科审核办理收审延期手续403人次，通过法制部门的指导、把关，收审人员全面得到清理，及时消化处理。

1997年7月1日起，根据新修改的《中华人民共和国刑事诉讼法》废除收容审查制度。全年共审核刑事案件1564起，其中审核刑事拘留2312人，审核直捕199人，审结1409起2263人，提请逮捕1501人，移送审查起诉1035人；建议报捕10人，退捕15人。受理行政复议案件80起，复议裁决80起。

1998—2000年，全市公安法制部门依法审核审批各类治安案件12596起，依法审核审批处罚违反治安管理行为人24768人，其中治安拘留3845人，罚款15738人，警告3804人；审核各类刑事案件2174起，其中刑事拘留2212人，取保候审1153案1985人，监视居住35案43人；受理劳教案件425起505人，经审查批准劳教350起445人，准确率100%；办理理赔案件3起；出庭应诉15起，胜诉12起；受理行政复议案件82起，复议裁决82起，配合刑侦、治安、预审、信访等部门办理疑难案件43起。依法调处各类纠纷10526起，避免大量“民转刑”案件的发生。

2001—2004年，全市公安法制部门开展取保候审、监视居住案件专项治理活动，通过听取汇报、查看资料等方式查看档案资料和相关台账8630案，对取保候审2544人、监视居住40人中存在的问题坚持即查即改，边纠边建。通过专项治理，规范取保候审、监视居住工作，有效解决保而不侦、以保代侦等现象，执法能力得到提升，取保候审和监视居住的2584人经过侦查，提请逮捕121人，起诉审判125人，治安处罚33人，送劳动教养94人，做其他处理14人，占取保候审、监视居住的14.98%。

2005年，组织开展规范执法行为、促进执法公正专项整改活动，对2001年以后的执法质量考评和个案监督中发现的问题梳理摸排，排查出重点问题458个，整改458个，建设规范执法示范窗口单位24个，开展各类形式岗位练兵、岗位培训60余次，参训民警达4000余人次，培训合格率达100%，全市无一起执法过错案件发生。进一步健全完善执法质量考评机制，以平时考评为重点，定期组织开展督查考评，对发现的问题，限期整改，提高执法水平，规范执法行为。在全省执法质量考评中，全市有7个单位进入优秀行列。年内，全市法制部门审核行政（治安）案件5964起，刑事案件11523起，批准刑事拘留2867人，提请批准逮捕2864人，批准取保候审293人、监视居住83人，移送审查起诉2562人，共受理行政复议案件35起，办结35起，其中维持31起，申请人撤回申请4起。

2006—2009年，全市公安法制部门共审核行政案件72519件，刑事案件24122件，取保候审案件3815件，监视居住案件1121件。全市公安法制部门多措并举，逐步推进执法规范化建设，建立完善工作机制，制订《永州市公安法制部门基层基础正规化建设实施方案》，进一步规范法制部门的管理，明确法制部门的职责和任务，分解法制干部审核职责，规范法制审核程序。2006年，全市公安基层执法单位基本上配备兼职法制员，初步构建大法治格局。全市公安法制部门严格案件审核把关，落实分级审核制、案件跟踪制、个案考评制以及复杂疑难案件通案制等一系列行之有效的审核监督制度，从源头上防止和减少执法问题的产生。成立案件审核委员会，全市公安机关对于疑难、复杂案件实行由案件审核委员会集体研究制度。道县公安局规定办案单位呈报的刑事、行政案件必须填报“执法质量评审跟踪卡”，从受案到结案，形成“办案民警—法制员—办案单位负责人—法制办—主管领导”的把关审核链，对发现的问题逐一列出填写跟踪卡。推行一案一考、建立民警执法档案等制度。在推行执法质量七项制度的基础上，重点抓好一案一考和民警执法档案制度建设，落实案件“六级”审核制度（即办案民警、主办侦查员、兼职法制员、办案单位负责人、法制部门审核人、主管领导对案件进行审核把关），加强案件审核把关的力度，从源头上防止和减少执法问题的发生。2008年年初，市公安局统一印制“一案一考表”下发到各县（区）公安局（分局），实行一案一考扣分，计入办案单位的执法质量成绩。道县、江永、江华、冷水滩等县（自治县、区）公安局（分局）将“一案一考卡”的审核情况与办案民警、审核民警的绩效考核、精细化考核进行挂钩，与民警的政治待遇、经济待遇挂钩，以规范民警的执法行为。同时，为规范全市执法档案建设，制订《永州市公安机关执法档案规范化管理工作规定》，建立和完善执法档案内容，使每位民警、每起案件都处于执法监督当中，保证案件处理的公开、公正和公平。新田县公安局由政工部门牵头对局领导建立执法档案，按照《案件层级审核制度》和《案件六级审核制度》严格落实责任追究制，将案件审核的全程置于严格的监督之下。江华、江永、双牌、道县、蓝山等县（自治县）公安局由执法质量考评小组与市公安局“百案督查”小组成员对各办案单位办理的刑事、行政案件、执法作为、行政许可、执法档案建立情况进行全面检查。全年全市办案民警和办案单位执法档案建档率为100%。建立健全执法制度，市公安局印发《关于适用逮捕、取保候审、监视居住强制措施的有关问题的意见》《关于附条件批准（决定）逮捕案件实施意见（试行）》《永州市公安机关专（兼）职法制员暂行规定》《永州市公安局规范性文件法律审核及备案审查工作若干问题的规定》。根据新形势、新情况、新要求，对《永州市公安局执法规范化工作规定》及“七个制度”作出修订。

2010—2014年，共审核行政案件89048起，刑事案件60600起，其中，批准行政处罚36896人次，批准刑事拘留8874人，批准取保候审3271人，批准监视居住1523人，提请逮捕6587人，人民检察院批准逮捕4554人，移送审查起诉8637人。全市公安机关法制部门针对接处警、现场取证不规范的情况，修订完善接处警工作规范、案件受案工作规定、常见警情处置规定等制度，在执法起点上做到统一规范、统一标准。针对行政处罚自由裁量尺度不一、标准不同的问题，制订行政处罚自由裁量案件集体讨论决定制度。完善案件层级审核、网上执法监督等制度，强化内部执法监督。进一步加强制度建设，印发案件审核制度、案件指引规范等9项制度。江永县公安局制订《江永县公安局集体议案制度》等一系列执法制度，其中，《江永县公安局集体议案制度》《江永县公安局关于加强立案、受案监督工作的规定》《江永县公安局案件倒查制度》等六项制度在全市范围内推广。开展“清网行动”做好案件的消化处理工作，全市“清网行动”到案在逃犯罪嫌疑人共计1863人，通过全市公安法制部门的努力，消化处理1760人，消化处理率平均为94.47%。全市11个县（区）中，江华100%完成消化处理，9个县（区）超过90%。

2015年，针对执法数据弄虚作假问题，继续强化专项行动执法数据监管，对全市公安机关“亮剑行动”中办理的7214起案件，逐案进行核查，确保全市破案数据的真实性、准确性。加强对危险驾驶案件的监督，全市公安机关办理危险驾驶案件1289起，逐案跟踪督办，逐一销号，全部消化处理到位。严格行政处罚裁量权基准的监督，尤其是对群众反映强烈的小金额赌博案件的监督。全市公安机关对5日以下行政拘留处罚的案件统一报市公安局备案，由市公安局法制部门逐一审核。当年办理领导批示、交办件66起，2起案件因及时导入正确的办案程序，避免了当事人继续上访事件发生。全面核实数据的准确性，全市法制部门审核刑事案件21393起，行政案件38075起，行政处罚26595人次，刑事拘留9170人，提请逮捕4026人，移送审查起诉7574人，经反复核实，数据准确无误。

第二节　执法监督

1993年8月3日，零陵地区公安处印发《关于开展执法检查的通知》和《关于开展执法检查的方案》，重点解决打击不力和“三乱”问题。全年共查阅案件3319份，法律文书4998份，各类呈批表、登记表、统计表1298份，查出执法中存在台账不清、文书制作不规范、该查不查等问题378个，通过督查和自查，全部纠正到位。

1994年，零陵地区公安处印发《湖南省零陵地区公安处关于成立零陵地区公安处追究执法过错责任委员会的通知》，成立追究执法过错责任委员会，处长王伯达任主任委员，副处长秦伍生、陈历秋、蒋兴瑾等8人任副主任委员，周生英、赵冬翠等10人任委员。4月，针对全区收容审查超期限人数居高不下且持续上升的势头，法制科组织两个检查组对11个县（市）公安局进行检查督导，特别是对超期人数多，打击处理率低的县（市）重点整治。冷水滩、道县、双牌、祁阳、宁远县公安局法制办岗位实行目标管理，建立案件催办制度，对超期受理办案单位及时下发纠正违法通知书，使收审超期问题得到遏制，同时杜绝“白条子”入所现象。双牌县公安局法制办利用创办的《法制园地》刊物，公布各办案单位每月的收审人数和结案进度，收审人员无1人超期限。地区公安处法制科深入县（市）各公安派出所一线审核，10天内清查17名被收审人员案卷材料，其中转捕5人，转教9人，治安处罚3人，转捕转教率达73.6%。

1995—1998年，全市各级公安机关持续开展“严打”执法检查，抽查台账520册，刑事案件285起，治安案件360起，劳教案件110起。1995年，地区公安处部署在全区公安机关开展执法检查工作，由法制部门牵头，组织12人执法检查验收组，由两名正处级领导带队，分4个小组分赴11个县（市）公安局开展检查，受检部门有刑侦、预审、治安、看守所、拘留所、交警队、派出所，检查自1994年8月至1995年8月的执法情况，检查重点是案件办理和内部执法管理，通过全面检查，共查出案卷杂乱、文书不规范、隐案瞒案等问题109个，自查自纠87个，下达整改通知书22份。1996年，全市公安机关组织实施党建先锋工程和队伍教育整顿，对受理的93起行政复议案件全部按照法定程序进行复议和出庭应诉工作，处理5起国家赔偿案件。各级公安机关严把收审质量关，年内共收审2513人，打击处理率77.4%；清理在押收审人员1319人。同时，对人大代表、政协委员提出的意见，全部整改到位。

1997 年，全市公安法制部门以严格执法为重点，以贯彻实施《中华人民共和国行政处罚法》《中华人民共和国刑事诉讼法》和修改颁布的新《刑法》为着力点，围绕“严打”这一中心开展工作。江永县公安局狠抓办案质量，做到以事实为依据，以法律为准绳，严把“定性关、证据关、审核关”，上报劳动教养案件 43 起 58 人，批准率和准确率达到 100%。宁远县法制办坚持严格依法办案，对每起案件过细审核，发现不该劳教的案件 21 起 27 人，建议作其他处理，发现够批捕条件的 7 起 8 人，均及时移送预审部门报捕。

1998 年，市公安局组织对全市刑侦、巡警、治安、预审、法制、看守所、拘留所、城关派出所和农村派出所 112 个单位进行执法情况检查，抽查各类登记台账 520 本、刑事案件 285 起、治安案件 360 起、劳动教养案件 110 起，重点检查刑事拘留、取保候审、监视居住等强制措施的运用情况以及看守所在押人员的羁押情况。抽查中发现采取刑事强制措施不当、以保代侦、保而不侦等执法问题 23 个，督促整改 23 个。

1999 年，全市公安法制部门贯彻落实公安部颁布的《公安机关内部执法监督工作规定》《公安机关人民警察执法过错责任追究规定》。从实际出发建立与执行“两个规定”相配套、相衔接的执法检查制度、执法监督责任制度、疑难案件集体研究制度、案件督办制度等。全年通过严格把关，提高案件办理质量，减少行政复议、诉讼案件的发生。是年，共受理行政复议案件 82 起，应诉 15 起，与上年比较分别下降 25.5%和 10%。胜诉案件 12 起，胜诉率为 80%。全市公安机关通过对刑讯逼供、以罚代刑、超期羁押、利益驱动、执法不严、执法不公等 7 个方面的重点检查，共发现存在问题的案件 47 起，均予以纠正。同时，实行警务公开制度和落实聘请监督员制度，全市共聘请 43 名人大代表、政协委员为执法执纪监督员，主动接受监督。

2000 年，在市委政法委组织的“反对司法腐败、确保司法公正”专项教育活动中，市公安局党委统一部署，对全市公安机关 1999 年以后的取保候审情况进行全面检查。1999—2000 年 6 月底，全市共办理取保候审 3882 人（人保 526 人，财保 3356 人），收取保证金 1146.93 万元，依法没收保证金 774.299 万元，退还保证金 19.75 万元。此次检查共审阅取保候审案卷 2997 卷 3539 人，占取保候审人数的 91.16%，符合取保条件的 3508 人，占取保总人数的 90.37%；全市以保代处的 1384 人（不含未到期数据），占取保总人数的 35.65%；取保后中止侦查的 526 人，占取保总人数的 13.54%；扩大取保范围条件的有 374 人，占 9.63%；既人保又财保的 128 人，占取保总人数的 3.3%。针对发现的问题当场下发整改意见书，限期整改到位。

2001年，永州市开始推行县级公安机关执法质量考核评议工作。各级公安机关对此高度重视，将其作为公安工作的一项“牛鼻子工程”和“一把手工程”来抓。市公安局成立以局长秦伍生为组长，局党委成员为副组长，纪检、政工、办公室、法制及有关执法办案单位负责人为成员的县级公安机关执法质量考核评议领导小组。根据市公安局统一部署，各县（区）公安机关相继成立相应的执法质量考评领导小组，有的县（区）制定具体实施方案，确保执法质量考评工作的顺利开展。为搞好此项工作，各级公安机关采取强有力措施，举办培训班，建立执法联系点，加强督促检查。全市举办各类形式的培训30余次，受训民警达4000余人次，建立执法联系点28个，开展各类形式的督促检查600余次，检查执法单位300余个。东安、江华等县（自治县、区）分别采取以会代训、现场讲解等形式多次培训民警。冷水滩、芝山两分局基本做到每月巡查一遍派出所等执法单位。大力推行执法质量责任追究制度，进一步推行县级公安机关执法质量考评工作，各地推行执法质量责任追究制度，执法民警对中层领导负责，中层领导对局领导负责，对考评不合格的科（股）所队主要负责人实行诫免谈话制和建议免职，对案件主办人员严格实行错案责任追究制，对考评达到优秀的单位和个人给予奖励，不及格的单位取消年度评先评优资格。江永县公安局规定，考评达不到优秀的单位取消年度内评先评优资格，达不到良好的单位正职就地免职，并对单位处以500元罚款，达到优秀的单位奖励500元。为开展好考评工作，各级公安机关拨出专门经费用于执法质量考评工作的开展，全市共拨出工作经费11万元。为保证考评工作顺利进行，做到客观公正，本着从严考评的原则，市公安局对年终考评精心组织、严格把关。在各县（区）公安机关自评的基础上，于11月11—30日，抽调12名熟悉法律和公安业务，具有较强阅卷能力的民警，组成4个考评小组，每个小组分别由1名领导带队，对全市12个县级公安机关进行考评，共抽查基层科所队72个，留置室12个，抽查报警案件1200起、600名涉嫌刑事犯罪人员卷宗、600名治安行政处罚人员卷宗，发放问卷360份，回收360份。经省公安厅抽查复核，达优秀档次的单位1个，良好和达标的单位9个，不达标单位2个。

2002—2004年，为贯彻实施公安部和省公安厅关于公安机关执法质量考核评议的相关规定，市公安局印发《关于贯彻落实〈湖南省县级公安机关综合考评办法〉〈湖南省公安机关执法质量考核评议办法〉的暂行规定》和《永州市公安局直属支队执法质量考核评议方案》，进一步深化执法质量考核评议。2002年，共抽查行政案卷596卷、刑事案卷304卷、报警案件1000余起。各县（区）公安机关结合本地实际，制订执法质量检查实施方案。市公安局法制科对各县（区）公安派出所行政执法情况进行检查，对发现的问题要求及时整改，针对基层派出所办理治安案件法律文书不全的问题，法制科及时印发 13 种治安案件法律文书格式，规范全市办理行政案件的法律文书，使治安案件的办案质量进一步提高。2003 年 11 月，市公安局对全市县（区）公安机关执法质量进行考核评议，经考核评议，芝山区公安分局、宁远县公安局为优秀，其余各县（区）公安局合格。2004 年，市公安局将年度考核与平时考核相结合，将案件审核、专项检查、个案评判、执法过错责任制等执法监督措施与执法考核评议有机结合起来，经考核全市公安机关执法质量全部合格。

2005 年，市公安局法制部门以强化和完善执法考评办法为抓手，推动执法考评工作向纵深发展，进一步建立和完善执法质量考评责任机制。为使考评工作更贴近实际，通过调查研究，制订《永州市公安局执法质量考评工作规定》《2005 年度永州市县级公安机关执法质量平时考核评审办法及评分标准》，将执法质量考评扣分与目标管理直接挂钩，在经济上实行奖罚，在政治上实行引咎辞职制度和诫勉谈话制度。各县（区）公安机关根据省、市两级考评办法及细则各自制订较为完善的责任机制。强化日常考评，坚持日常考评与年终考评相结合，定期考评与不定期考评相结合，将考评工作融入到各项日常执法工作当中，及时发现和解决执法问题。市公安局法制科先后两次对全市 11 个县（区）公安机关和 13 个市公安局直属执法办案部门的执法情况开展全面检查，共抽查刑事案件 80 起，行政案件 194 起，报警案件 550 起，未破刑事案件 186 起，执法基础台账 184 本，各类存根 155 本，行政许可 32 件，留置人员案卷 26 卷，看守所、拘留所 22 个，分别对市公安局各直属执法部门和县（区）公安机关的检查结果进行总结并予以通报，同时要求各县（区）公安机关对通报提出的执法问题进行整改和组织“回头看”。创新考评办法，由对执法单位考评向对个人考评延伸。冷水滩公安分局在对各单位考评和建立民警个人执法档案基础上推行对执法民警的考评，并将对民警的考评结果纳入个人年终考核范围，落实相应的奖励和责任追究制度。双牌县公安局实行民警个人执法质量考评制度，并与执法过错责任追究紧密结合。加大对执法问题的整改力度，为巩固和深化日常考评成果，各级公安机关和法制部门对考评中发现的问题，通过个案点评、现场指导、下发整改意见书等形式，及时开展整改工作。在省公安厅组织的执法质量考评中，全市 12 个被考评单位被评为优秀档次 7 个，占被考评总数的 58.3%，达标率为 100%。

2006 年，在全市开展的“三基三化”工程建设中，全市公安法制部门共派出 28 个执法质量服务队，其中市公安局法制科先后分 3 批派驻服务队员 6 名到全市各县（区）基层办案单位，做到同吃、同住、同办案，服从派出所长的统一指挥安排，服务公安业务、服务基层一线。在零陵公安分局先后调阅该局徐家井派出所、珠山派出所、朝阳派出所、刑警队等基层所队本年度办理的刑事、治安案件案卷152卷。市公安局法制科分别派驻2名法制员到冷水滩公安分局梅湾和菱角山派出所现场指导办案2个月，帮助冷水滩公安分局制订《关于办理毒品案件的有关规定》《冷水滩公安分局内部执法管理行为规范的通知》《关于规范行政拘留处罚执行的通知》《关于进一步规范治安调解工作的通知》《关于明确被行政拘留人员请假离所规定的通知》和《每月执法情况督查通报》6个规定和制度，受到全市通报表扬和推广。在双牌县公安局城关派出所和五里牌派出所，与派出所民警共同值勤、值班，帮助派出所建立规范化接处警流程、民转刑案件的控制措施等数项工作制度。其他县（区）公安法制部门针对本地执法实际，均派出业务较熟的民警组成执法服务队，到执法一线，开展执法指导，解决一批执法问题。市公安局法制科先后两次对全市11个县级公安机关和市公安局直属14个执法办案部门的执法情况进行全面考评。共抽查刑事案件160起，行政案件290起，报警案件400起，未破刑事案件300起，执法基础台账164本，各类存根160本，行政许可68件，看守所、拘留所22个，检查发现执法质量存在接处警后不如实登记或者登记不规范以及10类未破刑事案件立案后不及时调查、事实不清、证据不足和定性不准、运用法律依据错误、申请材料不全不应当许可等问题，挂网通报后要求各县（区）根据通报内容整改到位。在年终省公安厅组织的执法质量考评中，全市12个被考单位，达到优秀档次的6个，占50%，达标率为100%。

2007年，市公安局法制科制订《永州市公安局执法质量一案一考制度》和《2007年度永州市县级公安机关执法质量考评办法及评分标准》。3月5—15日，法制科组织力量对市公安局本级执法办案情况进行执法质量考评，共检查刑事案件24件，行政（治安）案件18件，行政许可档案12件，看守所被监管人员档案1个，戒毒所被强制戒毒人员档案4个。5月9—31日，法制科对全市11个县（区）公安机关2006年10月21日以后的执法情况进行日常执法质量考评，共抽查报警案件和未破刑事案件121起、刑事案件66起、行政案件77起、行政许可档案33件，检查11个拘留所，对监所执法、群众信访案件、执法制度建设进行全面考评。与此同时，开展执法考评讲评会，通报考评结果。为切实提高办案质量，规范执法行为，重点抓执法责任的落实，建立从案件主办民警、办案单位法制员、办案单位负责人、法制部门审核民警到分管局领导的责任划分制，细化各个阶段执法责任，对案件质量终身负责。市公安局与各县（区）公安局（分局）签订执法质量考评责任状，各县级公安机关也与所属的股、所、队签订责任状，层层分解责任，将执法质量量化到人，将责任落到实处。宁远、江华、双牌、江永、零陵、冷水滩等县（自治县、区）实行执法质量考评与民警经济利益挂钩，每扣 0.1 分，对应人民币 50 元。东安县公安局建立健全执法责任制，实行执法质量考评一票否决制，股所队长末位淘汰制等一系列制度，使全警视执法质量为公安工作的“生命线”，推进执法质量向纵深发展。

2008 年，市公安局印发《2008 年度永州市县级公安机关执法状况考评实施细则》，在全市公安机关推行日常执法考评和复查制度，提高考评的科学性，确保考评工作质量。检查执法情况 818 次，刑事案件 132 件，行政案件 239 件。组织全市性的日常考评 3 次，抽查报警案件、未破刑事案件 3 件，被行政拘留人员 55 人，并对群众信访事项的台账、卷宗、局领导接访、信息录入等内容进行重点抽查。对检查中发现的执法问题，及时召开执法质量考评通报会，对执法质量考评情况进行通报，指出执法工作中存在的问题。加大复查工作力度，复查发现存在类似问题或没有整改到位的双倍扣分。3 月和 5 月，市公安局组织力量对局本级执法办案情况进行全面检查，对存在的问题在内网通报。开展取保候审工作专项治理，按照公安部和省公安厅关于“两整顿两规范”（整顿违反规定办理取保候审，整顿监管场所安全隐患，规范道路交通技术监控设备的设置、使用和管理，规范公务枪支弹药的保管、领取和使用）专项治理工作的部署，市公安局印发《永州市公安机关开展取保候审专项治理工作实施意见》，对取保候审工作开展整顿治理。对 2007 年整顿治理全市办理取保候审案件 1235 人进行审查，通过审查和补证提请逮捕 40 人，移送审查起诉 697 人，办理应当解除取保而未办理手续的 281 人，报送劳动教养 5 人，对不能收取和应当返还的保证金全部返还当事人，返还不应收取和应当退还的保证金 203.8 万元。在全市公安机关取保候审专项治理调研论证的基础上，市公安局与市人民检察院共同印发《关于适用逮捕、取保候审、监视居住强制措施的有关问题的意见》，以规范全市逮捕、取保候审、监视居住等刑事强制措施的运用。

2009 年，执法规范化建设年，全市公安机关将执法质量考评作为提升执法水平的重要措施强力推进。根据省公安厅《2009 年度湖南省公安机关综合考评实施细则之二》（执法质量考评内容），结合全市执法实际，市公安局法制信访办在征求各县（区）公安机关意见后，印发《2009 年度永州市公安机关执法质量考评实施细则》。对全市 11 个县（区）公安局（分局）组织 3 次日常执法检查，并且更新考评方式，将单一的评卷检查转变为“评卷+走访”检查，加大对案件当事人的回访和执法效果的检查力度。重点突出检查城区派出所、拘留所和取保候审案件，进一步加强隐案防控。各县（区）公安机关加强对取保候审案件的审核把关，江永、蓝山、零陵等公安法制部门设立取保候审审批委员会，对取保候审案件严格把关，要求每件取保候审案件都经过取保候审审批委员会批准才能取保。2009 年，市公安局法制信访办共调查并回复领导交办件 85 起，省公安厅个案督办件 3 起，市委市政府市人大督办件 15 起。

2010—2011 年，市公安局法制信访办继续加大日常执法考评力度，完善考评机制。实行日常考评、阶段考评与年度考评相结合，实现考评工作动态化、平时化、经常化，由单一考评向多元化考评方式转变，多角度、多方位进行考评，全面掌握执法状态。2011 年，分别针对全市公安机关办理的行政案件、刑事案件、“黄赌毒”案件、信访案件、劳教案件、有涉案财物的案件进行专项执法质量考评。针对检查中发现的执法过错问题印发 9 份执法过错责任追究意见书，协助纪委对道县、祁阳、冷水滩 3 个县（区）公安局（分局）5 名民警进行执法过错责任追究。同时以执法考评为抓手，通过组织开展下派执法服务队、建立工作联系点等多种方式，为全市公安机关提供各类创建活动指导服务 800 余人次。零陵公安分局徐家井派出所被命名为“全国执法示范窗口单位”，双牌县公安局、冷水滩公安分局菱角山派出所、江华瑶族自治县公安局治安大队等被命名为“全省执法示范窗口单位”。

2012 年 6 月 6 日，市公安局法制信访办主任陈志标（左一）带领业务骨干到宁远县公安局指导执法办案工作

2012 年，市公安局印发《永州市公安机关执法不作为专项整治工作方案》，成立执法不作为专项整治领导小组，在全市开展专项整治行动，共清查案件 35203 起，发现存在不作为问题的有 7635 起，其中，属于有警不接问题的 37 起、有警不处问题的 647 起、有案不立（受）问题的 348 起、立（受）案不查问题的 6597 起，4 名民警被追究执法过错责任。7 月初，市公安局法制信访办印发《关于开展治安案件自由裁量检查的紧急通知》，对本考评年度办理的治安案件进行逐案清理检查，对不符合《湖南省公安行政处罚裁量权基准》的案件进行整改，共检查行政案件 226 起，印发限期整改意见书 21 份。

2013 年，为进一步改进和加强全市公安执法工作，提高执法质量，市公安局法制部门印发《永州市公安局关于提升执法质量的实施方案》。5 月 15—21 日，法制与信访办联合警令部、政治部、警务督察科、刑侦、治安，采取听取汇报、重点抽查、查阅资料台账、实地走访等方式，对全市公安机关执法质量开展专项检查。6

月 6 日，公安部召开全国公安机关开展取保候审突出问题专项督察电视电话会议后，市公安局及各县（区）公安局（分局）相继成立由局长任组长的专项督察领导小组。全市 12 个县（区）公安局（分局）召开各类取保候审突出问题专项督察工作部署会、推进会、调度会、迎检会达 100 余场次。全市共排查清理取保候审案件 2958 起 4076 人。截至年底，全市自查自纠取保候审突出问题，除个别丧失整改条件的问题外，其余的问题已全部整改落实到位。为展示全市公安机关执法规范化建设取得的成果，深化全市公安机关党的群众路线教育实践活动，进一步加强和改进公安机关作风，推动和谐警民关系和“法治湖南”建设发展，根据省公安厅的统一部署，10 月至 11 月初，永州市各级公安机关先后开展“规范执法警营开放周”活动。10 月 28 日至 11 月 1 日市公安局举行“规范执法，警民和谐”为主题的“规范执法警营开放周”活动。各县（区）公安局（分局）警营开放周活动先后举行，活动期间，全市公安机关共向现场群众发放宣传折页 2 万余份，接受群众与服务对象咨询 1000 余人次。

2014 年，市公安局法制信访办组织整理、编印的《公安机关规定、制度汇编》（共三册，990 页）

2014 年，以执法服务、制度建设、案件审核、执法考评为重点，为基层执法提供服务，组织整理和编印《公安机关规定、制度汇编》等 3 本执法汇编，印发各县（区）公安机关。推动规范执法随岗训练示范点建设，全市共建立随岗训练点 39 个，全面加强规范执法的随岗训练工作。以考核评议为推手，开展执法重点培训，有针对性地对执法单位进行专题培训。建立公安法制微信交流平台，及时发布最新司法解释，并为基层解决执法过程中遇到的实际问题，进行 24 小时执法业务指导。加强案件审核把关，重点把好案件事实关、证据关、程序关，全年全市没有出现有影响的重大执法过错案件。加大网上执法巡查力度，上半年发现个别县（区）治安调纠案件高于行政案件数倍，下半年发现打击侵财案件数虚高的不正常现象，及时报告，并提出整改意见，下发执法意见书，坚决制止弄虚作假、虚假受（立）案的现象。开展信访案件评查工作，全年组织评查全市公安信访案件 100 起，每起均写出评查报告。进一步完善执法制度，制订《永州市公安机关规范执法随岗训练示范点管理办法》《永州市公安局执法巡查工作规定》

《2014年度永州市公安机关法治公安考评细则》《关于永州市公安机关“七个一律不予审核审批”的通知》《永州市公安机关规范使用办案区“四个一律”专项检查活动实施方案》《永州市公安机关关于落实〈湖南省公安机关深化执法规范化建设五年（2014—2018）规划〉的实施意见》《永州市公安机关执法档案管理规定（修订）》等规范性文件。深入推进执法考评。重点围绕案件质量、证据上传、涉案财物管理、裁量基准等内容，采取网上巡查、实地考评、电话回访、视频监督等方式对全市公安机关进行不定期考评，印发案件质量通报9次、涉案财物管理巡查通报4次、“四个一律”情况通报6次、证据上传情况通报10次。

2015年，突出执法主体能力建设。重点抓好执法勤务类机构班子成员执法资格达标考试，全市达标率超过97%。狠抓结果运用落实，江华、双牌、蓝山、道县等公安机关共免去24名没有取得中级执法资格执法勤务类负责人职务，该项考核被省公安厅列为下一年度免检项目，直接认定达标。突出执法培训工作，7月，组织全市民警执法与出庭应诉能力提升培训班，参训民警320余人。市公安局法制办针对“黄、赌、毒”案件办理向各县（区）提供法律服务。宁远、江华、道县公安机关多次组织执法专题培训，取得良好效果。突出典型和示范点的宣传，以点带面，以先进促后进全面发展。江华瑶族自治县公安局开展“执法之星”评选活动，深入查摆执法问题，突显先进典型，树立标杆，发挥引领示范作用。宁远县公安局刑侦大队、零陵公安分局徐家井派出所申报随岗训练省级示范点。持续推进执法规范化建设，全年共印发《关于建立刑事案件快速办案机制的通知》等各类规范执法行为的办法、通知25件，规范执法各类环节，同时在全市各级公安、检察、法院系统建立刑事案件快速办理机制，依法从严从快惩治各类刑事犯罪活动。健全庭审培训机制，组织民警旁听庭审300余人次。加强诉讼代理人队伍建设，各县（区）公安机关组建10人以上诉讼代理人队伍，提高出庭应诉能力。是年，全市公安法制部门共出庭应诉95起，全市无一起行政复议被撤销案件。市公安局出庭应诉35起，无一起败诉案件，未发生一起国家赔偿案件。推行派驻法制员制度，江华瑶族自治县公安局基本形成“事前指导、事中审核、事后跟踪、全程服务”执法工作新局面。加强案件质量的审核把关，全市公安法制部门共审核刑事案件21393起，行政案件38075起，刑事拘留9170人。全市案件合格率超过全省平均合格率2个百分点，江永、新田、道县、冷水滩、东安等县（区）公安局（分局）在省公安厅案件质量考核中合格率均超过80%。讯问犯罪嫌疑人同步录音录像资料考核中，江华合格率达到90%；东安、新田、道县合格率超过80%。强化执法安全管理，注重执法办案场所标准化建设，市公安局法制支队先后组织人员对全市67个执法办案区逐一检查，建立场所档案、留存视频影像资料，发现各类安全隐患310余处，并下发整改通知书，全部整改到位。加强监督工作力度，对当年全市公安机关办理的1480余起危险驾驶案件逐案跟踪督办，逐一销号，全部消化处理到位。对亮剑行动期间办理的7214起案件进行核查，共查出问题案件1300余起，全部交县（区）公安局（分局）进行整改到位。全面推进执法信息推送制度，开展法检信息、涉案财物照片和行政处罚决定书录入推送工作，法检信息录入率全省考核排名第二，全市12个县（区）公安机关法检信息录入率均超过80%。全面落实依法行政工作，共梳理市公安局机关部门职责13大项，与相关部门共同职责25大项，事中事后监督制度45项，公共服务事项9大项；梳理权力清单共165项，上报相关职能部门全部审查通过。进一步深化执法公开，通过市公安局门户网站公开发布各类警务工作动态、政策法规、通知通告等政务信息400余条，发布各类安全预警信息50余条。

第三节　行政复议、行政诉讼应诉与国家赔偿

1993—1999年，零陵地区公安处共受理行政复议案件443起，其中维持219起，撤销78起，变更75起，申请人自撤29起，公安自改行政行为7起。行政诉讼案件共101起，其中法院判决维持39起，撤销12起，变更3起，原告撤诉47起。

2000—2003年，永州市公安法制部门贯彻执行国务院《关于全面推行依法行政的决定》、公安部《关于加强公安法制建设的决定》和省公安厅《关于加强公安法制工作的决定》，积极履行各项措施职责，落实依法行政。受理行政复议案件152起，其中维持原决定98起，撤销原决定22起，变更原决定7起，撤销重新处理11起，申请人自行撤销5起。行政诉讼案件25起，胜诉22起，败诉3起。办理国家赔偿案件3起，赔偿金额11.70万元。

2004—2006年，受理行政复议案件50起，其中，维持原决定41起，撤销重新处理6起，变更2起。办理国家赔偿案件1起，赔偿金额559.30元。全市公安机关采取执法检查、个案督办、旁听庭审等措施，不断加强办案民警的执法能力和法律素质，行政案件办案质量明显提高，但是从行政复议、行政诉讼和国家赔偿的个别案件中反映出询问笔录制作不规范，适用法律不准确，调查取证不及时、不全面，侵害当事人合法权益等问题仍然不同程度存在，为此，市公安局进一步加强和改进公安行政复议应诉工作措施，强化行政复议应诉队伍建设，建立健全相关制度和工作机制，开展行政复议听证、和解、调解工作，切实保护当事人合法权益，提高行政复议办案质量，增强行政应诉能力。

2007年，全市各级公安法制部门严格按照《中华人民共和国行政复议法》《中华人民共和国国家赔偿法》等法律法规的规定及《公安机关办理行政复议案件程序规定》的要求开展行政复议等工作，针对治安管理处罚法实施后取消复议前置的情

况，加强对行政应诉人员的业务和办案能力的培养，加强对行政复议诉讼案件执法问题的分析研判，促进问题的预防和整改。全市共受理行政复议案件 27 起，办结 22 起，无赔偿案件发生。2008 年，根据省公安厅《县级公安机关法定代表人出庭应诉制度》的要求，市公安局重点推行公安机关负责人出庭应诉制度。江永、江华、双牌、蓝山等县（自治县）公安局局长分别代表各自所在公安机关出庭参加应诉。全市受理行政复议案件 42 起，不予受理 4 起。受理案件全部办结，其中维持原处罚决定 37 起，申请人主动撤回复议申请 1 起。全市公安法制部门参加行政应诉 5 起，当事人撤回诉讼 1 起，发生国家赔偿案件 2 起。

2009—2012 年，市公安局法制部门改变过去评卷式的单一审核方式，制订行政复议案件办理制度，严格实行“谁受理，谁负责；谁办结，谁负责”责任制，采用现场调查、实地勘察、听证、阅卷等多种方式，严格办理行政复议案件。全市受理行政复议案件 98 起，维持 94 起，撤销 2 起，申请人撤回申请 2 起。全市公安机关办理行政应诉案件 18 件，法院全部做维持判决，无国家赔偿案件发生。

2011 年 6 月 23 日，市公安局法制信访办在冷水滩梅湾派出所首次举行行政复议听证会。图为法制信访办民警和听证申请人李某君（左一）在听证会上

2013—2014 年，市公安局法制部门改进行政复议案件办理制度，严把复议案件事实、证据和程序关。全市公安机关办理行政复议案件 161 件，经复议维持原具体行政行为 161 件，经复议起诉 11 件。办理行政应诉案件 19 件，人民法院一审全部判决维持，全市公安机关无国家赔偿案件发生。

2015 年，市公安局为贯彻实施修订后的《中华人民共和国行政诉讼法》和《湖南省公安机关行政应诉工作规定》，规范全市公安机关行政应诉工作，结合全市公安工作实际，制订《永州市公安机关行政应诉工作实施办法》，明确公安机关主要负责人出庭应诉制度并纳入考核。全市公安机关办理行政复议案件 43 件，办结 34 件，经复议维持原具体行政行为 32 件，当事人撤回申请 2 件，不予受理 4 件；接到行政应诉通知书 91 份，较上年增加 89 起；其中，经法院审结 87 起，判决维持 25 件，不予受理 45 件，驳回起诉 1 件；办理刑事案件复核 10 起，维持 5 起，撤销要求重新调查2起；办理国家赔偿复议案件3起，2起办结维持，1起不予受理。

第四节 劳动教养审批与改革

1982年1月，国务院批转公安部《劳动教养试行办法》并公布实施。1983年，为适应“严打”斗争需要，湖南省决定各地市设立劳动教养场所。同年9月，零陵地区成立劳动教养管理委员会，在地区公安处预审科设地区劳动教养案件审批办公室。

1993年3月18日，零陵地区公安处印发《关于劳动教养、收审审批审核工作归口法制部门管理的通知》，劳动教养案件审批办公室设在法制科，法制科负责劳动教养、收审审批审核工作。1993—1996年，全区共受理劳动教养案件1385起1625人，通过审核批准劳动教养1339起1566人，建议报捕15人，作治安处罚34人，不处罚10起37人，自改10起16人，审批少年收容所教养19人，劳动教养行政复议1人，经复议维持原决定，不服劳动教养决定向人民法院提起诉讼案件3起3人。答复地区人大建议3件，检察机关对已劳动教养人员审查批准逮捕3起3人。

1997—2004年，全市审批劳动教养3258人，审批少年收容教养9人，因不服劳动教养决定提起行政复议21人，变更13人，撤销6人，维持2起。按照公安部《关于严格执行劳动教养规定进一步提高劳动教养案件质量的通知》精神，全市各级公安机关认真贯彻执行《公安机关办理劳动教养案件的规定》，全面加强劳动教养审批工作，使劳动教养案件质量进一步提高。进一步严格劳动教养适用对象，市公安局严格按照劳动教养法律法规规定的劳动教养适用对象审批劳动教养案件，对不在范围内的呈报人员一律退卷，建议报作其他处理。严防出现升格、降格处理现象。市公安局法制部门在审批劳动教养案件时，坚持既要用足用够劳动教养手段服务公安中心工作，又要做到依法审批，防止因适用劳动教养手段不当而产生负面影响的原则，做到依法应当追究刑事责任的一律不准降格批准劳动教养，依法应当予以治安处罚、强制戒毒的一律不准升格批准劳动教养，对不能在法定期限内侦查终结的犯罪嫌疑人一律不得以劳动教养变相延长羁押期限。

2005年，成立永州市公安局劳动教养审批委员会，劳动教养人员由永州市公安局劳动教养审批委员会审批。按照公安部《关于严格执行劳动教养规定进一步提高劳动教养案件质量的通知》精神，全市各级公安机关认真贯彻执行《公安机关办理劳动教养案件的规定》，不断强化法律意识和责任意识，在劳动教养案件审批中，坚持“事实清楚、证据确凿、程序合法、量罚适当”的工作原则，严格审核，严把事实、证据、对象、定性关，健全劳动教养案件的办理、审核、审批制度，使劳动教养案件质量进一步提高。2005年，全市共呈报劳动教养278人，批准劳动教养

212 人，较上年下降 39.6%。坚持开展劳动教养案件质量和劳动教养执法日常自查工作，对所外执行的申请严格按照《湖南省关于办理劳动教养人员所外执行的规定》审核批准，同时加强劳动教养人员投所执行情况和所外执行工作情况的日常检查，在要求各县（区）公安机关及时上报所外执行和投所执行情况的同时，不定期对有关情况进行抽查。严格实行“谁阅卷，谁负责；谁审批，谁负责”责任制，对批准劳动教养的案件，凡出现复议、诉讼的，一律由主办民警负责，出现冤假错案的，追究阅卷人和审核审批人的执法过错责任。东安、祁阳、蓝山、宁远等县公安局法制部门将劳动教养案件呈报纳入民警岗位责任制，规定呈报的劳动教养案件市公安局以事实不清、证据不足退卷的，每案扣阅卷民警 1 分，若以不符合劳动教养范围退卷的，每案扣阅卷民警 1.5 分，并与年终评先评优和经济利益挂钩。针对以地下“六合彩”、赌球等形式进行的赌博活动在一些县（区）蔓延，严重扰乱社会经济秩序，影响社会稳定的情况，全市开展打击地下“六合彩”专项行动，江华、东安、祁阳等地充分运用劳动教养手段，依法严厉打击从事地下“六合彩”赌博活动的庄家、赌头，有效遏制地下“六合彩”活动。全市共审批地下“六合彩”赌博案件 12 起，劳动教养赌博人员 17 人。在全市开展的“两抢一盗”专项打击和“禁毒、禁赌”专项整治活动中，法制科按照市公安局党委的部署，充分发挥职能作用，用足用够用好劳动教养手段，为严打和整治活动服务，共审批涉嫌抢劫、抢夺、盗窃、吸毒、贩毒、赌博等违法犯罪人员劳动教养 86 人。

2006 年，全市呈报劳动教养 288 人，批准劳动教养 218 人。全市法制部门在打击“两抢一盗”、“打黑除恶”、“打击地下‘六合彩’”、禁毒等专项斗争中，提前介入，与办案民警一道搜集证据，严把事实、证据、程序关，对符合劳动教养条件的，一律予以劳动教养，充分发挥劳动教养手段在维护社会稳定中的特殊作用。全年共审批地下“六合彩”赌博案件 8 起，批准劳动教养人员 5 人，审批抢劫、抢夺、盗窃、吸毒、贩毒案件 132 起，决定劳动教养人员 144 人。

2007 年，按照公安部《关于严格执行劳动教养规定进一步提高劳动教养案件质量的通知》精神。市、县两级法制部门自觉将劳动教养案件纳入执法质量考评范围，同检查同考评，不搞特殊化，对发现的执法问题不遮丑、不护短，正视问题，自我整改。是年，全市审批劳动教养案件 218 人，审批少年收容所教养 3 人，其中行政复议 5 起，维持 3 起，撤销 2 起。

2008 年，市公安局法制部门严格实行“谁阅卷，谁负责；谁审核，谁负责；谁审批，谁负责”的责任制，对批准劳动教养的案件，凡出现复议、诉讼的，一律由主办民警负责，出现冤假错案的，追究阅卷人和审核人的执法过错责任。在抗冰救灾和奥运安保两个特殊时期，为维护社会治安秩序，消除影响社会稳定的因素，共审批抢劫、抢夺、盗窃、吸毒、赌博等违法犯罪人员劳动教养72人，为稳定一个时期和一个地方的社会治安起到积极作用。全市共呈报劳动教养186人，批准劳动教养155人。呈报劳动教养所外执行12人，经审核批准6人。

2009年，市公安局印发《关于规范办理劳动教养案件若干问题的意见》，紧紧围绕公安中心工作，结合永州市治安形势，充分运用劳动教养手段打击违法犯罪活动，维护社会稳定和治安秩序。双牌县何某在其合理诉求得到答复和解释，其上访事项被县信访部门认定为无理的情况下，纠集多人多次聚众扰乱社会秩序，致使政府机关正常的工作秩序受到破坏且情节严重，并到北京扰乱公共秩序。6月23日，何某等人威胁、侮辱接访干部，在村里煽动、串联、非法集资、组织他人非法恶意上访。根据《公安机关办理劳动教养案件规定》和《劳动教养试行办法》决定对何某劳动教养1年6个月。全市共呈报劳动教养案件110起128人，批准劳动教养93人，审批少年收容所教养2人。

2010—2011年，全市审批劳动教养案件130起，审批少年收容所教养1人。自2011年起，劳动教养案件审查实行聆听制度，全年聆听案件2起。继续深入推行“谁阅卷，谁负责；谁审核，谁负责；谁审批，谁负责”责任制。对批准劳动教养的案件，凡出现复议、诉讼的，一律由主办民警负责，出现冤假错案的，追究阅卷人和审核人的执法过错责任。继续推行律师代理制度，保障违法犯罪嫌疑人或其法定代理人聘请律师提供法律帮助的权利，把告知律师代理作为一项必须履行的手续以制度形式固定下来，确保犯罪嫌疑人的合法权益。建立健全劳动教养行政复议、诉讼机制，市公安局在与政府行政复议部门、法院建立日常工作联系制度的基础上，加强联系，邀请政府法制办、法院办案人员召开专题座谈会，交流办理劳动教养案件的意见和看法，正确运用劳动教养手段。组织民警参加劳动教养行政诉讼案件旁听，通过庭审旁听，提高民警对行政诉讼程序的直观认识，强化民警在办案中客观、公正、全面、依法收集证据的意识。

2012年8月，公安部法制局在吉林召开全国公安机关劳动教养审批工作座谈会，对劳动教养审批范围，严格把握“屡教不改”的条件，严格执行敏感人员、敏感案件审批报告制度以及清理劳动教养审批工作文件作出要求。全年全市共呈报劳动教养249案290人，批准劳动教养180人，批准劳动教养总数同比增加134人。批准劳动教养的重点对象主要有盗窃、卖淫、赌博、诈骗、寻衅滋事、扰乱社会秩序等违法人员，分别占总数的45%、12.78%、12.22%、8.3%、7.8%、6.1%。

2012年6月5日，零陵区居民唐某之女张某某被秦某、周某某等7人强迫卖淫、强奸一案，经市中级人民法院、省高级人民法院分别一审、重审、终审后宣判。唐某不满判决结果，在案件审理期间和判决后多次闹访、缠访。2012年7月

27日，零陵公安分局对唐某呈报劳动教养，永州市劳动教养管理委员会向湖南省劳动教养管理委员会作专题汇报。8月2日，永州市劳动教养管理委员会（简称劳动教养委）决定对唐某劳动教养1年零6个月。唐某不服，向湖南省劳动教养管理委员会提出行政复议。8月10日，省劳动教养委决定撤销永州市劳动教养委对唐某的劳动教养决定。11月3日，唐某以永州市劳动教养委限制其人身自由和本人精神受到损害为由向市劳动教养委申请国家赔偿。2013年1月5日，市劳动教养委做出决定，不予国家赔偿。1月22日，唐某向永州市中级人民法院提起行政赔偿诉讼。4月12日，市中级人民法院做出判决，驳回原告唐某要求永州市劳动教养委行政赔偿的请求。4月27日，唐某向湖南省高级人民法院提起上诉。7月8日，湖南省高级人民法院作出判决，永州市劳动教养委支付唐某赔偿金1641.15元，精神损害抚慰金1000元，合计赔付唐某人民币2641.15元。

2013年12月28日，全国人大通过决议，正式废止劳动教养制度。

第二章　公安信访

1990年1月，零陵地区公安处增设信访科。1995年，全区各县（市）公安局建立信访办。1996年，零陵地区公安处信访科更名为永州市公安局信访科。2000年，信访科并入市公安局办公室，加挂“信访办公室”牌子。2005年4月，单独设立信访办。2007年7月，信访办与法制科合并，成立法制与信访办公室。2015年9月，信访科单设。

1993—2015年，全市公安信访部门无论机构人员如何变化调整，都依法依规履行接待和处理来信来访职责，始终坚持爱岗敬业、执法为民，始终坚持严格执法，热情服务，全市信访民警无一人违法违纪。1997年，祁阳县公安局被省公安厅命名为“公安信访文明示范窗口”。2008年，市长助理、市政府党组成员、副厅级干部、市公安局局长刘建宽被中央政法委员会表彰为“全国信访维稳工作先进个人”，分管信访工作的法制与信访办公室副主任唐波明被省公安厅记2008年北京奥运会信访维稳工作个人一等功。2015年，市公安局信访科分别被公安部、中华全国总工会命名为“全国公安信访窗口示范单位”“工人先锋号”称号，宁远县公安局被省公安厅命名为“公安信访窗口示范单位”。

第一节　群众来信来访受理

1993—1994年，根据省公安厅部署，在全区公安机关开展公安信访工作岗位责任制达标竞赛活动，信访民警全身心投入达标竞赛活动，认真受理群众来信和接待来访群众，2年受理群众来信6327件、接待来访群众4637人次。新田县公安局曾令才、祁阳县公安局杨国祥获1994年度全省公安信访达标竞赛优胜个人。

1995—1996年，贯彻落实公安部《公安机关受理控告申诉暂行规定》和国务院《信访条例》。受理群众来信、接待群众来访数量减少，2年受理群众来信4151件、接待来访群众3124人次，与前2年相比分别下降34.4%和32.7%。

1997—1998年，根据公安部和省公安厅的安排，组织全市公安信访部门开展创建信访文明窗口活动。全体信访民警按照文明接访、热情服务的要求，把来访接待室作为警民联系点，竭尽全力做好本职工作。为规范来访群众和接访工作人员的行为，维护信访人的合法权益和信访秩序，全市公安机关在接访场所公布《信访条例》，并以简明条款告知来访公民的权利、义务，接访工作人员的职责、纪律，有关公安业务工作归口处理程序等。2年受理群众来信4236件、接待来访群众2740人次。在1997年香港回归、中共十五大召开期间实现零进京上访。

1999年3月，全省公安信访工作会议在郴州召开，要求实现“三个减少”（信访量减少、越级上访减少、重复上访减少），市公安局采取定期研究信访工作（市公安局每季、县公安局每月一次研究信访工作）、值班领导接待来访、实行重点问题排查、领导包案（包调查、包处理、包做稳定工作、包查处情况回报）、责任追究等措施，实现“三个减少”，完成全国全省“两会”、中华人民共和国成立50周年大庆、澳门回归期间无赴省进京上访目标。当年，市、县（区）两级公安机关领导接访874人次、阅批来信535件，组织、协调处理重要信访案件87起。全市公安机关受理群众来信1445件、接待来访群众1002起，比1998年度分别下降39.8%、30.9%；发生进京访13人次、赴省访236人次，比1998年分别下降40.9%、30.8%；重复上访由上年度的56%，下降为42%。

自90年代中后期开始，企业改制和传销、邪教组织等引发的社会不稳定因素增多，集体上访突出，且人员众多。1999年，全市发生上访请愿、聚众闹事苗头928起，2000年发生上访请愿301起10650人次。通过思想疏导和满足合理要求解决实际问题相结合，及时预防和就地化解各种矛盾纠纷，将大批上访群众稳定在市内，1993—2000年，全市未发生一起赴公安部集体上访。

2000—2004年，全市公安信访机构并入办公室，人员随之有所减少，但信访部门民警仍本着热情、耐心、细致、求真务实的工作态度，扎实有效地开展接访工作，5 年间，全市公安机关接待来访群众 7253 起。

2005 年，国务院重新颁布《信访条例》，并于 5 月 1 日起施行。5 月初，公安部部署全国开展开门“大接访”活动，确定 5—9 月为全国公安机关组织开展集中处理信访问题专项行动，市公安局明确全市公安机关“一把手”为集中处理信访问题第一责任人，每周接访 1 次，其他党委成员轮流陪同接访。仅 7 月 18—20 日 3 天，市公安局接待上访对象 80 人次。8 月，公安部发布《公安机关信访工作规定》（以下简称《规定》），对公安信访工作机构及职责、信访事项的管辖、办理、督办、法律责任等作出明确规定，公安信访控申工作内涵进一步扩宽。随着《规定》的出台和开门“大接访”活动的开展，各级领导对信访工作更加重视，信访渠道得到进一步畅通，很多由信转访及群众来访接待量大增，2005—2006 年，全市公安机关分别接待群众来访 1910 起、2033 起，比 2004 年分别上升 14.3%、21.7%。

2007 年，为打造“大接访”格局，市公安局将 500 平方米户口办证大厅改造成信访接待大厅，按照《湖南省公安机关信访窗口建设达标标准》规定，对市公安局信访接待大厅重新进行装饰，配齐办公桌椅、打印机、复印机、传真机、扫描仪、档案柜、空调等设施，信访工作人员每人配备电脑 1 台，开通公安内网，实行网上自动化办公模式。大厅配置饮水机、等候休息座椅，绿化美化大厅环境，为上访群众提供一个舒适的环境。同时，按照省公安厅规定的标准，全市 11 个县（区）分别建立信访接待窗口。是年，全市公安机关接待群众来访 2140 起。

2008 年，市公安局通过《永州日报》向群众公告“星期三信访接待日制度”，要求全市公安机关和各警种领导、派出所长坚持“星期三接待日制度”，并硬性规定局长每月在信访大厅全天候接待一次、其他局领导每季接待一次；市公安局机关对 2007 年以后新提拔任职的 60 名副科长以上领导干部，由信访领导小组办公室统一安排，轮流陪同局领导接访，并列入精细化考核。10 月，公安部信访办对永州市打造“信访超市”，推行“连锁经营”模式给予充分肯定，并称赞市公安局信访接待大厅为“全国一流”，应在全国公安信访部门推广。12 月，省公安厅在永州市召开全省公安信访工作现场会议，推介永州市公安局信访工作经验。是年，全市公安机关接待群众来访 2189 起，登记进京访 3 人次、赴省访 91 人次，比 2007 年分别下降 88%和 40.12%，特别是北京奥运会和残奥会期间，全市实现涉法公安信访进京到省“零上访”。

2009—2010 年，市公安局信访工作在上年度打造“信访超市”，推行“连锁经营”模式的基础上，进一步健全完善措施，开通“永州公安信访网”，建立《每日信访》《信访台账》和《县区信访动态》等 9 个信息运用平台，确保信访动态当日公布、信息资源共享。在互联网开通局长信箱，将群众的信访诉求和举报线索当作

“超市”的“货源”处理，实行全市“连锁式经营”，按照管辖原则分别交办或移交有关部门，限期办理和定时回复，确保事事有答复、件件有回音。2009 年，全市公安机关接待来访群众 2022 起，受理公安部、省公安厅转办来信 39 件、局长批示交办信件 214 件。2010 年，全市公安机关接待来访 1986 起，其中公安部转办群众信件 129 件、省公安厅网上转办群众来信 237 件、省公安厅“网上民声”群众投诉 106 件。市公安局人民来访接待中心被省公安厅推荐为“全省公安信访规范化建设示范单位”。

2011—2012 年，市公安局以抓好初信初访、化解信访积案为措施，控制信访量的上升。对初信初访实行倒查制，凡因工作不作为、慢作为，或执法存在过错引发信访的涉案民警，在精细化考核中予以扣分并列入年终考评。2011 年，全市公安机关接待群众来访 2050 起、2416 人次，发生进京访 70 起、赴省访 309 起；2012 年，接待群众来访 2049 起、2530 人次，发生进京访 97 起、赴省访 261 起。省公安厅于 2012 年度开展“无到省进京访”创建活动，双牌县、江永县和蓝山县先后被省公安厅确认为“无到省进京访”县。

2013 年，市公安局以“抓好初信初访、化解信访积案、控制和减少越级访、规范接待窗口”为重点，全面落实公安部部署的全国公安信访“抓源头、打基础、强机制、促规范”活动，派信访领导和民警赴各县（区）调研、催办、督办重要信访案件，坚持每季度分析一次信访工作走向，每月通报一次各地赴省进京上访名单，年终汇总全市一年赴省进京上访总人数和各地人数，公之于众，作为评比工作、创信访文明窗口单位重要内容。10 月，市公安局在全省率先开展公安涉法涉诉信访工作改革试点，试行访、诉分流。当年接待群众来访 2023 起，发生进京访 109 起、赴省访 193 起。

2015 年 4 月 13 日，市公安局局长刘新良（左一）接待信访人黄某宝（右一）

2014 年 4 月，市公安局开展进一步规范涉法涉诉信访工作活动。开展以推进“无赴省进京访”创建活动，以加大解决初信初访力度，清理化解疑难复杂信访问题，减少信访存量。建立处理非正常访处理机制，减少缠访、闹访等非正常访，力图从根本上解决永州公安信访量大、赴省进京访在全省所占比重大的老大难问题等活动。当年接待群众来访 2963 人次，进京赴省访人次与上年基本持平。

2015 年，按照副市长、市公安局局长刘新良“建一流队伍、创一流业绩、树一流形象”的总体工作思路，市公安局对市局信访接待大厅的接待功能实行提质改造，加设监控等设施，并建立连接公安部、省公安厅的视频接谈室，市公安局信访接待大厅成为全国地市公安机关最好的接待场所之一。继续在全市推进“无赴省进京访”创建活动，接待群众来访 2217 起、2865 人次，发生进京访 118 起，比上年度下降 60%，排全省第七位，实现退出前五目标。市公安局被省公安厅确定为“全省公安信访工作正规化建设典型单位”，被公安部授予“全国公安信访窗口示范单位”称号。

第二节　信访事项查处

1993—1999 年，信访诉求除反映自身或家人在不同历史时期遭受不公正待遇或处理，要求平反、纠错和解救被拐卖妇女儿童等情况外，检举违法犯罪以及反映公安民警不作为、乱作为问题占有较大比重。全市公安机关共办理信访件 4919 件、办结 4217 件。成功解救被拐卖妇女儿童 135 人、处理违法违纪民警 65 人，其中 13 名民警被追究刑事责任。1993 年 3 月，在接访中，群众反映东安井头圩有人暗地生产、出售火药枪为纠纷械斗提供武器，公安处副处长陈历秋接访后，带领信访科科长立即赶到东安查证，破获一个以蒋某某为首的私造、出售鸟枪团伙。1996 年，通过信访渠道搜集案件线索 695 条，破获刑事案件 184 起、查处治安案件 266 起、抓获违法犯罪人员 509 人，查获犯罪团伙 24 个，查处团伙成员 127 人。1998 年，信访部门提供案件举报线索 120 条、破获刑事案件 60 起（其中重特大案件 15 起），抓获犯罪嫌疑人 75 人，处理 68 人，查处治安案件 95 起 110 人。1999 年，通过信访信息，全市各级公安机关查证破获刑事案件 199 起，其中，重特大案件 56 起、处理违法犯罪嫌疑人 318 人，其中提请逮捕 126 人、劳动教养 18 人、治安处罚 174 人。江永县查处该县桃川镇新宅村村民田某某因举报本村一村民盗窃耕牛遭威胁恐吓的信访件，盗窃犯罪嫌疑人受到法律追究。

2000 年 3—10 月，公安部在全国公安机关统一部署开展重点信访问题专项治理工作。按照公安部的部署和省公安厅的安排，市公安局成立以局长秦伍生任组长，纪委书记龚启建为副组长，纪委、信访、刑侦、治安、交警、户政、法制等部门相关负责人为成员的专项治理领导小组，制订实施方案。全市各级公安机关始终把公安机关和公安民警执法不公、处理不当以及纪律作风方面引发的重点信访问题作为治理重点，将全市“信访积案化解大会战”列入专项治理内容。通过专项治理实现无到省赴京集体上访；重复、越级信访较 1999 年同期较大幅度下降，未发生到省进京滋事问题，上级交办件年查结率达到 100%，其中公安部、省公安厅交办的重点信访件均按时按质办结，无理纠缠闹事的问题得到解决，民警违法违纪得到有效遏制的目标。专项治理期间，全市停访息诉信访问题 297 起，其中化解积案 101 起，化解率 84.7%。全年办理信访件 462 件、办结 413 件。宁远县公安局在专项治理中，将解决信访积案纳入议事日程，并作为维护社会稳定工作的头等大事来抓，局领导率先垂范，挂帅包案，责任人按照信访人的诉求分别做工作。8 月 11 日，县公安局局长李光明带领办案人员及信访民警到上访人所在地宁远县太平镇杨家坪村组织当事人双方调解，经过艰苦细致的工作，使一起伤害案由于证据不足未能得到处理而引发长达 4 年之久的上访案件调解成功。为总结破解上访难题，宁远县公安局上报《对上访老户欧阳某忠停访息诉的思考》，经公安部采用编入 2001 年公安部办公厅《公安重点信访案例选编》。

2001—2003 年，全市公安机关信访民警继续发扬热情接待、耐心做工作、认真处理每件来信来访的工作作风。3 年办理信访案件 1492 件、办结 1364 件。2003 年，根据公安部部署，在全市开展集中清理查处重要各类信访积案专项行动，共清理查处信访积案 33 件，受到省公安厅表扬。

2004 年，结合本地实际，市公安局开展集中处理公安重点涉法信访案件专项行动。全市公安机关共受理涉法信访案件 593 件 624 人，办结 524 件 552 人（其中部、省、市交办的 112 件 131 人全部办结），办结率 84%；纠正执法过错案件 26 起、瑕疵问题 33 个、赔偿金额 41.3 万元，对 33 起因案件未破引发上访实行挂牌督办，使 566 人停访息讼。

2005—2007 年，以“人人受到局长接待，件件得到依法处理”为总目标，明确各级公安机关“一把手”为处理信访问题第一责任人，按照属地管理、分级负责、主管领导亲自抓，其他领导实行“一岗双责”、部门联动，全力化解信访问题。2005 年、2006 年，全市公安机关分别受理信访案件 763 件、865 件，办结 706 件、718 件，办结率分别为 92.5%、83%。2007 年，受理信访案件 762 件、办结 722 件，其中市公安局转、交办 611 件，办结 595 件，办结率 97.38%；中央政法委、公安部、省公安厅交督办的 18 起和市人大、市委政法委交督办的 23 起信访件全部办结。市公安局信访工作从全省第 13 位上升到第 7 位。4 月，市公安局信访办收到一封署名“祁阳县广大人民群众”反映祁阳县黄某某、邓某某涉嫌恶势力犯罪的来信，信访办立即编发信访信息送局领导呈阅，局长秦伍生立即批示祁阳县公安局打击恶势力犯罪。通过工作，一举破获黄某某、邓某某等 3 个横行祁阳县城的犯罪团伙，抓获团伙成员 42 人、破获刑事案件 21 起。

2008年，为做好奥运安保工作，全市公安机关采取督办、局领导和部门包案、评查、追责等过硬措施、穷尽一切办法，办理、化解信访案件和疑难信访问题。为确保“情理之中，法度之外”信访问题及时得以适当救济，促使其停访息讼，市公安局印发《关于设立信访救助基金的通知》，设立信访救助基金22万元，建立专门账户。全市11个县（区）公安局（分局）相继建立信访基金，金额在5万元以上。全市各级公安机关按照属于本级管辖的信访事项，确因工作失误导致信访人利益损失，除按国家赔偿法赔偿外，必须先行救济的，案件未破、在逃犯罪嫌疑人未追回，受害人生活极度困难的，重点联系信访对象确因特殊困难，本单位救济难以解困的，对信访大厅接待的残疾人、无返回车费等特殊对象，实行先行救助。是年，全市公安机关发放信访救助款97万元，促成23起信访积案停访息讼。全年受理群众信访事项1063起，办结息访1028起，息访率96.7%，中央政法委交办13起、公安部交办1起信访案件，全部办结息访。市公安局被中共湖南省委政法委授予“2008年全省排查化解涉法涉诉重信重访工作先进集体”称号。

2009年，全市公安信访工作以深入贯彻“学习实践科学发展观”和开展“民警大走访爱民实践活动”为契机，全面贯彻落实全国、全省公安信访工作会议精神，继续狠抓信访积案的化解和初信初访源头治理工作，坚持以化解重访缠访和疑难信访问题为重点，为维护社会稳定，保障公民合法权益、促进公安工作及队伍建设等方面发挥积极的作用。全市公安机关受理群众信访事项972起，办结息访923起，办结率95%。其中，办结疑难信访案件127起，签订息访协议42份，成功化解信访疑难案件59起。破获各类案件97起，追回在逃犯罪嫌疑人105人，惩治违法犯罪人员137人。市公安局在全省公安机关考核“全国公安机关民警大走访爱民实践活动”中，排列第二名，被公安部授予“全国公安机关排查化解矛盾纠纷先进集体”称号。2008年12月底，市公安局信访接访大厅收到一份反映“道县电子游戏场所赌博活动猖獗”的群众来信，信访科当即作为重要信访信息呈报，局长刘建宽批示交办。2009年1月9日，道县公安局组织暗访调查。20日，组织民警对全县所有电子游戏场所开展专项整治行动，先后清查道州商业广场三楼龙道电玩城、“2008”电游城、金通运贸城、广业大厦、红星街等电子游戏场所7家，当场查封并销毁“老虎机”40多台。

2010年年初，根据公安部和省公安厅开展清理统计化解信访积案的统一部署，全市公安机关清理信访遗留积案120起，5—9月，开展化解疑难信访积案“双百会战”活动。经省公安厅确认，全市化解信访积案99起，化解率达82.5%，实现“在100天左右时间化解100起左右信访积案”目标，提前达到省公安厅“在2010年年底化解信访积案65%”的目标。是年，全市公安机关受理信访案件686起，办结 646 起。

2011 年，全市办结息访积案 380 起、化解率为 99.74%，化解积案总数占全省五分之一，化解绝对数居全省第一。当年，全市公安机关受理信访案件 850 起，办结 801 起。

2012 年，按照省委政法委和省公安厅年初提出“3 月初化解信访积案 60%、6 月底化解率达到 95%”的目标，永州市 87 件重点信访案件（其中中央政法委 13 件、公安部 32 件、省公安厅 42 件）全部确认化解，化解率 100%，率先完成中共十八大召开前全面化解重点信访案件的目标任务。是年，全市公安机关受理信访案件 849 起，办结 809 起，市公安局被省公安厅授予全省公安机关重点信访案件专项治理工作“先进集体”称号。

2013 年，全市公安机关开展重点信访案件专项治理，受理信访案件 1086 起，办结 1000 起。公安部、省公安厅、市公安局交办信访事项 334 起，办结息访 307 起，办结息访率 91.92%。其中，公安部转办 94 起，全部办结息访；省公安厅交办 115 起，办结息访 96 起，息访率 83.5%；市公安局领导接访交办 66 起，化解息访 62 起，化解率 96.9%；市公安局信访日常接访交办 59 起，化解息访 55 起，化解率 93.3%，依法解释劝导重复信访 506 件。市公安局制订《永州市公安信访工作改革试点实施方案》，审查确认为涉法涉诉案件 246 件，导入诉讼程序 104 件。

2014 年，全省开展进一步推进公安信访“抓源头、打基础、强机制、促规范”活动。全市公安机关以“抓初访、重化解、控越级、打非访”为重点，受理信访案件 1021 起，办结 937 起。依照《信访条例》办结信访件 691 起，导入诉讼程序 246 件。为实现依法治访，维护正常信访秩序，全市公安机关立涉访违法犯罪案件 27 起 28 人，刑事拘留 23 人（在逃 1 人），依法执行逮捕 16 人，移送审查起诉 9 案 9 人，较好地维护了全市信访正常秩序。

2015 年，全市公安机关以化解信访案件为重点，以办理赴省进京访为突破口，受理信访事项 1019 件（其中来访 710 件、来信 205 件、互联网 102 件、来电 1 件、传真 1 件），办结 905 起；办理进京到省访 300 件，办结 295 件，办结率 98.33%，超过省定 85%标准的 13 个百分点。全国“两会”和“9·3”纪念抗战胜利 70 周年特护期间，全市公安机关始终突出“稳定压倒一切”的主题，全面摸排重点信访人员 383 人，通过劝返、稳控，在册重点人员无一进京非访登记，市公安局被省政府授予信访维稳先进单位。

第三节　公安信访主体责任

20 世纪 90 年代初期，永州市各级公安机关领导将信访工作列入重要议事日程，作为改进机关作风，密切联系群众的大事来抓，做到原则管与具体抓、亲自办相结合，亲自动手解决老大难信访问题。1997年，依据《湖南省公安机关信访工作实行领导责任制的暂行规定》（以下简称《暂行规定》），市公安局成立以局长秦伍生为组长、局长助理杨能为副组长的信访工作领导小组，将信访工作责任制纳入总体责任制，年终统一考核评比。是年，市公安局信访科受理群众来信来访538件次，市公安局领导直接接待、阅批147件次，占信访总数的27.3%。1998年，11个县（区）公安局（分局）相继成立信访工作领导小组，由“一把手”任组长，分管信访工作的副局长任副组长，成员包括信访、政工、纪检、法制、交警、刑侦、治安、户政、督察、机关保卫部门有关负责人。各级公安机关严格按照《暂行规定》要求，认真履行领导职责，领导批阅信访件、接待来访群众、组织办理重要信访案件的机制初步形成。全年全市公安机关领导批阅来信456件次、接访240起，组织、协调办理主要信访件99起，处置集体访25起。1999年，市、县（区）公安局（分局）领导接访874人次、阅批来信535件，组织、协调办理主要信访案件87起，处置集体上访45起。

2000—2004年，全市公安信访机构撤并入办公室，信访民警均有所减少，但信访民警的工作积极性未减，抓公安信访工作领导责任制的落实没放松。全市公安机关领导除对重要信访事项、集体访作出批示交办或处置，组织、协调办理部、省、市交办的重要信访案件112起，包案化解积案33起。

2005年1月，国务院重新颁布《信访条例》，公安部随之部署全国开展开门“大接访”活动，明确各级公安机关“一把手”为处理信访问题第一责任人。8月，公安部颁布《公安机关信访工作规定》，1995年1月颁布的《公安机关受理控告申诉暂行规定》同时废止。为组织开展好开门“大接访”活动，市公安局根据国务院《信访条例》、公安部《公安机关信访工作规定》以及公安部、省公安厅关于开展“大接访”活动的安排，印发《全市公安机关集中处理群众信访问题实施方案》《关于办理领导阅批信访件的有关规定》《关于切实加强“大接访”工作的意见》等文件，成立由局长秦伍生为组长，副局长程开国、纪委书记王满秋为副组长，其他党委成员为成员的领导小组，明确各级公安机关“一把手”、市公安局各科室支队长为处理信访问题第一责任人，联系和分管的局领导为连带责任人的领导责任制，并对群众信访件的呈报、阅批程序、阅批信访件的交办及期限、办理查报工作、延期申请、督办、办理情况的考核等方面作出具体规定，其落实情况纳入年终综合考评范畴，永州公安信访接访处访工作逐步迈入规范化轨道。

2006年，按照公安部《关于建立健全信访工作长效机制的意见》，市公安局制订《关于信访工作的六项制度》，坚持强化信访工作领导责任制，做到每季度进行一次重大疑难信访事项“会诊”，实行信访工作责任倒查。

2007 年 7 月，市公安局制订《永州市公安局信访工作若干规定》和《永州市公安局信访工作考评细则》，用十条“钢性”规定，来破解信访难题，主要领导分出大部分精力抓信访，局长为第一责任人，纪委书记为直接责任人，其他党委成员为主要责任人。每月召开一次信访工作调度会，对上级交办的信访案件每周通报一次。实行领导包案，加强督察指导和通报，信访工作经费纳入预算，配齐配强信访工作人员，明确每月 20 日为市公安局领导信访接待日，每月 10 日为市公安局领导下县（区）接待日，走访、回访上月 20 日信访案件的办理情况。确定每周一为派出所长信访接待日，实行陪访制（辖区内有上访人员，必须由派出所长陪访），对需要追逃的涉法涉诉案件成立逃追小组，犯罪嫌疑人不追回，专案组不撤。本着“法度之外，情理之中”的原则，想方设法筹措“补偿基金”，对受害者由公安机关先行部分补偿。实行回访告知联系制度，定期跟踪回访，实行信访责任倒查，严格实行责任追究。各县（区）公安局（分局）根据市公安局规定制订相应的信访工作措施，彻底扭转永州公安信访工作长期在全省排名靠后的局面，为永州公安信访工作步入全省信访工作先进行列打下坚实基础。

2008 年，坚持“一案一倒查”，落实民警执法过错责任追究。全市通过信访追责，处理违纪民警 15 人，其中警告 4 人、记过 6 人、免职 5 人。全年全市有中央政法委交办案件 5 起、公安部交办案件 1 起、市委政法委交办案件 13 起。市公安局党委按照联系分工，分别将 19 起案件包案到局领导和支队、新任领导，同时责任到县（区）局领导、办案单位和承办民警，交办案件全部按时办结。

2009 年，中央及省交办的 406 件信访事项，全部落实领导包案，结案率 100%、息访率 74%。市公安局被省公安厅评为 2008—2009 年度全省信访工作先进集体。

2010—2015 年，市公安局对各县（区）公安局（分局）落实公安信访工作领导责任制实行年度考评，对落实不到位的，在年度绩效考核中予以扣分，与年终评先评优挂钩。由于公安信访工作领导责任制的落实，全市各级公安机关领导接访、领导研判信访工作制度化，领导包案重要信访事项常态化。永州公安信访工作受到市委、市政府及省公安厅领导的充分肯定，市公安局连续 5 年被市政府评为全市信访工作先进集体、被省公安厅评为 2013—2014 年度全省信访工作先进集体。

第七篇

公安科技与信息化

第一章　公安信息化建设

第一节　信息化系统建设

随着计算机技术的广泛应用，公安科技信息化持续快速发展，公安信息化工程稳步推进。1997 年，组建市公安局计算机中心，制订《永州市计算机信息系统安全管理监察办法》，与省公安厅建立 CCIC 网络系统，初步开展被盗抢机动车和在逃人员信息系统查询工作，充分发挥高科技在打击盗抢机动车和流窜犯罪中的作用。2002 年，市公安局信息通信科投资 30 万元，建立犯罪信息中心，依托网络应用系统，检索机动车辆 20872 台次，查获嫌疑车辆 218 台，盗抢车辆 57 台，为政保、刑侦、技侦、治安等业务部门提供线索 25 条，查办案件 4 起，查获犯罪嫌疑人 5 人。

根据湖南省计委、湖南省公安厅联合印发的湘计高科【2002】296 号《湖南省计委、省公安厅关于金盾工程有关问题的通知》《湖南省金盾工程可行性研究报告》和《湖南省金盾工程“建设实施方案》的精神，2003 年 3 月，市公安局印发《关于永州市公安局金盾工程领导小组组成人员和主要职责的通知》和《永州市 2003 年“金盾工程”建设实施方案》，以加大对市“金盾工程”指导力度，加快市“金盾工程”建设步伐，确保“金盾工程”的整体效益。市公安局成立以市政府助理巡视员、市公安局局长秦伍生为组长，有关业务部门主要负责人为成员的“金盾工程”领导小组，全面负责“金盾工程”的组织领导和宏观调控。“金盾工程”领导小组下设办公室（简称“金盾办”），成员由有关部门负责人和专业技术人员组成，负责“金盾工程”的日常工作。市公安局“金盾办”设在网络安全监察与信息通信科，明确科技信通部门是“金盾工程”建设的具体实施者，为各业务部门信息系统建设实施方案和技术方案出谋划策，组织制订有关管理制度；行财部门负责“金盾工程”经费的落实、审核、监督和管理，根据“金盾工程”的需要，合理调配各种经费；纪委监察部门负责对“金盾工程”的设备采购、招标进行监督；各业务部门负责本部门业务系统的规划、建设、应用、管理和维护，负责设计本部门的综合信息系统、网站（网页）信息的维护。4 月，市公安局印发《关于实施我市“金盾工程”项目立项的报告》，计划分二至三步实施，第一期工程计划与省公安厅第一期工程配套，主要项目是：完成永州市公安二、三级主干综合传输网，市公安局机关新办公大楼公安信息局域网，犯罪信息中心，110、119、122 三网合一智能化指挥中心系统，各警种各业务部门应用系统，市公安局公共信息网络安全监控中心系统，公安电视电话会议系统，350 兆警用集群无线通信系统等 8 大系统的建设。

“金盾工程”实施以后，建成市公安局公安信息门户网站，实现网上公文流转和信息发布，实现内部办公自动化，建设和完善市公安局犯罪信息中心，为县级公安机关提供远程信息实时查询和交换，完成市级公安信息中心的实体化建设，建立信息中心必需的软硬件环境，建立公共数据交换和综合应用平台，开通电子邮件、浏览查询等网络服务，为网络化应用提供综合技术支持平台。建设和完善市、县(区) 两级指挥中心系统，满足统一指挥、快速反应、协同作战对语音、数据、图像信息和通信的需求，完成“110”“119”“122” 三网合一的规模化、智能化指挥中心的规划、设计、设备选型和建设。市公安局开发、建设和完善各类公安业务应用系统和基层科、股、所、队的应用，逐步实现公安执法和行政管理的信息化，全面启动刑侦综合系统、治安综合信息系统、监管信息系统、经文保信息系统的建设，完善各级人口管理信息系统、交通管理信息系统、出入境管理信息系统、警务管理信息系统、消防管理信息系统，所建系统的数据采集录入率在 70%以上，准确率在 90%以上。建立全市公共信息网络安全监控体系，建立和完善市公安局互联网信息监控点，实现对重点行业网络的实时监控，启动网络侦察系统建设和网上信息跟踪、分析、报送系统建设。

根据公安部、湖南省公安厅关于公安信息中心建设工作要求和全市公安信息工作需要，2005 年 7 月，市公安局印发《关于成立永州市公安局信息中心的通知》，在市公安局公共信息网络安全监察与通信科加挂“市公安局信息中心”牌子。

2009 年，永州市公安机关计算机拥有率和民警数字证书配备率大幅提升，分别达到 99. 3%和 99. 2%。刑事技术建设实现新突破，市公安局投入 3000 万元新建技术大楼，建设高标准的专业实验室和物证保管室，购置全新的 DNA 实验室设备。人口系统、违法犯罪信息、机动车和驾驶人信息、出入境信息和刑侦九大系统、治安管理系统等最基础、最常用的公安信息系统得到普及应用，服务公安工作的层次不断深化。精细化管理系统、办公自动化系统、在线考试系统、信息报送系统、文件传输系统、电子邮件系统、短信平台、政务网相继建成并投入使用，基本实现“网上考勤、网上考评、网上办公、网上练兵、网上办案”。通过分期分批对民警进行集中培训，增强民警的信息化意识和信息化应用水平，提高全警采集、全警录入、全警应用的能力，全市公安民警基本达到网上分析、网上比对、网上摸排、网上管理、网上监督和网上作战的要求，实现信息含量的实时更新和不断增容。全市

791 家网吧全部落实网吧安全保护技术措施，并安装“湖南网安”实名上网软件，通过该系统抓获在逃犯罪嫌疑人 127 人。

2010 年 1 月，市公安局印发《关于永州市公安局信息中心机构人员调整的通知》和《关于永州市公安局“金盾工程”领导小组机构人员调整的通知》，对原市公安局“金盾工程”领导小组人员构成进行调整，领导小组主要负责全市公安机关信息化工作，组织、管理和指导全市“金盾工程”建设。领导小组由市政府副厅级干部、市公安局局长蒋建湘任组长，党委各成员任副组长，局属各部门主要负责人和各县（区）公安局（分局）局长为成员。领导小组下设办公室，由党委副书记、副局长涂乙林任主任，警令部主任王丽波任副主任，局属各单位技术骨干为金盾办成员。市公安局信息中心机构人员调整为：警令部副主任程军任信息中心主任；警令部信息通信科科长李凌湘任信息中心副主任。

全市 12 个监管场所按照“一台囚车、一套监控系统、一张智能电网、一套受虐报警装置”的基本要求，全部改造到位。看守所在押人员数字相片采集系统录入和违法犯罪人员信息比对工作完成。为推动公安信息化建设上新台阶，市、县两级公安机关共投入信息化建设资金 2600 余万元。市公安局以“吸取外地经验，突出永州特色，争创全省一流”为目标，坚持不等不靠和“边组建、边实战、边完善”的建设原则，充分借鉴外省市先进经验，结合本市情报信息工作实际，采取超常规措施，强力推进“大情报平台”建设，由市公安局警令部牵头，先后十次组织各县（区）公安局（分局）局长、各警种负责人及骨干、情报信息中心民警赴其他省市学习取经，“大情报平台”等信息化建设基本实现后发赶超目标，“大情报平台”应用不仅成为情报信息中心的工作常态，而且成为全市民警的统一行动。“大情报平台”一期建设目标如期完成，通过整合警务信息和社会信息资源，逐步建立区域协作情报共享平台、可视化案件分析平台、警网 E 搜、动态缉控预警平台等四大网上作战系统，通过信息分析整合、碰撞比对、网上调控、关联扩线等方法，拓展“从人到案、从物到案、从信息到案、从案到案”的多元化侦查模式，初步显示精确打击效能。自 9 月份试运行至 12 月，通过信息化系统全市破获刑事案件 257 起，查处治安案件 843 起，提供各类线索、证据 1197 条，查处交通违章 2.5 万余起。情报信息中心和刑侦支队运用大情报平台成功破获 6 起疑难刑事案件，抓获在逃犯罪嫌疑人 19 人，显示出“大情报平台”在办案应用上的功效。建成中心城区 17 个具有卡口功能的电子警察和出入城区的 8 个治安卡口。完成中心城区 500 个监控点，市公安局、分局派出所及交警等部门 15 个监控中心建设任务。城区电子监控系统建设质量排全省前三位。网络安全进一步强化，部署一套 4000 个点的网络版防病毒软件系统。信息化警务装备进一步改善，购置 120 套指纹活体采集仪配发一线实战单位。全市百名民警计算机拥有率达104.2%，数字证书拥有率达103.7%。彩色打印机、高速扫描仪、活体采集仪等基础信息采集及网上执法办案设备基本配备。全市GPS定位系统和全市PGIS（警用地理信息系统）基本建成。建立健全信息化建设与应用系列配套机制和培训机制。以数据采集与归集、网上作战为主要内容，在全市公安机关各主要业务警种和所有城区派出所中培训88名骨干小教员。建立健全信息采集机制，坚持信息采集、录入与基础工作相结合，与情报平台建设同步推进的理念，制订《数据采集质量及责任追究办法》和《永州市公安局大情报平台建设三年规划》，将相关建设任务明确到县（区）、部门，在建立边界安全接入平台、批量比对碰撞平台的基础上，完善省、市县际和区域高清卡口建设、城市监控报警系统建设，加快公安内部视频专网建设，标准化信息采集室建设、社区警务接入网等配套设施建设纳入考评体系。建立健全应用考核机制，制订《永州市公安局重点人员预警签收、处置、反馈工作规范》和《永州市公安机关情报平台应用考核办法》，对信息采集员、情报研判员，对成绩显著的先进集体和个人给予奖励。强化基础信息采集录入，强化源头信息采集，坚持“全警采集，全警录入”和“应采尽采，应录尽录”原则，多层次、多领域、全方位采集各类与警务工作相关的信息。全市公安机关共采集录入基础信息4900万余条。归集社会信息，充分整合本地资源，建立《永州公安信息资源共享目录》和情报平台数据库群，实现与外地警方数据共享，与广东、广西等邻近30多个地级市进行区域合作，共享信息1.5亿余条。

2011年，市公安局信息化建设与应用取得历史性突破，先后5次在全省性的会议上作典型发言，“大情报”系统应用和DNA实验室、网上督察系统建设均在全省排名第一。

2012年，市公安局继续推进公安信息化建设，着力提高打防控管能力。市公安局共投入1500余万元建成涉事群体管控系统、安全接入平台、共享资源库和8个中心城区视频卡口高清改造升级、1个社区警务综合应用系统，信息中心实现三级达标，初步完成全市视频资源大整合、电子信息采集系统、阳光警务系统建设，推进大情报平台2期、PGIS（警用地理信息系统）、三台合一系统升级改造、全市电子卡口联网、互联网情报挖掘系统建设。警务通建设稳步推进，由市公安局向省公安厅报批，审批通过警务通2749台，完成制卡1668张，全市配备率为36.62%，全市通过警务通采集信息19738条。各信息系统的相继建成和投入使用，在维稳安保、侦查破案等实战中发挥不可替代的作用，破获刑事案件668起，直接指导或提供破案线索抓获重大犯罪嫌疑人305人，破获疑难刑事案件374起，通过信息化系统预警和研判共抓获在逃犯罪嫌疑人526人。10月，在永州公安信息中心建设中，在全省率先建立服务器虚拟化平台，将原有8台高性能服务器和一套存储系统采用虚拟化软件，实现资源动态调整、自动故障切换、系统快速部署安装、集中管理调试等功能。

2013年，市公安局印发《关于成立永州市公安局科技信息化委员会的通知》，组建成立市公安局科技信息化委员会，作为市公安局党委领导下的议事协调机构。市公安局各业务警种、部门提出的科技信息化建设要求，包括技术手段建设和公安部部署的任务，必须经市公安局科信办论证评估，报经科信委同意后方可实施。市公安局科信委设立咨询专家组，成员由省内外公安系统科技信息化专家、相关社会科研机构及高等院校专家学者组成。各县（区）公安机关成立科信委，统一领导、统筹推进本地的科信工作。市公安局局属各成员单位明确分管领导和专门人员与科信办对接。7月19日，市公安局印发《关于加强公安科技信息化工作的意见》，根据省公安厅党委会议纪要精神，结合永州实际，对科信工作提出进一步增强全警科技信息化意识、进一步优化顶层设计、进一步理清工作思路、进一步夯实信息化工作基础、进一步加强组织领导和保障5个方面总的要求，并细化为14个方面的具体要求，为下一步公安科信建设与应用指明方向。9月11日，市公安局印发《永州市公安局科技信息化委员会工作规则》，进一步就市局科信委的主要职责及组成、会议制度、调研制度、征求专家意见和建议制度、公文审批和印章管理制度、文件管理制度等方面做出具体规定。为了更有效地整合警力资源，市公安局科技、信通、信息中心、指挥中心、情报中心合署办公。大力推进信息化建设与应用，搭建较为完善的公安基础网络设施、计算机运行平台、安全接入平台、情报应用平台、视频联网平台以及无线图像应急通信平台等，信息化建设初具规模，应用成效显著。涉事群体管控系统和社区警务综合应用系统等信息化建设分别荣获全省公安系统社会管理创新奖，"便携式情报隐蔽采集设备"等2个自主研发的科研项目入选公安部及省公安厅信息化技术创新项目。全市公安机关依托已建成的信息化系统，共消除社会不安定隐患324起，破获有影响的重大刑事案件513起，直接指导或提供破案线索抓获重大犯罪嫌疑人281人，破获疑难刑事案件253起，占全部疑难案件的51%，利用信息化系统预警、研判共抓获在逃犯罪嫌疑人723人。

完善基础设施和基础平台建设，为各警种各部门提供系统应用云服务。紧紧围绕基础工作信息化、信息工作基础化的要求，大力推进基础设施及平台建设。5月，对现有平台进行升级扩容，建立永州公安应用云平台，为各警种各部门的各类应用系统提供环境支撑。刑侦、治安、情报、网技等50余个应用系统在该平台同时运行，节约运行成本，降低管理人员工作量。仅电费一项，全年节约近10万元。50多个系统需10多个技术员负责管理维护，运行应用云平台后，仅需1名管理员即可承担维护任务。针对各类业务数据的集中存储，建立数据自动备份系统，该系统采用虚拟带库和备份软件，实现对各应用系统和数据库的全量和增量自动备份，确保数据的安全性，提高各应用系统的在线存活率。

加强数据资源整合建设，建立全市本地数据资源、省公安厅下发数据资源、社会数据资源共享平台，为各警种提供数据服务，并实现对数据质量进行监控。系统共整合公安内外数据155类，共计1.5亿余条，其中有效整合公安业务系统本地数据库中17个系统1600余万条数据，采录其他基础信息8000余万条，归集社会信息1000余万条。同时通过区域协作共享平台，与全国102个城市共享数据45亿余条。为情报平台、阳光警务平台、警用地理信息平台等应用系统提供数据支撑。建立全市电子卡口接入平台，实现全市卡口数据大整合。在市公安局完成8个中心城区高清卡口改造升级，建立全市电子卡口接入平台，实现统一布控、统一预警。建设全市图像中心，实现图像资源统一管理。建设全市视频资源整合平台，实现各地图像资源统一调用和控制，案件集中管理和共享。

建设电子信息活动轨迹管控系统，为实战部门提供情报分析工具，直接服务侦查破案工作。建设互联网有关系统，采集信息350万余条。建设案件串并精细化管理系统，实现案件串并协同分析。建设视频快速检索系统，将需要观看1小时的视频，压缩到5~10分钟。

加强阳光警务平台建设，所有非涉密案件实行阳光运行，案件当事人或犯罪嫌疑人亲属可随时通过互联网或固定终端查询案件办理进展情况，可随时投诉。各部门对外办事办证大厅或窗口都配备阳光警务查询终端。据统计共接受群众查询6000余次，投诉268起，群众对投诉处理满意度达80%；满意度调查系统共发送短信8万余条，收到群众短信回复1.5万余条，满意率达82.32%。提供短信告知和在线查询服务。通过阳光警务系统，建立短信提前告知服务，即所有机动车的临界报废、车辆年检年审、强制报废系统会提前短信告知车主；驾驶人的年检、驾驶证换证、超分以及交通违法系统实现短信告知。护照、户口簿、身份证、行政许可等各类证件办理可在互联网上提供进度查询。建立“110直播室”为群众服务，共制作播出199期直播节目，在线解答群众关心的治安问题1790余个，帮助群众查询车辆违法5766余车次，播出警务工作动态信息和生活服务类信息4168条，及时回复群众举报、投诉44起。

建设模糊图像处理系统，解决视频图像的噪声过多、不清晰、抖动、光线不足或曝光过度、帧场交错等问题。建设人像快速比对系统，实现快速预警和快速响应工作机制。

加大业务培训，民警研判能力全面提升。“情报平台网上作战技战法”被省公安厅评为“全省十佳培训专题”，并成功通过当年省级培训专题验收。受省公安厅邀请在第四期全省培训班和第十一期全市轮值轮训及新警培训班中开展信息化应用专题培训，共计培训1000余人次；情报中心通过随岗培训方式共为各县（区）和各支队培训36人，被省公安厅评为“全省优秀随岗培训基地”。立足实战，合作研发信息化产品改变以往对设备单纯购买的方式，集中科技力量寻找合作伙伴共同研发适合永州实际的信息化产品，共享知识产权。“便携式采集设备”被公安部列入2013年应用创新计划项目，并奖励研发经费。“多轨联控合成作战平台”项目被列入2013年度省公安厅科研项目计划。

2014年，市公安局扎实推进科技强警，积极构建“主动警务”战略。为构建“主动防御、主动打击、主动服务”的“主动警务”战略体系，按照“发案少、秩序好、社会稳定、群众满意”目标，全市公安信息化建设立足现有数据和系统进行优化整合、升级。明确目标，规范信息化建设，2月，印发《2014年永州市数字公安建设规划》，明确信息化建设工作规划、目标任务，及时与各基层单位沟通，确定信息化建设需求，确保信息化服务实战。市公安局印发《永州市公安局科技信息化工作细则》，进一步细化规范全市信息化建设。信息化基础设施和基础环境不断完善，在有条件的社区警务室开通社区警务接入网。新建网络虚拟化，对网络进行优化，方便网络管理。按电信级机房标准，建设市公安局信息中心的机房环境、IT运维管理系统、综合审计系统以及机房环境监测系统，确保机房的安全运行，方便信息中心的管理和维护。为确保网络安全，建设边界安全接入平台，为数据接入提供安全措施。建设数据备份系统，对共享资源库、情报平台等重要数据进行实时备份，确保数据安全。建设信息系统安全审计平台，对系统以及数据库的所有操作以及操作过程进行记录，同时还对重要系统的所有日志进行收集分析，及时发现异常操作，及时预警。信息化基础平台建设不断增强，建设双轨联运分析应用平台、视频联网管理系统、案件视频综合管理系统、刑侦综合应用平台、车辆定位管理系统，实现各地的图像资源的统一调用和控制。全面整合公安基础信息和刑侦专业信息，进一步解决信息重复采集问题，实现人员信息一体化采集。充分利用信息资源，将网上作战延伸到基层一线，实现一体化反馈应用。搭建公安部的PGIS平台，制作永州所有城区的1：2000、农村1：10000的矢量地图，实现旅馆、网吧、实有人口、消防管理、交通管理、社区警务、电子沙盘、警力资源展现等功能应用，并顺利通过公安部质量检测中心测试和省公安厅考核验收，被省公安厅择优作为湖南省唯一代表，向公安部推荐为“十二五”国家科技支撑计划项目第一课题“新一代警用地址数据管理与服务系统”全国25个示范城市之一，当年8月正式申报成功。完成平安城市二期、平安城市三期和情报平台一期、二期建设任务。结合永州公安业务工作实际，在现有信息化基础上，建设案件串并精细化管理系统。在阳光警务平台基础上建设永州公安微信公众服务平台。市公安局申请公众微信号，并进行二次开发，与现有阳光警务系统、“三台合一”、共享资源库等系统数据对接，完成案件进度查询、便民功能、路况查询、交通违法信息查询等功能。

2015 年 8 月，市公安局正式成立科技信息化支队，履行全市科技信息化建设与应用职能。根据市委经济工作会议和《政府工作报告》中提出的科信重点工作要求，制订工作方案和目标任务分解表，稳步推进各项重点工作。按照目标任务表完成各项工作目标。加快信息化基础设施建设，共享资源库平台和视频联网平台均搭建完成，人口数据及视频资源整合、更新工作有序进行。建立社会管理综合信息和指挥处置中心，完成市公安局指挥中心大厅设施更新。对中心城区接处警和巡防机制进行改革，“三台合一”接处警系统升级改造项目平台搭建成功并投入使用。加大视频监控建设力度，全市系统建设累计投资 4000 余万元，完成新建高清监控点建设任务，超额完成 2015 年省综治办分配的建设任务。

第二节　互联网有害信息监控

1997 年，按照省公安厅统一部署，市公安局建立互联网信息监控点，及时发现、清除全市互联网上的各类有害信息，维护网上正常治安秩序。

1998 年，全市发现网上有害信息 23 条。1999 年，以美国为首的北约轰炸中国驻南斯拉夫联盟大使馆、澳门回归等一系列重大事件后，网上相关有害信息随之大量出现。永州市计算机安全监察与通信部门，共发现各类有害信息 110 条。7 月以后，在与邪教斗争最为激烈的半年间，严阵以待，每天 24 小时上网巡查，及时发现、删除邪教有害信息。1999 年年底，省公安厅对互联网信息监控中心进行全面改造，开通监控专线，永州市监控点实现专线对接。

2000 年，网上邪教组织有害信息出现反弹。全市公安计算机安全监察与通信部门以本地互联网和 50 多个境外邪教组织网站为重点，及时发现、删除或封堵一批邪教组织有害信息和网站，预防一批邪教组织顽固分子闹事事件。

2001 年，美国发生“9·11”恐怖袭击事件，境内外敌对势力、民运组织、邪教组织，以及部分别有用心之人在网上蠢蠢欲动。按照省公安厅公共信息网络安全监察处的要求，全市明确监控重点及境外重点网站监控分工，24 小时网上巡查，一旦发现有害信息立即上报删除，同时做好调查取证工作。截至年底，全市及时发现、删除有关影响社会政治稳定和有关“9·11”事件的有害信息 56 条。

2002 年，随着省公安厅互联网信息监控中心开通 100 兆监控专线，永州市监控点实现专线上网。为及时清理互联网有害信息，全市公安公共信息网络安全监察部门坚持上网巡查，及时发现、清除有害信息，共发现、取缔或封堵有害网站4个。

2003—2005年，永州公安加强网上信息巡查监控，对全市网站有害信息做到及时发现，及时处置，同时加强对有害网站的监控。查处网上有害信息案5起，发现并上报2个国内邪教组织有害信息网站。2003年4—6月，防治“非典”期间，全市坚持24小时连续巡查，严密监控互联网有关“非典”的信息及社会有关各种反映，全市无“非典”谣言网上散布事件。

2006年，市公安局设立公共信息网络安全监察支队，全市各级公安网监部门加强网上巡查监控，定期不定期召集本地重点网站管理员和负责人开会，进一步加强行业自律和社会监督，与各网站建立多渠道快速反应机制。

2007—2010年，全市共报送公安部专项有害信息10万余条，上报互联网信息3642条，本地有害信息4564条，处置本地有害信息3407条，编辑《互联网信息》287期。坚持打防结合，及时追查信息发布人，共计训诫教育或处罚52人次。对发现的本市网上有害信息，除训诫网站负责人、整改网站管理工作外，对信息发布人进行训诫教育或处罚。通过创新机制，做好网上有害信息查控工作，顺利完成北京奥运会等重要活动期间的网上安全保卫活动。

2011年，为提升网上维护稳定工作能力，加快推进互联网信息监控工作正规化、专业化和规范化建设，根据公安部、省公安厅关于公安机关网安部门互联网信息监控中心等级化建设工作要求和全市公安网安工作需要，市公安局党委决定在市公安局网络安全保卫与技术侦察支队成立互联网信息监控中心，并加挂“市公安局互联网信息监控中心”牌子，对互联网信息进行监控，及时发现网上影响或可能影响国家安全和社会稳定的信息或活动情况，开展网上违法信息监控处置、网络舆情导控和网上公开情报信息收集等工作，为网上斗争提供线索，为领导和相关部门决策提供依据。永州市公安局互联网信息监控中心成立以后，及时发现、报送大批直接或潜在的、影响本地社会政治稳定和治安平稳的情报信息，积极开展有害信息监控处置和舆情导控等工作，始终站在网上斗争的第一线，为领导和相关部门决策提供依据，为维护本地网上社会稳定发挥重要作用，共报境内公安部专项有害信息131557条，报互联网信息1200条，落地查证35条，报送本地互联网信息103条，本地发现有害信息处置5221条，异地通报本地处置28416条，公安部巡查有害信息处置33条。

2012—2014年，全市共报境内公安部专项有害信息153122条，报送境外公安部专项有害信息67406条，报送互联网信息5769条，落地查证298条，本地发现有害信息处置29275条，异地通报本地有害信息处置37584条，公安部巡查有害信息处置15458条，发主题帖1795余条，跟帖4700余条，编报《永州网安与技侦动态》135 期，编报《永州公安舆情》48 期。

2015 年，共报送互联网信息 1462 条，落地查证 74 条，异地通报本地有害信息处置 885 条，本地发现有害信息 3957 条，本地通报异地公安部专项有害信息 2901 条，报送境外公安部专项有害信息 10892 条，编报《永州公安舆情》35 期，网上发表舆情引导主题贴 305 篇。及时发现一批互联网涉警、涉稳舆情，高质量完成领导安排的重点关注任务，如涔天河水电站、零陵红毯事件、冷水滩河东综合体事件、“4・30”嘉隆事件、江华“5・20”水灾、湘江纸业公司搬迁涉稳事件、万喜登集资户串联集访等舆情。

第三节　计算机病毒防范

1996 年 3 月，省公安厅计算机管理监察处印发《关于进一步加强计算机病毒和有害数据防治工作的通知》，市公安局根据通知要求，坚持防范和治理相结合的原则、指导、督促各计算机应用单位进一步落实各项病毒防治措施。1997 年和 1998 年，全市计算机安全监察与通信部门检测、清除计算机病毒 8 次，发放防病毒软件 33 套。2000 年 4 月 26 日，公安部发布施行《计算机病毒防范管理方法》，市公安局广泛宣传，贯彻执行，将该办法铅印 1000 份发至重要计算机应用单位和电脑公司，举办 2 期专题学习班。初步形成以公安机关为主导，计算机应用单位和网络安全服务企业积极参与的计算机病毒防治网络。

2001 年，计算机病毒危害愈演愈烈，“欢乐时光”“尼姆达”“红色代码”“蓝色代码”等恶性病毒相继发作。特别是 8 月初“红色代码”，9 月中旬“尼姆达”在中国出现后，快速大范围传播感染，不少计算机网络严重堵塞甚至瘫痪。全市公共信息网络安全监察与通信部门及时向全市范围的计算机应用单位和用户发出病毒通报，组织开展防治工作，取得明显成效，确保重点计算机信息系统的安全。永州市公安局公共信息网络安全监察与通信科设立病毒报警咨询电话并在当地电信信息港上开辟病毒防治专栏。

2002 年，按照公安部、省公安厅统一部署，在全市范围内组织开展计算机病毒有奖知识问答活动，并对计算机病毒疫情进行调查研究。在全市各类信息港、网站和有关媒体广泛宣传计算机病毒防范措施和计算机病毒防治法律法规；组织召开重点计算机应用单位宣贯会议，全面推广计算机病毒感染和防治措施的宣传。

2006—2007 年，“熊猫烧香”病毒在互联网上肆虐，永州市许多部门单位的计算机用户深受其害，全市共计有 3000 多台计算机感染病毒。市公安局公共信息网络安全监察与通信科先后 4 次组织相关部门单位进行病毒防范部署，并宣传相关病毒防范措施，指导相关技术员使用杀毒软件。到 2007 年 5 月底，“熊猫烧香”病毒在永州市的蔓延得到有效控制，8 月底，全市被感染计算机均完成杀毒作业。

2008 年以后，随着计算机软、硬件技术的不断发展，计算机免费杀毒软件的迅速普及，计算机自身病毒防范日益增强，公安机关网监部门的职能逐渐向打击利用计算机病毒实施的网络犯罪转变。

第二章　公安通信建设

1993 年，针对全区有线通信落后局面，确定各县（市）公安局谁资金到位谁上程控交换机。冷水滩市（县级）公安局自筹资金 30 万元（其中设备经费 24 万元），购置程控交换机设备，12 月投入安装使用。对无线通信网络进行重点整治和改造，对不符合要求的设备淘汰处理，限制入网，同时补充一大批先进基地台和对讲机。1 月 14 日，地区公安处印发《关于贯彻执行公安系统无线电管理暂行规定的通知》，对全区无线通信网络的使用、管理和设备更新换代作出具体而明确的规定。从天津光电技术公司购置 10 台高速传真机配发各县市，除双牌县外，全区 10 个县（市）开通三类传真机业务，实现全区文件、文稿和信息传递现代化。

1994 年，地区公安处和冷水滩市公安局开通程控交换机。12 月，省公安厅在怀化召开全省第四次公安通信计算机工作会议，冷水滩市公安局在会上作“加强通信建设，为现实斗争服务”的典型发言。

1995 年，各县（市）进一步健全通信机构，全区通信工作人员由 1994 年的 44 人增加到 53 人。永州市（县级）公安局通信股李云被公安部评为全国优秀话务员。祁阳、宁远开通程控交换机并与省地联网。全区数字微波和 150 兆赫兹无线通信网开通。

1996 年，宁远县公安局通信组组长杨求仁被评为全省公安通信机要系统先进个人。

1997 年 5 月，全省第五次公安机要通信会议在衡阳召开，宁远县公安局在会上作“坚持三个服务方向，加强公安通信建设”典型发言。6 月 11—13 日，召开市公安局第一次机要通信与计算机管理监察工作会，对各县（区）公安机关的通信和计算机业务加强规划和指导，对县级公安机关“110”接警指挥中心建设、专网程控化改造等几项重点工作提出规划与具体方案，提出以“110”智能化建设为契机，推动公安有线专网程控化建设。先后解决市公安局接警中心和芝山、冷水滩两区

“110”联网的技术问题，并多次与邮电部门联系协调解决“110”进出中继线和两兆口的问题。针对各县（区）公安局（分局）不同情况，多次召集公司技术人员和公安有关部门负责人进行探讨和商谈，给各县局（分局）提出多种可供选择的方案，并数次深入基层征求意见，检查落实情况。芝山公安分局通信股股长陶昆善被评为全国公安机要通信系统先进个人。

1998年，在通信基础建设方面，提出“110”、程控、技术防范三合一的适合永州公安实际情况的发展思路，起草350兆集群组网方案。市公安局购置联通省公安厅至市公安局的64K数字DDN电路改造所需设备，结合110建设，购置新的数字程控交换机，芝山公安分局完成更新数字程控交换机任务。

1999年，开通新田县和江华瑶族自治县数字程控交换机。市公安局投资1.5万元扩容程控交换机，投资9.2万元改造市公安局到省公安厅的DDN专线，投资1.2万元购置传真机，投资1.3万元购置密码机。350兆集群通信网建设提上局党委重要议事日程。

2002年，全省公安二级网2M数字传输电路开通。江华瑶族自治县公安局机关局域网建设完成基本工程建设任务。

2003年，省公安厅至市公安局4M数字电路全面开通，实现话音、数据综合传输。

2004年，市公安局机关局域网建成规模，各县（区）公安机关局域网建设工作基本完成。

“金盾工程”实施以后，市公安局加强公安综合信息通信网络建设，在建设和完善二级（省公安厅到市公安局）骨干网的基础上，全面实施三级（市公安局到县公安局）主干网，启动四级（县公安局到基层队所）接入网建设。全面完成二级网升级改造，带宽达到1个2兆，初步实现数据、语音和图像的综合传输；按照公安部和省公安厅的要求，完成县级公安机关以2M数字专线，公安基层单位以DDN数据专线接入公安综合信息通信网。市公安局建设和完善各级公安机关内部局域网，完成市公安局新建科技信息指挥中心大楼综合布线工程，完善局机关局域网建设，各县（区）公安局（分局）相继完成机关局域网的建设，并实现与市公安局的网络连接。开通省公安厅到市公安局的电视电话会议，完成电视电话会议系统建设，将市公安局至各县（区）公安局（分局）的电话会议升级为数字，并逐步将电视电话会议开通到所有县（区）公安局（分局）。完成全市350兆多功能集群通信系统建设。市公安局统一规划设计，提出设备选型意见，完成350兆无线通信铁塔建设，交警支队、高速公路和国道经过的县（区）公安局（分局）在市公安局统一规划下，积极筹备，同步建设，完成各自的350兆多功能集群通信系统建设。

2006 年，市公安局完成 350 兆无线集群通信系统建设，完成公安三级网会议电视系统建设。

2007—2009 年，全市建立警用无线集群通信基站 11 个，初步形成全市统一平台、统一联网的应急通信网络。市公安局、县（区）公安局（分局）及其基层所队 198 个网点公安专网全部建成，三、四级网分别达到 100 兆、10 兆或 2 兆。建立与省公安厅的网络备份线路，部署二级网入口备份路由器。

2010 年，按照省公安厅湘公通（2008）155 号文件精神的要求，市公安局设立“永州市公安局通信保障工作领导小组”，负责领导、组织、指挥、协调、实施通信保障工作。

2010—2015 年，全市基础网路通信建设全面加强。全市统一规划、同步建设的“三台合一”系统，实现与省公安厅数据上传。2 兆带宽的四级网接入点全部升级为 10 兆；全市建立 6 个集群和 5 个常规的 350 兆无线通信基站，警用无线集群通信系统全面覆盖全市城区。市公安局、县（区）公安局（分局）及其基层队所 198 个网点公安专网建设全部完成。三级网络完成升级扩容改造，达到百兆要求；四级网与三级网出口的网络安全硬件建设完成；国保、网技、警令部系统涉密网建设全面完成，实现公安网数据加密通信。永州市公安局在原有 100 兆公安三级网的基础上，新增一条 100 兆备份网。

第三章　刑事技术建设

第一节　刑事技术保障

1993—1997 年 3 月，零陵地区公安处刑事侦查科履行刑事技术职能，设法医检验、刑事化验、痕迹检验、照像、文字检验 5 个专业。

1997 年，永州市公安局设立刑侦支队，刑侦支队第四大队负责刑事技术工作。2001 年 5 月，市公安局购买安捷伦 4890 气相色谱仪，理化专业检验进入仪器分析阶段。2002 年，市公安局在湖南省首批购置指纹识别系统，应用于实战。同年 7 月，刑侦支队民警伍新贵成功运用气相色谱仪，在衡枣高速某工地投毒案的犯罪嫌疑人指甲垢中检出微量毒鼠强。2006 年 12 月，刑事技术开始进入快速发展期。

2007年11月，市公安局耗资90余万购置岛津气质联用仪、数码摄像机、数码投影仪等大型设备。2008年年初，经市公安局党委研究决定，在局机关综合楼5—6层建设先进的刑事技术实验室。2009年6月，市公安局投入200余万元购置DNA检验设备，2名DNA技术员多次到公安部物证鉴定中心和省公安厅科研所跟班学习、培训。同年9月，永州市公安局刑事技术实验室（含痕迹、声像资料、文检、心理测试、法医、DNA、理化多个专业实验室）建设完工，通过初步验收。整个实验室建设始终按照节约、适用、环保、达标的要求，确保高质量高标准，省委常委、省委政法委书记、省公安厅厅长李江，省公安厅常务副厅长唐中元，主管刑侦工作的副厅长阳红光，刑侦总队总队长赵剑，副总队长兼省公安厅科研所所长聂绍禄均给予高度赞扬和肯定。建成后，重庆、广东、广西等省（直辖市、自治区）先后派人参考学习。永州的成功经验，为全省和周边省区刑事技术实验室的规范化建设，提供标准化模板，为全省刑事技术科学发展作出重大贡献。

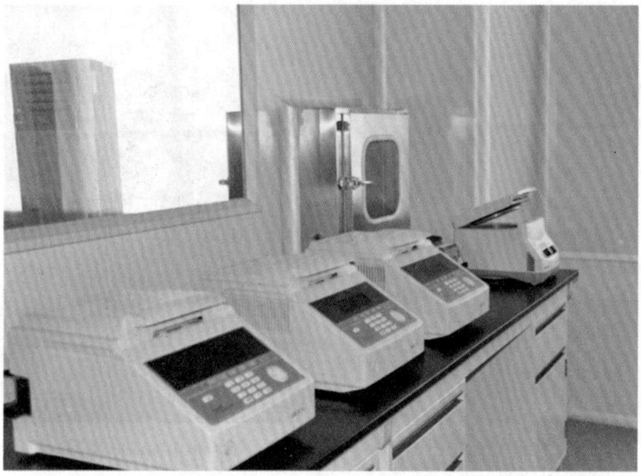
2013年6月，市公安局DNA半自动打孔机投入使用

2010年，永州市公安局刑侦支队刑事科学技术研究所成立。4月16日DNA实验室正式接案。6月，市公安局在全省率先建成二级标准的尸体解剖检验室。解剖室占地1.5亩，主体建筑面积245平方米，使用面积230平方米，设有普通尸体解剖间、腐败尸体解剖间、普通传染性尸体解剖间、检材处理与物证保管间、办公室、会议监控室、洗手淋浴室等功能区，供市公安局及分局共同使用。

2012年《永州市公安局主要职责内设机构和人员编制规定》规定：刑侦支队刑事科学技术研究所（对外加挂“永州市公安司法鉴定中心”牌子），配所长（主任）、教导员各1名（均高配正科级），副所长（副主任）3名（均高配副科级），设有法医、DNA、理化、痕迹、声像资料、文检、心理测试等专业。

2012年，针对县（区）公安机关刑事技术员缺口较大的矛盾〔年初统计各县（区）实际在一线工作的技术员共61名〕，市公安局在年初的全市刑侦工作会议上，专门就引进技术人员、稳定刑事技术人员队伍提出要求。东安县年内新进1名法医、2名痕迹技术员。2012年5月，市公安局耗资263.8万元购置莱卡比对显微镜、全波段CCD、法斯特VSC40文检工作站、安捷伦7890气相色谱、TV-H同方神火

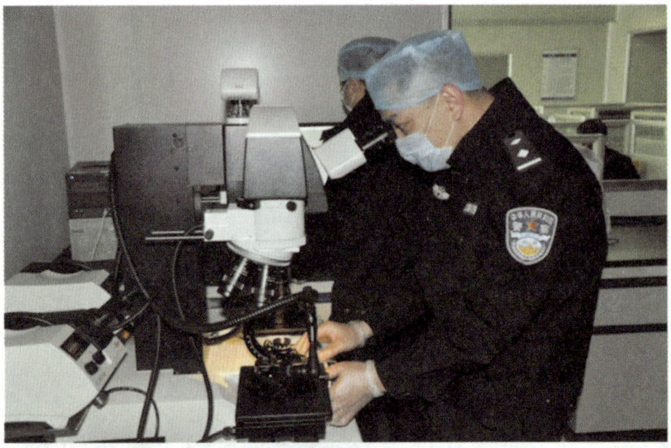

2012 年 12 月，刑事技术民警正在使用徕卡比对显微镜比对枪弹痕迹

心理测试仪等高端技术装备。在省公安厅组织的“三赛一评”（现场勘查竞赛、利用现勘系统串并案竞赛、串并案落地侦查竞赛和现场勘查业务能手评比）推动下，市公安局决定把现勘工作向派出所延伸，2012 年共培训 120 名驻所现场勘查技术员。

2013 年 6 月，市公安局耗资 287 万采购 DNA 自动化工作站等设备，明显提高 DNA 检验效率，减轻技术员的工作强度。9 月，采购 325 余万的视频侦查设备，耗资 7 万元升级改造市公安局解剖室。2014 年，永州市公安局刑科所 DNA 实验室继省公安厅、长沙市公安局之后，作为省内第三家 DNA 实验室通过公安部二级 DNA 实验室评定。2015 年 4 月，市公安局采购枪支建档及枪支检验等设备。10 月，市公安局出台《永州市公安局关于加强刑事科学技术工作的决定》，为永州公安刑事技术的长远发展提供可靠保障，其中要求 2016 年内委托中国刑警学院培训 100 名痕迹技术员。11 月，市公安局投入 400 余万元建设专门用于建库的第二条 DNA 检测线，投入 200 余万元开展电子物证等专业。是年，永州市公安局司法鉴定中心通过国家实验室认可。

第二节　刑事技术运用

1993 年 11 月 26 日，湖南省南岭化工厂发生爆炸案，次日，刑事技术人员在爆炸现场找到疑似犯罪嫌疑人谭某鑫的一些毛衣残片，毛衣残片上包附有少量人体肢体组织碎片，在一只破碎撕裂的人的手掌上，找到仅存的一枚食指，结合其他证据证实，确定谭某鑫系此案犯罪嫌疑人。刑事科学技术为破获该案发挥了关键的侦查指引和证据作用，零陵地区公安处刑侦科刑事技术员李邦才（法医）、陈建华（痕检）、左惠民（法医）、罗功军（化验）等因此受到表彰。

1997 年，公安部、人事部在全国公安机关开展刑事技术资格评定工作，永州市公安机关共有 96 名刑事技术人员获得高、中、初级职称资格。主任法医师有左惠民，副主任法医师有李邦才、王小会、李三元、邓勉、谭楚平、雷久迪、熊明克，痕迹高级工程师有沈林松、夏卫武、李际运、蒋桂平。

永州市公安局刑侦技术大队痕迹技术工作经过多年积淀，从弱到强，各项工作稳步开展。1999 年，第一次对枪支性能出具鉴定文书；2001 年，第一次对被盗抢嫌疑车辆进行检验；2003 年，第一次提取胶带指纹破获命案，第一次运用室内现场足迹破获命案。

2008 年 5 月 15 日，东安县杰豪皮鞋店导购员蒋某被人杀死在该县白牙市镇出租房内。在现场受到严重破坏、痕迹物证少、无明显破案线索的情况下，市公安局刑事技术大队大队长李际运带领市、县两级痕迹技术人员迎难而上，通过认真全面的勘验，运用痕迹显现技术，在现场门框上提取到残缺指纹一枚，检验认定系犯罪嫌疑人周某利左手食指所留。办案民警根据此线索，迅速将周某利抓捕归案。在严谨的科学结论面前，周某利如实交待了自己的犯罪事实。办案民警通过审讯深挖，连带破获周某利抢劫杀人案 1 起，抢劫、强奸、盗窃案件 12 起。

随着技术队伍的壮大和装备的进步，效益凸显。2009—2012 年，DNA 考评连续 4 年全省第一，2009—2014 年，永州公安现场勘查工作连续 6 年进入全省前三，永州刑事技术考评进入全省第一方阵。2010 年 10 月，湖南省刑侦工作创新现场会在永州市公安局召开。与会的省公安厅副厅长阳红光评价永州公安刑事技术工作“全省标杆，全国一流”。

2011 年 5 月 9 日，中央电视台“法治在线”栏目采访永州市公安局刑事技术大队大队长李三元（右一）

2010 年 11 月 9 日，江华瑶族自治县一男孩黄某与 6 天前死亡的表姐周某一样，均突然出现全身抽搐、口吐白沫、迅速昏迷等症状，半小时内死亡。刑科所技术人员果断排除黄某系传染性或遗传性疾病死亡的可能性，并判断黄某应该是“毒鼠强”中毒死亡，江华瑶族自治县公安局根据鉴定结论果断出击，排查有机会接触 2 小孩食物的人员，锁定犯罪嫌疑人系死者亲属李某，成功侦破江华“11・3”和“11・8”投毒杀人案，中央电视台《法治在线》栏目作专题报道。

2011 年，永州市公安局 DNA 实验室被评为公安部二级实验室，2013 年，DNA 实验室晋升为三级。2012 年，永州市公安局物证鉴定所被评为全省二级物证鉴定所。2013 年 4 月 15 日，省公安厅经侦总队侦办由公安部督办的万福生科（湖南）农业开发股份有限公司及龚某福、覃某军涉嫌经济犯罪案件（简称“4・15”专案）。文检技术员张飚被抽调省公安厅“4・15”专案组工作。张飚利用金融票证中印文的差异点提升效率、找出票证名称的规律用于自查、发现区别票证真伪的方法攻克难

2013 年 6 月 3 日，刑侦技术大队长李三元（左二）在广西临桂杀人焚尸案现场勘查

关，为鉴定任务的如期完成和涉案金额的最终确定做出重要贡献。

2015 年 2 月 13 日下午，双牌县泷泊镇发生震惊全国的中巴车纵火案，当场烧死 1 人，4 人不同程度烧伤。国务委员、公安部部长郭声琨等公安部 4 名领导批示尽快破案。在副市长、市公安局局长刘新良的调度下，副局长沈林松直接指挥，副支队长李际运为现场勘查组组长，市公安局刑科所技术人员承担绝大部分现场勘验、检验鉴定工作，通过法医、痕迹、DNA、理化等刑事技术的综合运用，确定死者系犯罪嫌疑人黄某华，该案在 24 小时内成功告破。

1993—2015 年，全市刑事技术人员共出勘现场 11.5 万起，出具各类鉴定文书 13.2 万份，直接认定犯罪嫌疑人 2973 人，排除 684 人。永州市公安局刑事侦察支队技术大队成立至 2015 年，共有 5 人入选“公安部刑事科学技术青年人才库”，荣获全国公安机关优秀专业技术人才奖 4 人次，授“湖南省优秀人民警察”荣誉称号 3 人次，个人记一等功 1 人次，记二等功 5 人次。大队集体被授予“湖南省青年文明号”“永州市青年文明号”各 1 次，记集体三等功 1 次。

第三节　警犬技术运用

1993—2007 年，零陵、祁阳、东安县（区）公安机关配备警犬，警犬技术主要用于侦查破案。警犬技术作为一种技术手段在侦查破案、防暴处突、安全防范中所起的作用，越来越受到重视。

2007 年 10 月，市公安局根据公安工作的需要，在刑事侦察支队设立警犬工作大队。2008 年 9 月，市公安局通过公务员招考，第一批录用 11 名警犬训导员。所有入职人员分别选送至公安部南京警犬研究所、公安部南昌警犬基地、公安部昆明警犬基地进行严格的培训。永州市警犬训练基地位于永州市冷水滩区岚角山镇庆桥村，占地面积 400 亩，有犬舍 18 间，警犬鉴别室 2 间，警犬隔离室 2 间，警犬医务室 1 间，警犬训练场 1 处，民警办公室 8 间，民警宿舍 16 间，警体娱乐室 1 间。大队有正式民警 7 人，协警 2 人。民警所带警犬有德国牧羊犬 1 只，比利时马里努阿犬25只，英国史宾格犬5只。其中硬质地面追踪犬3只，血迹搜索犬3只，搜毒犬1只，搜爆犬4只，山地追踪犬20只。

2009年8月，公安部警犬工作处决定对全国各地所有的警犬进行认证资格考核。11月19日，公安部南昌警犬基地副处长张建华在省公安厅警犬工作支队支队长李甫云等人陪同下到永州，对永州警犬工作大队民警所训的13只警犬进行认证资格考核验收。永州警犬基地的13只警犬顺利地通过公安部认证资格考核，达到公安部规定的警用工作犬条件，其中2只追踪犬达到二级认证资格。永州市公安局警犬工作大队成立一年就成为湖南省唯一一个拥有2只公安部认证的二级追踪犬的专业队伍。2010年第三届全国警犬技术比赛中，大队民警何涛、唐明华、王立中3人携犬经过严格选拔，代表湖南省参赛，最终取得团体总分全国第三名的好成绩。2014年，第四届全国警犬技术比赛，大队民警倪康阮、文明携犬代表湖南省参赛，倪康阮携犬取得血迹搜索科目单项全国第10名。永州市公安局刑事侦察支队支队长蔡明光、大队长吴晓春作为特邀代表在第四届全国警犬技术比赛经验交流会上作典型发言。2015年9月，湖南省警犬技术工作现场推进会在永州召开，公安部和省公安厅有关部门对永州警犬工作给予高度评价。截至2015年年底，大队民警共携犬出勤各类刑事案件、参与大型活动安保共700余次。利用警犬的追踪和搜索技术排除安保隐患、发现犯罪嫌疑人各种痕迹物证、指明犯罪嫌疑人逃跑路线或者直接抓获刑事犯罪嫌疑人等发挥作用200余次。2009年4月17日晚，东安县陈某等人因口角纠纷与唐某明等人引发斗殴，在斗殴中陈某等人持刀将唐某明砍死后逃逸。5月22日，当地办案民警经缜密侦

2014年10月，永州市公安局警犬工作大队民警代表湖南赛区参加第四届全国警犬技术比赛

2010年5月，警犬工作大队民警携警犬在江华县磨刀村抓捕犯罪嫌疑人

查，获知犯罪嫌疑人陈某及其女友蔡某慧藏身于东安县大庙口林场其姑姑陈某花家。陈某藏身的地方处于东安县林场半山腰，周围视野开阔，场内很多村民都有家犬。为顺利抓捕犯罪嫌疑人，东安县公安局请求市公安局调犬协助抓捕。警犬工作大队教导员全欣带领8名民警携带3只警犬立即赶赴东安。5月23日凌晨3点，在警犬强大的威慑作用下，犯罪嫌疑人陈某停止反抗，办案民警将犯罪嫌疑人抓获。2011年8月31日上午8时许，市公安局刑事侦察支队警犬工作大队接到祁阳县公安局报案称：该县肖家村镇随八庙村发生一起故意杀人案，请求市公安局调警犬大队支援。接警后，大队长吴晓春立即带领民警何涛、雷拥军携带2只警犬迅速赶赴现场。经现场分析，大队长吴晓春命令带犬民警兵分两路，以地上的血迹为嗅源，以案发现场为中心找寻带血物证。何涛携警犬“巴克”、雷拥军携警犬“黑虎”重点对水渠灌溉下游农田及有作案嫌疑的3户村民住处进行搜索。警犬对嫌疑人家中的鞋子、衣物、棍棒、锄头等有可能沾染血迹的物品进行细致的嗅探，警犬“巴克”对犯罪嫌疑人陈某元住处卧室墙角的一双布鞋表现出示警反应。技术人员在鞋面上发现零星小点血迹。侦查人员迅速将陈某元控制，发现其脖颈处有3处被抓伤的痕迹。铁证如山，犯罪嫌疑人陈某元如实交代自己的犯罪事实。

2008—2015年，每年春节、元宵节、清明节、端午节、“两会”、国际劳动节、国庆节等例行节假日以及永州阳明山“和”文化节、公祭舜帝大典等永州大型特色活动中，都有民警携犬参加安保工作的身影。永州警犬先后代表湖南参加2010年广州亚运会、2011年深圳第二十六届大学生运动会、2014年亚太经合组织（APEC）第22次领导人非正式会议等大型国际会议的安保工作，圆满完成任务。

2010年10月，警犬工作大队民警文汇（右二）被选拔参加2010年广州亚运会安保

2007年—2015年，永州市公安局警犬工作大队获授湖南省“工人先锋号”、湖南省“青年文明号”荣誉称号各1次，被省公安厅记集体二等功1次，被市公安局记集体三等功1次。大队个人获授公安部南昌片区“警犬技术使用标兵”10人次，公安部南昌片区“命案侦破先进个人”2人次，公安部南昌片区“警犬技术宣传先进个人”称号1人次，被记个人三等功7人次，个人嘉奖4人次。17只警犬被公安部南昌警犬基地授予“功勋犬”称号。

第八篇

警务保障

1993年，零陵地区公安处警务保障工作由行政科负责。1997年3月，根据《永州市人民政府办公室关于印发永州市公安局职能配置、内设机构和人员编制方案的通知》，设立永州市公安局行财装备科。2007年，行财装备科更名为后勤装备部，将原属于公共信息网络安全监察的科技管理职能划入，配主任1名（高配副处级），副主任2名（高配正科级），下设3个副科级机构：财务科、装备科、科技科，配副科级领导职数3名。2012年8月，根据永州市政府办《关于印发永州市公安局主要职责内设机构和人员编制规定的通知》，后勤装备部更名为警务保障部，科技科职能并入警令部，增设机关服务中心。

第一章 体制

第一节 保障体制

1993年11月，中共十四届三中全会决定把地方财政包干制改为在合理划分中央与地方事权基础上的分税制，建立中央税收和地方税收体系。1995年1月1日，《中华人民共和国预算法》颁布实施，实行一级政府一级预算。1995年2月28日公布施行的《中华人民共和国人民警察法》规定："国家保障人民警察的经费。人民警察的经费，按照事权划分的原则，分别列入中央和地方的财政预算。"从此，各地、市按照事权划分原则，初步建立公安经费"分级管理，分级负担"，同时辅以上级公安机关对下级公安机关适当补助的经费保障体制。其间，公安所需经费由各市、州、县公安局（派出所经费列入县级财政预算）根据工作和事业发展需要，分别造出预算，预算核准后，由同级财政部门划拨。1998年，中央作出政法机关不再经商办企业，财政对其履行职责所需经费予以保证的决定，中央办公厅文件明确规定："公安机关的经费供给机制仍按事权划分和现行财政管理体制规定，所需经费由中央和地方财政分级管理、分级负担。"

1993—2002年，为保证公安机关的正常运转和各项业务工作需要，永州市公安经费总量逐年增长，1999—2002年，市公安局机关经费支出数分别为446.43万元、583.51万元、599.37万元、657.39万元。2002年比1999年增长47.25%。但由于永州经济发展主要依靠农业，工业发展相对薄弱，财政相对困难，虽然各级党委、政府为保证公安机关经费给予最大的支持，供需矛盾仍然突出。公安机关保障经费除财政拨款外，主要靠罚没款、行政事业性收费返还、保障性企业收入、赞助收入等，这部分经费一般占公安机关实际支出的50%以上。在公安行政经费财政保障不足的情况下，零陵地区公安处根据有关兴办经济实体政策，从1989年起，筹办机关汽车修配厂，完善招待所服务，以补充业务开支和改善民警、职工福利。至1992年6月，汽车修配厂规模和机关服务体系进一步扩大。处党组进一步论证扩大经济实体的设想，先后派出3批人员分赴广东、广西和西南3省（自治区）考察，兴办经济实体，创办保安服务公司和机动车装备维修公司，为党政机关、经济部门提供保卫力量，为全区公安机关改善交通工具装备服务。1993年3月和4月，公安处党组就处机关经济实体问题2次进行专题研究，落实抓经济实体班子，明确领导分管职责，由副处级干部肖弼政协助分管处领导重点抓汽车修配厂、招待所、门市部和食堂的管理工作。1995年9月，开办竹木地板厂，全年创收34万元，占年初计划数的170%，上缴利税2.75万元。1998年，中央规定政法机关不再经商办企业和实行“收支两条线”管理，全市各级公安机关按照中央要求，将收费和罚没款及时上缴各级财政部门管理。因地方财政财力不足，不能完全按中央文件精神解决公安机关的经费保障问题；一方面，年初预算安排普遍偏低，且不能按时拨付到位。1998年6月，全市公安经费统计显示，11个县（区）公安局（分局）年度财政预算经费人平约1.35万元，比实际需要少1.64万元。另一方面，以“收”定“支”现象仍然比较普遍。各地在安排公安机关年度经费预算时，下达全年行政性收费和罚没款上交任务，并将罚没款按不同比例返还纳入预算。在多级管理的经费保障体制下，基层公安机关办案经费基本上靠上缴财政核拨的罚没款和收费来维持。这种保障情况在一定程度上影响公安机关的公正执法，同时也引发一些腐败问题。

2002年3月，中央组织全国公安机关经费保障情况调查，调查100个县，其中公安部重点调查10个县，各省重点调查3个县，并将全省公安经费情况以县为单位摸底统计。湖南省公安厅选择经济状况较好、一般、较差的3个县级公安机关调查，发现2001年永州市市级公安机关公用经费人均2.02万元，基本能保障运转，县级公安机关经费普遍短缺。2005年，湖南省财政厅发文，对全省公安机关公用经费保障标准予以明确规定，地市级公安机关按不低于4万元/人，一般县级公安机关按不低于2.5万元/人，贫困县级公安机关按不低于2万元/人的标准保障。从此，全市公安机关行政经费保障普遍得到改善。

中共十七大作出司法体制改革的战略决策，中共中央办公厅、国务院办公厅2008年印发《中央司法体制改革领导小组关于贯彻实施〈中央政法委员会关于深化司法体制和工作机制改革若干问题的意见〉的分工方案》，标志着政法经费保障体制改革开始实施。2009年7月，中央办公厅、国务院办公厅印发《关于加强政法经费保障工作的意见》（以下简称“两办文件”）指出，公安经费保障体制为“明确责任、分类负担、收支脱钩、全额保障”，并且根据不同项目、不同地区、不同部门的性质特点，确定各级财政的保障范围和责任。地方财政按照中央的要求，突出基层公安经费保障，解决公安保障实际困难，新的公安经费保障体制初步形成，永州市公安经费总量逐年增长，长期存在的保障不足问题基本得到解决。2010—2015 年，全市公安经费决算支出数分别为：49776.29 万元、60753.80 万元、73310.65 万元、74508.24 万元、78314.51 万元、89035.70 万元。2015 年比 2010 年增长 78.87%。

第二节　管理体制

永州市公安机关在经费管理与使用上，根据国家财政法规和财经纪律，结合公安实际建立公安经费有序管理机制。1996 年，根据省财政厅和省政府机关行政事务管理局《关于节约财政开支的一些规定》，永州市公安局实行“定员定额、包干预算、超支不补、结余留用”的使用方法。1997 年，财政部、公安部印发《关于印发〈公安机关财务管理暂行办法〉的通知》，进一步规范公安机关财务管理工作。全市公安机关加强对财务工作的领导，基本建立党委审议批准本级预、决算，主管领导“一支笔”审批项目开支，计财部门归口执行和管理的工作机制。

2007—2014 年永州市公安局会计凭证台账

2007—2014 年，市公安局相继出台《财务管理办法》《关于市局机关借款有关问题的规定》《永州市公安局机关接待管理制度》以及规范资产、票据、车辆、因公出国（境）管理等规章制度，贯彻“经费包干、超支不补、结余留用”的原则，日常办公、办案经费以各单位上年度开支为基数，结合实际工作情况，逐年增加一定比例，年初一次性包干到局属各部门。市公安局先后修订《永州市公安局财务管理办法》《永州市公安局固定资产管理办法》，落实《党政机关厉行节约反对浪费条例》《公安机关财务管理办法》等制度，对会计科目进行重新设置，对“三公”经费、会议费、培训费、办公费等支出进行严格管控，规范涉案财务管理。建立办公用品由警务保障部集中采购，各部门到机关办公仓库领用。规定对资金使用、票据管理、会计科目设置、审批权限、车辆运行以及公务接待费、公务车辆购置及运行维护费、公务出国（境）（以下简称“三公经费”）等进行规范。行政性收费收入、罚没收入实行“收支两条线”，按照“收缴分离”“罚缴分离”的管理要求，及时足额上缴国库，不得拖欠、坐支、截留、挪用。支出管理遵循集中管理、统一安排、统筹使用、保证重点、兼顾一般、宏观调控、定额包干的原则。按照权责结合的原则，无论经费何种来源，必须坚持“一支笔”审批制度。车辆运行支出实行定点维修，为所有公用车辆配发油卡，不允许现金加油。实行机关“阳光财务”，每月定期对机关“三公”经费运行、非税收入等数据进行通报。这些规定和办法的实施，为优化支出结构，提高资金使用效益起到重要作用。

《永州市公安局差旅费管理办法》按办案、考察、学习、培训等类别对差旅费进行分类，对工作人员因公出差乘坐交通工具、住宿标准等做出严格规定，严格控制公务出差标准，规定出差前必须填制派差单，经领导审批后才能出差，住宿费必须使用公务卡消费，出差完毕后 3 个月内必须报账。

第二章 经费

第一节 业务经费

根据中央办公厅、国务院办公厅文件规定，公安业务经费主要为办案业务费和业务装备费，其中办案业务费包括办案费和业务费，办案费含办案差旅费、办案遣送费、办案消耗费等；业务费含业务消耗费、会议费、培训费、宣传费等；业务装备经费含指挥通信装备购置费、刑事技术装备购置费、侦查技术装备购置费、应急处突装备购置费、执法勤务装备购置费、被装购置费和其他业务装备费等。公安业务经费主要用于侦查办案、保卫、警卫等业务装备。永州市公安业务经费支出的多少与公安工作任务和永州财政收入密切相关。1993—2000 年，全市公安业务费平均每年支出 3000 万元左右。其后，永州各类刑事、治安案件大幅度上升，公安机关的任务不断加重，物价逐年上涨，公安业务费的需求随之增大，政府对公安业务费拨款逐年增加。2009 年，全市公安机关财政拨款业务经费 7983 万元。2015 年比

2009 年增长 3.84 倍。

1998 年年底，中央做出国家财政对政法机关履行职能所必须的经费给予保证的决定。全市公安机关贯彻落实中央文件精神，一方面向当地党委、政府汇报；另一方面按照零基预算法，即以本级公安机关上一年度的实际开支为基数，根据各项业务工作需要和当地财政承受能力编制预算。永州公安经费基本得到保障，划拨的公安业务经费随着经济的发展也逐年增加。其中市公安局本级机关业务经费拨款 1999—2002 年年增长率为 8%，2015 年比 2011 年增长 2.25 倍。

永州市公安局办案（业务）经费，由市级财政予以保障，中央和省级财政予以专项资金补助。县级公安机关办案（业务）经费由中央、省级和县级财政共同负担。为保障各项公安业务工作的顺利开展，市公安局就一些专门的开支项目，如整顿某一类突出的治安问题、添置公安装备、技术建设等，向省公安厅、市政府及本级财政申请临时专项业务费，拨付本地基层公安机关。1993 年、1995 年 2 次“严打”（严厉打击刑事犯罪活动），全市配套资金 55 万元，其中 45 万元拨付全市 11 个县（区）公安机关。1994 年起，中央财政设立补助地方公检法司部门专项经费。1999 年，中央财政设立补助地方公安机关的经费补助，主要投向列入国家“八七”扶贫攻坚计划的贫困县、部分省级贫困县及经费保障能力较低的其他贫困县。2001 年，湖南省财政安排永州市“严打”经费 120 万元。是年，市财政补助基层公安机关“严打”整治、大要案经费 20 万元，装备经费 20 万元，救灾经费 10 万元。2004 年，中央财政新增公安经费补助项目，加大补助力度，永州市公安机关各项补助经费相应增加。

2009 年，按照中央“两办”文件，建立和完善公安转移支付制度，中央和省级财政开始通过转移支付的方式补助地方公安机关。在已有转移支付的基础上，中央和省级财政进一步加大对市、县公安机关的保障力度。省级财政按一定比例，加大对公安机关经费的投入。2009—2012 年，省财政按中央财政要求安排永州市公安机关公安转移支付配套资金 25004.44 万元，并出台保障标准，推进政法经费保障改革，完善有关政策，制定配套措施等。2009—2012 年，全市公安机关一般性转移支付资金总量增长 25.98%，年均增长 8.09%。

从 2009 年起，市公安局按照上级拨款单位要求，每年及时将文件精神传达给各县（区）公安局（分局），要求各级公安机关及时与本级财政衔接，督促公安转移支付资金拨付到位，严格执行专款专用原则。全市公安机关加强对公安转移支付资金的使用管理，设立辅助账，制定转移支付资金管理办法，每年按时填报全国公安机关转移支付资金信息管理系统。规范使用管理，提升公安转移支付资金使用效益，提高公安转移支付资金规范化管理水平。

第二节 行政经费

公安行政经费主要包括薪金制人员的薪金、供给制人员的生活费、福利费、办公费、公杂费、设备添置、房屋修缮费等。随着国民经济的发展和财政收入的增加，开支范围逐渐扩大。除以上开支项目外，还增加公安学校用房建设，民警服装、交通、通信设备和警械添置、大型公安行政活动的费用等。

全市各级公安机关行政经费的开支原则上由同级财政部门负责，1996 年成立的冷水滩公安分局、芝山（零陵）公安分局和 2010 年成立的金洞公安分局作为市公安局的直属分局由市财政负责保障。

1993—1995 年，零陵地区公安处机关经费支出总量均在 220 万元左右，行政运行经费支出 120 万元左右，除工资、津补贴等人员经费支出外，公用经费支出人均不到 0. 5 万元，国有固定资产总量不到 400 万元，年均国有固定资产增加不足 3 万元。1996—2005 年，经济条件有所改善，财政财力有所增长，市委、市政府搬迁至冷水滩区，仍在芝山区办公的市公安局需经常往来两区之间，机关多项行政办公开支逐年增加，各类固定资产和公安装备也大量增加。至 2005 年，市公安局机关行政经费支出总量突破 1000 万元，达到 1036. 44 万元，行政运行经费支出 735. 33 万元，人均支出 2. 89 万元，其中公用经费支出增至人均 1. 44 万元。全市公安行政经费虽然逐年递增，但由于各县（区）经费发展不平衡，地方财力有限，基层公安机关经费仍处于严重短缺状况。2009 年，中央和省级政法转移支付制度在全国实施，永州作为经济欠发达地区，获得转移支付资金相对较多。是年，全市公安机关转移支付资金 11568. 67 万元，其中市公安局机关及交警支队 2018. 69 万元，2015 年转移支付资金增至 12789. 67 万元，其中市公安局机关及交警支队 2236. 69 万元。全市公安机关经费普遍增加，特别是公安业务办案专项经费和公安装备购置专项经费成倍增长，经费不足的困难得到缓解，公安装备建设得到保障，国有固定资产大幅增加。

随着公安业务工作的日益繁重，永州市公安局机关编制相应增多，加之物价上涨等诸多因素，经费支出和需求随之增加。1995 年，对全市授衔人民警察按相应衔级发放相应的警衔津贴；2006 年人事部、财政部印发《关于执行人民警察值勤岗位津贴有关问题的通知》，对全市公安民警发放执勤岗位津贴；2009 年人事部、财政部印发《关于人民警察法定工作日之外加班发放补贴的通知》，对全市公安民警发放加班补贴。2012 年 12 月，中央出台关于改进工作作风密切联系群众的八项规定，全市公安机关“三公”经费支出总量均逐年减少，“三公”经费支出总量占总支出比例大幅下降。市公安局机关 2012 年“三公”经费支出为 590. 43 万元，占行政经费支出总量的8.16%；至2015年，市公安局机关人数增加56人，“三公”经费支出为246.8万元，占经费支出总量的1.48%。2012—2015年，“三公经费”比2012年下降58.2%，“三公经费”支出下降81.86%。

2012年，全市开展公安经费统计专员培训，图为市公安局培训会场

从1997年起，永州市公安机关根据省公安厅和省财政厅文件精神，实行财物归口和“收支两条线”管理，市公安局警务保障部担负本局警务保障工作和指导服务各县（区）公安局（分局）警务保障工作双重职责。根据各个不同时期公安警务保障工作出现的新情况、新问题，每年召开1~2次全市性会议，研究部署工作和推广典型经验。一方面要求各县（区）公安局（分局）积极向当地党委、政府汇报公安经费的实际需要和中央、省对公安经费保障采取的新措施；另一方面要求按零基预算法，实事求是地编制预算。多次派出调查组，深入12个县（区、管理区）了解近年公安经费收支和预算执行的情况，获得大量第一手材料，写出专题调研报告，呈报省公安厅和市委、市政府，为领导决策和县（区、管理区）公安机关增加经费提供科学依据。全市公安机关行政经费支出逐年递增。1995年，市公安局机关经费决算支出232.33万元；2005年决算支出突破1000万元，达1036.44万元；2015年，市公安局机关的行政经费决算支出首次突破亿元，达12094.68万元。20年间，市公安局机关的经费支出总额增加51.06倍，人均支出增加22.81万元，行政经费支出增加22.54倍，人均支出增加4.61万元。

第三节　基础设施建设经费

1993—2011年，全市公安基础设施建设在省市两级政府的重视支持下，集中人力、物力、财力，加强公安基础设施建设在质与量上逐年提升。

2011年8月，永州市公安机关在征得同级发改委和上级公安机关同意后，制订永州公安基础设施建设“十二五”规划。零陵、冷水滩将公安基础设施建设纳入地方城市建设规划。按照公安部“全面系统、科学规范、高效务实、责任明确”的工作原则，以及《贯彻落实全国公安基础设施建设“十二五”规划实施方案》总体要求，对基础设施建设编制总体规划、制订年度计划、落实建设条件等方面提出具体要求，紧紧抓住贯彻实施的主要环节推进工作，通过全国基本建设管理信息系统实现公安各类基建项目网上动态管理，防止贪大求洋、铺张浪费等情况发生。全市公安机关累计新建、迁建各类基础设施98999.26平方米，在原有基础上翻一番。其中，建成办公用房16650平方米，公安业务技术用房项目27500平方米，监管场所项目35785.26平方米，派出所4700平方米。全市基础设施建设各项用房立项总投资达33351.8万元，其中建成项目用房，中央投资23108万元，省级配套资金609万元，市级财政拨款4318万元，县级财政拨款2662万元，其他自筹资金6267.7万元。

2011—2015年，中央各部门对永州市公安机关基础设施建设拨款分别为5900万元、5700万元、7900万元、8300万元、7800万元。其中2011—2014年国家发改委基建投资一项，永州市公安机关建设项目拨款分别为4359万元、3248万元、3876万元、3768万元。

一、基层派出所建设

1993年，零陵地区有126个派出所，在此基础上，新批建派出所4个。1994年，省财政厅、省公安厅联合发文，补助零陵地区18万元经费用于公安派出所建设，以强化公安基层基础工作。1995年，撤区并乡后，全区共有209个派出所，其中新建派出所74个。1996年，零陵地区撤区建市，根据省公安厅、省财政厅、省编办、省人事厅《关于农村以乡镇建立公安派出所有关问题的通知》及一乡一所的原则，全市共设立基层派出所211个，其中新建乡镇派出所81个，保留派出所130个，至1996年11月底，有52个派出所完成组建并挂牌上岗，其中买房派出所8个、借（租）房派出所44个，配备车辆36台，装配电话29部；全市42个已建林业公安派出所，其中有独立办公楼、住房，配有专车、电话、对讲机的派出所有13个，1996年新建房屋的派出所有5个。为促使各县（区）加快派出所建设步伐，市财政局根据市委、市政府给予少量补贴的决定，补贴冷水滩、芝山两区派出所建设30万元；同时，对9个县的48个派出所按每所1万元给予补贴。2004年年底，全市无房派出所38个，均办理相关手续落实建房用地，预算总投资2472万元，自筹资金934万元。

2006年，公安部、省公安厅部署开展抓基层，打基础，苦练基本功“三基”建设，把无房派出所建设和统一派出所建筑外观形象作为加强基层基础设施和规范化建设的重点强力推进。是年，乡镇合并后永州市公安派出所压缩为163个，其中无房派出所58个，市公安局根据省公安厅统一部署，加速推进统一派出所建筑外观形象和无房派出所建设。截至2006年11月15日，全市完成统一派出所建筑外观形象改造35个，完成无房派出所建设14个。2007年，市公安局将派出所建设改造

2006年建成投入使用的祁阳县羊角塘派出所

工作纳入对县（区）公安局（分局）年度综合考评内容，基层派出所建设改造进度加快，至2007年年底，全市新建无房派出所25个，无房派出所降至19个。2008年，无房派出所建设2个，截至年底，共有17个无房派出所尚未建设。2013年，金洞公安分局增报7个无房派出所，共有24个无房派出所需要建设。

2008—2015年，完成无房派出所建设12个，另有12个无房派出所建设尚未完成。

二、市公安局搬迁工程

1997年6月，永州市委、市人大、市政府、市政协机关从芝山区搬迁至冷水滩区。为充分发挥市公安局职能作用，便于市委、市人大、市政府指挥，达到快速反应要求，增强处置突发事件能力，维护全市政治稳定和社会安宁，市公安局向市委、市政府呈报《关于市公安局搬迁至冷水滩城区的请示》，拟将市公安局由芝山区搬迁至冷水滩城区办公。

1998年4月，市委、市政府研究同意市公安局机关搬迁。市规划局为市公安局圈定搬迁用地，并发放《用地规划红线图》及《建设用地规划许可证》，市公安局组建专门班子负责搬迁工作。1998年9月9日，湖南省人民政府批准永州市公安局搬迁建设用地120.88亩，并圈定用地红线图。1998年12月7日，市公安局向市计委申请市公安局搬迁投资计划立项。搬迁工程分三期进行：第一期征地、总体规划、三通一平；第二期勘探、修建技术综合楼、宿舍、临街门面、电力增容；第三期附属设施、道路绿化、硬化。

1999年，市公安局筹集搬迁经费392万元，申请减免费用109万元。

2000年12月底，市公安局在冷水滩河东育才路和复兴大道交叉路口处征地105.44亩，支付征地款274.144万元，办理征地手续；协调河东路网指挥部拉通育才路至搬迁新址路段；投资13万元完成排水渠改道工作，三通一平回填土方10万方；国家航空部第三设计院完成市公安局大院总体设计。

2001年，市计委批准市公安局宿舍工程1～12栋和科技信息指挥中心项目立项。

2002年，冷水滩区育才路中心线向市公安局用地方向东移31.7米，占用市公安局用地11.43亩，拆除市公安局已建成的两幢宿舍各半幢。

2004年6月，市公安局整体搬迁工程基本完工。10月，局机关整体搬迁至冷水滩河东新址。整体搬迁计划投资7359.48万元，其中，科技信息指挥中心大楼投资5437.34万元，至2005年10月底，完成投资5860万元。

2008年11月16日，总投资900余万元、建设规模7000平方米的市公安局后勤服务楼正式投入使用。后勤服务楼作为集餐饮、住宿、训练和后勤保障于一体的综合服务中心，可为500人同时就餐和全市公安系统小型会议提供必要的后勤保障服务。

2004年建成的永州市公安局办公大楼

三、监所管理中心建设

2008年10月5日，省国土资源厅根据永州市人民政府常务会议（第19次）会议纪要，对永州市监所管理中心建设用地通过预审，并出具《建设用地预审报告书》。

2008年12月9日，市规划建设局颁发《建设用地规划许可证》，批准用地面积19.22万平方米，用地位置坐落于冷水滩区凤凰路以东、桃源路以北、月岩路以西、淡岩路以南。2009年9月7日，省人民政府批准项目建设用地。2010年4月，完成土地征收。2011年6月23日，市国土资源局审批通过国有土地使用权划拨方案，按16万元每亩的划拨成本办理划拨用地手续。

2009年，市公安局向市发改委递交《关于永州市监所管理中心建设工程可行性研究报告的请示》及相关资料，市发改委报请省发改委核准批复，同意市公安局建设“永州市监所管理中心”。项目总建筑面积为46722平方米，项目总投资为1.15亿元。（一）永州市监所管理中心，工程按看守1500人、拘留150人建设，建筑面积为35100平方米。其中看守所31500平方米，包括在押人员用房14175平方米，民警办公用房及提审、收押、律师会见等业务用房11970平方米，武警用房

3150平方米，附属用房2205平方米；拘留所3600平方米，包括在押人员用房2400平方米，民警用房720平方米，附属用房480平方米；（二）建设容纳50只警犬训练基地，警犬房舍1178平方米；（三）特警综合训练基地用房10444平方米，其中特警综合用房8564平方米，附属用房1880平方米。建设资金申请中央、省预算内投资和市财政解决。工程建设分两期进行，第一期工程建设永州市监所管理中心，总投资为9873万元，第二期工程建设警犬、特警综合基地，总投资为1687万元。

2011年1月，永州市潇湘施工图审查有限公司将永州市监所管理中心第一期工程项目施工图设计文件送审。2月，省建设厅完成设计审查。11月，经招标、评标，确定湖南省天宇建设工程有限公司为项目建设中标人。11月22日，永州市住房和城乡规划建设局审核通过项目建设规划，颁发建设工程规划许可证。

2012年11月，市住房和城乡规划建设局审查通过项目施工条件，颁发建筑工程施工许可证。12月6日，市公安局举行永州市监所管理中心开工奠基仪式。

2013年11月，永州市监所管理中心主体工程建设完工。

2015年10月，永州市监所管理中心进行附属设施建设和设备安装。

四、"210工程"建设

2011年9月，全国公安装备财务工作会议确定6个方面210项重点任务，即"210工程"。"210工程"建设重点任务分为经费保障、装备建设、基础设施建设、应急保障、基础工作、队伍建设6个方面，共有210项具体任务。公安基础设施建设有32项重点任务，其中项目建设具体任务是：以公安业务技术用房建设为重点，建设公安业务技术用房、公安派出所、监管场所，做好项目立项、建筑规划、环境评价、节能审查等前期准备工作，落实项目资金。

金洞公安分局业务用房工程。2010年7月选址获得批准，取得《建设用地预审报告书》，2011年4月7日项目完成立项，11月25日通过初步设计，规划用地面积13333平方米，建筑面积4368平方米，计划投资872万元；2012年7月10日完成招标，湖南省正邦建设工程有限公司为中标人。2013年8月23日，金洞公安分局举行新办公楼搬迁仪式。道县公安局、东安县公安局陆续搬迁新址。

第三章　装备

第一节　制式警服

一、制式警服款式与配发标准

中华人民共和国成立后，公安制式服装经历7次改革，先后换装55式、66式、72式、83式、89式、92式警服，颜色、款式军服化，使军警难以区分，影响国家的国际形象，且警服款式单一，不能满足实际使用的需要；89式警服沿袭20世纪70年代标准，致穿着合体率不高，不能体现新世纪中国警察的新风貌。着装范围由按比例配发逐渐扩大到各警种民警。

1993年，零陵地区公安机关人民警察着89式警服，警服颜色为草绿色。1994年，全区民警统一换着92式警服，92式警服在89式警服基础上取消领章，使用金黄色长城且缀有“公安”字样的臂章，并开始使用警衔标志。

1999年8月，公安部部署换着99式警服。99式警服针对89式警服的不妥之处进行相应改革，颜色选用与国际主流警服色调相一致的藏青色，区别于军队的草绿色，形成鲜明的警察制服体系；面料主要采用高科技涤纶长丝产品，经济发达地区适当提高面料档次；采用国际通用型号，推行量体套裁，提高警服合体率；新增领花和胸徽，警服右袖口用汉语拼音标出“警察”字样，警衔标志更明显；设计不同功能款式。

99式警服包括：春秋常服、冬常服；长袖衬衣、短袖衬衣、茄克服、作训服和多功能服，男民警戴大檐帽、女民警戴翻檐帽，交警戴白色大檐帽。同时，配发雨衣、皮鞋、内外腰带、解放鞋、雨鞋、白色尼龙手套、领带、领带夹。

通过量体、套裁、试穿等前期准备工作，2000年10月1日，全市公安民警开始着装“99”式新警服。

2004年3月，省公安厅印发《2004年湖南省公安机关人民警察制式服装及其标志供应标准》，各市（州）公安机关在编在职人民警察按不同警种标准分别配发，从事治安、户政、交通、巡逻、防暴、监管、出入境管理、督察、“110”、信访等刑事执法、社会治安、行政管理的人民警察，按供应标准配发警服；从事国内安全保卫、经济犯罪侦查、刑事侦查、公共信息网络监察、行动技术、禁毒等工作的人民警察，每人发年均化装费300元；从事秘书调研、信息指挥、政工纪检、法制、外事、科技、计算机通信、后勤保障等工作的人民警察，每人发年均置装费150元；县区公安机关在编在职人民警察，按着装规定标准配发警服。

2006年，制式衬衣和内衬改为“05式”，警监（不含）以下所有警察配发浅蓝色衬衣配深蓝色领带，铁灰色衬衣和银灰色领带停用。警监（含）以上配发白色制式衬衣、内衬和浅蓝色领带。

2007年起，湖南全省公安机关人民警察制式服装由省公安厅统一购置，省财政安排专门转移支付资金补贴服装经费70%，各市（州）同级财政部门安排其余30%的经费，各市（州）公安局统一收集上缴省公安厅。

二、被装管理

公安被装包括制式警服，制式衬衣、公安大檐帽、警衔标志及供应标准所列的各种装具。1994年，公安部将人民警察服装的生产、计划、供应管理工作下放各省公安厅。1994年9月1日，湖南省公安厅印发《湖南省公安被装管理实施办法》。1995年3月1日，省公安厅根据全省各地、州、市、县的意见和建议，对实施办法进行调整和充实，用以指导全省公安被装管理工作。警服、装具的供应，按公安部、财政部规定的着装范围和配发标准，由地、州、市公安处（局）按着装民警实力编报年度被装物资申请计划，省公安厅统一组织供应，地、州、市公安处（局）负责领取配发。警衔标志的供应，凭省公安厅政治部核定的授衔民警人数，由省公安厅被装部门向公安部申报计划，地、州、市被装部门统一领发。被装管理坚持按统一要求，分级管理，责任包干、条块分割，以块为主为原则。省公安厅和地、州、市公安处（局）被装部门按职责分工，各负其责。永州市公安局被装管理由行财装备科负责。具体负责全市民警警服、装具的配发；警服、装具年度计划的申报；配合治安部门依法查处取缔辖区内非法生产、销售警服厂（店），查处非法穿着、佩戴警服和警用标志行为，并及时向上级主管部门报告查处结果；按要求向省公安厅编报全市公安民警着装实力和其他报表；调查了解警服、装具质量情况，并及时向省公安厅被装部门反映；筹措落实被装经费。被装管理规定警服、装具及标志由省公安厅统一组织供应，其他各级公安机关和个人均不得直接向生产厂家和销售部门定（采）购；严格执行着装规定，不得擅自提高配发标准和扩大着装范围，坚决制止本地区的警服、装具非法生产、非法销售和非法穿着佩戴现象；着装单位和个人必须遵守着装规定，爱护和妥善保管警服，不得将警服和标志借给亲友和子女穿用，违反规定予以追究责任。

1999年年初，按照省公安厅统一部署，进行警用物资“三乱”现象清理整顿活动，拆除25个内部列管单位的警服警用标志，查封9家非法销售警用物资商店，没收警服74套、警帽10顶、带警徽领夹70个、警用领带52根、警具147副，收缴非法佩戴的公安臂章25副、警衔标志45副、非法使用的车辆警灯7盏、警用车牌7副、警报器9套，扭转全市非法销售、使用警用物资的混乱状况，受到省公安厅表扬。

2004年6月，市公安局为贯彻落实《国务院办公厅关于整顿统一着装的通知》精神，根据公安部和省公安厅统一部署，制订《全市公安机关警服“三乱”专项整顿工作方案》，对全市公安机关着装中存在的问题以及社会上出现的警服“三乱”（乱生产、乱销售、乱着装）现象和穿着仿制99式警服现象开展为期5个月的清理整顿，没收仿制警服、警用标志320件，责令关闭8家经营店铺，有效遏制“三乱”和着仿制警服现象。

第二节　交通工具

2004年统一配备的巡逻车辆

警用交通工具，受经济社会发展影响，呈现出时代特点。1993年，零陵地区公安机关汽车较少，基层派出所基本使用摩托车、自行车；全区公安机关有汽车145台、摩托车140台、自行车314辆、船只6条。1995年，全区公安机关汽车增至173台。1997年，全市公安机关警用汽车有181台，派出所有摩托车40台，船只1条，81个派出所无汽车，自行车不再列入装备之列。

从2001年下半年开始，省公安厅对全省公安车辆装备实行统一管理，集中购置、代办控购、注册上户。

2004年，公安部、省公安厅部署开展2004式警车外观改制。警车外观制式采用白底，由专用弧线图形、车徽、编号、汉字“警察”和汉字“公安”及英文“POLICE”等要素构成；各要素的形状、颜色、规格、位置、字体、字号、材质等需符合警车外观制式涂装规范和涂装用色漆等行业标准；警车安装固定式警用标志

2015 年，县（区）公安局（分局）配备的车辆

灯具、警报器、车牌号。至2006年9月1日，全市公安机关580台警车完成外观改制，并逐车录入网上信息。

2015年，市公安局本级有机动车239辆，其中行政用车77辆，业务用车162辆，业务用车中现场勘察车2辆，治安巡逻车24辆，其他业务用车136辆，摩托车10辆。

永州市公安机关交通工具分布表

表 8-3-1 **单位：台**

年份	按车型分类小计							按用途分类小计												其他		
	按车型分类小计	小轿车	越野车	旅行车	微型面包车	客车	其他	按用途分类小计	行政用车	业务用车	通讯指挥车	现场勘查车	治安巡逻车	防暴车	排爆车	囚车	装甲运兵车	水炮车	其他业务用车	摩托车	舰艇	警用直升机
2006	655	271	110	21	208	9	36	655	190	465	10	24	128	1	0	17	0	0	285	70	1	0
2007	657	301	108	15	203	8	22	657	178	479	15	23	90	2	0	7	0	0	342	47	1	0
2008	728	351	107	13	224	8	25	728	150	578	18	33	97	3	0	5	0	0	422	39	0	0
2009	766	430	104	9	177	23	23	766	125	641	31	51	146	6	0	9	0	0	398	47	1	0
2010	1064	603	117	9	226	31	78	1064	162	902	21	36	361	4	0	1	0	0	465	47	0	0
2011	1074	605	122	9	226	31	78	1074	162	902	21	36	361	4	0	14	1	0	465	47	0	0
2012	1082	643	120	11	203	42	63	1082	114	986	18	28	283	3	0	14	2	0	620	42	0	0
2013	1103	663	116	16	204	36	68	1103	167	936	17	67	381	2	0	17	6	0	446	39	0	0
2014	1115	685	118	10	199	56	47	1115	161	954	18	60	456	1	0	17	5	0	388	20	0	0
2015	1023	626	111	8	178	55	45	1023	139	884	17	63	361	1	0	15	7	0	420	30	0	0

说明：2006年9月1日起，警用车辆、警用装备录入登记上网

永州市公安机关装备工具分布表

表 8-3-2

年份	武器警械									防护器材													其他单警装备		
	警用催泪喷射器（个）	脚镣（副）	抓捕网（把）	阻车路障（个）	警棍（根）	手铐（副）	强光手电（支）	警用制式刀具（把）	防弹头盔（个）	防弹背心（件）	防弹盾牌（副）	防刺背心（件）	防暴头盔（个）	防暴盾牌（副）	防爆服（件）	排爆服（件）	防毒面具（副）	防护服（件）	防割手套（双）	对讲机（台）	警务通（台）	急救包（个）	警用水壶（个）	警用装备包（个）	多功能腰带（条）
2006	0	40	11	22	251	679	14	0	157	167	55	47	252	210	89	0	0	0	33	0	0	0	0	0	0
2007	65	30	16	26	909	794	207	0	341	127	9	68	275	224	34	0	4	38	75	0	0	0	0	0	0
2008	1513	27	22	27	2347	2321	1913	337	382	133	11	398	404	316	39	1	4	78	1660	0	0	0	0	0	0
2009	1575	38	22	21	2631	2150	1799	190	551	332	2	234	693	421	22	1	4	80	1619	0	0	0	0	0	0
2010	1597	112	15	8	2193	2620	1996	280	320	902	64	644	573	593	103	1	134	0	2050	0	0	0	0	0	0
2011	1597	112	15	8	2193	2620	1996	280	320	202	64	644	573	593	103	1	134	0	2050	0	0	0	0	0	0
2012	2125	205	18	75	2886	3101	3171	356	169	201	6	740	1055	707	98	1	110	38	2618	0	0	0	0	0	0
2013	2342	212	226	271	3059	3094	3320	442	211	207	16	883	1454	763	116	1	447	36	2597	773	3284	1621	789	2209	2386
2014	3293	287	56	0	225	30	150	0	0	0	0	0	100	30	0	0	0	0	105	40	47800	50	40	150	200
2015	2699	163	41	60	2902	2987	3040	469	379	482	673	1385	2029	1033	210	78	69	292	2185	0	0	0	0	0	0

第三节　单警装备

2008 年 7 月，永州市公安局举行单警装备配发仪式

2007 年 10 月，省公安厅印发《湖南省公安机关单警装备配备工作实施方案》，计划 2007 年年底前配齐公安机关实战单位一线民警必配装备，2008 年年底前完成全体公安民警单警装备必配装备。省公安厅统一采购必配品种中的多功能腰带、警棍、手铐、强光手电、催泪喷射器、防割手套 6 项装备，必配品种中的警用制式刀具、急救包由各地根据当地实际情况自行筹资采购配发。对选配项目中的警用水壶、警用装备包、对讲机、警务通、防刺服等，各地根据财力状况和工作需要适时逐步配备。

2008 年 7 月，市公安局后勤装备部统一购置包括警用强光手电、警用催泪喷射器、警用装备包、伸缩警棍、金属手铐、警用匕首、多功能腰带、防割手套、急救包、防刺服在内的2000套单警装备。2008年7月30日，市公安局举行全市公安机关单警装备配发仪式，在职在编民警人手一套，配备率达100%。

每年对单警装备开展检查清理，根据人员变动，及时增补，对损坏装备及时更新，至2015年，全市公安机关有单警装备4000余套。

第四节　应急装备与室内射击场

2012年，市公安局建成的室内射击场，射击距离25米

2012年，市公安局建成146平方米的应急储备仓库，筹资130余万元购置警械、防护、防爆、观察、通信、照明物资和生活保障物资及其他装备物资。

5月，市公安局激光定位实弹精度报靶系统及靶场辅助设施采购项目通过招标，投资92万元，经过近3个月的建设，建成地下室内射击场，占地面积250平方米，填补了永州市公安机关无室内射击场的空白。该项目由北京信安通靶场装备技术有限公司承建，配置3套激光幕定位实弹精度报靶设备及辅助设施，射击场采用精度射击和自动报靶系统，共3个靶位，供民警实弹射击训练。

第四章　综合服务

第一节　统计

永州市公安局依照《中华人民共和国统计法》和有关法律法规，运用各种统计方法对公安工作及相关的社会现象进行统计调查、统计分析，提供统计资料和统计咨询意见，实行统计监督。

20世纪90年代以前，零陵地区公安处在办公室配1名兼职干事从事统计工作。1993年，地区公安处及各县（市）公安局按照省公安厅办公室统计科的要求相应配置与工作相适应的专职统计员（统计负责人）13 名。公安处统计报表由统计员填报，在分管副主任审核后再上报省公安厅统计科。到 2000 年年底，全市共有专职统计员 20 名，派出所等基层单位有兼职统计员 200 人。全市公安统计人员认真执行统计法规和统计制度，较好地完成省公安厅和市统计局布置的各项统计任务。

20 世纪 90 年代初，永州公安统计工作处于恢复阶段。由于“文化大革命”期间出现不少冤假错案，公安统计中很多反革命案件和逮捕人犯等数据并不具有实际意义。从 1994 年开始，省公安厅对全省各市（州）公安统计工作实行目标管理计分评比，零陵地区公安处对处属单位和各县（市）公安局的统计员实行年度培训，每年召开一次全市统计干部座谈培训会议。在不断提高统计人员业务素质的同时，要求全区公安机关注重数据采集、录入，加强计算机软件方面的学习运用。1996 年起，省厅开始每年对全省 14 个市（州）的社会治安进行评估，并将公安统计结果列为省政府考核市（州）工作指标体系中有关社会治安的唯一依据，从而扭转单纯以案件升降来判断社会治安好坏的局面，为纠正立案不实扫除一大障碍。2002 年，省公安厅制订《湖南省县级公安机关综合考评办法》，首次由省公安厅直接对全省 123 个县、市、区的社会治安进行评估，并将排名结果通报当地党委政府。公安统计数据作为综合考评的主要依据不断受到各级公安机关主要领导的重视，全市统计人员不断提高业务水平、拓展服务领域、为领导参谋决策服务，公安统计工作受到省公安厅和市委政法委和市统计局的肯定。

20 世纪 90 年代初，零陵地区公安统计人员开始对报警案件、收缴罚没、群体性事件、抓获处理违法犯罪人员、刑事案件作案成员、监所管理等其他主要公安业务报表进行归口管理。每月按照要求完成统计上报任务，运用各种统计方法对公安工作及其相关的社会现象进行统计调查和分析，提供统计资料和统计咨询意见，实行统计监督。尤其是对立案不实这个长期困扰公安机关的“老大难”问题提出纠正措施，要求全市公安机关将纠正立案不实作为公安工作的大事常抓不懈。

2000 年以前，永州市公安统计报表主要靠人工统计，由法制部门对案件进行审批，统计员对照受理、立破案登记表进行统计，为领导参谋服务。该时期统计工作存在的主要问题是“不破不立”，各地“发案数”较少，公安机关破案率较高。1994—1997 年，市公安局根据公安部、省公安厅统一部署，先后组织开展两次全市性的公安统计执法大检查，发现和纠正不少违反统计法规的现象。

2000 年开始，公安部办公厅统计处主持研发公安统计报表计算机信息系统，主要业务报表如刑事案件统计表、治安案件统计表、接报警统计表、抓获处理表、逮捕情况表均实现计算机统计，公安统计工作逐渐由人工化向自动化、智能化转变，大大节约人力、物力和时间。该时期公安统计工作的立破案受考核和专项行动影响较大，“立案不实”“数据倒挂”的情况仍有发生。

2002年12月，公安部印发《关于2003年修改部分公安业务统计报表的通知》，要求各省（自治区、直辖市）迅速组织开展一次违法犯罪各主要统计数据的清查核对工作，全面摸清各主要统计数据的真实情况。根据这一精神，湖南省公安厅迅速印发《湖南省公安厅关于认真做好2002年刑事治安案件调查摸底工作，切实采取措施纠正公安统计不实的通知》。永州市公安机关采取强有力的措施，对2002年的刑事案件立破案件数进行认真清理，将未报的立破案件数补充上报。2003年，全市立刑事案件14446起，比2002年的6493起多7953起，破案8440起，比2002年的3996起多4444起。

2010年，永州公安警综平台建成使用，所有案件的办理和抓获人员的处理均通过执法办案系统流转，所有执法行为系统中均有记录，所有数据的统计也由系统自动统计生成。7月，市公安局为道县公安局、江华瑶族自治县公安局、东安县公安局指挥中心、刑侦大队、看守所、拘留所和所有城区派出所安装计算机信息系统，全市11个县（区）公安机关全部实现计算机统计。

2010—2015年，全市共立刑事案件109687起，其中，2010—2012年平均年增2138起，2013—2014年刑事案件发案减少，2013年比2012年减少1439起，2014年比2013年减少2413起。2015年刑事案件发案回升，比2014年多发3517起。2010年开始，由于执法办案系统的推广使用，市公安局将公安统计报表计算机信息系统数据与执法办案系统互相参考作为综合考评的依据，该时期刑事发案大幅上升，直至2012年趋于平稳，破案率大幅下降，“如实立案”原则更加深入人心，统计数据更加真实准确。

2015年1月，市公安局印发《全市公安机关统计报表集中清理整治工作方案》，开展统计报表集中清理整治专项行动，就基层报表名目繁多、重复报送、多头报送等问题进行认真剖析，废止一批报送过于频繁和交叉重复的报表，既减轻基层负担，又有效防止出现重复报送、多头报送而出现数据不实的情况。10月23日，市公安局出台《加强公安统计工作六项举措》，进一步规范公安统计数据报送，除极个别地方外，各县（区）刑事案件统计数已基本接近实际。2015版公安统计报表计算机信息系统适应时代发展，增加“拐卖妇女儿童犯罪统计报表”，在刑事案件综合统计报表中增设“电信诈骗”栏目。

第二节 机要保密

一、保密机构

1993年10月，零陵地区公安处设机要通信科，配科长1名、兼职机要保密员2人。1996年5月，永州市公安局设机要通讯与计算机管理监察科，配科长1名、兼职机要保密员2人。2005年5月，机要保密工作从机要通信科分离，归口市公安局办公室，设专职机要、保密员岗位。2007年，机要密码工作与保密工作分设，机要密码工作归口警令部指挥中心，负责市公安局密码电报、内部传真的收发和全市公安机关涉密信息传输系统规划、建设、调试、检测、运行维护，承担省公安厅网上明电通知、通报、文件的签收办理工作。保密工作归口警令部秘书科，负责市公安局机关机要信件的收发和市公安局密件收处、传阅、保管、归档、移交、销毁，指导各县（区）公安机关和局属各单位落实计算机及信息网网络保密工作，制订保密制度、转发保密文件、组织保密宣传和保密检查。

二、保密设施

20世纪90年代，保密设施与相关保障工作基本上是“三铁四防”（铁门、铁窗、铁柜，防火、防虫、防潮、防盗）。进入21世纪，随着信息化的迅速发展，对保密设施提出了更高的要求。2002年4月，市公安局在省公安厅及北京电子学院技术人员的指导下，完成机要传真密码通信建设，首次实现与省公安厅对接。2003年4月，相继开通核心密码通信，实现与全国市级公安机关密码通信互联互通。2007年2月，市公安局密码工作领导小组办公室会同纪检、政工、装财等部门开始创建公安机关机要室等级建设活动并逐步启动“金盾工程”。2008年3月，市公安局及全市11个县（区）公安局（分局）机要室经省公安厅密码工作领导办公室检查验收合格，全市公安机关三级标准机要室建设全部完成，并同时开通全市公安机关普通密码通信，实现部、省、市、县公安系统四级互通。2010年2月，经市保密局批复，完成市公安局机关涉密信息传输系统建设配套设备采购及机要工程机房建设任务。同年3月，市公安局密码办会同总参有关部门、省公安厅密码办技术员，组织全市公安机关密码工作人员培训，完成机要工程一期安装、测试、启用、运行，标志着永州市公安机关机要密码通信正式由传统的传真模式转变为数字化模式，密码通信优质高效基本实现。2011年7月，永州市公安局密码办建立并启用全国公安机关电报登记系统，进一步规范电报发文格式，机要密码工作初步跨入标准化轨道。2013年2月，机要工程二期建设方案通过省公安厅密码办审核，并完成人员培训、政府采购、机房建设、入网登记等各项准备工作。2015 年 12 月，启用公安加密网公共服务平台，完成机要二期工程建设任务。至此，永州市公安局密码通信方式增至数种，基本实现上下联动、左右互动的通信格局，为全市公安机关业务工作、专项行动、抢险救灾、处置突发事件提供优质密码服务。

三、保密教育

1993—2015 年，永州公安坚持将保密教育作为保密工作的重要内容，常抓不懈，每年例行开展保密教育活动，组织民警学习保密法规。2010 年，《中华人民共和国保守国家秘密法》颁布实施后，市公安局将保密教育作为全体公安民警和辅警的一门必修课，采取集中学习、观看警示录像、开展大讨论、组织保密法知识考试等形式，进行切实的宣传教育。举办保密知识专题培训班，设置专门保密课程和考试内容，由市公安局保密专干屈松林授课。鉴于各业务部门的保密兼干一般都由内勤兼任，内勤民警在工作中既接触大量密件，又是保密工作的执行者，市公安局专门对各部门保密兼干（内勤）进行重点培训，每年 4 月和 9 月，市公安局保密办分别对全局所有保密兼干（内勤）进行专门保密知识培训，以提高保密兼干的保密意识和保密水平。

市公安局将保密教育纳入新警培训和民警轮值轮训授课内容，每期由局保密专干授课，切实增强新招录民警和在职民警的保密意识。此外，市公安局每年举办 1～2 次文职人员保密知识讲座，对涉密文职人员进行专门的保密教育，组织其学习保密规定，增强其保密意识，提高防范能力和执行保密规定的自觉性。

四、保密管理

成立市公安局保密工作领导小组及其办事机构，明确各级公安机关“一把手”为保密工作第一责任人，明确领导小组组长和成员，明确办事机构职责、任务和要求。

市公安局党委每年听取一次保密工作情况专题汇报，研究保密工作，解决人员、装备、经费问题。

市公安局保密委员会每年组织召开 2 次保密工作会议，制订保密工作计划，听取局属各部门的保密工作情况汇报，及时分析查找存在的问题，研究具体的解决方法。严格落实保密工作责任制，市公安局领导、局属各部门班子成员、各部门涉密岗位工作人员、重点保密部门部位工作人员以及涉密岗位临时聘用人员逐一签订保密承诺书或责任书。市公安局保密委办公室每年定期不定期组织开展 2 次以上保密安全专项检查，发现问题立即整改，严防发生失泄密案事件。

严格机要密码队伍和保密要害部门部位管理，全市公安机关对公安密码干部组织政治审查工作，密码干部每年定期报告个人事项，确保机要保密干部队伍纯洁可靠。重点加强市公安局领导、警令部、国保支队、网技支队、治安支队（警卫部门）等要害部门管理。

规范密码电报译传办理和机密文件、材料管理工作，围绕“保密、优质、高效、无事故”工作目标，严格纸质涉密载体管理，从起草、打印、定密、装订、收发、传递、复印、存档、销毁等各个环节，严格按照保密要求落实，坚持纵向管到底，横向管到边，确保文电安全保密。认真做好重大活动密码通信保障随行服务，涉密文件起草、打字、复印、信息系统保密管理均由专人负责。密级文件在收发、传递、使用、保管和清退等各个环节做到登记明确、手续清楚。档案资料分类管理、入柜保存，工作调动领导干部有关文件、资料、刊物及时清退存放，分管保密工作的领导定期检查文件、材料清退情况。2004 年，市公安局重要部门办公室开始配备文件粉碎机，有效防止密级文件泄密。

加强对办公场所及周边环境的安全保密、保卫工作。在市公安局办公楼重点部位安装“三铁一器”，并在各楼层、电梯内安装视频监控系统，实行 24 小时监管。

随着政务公开力度逐年加大，市公安局保密办及时对相关警种部门进行指导，政治部和警令部在外界新闻媒体和公安内、外网发布信息时，均按照规定进行审核。按照国家规定对各类文件进行定密，做到定密准确无差错，没有发生因未定密或者定密不当引起的失、泄密事故。

全市公安机关强化涉密计算机和移动存储介质管理，涉密计算机信息系统应用责任人定期检查涉密计算机信息系统，对非涉密计算机，将连接互联网、公安网的计算机分别粘贴不同标识，注明每台计算机使用责任人，定期组织清理非涉密计算机内的文件资料。规定重要数据库和文件保存的计算机不得上互联网，不得以电子邮件、QQ、微信发送密级文件。公安网和互联网计算机不得存储、处理涉及国家秘密和警务工作秘密的信息。配备笔记本电脑的单位，由专人保管，不得转借他人使用，重要材料、文件、数据不得在笔记本电脑上保存。各部门的计算机在维修、更换、报废时，必须报局保密委审批和安排专人进行维修、更换、处理。对所有的涉密移动存储介质做到有登记、编号、密级标识，涉密移动存储介质外出携带有登记、编号、审批。禁止在连接公安网的计算机与连接国际互联网的计算机之间交叉使用移动存储介质。2009 年，购买涉密 U 盘，供涉密单机使用。2011 年，购置 2 套计算机保密清除工具，对局机关所有电脑、移动介质进行检查，保证网上信息安全。

2012 年 5 月，中办机要局组织“迎接十八大、光影诉衷情”主题摄影比赛活动，永州市公安局密码办选送的《渔舟晚歌》荣获中办机要局二等奖、公安部办公厅机要处一等奖；市公安局密码办民警蔡满元在2010—2015年连续5年被湖南省委办公厅评为“全省党政系统先进机要工作者”。

第三节 档案管理

市公安局档案室成立于1962年，归属办公室，由机要员兼任档案员。1984年，配备专职档案员。至2015年，全市公安机关133个档案室，其中一级档案室1个，二级档案室89个，三级档案室35个，尚未评级的8个。

1998年，市公安局与市档案局联合发文，成立永州市公安档案管理上等达标考核评审领导小组。市公安局党委高度重视，确定1名副职分管档案工作，并确定1名专职档管干部。2008年，市公安局档案室被省公安厅档案馆评为一级档案室。截至2015年，全市公安机关有专职档管干部14名，兼职119名，合计133名。1999年，市公安局制订《关于做好公安档案达标定级工作的通知》，每年6月份之前档案整理后进行入库，要求做到井井有条、规范有序。截至2015年，全市公安机关立卷归档保存360046卷，其中市公安局档案17598卷，县（区）公安机关342445卷，基层公安派出所138411卷。

市公安局档案部门坚持档管为现实斗争服务，积极主动为本部门和外单位提供大量有价值的档案资料，为落实政策、侦破案件、解决疑难问题、编写党史和公安史提供依据。2008年，通过查阅20世纪档案，为职工办理养老保险提供依据，职工养老得到保障。

全市公安档案部门加强档案保护设施建设，健全各项制度，确保档案安全。档案管理是维系历史真实和开发利用的基础，做好档案载体安全工作十分重要，稍有疏漏就有可能酿成火灾、霉烂、虫蛀、丢失和其他事故，造成无法弥补的损失。为此，市公安局对档案库房合理设置，消防设施、去湿、防霉、防蛀，安全检查，借阅等各个环节都严格依照省公安厅工作细则和规定，并定期组织安全检查。在工作中采取积极措施，不断改善档案工作环境，2008年，市公安局在经费比较困难的情况下拨款30多万元，购置20多立方米的先进密集架、电脑、空调、去湿机、扫描仪。由于管理严密，制度健全，责任明确，检查及时，全市公安档案载体没有发生虫蚀、火灾、丢失和其他事故。

第四节 督察督办

1993—1995年，零陵地区公安处督察督办工作归口办公室，没有专门人员负责，督察督办事项仅限于对上级领导就重大案（事）件或者重大工作部署所作批示进行督促和反馈。

1996—2006 年，随着公安机关无纸化办公逐步普及，公安机关局域网逐步建立，公安机关办公自动化程度不断提高，办公效率大大提升，督察督办工作有较大进展。2005 年开始，随着公安部、省公安厅部署开展“开门大接访”活动，一些重点信访案件由市公安局主要领导接访，并带队开展督察督办。通过领导带头督办和办公室、信访科的不定期督察，使一批久拖不决、欠拖不办的信访案件逐一得到落实。市政府助理巡视员、市公安局局长秦伍生带队督察督办原芝山区唐某然因财物管理纠纷引起的上访案、唐某明因锰矿纠纷引起的上访案等重点信访案件，均得到圆满化解。

2007 年，市公安局机构改革，撤销办公室设立警令部，督察督办工作职能归口警令部。随着人员的充实，督察督办工作开始由专人负责，督察督办工作得到进一步加强，工作情况纳入对局机关和对县（区）公安局（分局）的考核。对一些重大公安工作部署的督察督办，成立专门领导小组办公室，抽调专人集中办公成为常态化，确保督察督办工作的落实。针对永州市“三基”工程建设起步较晚的情况，市公安局党委在深入调研的基础上，确定“抓基层、打基础、苦练基本功，推进公安队伍思想革命化、警务专业化和各项工作规范化”的“三基三化”总体思路。2008 年 2 月，市委书记曾庆炎作出批示，要求进一步加快全市公安机关“三基三化”工程建设步伐。3 月，市公安局从警令部、治安、交警等部门抽调 6 人组成“三基三化”办，在警令部集中办公，全面加强对全市公安机关“三基三化”工程建设工作的督导。通过强化督察督办，促进全市公安机关基层基础工作大发展，基层基础建设和所队建设任务全面完成，公安装备得到前所未有的改善，经费保障达到最好水平。

2010—2014 年，督察督办工作逐渐实现规范化、制度化。2010 年，参照省公安厅相关规定，市公安局印发《永州市公安局关于办理上级领导同志批示件的规定》，对督察督办程序、办理时限进行全面规范，实行微机管理。9 月，市公安局党委审时度势，决定在全市公安机关强力推进公安信息化建设和应用工作。警令部充分发挥督察督办职能，将信息化建设内容进行分解，全面实行微机管理，开展全方位督办，高效率推进，边建边用，市公安局信息化系统从无到有，从有到新，逐步摸索、建立“四大作战平台”，拓展多元化侦查模式，迅速将公安信息化建设成果转化为现实战斗力，有效提升全市公安机关维稳安保能力、侦查破案能力、动态管控能力、网上追逃能力。2011 年，永州公安信息化应用工作在全省排名第一，获“全省社会管理创新二等奖”，得到中央及省、市领导的充分肯定，先后 5 次在全省性的会议上作典型发言。2011—2015 年，市公安局督察督办工作连续 5 年受到市委办、市政府办、省公安厅督办室的表彰或通报表扬。

2015 年，督察督办工作得到局主要领导的高度重视，警令部专门安排 3 人分别负责领导批示件和交办的重要事项以及人大代表建议和政协委员提案办理的督察督办工作，各县（区）和局属各单位均明确 1 名督察督办专干，建立起规范有序、运作高效、左右联动、上下畅通的督察工作机制，为督察工作上质量、上水平提供有力保障。同时，市公安局成立专门办公室，对重大工作的部署，抽调专人集中办公，强力推进，开展督察督办。市“两会”结束后，由警令部以市公安局名义印发通知，对关于公安工作方面的人大代表建议和政协委员提案进行统一交办，并对办理进展情况进行全程跟踪督办。在永州市四届政协五次会议上，曾金华等 3 名政协委员提出《关于加强安全教育创建平安永州的建议》（第 178 号提案），市政府副市长、市公安局局长刘新良立即主持召开局党委会，研究部署在全市公安机关开展为期 4 个月的严打“盗骗毒”亮剑行动，将打击涉毒违法犯罪作为行动的重中之重，上升到全局的中心工作和“一把手”工程。在行动中不断创新督察工作方法，建立市公安局“一把手”对落后单位“一把手”约谈督察机制，市公安局党委成员深入分管单位和联系县（区）坐镇指挥、亲临一线督办，警令部下达《局长督办令》和《工作任务交办单》，亮剑行动办公室坚持每日一调度每日一通报。严打“盗骗毒”亮剑行动取得辉煌战绩，1 月 1 日至 4 月 30 日，全市公安机关共破获毒品刑事案件 237 起，刑拘毒品犯罪嫌疑人 309 人，缴获毒品 31.7 公斤，查处吸毒人员 2927 人，强制隔离戒毒 853 人，全国公安机关禁毒百日会战全省排名从第一阶段最末名到上升到第二阶段的第一名，为永州公安打击违法犯罪工作连续两年领跑全省奠定了坚实基础。

第五节　公安民警基金会

1996 年 11 月 11 日，湖南省警察基金会在长沙成立，永州市公安局成为会员单位。截至 2015 年年底，永州市公安机关共有入会会员 5776 名，有 1147 名会员得到优抚救助，救助资金 971.61 万元。

2000—2015 年，全市公安机关因公牺牲 32 人（其中烈士 2 人，二级英模 1 人），在职病故 68 人。全市公安机关登记在册的患重症民警 240 名，其中，7 名民警卧床不起。亡故或患病的民警绝大多数为第一线中青年民警。为尽可能帮助民警解决后顾之忧，调动民警献身公安事业的积极性，2015 年 1 月，市公安局筹建市本级基金，定名为湖南省公安民警基金会永州办事处，对外又称湖南省公安民警基金会永州分会，实行一个机构两块牌子。

根据《湖南省公安民警基金会永州办事处工作章程》规定，湖南省公安民警基金会永州办事处是由永州市公安机关在职、离退休民警和职工自愿入会组成、非营利性的社会团体组织，是湖南省公安民警基金会分支机构，行政挂靠市公安局，办公地设在政治部。由政治部副主任毛先奇兼任办事处主任，政治部教育训练科主任科员杨萍为优抚专干，全市公安机关通过领导募资、财政支持、单位筹措等途径，共筹集市本级基金原始基金 556 万元。2015 年 12 月，全市公安机关又募集资金 1000 万元，累计达 1556 万元。

截至 2015 年 12 月，全市公安机关共有 6289 人入会（在职民警 4643 人、职工 486 人，离退休民警职工 1160 人），其中，市公安局机关 534 人（含看守所、戒毒所、中心派出所）、市公安局交警支队 377 人、市公安干校 39 人、森林公安局 412 人、冷水滩分局 563 人、零陵分局 421 人、金洞分局 65 人、祁阳县公安局 693 人、东安县公安局 434 人、双牌县公安局 279 人、道县公安局 497 人、宁远县公安局 525 人、江华瑶族自治县公安局 408 人、江永县公安局 278 人、新田县公安局 303 人、蓝山县公安局 394 人。

截至 2015 年 12 月，永州办事处共优抚救助会员 37 人，支付金额 21.08 万元。其中：安抚 5 人 46 万元；资助困难民警 3 人 9 万元；慰问 24 人、抚育英烈子女 5 人 1 万元；慰问英烈母亲（牺牲记二等功以上）10 人 1 万元；组织 1 批共 29 人的疗养团外出疗休，支出 14.03 万元。

第六节　公安宣传

20 世纪 90 年代，新闻宣传媒体以报纸、电视、广播为主，依靠各级公安机关宣传专干创作或组织开展，影响范围主要在本地区城镇。永州公安宣传工作以宣传公安工作、讲好警察故事、服务社会民生为主题，建立完善符合时代要求的公安宣传工作机制，取得长足进步、跨越发展。

1993 年，全区公安民警共撰写各类新闻稿件 898 篇，被县级报刊、广播电台和电视台采用 326 篇，地市级 163 篇，省级 139 篇，其他 24 篇。全区开展“金剑”行动集中宣传活动，在全区各乡镇、村组悬挂横幅、粘贴通告，并通过电视、报纸、广播及时宣传“严打”成效。1994 年，撰写各类新闻稿件 1256 篇，被采用 1138 篇，其中国家级 7 篇、省级 69 篇、地市级 294 篇、县（区）级 720 篇，其他 48 篇。地区公安处在《零陵晚报》开辟《金盾风采》专版，开展“社会治安有奖征文”活动。邀请报社、电视台记者进行 80 多次随警作战采访。7 月，道县公安局预审股教导员廖广球，在抗洪抢险中为救护群众英勇牺牲，公安部追授其二级英雄模范称号，省政府批准其为革命烈士。《湖南日报》以醒目标题刊登廖广球的优秀事迹，省电视台播放人民群众悼念廖广球的场景。

1995—1999年，全市各级公安机关对公安民警发表文章、作品实行奖励制度并开办多种形式的新闻培训班，调动公安民警宣传工作积极性，提高写作能力和采稿率。1996年，全市公安民警共撰写新闻稿件2382篇，被采用1823篇，其中国家级11篇，省级304篇，市级519篇，县（区）级928篇，其他61篇。芝山公安分局通过鼓励民警投稿或约稿、接受各级各类记者通讯员采访，共在省级以上报刊、电台、电视台发稿32篇，在市级报刊、电视台发稿196篇，在县（区）级报纸、电视台发稿100篇。1998年，市公安局开展公安宣传网络建设，2月15—17日，市公安局举办公安宣传专干培训班，邀请市文联、电视台、报社、湖南日报驻站负责人讲授文学创作、电视专题、新闻摄影、新闻采写等有关知识，帮助各地宣传骨干提高宣传水平。全年公安宣传新闻发稿数1539篇，其中县（区）级639篇，市级604篇，省级259篇，国家级37篇。在省公安厅“金盾文化工程”评选活动中，市公安局局长秦伍生撰写的文章《公安机关讲政治必须牢固树立群众观念》获省公安厅文章类一等奖。1999年，市公安局利用《政工通报》定期通报各县（区）宣传进度，加强宣传指导力度，并与市电视台合作开办公安电视专栏，推树徐家井派出所等先进典型。

进入21世纪，互联网快速发展，人民群众对公安工作关注度更高、对公安队伍建设存在的问题容忍度更低、对公安执法过程敏感度更强。随着科技信息化发展，全市公安机关逐步实现办公自动化，公安内网的开通为全警宣传创作提供平台，网络媒体逐步成为公安机关对外宣传的重要手段。

2000—2002年，市公安局把公安宣传工作和立功创模活动有机结合起来，以本地新闻媒体为宣传平台，围绕严打整治、打击突出违法犯罪、优化经济发展环境等中心工作开展宣传。市公安局加大与新闻媒体合作，分别在《永州日报》、市电视台开办《警星一族》《警务报道》等专栏，定期宣传公安战线先进典型，共推出先进人物28个，采写局长、政委访谈录8篇。2002年3月，芝山公安分局筹资80万元邀请公安部金盾影视中心拍摄反映徐家井派出所创建“民心工程”的电视剧《徐家井的故事》，在中央电视台播映。市公安局配合中央电视台采写的反映徐家井派出所“民心工程”的新闻稿《三个代表在基层》，在中央电视台新闻联播中播出，系中央电视台新闻联播首次宣传报道永州公安。

2003年，全市各级公安机关在市级以上新闻媒体刊发新闻1136篇，其中国家级媒体24篇，省级132篇。由市公安局政治部组织创作的歌曲《我们是一群乡警》在全国公安文艺汇演中获“银奖”。2004年，在省级以上媒体发表宣传作品1200余篇。市公安局挖掘公安机关新闻素材，与永州电视台公共频道合作，开通《永州警视》栏目，共播出30集，时长1000余分钟，宣传公安先进事迹和典型。12月3

日，在南华大酒店召开首次新闻发布会，发布冷水滩公安分局破获公安部督办的1998年“2·6”于某被枪杀案的侦破过程，此案被湖南经视《警界》拍摄成专题节目，作为经典案例向全省推广，央视10套《讲述》栏目对此案进行为期一周的采访，制作出长达40分钟的专题节目。2005年，在省级以上主要新闻媒体刊播新闻稿件1000多篇、市级媒体刊播2000多篇。在“11·10”特大抢劫杀人案件侦破过程中，市公安局宣传民警加入专案组随警作战，对案件侦破进行全程记录。是年，市公安局与市政府网站合办反映警坛动态的栏目——“警坛风云”，为公安宣传增添全新平台。

2006—2009年，公安宣传队伍不断壮大，素质不断提升，无论是发稿数量还是质量都取得长足发展。2007年，各级公安机关共发表各类新闻稿件1136件，其中国家级24篇、省级132篇、市级980篇，先后在省级以上媒体刊发“道县特大盗窃机动车辆案”、“勇破山村迷案”等稿件。2008年，围绕“三基三化”建设，加强对各级公安机关如何全面落实“三基”工程、提升公安机关“三个能力”的宣传力度。进一步充实公安宣传队伍，制订和完善宣传工作奖罚措施，健全宣传网络、整合宣传资源，广泛利用电视、报纸、电台、网站等舆论载体开展宣传，通过纪实、散文、图片、小说等多种宣传形式，创作出一批公安文学精品。全年向省公安厅政治部网站报送工作信息和宣传稿件451条，被采用259条。2009年，以弘扬正气为主题，以构建和谐民警关系为目标，加强公安宣传工作，在新闻媒体发稿1251篇，其中国家级125篇，省级302篇，市级824篇。2月1日，《人民日报》刊发《湖南东安“大走访”梳理“治安盲区”》的消息，中央电视台新闻频道3月23日《共同关注》栏目播出反映宁远县公安局看守所人性化管理的节目《跨越高墙的爱》；组织“4·2”特大制贩冰毒案、“反假币09行动”等重大案件的宣传报道，中央电视台12频道“第一线”栏目播出市公安局侦破的命案纪实《3890之谜》。2010年以后，新媒体发展迅速，手机逐步成为人民群众了解新闻资讯的主要媒介，公安新闻宣传方式更多、速度更快、覆盖更广。

2010—2012年，立足本地宣传，继续扩大与省级以上媒体及网站的合作，采取开办专栏、热线、及时组织新闻发布会、记者采访团等形式，推介永州公安业务工作及队伍建设。围绕严打整治斗争、公安警务改革、优秀团队建设、为民服务、警务社区以及安全文明小区、无毒社区建设等重点工作和重大活动，突出宣传工作成效和公安民警尤其是基层队伍先进事迹。2011年，新闻媒体发稿811篇，其中国家级77篇、省级174篇、市级560篇。组织开展“打造优秀团队，构建警民连心桥”大走访开门评警系列宣传活动、“给力平安永州”公安局长访谈、《身边的感动·警营里的故事》、2010年全市十佳社区民警风采录、“忠诚献给党、和谐警民情”

双十佳评选、“警民心手相连，共建和谐永州”为民服务排忧解难等主题宣传活动，刊发专题报道100余篇。在永州电视台“永州之声”开设整点新闻、《平安永州》、新警察故事、警民现场恳谈等专栏，每天12个小时滚动播出全市公安机关“大走访”开门评警活动。副市长、市公安局局长蒋建湘代表全市公安机关公开承诺“为民服务十五项工作”。“芒果RADIO永州之声”对活动进行全程直播报道，湖南经视等20余家媒体对活动进行跟踪报道。健全新闻发布机制，全年举办新闻发布会15场次；8月4日，开通永州公安官方微博。2012年，全市公安宣传工作突出反映基层公安机关和基层民警的优秀事迹，在推选3名全国优秀模范民警中有2人来自基层派出所，推选1个基层派出所为全国优秀公安机关。全年1769篇各级各类宣传报道中，反映基层公安机关和一线民警的达1250篇，占总数的70.66%。

2013—2014年，市公安局创办“110直播室”开展广播宣传。全市公安宣传紧紧围绕打造优秀团队，密切警民关系这条主线，策划组织开展各种的主题宣传活动，“110直播室”“平安永州”“双十佳”评选等品牌栏目在全市具有重大影响力。结合“5·15”打击经济犯罪宣传日、“6·26”禁毒宣传日、“11·9”消防宣传日、“12·2”交通安全日等主题活动，加强公安正面宣传策划。与永州日报进行战略合作，利用国家、省、市级广播、电视、报纸、网络等多种媒介，综合运用歌曲、散文、小说、报告文学等多种形式，全方位、多角度、深层次宣传亮点团队和团队亮点。改版升级“110直播室”，完善“永州公安”微博，推行警民联系QQ群、微信群等网上警民互动新平台，广泛开展网民恳读、网民进警营等交流活动。

2015年，市公安局制订《永州市公安政务微博管理办法》，重新启用永州市公安局政务微博及相关审批制度，成立永州市公安局微博微信（@永州警事）工作室，“永州警事”微博微信发展迅速，成为全市知名微博、微信公众号。全市公安宣传紧紧围绕“四项建设”重点，开展记者走基层、记者当警察、警营开放日等活动，多形式、全方位、深层次宣传永州公安工作，展示永州公安风貌。《永州新闻联播》开辟永州市公安机关严打整治百日会战报道专栏，每天至少播出一条相关新闻。市公安局与《永州日报》合办“警情报告”栏目，推出专刊5期；“110直播室”制作并播出节目116期，直播室热线和官方微信回复车辆违章信息查询1.2万余条。加强与永州电视台合办的“平安永州”栏目、与永州新闻网合办的“公安专栏”等宣传平台的建设，构建报纸、电视、网络、电台全方位覆盖的公安宣传新模式。

第七节　警营文化

20世纪90年代，警营文化主要以文体活动为主，零陵地区公安处组织机关民警利用“五一”、“七一”、“十一”等节假日开展卡拉OK、篮球、乒乓球、象棋、围棋、扑克等文体活动。1995年，开展《人民警察法》知识竞赛活动，组织文艺演出队到城乡巡回演出。1997年，在市委政法委组织的运动会上，市公安局运动员在射击比赛中获得1个第一、1个第二、1个第三的成绩。1999年，结合“三讲”活动办学习园地，在全市广大公安民警中开展“日练一页字，月写一篇文、季学一部法”的读书活动。

2001—2003年，每逢元旦、“五四”、“七一”、“十一”等重要节日都开展文化、体育和知识竞赛活动，释放工作压力，陶冶民警情怀，增强群众观念，密切警民关系。2001年，组织年轻民警到“双联”单位——特困企业零陵塑料厂进行民情调查，到特困职工家庭访贫问苦，发动团员青年开展捐献活动。组织女民警排练群舞《警中姐妹》参加全市新世纪元旦文艺晚会比赛，获一等奖。五四青年节组织机关团员到韶山参观，“七一”建党节组织民警参加市直属工委组织的党的知识竞赛和永州市庆祝建党80周年群众歌咏比赛，均获三等奖。2003年，市公安局开展以“做合格民警、让母亲放心”为主题的讨论活动和征文活动。6月18日，组织开展“优质服务，建设勤政、廉洁、高效的新型公安机关”为主题的演讲比赛。

2004年—2006年，市公安局利用重大节日举办各类文体活动，面向社会举办能展现公安民警精神风貌的活动。2004年9月27日，在市体育中心隆重举行庆祝中华人民共和国成立55周年阅警式（永州市首次阅警式），全市公安机关共组织17个徒步方队和9个车辆方队参加。市公安局参加市直属工委举办的“三个代表在我心中”演讲比赛获二等奖。2005年，在全市庆“七一”党的知识电视抢答赛上，市公安局代表队获二等奖。“十一”前夕，市公安局举办篮球、拔河、乒乓球比赛。组织全体民警观看《张思德》《毛泽东去安源》等教育片。邀请革命老干部讲述抗战历史。组织老干部参观潇湘平湖、李达故居，组织在职民警参观宁远九嶷山舜帝陵，陶冶民警情操，丰富文化生活。

2007年—2009年，市公安局广泛开展全市公安系统范围的文化体育活动。2007年，市公安局举办“迎七一，党章在我心中”演讲比赛。9月，组织全市公安系统首届乒乓球比赛，全市各级公安机关共有12支代表队96名民警参加比赛，市公安局男子代表队、东安县公安局男子代表队、蓝山县公安局男子代表队分获男子团体第一、第二、第三名，市公安局女子代表队、祁阳县公安局女子代表队、蓝山县公安局女子代表队分获女子团体第一、第二、第三名。2008年，市公安局机关党委根据“文化育警”的指导方针，组织成立“警察文化俱乐部”，设多个兴趣小组，组织开展一系列丰富多彩的文体活动，包括太极拳小组、乒乓球小组、篮球小组以及书画展、演讲赛等形式多样的文体活动，民警的精神风貌发生深刻变化。

2009年，以中华人民共和国成立60周年为主题，开展形式多样、丰富多彩的文化活动。6月28日，举办“践行科学发展观，永葆党的先进性”大型诗歌朗诵比赛。8月28日，举办全市公安机关、武警部队国庆安保誓师大会暨反恐维稳训练成果汇报表演，各警种协同配合充分展示全市公安、武警维护社会稳定的坚强战斗力，冷水滩公安分局、双牌公安局、道县公安局处突队分获第一、第二、第三名。8月28日晚，市公安局组织全市公安机关“唱红歌，扬警威”歌咏晚会，各县（区）公安局（分局）均组建60~80人的合唱队参赛。

2012年3月19日，永州市公安机关首届“团队杯”羽毛球赛开幕式举行

2010—2013年，市公安局实施文化育警，文化强警。通过开展不同层次的警营文化活动调动民警的积极性和创造性，培养民警责任感、荣誉感，增强全市公安机关的向心力和凝聚力。2010年初，市公安局机关党委印发《关于广泛开展全警大读书活动、推进学习型党支部建设的实施意见》，拨出5万元经费为每位民警办理购书卡。6月，市公安局举办全市公安机关“树学习之风、创优秀团队、铸公安精神”主题演讲比赛，来自市公安局机关及县（区）公安机关的20名基层民警参加比赛。启动以“享受阅读、快乐启航”为主题的“读书月”活动，市公安局刑侦支队、巡特警支队等党支部组建支部图书室。市公安局政治部依托轮训轮值班平台，与市公安干校联合举办“潇湘公安讲坛”主题讲座活动。每期邀请1~2名省内外知名专家、学者讲学。先后组织开展庆“五四”趣味运动会、永州公安精神大讨论、金点子征集、“团队杯”蓝球比赛、警察志愿者活动、入党宣誓仪式等活动，宣传科争取市级媒体支持，联络市电视台、广播电台和网络媒体对永州公安机关开展的各类活动进行报道。2011年4月开始，市公安局在全市公安机关中开展为期半年的“学国学经典，提升整体素质”读书活动，在市公安局内网开设专页刊登民警的读书心得进行交流，将日常理论学习与业务知识、科学文化知识以及人文历史、文明礼仪、成功励志等方面的知识结合起来。市公安局民警代表市直政法系统参加永州市“迎建党90周年，创书香型家庭”电视抢答赛并获得二等奖；4月下旬，市公安局“弘扬永州公安精神，创建优秀公安团队”先进事迹报告团在全市11个县（区）进行巡回报告，宣讲徐家井派出所等2个先进集体，江华瑶族自治县公安局社区民

警唐十一等6人的感人事迹，生动诠释永州公安“忠诚、公正、廉明、团结、服务、奉献”的精神。全市各级公安机关先后举办不同层次的演讲比赛、歌唱比赛、体育比赛等团队活动，在全警上下营造“激情工作，快乐生活”氛围。2012年，市公安局坚持文化悦警，以良好的文化氛围愉悦民警身心。各警种、各部门纷纷结合各自工作特点，对办公室和楼道过道进行全新的文化设计、装饰。警令部在办公室设计笑脸墙、咖啡角；后装部将会议室升级改造成集荣誉室、阅览室、休闲室于一体的警营文化室，刑侦支队将文化长廊建成各县（区）刑侦大队展示的平台，巡特警支队设计体现特警雄风主题的“三个主题文化墙”。市公安局机关结合民警的兴趣爱好，组建书画、摄影、体育等兴趣小组，充分发挥警营内部体育爱好者的核心骨干作用，组织全警开展经常性的体育健身活动，倡导每一名民警至少有一项体育运动爱好项目。由工会、机关党委、团工委、妇委会和关协委牵头，组织开展全市公安机关羽毛球、乒乓球、围棋、“亲子共诵古诗词”比赛以及老年门球赛、优秀团队知识抢答赛等一系列活动。成立警营志愿者服务队，春节期间慰问老同志或烈士遗属，表演文艺节目送温暖。2013年，市公安局坚持以“激情工作、快乐生活”为主题，全面推进和谐警营建设。全市各级政工部门充分发挥工青妇群团组织作用，开展各类球赛、棋赛、登山、自行车等群众性文化活动，不断增强队伍凝聚力。建设永州警察文化展览室和荣誉室，以展板、实物、视频资料等形式，展示永州公安获得的荣誉和优秀团队建设成果，激励民警学先进、赶先进、争先进。

2014—2015年，市公安局组织开展各种形式的文化活动，以喜闻乐见的形式动员民警积极参与，提高民警热情，增强队伍凝聚力。市公安局组织永州市“我身边的人民警察”征文、摄影大奖赛，全市共有43件作品在大奖赛中获得奖项。在内网开设优秀团队建设专栏，搭建学习交流平台，录制和启用优秀团队建设彩铃，编印优秀团队建设书籍《团队之魂》。开展《永州公安团队之歌》征集工作，收录13首全市公安民警原创歌曲并制作成专辑。举办“团队之歌大家唱”歌咏比赛，来自12个县（区）公安局（分局）和市公安局局属单位、消防支队共32支代表队参赛。启动文化建设升级改造工程，完成机关一楼大厅、走廊文化建设改造和院内“文化石”景观建设。警令部、禁毒支队、道县公安局和江华瑶族自治县公安局编印警营文化建设主题丛书。江永县公安局编印规范化读本，以“一所（队）一特色、一警一爱好”开展“一室一廊一院”文化建设，金洞公安分局打造服务、业务、管理、廉政、红色、绿色“六色文化”。

人　物

一、人物传记

廖广球　男，中共党员，1943 年 1 月出生，高中文化，1962 年 11 月参加工作，生前系道县公安局预审股教导员，三级警督警衔。1994 年 7 月 23 日，廖广球在洪水中帮助群众抢救财物，奋不顾身排除电源危险时，不幸遭受电击，以身殉职，年仅 51 岁。

廖广球出生在衡南县一个贫苦农民家庭，1962 年 11 月在道县大米厂参加工作，1965 年调入道县粮食局工作，并转为国家正式干部；1979 年 10 月，因工作需要调入道县公安局预审股工作，1984 年 8 月加入中国共产党。在 15 年的公安预审工作中，廖广球兢兢业业、任劳任怨，先后办理各类刑事案件 467 件，其中重大案件 108 件，为国家和人民挽回经济损失 20 万余元。他曾先后 6 次被评为县公安局先进个人，2 次被县政府记功。1986 年出席零陵地区先代会，1993 年被道县人大授予“优秀人民警察”称号。

1994 年 7 月，道县遭受特大洪水袭击，最高水位达 176.1 米，超过警戒水位 6.1 米，大半个县城被洪水淹没，群众的生命财产受到严重威胁。洪灾发生后，全县公安民警、武警官兵响应县委、县政府号召，全力投入到抗洪救灾战役中，连日连夜严防死守，直至肆虐的洪峰退却。7 月 23 日上午，廖广球在看守所预审室审讯完犯罪嫌疑人后，与同事驱车到湖南跃进机械厂调查该厂发生的一起流氓团伙案件，晚上 9 时许返回县城。返程中，廖广球决定到营江路段查看另一起案件的出事现场，当车行至西关桥时，因公路被洪水淹没，车辆不能通行，廖广球下车涉水回道江镇北门居委会月亮塘巷自己家中。其时月亮塘巷一片汪洋，刚回家不久，听到邻居何新英及小孩的哭喊声，廖广球连上衣都没有穿就同儿子廖勇到何新英家查看情况。何新英的丈夫在广州打工，家里只有她及两个小孩（一个 11 岁，是先天性瘫痪残疾人；另一个 9 岁），家里的家具电器搬不动，眼看就要被洪水淹没，不知道怎么办。廖广球立即召集儿子及邻居一同帮助何新英抢救财物。经过紧张的抢救，几件大的家具、电器基本被搬出。这时廖广球发现墙上的多用插座即将接近水面，如果插座被水淹没，水面就将成为一张电网，所有参与抢救财物的人随时会有生命危险。在这一刹那间，廖广球不顾个人安危，奋勇排险。由于电源插座被水浸湿带电，廖广球在伸手拔取插座的一瞬间被电流击倒，经抢救无效不幸以身殉职。

1994 年 10 月 31 日，公安部追授廖广球全国公安系统二级英雄模范称号。1995 年 1 月 14 日，湖南省人民政府批准其为革命烈士。

马后有 男，1954 年 1 月出生。1971 年 7 月加入中国共产党，1974 年 1 月应征入伍。1977—1978 年，在吉林省军区教导队任卫生员、班长。1978 年 8 月转业，任湖南省原零陵县花桥公社财税所所长。1979—1986 年，先后任零陵县坪塘公社武装部干事、副部长、部长，牛角坝乡副乡长。1986 年调任花桥派出所副所长，先后任花桥街乡派出所所长，永州市公安局冷水滩分局拘留所教导员、所长，冷水滩看守所教导员。2003 年 12 月，任看守所代理所长，二级警督警衔。2004 年 2 月 17 日，因劳累过度，心血管病突发，牺牲在监管工作岗位上，年仅 50 岁。

1986 年 10 月，马后有调原冷水滩市（县级）公安局工作，奉命筹建花桥街乡派出所，并任第一任所长。当时的花桥街乡派出所只有 4 名民警，租借地税所一间 20 平方米的房间作为办公场所，条件十分艰苦。马后有带头勤俭节约，下村办案从不用车，徒步跑遍零陵、东安、邵阳 3 县（市）接壤的 20 多个乡镇 200 余个自然村，从节约一点一滴办案经费起，在 2 年时间内，筹措资金建起一幢 300 余平方米的办公楼、700 平方米民警宿舍楼。2001 年 2 月，马后有调任冷水滩公安分局治安拘留所所长。当时的治安拘留所大门口护坡垮塌，监舍陈旧破烂，且欠债务数千元。马后有没有被困难吓倒，带领全所民警发扬吃大苦、耐大劳、干大事的顽强作风，自己动手砌护坡，栽花种树搞绿化，并清理臭水沟，自己动手给办公楼、围墙、监舍外墙贴瓷砖。为了让被治安拘留人员受到更好的教育，马后有带领一班人建起图书室、医务室、教育室、管教室、娱乐室、澡堂，改善被治安拘留人员生活、学习、教育的条件。通过马后有及民警 2 年的艰苦奋斗，冷水滩公安分局治安拘留所在 2001—2002 年先后被省公安厅授予“达标治安拘留所”“人民满意公安基层单位”“全省公安监所深挖犯罪工作先进单位”“全省公安监管信息工作先进单位”，被公安部监所管理局授予“全国监管系统先进达标单位”，荣立集体三等功1次，该所的先进管理经验被推广到全省公安监管系统。

马后有从事公安工作18年，每天工作在十六七个小时以上，放弃所有的节假日休息时间，直至生命的最后一刻仍工作在岗位上。马后有组织侦破各类刑事案件1100余起，查处各类治安案件2700余起，调处各类纠纷4000余件，抓获各类违法犯罪人员510余人，为国家和人民群众挽回经济损失320万元。他先后10次被评为市（区）先进工作者，7次受嘉奖，4次荣立个人三等功。

2004年2月17日17时40分，市公安局冷水滩分局看守所的民警正在会议室开会，所长马后有传达当天上午公安部召开的侦破命案专项行动电视电话会议精神，安排当年的监管工作。在布置完最后几项工作后，马后有脸色苍白、冷汗淋漓，倒在会议室的椅子上。战友们搀扶马后有离开会议室时，发现他的下肢已经不听使唤，虽经急救中心30多分钟的紧急抢救，最终没有挽回马后有的生命。战友们为马后有整理遗容时，发现马后有在生命的最后一刻，手里还紧紧地捏着那份没来得及宣布的侦破命案的行动方案。

2004年11月3日，公安部追授马后有全国公安系统二级英雄模范称号。

蒋学远 男，1964年12月出生，汉族，中共党员，大专文化，湖南省宁远县水市镇杉权园村人。1984年4月参加工作，曾任宁远县梅岗乡团委书记，宁远县公安局梅岗派出所、大界派出所、大阳洞派出所民警，宁远县香花铺乡副乡长，宁远县公安局天堂派出所副所长、水市派出所教导员。1999年2月任鲤溪派出所所长，二级警司警衔。1999年9月18日凌晨，执行任务途中为抢救他人英勇献身。

蒋学远在担任鲤溪派出所所长的4年里，加班加点446个工作日，指挥和参与侦破的各类刑事案件112起，抓获犯罪嫌疑人134人，为人民群众挽回经济损失40余万元。蒋学远心地善良，乐于助人，先后帮助多名失学儿童重返校园，多次被评为先进工作者。

1999年9月16日下午，宁远县公安局接报：1998年在宁远柏蒋公路川山路段持械枪劫6次，打伤司机、货主并抢得现金1000余元的重大批捕在逃犯罪嫌疑人蔡国球、雷涛在广东省东莞市茶山镇麒麟工业区出现。案情就是命令，蒋学远立即召集所里民警研究制订抓捕方案，次日上午赶到县公安局向主管局领导汇报并提交行动方案获批准。当时因派出所各项工作任务繁重，加之蒋学远本人身患肾结石病，局领导安排副所长徐克光带队实施抓捕，蒋学远留所开展日常工作。但蒋学远主动请战："东莞市公安局我去过两次，熟悉那里的民警，我去联系工作会方便一些。我的身体也能挺得住，让克光在家主持工作吧。"局领导被他的执着和真诚所感动，批准其带队执行抓捕任务。下午，蒋学远回所召开所务会，传达县公安局的追逃部署，将日常工作作出详细的安排后交付副所长徐克光，并向镇党委、镇政府主要领导汇报情况，到县公安局办完有关手续已是晚上 9 时，民警请示蒋所长是否等第二天出发，蒋学远坚定地说："犯罪分子一有风吹草动就会逃跑，我们今晚出发，明天天亮前就可以赶到目的地，这对我们的抓捕工作更有利。"1999 年 9 月 17 日晚 11 时 20 分，蒋学远没有来得及与妻子女儿道别，就带领民警和 2 名协助工作的镇干部踏上追逃抓捕征途。

蒋学远一行途径郴州市嘉禾县时，因连日暴雨导致洪水猛涨，路面被洪水淹没，车子一时失去控制，被冲入洪水暴涨的河流之中，同车人员均逃离车辆落入湍急的洪流中。当时，同车 1 名女性在漩涡里挣扎，生命危在旦夕。蒋学远挺身而出，奋力将落水女同事推上岸，自己最终因体力不支，被卷入肆虐的洪流之中，牺牲时年仅 35 岁。

宁远县委、县政府在公安局为他举行隆重的追悼会，数万群众自发前来为英雄送行。1999 年 11 月 24 日，公安部追授蒋学远全国公安系统一级英雄模范称号。

李国勤 男，汉族，1965 年 7 月出生，中专文化，1985 年 7 月参加工作，历任宁远县公安局荒塘瑶族自治乡派出所所长、县公安局刑侦大队正股级侦查员、中和派出所所长。1996 年 12 月 28 日，李国勤在抓捕犯罪嫌疑人时遭到犯罪嫌疑人亲属围攻，因伤势过重，壮烈牺牲，年仅 31 岁。

李国勤出生于宁远县柏家坪镇礼仕湾责任区彭家村一个农民家庭，父母都是朴实的农民。李国勤从小就品尝了生活的艰辛，上学后如饥似渴地学习知识，成绩优异。1983 年 7 月，李国勤在宁远六中高中毕业后，以优秀的成绩和良好的身体素质考入湖南省人民警察学校。1985 年 7 月，李国勤从警校毕业分配到宁远县公安局鲤溪派出所工作。1986 年公安机关在乡镇建立派出所时，李国勤被任命为荒塘瑶族自治乡派出所所长。荒塘瑶族自治乡作为全县最边远的瑶族乡，自然环境恶劣，经济条件差，文化落后。在如此艰苦的条件和环境下，李国勤一干就是两年。在这两年里他用一双脚走遍了瑶乡的山山岭岭，不知磨坏了多少双鞋，默默奉献着自己的青春、智慧和爱心。

1989 年 6 月，李国勤调入宁远县公安局刑侦大队任正股级侦查员，在这个岗位上一干就是7年。在刑侦大队破获的有影响的重大疑难案件中，他总是身先士卒，战斗在刑侦工作一线。1994年6月，县贸易公司发生一起盗窃案，16台电冰箱和157箱农药等价值8万多元的物资被盗，李国勤与队友冒着酷暑连夜走访摸排，最终查明此案系郴州市嘉禾县广发乡一伙惯盗所为。李国勤和他的战友在广发乡一带连续设伏3昼夜后，得知犯罪嫌疑人已逃往广东韶关。李国勤又与局长助理唐成元连夜赶赴韶关，抓获犯罪嫌疑人李某勇。当时李国勤因重感冒未愈高烧到40℃，连日作战后更是体力不支，李国勤去诊所打了退烧针，带病连夜审讯，直到案件线索突破。1996年4月1日凌晨，宁远县舜陵镇湖广联合机砖厂发生1起暴力抢劫案，制砖厂厂长、省人大代表彭某平等3人被打伤，价值1.6万余元的财物被抢。李国勤与战友奋战2个多月，走访湖南、广东6个地（市）13个县（区），调查取证材料上千份，重达2公斤，终于破获以郑某文为首先后在湖南省和广东省13个市县抢劫作案28起，杀死2人、杀伤多人（其中重伤3人），抢得财物价值50万余元的重大抢劫团伙。几年当中，李国勤为主参与侦破各类案件425起，其中重特大案件148起，抓获违法犯罪人员570人，为人民群众挽回经济损失95万余元。

1996年11月，李国勤离开刑侦队到治安情况复杂的中和派出所任所长。1996年12月28日上午，李国勤与同事到中和镇慕投责任区新村调处一起伤害案件，并调查被上海市金山县公安局通缉的特大批捕在逃犯罪嫌疑人欧阳某杰是否潜逃回家的情况。当得知欧阳某杰已经潜回家时，李国勤即刻带领一名同事前往抓捕。李国勤与同事赶到经慕投农贸市场时，发现在逃犯罪嫌疑人欧阳某杰正在一麻将桌旁围观，两人迅速将欧阳某杰抓住。欧阳某杰自知罪孽深重，拼命拒捕，并抢过手铐猛击李国勤的头部。在犯罪嫌疑人父亲的帮助下，欧阳某杰袭警后挣脱逃跑，民警按照枪支使用规定，果断鸣枪警告。在犯罪嫌疑人不听警告并继续加速逃跑的情况下，民警依法开枪射击，命中目标。李国勤与战友随即遭到犯罪嫌疑人亲属的围攻，李国勤在头部被酒瓶击破，身体多处受伤的情况下，抱住组织围攻民警但已受伤的犯罪嫌疑人的父亲欧阳某秋，对闻讯前来制止歹徒行凶闹事的村干部说："快去叫一辆车来拉欧阳某秋去医院治疗。"为了保护战友的生命安全，他果断命令其快速撤离危险区向局里报告情况，自己则留在现场面对所有危险。犯罪嫌疑人亲属丧心病狂地用砖块、石头、棍棒等凶器对李国勤的头部等多处进行打击。李国勤在生命垂危的情况下仍对攻击自己的犯罪嫌疑人的亲属说："你们不要打我了，快把欧阳某秋送医院治疗。"李国勤终因伤势过重，于当日下午5时壮烈牺牲，年仅31岁。

1996年12月31日，宁远县委、县政府在县体育馆为李国勤举行隆重的追悼会，数万群众自发为英雄送行。1997年12月5日，湖南省政府批准李国勤为革命烈士，同年12月10日，公安部追授李国勤全国公安系统二级英雄模范称号。

彭海燕 男，汉族，中共党员，湖南宁远县人，1965年9月出生，大专学历。1991年11月入警，历任宁远县森林公安局民警、派出所副所长、所长等职，2008年3月调任宁远县森林公安局消防股副股长。2011年12月26日，因劳累过度突发心脏猝死症病逝，年仅46岁。

彭海燕先后参与组织侦破各类森林刑事案件47起，办理前林业部副部长祝光耀批示的国有九疑林场滥伐林木案、“11·7”重大森林火灾案和以山林流转为幌子涉案金额达200多万元的合同诈骗案等重特大刑事案件，抓获犯罪嫌疑人43人，追捕在逃犯罪嫌疑人7人。2004年3月，他临危不惧，只身一人在白云山林场与6名盗伐林木犯罪嫌疑人斗智斗勇，先发制人抓获团伙成员1人，为最终破获该犯罪团伙立下首功。

2010年，彭海燕被检查出心脏疾病，医嘱需加强调养，忌劳累，但他放不下手中的工作，病情稍稍稳定，又揣着药回到工作岗位，坚守在工作一线。在他生命的最后一个双休日，彭海燕还在亲手经办2起森林案件，参与组织扑救2起森林火灾，两天里连续工作30个小时，最终因劳累过度引发心脏猝死症。

彭海燕清正廉洁，在白云山林场一干就是12年，从未领过足额工资，更没有其他补助、福利。工作了大半辈子，彭海燕一家三口仍然蜗居在城郊租赁的一间26平方米的平房内，但他始终坚守岗位。对身患精神病需要长年照料的妻子，彭海燕十多年如一日，不弃不离，悉心照顾。为照顾女儿在县城读书，生活贫困的他在城郊租住廉价陋室，为节约一点租金多次搬家，但他从不言苦，每天微笑对人，乐观生活。

彭海燕去世后，国家林业局副局长孙扎根在彭海燕事迹材料上批示：这是林业公安战线的一个榜样，值得学习，应予宣传。《人民日报》（2012年6月14日第6版）、《中国绿色时报》（2012年4月2日第3版）、《永州日报》（2012年2月17日第5版）、“法制网”、“湖南改革网”、“红网”、“永州网”等媒体先后对他的先进事迹进行专题报道。2013年5月16日，公安部追授彭海燕全国公安系统二级英雄模范称号。

彭土顺 男，1967年3月7日出生在新田县枧头乡彭梓城村，1987年7月毕业于湖南怀化师范专科学校，同年8月分配到新田县二中任体育老师，1989年9月借调到新田县公安局治安巡逻队工作，1991年8月正式调入公安机关，被分配到大坪塘派出所工作，二级警司警衔。1996年6月7日凌晨，彭土顺在参加全县“严打”第二战役对金盆圩乡骆铭孙村数名犯罪嫌疑人的搜捕行动中牺牲，年仅29岁。

1986年冬天，在怀化师专体育系读书的彭土顺放寒假回到家中，一天夜里，两名盗窃嫌疑人窜入邻居家作案时被彭土顺发现。面对手持凶器的犯罪嫌疑人，彭土顺临危不惧，在头部遭棒击的情况下，他忍痛追出200多米，仍将1名犯罪嫌疑人擒获扭送到当地派出所。

参加公安工作以后，彭土顺被分配至大坪塘派出所，辖区内治安情况复杂，警力少，案子多，彭士顺先后参与侦破各类刑事案件230起，抓获各类违法犯罪人员87人。在同违法犯罪行为作斗争中，彭士顺曾10次受伤。他先后2次受到县委、县政府表彰，2次受到县公安局嘉奖。1992年10月1日彭土顺结婚，第二天便上班，没有休一天婚假。彭士顺在大坪塘派出所工作4年，4个春节都是在所里度过的。

1989年10月，某日凌晨2点，彭土顺与巡逻民警在县市政公司门口抓捕正在进行赌博的盗窃犯罪嫌疑人，犯罪嫌疑人跳入5米深的日西河，彭土顺奋不顾身纵身跳进河中，脚后跟被河底一块玻璃划开一道口子，他忍痛将犯罪嫌疑人抓获。事后彭士顺因脚伤到医院缝合15针，但就在第二天他又带伤坚持上班。

1993年10月28日，彭土顺接到命令，配合新圩派出所民警到大坪塘乡长富村执行抓捕任务，抓捕涉嫌强奸、抢劫、流氓和拐卖人口重大刑事犯罪嫌疑人张某民。张某民身高体壮并习武功，累有劣迹。彭土顺主动请战，与另两名民警担任主攻手。次日凌晨1时，行动组迅速包围犯罪嫌疑人住所，彭土顺一脚蹬门，奋勇当先与犯罪嫌疑人搏斗，任凭犯罪嫌疑人施展武功拳脚，彭士顺死死抱住对手，在战友们的支援下最终将犯罪嫌疑人制服并戴上手铐，当即扭送到县公安局进行突审。

1994年5月上旬，因对涉嫌强奸的犯罪嫌疑人陈某达几次布控抓捕未果，彭土顺接受特殊任务，以生意人的身份乔装打扮，到犯罪嫌疑人陈某达住处监视并伺机出击。经过几天几夜的守候，目标终于出现。彭土顺来不及与所里联系，果断出击，只身一人将犯罪嫌疑人擒获。

1995年4月，按全省反盗抢机动车辆统一专项行动部署，彭土顺在所长的带领下，连续一周深入辖区调查摸底，很快掌握知市坪乡曾家边的曾某文有盗车重大嫌疑。经过秘密传讯和两天两夜的突审，曾某文供出与齐某会等人合伙作案，盗窃本地和外地手扶拖拉机的犯罪事实。彭土顺与战友们不顾连续作战的疲劳，当即直扑离知市坪乡3公里的齐家村，将主犯齐某会抓获，整个行动不到一小时。继而开展取证、追赃、追捕同案犯罪嫌疑人工作。在2个月时间里，彭土顺与战友们行程万里，先后到蓝山、桂阳、临武及广东的望中等地取证11份，查找失主8名，追缴赃车8台，以曾某文、齐某会为首的特大盗窃犯罪团伙案终于告破，专案组受到市公安局的嘉奖。

1995年6月7日，彭土顺与派出所民警前往大坪塘火柴岭冬毛山自然村抓捕被广东警方通缉的盗窃犯罪嫌疑人谢井某和谢龙某。彭土顺与战友们冒雨出勤，在道路泥泞、夜黑路滑的不利条件下，克服困难，在深夜12点赶到目的地，按照预定方案很快将在逃犯罪嫌疑人围捕并抓获。犯罪嫌疑人亲属暴力抗法，凭借人多势众，不听民警的再三警告，抢夺犯罪嫌疑人。犯罪嫌疑人借机多次挣脱，彭土顺发挥自身的体能优势，始终冲锋在前，不顾自己的脚伤，奋力擒住不断反抗挣脱的犯罪嫌疑人，直至将其成功抓捕归案。

1996年6月6日晚，新田县公安局开展“6·7”“严打”搜捕行动，彭土顺接到上级行动命令后，于当晚11点半赶到县公安局待命。翌日凌晨1时，全体民警集合出发。3时40分左右，各行动小组在骆铭孙村用最快速度捕获刑事犯罪嫌疑人12人。彭土顺所在的行动小组在抓捕第二名缉捕对象时，少数不法分子煽动不明真相的群众手持鸟枪、土炮、梭标、石块等器械，趁黑夜对执行抓捕任务的民警进行围攻，发生多次阻拦、抢夺犯罪嫌疑人行为，皆都被民警制止，行动小组成功抓获犯罪嫌疑人。在出村途中，彭土顺负责殿后，为避免在混乱中误伤村民，他一面对参与围攻的群众进行规劝和警告，一面冒着生命危险用自己的身躯竭尽全力阻挡不明真相的群众向押解犯罪嫌疑人的民警靠拢，防止被押解的犯罪嫌疑人脱逃，拼命掩护行动组撤出危险区。当行动小组行至村口时，民警再一次遭到不法分子围攻，彭土顺倒在混乱的枪炮声中，终因失血过多，光荣牺牲。

彭土顺牺牲后，中共新田县委作出决定，追认彭土顺为中国共产党正式党员。1997年5月9日，湖南省人民政府批准彭土顺为革命烈士。1998年11月4日，湖南省公安厅追记彭土顺个人一等功。

唐奎林 男，汉族，1968年3月15日出生，大专学历，1989年5月参加公安工作，二级警司，生前系湖南省永州市公安局交警支队冷水滩大队河西中队科员。2004年10月，唐奎林牺牲在执勤岗位上，年仅36岁。

1988年，唐奎林参加工作时只有高中文化，为适应公安工作，自费报考零陵学院，用三年时间取得零陵学院的大专毕业证书。刻苦自学使他成长为冷水滩交警大队的业务骨干，并赢得专识假牌假证、专辨改装改型车辆、专修疑难问题车辆及专驾被查扣的农用车、超宽、超重等车辆的“专业户”美誉，大队每次组织业务考试，唐奎林的成绩总是名列前茅。

2000年11月的一天，冷水滩交警大队民警在检查冷水滩区水浪坝驾驶员廖某新的驾驶证后准备放行时，唐奎林及时赶到，慎重地重新检查廖某新的驾驶证，一眼识破该证系假证。通过审查，挖出一个制假售假的犯罪团伙，收缴12名驾驶人购买的假驾驶证。唐奎林发挥自身专长，配合刑侦部门，参与或协助破获各类涉车刑事案件60余起。

唐奎林参加工作15年，一直战斗在交通管理第一线。15年里纠正交通违章3万余起，扣留无牌无证车辆1. 1万余台，曾先后3次被市公安局评为先进工作者，3次受到市公安局嘉奖。

唐奎林的工作岗位在冷水滩河西农工商铁道路口段，路面狭窄，人车路交通要素复杂。他平均每天为来往车辆办理60多张通行证，协助其他值班民警疏导交通，每天平均执勤7个小时，挥动手臂6200多次，纠正各类违章500多次，喊话100多次。

2002年春运期间，从广东打工返乡的邵阳五丰铺女青年在冷水滩火车站下车后钱包被盗急得大哭，正在执勤的唐奎林问明情况后，毫不犹豫地掏出身上仅有的120余元零钱，并从队友身上凑齐一笔钱帮该女青年买好返乡车票后护送其上车。冷水滩二小三年级136班特困生陈某健因家庭困难，濒临辍学，唐奎林得知情况后，立即与学校联系代其交纳学费，并在中队发起助学捐款，为其筹得2250元学费交给学校领导，解决该生的入学问题。

1996年9月18日8时30分，正在冷水滩果蔬大市场路段执勤的唐奎林，得知一名妇女钱包被抢的情况后，立即出手，迅速追赶。抢包得手的犯罪嫌疑人右手拽着提包，左手抄着一把砍刀拼命狂奔，唐奎林不顾个人安危，果断拦下一辆过路摩托车冲向犯罪嫌疑人。唐奎林在接近犯罪嫌疑人时飞身跳下摩托车将其扑倒在地，将犯罪嫌疑人制服后与随后赶来的战友一起将其扭送到城南派出所。

2004年10月15日上午，唐奎林等3名交警在冷水滩区零陵中路查处1起交通违法行为后，接到中队指令赶赴冷水滩区潇湘大桥疏导交通。此时被查扣违法车辆的司机罗某荣心怀不满，伺机报复。9 时 10 分，罗某荣窜至潇湘大桥，乘唐奎林专心疏导交通之际，持刀突然对准唐奎林的左胸及腰部连刺三刀。为保护在场群众的安全，身负重伤的唐奎林奋不顾身，扑上前去将犯罪嫌疑人抱住，与其奋力搏斗，罗某荣穷凶极恶地又朝唐奎林头部猛砍一刀后逃离现场。唐奎林因伤势过重，不幸牺牲。

唐奎林牺牲后，冷水滩交警大队党委根据其生前表现，追认唐奎林为中共党员。

2006 年 3 月 16 日，湖南省人民政府批准唐奎林为革命烈士。同年 9 月 28 日，湖南省公安厅追记唐奎林个人一等功。

杨勇飞 男，汉族，1978 年 6 月 15 日出生，大学文化，中共党员，一级警司。2002 年，杨勇飞毕业于湖南公安高等专科学校经济侦查系经侦专业，2003 年 11 月参加公安工作，被分配到道县公安局祥霖铺派出所工作，历任副所长、代所长，2010 年 9 月任所长。2011 年 5 月 13 日，杨勇飞与同事在祥霖铺向阳村出警时，为防止手持凶器的犯罪嫌疑人伤害无辜群众，不顾个人安危，挺身而出，被犯罪嫌疑人用锄头击中头部后抢走配枪并开枪射击，杨勇飞不幸壮烈牺牲，年仅 33 岁。

2003 年，杨勇飞被分配到社情复杂、治安问题较为突出的三县交界的祥霖铺派出所工作。由于祥霖铺派出所警力不足，很长时期只有 5 名民警，工作量大。杨勇飞勇挑重担，在担负辖区刑事案件的侦办、治安案件的查处、5 个村的治安防范包片等多重工作的同时，从 2003 年到 2007 年还兼任内勤和户籍管理工作。杨勇飞吃住在所里，放弃双休日，夜以继日地工作。杨勇飞不仅是侦查破案的能手，是辖区治安情况的活“资料库”，还是群众的贴心人，群众有困难，找到他就找到了放心。

2007 年 6 月 7 日，道县普降大雨，祥霖铺万亩脐橙基地积水越来越深，若不开匣泄洪，挂果的的脐橙将全部被淹没，损失惨重。凌晨 1 时许，基地负责人拨通道县公安局祥霖铺派出所报警电话求救，正在值班的杨勇飞接到求助电话后，从床上爬起来穿上雨衣，驾车就往脐橙基地赶。原祥霖铺镇分管政法的党委副书记蒋树万也赶到现场。决定实施开闸泄洪措施时，因闸门太重起闸失败。紧急关头，杨勇飞甩掉雨衣，扛起一把铁锹跳进水里，用铁锹撬动沉重的水泥闸门，笨重的闸门终于被吊起，成功泄洪，保护了万亩脐橙基地的生产安全。

2008 年 1 月 24 日清晨，杨勇飞发现一个又黑又瘦的中年男子倒在派出所门口，急忙将其扶到值班室，给其喂过一杯温水后，敲开一家商店的门，为男子买来食物。该男子系四川人，在广东打工，因没拿到工钱，徒步回家与家人团聚，又冷又饿中迷路走失方向。杨勇飞安慰中年男子说："不要怕，有我们在，我们一定要让你平安回家的。"杨勇飞送他到县汽车站，买好去长沙的车票，把袋里的500元钱全部递到中年男子手中。中年男子感激涕零，连声称谢。

2008年冬天的一个中午，章塘村3组70岁的村民周竹娥因无身份证办不了养老、社保、合作医疗，请求民警为其上户口并办理身份证。杨勇飞耐心地听完老人的陈述并查看老人带来的残缺不齐的资料，当即去村里核实老人情况，帮其从各方面查找有关资料，终于在镇政府的一堆已发黄的厚厚的"四次人口普查"资料中查找到老人的身份信息。之后，他又专程到县城用最快的速度帮老人办好户口，解决了老人长久以来的难题。

"公安工作本身就是危险的，我是学公安的，不干这个干什么？既然选择了这项职业，我只有往前冲，没有退缩的理由！"杨勇飞是这样说的，也是这样做的。

2007年6月，祥霖铺镇达头山一杨姓年轻人，因向父母要钱未果，持刀追杀其父母。杨勇飞冒着生命危险勇夺年轻人手中刀，在自己的脸被抓伤、手被咬伤的情况下，成功将其制服。

2008年3月，辖区大车村一间歇性精神病人病发肇事，放火烧屋，并持棒威胁、追打救火群众。杨勇飞置自身安危于不顾，在烟熏火燎中，设法控制精神病患者，保护群众生命安全。

由于祥霖铺镇地处三县交界处，治安形势十分复杂，吸贩毒现象一度十分猖獗，为遏止辖区涉毒违法案件高发势头，他采取倒查法，从吸毒人员入手，顺藤摸瓜，查毒贩，捣毒窝。他多次乔装打扮，深入社情最复杂的向阳村，贴近侦查，掌握大量违法犯罪证据后，杨勇飞在黎明时分果断进入村落中心，将贩毒犯罪嫌疑人蒋某密、蒋某太抓获。"二蒋"落网后，辖区的涉毒违法犯罪活动蔓延势头被有力遏止。在当年初开展的专项行动中，他带领民警主动出击，开展反盗抢、追逃、破积案工作，一个月内追回5名网上在逃犯罪嫌疑人，破获刑事案件12起，抓获违法犯罪嫌疑人9人。

2008年5月，祥霖铺镇连续发生多起入室盗窃案件，犯罪嫌疑人十分猖狂，不但晚上作案，白天也敢翻墙入室，甚至主人在家也溜门入室进行盗窃。杨勇飞采取公开与秘密相结合的侦查方式，深入群众调查摸排线索。经过3个多月的艰苦侦查，成功抓获疯狂作案的犯罪嫌疑人蒋某任，破获系列盗窃案件16起，涉案价值8万余元。蒋某任落网后，群众自发送锦旗到派出所，感谢公安民警。

为扭转集镇治安混乱局面，杨勇飞从担任所长主持工作后，将圩日巡逻列为工作重点，每逢圩日，带领民警上街巡逻、反扒、调处矛盾纠纷、查处打架斗殴治安案件。经过一年多的巡逻防控，祥霖铺集镇治安混乱局面得到根本好转，扒窃、盗窃、打架斗殴现象大幅下降。

2011 年 5 月 13 日上午，辖区向阳村四组村民毛某妹报警称遭到家庭暴力。杨勇飞及其同事会同镇司法所所长周局光前往处置，依法询问王某园、毛某妹夫妇后开展调解工作，毛某妹及其婆母对民警的调解工作较满意。毛某妹为让派出所管教其丈夫王某园，以免自己常遭皮肉之苦和挽救自己濒临破裂的家庭，向派出所民警举报其丈夫王某园赌博，并曾盗窃正在修建的高速公路建材的事实，且有部分尚未卖掉的钢筋放在家中一座老房子内。民警遂进入房内调查，对规格不一的钢筋进行登记，杨勇飞安排副所长郭件平对王某园进行询问，自己在屋内拍照，搜集证据。王某园害怕自己盗窃罪行暴露，当即心生歹念，趁郭件平低头记录时，悄悄移至身后墙边，抓起一把锄头朝郭的头部猛击，郭件平遭袭晕倒。王某园丧失理智地又挥锄冲向村主任王本化与自己的妻子毛某妹。杨勇飞在紧急关头挺身而出，制止行凶，王某园当即朝杨勇飞劈过一锄头，被杨勇飞躲过，王母向某娥上前抱住王，王一脚将其母踹倒在地，举起锄头追打刚从屋内跑出的司法所长周局光。杨勇飞为制止王某园继续行凶，拔出配枪上膛，喝令王某园放下凶器。王某园突然转身，用锄头击中杨勇飞左肩，杨勇飞当即晕倒在地，丧心病狂的王某园趁机抢过杨勇飞的配枪，朝杨勇飞头部开枪射击，杨勇飞当场壮烈牺牲。

杨勇飞出殡的当天，祥霖铺镇数千群众自发冒雨赶到 30 余公里外的县城，打着雨伞默默站立，含泪为杨勇飞送行。

2011 年 7 月 8 日，湖南省人民政府批准杨勇飞为革命烈士。同年 9 月 28 日，湖南省公安厅追记杨勇飞个人一等功。

二、英模事迹简介

王恩琴　女，汉族，吉林省德惠市人，1945 年 3 月出生，高中文化，1964 年 1 月参加工作，1979 年 3 月加入中国共产党，一级警督警衔，2005 年 3 月退休。

1964 年 11 月—1971 年 3 月，在湖南省第一监狱当工人；1971 年 3 月—1971 年 12 月，在零陵地区人民保卫组当工人；1971 年 12 月—1975 年 5 月，任零陵地区公安处民警；1975 年 5

月—1979 年 12 月，任原零陵县公安局东风镇派出所民警；1979 年 12 月—1980 年 9 月，任原永州镇公安局内保股民警；1980 年 9 月，任原永州镇公安局城北派出所副指导员；1984 年 7 月，任原永州市（县级，下同）公安局城北派出所副所长；1992 年 8 月，任原永州市公安局城北派出所副主任科员；1994 年 4 月，任永州市公安局芝山分局城北派出所主任科员；1999 年 6 月，任永州市公安局芝山分局徐家井派出所副处级侦查员。

王恩琴带领民警抓获并审查各类违法犯罪人员 4063 人，破获各类案件 2937 起，处理调解民事纠纷 4000 多起，为国家和群众挽回经济损失 60 万多元。

1986 年 5 月的一天，正在城北路执勤的王恩琴在群众的协助下，抓获 2 个正在作案的盗窃犯罪嫌疑人，在扭送派出所的途中，两盗窃犯罪嫌疑人欲挣脱绳索逃跑，王恩琴紧紧抓住绳索不放，被拖出 10 多米远，右手食指被勒破，露出指骨，鲜血直流。王恩琴咬牙坚持，以惊人的毅力将 2 名犯罪嫌疑人制服，王恩琴的右手食指因此受伤致残。

1991 年 3 月某晚，王恩琴带领 2 名民警围堵犯罪嫌疑人，让 2 民警守住楼梯口，自己身先士卒冲上去与几个犯罪嫌疑人正面交锋。其中一身材高大的犯罪嫌疑人手持匕首，一步步逼向王恩琴。王恩琴毫无惧色，持枪死死堵住门口，大义凛然地警告："匕首我见多了，怕死我就不干这一行了。"为王恩琴的凛然正气所震慑，几个犯罪嫌疑人束手就擒。

王恩琴嫉恶如仇，对违法犯罪行为敢于亮剑，毫不姑息；对待人民群众，王恩琴却倾注大爱，无怨无悔。城北派出所辖区 23 名孤寡老人中，有 7 名是由王恩琴直接照料的。逢年过节，王恩琴用自己的钱购买水果点心，挨个探望辖区内孤寡老人。所里组织的每一次"献爱心"活动，她都第一个解囊，尽其所能。

王恩琴先后 3 次立功，4 次受到零陵地委、零陵行政公署及零陵地区公安处嘉奖，21 次被永州市委、市政府评为先进工作者和优秀共产党员。1991 年被零陵地委评为"十佳公仆"，被地委、行署授予"巾帼十杰"称号。1993 年分别被湖南省公安厅、省总工会、省妇联授予"十杰民警""劳动模范""三八红旗手"，当选为湖南省第八届人大代表。1993 年被公安部授予全国特级优秀人民警察荣誉称号。1994 年被评为湖南省模范共产党员。1995 年 2 月被公安部授予全国公安系统二级英雄模范称号，出席公安部、人事部在北京召开的全国公安系统先进集体、英雄模范暨保卫、治保先进集体、先进个人表彰大会，受到中共中央总书记、国家主席江泽民和国务院总理李鹏等党和国家领导人接见。同年 8 月被评为中国警界女十杰，被中华全国妇女联合会评为全国"三八红旗手"。

龚秋光 男，汉族，湖南省新邵县人，1954年9月28日出生，大专文化，1979年11月加入中国共产党，1977年12月参加工作，一级警督警衔，2014年9月退休。

1977年12月—1979年12月，在湖南省零陵县东风镇红卫路居委会当工人；1979年12月—1981年11月，在湖南省原永州市（县级，下同）公安局城南派出所当工人；1981年11月—1984年7月，任原永州市公安局刑事警察大队民警；1984年7月—1993年1月，任原永州市公安局城南派出所副所长、指导员、所长；1993年1月，任原永州市公安局徐家井派出所教导员；1997年12月，任永州市公安局芝山分局刑事警察大队副大队长；1999年10月，任永州市公安局芝山分局涉税犯罪侦查大队副大队长；2002年12月，任永州市公安局芝山分局治安大队主任科员；2009年12月，任永州市公安局零陵分局治安管理大队三级警长。

1982年11月12日下午，群众向正在下班回家路上的龚秋光报告：服刑人员熊某牛从白泥湖劳改农场逃跑，在中山路某个体理发店被人发现。龚秋光来不及请示上级，为赢得抓捕时机，当即委托群众给派出所打电话报告情况，自己迅速横过大街直奔理发店。脱逃服刑人员熊某牛一见警察出现，冲出理发店拔腿就逃，龚秋光紧追两百多米，在将对方逼入一个死胡同时，迅速扑上去，将脱逃嫌疑人紧紧地抱住并死死地压在身下。熊某牛拼命反抗，双手抓住龚秋光的头，张口咬住龚秋光的耳朵。龚秋光忍住剧痛，用头顶住嫌疑人的下巴，就是不放松钳住对方的双手，心中只有一个念头：坚决制服脱逃嫌疑人，绝不让他再次逃脱！直至战友闻讯赶来时，嫌疑人被龚秋光的奋力进攻耗尽体力，无力挣扎，束手被擒，龚秋光却昏迷过去，倒在战友的怀里。

1997年4月，龚秋光被评为“全国优秀人民警察”“湖南省劳动模范”“湖南省公安系统十杰民警”；1998年4月，被全国总工会授予“全国五一劳动奖章”，同月被评为“永州市劳动模范”“市十佳民警”；1999年9月，出席全国公安保卫战线英模表彰大会，被授予“共和国之盾”光荣称号；2000年4月，被国务院授予“全国先进工作者（全国劳模）”称号，两次受到国家领导人接见，公安部原部长贾春旺为龚秋光题词“为湖南永州人民服务”；从警期间曾荣立三等功4次、二等功2次。

刘祖民 男，汉族，1955 年 11 月出生，湖南省永州市零陵区人，大专文化，1974 年 12 月应征入伍，1976 年 7 月 1 日加入中国共产党，三级警监警衔，2015 年 2 月退休。

1974 年 12 月—1977 年 5 月，任吉林省军区某师某团一营三连炮排 60 炮班战士、班长；1977 年 5 月—1978 年 3 月，任沈阳军区某师某团 120 炮连第二排排长；1978 年 3 月—1979 年 9 月，在沈阳军区某步兵学校学习；1979 年 9 月后，历任沈阳军区某师某团第 4 连副连长、沈阳军区某师某团作训股参谋、沈阳军区某师某团三营七连连长、沈阳军区某后勤部战勤处参谋；1985 年 4 月后，历任永州军分区东安县武装部正连级参谋、永州军分区零陵武装部正连级参谋、后勤科副科长、军事科副科长；1997—2000 年 9 月，任永州军分区零陵区武装部副部长，2000 年 9 月转业。2000 年 11 月—2002 年 11 月，任永州市公安局警务督察支队副支队长；2002 年 11 月—2007 年 8 月，任永州市公安局警务督察室副督察长；2007 年 8 月—2011 年 3 月，任永州市公安局交警支队政委；2011 年 3 月—2015 年 2 月，任永州市公安局调研员。

刘祖民从军 27 年，从警 15 年，立足岗位、勤奋工作、恪尽职守，无私奉献，用自己的实际行动在平凡的岗位上诠释一个共产党员的追求。刘祖民多次奋不顾身舍己救人，1985 年 7 月抗洪抢险、1993 年永州“7·6”沉船事件抢险救援中，冒着生命危险战斗，成功救出 2 人、打捞尸体 7 具。1991 年，刘祖民舍生忘死救出误投手榴弹的战友，光荣负伤。2008 年抗冰救灾期间，刘祖民连续 20 余日带领民警坚守抗冰保畅第一线，在衡枣高速分流岗位上连续奋战 6 天 5 夜，风餐露宿，确保永州境内及衡枣高速交通安全与畅通，受到省委常委、副省长于来山和省委常委、统战部长李薇薇等领导的肯定与称赞。

刘祖民退休后，因工作需要，市公安局返聘其专门负责中心城区夜巡查缉工作，他发扬老干部“离岗不离责、退休不褪色、为老不言老”的优良作风，为其热爱的公安事业发挥余热。

刘祖民先后被记个人一等功 1 次、个人三等功 5 次。1991 年，被永州市人民政府记功 1 次并被评为见义勇为先进个人。2001 年 12 月，被省公安厅警务督察处评为“全省公安警务督察系统优秀督察民警”。2008 年 3 月，被省公安厅交警总队评为“全省抗冰救灾先进个人”，同年 4 月，被全国总工会授予“全国五一劳动奖章”，被省人民政府授予“湖南省先进工作者”荣誉称号。2009 年 9 月，被中共永州市委、市人民政府评为“永州市首届敬业奉献模范”。2009 年 12 月，被省公安厅授予“湖南省第二届‘我最喜爱的十佳人民警察’”荣誉称号，并记个人一等功 1 次。

杜宏槐 男，汉族，湖南省永州市东安县人，1967 年 12 月 1 日出生，大学学历，中共党员，1990 年 7 月参加工作，一级警督警衔。

1985 年 9 月—1990 年 7 月，在中国人民公安大学学习；1990 年 7 月—1992 年 5 月，任原永州市（县级，下同）公安局城南派出所民警；1992 年 5 月—1995 月 8 月，任原永州市公安局治安大队科员；1995 年 8 月—1996 年 5 月，任原永州市公安局黄田铺派出所教导员；1996 年 5 月—1997 年 5 月，任永州市公安局芝山分局黄田铺派出所教导员；1997 年 5 月—1999 年 11 月，任永州市公安局经文保支队科员；1999 年 11 月—2002 年 4 月，任永州市公安局经文保支队副支队长（副科职）；2002 年 4 月—2002 年 12 月，任永州市公安局治安支队副支队长（正科职）；2002 年 12 月—2004 年 9 月，任永州市公安局国保支队副支队长；2004 年 9 月—2007 年 8 月，任永州市公安局强制戒毒所政委；2007 年 8 月，任永州市公安局政治部离退休人员管理科科长。

杜宏槐曾是公安分局、市公安局最年轻的教导员、副支队长、政委，2007 年 8 月，任市公安局离退休人员管理科科长后，杜宏槐把自己定位为“服务员”“勤务员”，心甘情愿地为离退休老同志们“跑腿”服务。杜宏槐热心助人，乐善好施，无私资助贫困生上大学，每年因工作性质平均自掏腰包开销 5000 多元。因照顾病危老同志几天几夜未合眼，最后倒在刚离世老人的遗体旁睡着。曾经在料理离世老人后事中，因劳累过度怕自己睡过去误事而用烟头烫自己的手指以强打精神。

杜宏槐在平凡的岗位上默默奉献，甘于清贫，无怨无悔，用忠诚和大爱书写着一个人民警察的无悔人生。

杜宏槐先后 7 次被评为“全市先进工作者”、12 次被评为“全市优秀党员”、6 次荣立个人三等功。2010 年被评为“全省公安机关正规化建设标兵”、“全省老干系统先进个人”，获第四届全国“中华孝亲敬老楷模”提名奖，在北京人民大会堂受到国务院副总理回良玉接见。2011 年被评为“永州市首届十佳党员民警”、“永州市第二届道德模范”，荣立个人二等功一次。2012 年被评为“全国优秀人民警察”，受到胡锦涛、温家宝、习近平等中央领导接见。2014 年被全国总工会授予“全国五一劳动奖章”，2016 年 12 月，获全国先进老干部工作者荣誉称号，2017 年 12 月获评“湖南好人”，2018 年 9 月，被中央文明办评为“中国好人”。

三、局长简介

龙睦保 曾用名龙俊，男，汉族，1933 年 9 月出生，湖南衡阳人，初中学历。1954 年 10 月加入中国共产党，三级警监警衔。1949 年 7 月参加中国共产党领导的地下共青团；1949 年 12 月—1962 年 4 月，任湖南省衡阳县公安局干事、副局长、局长；1962 年 5 月—1972 年 11 月，历任湖南省衡阳专署公安处副科长、专署办秘书、“五七”干校学员、冷水滩军供站副站长；1972 年 12 月—1977 年 7 月，任零陵地区社队企业局副局长、零陵县委宣传部部长；1997 年 7 月—1981 年 1 月，任零陵县委常委、宣传部部长，永州镇委常委、革委会副主任；1981 年 1 月—1982 年 1 月，任零陵地区检察院副检察长；1982 年 2 月—1983 年 11 月，任零陵地委政法委委员、办公室主任；1983 年 11 月—1984 年 12 月，任零陵地委政法委副主任；1984 年 12 月—1989 年 5 月，任零陵地区司法局局长、党组书记；1989 年 5 月—1993 年 10 月，任零陵地区公安处处长、党组书记，武警零陵地区支队第一政委；1993 年 10 月退休，享受副厅级三项待遇。2009 年 9 月 2 日逝世，享年 76 岁。

王伯达 男，汉族，1937 年 6 月出生，湖南衡阳人，衡阳医士学校毕业，中专学历。1959 年 4 月参加工作，1971 年 1 月加入中国共产党，三级警监警衔。1956 年 7 月—1959 年 4 月，在衡阳医士学校医士专业学习；1959 年 4 月—1968 年 7 月，任衡阳行署公安处治安科技术员；1968 年 7 月—1973 年 7 月，任零陵地区公检法军管会人保组技术员；1973 年 7 月—1979 年 2 月，任零陵地区公安处治安科内勤；1979 年 2 月—1980 年 3 月，任零陵地区公安处治安科副科长；1980 年 3 月—1984 年 10 月，任零陵地区公安处刑侦科副科长；1984 年 10 月—1987 年 6 月，任零陵地区公安处刑侦科科长，1987 年 6 月—1991 年 1 月，任零陵地区公安处党组成员、副处长；1991 年 1 月—1993 年 6 月，任零陵地区公安处党组副书记、副处长；1993 年 6 月—1996 年 3 月，任零陵地区公安处党组书记、处长，兼任武警零陵地区支队第一政委；1996 年 8

月，任永州市公安局党委书记。1995年10月被授予三级警监警衔；1997年10月退休。2007年12月21日逝世，享年71岁。

秦伍生　男，汉族，1949年4月出生，湖南零陵人。1969年4月参加工作，1970年4月加入中国共产党，二级警监警衔。中国人民警官大学公安保卫专业毕业，大专学历。1969年4月—1975年2月，任原零陵县黄田铺公社干部、原零陵地委组织部干事、零陵县农村办秘书组长；1975年2月—1983年6月，任原零陵县蔡家公社、大庆坪公社党委书记；1983年6月—1986年10月，任原永州市（县级）水口山区区委书记；1986年10月—1991年7月，任原永州市公安局政委、局长、党委书记；1991年7月—1993年7月，任零陵地区公安处副处长兼原永州市（县级）公安局局长；1993年7月—1994年8月，任零陵地区公安处副处长、党组副书记；1994年8月—1996年3月，任零陵地区公安处副处长；1996年3月—1996年6月，任零陵地区公安处处长；1996年6月—1999年11月，任永州市公安局局长、党委书记；1999年11月—2006年12月，任永州市人民政府助理巡视员、市公安局党委书记、局长；2006年12月—2009年4月，任永州市人民政府副巡视员。2009年4月退休。

刘建宽　男，汉族，1963年10月出生，湖南涟源人。1983年8月参加工作，1986年2月加入中国共产党，三级警监警衔。中国刑事警察学院刑侦专业毕业，大学学历。1981年9月—1983年8月，就读于湖南省人民警察学校公安专业；1983年8月—1987年2月，任原娄底地区娄底市（县级）公安局花山派出所民警、刑侦大队民警；1987年2月—1992年6月，任原娄底地区娄底市（县级）公安局杉山派出所副所长、所长（正股级）；1992年6月—1994年5月，任原娄底地区娄底市（县级）公安局杉山派出所所长（副科级）；1994年5月—1996年10月，任原娄底地区娄底市（县级）公安局刑侦大队大队长（正科级）；1996年10月—1997年10月，任原娄底地区娄底市（县级）公安局副局长；1997年10月—2000年5月，任原娄底地区冷水江市（县级）公安局党委书记、局长兼政委（副处级）；2000年5月—2002年3月，任娄底市公安局副局长；2002年3月—2006年11月，任娄底市公安局党委副书记、副局长（正处级）；2006年11月—2006年12月，任永州市公安局党委书记；2006年12月—2007年11月，任永州市公安局党委书记、局长；2007年11月—2010年1

月，任永州市人民政府副厅级干部、永州市公安局党委书记、局长（其间，2007 年 7 月—2010 年 1 月，兼任中共永州市委政法委员会委员）。

蒋建湘 男，汉族，1965 年 9 月出生，湖南隆回人。1988 年 7 月参加工作，1992 年 1 月加入中国共产党，二级警监警衔。华东师范大学地理专业理学学士学位，国防科技大学 MPA 专业在职研究生学历。1984 年 9 月—1988 年 7 月，在华东师范大学读书；1988 年 7 月—1990 年 5 月，任湖南省经济地理研究所干部；1990 年 5 月—1992 年 8 月，任湖南省经济地理研究所第一研究室副主任；1992 年 8 月—1993 年 6 月，任湖南省新技术研究开发局业务处干部（副科级）；1993 年 6 月—1994 年 5 月，任湖南省公安厅十六处四科副科级侦察员；1994 年 5 月—1996 年 5 月，任湖南省公安厅十六处四科副科长；1996 年 5 月—1999 年 10 月，任湖南省公安厅十六处二科科长（其间，1989—1990 年挂职桂阳县樟市乡副乡长）；1999 年 10 月—2001 年 4 月，任湖南省公安厅干部处科长；2001 年 4 月—2005 年 12 月，任湖南省公安厅政治部人事处副处长；2005 年 12 月—2009 年 4 月，任湖南省公安厅政治部人事处处长；2009 年 4 月—2010 年 1 月，任湖南省公安厅政治部副主任兼人事处处长；2010 年 1 月—2010 年 2 月，任永州市人民政府党组成员、市长助理、副厅级干部、市公安局党委书记；2010 年 2 月—2012 年 1 月，任永州市人民政府党组成员、市长助理、副厅级干部、市公安局党委书记、局长；2012 年 1 月—2015 年 1 月，任永州市人民政府副市长、永州市公安局党委书记、局长。

刘新良 男，汉族，1970 年 6 月出生，湖南衡东人，大学学历。1992 年 5 月加入中国共产党，1993 年 7 月参加工作，三级警监警衔。1990 年 9 月—1993 年 6 月，就读于湘潭大学中文系；1993 年 7 月—1994 年 7 月，任湖南省公安厅办公室研究科见习民警；1994 年 8 月—1996 年 6 月，任湖南省公安厅办公室研究科科员（其间，1994 年 8 月—1995 年 8 月在长沙市望城县公安局雷锋派出所锻炼）；1996 年 6 月—1997 年 4 月，任湖南省公安厅办公室中心指导科科员；1997 年 4 月—1999 年 11 月，任湖南省公安厅办公室中心指导科副科长；1999 年 11 月—2001 年 9 月，任湖南省公安厅办公室史志科科长；2001 年 9 月—2006 年 2 月，任湖南省公安厅办公室研究室主任；2006 年 2 月—2007 年 3 月，任湖南省公安厅办公室副主任；2007 年 3 月—2009 年 8 月，任

湖南省公安厅警令部研究室主任；2009 年 8 月—2010 年 7 月，任湖南省公安厅纪委副书记；2010 年 7 月—2014 年 12 月，任湖南省公安厅纪委副书记、监察室主任；2014 年 12 月—2015 年 1 月，任永州市人民政府副市长提名人选、市公安局局长；2015 年 1 月，任永州市人民政府副市长，市公安局党委书记、局长（兼任市公安局督察委员会督察长）

四、立功人员表录

1993—2015 年永州市公安系统烈士名录

表 9-4-1

姓名	性别	工作单位及职务	简要事迹	英烈（立功）等级
廖广球	男	道县公安局预审股教导员	1994 年 7 月 23 日，廖广球在洪水中帮群众抢救财物，奋不顾身排除电源险情时，不幸被电流击倒，以身殉职，年仅 51 岁	1994 年 10 月 31 日，公安部追授其为二级英雄模范；1995 年 1 月 14 日，省政府批准其为革命烈士
彭土顺	男	新田县公安局大坪塘派出所民警	1996 年 6 月 7 日，彭土顺参加统一抓捕行动，在保护民警撤退时光荣牺牲，年仅 29 岁	1997 年 5 月 9 日，省政府批准其为革命烈士，1998 年 11 月省公安厅追记其个人一等功
李国勤	男	宁远县公安局中和派出所所长	1996 年 12 月 28 日，李国勤在抓捕犯罪嫌疑人时遭犯罪嫌疑人亲属围攻，因伤势过重，壮烈牺牲，年仅 31 岁	1997 年 12 月 5 日，省政府批准其为革命烈士，同年 12 月 10 日，公安部追授其为二级英雄模范
唐奎林	男	永州市公安局交警支队冷水滩交警大队民警	2004 年 10 月 15 日，唐奎林在冷水滩区零陵中路执勤，查处一起交通违法案。被查扣的农用车驾驶人心怀不满，趁唐奎林专心疏导交通之际持刀行凶，唐奎林因伤势过重，不幸壮烈牺牲，年仅 36 岁	2006 年 3 月 16 日，省人民政府批准其为革命烈士，同年 9 月 28 日，省公安厅追记其个人一等功
杨勇飞	男	道县公安局祥霖铺派出所所长	2011 年 5 月 13 日，杨勇飞与副所长郭件平、司法所所长周局光在祥霖铺向阳村调解一起家庭纠纷时，为防止手持凶器的犯罪嫌疑人伤害无辜群众，奋力与犯罪嫌疑人搏斗，被犯罪嫌疑人用锄头击中头部、抢走配枪并开枪射击，杨勇飞不幸壮烈牺牲，年仅 33 岁	2011 年 7 月 8 日省人民政府批准其为革命烈士。同年 9 月 28 日，省公安厅追记其个人一等功

1993—2015 年永州市公安系统英模名录

表 9-4-2

姓名	性别	工作单位及职务	简要事迹	英模（立功）等级
王恩琴	女	永州市公安局芝山分局徐家井派出所副处级侦察员	王恩琴从警 36 年，兢兢业业，一身正气。1993 年被公安部授予全国特级优秀人民警察称号，1995 年 8 月被公安部评为“中国警界女十杰”，被中华全国妇女联合会评为全国“三八红旗手”	1995 年 2 月，公安部授予其全国公安系统二级英雄模范称号
蒋学远	男	宁远县公安局鲤溪派出所所长	1999 年 9 月 17 日，蒋学远赴广东抓捕犯罪嫌疑人时，遭遇暴雨，车辆被冲入河中，蒋学远不顾个人安危，将落水同事推上岸，因体力耗尽，不幸被洪水卷走，英勇牺牲，年仅 35 岁	1999 年 11 月 24 日，公安部追授其全国公安系统一级英雄模范称号
马后有	男	冷水滩公安分局看守所所长	2004 年 2 月 17 日，因劳累过度，在工作时心血管病突发，不幸牺牲在监管工作岗位上，年仅 50 岁	2004 年 11 月 3 日，公安部追授其全国公安系统二级英雄模范称号
彭海燕	男	宁远县森林公安局消防股副股长	彭海燕长期坚持深入林区，全力预防毁林案件和森林火灾，严厉打击各类破坏森林资源的违法犯罪活动，多次冒着生命危险抓捕犯罪嫌疑人，为保一方平安做出毕生贡献。2011 年 12 月 26 日，彭海燕因连续工作劳累过度，突发心脏病，不幸以身殉职，年仅 46 岁	2013 年 5 月 16 日，公安部追授其全国公安系统二级英雄模范称号

1993—2015 年永州市公安系统集体三等功以上名录（含政府表彰）

表 9-4-3

年份	奖项	获奖单位(集体)
1993	二等功	东安县公安局刑侦大队
1994	全国优秀公安局	祁阳县公安局
1995	全国优秀公安局	祁阳县公安局
	全市敬老爱幼先进集体	永州市公安局城北派出所
1996	二等功	江华瑶族自治县公安局预审股
	三等功	芝山公安分局徐家井派出所
	全国优秀公安局	祁阳县公安局
	全省“严打先进集体”	芝山公安分局徐家井派出所
	湖南省公安派出所档案工作先进单位	冷水滩公安分局凤凰园派出所

续表9-4-3

年份	奖项	获奖单位(集体)
1997	二等功	芝山公安分局徐家井派出所
	三等功	永州市公安局交警支队
	全国优秀公安局	祁阳县公安局
	全省公安系统“青年文明号”	祁阳县公安局刑侦队 道县公安局寿雁派出所
	全市文明单位	永州市公安局交警支队
	全省公安派出所档案工作先进单位	芝山公安分局徐家井派出所
	全市双文明建设单位	芝山公安分局徐家井派出所
	湖南省公安系统文明窗口单位	芝山公安分局徐家井派出所
1998	三等功	东安县公安局政保股 东安县公安局交警大队安全股
	全省公安优秀股所队	芝山公安分局徐家井派出所
	全省“先进基层党组织”	芝山公安分局徐家井派出所
	全市“人民满意派出所”称号	芝山公安分局徐家井派出所
	湖南省公安厅给予集体通报表彰	冷水滩公安分局政保大队
1999	一等功	芝山公安分局徐家井派出所
	二等功	祁阳县公安局刑侦大队 祁阳县公安局看守所
	三等功	冷水滩公安分局政保大队 蓝山县公安局刑侦大队 蓝山县公安局太坪圩派出所
	全省优秀公安局	江永县公安局
	全国“人民满意派出所”	芝山公安分局徐家井派出所
	全国文明行业工作先进单位	芝山公安分局徐家井派出所
	全省优秀股所队	冷水滩公安分局政保大队 道县公安局寿雁派出所
	全省人民满意派出所	芝山公安分局徐家井派出所
	全国“青年文明号”	芝山公安分局徐家井派出所
	全国“五一劳动奖状”	芝山公安分局徐家井派出所
	湖南省公安通信系统先进集体	冷水滩公安分局通信股
	全省人民满意单位	冷水滩公安分局刑警大队
	湖南省优秀刑警中队	冷水滩公安分局刑警大队防暴中队
2000	三等功	东安县公安局城关派出所 祁阳县公安局金洞林业分局
	全国优秀公安局	江永县公安局

续表9-4-3

年份	奖项	获奖单位(集体)
2001	三等功	东安县公安局
	全省先进基层党组织	江永县公安局 芝山分局徐家井派出所 道县看守所
	全国先进党支部	芝山公安分局徐家井派出所
	省级人民满意单位	芝山公安分局看守所 芝山公安分局办公室 芝山公安分局国保大队
	全国公安机关“三项教育”先进集体	道县公安局
	湖南省公安厅监所深挖犯罪工作先进单位	冷水滩公安分局治安拘留所
2002	二等功	市公安局刑侦支队 市公安局技侦支队 新田县公安局刑侦大队
	三等功	东安县公安局刑警大队 东安县公安局法制股 江华瑶族自治县公安局纪委 江华瑶族自治县公安局刑侦大队
	全国“先进基层党支部”	芝山公安分局徐家井派出所
	“全国青年文明号信用公约单位”	芝山公安分局徐家井派出所
	全省优秀公安基层单位	双牌县公安局城关派出所
	省公安厅评为“人民满意公安基层单位”	冷水滩公安分局治安拘留所
	全省“人民满意派出所”	冷水滩公安分局肖家园派出所
	全省“青年文明号”	冷水滩消防中队
	全省“全面建设先进单位”	冷水滩消防中队
	全省“执勤训练暨岗位练兵先进单位”	冷水滩消防中队
	全市抗洪抢险先进单位	冷水滩公安分局水上派出所
	全省治爆缉枪先进单位	冷水滩公安分局治安大队
2003	二等功	双牌县公安局侦破“11·16”案专案组 道县公安局寿雁派出所 道县公安局反盗窃耕牛专案组
	三等功	芝山公安分局徐家井派出所 江永县公安局桃川派出所 江永县公安局刑警大队 蓝山县公安局国内安全保卫大队 双牌县公安局
	全国优秀基层单位	宁远县公安局国保大队
	2002 年度全省交通管理先进集体	江永县公安局交警大队
	全市严打整治先进集体	江永县公安局刑警大队 芝山公安分局徐家井派出所
	全市“三反一打”先进集体	芝山公安分局徐家井派出所 冷水滩公安分局法制股 冷水滩公安分局刑侦大队 冷水滩公安分局梅湾派出所

续表9-4-3

年份	奖项	获奖单位(集体)
2003	全省严打整治斗争先进集体	双牌县公安局刑侦大队
	全省执法质量先进单位	双牌县公安局
	全省优秀公安基层单位	冷水滩公安分局梅湾派出所
	2001—2003 年永州市“严打”整治斗争先进单位	冷水滩公安分局肖家园派出所
2004	二等功	江永县公安局刑警大队 芝山公安分局珠山派出所 道县公安局寿雁派出所 道县公安局
	三等功	冷水滩公安分局侦破“6·5”特大系列抢劫案专案组 冷水滩公安分局侦破“4·22”邪教组织案专案组 芝山公安分局 2004 年阅警仪式方块队 江永县公安局回龙圩派出所 江永县公安局城关派出所 江华瑶族自治县公安局刑侦大队 江华瑶族自治县公安局大圩派出所 江华瑶族自治县公安局河路口派出所 芝山公安分局珠山派出所 蓝山县公安局巡警大队 蓝山县公安局国内安全保卫大队 双牌县公安局城关派出所 侦破“6·5”特大系列抢劫案专案组 侦破“4·23”邪教组织专案组
	全国十佳政法单位(记集体一等功)	芝山公安分局徐家井派出所
	全省优秀公安局	东安县公安局
	“全国政治思想工作示范单位”	芝山公安分局徐家井派出所
	“全国青年文明号十年成就奖”	芝山公安分局徐家井派出所
	一等功	芝山公安分局徐家井派出所
	全省县级公安机关执法质量考评先进单位	双牌县公安局
	全省贯彻落实公安部“7·31”会议精神先进单位	冷水滩公安分局梅湾派出所
	全省优秀公安基层单位	祁阳县公安局民生路派出所 道县公安局城南派出所 冷水滩分局梅湾派出所 芝山公安分局徐家井派出所 双牌县公安局
	全省十佳政法单位	芝山公安分局徐家井派出所

续表9-4-3

年份	奖项	获奖单位(集体)
2005	二等功	零陵公安分局侦破“9·17”案专案组 东安县公安局法制股 永州市公安局侦破“4·12”特大出售假美元案专案组 冷水滩分局刑警大队 江华瑶族自治县公安局刑警大队 冷水滩公安分局刑侦大队
	三等功	江永县公安局粗石江派出所 江永县公安局交警大队安宣股 江永县公安局户政股 江华瑶族自治县公安局看守所
	全国优秀公安基层单位	宁远县公安局国保大队
	全省优秀公安基层单位	双牌县公安局法制办 江华瑶族自治县公安局城关派出所 宁远县公安局国保大队 新田县公安局枧头派出所 江永县公安局上江圩派出所 冷水滩公安分局黄阳司派出所
	省青年文明号	芝山公安分局珠山派出所
	2004 年全国一级派出所	芝山公安分局珠山派出所
	全省执法质量考评优秀单位	双牌县公安局
	全省公安机关“三基一化”工程建设先进基层单位	冷水滩公安分局巡警大队
2006	二等功	道县公安局城南派出所
	三等功	冷水滩公安分局国保大队 冷水滩公安分局黄阳司派出所 江永县公安局桃川派出所 江华瑶族自治县公安局巡特警大队 江华瑶族自治县公安局侦破小圩“7·16”命案专案组 江永县公安局允山派出所 江永县公安局办公室 蓝山县公安局刑警大队
	全省优秀基层单位	零陵公安分局徐家井派出所
	全省依法办事示范窗口单位	双牌县公安局城关派出所
	全省公安机关“三基一化”工程建设先进基层单位	冷水滩公安分局巡警大队

续表9-4-3

年份	奖项	获奖单位(集体)
2007	二等功	宁远县公安局国保大队 永州市公安局侦破“11·10”案专案组 道县公安局侦破“8·16”案专案组 新田县公安局侦破特大盗窃机动车团伙案专案组 芝山公安分局刑侦大队
	三等功	江永县公安局上江圩派出所 芝山公安分局徐家井派出所
	全国优秀公安基层单位	江永县公安局户政股 双牌县公安局法制办
	2006年度全省预防特大交通事故专项行动二等奖	永州市公安局交警支队
	全国公安机关抗雪救灾先进集体	永州市公安局交警支队
	国家安全人民防线工作先进单位	宁远县公安局
	全省三基一化先进单位	江永县公安局桃川派出所
	全省公安机关“三基一化”工程建设先进基层单位	双牌县公安局五里牌派出所
	全省公安法制工作先进单位	双牌县公安局法制办
	全省思想政治工作先进集体	双牌县公安局法制办
2008	二等功	永州市公安局侦破“10·14”特大盗窃案专案组 永州市公安局枣木铺坍塌事故抢险救援组 永州市公安局国保支队 永州市公安局行动技术支队 永州市公安局交警支队冷水滩交警大队 新田县公安局刑侦大队
	三等功	冷水滩公安分局刑侦大队 新田县公安局侦破“1·6”特大盗窃医疗设备案专案组 零陵公安分局徐家井派出所 江永县公安局侦办周某雄恶势力案专案组 祁东县公安局交警大队羊角塘中队
	全省县级公安机关侦破命案工作先进单位	道县公安局
	全省教育培训工作先进集体	道县公安局
	“三基一化”工程建设优秀基层单位	道县看守所 双牌县公安局城关派出所
	全省“奥运安保”先进集体	道县公安局城南派出所 道县公安消防大队 冷水滩公安分局治安大队 双牌县公安局治安大队 江永县公安局城关派出所 江华瑶族自治县公安局城关派出所
	全国“抗雪救灾”先进集体	永州市公安局交警支队零陵大队
	全省优秀公安局	江华瑶族自治县公安局
	全省优秀公安基层单位	道县公安局刑侦大队 江华瑶族自治县公安局白芒营派出所 江永县公安局刑警大队
	全省抗冰救灾先进集体	永州市公安局
	全市奥运信访维稳先进单位	永州市公安局

续表9-4-3

年份	奖项	获奖单位(集体)
2008	全市抗洪抢险先进集体	道县公安局
	全省公安机关“三基一化”工程建设先进基层单位	江永县公安局城关派出所 双牌县公安局五里牌派出所 双牌县公安局 冷水滩公安分局行财股 江华瑶族自治县公安局治安大队 新田县公安局行财股 宁远县公安局 城南派出所
	全省信访先进集体	江永县公安局
	全省抗洪救灾先进集体	芝山公安分局珠山派出所
	全省公安系统抗冰救灾先进集体	双牌县公安局麻江派出所 永州市公安局巡特警支队 零陵公安分局珠山派出所 宁远县公安局刑警大队 祁阳县公安局交警大队
	全省公安机关综合考评优秀单位	双牌县公安局
2009	一等功	永州市公安局侦破“7·24”黑社会性质组织案专案组
	二等功	宁远县公安局侦破“10·7”特大组织、强迫少女卖淫案专案组 新田县公安局刑侦大队
	三等功	江永县公安局上江圩派出所 永州市公安局后勤装备部 永州市公安局法制与信访办公室 永州市公安局刑事侦查支队 永州市公安局交通管理支队机动巡逻大队 零陵公安分局朝阳派出所 江永县公安局人口与出入境管理大队 蓝山县公安局国内安全保卫大队 道县公安局刑事侦查大队 江华瑶族自治县公安局刑事侦查大队
	全国公安机关排查化解矛盾纠纷先进集体	永州市公安局法制与信访办公室
	全省优秀公安基层单位	零陵公安分局徐家井派出所 宁远县公安局刑侦大队
	湖南省先进政法单位	零陵公安分局徐家井派出所
	全省公安机关“三基一化”工程建设优秀基层单位	零陵公安分局徐家井派出所 双牌县公安局人口与出入境大队
	全省县级公安机关综合考评优秀单位	双牌县公安局
	全省公安机关“三基一化”工程建设优秀公安局	双牌县公安局
	全省侦破命案工作先进单位	道县公安局
	全市卷烟打假先进集体	道县公安局治安大队
	全省公安警令部工作先进单位	道县公安局指挥中心
	全省公安监管部门深挖犯罪工作先进集体	道县公安局看守所

续表9-4-3

年份	奖项	获奖单位(集体)
2010	一等功	零陵公安分局徐家井派出所
	二等功	永州市公安局“3·3”系列假币案专案组 永州市公安局刑侦支队
	三等功	零陵公安分局徐家井派出所 永州市森林公安局金洞分局 江华瑶族自治县公安局码市派出所 双牌县公安局城关派出所 江永县公安局法制信访室 市公安局交警支队机动巡逻大队
	全省公安机关“三基一化”工程建设先进基层单位	零陵公安分局朝阳派出所 宁远县公安局指挥中心 永州市公安局刑侦支队有组织犯罪侦查大队 永州市公安局交警支队 永州市公安局交警支队冷水滩大队河东中队 江永县公安局桃川派出所 东安县公安局警务保障室 双牌县公安局人口与出入境管理大队
	全省优秀公安局	双牌县公安局
	全省公安机关侦破命案工作先进单位	道县公安局 永州市公安局
	全省毒情大排查先进单位	道县公安局禁毒大队
	全省优秀公安基层单位	宁远县公安局刑侦大队 零陵公安分局徐家井派出所 江华瑶族自治县公安局交警大队沱江中队
	全省“青少年维权岗”工作先进单位	祁阳县公安局法制信访室
	全省公安机关打击假币“09”行动先进集体	蓝山县公安局经侦大队 永州市公安局网技支队 道县公安局禁毒大队
	全省示范公安派出所	零陵公安分局徐家井派出所
	全国公安机关执法示范单位	零陵公安分局徐家井派出所
	全省公安机关执法示范单位	零陵公安分局徐家井派出所
	全省公安机关正规化建设基层示范单位	零陵公安分局徐家井派出所
	全省公安机关综合考评优秀单位	双牌县公安局 蓝山县公安局 江华瑶族自治县公安局
	全省公安纪检监察工作先进集体	永州市公安局纪委
	全省公安监所安全管理工作先进集体	江华瑶族自治县公安局看守所
	全省公安监所深挖犯罪工作先进集体	道县看守所
2011	二等功	永州市公安局警车与涉案车辆违规问题专项治理工作领导小组办公室
	三等功	永州市公安局整治公安民警参与经营娱乐休闲场所专项行动领导小组办公室 江永县公安局桃川派出所 江华瑶族自治县公安局纪委 永州市公安局刑侦支队刑事科学技术大队 新田县公安局打黑除恶专案组 新田县公安局城东派出所 双牌县公安局警车与涉案车辆违规问题专项治理工作领导小组办公室 蓝山县公安局打黑除恶专案组

续表9-4-3

年份	奖项	获奖单位(集体)
2011	全省优秀公安局	双牌县公安局
	全省优秀公安基层单位	宁远县公安局清水桥派出所 永州市公安局刑侦支队重案大队 双牌县公安局治安管理大队
	全省公安机关“大走访”开门评警活动先进基层单位	蓝山县公安局祠堂圩派出所 零陵公安分局徐家井派出所 双牌县公安局
	全省公安机关“三基一化”工程建设先进基层单位	双牌县公安局人口与出入境大队 永州市公安局刑侦支队警犬工作大队 永州市公安局巡特警支队特警大队 冷水滩公安分局警务保障室 零陵公安分局徐家井派出所 江华瑶族自治县公安局交警大队车管所 宁远县公安局消防大队 道县公安局看守所
	全省依法办事示范窗口单位	双牌县公安局五里牌派出所
	全省公安机关涉案财物管理审计监督示范单位	双牌县公安局
	省级随岗训练示范点建设单位	双牌县公安局法制与信访室
	全省公安机关党风廉政建设先进单位	双牌县公安局 道县公安局
	全省开门评警活动先进基层单位	道县公安局城北派出所 新田县公安局石羊派出所
	全国公安机关“两车”治理先进单位	警务督察支队
	全省文明单位	永州市公安局交警支队
	全省依法办事示范窗口单位	零陵公安分局徐家井派出所
	全省公安机关侦破命案工作先进单位	永州市公安局 道县公安局
	全省集中整治公安民警参与经营娱乐休闲场所专项行动先进单位	永州市公安局 江华瑶族自治县公安局 新田县公安局
	全省公安政治工作先进单位	永州市公安局政治部
	全省打击银行卡犯罪专项行动先进集体	永州市公安局经侦大队一大队
	全省县级公安机关五年为期“三基一化”工程建设先进公安局	江华瑶族自治县公安局
	全省集中整治涉案人员非正常死亡专项行动先进单位	江华瑶族自治县公安局
	全省公安监所深挖犯罪工作先进集体	江华瑶族自治县公安局看守所
	全省公安监管工作先进集体	冷水滩区看守所
	全省公安机关打击发票犯罪专项行动先进集体	永州市公安局经侦支队涉税大队
	全省公安警务督察工作先进集体	永州市公安局警务督察科
	“6·8”专案查证工作先进集体	永州市公安局治安管理支队

续表9-4-3

年份	奖项	获奖单位(集体)
2012	二等功	永州市公安局 永州市公安局刑侦支队 永州市公安局侦破2011年"3·9"特大制贩毒品案专案组
	三等功	江永县公安局刑事侦查大队 蓝山县公安局国内安全保卫大队 零陵公安分局巡特警大队 永州市公安局后勤装备部 江华瑶族自治县公安局界牌派出所 江华瑶族自治县公安局"清网办" 双牌县公安局"清网办" 双牌县公安局看守所 祁阳县公安局 新田县公安局 永州市公安局"清网办" 蓝山县公安局"清网办" 东安县公安局"清网办" 冷水滩公安分局"清网办" 零陵公安分局"清网办" 祁阳县公安局禁毒大队 道县公安局看守所 宁远县公安局刑侦大队
	全国爱民模范集体	零陵公安分局徐家井派出所
	全省优秀公安局	双牌县公安局
	全省敬老模范单位	永州市公安局
	全省优秀公安基层单位	双牌县公安局五里牌派出所 江华瑶族自治县公安局法制与信访室 宁远县公安局刑侦大队
	全国"清剿火患"战役成绩突出县级公安局	祁阳县公安局
	全国"清剿火患"战役成绩突出公安派出所	祁阳县公安局民生路派出所
	湖南省学习型党组织十佳示范点	冷水滩公安分局
	全省优秀"青少年维权岗"荣誉称号	冷水滩公安分局禁毒大队
	湖南省公安交警系统"清网行动"三等奖"	永州市公安局交警支队
	全国公安机关执法示范单位	零陵公安分局徐家井派出所
	全市"清剿火患"战役先进社区	零陵公安分局徐家井派出所
	全市党的十八大消防安全保卫战先进集体	零陵公安分局徐家井派出所
	全市卷烟打假工作先进集体	零陵公安分局
	社会管理综合治理工作平安单位	零陵公安分局
	全国公安机关涉案财物管理问题专项治理工作先进集体	双牌县公安局
	全省公安机关爱民标兵岗	双牌县公安局五里牌派出所
	全省县级公安机关综合考评优秀单位	双牌县公安局
	全国公安机关"打四黑除四害"专项行动成绩突出集体	永州市公安局治安支队
	全国反假币工作先进集体	永州市公安局经侦支队
	全国敬老模范单位	永州市公安局
	全省满意公务员集体	永州市公安局刑侦支队
	全省公安政治工作先进单位	永州市公安局政治部

续表9-4-3

年份	奖项	获奖单位(集体)
2013	二等功	永州市公安局侦办2011年"9·6"张某平组织、领导、参加黑社会性质组织案专案组
	三等功	永州市公安局刑侦支队警犬工作大队 永州市公安局巡特警支队三大队 冷水滩公安分局刑侦大队命案中队 零陵公安分局巡特警大队 宁远县公安局特警大队 双牌县公安局刑侦大队 金洞公安分局刑侦大队 蓝山县公安局刑侦大队 祁阳县公安局黄泥塘派出所 东安县公安局交警大队 宁远县公安局清水桥派出所 新田县公安局经侦大队 江华瑶族自治县公安局政工监督室 江永县公安局城关派出所社区中队
	全国"打传销反欺诈促和谐"执法行动成绩突出单位	永州市公安局经侦支队
	全国敬老爱老文明窗口单位	永州市公安局人口与出入境管理支队
	全国维护妇女儿童权益先进集体	东安县公安局
	全国公安机关取保候审突出问题专项督察工作成绩突出单位	宁远县公安局 零陵公安分局 道县公安局
	全国公安机关追逃工作先进单位	永州市公安局刑侦支队
	全国公安机关非正常死亡专项治理先进单位	永州市公安局
	全省市州公安机关绩效评估先进单位	永州市公安局
	全省县级公安机关侦破命案工作先进单位	道县公安局
	全省反恐怖工作先进基层单位	祁阳县公安局民生路派出所
	全省公安派出所规范化户籍室	黄泥塘派出所、潘家埠派出所、茅竹派出所、三口塘派出所、八宝派出所、进宝塘派出所、黄泥塘派出所、七里桥派出所、大村甸派出所、观音滩派出所
	全省公安机关纪检监察工作先进单位	江永县公安局纪委 永州市公安局纪委
	全省公安机关打击涉高犯罪工作先进集体	祁阳县公安局刑侦大队
	全省公安机关重点信访案件专项治理工作先进集体	永州市公安局法治信访办
	全省县级公安机关综合考评优秀单位	宁远县公安局 双牌县公安局 新田县公安局 江永县公安局
	全省县级公安机关党风廉政建设先进单位	江永县公安局 宁远县公安局
	全省图像侦查应用典型案例	祁阳县公安局刑侦大队
	全省公安机关"清网行动"到案逃犯消化处理工作先进集体	江华瑶族自治县公安局法制与信访室
	全省公安监管工作先进集体	永州市公安局监管支队 双牌县看守所

续表9-4-3

年份	奖项	获奖单位(集体)
2013	全国“五十百千”工程示范单位	零陵公安分局徐家井派出所
	全省公安机关学雷锋活动先进集体	双牌县公安局城关派出所
	永州市学习型党组织十佳示范点	冷水滩公安分局
	永州市青年文明号	冷水滩公安分局伊塘派出所
	全省文明卫生单位	冷水滩公安分局
	全省“打传销反欺诈促和谐”专项行动先进集体	冷水滩公安分局
	全省优秀刑侦队	冷水滩公安分局刑侦大队
	全省创建法制文明窗口推动社会矛盾化解展板活动优秀单位	冷水滩公安分局拘留所
	全省公安监所深挖犯罪工作先进集体	冷水滩区看守所
2014	二等功	永州市公安局刑侦大队警犬工作大队
	三等功	金洞公安分局人口与出入境管理大队 江永县公安局网安大队 永州市公安局侦办2011年“11·16”吴某辉黑社会性质组织案专案组 永州市公安局侦办唐某峰团伙贩毒、周某平团伙贩毒案专案组 永州市公安局巡特警支队三大队 永州市公安局经侦支队一大队 冷水滩分局刑侦大队刑事科学技术中队 零陵公安分局徐家井派出所 金洞分局治安大队 祁阳县公安局大村甸派出所 双牌县公安局城关派出所 东安县公安局禁毒大队 宁远县公安局清水桥派出所 新田县公安局石羊派出所 蓝山县公安局经侦大队 道县公安局仙子脚派出所 江华瑶族自治县公安局禁毒大队 江永县公安局桃川派出所 江华瑶族自治县公安局侦办“8·10”特大假币案专案组 永州市森林公安局金洞分局森林资源保护大队
	全省公安机关“执法检查回头看”专项治理先进单位	永州市公安局警务督察支队
	全省公安警务保障工作成绩突出集体	永州市公安局警务保障处 冷水滩公安分局警务保障室
	湖南省工人先锋号	永州市公安局刑侦支队警犬大队
	全省公安机关党风廉政建设先进单位	江永县公安局
	全省交通肇事逃逸案件集中侦破行动	江永县公安局交警大队
	全省公安机关春运道路交通安全工作成绩突出集体	永州市公安局交警支队交管科
	全省公安监管工作成绩突出单位	宁远县公安局看守所
	全省公安监所深挖犯罪工作成绩突出单位	冷水滩区看守所
	全省公安机关执法规范化建设成绩突出集体	江永县公安局
	全省优秀刑事科学技术室	冷水滩公安分局刑事科学技术室 东安县公安局刑事科学技术室
	全省刑侦信息化工作先进集体	零陵公安分局刑侦大队

续表9-4-3

年份	奖项	获奖单位(集体)
2014	全国“210”工程示范单位	零陵公安分局徐家井派出所
	部级“五十百千“示范单位	冷水滩公安分局菱角山派出所
	全省公安机关打击传销专项行动先进集体	冷水滩公安分局经侦大队
	全省公安机关基层基础工作先进单位	冷水滩公安分局国保大队
	全省反恐怖工作先进基层单位	冷水滩公安分局菱角山派出所
	全省首批20各县级公安机关信访接待窗口示范	冷水滩公安分局
	全省公安机关执法示范单位	冷水滩公安分局刑侦大队 江永县公安局法制大队
	市级青年文明号	冷水滩公安分局刑侦大队
	全省公安机关扫黄禁赌工作先进集体	永州市公安局治安支队
	全省公安机关治安文秘工作先进集体	永州市公安局治安支队
	全省公安机关“规范执法警营开放周”活动成绩突出单位	永州市公安局法制与信访办公室
	全省缉枪治爆工作成绩突出单位	永州市公安局治安支队 冷水滩公安分局治安大队
	全省公安机关侦破命案工作先进单位	永州市公安局
	全省公安审计监督工作先进集体	永州市公安局纪委审计科
2015	二等功	永州市公安局侦办周某才等人购买、运输、出售假币案专案组 永州市公安局侦办“8·22”助考诈骗案专案组 道县公安局侦破“508”系列出售、持有、运输假币案专案组 东安县公安局侦办部督“2014-285”案专案组
	三等功	祁阳县公安局陶铸路派出所 江永县公安局侦办“7·24”注水牛肉案专案组 冷水滩公安分局菱角山派出所 零陵公安分局徐家井派出所 江华瑶族自治县公安局侦办“5·23”漕滩案专案组 江华瑶族自治县公安局刑侦大队 道县公安局上关派出所 双牌县公安局治安大队 双牌县公安局刑侦大队 双牌县公安局经侦大队 祁阳县公安局进宝塘派出所 宁远县公安局政工监督室 新田县公安局城西派出所 江华瑶族自治县公安局巡特警大队 永州市公安局支警支队冷水滩大队河西中队 东安县公安局刑侦大队 永州市公安局网技支队四大队 永州市公安局警令部情报中心 永州市公安局警务督察支队 永州市公安局禁毒支队 永州市公安局交警支队凤凰园大队安宣股 蓝山县公安局刑侦大队 宁远县公安局经侦大队 江永县公安局上江圩派出所
	全国网络扫毒专项行动先进集体	永州市公安局禁毒支队

续表9-4-3

年份	奖项	获奖单位(集体)
2015	全国公安信访示范窗口示范单位	永州市公安局信访科
	全省市州公安机关“四项建设”评估先进单位	永州市公安局
	全省市州公安机关党风廉政建设优秀单位	永州市公安局
	全省立案突出问题专项治理先进单位	永州市公安局
	全省公安机关争创全省人民满意先进单位	永州市公安局
	第五届“三湘读书月”活动书香机关	永州市公安局
	全省公安政治工作成绩突出集体	永州市公安局政治部 双牌县公安局政工室 新田县公安局政工室
	湖南省“打黄扫非”办案有功集体	永州市公安局网技支队
	全省公安机关“抗战胜利70周年纪念活动”安全保卫工作成绩突出集体	永州市公安局网技支队 永州市公安局国保支队 零陵公安分局徐家井派出所 江华瑶族自治县公安局巡特警大队
	全省公安交警系统国庆交通安保工作成绩突出集体	永州市公安局交警支队 宁远县公安局国保大队
	全省公安机关春运道路交通安保工作成绩突出集体	永州市公安局交警支队 宁远县公安局交警大队
	全省公安交警系统“四项建设”优秀实战专题比武团体组织奖	永州市公安局交警支队
	全省预防事故“道路交通安全月”活动三等奖	永州市公安局交警支队
	2015年度全省公安机关侦破命案工作成绩突出集体	冷水滩公安分局
	2013—2014年度全省公安信访工作成绩突出集体	冷水滩公安分局
	2015年度防范和处理邪教问题先进单位	冷水滩公安分局国保大队
	2015年度信访维稳工作先进单位	冷水滩公安分局
	2015年度调纠治斗工作先进单位	冷水滩公安分局宋家洲派出所 冷水滩公安分局伊塘派出所
	2015年度人口和计划生育综合治理先进单位	冷水滩公安分局
	全省公安机关禁毒会战先进单位	江永县公安局禁毒大队
	全市公安机关“四项建设”考核先进单位	零陵公安分局徐家井派出所
	全市公安监管工作成绩突出集体	零陵区拘留所
	全省文明窗口单位	零陵公安分局徐家井派出所
	全国打击假币犯罪先进集体	道县公安局
	全省监管系统深挖犯罪先进集体	双牌县看守所
	2011—2015年全国法治宣传教育先进单位	双牌县公安局
	全省公安机关侦破命案工作成绩突出集体	宁远县公安局
	全省公安机关打黑除恶工作成绩突出集体	祁阳县公安局有组织犯罪侦查大队
	全省公安监所安全管理工作成绩突出集体	宁远县看守所
	全省拘留所“三项重点工作”推进落实活动成绩突出集体	宁远县拘留所
	全省公安机关警务督察工作成绩突出集体	江永县公安局警务督察大队

1993—2015 年永州市公安系统个人二等功以上名录（含政府表彰）

表 9-4-4

年份	奖项	获奖人姓名
1994	一等功	何德国
	二等功	谭春桃　刘和平　黄国忠　张志明
	全国特级优秀人民警察	王恩琴
	全国优秀人民警察	骆金勇　李启凤　彭荣科
	湖南省模范共产党员	王恩琴
	湖南省公安机关优秀教师	翟冰林
	湖南省公安机关优秀教育工作者	谭　平
	湖南省干部教育优秀教师	王满秋
	全省优秀人民警察	李启凤
	地区劳模	李启凤
1995	全国警界女十杰	王恩琴
	全国“三八红旗手”	王恩琴
	全国优秀人民警察	黄和平
	全省优秀人民警察	沈林松　肖利民
	全区劳动模范	邓秀琪
	全省打击“盗窃贩卖增值税发票”工作先进个人	唐波明
1996	二等功	王小会　唐少华　沈林松　夏卫武 蒋已春　龚秋光　高祥花　黄飞平
	全国优秀人民警察	龚秋光　文跃先
	全国公安系统优秀教育工作者	王满秋
	全国公安机关纪检监察先进个人	黄和平
	全省优秀人民警察	左幼林
	全省优秀户籍民警	沈淑君
	湖南省公安系统严打先进个人	王小会
	湖南省公安系统青年文明标兵	唐少华
	全省公安纪检监察系统先进个人	黄和平
1997	二等功	陈华美
	全国优秀人民警察	蒋仁勇
	全省优秀人民警察	谭　平　曾庆湘
	全省优秀户籍民警	沈淑君

续表9-4-4

年份	奖项	获奖人姓名
1998	一等功	宋信军
	二等功	贺石旺
	全国五一劳动奖章	龚秋光
	全国优秀人民警察	李启凤　高铁民
	全省优秀人民警察	毛定忠　王承儒
	全省青年文明标兵	李永华
	全省先进工作者	龚秋光
	全省第二届十大杰出民警	龚秋光
1999	二等功	何礼春　潘志奇　张　勤　谢海青　贺石旺
	全省人民满意交警	翟时明　刘杰彩
	全省破案办案能手	夏卫武　周睿鹏
	全省“国庆50周年安全保卫”先进个人	李宗剑
	全省优秀人民警察	眭　剑　李永华
	全国优秀人民警察	陈庭友
2000	二等功	杨用祥　刘德生　文跃先　陈永辉　唐均林
	全国优秀人民警察	张立新　蔡南宁　李永华
	全国先进工作者	龚秋光
	全省优秀人民警察	秦春林
	全省优秀人民警察	杨昌杰　何克根
	全省先进工作者	李永华
	全省青年岗位能手	王　胜
2001	一等功	何永清
	二等功	欧阳建军　陈　荣　雷　军　蒋公华　黄定德
	全省优秀人民警察	傅任本　雷顺华
	全市处理邪教问题工作先进个人	黄晓兰
	全省五四青年奖章	李永华
	省公安机关同邪教组织斗争先进个人	唐明喜
	省公安监管所深挖犯罪工作先进个人	邹　斌
	湖南省第五次人口普查先进个人	李伟君

续表9-4-4

年份	奖项	获奖人姓名
2002	一等功	李邦才　黄辉庆
	二等功	秦伍生　刘　洋　黄定德　蒋公华 雷　军　程开国　邓桂成　刘健武 刘　洋　胡国润　张　珞　杨怀楼
	全省优秀人民警察	蔡明光　肖石玉　刘志杰　秦健评 冯祝元
2003	一等功	沈林松
	二等功	黄小恒　胡少波　邹富林　范先家 赵明汉　刘东平　蒋建军　王茂华 蒋路生　李瑶汉　周加林　唐建平 杨育波　叶栋贤　唐钢跃　邝玉平 周礼功　范先家　欧阳建军　刘健武 卢兵华　刘　明　唐玉龙
	全国优秀人民警察	夏卫武　刘祖民
	全省“破案能手”	秦京华　陈　菲
	全省“十佳社区民警”	朱亚静
	省优秀人民警察	唐青华
	全市防范和处理邪教问题工作先进个人	黄晓兰
2004	一等功	蒋汉中　黄辉庆　陆强耀
	二等功	廖劲松　陈云生　雷　军　刘建华 蒋启好　陈剑英　陈晓明　石李元
	全省优秀人民警察	陆强耀　刘东平　赵清平　张明顺 朱建军　沈林松　廖劲松
	省“三八红旗手”	蔡南宁
	省巾帼建功标兵	蔡南宁
	全市十大杰出民警（二等功）	刘冬香　廖劲松　石李元
	全国优秀人民警察	谭晓志　陈　群
2005	一等功	何德国
	二等功	陈建华　蒋汉中　程精忠　刘健武 王国宣　王舜奇　张洪钢　李雪勇 贺永健
	全国“信息化建设先进个人”	全玉启
	全省公安机关优秀办公室民警	陈　鸿
	全省优秀人民警察	廖劲松　周文哲　刘冬香　石李元 陈　群　谭晓志　黄荣军
	市劳动模范（先进工作者）	周文哲

续表9-4-4

年份	奖项	获奖人姓名
2006	二等功	陈建华 杨卫国
	全省公安纪检先进个人	刘志文
	全省优秀人民警察	蒋启好 张智明 周国良
	省国保系统优秀民警	陈建卫
	省优秀督察民警	曹友良
2007	二等功	张立新 王茂华 蒋琼 唐卫国 陈菲 刘健武 谭国友
	全国优秀人民警察	刘健武 李旭辉
	全国清理“三非”专项行动成绩突出个人	何伟
	全省“三基一化”先进个人	毛先奇 袁文兴
	全省优秀人民警察	欧晓春 朱军华 谢树龙 文联社 蒋广生 黄健
	全省公安思想政治工作先进个人	何日华
	全省首届我最喜爱的十佳人民警察提名奖	张立新
	湖南省道路交通安全“平安使者”称号	李旭辉
	全市防范和处理邪教问题工作先进个人	李茂军
2008	一等功	刘建宽 杨运吉 宋信军 唐波明 李江零
	二等功	宋志勇 杨育波 李旭辉 赵寅浩 尹华雄 黄小兵 艾设国 陈建华 朱峻波 刘建能 蒋平建 石李元 浦江宁 韩勇 汤常成 蒋建斌 宋辉 谢春林 尹华雄 历军 刘其西 张来清 王旭平 陈庆新 唐传毅 李邦才
	全国五一劳动奖章	刘祖民
	全国“抗雪救灾”先进个人	张茗珺 蒋家文 杨文斌
	抗冰救灾先进个人	龙刚 邹富林 朱峻波 蒋天威 朱华波 唐勇华 何三荣 邹羿 韩勇 潘建群 唐九芳 蒋家文 蒋路生 杨文斌 蒋卫峰 唐昭宪 周平 李月红 杨敏 唐毅 段慧颖 杨小军 罗毅 颜建宏 刘德燕 秦志军 张茗珺 眭桂顺 胡伟开 王懂军 李宁峰 欧阳建军 谢春林
	湖南省优秀人民警察	谢春林 莫重阳 梁宏峰 邹希金 毛先奇 欧阳华群
	全省“三基一化”建设先进个人	廖胜 刘志强 郑际海 胡洪波 杨武 黄宁莉 毛先奇
	全省“奥运安保”先进个人	李月红 黄志坚 李旭辉 唐亚联 何德传 王受仁 陈江平 唐华 郑波 杨文勇 雷顺华 谢树龙 李中兰 欧阳生友 陈豪彦
	湖南省禁毒人民战争先进个人	陈园国
	共青团抗冰救灾先进个人	樊荣军

续表9-4-4

年份	奖项	获奖人姓名
2009	一等功	何德国　彭　炜　唐湘荣　谢小明　刘祖民　谭海洋　唐亚联　周江东
	二等功	谢子立　唐洪波　李三元　蒋　虎　陈文生　沈林松　刘云涛　唐　亮　段建华　刘少波　黄小兵　莫代懂　卜继晅
	全国模范军转干部	宋信军
	全省优秀人民警察	唐亚联　曾全斌　刘连华　朱龙江　赵岸新　宋信军
	湖南青年五四奖章	夏卫武
	全省国保工作先进个人	柏　林　曾松生　郑春辉
	全省“三基一化”先进个人	夏　兵
	全省第二届我最喜爱的十佳人民警察	刘祖民
	全省公安警令部工作先进个人	廖奖安　欧阳万应　毛先奇　李凌湘
	全省公安警务督察工作先进个人	屈建华
	全省公安监管部门深挖犯罪工作先进个人	聂红海　张洪钢
2010	一等功	罗　怀　杨腾飞　朱峻波　叶栋贤　张扬名　龙千勇　石李元
	二等功	何跃庭　刘崇华　章拥军　何英青　夏红兵　王群峰　谢林松　何江兰　邓战友　周海涛　杨　磊　徐军晖　盛亚军　唐国军　沈　林　唐慕军
	全省公安机关打击假币“09”行动先进个人	李　彬　孙炯明　于　慧　蒋俊炎
	全省公安监所安全管理工作先进人个	彭正林　张洪钢
	全省公安纪检监察工作先进个人	陈　文　何钦贵
	全省公安监所深挖犯罪工作先进个人	刘宗保　张洪钢
	全省公安监所信息技术应用工作先进个人	熊明秀
	全国公安机关“十佳巡特警”	黄端军
	全省公安机关在职民警培训优秀教官	沈林松
	全省优秀人民警察	李映山　宋志勇　黄智春　蒋　纯　蒋兴福　廖奖安
	全国“敬老孝亲”模范第四届中华孝亲敬老楷模提名奖	杜宏槐
	全省老干系统先进个人	杜宏槐
	全省十佳青年卫士	唐慕军　唐亚联
	全省公安机关“三基一化”工作先进个人	骆柳旺　唐金桥　段宁洪　谭　晶　张智民　吴跃格　夏　兵
	第四届湖南省杰出公安民警	石李元
	湖南省先进工作者	唐亚联
	全省公安机关正规化建设标兵	石李元　黄宁莉　杜宏槐
	湖南省公安交警系统规范执法示范标兵	石李元
	2009—2010年度全省公安机关治爆缉枪专项行动先进个人	王国华

续表9-4-4

年份	奖项	获奖人姓名
2011	一等功	高雪峰　唐崇伟　卢　伟　谢子立　杨勇飞
	二等功	郭件平　吴　俊　杨　志　魏黑佗　莫群国　杜宏槐　黄晓兰　徐湘豫　何德传
	全国政法系统优秀党员干警	黄晓兰
	公安部优秀专业技术人才一等奖	沈林松
	全省优秀人民警察	孙　铁　张黎明　郭东生　李谋德　何明旺　龙庆锋
	全省公安机关打黑除恶先进个人	伍四平
	全省公安工作“创新之星”	陈　群
	全省公安机关破案能手	李俊平
	全省禁毒工作先进个人	周艳玲
	全省“大走访”开门评警先进个人	聂小勇
	全省春运道路交通安全先进个人	邓茂春
	全省公安监管工作先进个人	张勇飞　何兴平
	全省公安监所深挖犯罪工作先进个人	奉礼元
	全省公安机关优秀教官	沈林松
	全省打击银行卡犯罪专项行动先进个人	吴义强
	全省公安机关打击发票犯罪专项行动先进个人	李亚慈　郑华
	全省公安机关“三基一化”工程建设先进个人	沈拥政　廖婷婷　卢当朝　龙林生　周维斌　郑竞成
	全省公安机关“三基一化”工程建设优秀调研论文二等奖	蒋建湘
	“6·8”专案查证工作先进个人	唐四军　廖鸾娇　刘哲胜　伍宏明
	湖南省十佳社区民警	李谋德
	全省公安警务督察工作先进个人	屈建华　何钦贵
2012	二等功	蒋小锋　蒋建湘　沈林松　唐亚联　黄辉庆　陆强耀　曾宪敏　郑　航　谢孝平　宋志勇　蒋晓东　唐正国　郭志剑　聂卫林　刘崇华　蔡明光　唐满国　胡鹏飞　文声碌　李盛兰　蔡明光
	第七届“湖南省杰出青年卫士”	叶栋贤
	全国优秀人民警察	杜宏槐　廖奖安
	全国爱民模范	李谋德
	全国反假货币工作先进个人	蒋俊炎
	全省优秀人民警察	李际运　骆　斌　吴　艳　陈　菲　黄江凌　李　波
	全省创先争优优秀共产党员	陈少军
	全省公安机关爱民标兵	陈　菲　于王平
	全省春运道路交通安全先进个人	张飞跃

续表9-4-4

年份	奖项	获奖人姓名
2012	全省公安机关打黑除恶先进个人	邹志坚
	全省公安工作“创新之星”	雷纯彪
	全省反邪教防控维稳工作先进个人	黄晓兰
	全省公安机关国保专案能手	黄晓兰
	全省公安工作“创新之星”	曾德胜
	全市政法系统“调解能手”	万海涛
	永州市第二届“十佳爱民警察”	周维扬
	全省公安机关缉枪治爆工作先进个人	李爱民
	全省公安机关执法规范化建设先进个人	莫楚江
	全国公安机关严厉打击经济犯罪“破案会战”成绩突出个人	唐娅玲
	全国缉枪治爆专项行动成绩突出个人	沈琪桦
	全省公安机关创先争优活动爱民标兵	张远峰
	全省治安信息化建设运用先进个人	李连荣
	2010—2011年度全省公安信访工作先进个人	唐波明
	全省十佳社区民警	唐　毅
	全省公安机关十佳巡特警	罗　玮
	全国知识产权执法保护工作先进个人	胡国润
2013	一等功	高　雄
	二等功	谢春林　黄佳海　黄江陵　唐可先　唐　铮　蔡光明　段建华　唐耀军　郭功宇　洪兴福
	全国十大禁毒先锋	谢子立
	公安部国内安全保卫局颁发突出贡献奖	黄晓兰
	全省社会化禁毒先进个人	赵献功
	全省十佳社区民警	唐　毅
	全省公安机关优秀专业技术人才三等奖	潘　翀　聂卫林
	全省落地侦查竞赛先进个人	廖真杰
	全省公安机关纪检监察工作先进个人	张宝星　莫开冬
	全省公安监管工作先进个人	尹田清　肖誉衡
	全省公安监所深挖犯罪工作先进个人	邓德峰
	全省现场勘查竞赛先进个人	唐林辉　蒋华昌
	全省公安机关“清网行动”到案逃犯消化处理工作先进个人	李政卓　曾　艳　肖玉生
	湖南警综平台执法办案系统升级拓展及应用工作先进个人	林后辉
	全省公安机关学雷锋活动标兵	周巧云　王宏芳　刘敏炎
	全省公案机关打黑除恶工作先进个人	陈保国　郭端亮　廖棚安　熊　飞　刘俊杰　郑定南　杨典桂
	全省公安机关优秀专业技术人才二等奖	李三元
	全省公安机关优秀专业技术人才一等奖	叶栋贤
	全省公安机关重点信访案件专项治理工作先进个人	蒋志勇　黄小永　陆强耀　杨成仁
	全省公安机关打击涉高犯罪工作先进个人	桂慧君　唐海波　陈健刚　邓林欣　高群峰　刘　云

续表9-4-4

年份	奖项	获奖人姓名
2014	一等功	陈云生
	二等功	龚艳军 潘泽锋 沈林松 陈小辉 周建波 张 飏
	全国五一劳动奖章	杜宏槐
	全省公安人口与出入境管理部门“双十佳服务标兵”	成 芳
	2012—2013 年度全省破案办案能手	沈 林
	全省国庆道路交通安全先进个人	张金龙
	全省交通肇逃逸案件集中侦破行动“百名追逃能手”	陈 文
	公安部基层技术革新优秀奖	沈 林 徐军晖
	全省公安系统优秀教官	沈 林
	全省公安政治工作成绩突出个人	黄建兰 欧阳湘平
	全省缉枪治爆工作成绩突出个人	沈棋桦 沈 锋 陈青松 张 驰 潘启辉
	全省破案办案能手	沈 林 周 波 韦 雄 刘树权 赵伍昌 杨文耀 刘龙江
	全省优秀刑警	熊 飞 杨卫国
	全省公安警务保障工作成绩突出个人	蒋兴福 郑余薇 李际方 欧阳昌忠
	全省公安机关春运道路交通安全工作成绩突出个人	李 彬 唐晓勇 王旭蕉 王卫权 伍耀辉 孙青松 贺新华 杨文斌 蒋建斌 陈 勇 刘 飞 谢宇兵 周 剑 黄仁龙 张飞跃 陈拥军
	全省公安监管工作成绩突出个人	张勇飞
	全省公安监所深挖犯罪工作成绩突出个人	袁 芳 何 法
	全省县级公安国保大队业务技能比武竞赛优秀个人	蒋 刚
	全国公安机关取保候审突出问题专项督察工作成绩突出个人	屈建华 黄有国 陈永国 邵建军 文爱云 蒋春生 何 岚 唐 茜
	全省公安机关“规范执法警营开放周”活动成绩突出个人	盘 佳 宋云剑
	全省公安机关执法规范化建设成绩突出个人	林厉辉 刘 曙 黄维文 黄向东 赵满莲 陈建林 熊建华
	全省公安机关打假行动先进个人	王欢捷
	全省公安机关打击整治发票犯罪专项行动先进个人	胡毅峰
	全省公安机关打击传销专项行动先进个人	刘凌云

续表9-4-4

年份	奖项	获奖人姓名
2015	二等功	刘　军　何尚孟　唐化贵　周序勇　邹学康　李　波　黄忠平　曾德胜　张跃军　毛先奇　何革贤　唐　耘
	全省公安机关禁毒会战成绩突出个人	廖中文　周伟民
	全省“百优”社区（驻村）民警	曾　玲
	2014-2015年全省破案办案能手	赵伍昌
	全国打击假币犯罪先进个人	唐化贵
	全省公安机关春运道路交通安全管理工作成绩突出个人	黄正晖　易海民　陈曙光　唐合民　贺新华　谭方林　蒋甘生　刘　飞　刘志华　邓财兵　蒋义军　蒋新红　何　辉　蒋　员
	全省公安信访工作成绩突出个人	朱爱华　唐　湘　邓　琳　柏成仁
	全省公安政治工作成绩突出个人	曾江艳　唐正乐　黄建兰　刘晓玲　毛先奇　马成钢　万　兵　杨　鹏　罗四明
	全省“百优”社区民警	黄志刚
	全省公安保密工作成绩突出个人	谢艳萍
	全国知识产权系统和公安机关知识产权执法工作成绩突出个人	罗厚国
	全国缉枪治爆专项行动成绩突出个人	沈琪桦
	全省公安机关警务督查工作成绩突出个人	罗清　龙江波
	全省公安监所安全管理工作成绩突出个人	彭正林　夏石辉
	全省公安监所深挖犯罪工作成绩突出个人	李辉林　蒋宏
	全省公安机关治安系统成效突出个人	王先朋　张海英　龚俊伟　柏先锋　伍发明　聂思笑　黄亚平　潘启辉
	全省拘留所“三项重点工作”推进落实活动成绩突出个人	唐钢耀　罗国善
	全省公安机关“抗战胜利70周年纪念活动”安全保卫工作成绩突出个人	蒋玉云　何祉萱　易海民　唐　湘　邓　琳　何耀辉　欧阳建军　李世玉

1993—2015 年永州市消防支队集体三等功以上名录（含政府表彰）

表 9-4-5

年份		获奖单位（集体）
1995	基层建设合格中队	江永县消防大队
1997	1997 年度全省消防部队先进党支部	江永县消防大队
	“5·4”商业大楼倒塌抢险救援行动集体三等功	江永县消防大队
	全省先进消防中队	祁阳县消防中队
	全省消防监督工作先进消防大队	祁阳县消防大队
	1997 年度全省消防部队安全防事故先进消防中队	祁阳县消防大队
	1997 年度全省消防监督工作先进单位	祁阳县消防大队
	全省消防部队安全防事故先进单位	祁阳县消防大队
1998	行政执法先进单位	祁阳县消防大队
	后勤规范化管理先进单位	祁阳县消防大队
	《正规化执勤三年计划》（1996—1998）达标单位	祁阳县消防大队
	“学天津消防，建三相消防铁军”先进消防中队	祁阳县消防大队
1999	正规化执勤规划达标消防中队	祁阳县消防大队
	全省先进消防大队	祁阳县消防大队
	省消防总队集体三等功	祁阳县消防大队
	1998 年度全省消防部队执法工作先进单位	道县消防大队
	1999 年度执勤器材配置改革先进单位	祁阳县消防大队
	1999 年度农副业生产先进单位	祁阳县消防大队
	1999 年度俱乐部建设先进单位	祁阳县消防大队
	1999 年度消防行政执法先进单位	祁阳县消防大队
2000	全面建设先进单位	祁阳县消防大队
	2000 年年终工作检查先进消防大队	祁阳县消防大队
	2000 年度全省消防部队“优秀消防卫士”	祁阳县消防大队
2001	省级青年文明号	祁阳县消防大队
	2001 年年终工作检查先进消防中队	祁阳县消防大队
2002	全省三年消防监督规范化先进单位	祁阳县消防大队
	全省执法质量考评先进消防大队	祁阳县消防大队
	2002 年度新训工作嘉奖	祁阳县消防大队
	“5·6”加油站倒塌事故抢险救援集体三等功	江永县消防大队
	2002 年度执法质量考评优秀消防大队	祁阳县消防大队
	2002 年度基层政治教育先进单位	祁阳县消防大队
2003	省消防总队三等功	祁阳县消防大队
	2003 年度安全防事故先进单位	祁阳县消防大队

续表9-4-5

年份		获奖单位（集体）
2004	2004 年度基层建设先进消防中队	祁阳县消防大队
	2004 年度基层建设先进消防大队	祁阳县消防大队
	先进消防中队	零陵消防中队
2005	全面建设先进单位	祁阳县消防大队
	2005 年度先进基层党支部	祁阳县消防大队支部
2006	先进基层党支部	祁阳县消防大队支部
	基层建设先进消防中队	零陵消防中队
	全面先进消防中队	祁阳县消防中队
2007	全面消防宣传“五进”先进单位	祁阳县消防大队
	2007 年度执法质量考评先进消防大队	道县消防大队
2008	2008 年度执法质量考评先进消防大队	道县消防大队
	省消防总队二等功	
2009	国庆 60 周年消防安全保卫工作先进基层单位	江永县消防大队
	先进基层单位	零陵消防大队
	执法质量考评先进消防大队	零陵消防大队
	先进单位	零陵消防大队
	先进基层党组织	零陵消防大队支部
2010	先进单位	零陵消防大队
2011	执法质量考评先进消防大队	零陵消防大队
	全面建设先进消防中队	零陵消防大队
	先进党支部	零陵消防大队支部
2012	清缴火患战役成绩突出公安消防大队	道县消防大队
	中共十八大安全保卫成绩突出公安消防大队	祁阳县消防大队
	中共十八大安全保卫成绩突出公安消防中队	祁阳县消防中队
	执法质量考评先进消防大队	零陵消防大队
	全面建设先进消防中队	零陵消防中队
	成绩突出公安消防大队	零陵消防大队
2013	抗击台风集体三等功	道县消防大队
	国防服役银质奖章	祁阳县消防大队
2015	“5·20”抗洪抢险集体三等功	江永县消防大队
	湖南省公安机关档案工作规范管理二级单位	江永县消防大队

1993—2015 年永州市消防支队个人二等功以上名录

表 9-4-6

年份	奖项	获奖人姓名
2007	2007 年抗洪抢险二等功	李其峰　叶石桥
2008	抗冰救灾一等功	严江海
	省消防总队二等功	唐文旗
	“7.9” 矿井救援行动二等功	欧崇明
2010	长沙暮云镇客车倾翻交通事故见义勇为二等功	汤磊
2011	省消防总队二等功	徐庆
	公安消防支队抗洪抢险先进个人	张泽星、唐健
	全国消防部队比武竞赛总分第一名	孙高峰
	东安县抗洪救灾二等功	陈松洁
	蓝山县俊水河被困人员救援行动二等功	林江、徐庆
	抗洪救灾二等功	石栋梁
2012	蓝山永连公路抢险救援行动二等功	马果林
2013	省消防总队二等功	刘攀
2015	“5・20” 抗洪抢险二等功	陆信洋

1993—2015 年永州市森林公安集体三等功以上名录

（含政府表彰）

表 9-4-7

年份	奖项	获奖单位（集体）
1994	全国严厉打击破坏森林资源违法犯罪活动专项斗争先进单位	江华瑶族自治县公安局林业分局
1996	二等功	江华瑶族自治县公安局林业分局
1997	全国林业公安基层基础建设先进单位	江华瑶族自治县公安局林业分局屋贝口派出所
1999	全省人民满意派出所	江华瑶族自治县公安局林业分局屋贝口派出所
2001	人民满意单位	江华瑶族自治县森林公安局水口派出所
2003	全省森林防火先进单位	江华瑶族自治县公安局森林分局
	全省森林公安系统十佳分局	江华瑶族自治县公安局森林分局

续表9-4-7

年份	奖项	获奖单位（集体）
2004	湖南省林业工作先进单位	江华瑶族自治县公安局森林分局
2005	全国森林公安系统优秀基层单位	江华瑶族自治县公安局森林分局消防股
	二等功	江华瑶族自治县公安局林业分局
2006	二等功	永州市林业局森林公安分局
2007	全国绿盾行动先进集体	江华瑶族自治县公安局森林分局
	全省“绿盾二号”专项行动先进集体	江华瑶族自治县公安局森林分局
2009	二等功	永州市林业局森林公安分局侦办“7・24”案专案组
	全省“雷霆一号”行动先进集体	江华瑶族自治县公安局森林分局
	全省绿盾三号行动先进集体	永州市林业局森林公安分局零陵分局
2011	全省十佳优秀森林公安局	江华瑶族自治县森林公安局
2012	全国森林防火先进集体	江华瑶族自治县森林公安局
	全省优秀公安基层单位	江华瑶族自治县森林公安局水口派出所
2015	二等功	江华瑶族自治县森林公安局侦办“10・31”特大盗伐林木案专案组

1993—2015 年永州市森林公安个人二等功以上名录

（含政府表彰）

表 9-4-8

年份	奖项	获奖人姓名
1993	全省林业公安系统先进个人	李建华
1995	全国优秀人民警察	朱元贵
1996	全国青少年造林绿化先进个人	张桂林
1997	一等功	邓传立
	全省林业公检法先进个人、全省公安宣传先进个人	郑万生
1998	全国优秀人民警察	阳　洋
	全省第二届十大杰出民警	邓传立
2001	全省优秀人民警察	陈小平

续表9-4-8

年份	奖项	获奖人姓名
2003	全省综治维稳先进个人、严打先进个人	蒋建军
	二等功	蒋建军
2004	二等功	蒋建军
2005	二等功	李建华
2006	全国森林防火先进个人	邓和平
	一等功	蒋建军
2007	全国特级优秀人民警察	蒋建军
	二等功	王应华
2009	二等功	刘少波　卿良群
2012	全国森林公安系统优秀人民警察	曹照文
	全省“孝亲敬老之星”	谢蒙江
2014	全省森林防火工作先进个人	高小平
	全省森林公安系统办案能手	黎志明
	全省森林防火先进个人	刘　学
	二等功	郑四清

附　录

一、文献辑录

中共永州市委永州市人民政府
关于永州市直党政机关机构设置的通知

永发【1996】2号

各县（区）委、人民政府，市直机关各单位：

我区撤区建市后，省编委湘编【1996】11号文件《关于永州市直党政机构设置和人员编制方案的批复》，对新的地级永州市直党政机构设置较之原零陵地区作了部分调整，增设了永州市市政管理局，列为政府工作机构；原将保留牌子的行署法制办更名称局，改为独立设置，对外加挂永州市人民政府行政复议办公室牌子；将原地区公安处、国家安全处和对外经济贸易委员会分别更名为永州市公安局、永州市国家安全局和永州市对外贸易经济合作委员会；将原地直其他党政机构由原地委、地区和行署冠名的均改为以中共永州市委、永州市或永州市人民政府的冠名。现将经批准的地级永州市市直党政机关的机构设置情况通知如下：

一、市委工作机构8个，归口管理机构1个

中共永州市委办公室

中共永州市委组织部

中共永州市委宣传部

中共永州市委统一战线工作部

中共永州市委政策研究室

中共永州市委政法委员会

中共永州市直属机关工作委员会

永州市机构编制委员会办公室

中共永州市委老干部工作局由市委组织部管理；永州市社会治安综合治理办公室与市委政法委员会一个机构，两块牌子；中共永州市农村工作部与市人民政府农村工作办公室一个机构，两块牌子。

二、中共永州市纪律检查委员会机关与永州市监察局合署办公，一个机构，两块牌子

三、市政府组成单位 25 个

永州市人民政府办公室

永州市计划委员会

永州市经济委员会

永州市经济体制改革委员会

永州市教育委员会

永州市科学技术委员会

永州市建设委员会

永州市对外贸易经济合作委员会

永州市公安局

永州市国家安全局

永州市司法局

永州市监察局

永州市审计局

永州市民政局

永州市财政局

永州市人事局

永州市劳动局

永州市交通局

永州市农业局

永州市林业局

永州市水利水电局

永州市文化局（加挂永州市新闻出版局、永州市版权局牌子）

永州市卫生局

永州市计划生育委员会

永州市民族事务委员会

四、市人民政府工作机构13个

永州市人民政府农村工作办公室

永州市人民政府财贸工作办公室

永州市乡镇企业局

永州市外事侨务办公室（加挂永州市旅游局牌子）

永州市统计局

永州市工商行政管理局

永州市国土局

永州市环境保护局

永州市地方税务局

永州市粮食局

永州市物价局

永州市地质矿产局

永州市市政管理局

五、归口部、办、局管理机构3个

永州市人民政府法制局（加挂永州市人民政府行政复议办公室牌子），归口人民政府办公室管理；

永州市国有资产管理局（副处级），归口市财政局管理；

永州市技术监督局，归口市经委管理。

六、限额外设议事协调机构的常设办事机构4个

永州市调处纠纷办公室，由市政府办管理。

中共永州市委、永州市人民政府信访办公室，由市委办、市政府办管理。

中共永州市保密委员会办公室（副处级），对外加挂永州市保密局的牌子，由市委办公室管理。

永州市人民防空办公室，挂靠市政府办公室。

七、原零地发【1994】6号文件将原地直党政工作机构改为事业单位或经济实体的，仍维持现状，其名称亦由冠零陵地区改永州市冠名。

中共永州市委

永州市人民政府

一九九六年六月十七日

永州市公安局警务公开制度实施方案

永公监察【1999】50号

公安机关实行警务公开是贯彻落实依法治国方略，进一步健全社会主义民主与法制，建设社会主义法治国家的需要，也是自觉接受人民群众和社会各界对公安工作实施监督，加强公安队伍队伍建设，遏制司法腐败的一项重要举措。根据公安部、省公安厅关于在全国、全省公安机关普遍实行警务公开制度的指示精神和具体安排，结合我市公安机关实际，特制订此实施方案。

一、警务公开的主要内容

公安机关的执法办案和行政管理工作，除法律法规规定不能公开的事项外，都要予以公开。公开的内容包括：

（一）刑事执法

1. 公安机关管辖刑事案件的范围、执法职权、办案程序和立案标准。

2. 犯罪嫌疑人、被害人、证人、鉴定人、翻译人员依法享有的权利和义务。

3. 律师在侦查阶段参与刑事诉讼的权利、义务。

（二）行政执法

1. 公安机关行政执法的范围和职权。

2. 办理户口、居民身份证、车辆牌证和机动车驾驶证、边境通行证和出入境证件等有关制度、程序、时限、收费依据、收费标准、投诉方式。

3. 治安处罚、交通违章处罚、交通事故处理、消防监督管理中当事人依法享有的权利。

4. 公安机关依法适用公开听证的程序、要求。

（三）看守所、收容教育所、治安拘留所、强制戒毒所等监管场所被监管对象依法享有的权利和义务。

（四）执法依据和制度、程序

1. 公安机关的性质、任务、职责和权限。

2. 人民警察的职责、权利和义务。

3. 公安机关受理举报、控告、申诉、行政复议、国家赔偿等的制度规范。

（五）警务工作纪律

1. 公安机关和人民警察的执法、管理、服务的纪律规范、要求。

2. 对公安机关和人民警察违法违纪行为进行举报、控告的途径、方法等。

二、警务公开的形式和方法

（一）通过报刊、电台、电视台等新闻媒介和其他现代化信息传播手段公布。

市局对实施警务公开统一拟稿在电视台、报刊向社会承诺，各业务部门根据需要，自行安排。

（二）在公共场所和对外办公的场所设置公示栏、牌匾等形式公布警务公开的内容。市局在局机关大门前设立公开牌，向社会各界广泛宣传公安机关的性质、任务和职权，宣传有关公安工作和队伍建设的法律、法规和规章、制度。各业务单位根据公开的内容和要求，在本单位办公室设置公布栏（牌），有必要的在公共场所设立公布牌。

（三）公安机关窗口部门和基层单位在设置公布栏（牌）的基础上，将群众常办事项所需手续、程序、时限等印成“警民联系卡”、“便民卡”或“明白卡”发给人民群众方便群众办事。还可以通过邮电部门设立电话查询服务。

（四）通过口头告知的办法，使到公安机关办事的社会各界群众及时了解办事程序和要求，使被传唤对象或犯罪嫌疑人知道依法享有的权利。

三、警务公开工作的组织领导

为使全市公安机关警务公开工作顺利有序进行，按照公安部、省公安厅的要求，于今年10月1日左右如期向社会予以公开，根据公安部【1999】43号通知，各级公安机关的警务工作由本级公安机关的行政首长负责组织实施，行政副职对其分管部门、警种的警务公开工作负分管责任，各警种、各部门警务公开工作由各警种、各部门的主要负责人直接领导组织实施。市局决定成立警务公开工作领导小组，加强对这项工作的领导，由局长秦伍生任组长，副局长陈历秋、涂乙林，纪委书记龚启建任副组长，其他党委成员任小组成员。下设办公室，由局纪委副书记杨惠录担任主任，机关党委副书记李强久、办公室副主任欧阳晓芬、法制科副科长蒋秀亮任副主任，并从上述单位抽调人员组织工作班子，办公室设纪委，负责全市警务公开工作。市局机关的警务公开，由机关党委和公开办公室具体组织实施。

市局各支队、科、室、所、校警务公开工作由各支队、科、室、所、校的主要负责人直接领导组织实施，局领导对其分管单位、部门的警务公开工作负分管责任。各支队、科、室、所、校要对近年来制定的警务公开规定和制度进行认真清理，按照上级机关及对口部门、警种实行警务公开的要求，进一步修订完善，于9月20日前将本单位（警种）警务公开制度报市局警务公开工作领导小组办公室，10月5日前市局及各支队、科、室、所、校要利用多种形式和方法向社会各界实行警务公开。

在制定警务公开制度和实行警务公开初期，由局警务公开领导小组办公室组织纪检监察、政治处、法制、办公室等部门，对各单位警务公开的内容、形式方法、方案进行审核，统一规范警务公开的形式方法，研究制定需要统一向社会公开的警务制度，并对各单位警务公开情况进行督促检查，对没有制定警务公开制度和规定的单位，或制度不完善、公开不及时的单位，要限期改正，督促整改；对违反警务公开有关规定，情节严重的，要依照有关规定严肃处理。纪检监察、督察、政治处、法制科要强化警务公开的督查和社会监督，各单位要向社会公布举报电话，设置举报信箱，认真受理群众的检举、控告。市局举报电话设督察支队，各业务部门的举报电话为本科室办公电话。市局统一制作举报箱 10 个，分别设置在芝、冷和凤凰园城区内，由督察支队负责管理。市局及各支队、科、室、所、校要建立警务公开工作群众评议制度，每年一次以上，请人大代表、政协委员、特邀监督员等社会各界评议警务公开，对评议中收集的意见和建议，要及时研究、核查并限期整改。

一九九九年九月十七日

“十一五”期间永州市公安机关“三基三化”工程建设规划

为深入贯彻落实第二十次全国公安会议、第十五次全省公安会议精神，根据公安部、省公安厅关于抓基层、打基础、苦练基本功以及推进队伍正规化建设的总体部署和系列指示精神，结合我市经济社会发展的实际和公安工作、队伍建设的现状，着眼于全面协调可持续发展，特制订本规划。

一、指导思想

以邓小平理论和“三个代表”重要思想为指导，牢固树立和认真落实科学发展观，按照“警力要下沉，保障要有力，班子要加强，管理要严格，机制要创新，执法要规范，工作要上去，人民要满意”的总体要求，坚持政治建警、文化育警、素质兴警、科技强警、信息导警、机制活警的建设方向，狠抓基层建设、基础工作和基本功训练，不断推进队伍思想革命化、警务专业化和各项工作规范化（以下简称“三基三化”），一抓五年，努力提高全市公安机关维护国家安全的能力、驾驭社会治安局势的能力、为经济社会发展服务的能力和处置突发性事件的能力，确保全市社会政治、治安大局稳定，确保公安队伍和谐发展，确保公安工作全面协调可持续发展。

二、基本内涵和建设目标

基本内涵：基层是指公安机关打击敌人、保护人民、惩治犯罪、服务群众最基本的战斗实体，包括市局直属支队、指挥中心、窗口服务单位和监管场所，县级公安机关及其所队，尤其是“三所三队”，重点是派出所。基础工作是指为公安机关依法履行职责奠定根基、提供支撑、给予保障的工作，重点是警务运行机制和以信息化为载体的公安业务基础以及人口管理、阵地控制等工作。基本功是指不同层级、警种、岗位的民警胜任岗位、履行职责、完成任务所必须的基本知识、基本技能、基本体能。公安队伍思想革命化是指公安民警必须具有忠于党、忠于祖国、忠于人民、忠于法律的政治品质，必须具有崇高的执法精神、高尚的职业道德和正确的世界观、人生观、价值观，必须具有为公安事业的奉献精神、牺牲精神。警务专业化是指适应公安机关性质、任务和特点，完成公安工作职责职能所必须的专门工作手段、技术手段和专业知识。各项工作规范化是指根据公安机关性质、特点，在公安工作和队伍建设的各个方面、各个环节做到标准化、程序化、法制化和科学化。

建设目标：2007 年，全市公安机关的基层建设、基础工作和基本功训练基本规范，队伍革命化、警务专业化和各项工作规范化的框架基本成型；2009年，基本完成“三基三化”工程建设的各项任务，初步形成永州特色；2010年，进一步完善和巩固提高，全市公安工作和队伍建设实现新的跨越。

三、建设原则

——坚持政治建警、文化育警、素质兴警、科技强警、信息导警、机制活警的建设方向。坚持党对公安工作的绝对领导，永葆公安队伍忠于党、忠于祖国、忠于人民、忠于法律的政治本色；加强公安文化建设，塑造永州警察精神，构建和谐警营；强化对公安民警的忠诚教育、执法为民教育和基本功训练，全面提升公安队伍的政治素质、法律素质、业务素质、体能、技能素质和做群众工作的能力；引进科技手段，加大科技投入，强化科技应用，不断提高公安工作的科技含量；搭建传统手段与现代信息技术相结合的情报信息工作平台，健全完善“警务跟着警情走”的工作机制，因地制宜，因情施策，做好打击、防范、控制和服务工作；建立健全竞争激励与责任约束相结合的队伍管理长效机制，既要严格规范地管理公安队伍，更要激发队伍活力。

——坚持求真务实、锐意创新，典型引路、强力推行的原则。既要认真学习借鉴外地的成功经验，更要立足永州实际，使“三基三化”工程建设始终凸显永州特色；既要抓住难得的历史机遇，又要充分发挥主观能动性，特别是要尊重和发扬基层的首创精神；要注重发现、培育、总结和推广不同层次、不同类型、不同方面的先进典型，坚持典型引路，不断推进全市公安机关“三基三化”工程建设，努力开创公安工作的新局面。

——坚持全面规划、分步实施、突出重点、统筹兼顾的原则。坚持长计划与短安排相结合，重点突破与整体推进相结合。既要立足当前，更要着眼长远；既要做精机关，又要做强基层；既要加强基层，更要夯实基础；既要狠抓硬件建设，更要注重软实力的提升。

——坚持与经济社会发展相适应的原则。公安工作服从服务于经济社会发展，是党和国家工作的重要组成部分，必须从党委、政府的工作大局和经济社会发展的全局来谋划公安工作，必须将公安基本建设纳入经济社会发展规划，并始终与经济社会发展水平相适应。

四、主要任务和实施步骤

（一）加强执法执勤规范化建设

公安机关的基本活动是执法执勤。实现执法执勤的规范化，就是实现公安工作的规范化。因此，必须把执法执勤规范化建设作为一条主线贯穿全市公安机关“三基三化”工程建设的始终。①建立执法岗位资格认证体系。2007 年，在部分警种试点推行执法岗位资格认证和升级制度；2008 年起，在所有执法岗位推行。市公安局每两年分警种统一组织一次执法资格考试，考试合格者持证上岗，不合格者离岗培训 15 天以上，补考不合格者调离执法岗位。②完善执法执勤标准化作业体系。2007 年，制订各个执法执勤岗位的工作标准、要求和程序，全面规范执法执勤行为。③健全执法执勤监督体系。2007 年，制订执法执勤工作责任制和倒查追究制，建立民警个人执法档案，严格执法考评和现场督察，强化内部监督；健全向人大、政协和社会各界报告执法执勤工作的制度，聘请执法执勤工作监督员，建立 110 报警服务台接受执法执勤工作举报查究制度，强化外部监督。④引起科技手段，提高科技含量。2007 年，基本建成全市公安机关执法及执法监督信息系统；2008 年起，逐步实行执法办案从受理报警开始网上流转。全面实行电子政务，网上公布行政许可事项、人员、职责，明确指挥调度的权限和程序，赋予处置一般问题和重大紧急情况下先期处置的决策指挥、调度警力和物资装备的权限。市、县公安机关均实行一级处警，由指挥中心直接向处警单位或巡逻民警下达处警指令，确保警情传递、指挥决策、警力调动、现场处置及时、准确、高效。②改革勤务组织形式和工作方式。灵活采取警组、巡组、探组等小单元战斗建制和警区制，提高基层一线民警的分散执勤与协调作战能力。实行“警力跟着警情走”、“一切围绕行动转”，最大限度地把警力摆到案件、事故高发的时段和部位，提高群众的见警率，使动态巡逻防控、疏导交通、现场执法办案、纠正违章、入户走访成为基层民警的工作常态。③推动治安工作社会化。健全群防群治组织，推行户户联防、村村联防、城乡协防，实现防范工作社会化；联合劳动、工商、民政、计生、城管、税务等部门，形成市、县（区）、街道、社区四级出租房屋和流动人口服务管理机构，实现管理工作社会化；大力发展保安业，推行单位和小区保安进驻制、大型活动安全保卫市场化等运作模式，实现安保工作社会化。

（二）加快三大科技信息工程建设

1. 加快以“三台合一”接处警系统为平台、以 350 兆无线集群通信为纽带的全市快捷统一的指挥调度工程建设。2007 年，在市公安局建成“三台合一”的信息指挥中心的基础上，各县区公安机关要以“本地网”模式，与市局接处警系统相链接，建设县级公安机关信息指挥中心。年底，实现全市范围内的互联互通。350 兆无线集群通信系统要覆盖全市。

2. 整合公安信息网络资源，建成横向集成、纵向贯通、互联互通、共建共用的公安综合信息平台。2007—2009 年，市局、县（分）局要整合分散在刑侦、国保、治安、户政、出入境等警种的公安信息网络资源，全面完成公安网络基础设施、安全基础设施、应用运行平台、应用支撑平台、运行管理平台、内外网门户网站、资源库、综合应用、查询系统等信息化基础设施建设，建立市级公安综合信息平台、县（分）局“警务信息应用平台”、基层所队“基础警务信息工作平台”。建立不同层级、不同地区、不同警种的网上工作模式，积极开展网上侦查、网上追逃、网上管理、网上服务、网上办公。

3. 加强专门技术手段建设。积极开展公安科研工作，普及科学知识与技能，创新公安科技，推广科研项目，提高公安工作的科技含量和专业化水平。①制定《永州市公安科技“十一五”发展规划》和相应的公安科研管理办法，进一步完善科研管理制度和警用装备添置规划，切实加大对公安科技的投入。②切实加强刑事技术建设。市局建立刑事科学技术研究所，制订出台《永州市公安刑事科学技术发展规划》。在确保各县区刑技室常规检验鉴定手段建设的同时，统筹兼顾，有侧重地做强县级刑技室，实现刑技装备全市范围内共享，做到“小检验不出县，大检验不出市”；建立县级公安机关以及基层所队的刑侦技术设备购置与使用、管理制度；市局刑科所、县级刑技室专业设置、人员、装备配备达到部颁标准，提高现场的发现率、提取率和利用率，为侦查破案提供强力支撑。2008 年、2009 年、2010 年刑侦技术在侦查破案中发挥作用率分别达到 20%、30%和 40%以上。③切实加强行动技术建设。全部建成对现有通信业务的侦控系统，同步建设新增通信业务侦控系统，基本消除侦控盲区；提高动态环境下的跟踪监视能力、复杂条件下的快速安装复原能力、高科技背景下的安防突破能力、远程实时信息传输能力；加强技侦数据库建设，进一步完善技侦信息应用系统。“信息技侦”初具雏形。④切实加强网上专门技术建设。2007 年，完成网侦 111 手段建设；2008—2010 年完成“051”工程建设和网上自动报警系统建设。以“网上重点阵地控制工程”和网上斗争六大基础业务数据库为基础，以专门技术手段为依托，初步建立集发现、控制、侦察、打击、防范、管理于一体，基本涵盖全市互联网虚拟社会的综合防控体系，建立健全全市信息网络安全报警处置系统和以网上值班调度室为基础的快速反应机制。

（三）加强四大基础工程建设

基础工程建设是公安机关实现可持续发展的战略性工作，也是公安机关最重要的业务工作。重点是建设社区和农村警务工程、公安基础业务工程、社会治安防控工程和基础设施工程。

1. 全面实施社区和农村警务战略工程。落实“三为主”的防范措施，在城市，以社区为主；在农村，以村为主；在单位，以法人为主。实行警种下沉到警区，工作目标制订到警区，工作责任落实到警区，工作职权授予警区，工作措施规范到警区，各种待遇倾斜到警区，建立集情报信息、矛盾纠纷排查调处、安全防范、管理服务、基础工作于一体、责权利相统一的社区和驻村警务运行模式，实行警企联动、警校联动、警村联动，使基层警务根植于社区、农村、学校、企业和社会的各个层面，使社区和驻村警务室真正成为基础工作的主阵地、情报信息的资源库、打击防范的桥头堡、社会治安的安全阀。

2. 全面推进公安基础业务工程建设。①加强以实有人口为重点的“三口”管理。规范和完善常住人口登记管理制度，简化办事手续，规范工作流程，确保人口信息“完整、准确、鲜活”。以换发“二代证”、实行公民身份证号码制度为契机，以社区和基层组织、群众性自治组织为依托，以人口信息管理系统建设为载体，集中开展无户口人员清理整顿和户口核对工作。2007 年，全市常住人口漏登率控制在 0. 05%以下。逐步推行市内户口网上迁移和一站式审批方式。从 2008 年起，全市统一实行户口网上迁移和一站式审批。加强流动人口管理和出租房屋管理。2007—2008 年，按 50%的年递增率，在市城区、县城关及中心城镇组建“暂住人口和出租房屋服务管理中心”，在社区建立“暂住人口和出租房屋管理服务站”，有针对性地开展暂住人口清理整顿专项行动，摸清辖区暂住人口底数，登记采集率达 80%以上，并逐人立卡建档；2008 年起，建立“以房管人”、“以居住落脚点管人”的定位管理机制，推进旅馆、出租房屋等流动人口主要落脚点与公安机关微机联网，实现对流动人口的正规化管理和服务，暂住人口的登记采集率达 80%以上；2009 年达 95%以上。强化工作对象管理。进一步摸清工作对象的底数，将重点人口及在社区内有违法犯罪嫌疑的人员全部纳入工作对象。2007 年流入地工作对象列管率要达到 90%以上，2008 年要达到 100%。组织开展对吸毒人员的普查工作，全面澄清吸毒人员底数。2007 年实现吸毒人员身份证、照片录入率达到 90%，2008 年达到 100%。②加强以高危人群为重点的刑嫌调控工作。建立高危人群档案，提高对高危人群的了解、掌握能力；建立动态管控工作机制，及时掌握其活动轨迹、现实状况，做好调查控制，最大限度地预防、减少其违法犯罪活动。③加强以公共复杂场所、特种行业和旧货交易市场为重点的阵地控制。认真贯彻落实国务院《娱乐场所管理条例》。2007 年，娱乐场所内部硬件设施全面达标，建立娱乐场所从业人员实名登记制度；2010 年前，完成娱乐场所网络适时监控工作。强化对旅馆、出租房屋、网吧、机动车修理、典当业、租赁业、二手旧货交易市场、劳务市场、歌舞娱乐场所的管控，做到底数清、情况明、信息灵、管得住。2007 年开始建设信息化管理系统，2008 年全面建成并使用，确保对违法犯罪活动的防范、发现、控制和查处。④加强以国保、刑侦、经侦特情建设为重点的秘密力量建设。推行全员建情工作，在社会的各个阶层、各个角落大力发展特情、耳目和朋友关系，形成秘密力量网，做到敌动我知、未动先知。国保秘密力量建设方面，2007—2008 年，要以敌社情特别复杂的县区为重点，每个县区都要建立一定数量的秘密力量和特情，培养一批尖子特情，发展职业特情。2009 年，在全市形成布局合理、基本覆盖各个新领域的秘密力量网络。刑事特情建设方面，2007 年，对全市原有特情进行一次全面清理，澄清底数，同时积极物建新特情。至 2010 年，每个县区都要物建一批包含各个门类的特情，其中要有一批尖子特情。冷水滩、零陵、祁阳、道县、宁远五县区以及经济活跃、外来人口多的城镇要物建阵地控制特情和外来人口特情。加快职业特情建设步伐，国保、刑侦要物建一批高质量的职业特情。2008 年，力争利用特情破案占破案总数的 28%以上，2010 年达到 30%以上。加强职业据点建设，至 2010 年，国保、刑侦至少要建一个具有一定规模的职业据点。治安耳目建设方面，2007 年每个派出所、治安大队、治安支队都要在全面清理的基础上，物建一批治安耳目。2008 年，耳目建设要覆盖治安部门管辖的所有行业和领域，从中获取预警性、内幕性、深层次的情报信息，并利用其提供的情况侦破一批案件。⑤加强以爆炸物品、枪支弹药为重点的危险物品、违禁物品的管理。建立健全对枪支弹药、民爆剧毒物品、放射性物品等危险物品的安全管理规章制度，督促有关单位严格落实生产、销售、使用、储存、运输等环节的安全监管措施，及时清理、收缴非法枪支弹药、管制刀具、民爆剧毒物品和毒品、淫秽物品、非法出版物等违禁物品，预防和减少各类案件、事故的发生。⑥加强以情报资料为重点的信息采集录入工作。建立健全信息采集、录入、整合、共享、维护制度和工作机制，从人、地、物、事、单位、组织等基础性的情报信息抓起，把民警日常警务工作与情报信息采集、录入工作紧密结合起来，及时、准确获取、录入各类情报信息。进一步规范情报信息采集、录入的分类和标准，健全完善更新、维护各类情报信息的工作机制，确保各类情报信息的完整性、准确性和鲜活性。

3. 加强社会治安防控体系建设。①全面落实以看门守栋、户户联防、栋栋联防、村村联防为主要内容的人防措施，以固围墙、安铁门、装防盗网为手段的物防措施，以城区监控系统、防盗抢自动报警系统、350 兆无线集群通信系统、GPS 卫星定位系统等为重点的技防措施，实现对社会治安全方位、全天候的防控。②建立"巡区五分钟控制圈"，实施"三五十分钟围堵战略"。在城区及重要城镇，探索建立巡区五分钟控制圈。对发生重特大刑事案件和事件，社区巡逻队在三分钟内赶到现场，各社区联动对现场进行封锁。五分钟内，县区必须封锁出城主要路口。十分钟内，全市所有进出口道路全面封锁。③加强出城哨卡和出境治安哨卡建设。在各县区交界处、出城路口设立治安哨卡，加强对可疑车辆和人员的检查。④加快缉毒检查站的建设，2008 年完成。

4. 加强公安基础设施建设。积极争取党委、政府的支持，加快以派出所为重点的“三所三队”建设。2007年年底要完成40个无房派出所建设任务。到2008年年底，全市无房派出所要全部完成建设任务，全面统一基层所队的内外观标识，全面完成公安派出所“五小工程”建设。到2009年，全面统一全市公安机关的内外观标识，内务规范、统一，实现“人要精神、物要整洁、说话要和气、办事要公道”的总体要求。尽快建成市级警犬训导基地。

（四）健全完善五大工作机制

1. 健全完善不安定因素的排查和预警评估机制。建立健全对矛盾纠纷和不安定因素的排查制度，强化情报信息的汇总分析和预警研判，不断提高维护国家安全和社会稳定的能力。

2. 健全完善经常性严打整治工作机制。深入研究违法犯罪活动的规律特点和发展趋向，及时组织开展有针对性的严打整治行动，坚决遏制刑事犯罪的高发势头，坚决扭转少数地方治安混乱的局面，提高驾驭社会治安的能力。

3. 健全完善公安行政管理工作机制。主动适应经济社会的发展要求，严格依法行政，提高行政效率，降低行政成本，努力形成行为规范、运转协调、公正透明、廉洁高效的公安行政管理机制，提高为经济社会发展服务的能力。

4. 健全完善危机应对机制。健全完善各类重特大恶性刑事案件、重大突发性事件、重大治安灾害事故、群体性事件、恐怖事件的应急处置预案，建立和完善以为龙头的多警种合成作战勤务体系，并组织演练，做到组织严密、指挥若定、处置有条不紊，提高公安机关处置突发性事件的能力。

5. 健全完善适合公安事业发展的队伍管理机制。严格实行精细化管理，建立准军事化的民警行为准则、工作规则和内务管理标准。全面建立“有所为”的激励机制，“不能为”的约束机制和“不愿为”的惩戒机制。

（五）积极推进六大保障体系建设

1. 建立以执法执勤实战需求为目标的警务保障体系。①按照“收支脱钩、全额保障、突出重点、分步实施”的原则，建立健全公安机关经费保障机制。在落实人平经费最低保障线的基础上，全面落实国贫、省贫、财政困难县人平2万元，其他县人均2.5万元的公用经费保障标准，并切实解决好以收定支的财政预算体制；2008—2010年，建立并逐步实行保障标准随财政收入同步增长的保障机制。市公安局要争取市委、市政府的重视和支持，协调“两办”督查室、市财政局等部门加强对县级公安机关公用经费保障标准落实情况的督查，严禁下达罚没指标和创收任务。②建立公安装备配备体系。努力形成适应实战需要的防护性装备系列、依法履行职责性装备系列和保障性装备系列。认真落实公安部制定的各警种装备标准，建立健全装备的购置、分配、调拨、使用、报废等管理制度，制定公安装备发展规划和配备计划。2007年，建制乡派出所必须配备一台以上警用车辆，建制镇派出所和城区派出所配备两台以上；基本解决基层所队无办公用房、无交通工具、无通信工具、无电脑等问题；市局机关每百名民警拥有微机量达到80台以上，新田、江华、双牌、江永四县要达到40台以上，其他县要达到60台以上；基本解决一线民警的单警防护装备，特警防暴队员的防护装备明显改善。2008年，市局机关要做到人手一台电脑，人人会操作电脑；县级公安机关百名民警拥有微机量要达到85台以上，2009年，每个警组、探组必须拥有一台以上手提电脑。2008年年底，基本达到《公安派出所装备配备标准》《巡警队装备配备标准》《湖南省公安刑事科学技术装备标准》，每个看守所配备一台囚车、一套监控、一套智能电网、一套报警装备。2009—2010年，各警种的公安装备标准逐步落实到位。

2. 建立以专业化为导向的人才教育培训体系。重点要使民警做到“三懂五会”，即懂方针政策、懂法律法规、懂业务知识，会擒敌自卫、会执法执勤、会管理服务、会群众工作、会计算机操作。各级各部门的领导同志还应懂管理知识，会带班子、抓队伍。①规范训练制度，创新练兵方式。全面落实民警上岗和首任必训、职务和警衔晋升必训、基层和一线民警每年实战必须“三个必训”制度，建立培训与晋升、育人与用人一体化的教育训练机制；以县（分）局为单元，推行“战训合一、轮训轮值”训练模式，每年对民警开展不少于I5天的集中训练，集中训练期间要组织开展巡逻、堵卡等勤务作业，并作为处置突发性事件的机动力量；把工作岗位作为民警训练的载体，推动基本功训练与业务工作有机结合；建立“日学、周练、月赛、季考”等练兵制度。结合执法实践，建立案例库，编写案例教材，推行案例教学。把法庭作为“课堂”，每年组织民警旁听典型案件庭审不少于2次。各警种、各部门每年可安排民警到相关部门学习专门知识，拓展民警多方面的实战技能和岗位适应能力。②突出训练重点。明确不同级别、不同部门、不同岗位的练兵重点。市、县两级公安机关领导要以掌握现代领导科学和警务管理科学知识为核心，突出科学研判形势能力、准确把握大局能力、驾驭社会治安局势能力、严格公正执法能力和科学民主管理能力的训练。科、所、队领导要以适应基层警务管理、基层实战指挥需要为核心，突出组织管理、警务战术和临战指挥能力的训练。基层和一线民警要以适应一线警务工作实际需要为核心，突出执法执勤必备的基本知识、基本技能的训练。在民警的基本技能和战术行全方位、多层次、定期不定期地督察。督察结果纳入单位效能考核、领导政绩考核和民警的绩效考核。②各级公安机关的执法办案和行政管理工作，除法律法规规定不能公开的事项和警务外，均要向社会公开。特别是公安派出所、出入境管理、户籍管理、车辆及驾驶员管理等基层一线和窗口单位，要印制《警务公开手册》或《公民办理XX事务指南》。③继续坚持110报警服务台接受群众监督投诉制度，各级公安机关包括基层单位，要从各级人大、政协以及教育、商业等社会各阶层聘请特邀监督员，逐步健全、完善定期联系人大代表、政协委员制度和开门评警制度，落实领导信访接待日制度和部门、警种接处信访事项及联席会议制度。④建立健全民警执法责任制，民警执法过错责任追究制度和办理重大刑事、治安案件倒查制度，以及信访事项办理过错责任追究制度。加强对贯彻执行上级公安机关政令督令的督查，对政令警令不通、工作措施落实不到位或对工作造成严重影响的，严肃查处。⑤严格落实领导干部责任追究、述职述廉、诫勉谈话、重大事项报告等制度，探索推行领导干部任期制、引咎辞职和责令辞职制度。

3. 建立以改善警民关系为着眼点的警察文化培育体系。①强化政治建警，培育警察精神。深入开展社会主义法治理念教育、共产主义理想信念教育、党的优良传统教育和宗旨教育等活动，打牢立警为公、执法为民的思想基础；大力培养人民警察崇高的执法精神和高尚的职业道德，激发人民警察献身公安事业的自豪感；大力培育和弘扬“忠诚可靠、秉公执法、英勇善战、纪律严明、无私奉献”的新时期人民警察精神，使公安队伍永葆忠于党、忠于祖国、忠于人民、忠于法律的政治本色；深入开展形势政策教育，加强科学发展观、构建社会主义和谐社会等时事理论的学习，切实增强民警的大局意识、政治意识、忧患意识、群众意识和法治意识。②实施文化育警工程，陶冶民警情操。大力加强公安文化建设，活跃警营生活，培养民警健康乐观、积极向上的情趣。在广大人民警察心里根植像陶铸、李达等老一辈革命家为革命事业的献身精神，像柳宗元“吏为民役”的“民本思想”，象周敦颐“出污泥而不染”的高洁品质，重塑永州警察形象。③加强警察公共关系建设，密切警民关系。切实加强公安宣传工作，巩固扩大宣传阵地，不断提高公安宣传的覆盖面和社会影响力。始终坚持以正面宣传为主，大力宣传公安机关在维护稳定、打击犯罪、服务群众、抢险救灾等工作中付出的重大牺牲和涌现出的优秀事迹，树立公安机关和公安民警的良好形象。充分运用多种形式和手段向群众、向社会介绍人民警察的工作、生活，扩大公安机关和广大民警与社会各界和人民群众的接触交流，促进社会对公安机关的理解和支持。市公安局要建立新闻发言人制度，及时组织新闻发布，有效沟通大众传媒，主动引导社会舆论。要通过深入走访群众，关心群众疾苦，热心服务帮助群众等，强化群众观念，密切警民关系，加强与群众的沟通，融洽警民关系。本年度人民群众对公安机关的满意度不低于60%，以后逐年递增，至2010年达到85%以上。

五、措施与要求

——统一全警思想。各级公安机关、各警种、各部门要充分认识“三基三化”

工作是整个公安工作的根基，是开展各项公安业务工作的依托；要清醒认识本地本部门“三基三化”工作的现状，找准制约整个公安工作发展的“瓶颈”问题，切实增强责任感和紧迫感。要统一全警思想，把公安机关的主要精力集中到“三基三化”工程建设上来，坚持以科学发展观统领基层基础工作，把以人为本、全面、协调和可持续发展的理念贯穿于“三基三化”工程建设的全过程。

——加强组织领导。各级公安机关要从全局和战略的高度，充分认识“三基三化”工程建设在全部公安工作中的支撑性地位和作用，将“三基三化”工程建设作为推进公安工作和队伍建设的载体来抓。市、县两级公安机关要积极争取党委、政府的重视和支持，成立由党政领导任组长，公安、财政、组织、编制、人事、国土、规划、城建等部门主要负责人为成员的“三基三化”工程建设领导小组。各级公安机关的领导班子成员、各部门负责人要分片分线做好协调、组织、指导，切实把各项工作落到实处。要充分调动全警的积极性，努力形成齐抓共管的工作局面。上级公安机关及其业务部门要加强对下级公安机关及对口业务部门“三基三化”工程建设的指导，积极帮助解决建设过程中遇到的困难和问题。与此同时，各级公安机关、各部门、各警种都要根据全市公安“三基三化”工程建设的总体规划，结合自身实际，研究、制定有针对性、实效性和可操作性的具体实施方案，明确任务，细化目标，落实措施。

——落实工作责任。市公安局要注重科学决策，强化检查指导。县级公安机关是基层基础建设的主要组织者和实施者，要充分发挥积极性、主动性，统筹安排，分阶段、创造性地开展工作，在保证质量的前提下，任务往前移，工作往前赶。各单位、各部门、各警种要紧密结合本部门、本警种的性质、特点和职责、任务，重点抓好本单位、本部门、本警种的“三基三化”工程建设。

——强化督促检查。各级公安机关要切实加强督促、检查和指导。市公安局要成立若干个督导组，把“三基三化”工程建设作为督导的重要内容，深入基层，深入实际，面对面地进行督促、检查和指导；各级公安机关督察部门是“三基三化”工程建设的重要监督部门，要适时组织力量开展专项督察、日常督察和重点督察；上级公安机关各警种、各部门要加强对下级公安机关对口警种、部门正规化建设工作的指导和监督。要建立严格的奖励通报制度，对“三基三化”工程建设成效显著的，予以表彰奖励；对行动迟缓、措施不力，“三基三化”工程建设不见成效的，予以通报批评。要把开展“三基三化”工程建设情况，作为衡量工作、考核班子、检验队伍的主要指标，纳入综合考评的范围，作为评价干部政绩、晋职晋级和奖励惩处的重要依据。

永州市公安局关于在全市公安机关严打整治百日会战期间实行“三条火线”的意见

永公发【2015】9号

各县（区）公安（分）局、局属各单位：

为有效鼓舞士气，充分激发广大公安民警全力投入全市公安机关严打整治“百日会战”专项行动的战斗热情，市公安局党委研究决定，在符合政策规定范围和市、县公安局党委权限内，在全市公安机关严打整治百日会战期间实行“火线入党、火线记功、火线提拔”。现将有关具体事宜明确如下意见：

一、关于“火线入党”

（一）适用对象

全市公安机关严打整治百日会战中表现突出的入党积极分子或积极向党组织靠拢的公安民警、职工。

（二）适用条件

被确定为火线入党的对象应具备四个条件：

1. 自愿加入党组织的民警、职工；

2. 平时培养或正在发展的积极分子；

3. 提出了书面申请的民警、职工；

4. 在会战中积极主动、忘我工作、依法依规、表现特别突出、成绩特别优秀。

（三）实施程序

1. 战前动员中宣布火线入党的规定要求。结合单位担负的任务，细化火线入党的标准条件。

2. 战前进行火线入党的教育引导，启发民警、职工主动递交入党申请书，在全体党员中及时宣布入党申请人的申请情况。

3. 经党小组提名，党支部研究同意，确定入党积极分子，指定1至2名正式党员作为培养联系人。

4. 会战中，对入党积极分子的政治觉悟、思想品德、入党动机、战斗表现等情况进行综合考察，指出问题，明确努力方向。

5. 会战中，要及时把表现突出的入党积极分子吸收为预备党员，由党支部负责人立即宣布，并报上级党组织审批。若不能及时召开支部党员大会或党支部委员会进行讨论，可采取分别征求支委和党员意见的方式通过，决不允许个人发展党员。

6. 会战结束后，及时补办入党手续，进行党的基本知识补训，上级党组织派人谈话，补填入党志愿书等材料。

对提出入党要求而未批准前英勇牺牲者，可经支委会或支部党员大会研究通过，当场追认为共产党员，事后报上级党组织备案。

（四）发展原则

火线发展党员既要坚持个别吸收的原则，又要克服按部就班的思想。

1. 坚持一切服务于执行重大任务的需要，火线发展的各种程序、手续从简。

2. 党员发展对象原则上应列入年度发展计划，平时思想基础好，执行任务中表现特别突出的，及时发展；平时表现一般，但执行任务中表现特别突出，主动向组织靠拢的，视情发展；平时较好，但执行任务中表现一般的，不急于发展。

3. 认真区分火线发展党员与火线奖励的关系，够入党条件又具备立功条件的，入党与立功可同时并举，能立功但不符合入党条件的，绝不能勉强发展，防止把火线发展党员当做一种奖励。

二、关于“火线记功”

（一）适用对象

全市公安机关严打整治百日会战中表现突出的参战单位和民警（职工可参照予以表扬奖励）。

（二）集体和个人应具备的记功条件

1. 队所建制单位记功，应符合下列条件之一：

（1）破获重大犯罪案件，成绩特别突出，在社会上引起良好反响的；

（2）抓获三名以上公安部 A、B 级通缉犯的；

（3）参加抢险救灾，成绩特别突出的；

（4）成倍超额完成百日会战工作任务，在综合排名前列的；

（5）在其他方面成绩特别突出的。

2. 个人记功应符合下列条件之一：

（1）不畏艰难，不怕牺牲，积极参加百日会战，破案、追逃成绩特别突出的；

（2）在战时负伤后，轻伤不下火线仍继续坚持战斗，表现特别突出、成绩特别优秀的；

（3）足智多谋，机智勇敢，在会战中破获重大案件、抓获重大案犯或成功处置突发事件发挥关键作用的；

（4）会战期间，抢险救灾中表现特别突出，为国家、集体和个人挽回重大损失的；

（5）在非工作时间或本工作辖区外，遇有职责范围内的紧急情况，挺身而出，果断处置，抓获重大犯罪嫌疑人或避免更加严重后果发生的；

（6）在其他方面成绩特别突出的。

（三）审批程序

坚持程序简化、审批快捷、服务高效。

1. 申报。对符合记功条件的集体和个人，由单位推荐或者政工部门提名，经所在单位民主评议和领导班子集体研究后，填写奖励审批表，撰写事迹材料和请示，按照批准权限和程序逐级申报；

2. 考核。对申报记三等功的集体和个人，由市公安局政治部组织考核或委托所在县区局政工室组织考核；

3. 公示。对集体和个人的记三等功决定前，市公安局政治部在征求市公安局纪检监察以及法制信访相关部门的意见后，根据事迹和奖励条件确定，并组织公示，公示期为7天；

4. 决定。对集体和个人记三等功的决定，以市局局长签署命令的形式下达，必要时可以召开会议予以宣布。

（四）其他规定

在会战中表现特别优秀、战绩特别突出的集体和个人，符合《公安机关人民警察奖励条令》记二等功、一等功或授予荣誉称号条件的，市公安局党委将实时研究呈报省公安厅、公安部审批。

三、关于“火线提拔”

（一）适用对象

全市公安机关严打整治百日会战中表现特别突出的市公安局党委管理干部（县公安局参照执行）。

（二）适用条件

在全市公安机关严打整治百日会战中，对实战和综合服务岗位表现特别突出的民警的火线提拔，应具备以下条件：

1. 实战部门民警在严打整治百日会战中，直接参加侦查破案、追捕逃犯或审讯深挖、预审综合，连续作战，苦干实干，表现特别出色、成绩特别突出的；

2. 实战部门中层干部或办案负责人在严打整治百日会战中，思路新颖、组织有方、指挥有力、善于协调，敢想敢干，勇于担当，在综合协调、广辟线索、破获重大案件、抓获重大犯罪嫌疑人或逃犯、深挖犯罪、打击团伙、保一方平安等方面成绩特别显著的；

3. 综合部门中层干部或民警在严打整治百日会战中，主动作为，大力协调各方力量，在综合协调、总结经验、指挥调度、上报信息、宣传舆论引导或人、财、物保障等方面主动服务实战、服务基层，在日常工作中勇挑重担，埋头苦干，任劳任怨，不完成任务不罢手，表现特别突出、成绩特别突出的；

4. 平时工作扎实，为人正直，作风正派，严守纪律，一贯表现特别好，没有影响干部提拔使用的情形。

（三）提拔任用程序

1. 提名推荐。被提名推荐对象在百日会战中要有过硬的业绩，要经得起执法检查等各项考验。推荐时，既要注重被推荐对象在百日会战中的实绩，也要考虑其平时的一贯表现，两者不可偏废，但主要还是要以实绩论“英雄”。

（1）组织提名。各单位要根据拟提拔对象在会战中的实绩表现以及本单位在全市公安机关百日会战实时综合评比结果来确定提名人选（不分配比例）。经单位班子集体研究提名，提名人选及提名理由形成书面材料报市局政治部。

（2）领导提名。分管局领导、所在单位主要负责人（包括支队长、政委，部委室主任或主持工作的副主任、副书记，所长、教导员，分局局长、政委）可以实名提名推荐拟提拔对象，实名推荐材料直接报副市长、市公安局局长刘新良同志。

2. 民主评议。拟提拔对象所在单位全体民警要对提拔对象进行民主评议，政治部派员列席。

3. 组织考察。考察工作由政治部、纪委、督察以及相关单位负责人共同组成考察组，对拟提拔对象的德能勤绩廉要进行全面考察，还要听取考察对象家庭、亲友及身边人对其一贯表现的意见。

4. 纪委审核。市局纪委对拟提拔对象是否有违纪及投诉情况进行审核。

5. 党委研究。考察情况经政治部部务会研究后，提交拟提拔对象建议名单，报市局党委研究决定。

6. 公示及备案。拟提拔任职人选在全局范围内按规定进行公示，公示期间不影响任职的，按程序报相关部门备案并实行试用期。

（四）市公安局机关“火线提拔”具体实施方案另行制定。

2015 年 1 月 30 日

二、公安文学作品荟萃

与死神同行（报告文学）

——记全国优秀人民警察李启凤

来了，去了，带着他那身藏“肠 ca”的活体，连同“活着就干，死了就算”的豪情，每日象耕牛一样劳作。

他，就是与死神同行 3 年有余的共产党员，零陵地区公安处交通警察支队培训科副科长——李启凤。

（一）

1992 年 12 月 23 日傍晚，刚监考回家的李启凤高兴地拆开当兵的儿子写来的第一封家书：

“爸爸：

我们全家本想将您的病情瞒着，怕增加您的精神负担，可您总是玩命地工作，一点也不爱惜自己的身体，不能再瞒您了，您上次手术割去的 45 公分的肠子全是带癌细胞的。医生说，这种病最多活 3 年。求求您，专心休息与治疗吧……”

李启凤揉揉眼、定定神：那白纸、黑字……不是梦，而是铁的事实！似乎时间停止了，空气凝固了，他脑子里霎时一片空白，两眼发黑。他勉强支撑着身子，扶着墙壁，一步一步挪到阳台上，望着朦朦天空，任凭寒风细雨吹打……

其实，狰狞的病魔早就向他亮了黄牌，只是他太忙，无暇顾及。从 1990 年春夏之交开始，他总是感到腹部胀得难受，体力不支，食欲下降。但他不相信是什么大病，自认为是消化不良或是生活无规律酿成的胃病，哪天有空，他就到医院开一点酵酶片或“三九胃泰”什么的，服完了事。1992 年 2 月下旬的一天，时任安宣科副科长的李启凤，在处理一起特大交通事故时，突遇一场大雨，浑身湿透，寒颤不已，他硬挺着勘查完现场。第二天早上准备再赴现场，大家见他脸色苍白，青紫的嘴唇不停地颤栗。一摸他的额，火一样烫手：“你烧得这样厉害，赶快进医院。”“不用，没……”话未说完就一头栽了下去。地区人民医院紧急会诊，医生们脸色陡变。

亲人来了，支队领导来了，战友们来了，他从他们的眼神里似乎看到了不祥之兆。他执意要看检查结果，否则不同意做手术。当他看到“肠炎”的结论时，才放心进了手术室。可他哪里知道，这是在家人的要求下，医生对他善意的欺骗。

手术是成功的。不到40天，老李就感觉到，他那切除了45公分肠子的躯体，没事了一样，就闹着要出院。

“老李，安心休息与治疗吧，不要老想着工作。”领导和同志们的话显得从未有过的深情与认真。老李想到那火热的工作，火热的同志情，火热的氛围，他那颗火热的心感到万般寂寞和难熬。他多次找医师要求出院，多次找领导要求工作。医师拦不住他，只好勉强同意出院。领导拗不过他，只好重新安排工作，任命他为培训科副科长。医师、领导都明确规定：老李“以治病为主，做点力所能及的工作”。

培训科6名干警，要管理53辆大小车辆的运行，每年报考的学员近万名，工作繁杂而具体。老李看在眼里，急在心里，主动向科长要求多干工作。年轻的眭联国科长知道老李的脾气，只好依了他，安排他做训练计划。而老李除做好训练计划外，还主动承担各类报表复核、学员考试、训练场地安排、训练指导等工作，每天工作排得满满的，容不得对身体有更多的考虑。

亲人和朋友、领导和同志能说些什么呢。他们曾经承诺：绝对保密，否则，他难以承受这无情的压力。

儿子到部队后，一直在思索这个问题：不告诉父亲实情，父亲仍然会忘命地工作，不知哪一天倒在工作岗位上，那样儿子心里有愧呀！告诉父亲吧，也许能使父亲放弃工作，专心治疗，延长生命。于是，他含着泪水告诉了父亲这一切。

难道就这样坐等死神的降临？不，这决不是李启凤！生活的磨炼，早就铸就了他铮铮铁骨，养成了牛一样的耐劳和倔犟。

1942年冬，贫穷的宁乡托出了他这个面黄饥瘦的孩子。他的祖辈是富裕人家，但在他的父辈手里破产了。新中国成立后的第二年，他才上学读书，可他高小尚未毕业，母亲病逝，不久父亲也离开了人间。从此他依靠政府的救济和哥嫂的资助，艰难地生活和学习，靠着坚强的毅力念完初中。其间，他每天步行20多公里读通学，星期天上街帮人力车夫推车，节假日上山打柴变卖。一次次饥饿，一次次跌倒，一次次曲折，他都挺过来了。1960年，他以优异的成绩考上长沙交通学校汽车驾驶与维修专业。5年寒窗，5年勤奋，学业成绩总是名列前茅的他第一个交上“到最艰苦的地方去”的申请，随后来到湘南山丘——零陵，分配到交通监理所工作。终身的奉献从这里开始了。然而，生活给他开了一个不大不小的玩笑，1969年，这个学汽车驾驶的高材生却干起了赶马车的活儿，并且一干就是3年。随后又是铺路架桥1年有余。一阵阵酸甜苦辣，一番番春秋冬夏，炼成了他钢铸铁打般的筋骨和自强不息的秉性。

死，他并不害怕。他早就说过："生命对每个人都是公平的。只有一次，不过迟早而已！"只是与他相依为命而又体弱多病的妻子最让他牵挂。记得结婚的第二天他就进了"五·七"干校赶马车，夫妻过着牛郎织女的生活；妻子曾怀孕3次，只得到1个孩子；好不容易弄了个招工指标，他却说服妻子让给了一个比自己更困难的人，而妻子则直到一年后才进了一个经济效益不好的企业，以致1990年她病退后连退休金都不能按时领到。特别是她那严重的神经官能症，一受刺激就复发，多少次都是他病她也病。还有刚穿上军装报效祖国的儿子。这一切的一切都需要他啊！

他望着灰朦朦的天空，似乎死神正鼓动黑沉沉的双翅在头上盘旋。他紧握拳头，骂了有生以来第一句粗话："妈的X，老子跟你拼了！活着就干，死了就算！"

骂完，他又长叹一声："哎，3年，太短、太短，再不能耽误了！"

李启凤的"牛犟劲"又上来了。第二天，他精神抖擞地来到支队领导面前，笑着说："你们不告诉我的病情可以理解，但你们并不完全了解我，共产党员连死都不怕还怕Ca吗？"

李启凤凭着那牛脾性硬犟着象往常一样奔向他挚恋的工作岗位。.

（二）

人类文明尚未找到攻克癌症的良药，李启凤则凭着对崇高理想的追求、对美好事业的执著，找到了攻克"肠Ca"的祖传秘方——"医治一切病痛的最好最宝贵的药品就是劳动（奥斯特洛夫斯基）"。他把最后两个字嚼得稀烂，做成"药丸"，在办公室、道路上、驾驶室里大剂量"服用"。

癌细胞在他体内扩散，但为了工作，他都是利用中午、晚上的时间打针，白天坚持上班，默默地履行着"活着就干，死了就算"的承诺。

老李的工作量相当大，平均每天复核百余张登记表、准考证，一张一张地压钢印，每月还要拿出10天时间对学员进行预考和考试。培训科的工作带有突击性，月中、月底学员考试他都要加班，每月14日、15日两天，预考学员平均每天近500人，考官平均每人每天监考近100人。只要坐上驾驶室，神经就高度集中，既要考核，又要打分，还要下口令，必须做到绝对安全。特别是夏天，3个人坐在驾驶室里，就象在蒸笼里一祥，下车后浑身没有一根干纱。很多次老李都是捂着肚子下的车。同志们见了实在过意不去，劝他休息，他总是那句话："好马不吃回头草，既然下了决心，就坚持到底"。妻子望着脸色苍白的丈夫心疼地说："身体不行，就别干了。"老李却强作笑容："你放心吧，我什么都不怕，死神能奈何得了我。"

1993年11月的一天，老李与何克尚副政委等人到东安县对驾驶员进行考试，白天，老李站着讲解示范、监考，晚上笔试时，突然感到腹部绞痛，他用手顶住腹部，豆大的汗珠挂满额头，仍坚持到笔试完。晚11时，他实在支撑不住了，被送到县人民医院输液，打吗啡针，到次日凌晨5时才止住疼痛。

“老李，别这样玩命了，我派车送你到地区医院住院。”何副政委含着泪水说道。

老李一听叫他住院，蹦地跳下床，孩子似地舒展了一下双臂，“政委，你看，没事，昨晚痛死的全是癌细胞。”

何副政委望着老李那苍白的笑脸，摇了摇头：“哎，真拿你没办法！”

上午8时，老李不顾同志们的劝阻，准时出现在考场，直到考完最后一名学员。

1995年3月，医生判定老李“死缓”的最后期限来临了。此时，全区道路交通整顿拉开了序幕，他每天站马路，纠正违章，东奔西忙，早出晚归。一天傍晚，妻子见他一上楼就气喘嘘嘘，紫色的嘴唇止不住颤动。妻子哭泣着拉住他，几乎哀求道：“3年了，你还不想想……”他打断亲人的哀泣：“我早就想到了，自从我穿上这身橄榄绿，对生死就置之度外。我别无选择，只有闯。”话刚说完，老李捂着肚子，栽倒在地，不停地翻滚……

他又一次被送进医院，他想，刚好3年，看来医生判断准确，这次恐怕要与亲人和战友永别了。但检查结果，并非全是癌细胞肆虐，却又多了一种疾病：胆囊里3粒结石已蚕豆般大小。医生说，必须手术治疗。老李摇了摇头：“没有必要再挨一刀，既花钱，又受苦，免了吧！”

3月9日，老李又回到了工作岗位。他将3年前动手术这一天的台历撕下捏成一团，抛向窗外。“哈哈，我胜利了！”李启凤爆发出洪钟般的笑声。

（三）

“他心里只有工作和他人，唯独没有他自己。”

是的，面对死神的威胁，他潇洒超脱，胆大无比，而对自己的身体却粗心大意；对神圣的事业舍得投入，对人民群众耐心又细心，对国家财产“小气”吝啬，对工作原则小心谨慎。

1993年以来，他几乎没有休过星期天和双休日，每年平均加晚班折合工作日在50天以上。有人说他是一个“闲不住的人”。电灯坏了，他买来换上；停车坪脏了，他主动打扫；厕所堵塞，他去疏通。对此，老李有老李的理解：生命在于运动，运动可强身健体，多运动既有利于工作，又能增强抗癌的能力，何乐而不为呢！有人说他“小气”吝啬，老李也有老李的道理：国家还不富裕，能节约就节约。

培训科训完一期有一天的休息时间，老李却从未休过这一天。他把这一天用来为下期训练作计划。遇上好的天气，老李买来油漆，自己画倒桩线。汗珠一颗一颗往下掉，个中艰辛，就是一个健康的人，时间长了都受不了，何况一个身患绝症的病人呢！本来这种活儿只需请一个临时工就行了，但老李既吝啬又不放心：请临时工要花钱，不合算。再说倒桩线尺寸有标准，有误差就会影响训练。有些同志，包括一些教练都不理解，问他何必自找苦吃。他说：“我这是从节约出发，对学员负责，对群众负责。”

1994年，科里根据他本人的要求，又给他增添了一项管理车辆维修工作。他积极想办法，建议改进维修方法，修旧利废。凭他30年的驾驶维修经验，把这项工作管理得井井有条，堵塞了大量漏洞。有一次，一个销售材料的单位托收金额，比发票多了5分钱，他加班到深夜，硬是把那5分钱要了回来。就是凭这种精打细算，一年多时间就节约车辆材料费和修理费达20余万元。

老李认为：警察前面是“人民”二字，当警察理所当然要全心全意为人民服务，把群众看成上帝。虽然老李日渐消瘦，但他总是提前10分钟上班，将当天的训练安排写在黑板上，让受训学员一目了然。经他复核的万余张登记卡无一差错，对前来问讯的学员和群众，总是不厌其烦地解答。对预考学员，哪怕工作再忙，他也要在出车前讲清考核要领，经常为方便学员推迟下班。对外地学员和群众的问询，他有信必回。3年多来，他自己买邮票寄出了132封回信，并特地挂号邮寄。在这方面，他一点也不吝啬。有的学员在外地打工，请假回来参加考试，因为堵车等原因，耽搁一两天考期，通常情况下，逾期就要推到下一个月，可这一推就给学员造成许多损失。老李主动与科长商量，为这些特殊学员安排加班考试。3年多来，李启凤共加班考试40余次，考核150余人。一位在深圳打工的学员在给老李的信中写道：“现在有人说交警只知道罚款、扣车、扣证、训人，可我却从您身上看到了人民警察处处为人民着想的警民深情。”

有人说，李启凤胆子太小。这话并不假，对于违反原则请他高抬贵手的人哪怕是亲朋戚友甚至亲人，他胆小得惊人。作为驾驶员，他30年“车不擦漆，人不伤皮”，作为考官，他只认技术不认人。学员怕他又喜欢他，说他严格又认真。此话一点也不假，老李对技术考核是相当严格的。有一个学员请他高抬贵手，许诺事成之后如何如何。可一考，根本不是那么一回事，他不得不抱歉地说：“这手就抬不得了，技术不行，拿了执照一害自己，二害他人，人命关天啊！”

与老李相识30年且又被支队聘为总教练的一位老朋友的一个亲戚，考驾驶执照第一次不合格，第二次是老李考核，这位老朋友给老李写了个条儿，求他看在老感情的份上高抬贵手。考完后，老李笑着对老朋友说："老伙计，你的亲戚还是不合格，这贵手就不抬了吧！"

最令老李感到为难的是他外孙。老李从小死了双亲，是哥嫂将他抚养成人。老李参加工作后，对哥嫂当父母般敬重，至今每年要资助哥嫂七八百元。哥嫂生了 2 女 1 子，不幸的是，儿子 18 岁那年死在手术台上。去年，哥嫂二女儿的儿子准备到零陵来考个执照，哥嫂一再要老李予以关照，说是过过路就行了。在哥嫂面前从来百依百顺的老李这次却违命了。说实在话，老李既管培训，又管考核，这种事儿并非办不到，只是他原则性太强，"胆子"太小。他反复给哥嫂解释，说那样既害了外孙，又害了别人，万万使不得。不管哥嫂思想通不通，他把外孙接到家里，供他吃住，考驾照时，各项费用如数交付。

（四）

一个人在成就了事业的同时也塑造了自己。今年 53 岁的老李，干交通管理整整 30 年了，他的同学有的当了副总队长，不少人当了支队长、副支队长，而他至今仍然是一名副科长，家里没有一件像样的家具，一身警服穿四季。对此，有人感到不理解："你这是何苦呢！"对于名利，老李有老李的见解：作为一名交警，一名考官，考出了成千上万名驾驶员，这就是名；现在生活比过去好了不知多少倍，这就是利。他曾在日记中这样写道："人生是短暂的，在最后时刻要象春蚕一样吐尽最后的一寸丝，象蜡烛一样熬尽最后一滴油，象耕牛一样劳作到最后一息。"李老是这样写的，也是这样做的，他为人民作出的贡献就象挂满藤蔓的葡萄，一串串，一串串……1986 年以来，他先后 4 次被评为先进工作者，1994 年 5 月被授予零陵地区"劳动模范"称号，1995 年 2 月分别被公安部、省公安厅授予"优秀人民警察"称号，同年入选地区政法系统先进人物报告团，参加作全区巡回报告，并光荣当选中共湖南省第七次代表大会代表。

"老李，现在你是有功之臣了，可以休息享福了，何况你还是个病人。"不少人如是说。

面对一大堆荣誉，是享受？还是奋进？老李登上平台，眺望远方，又陷入了深深的沉思："……作为一个靠政府救济、打柴变卖维持生活和学习的穷小手，走进了省党代会的殿堂，投上了庄严而又神圣的一票，这是过去想都不敢想的事。党和人民给我的实在太多太多，而自己奉献给党和人民的实在太少。"

老李在工作上如此泼洒他的情和爱，剩下给妻儿有多少？他记得，他与妻子结婚时，喜糖竟是同志们每人凑 3 毛钱买的。次日，他打着背包进了"五・七"干校劳动改造，妻子孤零零地回到宁乡老家。三年孤独，三年寂寞，也许就是这难熬的孤独与寂寞，使她患上了严重的神经官能症。1978 年，他参加地区农村工作队回来后，妻子经常头痛难耐，经医院诊断患了脑血管畸形病。妻子一受刺激，旧病复发。老李将她送进医院，她又跑回来。没办法，他只好白天将她锁在家里，忙自己的工作，晚上才把医生请到家里强行给她打针服药，一连 45 天。当老李告诉妻子自己的病已经治好时，她竟奇迹般地恢复了神志。从此，老李再也不敢把自己的病告诉妻子。当笔者采访老李时，他妻子抱怨："李启凤这个只要工作不要家，甚至连命都不要的人还值得表扬？谁学他，谁的老婆儿子倒霉！"老李告诉我们，妻子心直口快，其实对他的工作是很理解的。只是老李感到欠妻子的太多太多，20 多年来他没有给她买一件像样一点的衣服，没有陪她逛过一次公园，没有陪她看过一场电影，家里的油盐柴米都是她包了……

老李还记得，1973 年 12 月，他正冒着寒风冷雨在江永桃川大桥工地上劳动，收到妻子生下一个儿子的喜信，并要他起名。他告诉妻子，当儿子出生那一刻，他正在江永桃川大桥工地，就叫他"江桥"吧。后来，妻子解决了"农转非"户口，带着"江桥"到了零陵。老李微薄的收入，还要资助哥嫂，哪里供得起 3 口之家。他东奔西跑，给妻子找了个每月只有 20 多元工资的临时工，将"江桥"托给食堂炊事员。至今那位炊事员还说："江桥这孩子是我一手带大的。"老李说，儿子的学习成绩怎样，他不知道，甚至连儿子考试成绩单都顾不上看一眼，深感自己不是一个称职的父亲。

12 月 20 日，是老李的生日，一个癌症患者毕竟只能活一天算一天了。一个月前，妻儿求他，无论如何请天假，好朋友都要来，他也答应，想在这天当着大家的面"表现表现"。他说假就不请了，11 时准时回家。可是，都到下午 2 时了，还不见他的人影儿，饭菜凉了又热，热了又凉，客人们望穿了眼，妻儿急得要哭。傍晚，他终于回来了，原来他是为急需赶回广东打工的学员补考去了。

至今，癌细胞仍在他体内肆虐，他仍然奉献在平凡的岗位上。当笔者问他今后如何打算时，他仍然是那句话："活着就干，死了就算！"

（作者：王丽波　欧阳春中）

编者注：本文写于 1996 年，文中主人公李启凤于 2015 年 5 月离世，享年 74 岁。

100 起命案的“完美收官”（报告文学）

——东安县公安局连续 13 年命案侦破纪实

引 子

一组平凡的数字：13 年，100 起命案，106 人死亡，170 名犯罪嫌疑人。

解读：从 2001 年 8 月 8 日东安县横塘镇上坟村王某德杀人案到 2014 年 7 月 6 日唐某故意伤害致人死亡案，13 年间，东安县境内累计发生命案 100 起。100 起命案全部告破，涉案凶手 170 人全部被缉拿归案，被害致死的 106 人的后事全部得到妥善处理。

100 起命案全部告破，件件完美收官，令人自豪；170 名嫌犯无一人漏网，全部受到法律追究，令人欣慰。

自豪和欣慰的背后，是一个坚强群体的鲜血与汗水，是一个优秀团队的顽强与智慧。他们就是栉风沐雨、敢打敢拼，驰骋奋战在舜皇山脚下、紫水河畔的东安县公安局刑警。

庄严的承诺

13 年里，东安县经济的持续增长，给人们带来的福音是有目共睹的，城市的街道宽了，农村的房屋美了，市场的商品多了，人们的心情乐了。同时，随着城镇一体化推进、打工潮的出现、前所未有的人口流动，大千世界的诱惑也多了，个别人的灵魂也漂浮了，于是，命案发生也多了。13 年里，东安县平均 47 天就有一起命案，令人触目惊心。命案能否及时告破，凶手能否受到法律的严惩，不仅仅体现出一个地方公安的整体执法能力和水平，更重要的是反映出一个地方人民群众的安全指数高低。

早在 1999 年 12 月，公安部就提出“命案必破”要求。2004 年 6 月，公安部制定出“命案必破”有关责任机制和奖励机制。2011 年，全国公安机关开展一场声势浩大的“清网行动”。东安县公安局严格按照公安部的部署，发扬团队精神，发扬连续作战的精神，实行局长领导下的专案组长和刑事技术部门负责人负责制的“一长双责制”命案侦破机制，把“命案必破”作为对 63 万东安人民的庄严承诺。

“命案必破”，一句庄严的承诺，听起来响亮而豪迈，动起来牵动全局；“命案侦破机制”，一项慎重的制度，看起来简单而明晰，动起来雷霆万钧。

生命的敬畏

芦洪市8岁小孩命案，如果没有对生命敬畏的理念，也许就以“儿童失踪”或“被人拐卖”而被忽视或者暂时搁置起来。这个案子最后得以破解，体现了东安县公安局维护儿童权益的坚强决心和信心。

2003年8月18日下午3时，东安县公安局刑警大队接到芦洪市某加油站老板报案，称其8岁独生子淙淙（化名）失踪。

刑警大队闻风而动，立即组成专案组赶往芦洪市某加油站展开调查。据失踪孩童的母亲反映，上午9时20分之前，她守着孩子做完暑假作业后让孩子出去玩。侦查员问：“孩子平时要好的是哪些小朋友？”母亲列出的名单中，有一个小朋友叫王林（化名）。

王林，12岁，家住芦洪市汽车站旁，父母去世，跟新婚不久的大哥大嫂一起生活。专案组民警找到王林家，问他知不知道淙淙在哪里？王林说：“淙淙回家了。”

“你怎么知道他回家了？”

“上午，我和他在一起玩扑克，后来，他说他要回去拿冰淇淋吃，就再没来了。”

茄子不开虚花，孩子不说假话。根据王林的说法，淙淙失踪时间不会太久。于是，刑警大队全力以赴，全方位布控、调查，王林也很配合，帮助寻找淙淙，但没发现任何线索。当时拐卖人口案件时有发生，专案组初步确定孩子不是走失，情况可能不妙。经过一番研究，决定先张贴寻人启事，发布悬赏通告。专案组将淙淙的头像与其母亲的合照印刷出来进行张贴。加油站老板寻子心切，许诺悬赏奖金10万元。然而，5天过去了，没有任何消息。

8月23日深夜，失踪孩子母亲的手机里出现一条短信：“我知道你孩子在哪里，你怎么谢我？”惊喜交加的孩子母亲立即将消息告诉丈夫，丈夫立即用妻子的手机给对方回复：“谢谢你，我们绝不会食言。请你把你的地址和孩子的下落告诉我，我们马上登门酬谢。”他急切地等待对方回复，却一直没有音讯。直接给对方打电话，对方不接，然后关机。据此，孩子父亲疑为孩子遭绑架，立即将情况反映给专案组。

第二天清晨，那个神秘的人又发来短信：“酬谢就免了，从你和儿子的照片看，你很漂亮，你一定很爱你的儿子，只要你愿意和我一夜情，马上将孩子带回去。”母亲爱孩子是不言而喻的，孩子就是她的生命！哪怕是要用她的命换孩子，她也会毫不犹豫。但是，要她用人格换孩子，她该怎么办？为这事她两天茶饭不思，无奈之下，她将这个无法启齿的消息告诉了丈夫和专案组。专案组根据经验，确定这消息不可靠，果断加以排除，避免了不得要领的破案思路干扰。

孩子神秘失踪已经九天了，仍毫无线索。专案组民警那颗悬着的心一直放不下来，他们决不放弃，不给出一个确切的答案，他们誓不收兵！

8月26日，有人在汽车站女厕所发现一个膨胀的塑料袋浮在粪池上面。

刑警大队教导员刘东平从粪池里捞出塑料袋，尽管塑料袋粘满粪便，臭气熏天，一时无法辨认是什么东西，但刘东平深知，侦查工作就是不能放过任何一个疑点，许多蛛丝马迹汇在一起，案情线索就会出现曙光。刘东平连口罩、手套都来不及戴，不顾恶臭，迫不及待地用双手将粪便拨开，围观的人都捂着口鼻站得远远的，而刘东平硬是轻轻地用手揩去塑料袋上的粪便，发现塑料袋上有电话号码，并有地址：冷水滩某婚纱照相馆。经仔细分辨，确定塑料袋是一个婚纱照塑料包装袋。打开塑料袋一看，里面是一具腐烂了的无法辨认的孩子尸体！

案情突显！孩子既不是被拐卖，也不是被绑架，而是被害了！凶手是谁？作案动机是什么？为什么用婚纱照的塑料包装袋包装尸体？而捆绑塑料袋的材料却不是绳子，而是一根电源插座电线，上面还带了插头。

必须确定这个婚纱照包装袋的来源！专案组民警按图索骥找到冷水滩某照相馆，照相馆工作人员确认是他们的包装袋，并按照专案组的要求，从发票存根上查到近期东安有两对新婚夫妻来此拍过婚纱照，一对是伍家桥的，一对是芦洪市的。案子立即大白，因为芦洪市最近结婚而且拍了婚纱照的就只有王林的哥哥和嫂嫂。专案组立即传讯王林的哥哥，他承认这塑料袋是他的婚纱照塑料包装袋，而且承认捆绑袋子用的电源插座电线也是他家的，但否认是他杀了人。通过调查取证，确实证明他与加油站老板夫妇之间平时关系很融洽，没有任何矛盾和利害冲突，确实无杀害淙淙的犯罪动机。于是，民警要他回忆，8月18日有谁到过他家，他的婚纱照包装袋放在哪里，什么时候不见了。他想了想说，包装袋一直放在卧室大衣柜上面，而且也没人进入过他的卧室。18日那天，他和妻子清早就到冷水滩进货去了，下午五点钟才回来。回来以后，只发现衣柜上有本旧书掉在地上，他捡起又随便丢在衣柜上。现在一想，好像当日衣柜上面有被人动过的迹象，只是家里又丢失什么财物，当时也就没放在心上。办案民警紧追线索不放，王林的哥哥既说不清那些物证是怎样从家里被拿出去的，他自己心中也是百思不得其解，便问弟弟王林："18日那天，我叫你在家做作业，看好屋，那天你一定出去玩去了吧？"

王林说："我没有出去玩，我就在家里，一步也没离开。"

"那是谁将我的塑料袋和插线拿走了？告诉我，这是怎么回事？"

王林不能自圆其说，急得哭起来。王林哥哥拿起一根棍子要打王林，王林一急，脱口而出："是他不认账还骂人！"

"谁？"专案组民警紧紧追问。

面对紧张的王林，民警开导他说："不要怕，知道什么就如实讲出来。告诉叔叔，你是一个好孩子，那天你很积极配合我们调查淙淙的事情。你一定知道是谁到你家拿了塑料袋和移动插座吧？"

王林终于向办案民警讲述了全部事情经过。专案组万万没有想到，杀害淙淙的凶手居然就是王林。据王林交代，那天淙淙到王林家跟他玩打牌，就是猜点数，输一次一毛钱。淙淙连输几次不给钱，还说王林耍巧，王林不服气，抓住淙淙的头发，将他推了一把。没想到，这一推，淙淙的头撞到一张条桌上，头部被撞出了血。王林不知所措，知道闯下了大祸，干脆一不做二不休，抓住他的头对着桌子角猛撞几下，直到淙淙倒地死亡。慌乱中，王林从衣柜上随手抓起婚纱照包装塑料袋，将尸体装进去，又急忙拔下电源插座的电线将袋子捆好，趁人不注意，将袋子丢进了汽车站女厕所里……

智慧的较量

许多命案的成功侦破，贵在神速。神速破案，得益于智慧。叶某命案的及时破获，除了速度的考验，就是一场智慧的较量。

2011 年 11 月 5 日下午 7 时许，端桥铺镇马力村 9 组地处偏僻的李子丘村村民叶某家一栋二层土木结构楼房突然起火。村民立即向村干部报告，同时打电话通知在端桥铺镇开诊所的叶某之子叶某林。等村干部与叶某林陆续赶到现场时，火势已越来越大，后院的卧室早已化为灰烬。村民们感到奇怪，大伙儿帮助灭火，而房主叶某居然不见人影，村干部立即派人寻找房主，并向端桥铺镇派出所报警。晚 9 时 30 分，端桥铺镇派出所民警赶到现场，一边组织村民灭火，一边派人寻找叶某。直到次日凌晨 0 时 10 分，火势得到控制，但整个房屋已经全部烧塌。

叶某，67 岁，经营村医务室，平时给村里人看病敷药，空闲时喜欢找人打牌。但是，据叶某的牌友反映，当天下午没有和他在一起。也有人反映，下午 5 时还有人到医务室看过病，说明他没有远出。后来，民警在被烧塌的厨房地上发现了血迹，意识到叶家房屋被焚很可能不是一起普通的失火事件。经现场勘查，在被烧成灰烬的卧室里发现一个黑糊糊的物体，原来是一具被烧得残缺不全的尸体。

凌晨 1 时，东安县公安局局长郑航、副局长蒋公华带领刑警大队侦查员、技术员赶到案发现场，成立专案组，由局长郑航任专案组组长，立即展开技术勘测、走访调查、设卡围堵等工作。凌晨 2 时许，永州市公安局党委委员、分管刑侦工作的副局长沈松林带领的刑侦技术人员也赶到现场，指导现场勘验和调查取证工作。

经 DNA 化验，认定被烧焦的尸体系房主叶某，这是一起杀人焚尸恶性案件。

经过走访调查，专案组民警得知叶某平时为人友善，没有生杀仇人，报复杀人的存疑可以排除。同时了解到，叶某生活比较富足，儿子在端桥铺镇开诊所，自己也有一份收入。如果是为劫财而起，凶手必定对叶某的情况比较了解，因此，专案组断定，凶手很可能就是附近熟悉死者的人。

根据村民反映，村里有个叫叶某松的人，平时有偷鸡摸狗劣迹，具备作案动机。

叶某松，57 岁，20 世纪 80 年代初从武警部队退伍回家。此人嫖赌逍遥，好吃懒做，其妻无奈，于 20 年前带着三个女儿远走他乡。此后，叶某一直一个人生活，经常以偷盗为生，曾两次入狱。经综合分析各方面情况，专案组决定从速从快，立即传唤叶某松。而叶某松此时并不在家，其嫌疑越来越大。基于专案组在案发当日就已经采取层层围堵措施，短时间里犯罪嫌疑人不可能逃出布控范围，于是决定以本村为主进行排查。有村民提醒，叶某松要是没外逃，很可能躲在他的情妇蒋凤凤（化名）家里。专案组立即到距离现场两华里远的蒋凤凤家里搜查。果然，敲开蒋凤凤房门后，叶某松正躺在蒋凤凤的床上，身上盖了一件被单。见到专案组民警前来，他懒洋洋地睁开眼问：“干嘛？深更半夜的，有什么事？”

“找你了解一些情况，希望你配合一下。”办案民警轻松应对。

民警将叶某松带到村主任家里，同时又秘密将蒋凤凤带到村妇女主任家里，将两人同时隔离讯问。

“蒋凤凤是你什么人，你为什么睡在她的床上？”

“嘿！我睡她床也犯法了？她是我的相好，睡在她床上不正常吗？”叶某松理直气壮。

“别装！你睡觉为什么长衣长裤都没脱，甚至还穿了袜子？”民警紧逼不放。

“大惊小怪！叶某房子起火，我还在楼上看热闹呢，只是没有参加救火而已，也有罪吗？”叶某抢先将军。

“别东扯西扯，去蒋凤凤家之前，你到哪里去了？”民警“拱卒架炮”。

“我一直在她家，吃过晚饭就过去了。”

叶某松不愧当过武警，见过世面，心理素质好，说话不紧不松，形态自若。

“那好吧，麻烦你先到公安局去一趟。”

天亮以后，专案组将叶某松和蒋凤凤分别带至县公安局，再次进行隔离谈话。按常规，叶某松和蒋凤凤既然是相好关系，现在出现焚尸案这样的大事，她一定会知道些什么。蒋凤凤向民警反映，叶某松到她家后只是跟她说：“叶某房子起火了，他们正在救火，我们到楼上看看。”两个人在楼上看了一阵后，叶某松说：“别管他，回家睡觉。”往日，叶某松一上床就要干那事，这次没有。相反，这次他一上床就呼呼大睡。

另一组民警跟叶某松的谈话却并不顺利。叶某松一直爱理不理，问几句，偶尔答一句：“我说了，我不知道！”问多了，他不耐烦地说：“我知道你们掌握了我偷鸡摸狗的劣迹。那是生活逼的，我改！但杀人放火的事，我是绝不会干的！你们既然怀疑我是凶手，随你们。”叶某松牢牢地筑起了“防火墙”。

专案组民警发现从武警部队出来的叶某松显然具有较强的反侦察能力，这样的谈话很难收到实际效果，况且，时间不能拖延，决定改变策略，进行轮流讯问。可几轮下来，问话民警也没有任何收获。当同样是从部队转业回来的侦查员易和飞到场时，他却有意不谈案件，而是跟叶某松聊当兵的事。因为当过兵的人有某些共同语言，便从他感兴趣的话题入手，希望能从中发现漏洞或者找出蛛丝马迹。事实证明，易和飞的话题正合叶某松口味。谈起部队的事，叶某松头头是道，牛皮吹得呼呼响，一点纰漏都没有。

“老叶呀！你别吹牛了！你这人呀！白在武警干了那么些年，是男子汉，就不该连累别人，敢做要敢当才行！”在叶某松牛皮吹到兴头之时，易和飞突然一记“杀手锏”。

叶某松说：“我怎么连累人了？我连累了谁呀？”

“你想想，你不说实话，你的相好无辜受牵连，你忍心吗？”易和飞巧妙“落子”。

叶某松沉默良久，想起村里人个个对他另眼想看，只有蒋凤凤对他情真意切，心中负疚。大约半个钟头过去，谈话双方仍然默默无语。突然，叶某松说：“老易，你真行！我就说了吧！一切都是我干的，与她无关！”

“你别意气用事！你干的？有什么证据？”易和飞谨慎用词。

叶某松又沉默了，易和飞耐心等待。又过了40多分钟，叶某松说：“老易！你要说话算数，你们不要为难她！”

“这要看你的了，看你是不是男人，敢不敢负责！”易和飞即时迎合。

“好，我认输。几天前，我得知叶某从银行取了3万块钱，他没办什么大事，估计他会将钱藏在家里。前天下午6点钟，我看到他关好门，背着一个药箱，又到他的相好宾莲香（化名）家里去了。于是，我暗暗跟在他后面，等他进了宾莲香的房间，我就偷偷在外面听动静，直到两人上了床，知道一时半会不会回来，我就立即返回叶某家，撬开他家后门进去，然后到他的卧室找钱，可翻箱倒柜找遍了，没找到钱。”

易和飞插上一句：“你傻呀！我们从叶某床垫下面发现一沓钱，被你烧得只剩一堆能够辨认的灰了！”

“啊！？”叶某松很惊讶的样子，“×的！真狡猾！我怎么没想到呢。当时我想，既然进来了，钱没搞到，就到他厨房去扛他刚买回来的一袋大米。没想到，他找死，他不是和野老婆上床了吗，怎么又回来了？他用钥匙把门打开，见到我，顺手拿起门边的一根木头朝我头部打来，我头一偏，随手将事先拿在手里用来撬门的钢钎进行还击，不偏不倚正好打中他的鼻梁。他立即倒地，我知道，他要是活过来，我就暴露了。我就朝他的头部猛打几钢钎，然后将他抱到床上，拿来稻草，点火将他烧了，免得留下后患……”

易和飞啼笑皆非，这家伙如数家珍，竟然像说书一样，毫无避讳地供述了全部作案经过。

“你不把凶器拿出来的话，谁信呢？”易和飞趁机扩大战果。

叶某松急了：“你不信？我告诉你，我放火以后，为了不引起别人注意，我跳进叶某屋前的水渠，沿水渠下游一直走到坝口。天黑了，我将所有的工具连同自己身上沾满血的衣裤全部埋进了水渠的烂泥里，沿一条小道绕回家换了衣服，然后，才到蒋凤凤家里，这些，我没对蒋凤凤说。”

易和飞当即打电话向专案组领导汇报情况，建议派人到叶某松所说的水渠里寻找作案工具和血衣。叶某松听后居然笑道：“凡人藏个宝，皇帝寻不到。这样吧，你开车，我陪你去。我不去，保证你们找不到。”

半小时后，当易和飞押着叶某松来到水渠边时，公安局局长郑航带领专案组民警早已开展搜索工作。

时值深秋，天气较凉，叶某松见民警在冰冷的水里四处寻找，没结果，个个冷得全身发抖，不禁笑起来：“你们找不到的，算了，还是我来吧。”戴着镣铐的叶某松，在民警的押解下趟进水里，很准确地一摸，就将所有的证据找了出来。

谈起这起恶性命案的侦破，易和飞感慨地说：“从多年侦破命案的经验来看，任何一个命案嫌犯不是极其凶恶，就是极其狡诈，要将案子侦破，除了对现场仔细勘查、深入走访确定嫌犯身份之外，在第一时间内收集证据至关重要，要针对每起命案的特点，找准嫌犯的弱点，打开突破口。叶某松杀人焚尸案之所以圆满告破，就是我们运用了心理战术，充分发挥了侦察员的智慧。”

的确，从犯罪嫌疑人叶某松杀人焚尸，到快速锁定嫌犯身份，到抓获嫌犯，并收集全部犯罪证据，用了不到三天时间，正是专案组成员与嫌犯之间智慧较量的结果。

科技的威力

东安县公安局在充分利用高科技侦破命案方面积累了丰富的经验。2010 年 10

月21日7时，花桥镇青田村支部书记文东林在大盛至花桥村交叉路口的田边，听到一阵阵手机铃声，猜想是谁的手机丢失在茅草窝里了，循着手机铃声寻去，发现田陡坡上一个人俯卧在地上，身边有大量血迹，一看原来是一具男尸。又见30多米开外的简易公路上停着一辆面包车，断定这里发生了一场车祸，立即打“110”向花桥镇派出所报警。

9时许，永州市公安局刑侦支队支队长蔡明光，东安县副县长、公安局局长郑航，副书记、副局长唐八一分别带领侦技人员赶到事发现场。通过侦技人员现场勘查、尸检和走访，了解到死者是花桥镇香井村7组的邓某某，公路上停着的面包车是邓某某本人的。死者身上有数处伤口，从伤口形成判断，凶器是剪刀，断定不是车祸，而是他杀案件。通过血检，在邓某某的血迹中，还发现有其他人的血迹，说明受害人与凶手有过一场搏斗，凶手也受过伤。民警根据现场勘查结果分析，认为作案不止一人。

专案组民警迅速到距现场3公里许的死者家庭了解情况，据死者的妻子说，昨天下午7点钟，有个女人给邓某某打电话，邓某某接到电话后，告诉妻子有人租车，就开车出去了。至晚上1点多钟，还没见邓某某回来，她就不断给他打电话，从那时开始，电话能拨通，但一直没人接听。

专案组在经过一天的分头勘查、取证等前期工作后，于当晚九点召开案情分析会，连续开了四个多小时，一直开到第二天凌晨一点多钟。专案组成员各自发表看法，出现两个观点。一个是“仇杀或情杀”观点，依据是，整个案件的发生与某个神秘女人的电话有关；另一个是“盗窃或抢劫”观点。理由是，有群众反映，前几天，邵阳五峰铺有几个小混混在花桥街上寻衅滋事，第二天花桥镇几个人租用邓某某的面包车装了一车人到五峰铺进行报复。邓某某被杀，可能是五峰铺那群小混混干的。

刑警大队长龙炳麟综合各成员的意见，提出了17个疑点，要求一个一个调查弄清。这一系列疑点包括：花桥镇街上的店铺这几天有没有人来买过剪刀？那个给邓某某打电话的女人到底是谁？花桥镇街上或附近农村有没有暗娼活动？邓某某平时的生活作风怎样？花桥镇街上有没有地下赌场？花桥镇与五峰铺镇小混混打架的原因以及参与人的基本情况？……专案组成员对龙大队长提出的疑点感到疑惑。因为他提出的一系列疑点中，只有5点与本案案情有关，其他11个疑点看来却与本案案情离得太远。

散会后，龙大队长告诉专案组成员席海鸿一个手机号码，要他去弄清这个号码的主人是谁。根据龙大队长的要求，专案组民警分头调查了两天。第三天，也就是10月24日，专案组再次召开汇报及案情分析会。

会上，反映出来的主要情况是：一、那个给邓某某打电话的手机号码拥有人已经找到，是电信局一个女职员，但据女职员说，她的手机早些天卖给了一名顾客，无顾客信息。这个买手机的人是谁？再拨打那个电话，已经没人接，线索中断；二、花桥镇上只有一家五金商铺，据店老板回忆，最近几天好像没人来买过剪刀；三、镇上早些年有暗娼活动，并找到了一名“鸡头”，但她已金盆洗手了；四、花桥镇街上没有地下赌场，平时带娱乐性质的小打小赌，未出现因赌博产生的纠纷；五、受害人邓某某平时很本分，在花桥镇街上开了个小店，以理发为生，偶尔也开出租面的车拉客，平时无劣迹。龙大队长要求专案组成员按原定方案继续深入，把情况再弄细一点，只要有蛛丝马迹，就要一查到底。

第二天即10月25日，龙大队长带几个民警驱车到邵阳与东安交界处的金江水库，吩咐大家沿水库周围仔细观察，有人在这里丢了一部手机，一定要将它找出来。龙大队长解释说：“这部手机的主人是李某刚，在广州干了一次抢劫，为避免追查，将手机丢弃在水库附近。”民警们分头沿水库岸边仔细观察，终于在水库的浅水处找到了那部手机，龙大队长从手机里调出几个手机号码。

26日，龙大队长带领席海鸿、唐勇等专案组成员去邵阳县罗城乡，在与罗城乡派出所取得联系后，安排席海鸿、唐勇在罗城乡加油站观察，吩咐他们：“看见一辆红色摩托车从加油站侧路上出来，看准他们要去的方向就立即向我报告。”

席海鸿与唐勇一组报告的情况是：并未发现红色摩托车，只看到4男1女5个年轻人上了一辆公共汽车。龙大队长说：“好，我知道了，你们两个等着，我们马上开车过来，一起赶到五峰铺。”

到达五峰铺镇，龙大队长先去五峰铺派出所联系，安排席海鸿、唐勇到镇中心卫生院附近的网吧待命。随后，龙大队长来电说，网吧附近是五峰铺中学，目标已经到了学校，要他们在网吧门口密切注视，目标会从学校出来，可能去镇中心卫生院。

一个多小时后，果然看见两个人扶着一个受伤的人从学校出来，后面跟着一辆红色摩托车，应该就是龙大队长要席海鸿注视的那辆红色摩托车。见目标并未去镇卫生院，而是朝卫生院对面的一家小餐馆走去。席海鸿立即向龙大队长报告，龙大队长叫他们隐蔽跟上，掌握行踪，控制局面，等龙大队长几个人赶到现场，立即采取行动，冲进包厢，一举将4个嫌疑人抓获，带到五峰铺派出所进行初步讯问。

4个嫌疑人分别叫李某刚、刘某一、刘某二、彭某。李某刚系邵阳县罗城乡大坝村下大坝人，17岁；刘某一系邵阳县五峰铺镇荆塘村麒麟观人，17岁；刘某二系邵阳县五峰铺镇荆塘村刘家院子人，17岁；彭某系邵阳县五峰铺镇向联村新屋人，19岁。

李某刚右脚大腿被剪刀刺伤，正与刑侦技术检查确定的凶器有关。被讯问时，李某刚狡辩说脚伤是自己不小心从摩托车上摔下，扎在新砍的竹蔸上所致。

当天下午，专案组将4名犯罪嫌疑人押回东安县公安局继续审查。通过审讯，终于解开了花桥镇“10・21”命案的密码。

刘某一在邵阳县五峰铺镇和罗城乡之间某停车点处的游戏厅里赌博，输完了身上的2000元现金后，又向朋友借了1600元继续赌，想捞回成本，谁知又输光了。为了还钱，便与刘某二商量，到东安县花桥镇去盗窃摩托车。后遇上李某刚、彭某，4人臭味相投，决定一起行动。他们借了一辆摩托车，开到花桥镇，经过一番密谋，决定盗窃面包车。他们通过朋友找到邓某某的电话，打电话联系说是租车。

下午8时许，邓某某开车载着犯罪嫌疑人李某刚、刘某一、刘某二向大盛镇方向开去，彭某骑摩托车紧跟。车至案发现场处，邓某某要求犯罪嫌疑人先付车费，李某刚说身上钱不够，到大盛镇后一并付齐，邓某某不同意，准备停车。李某刚拔出随身携带的剪刀刺向邓某某，邓某某夺过剪刀，向李某刚的大腿刺了一剪刀。刘某一、刘某二见李某刚受伤，一齐抓住邓某某的手，夺过剪刀，向邓某某背部连刺几下。邓某某侧打方向盘并一个急刹车，弃车逃跑。因面的车侧停于公路外沿被卡住，无法开出，4犯罪嫌疑人害怕罪行暴露，急忙坐彭某驾驶的摩托车逃跑，邓某某因流血过多死亡。

关于这起命案的侦破，龙大队长解读说，这是科技手段在刑侦工作中的具体运用。专案组在前期做的所有细致的调查工作非常有用，在此基础上，结合办案综合情报信息平台及技术侦查手段的运用，通过多方面情报信息的综合运用与精密分析，犯罪嫌疑人的活动轨迹基本处于掌控中。为什么能知道犯罪嫌疑人的手机丢在金江水库？——那部手机就是电信局女职员卖出去的手机；为什么要密切注意那台红色摩托车，甚至为什么知道犯罪嫌疑人要到五峰铺？龙大队长借助办案综合情报信息平台进行了一番释疑解惑。

锲而不舍的精神

锲而不舍，敢于牺牲，是公安警察群体的共同心理定势和价值取向，东安县公安局把这种精神贯穿于所有命案侦破过程中。

2011年12月5日下午1时，大江口乡社塘村2组唐某青向大江口乡派出所报警，说住在原大江口供销合作社的女儿张某娟被人杀死在自己的房间里。县公安局接报后，立即启动命案侦破机制，刑警、技侦人员第一时间赶到现场。据唐某青诉说，她下午1点钟去看望女儿张某娟，见房门反锁，从窗口往里看，见女儿睡在床上，严严实实地盖着被子，床单上、地上有大量血迹，知道女儿被害了，立即报警。民警在死者房间的地上发现一片指甲，经检查，死者的双手指甲齐全，则该指甲可能是凶手的。侦查人员仔细观察地上的血迹，发现有稀稀拉拉的血滴，一直滴到死者房间后面唐某毛房间。案情明朗起来，很快锁定犯罪嫌疑人身份为唐某毛。根据尸检结果，死者在 12 月 3 日 23 时许受害，与报警时间相差 36 个小时，凶手已经潜逃。

据唐某毛母亲反映，12 月 4 日早晨，唐某毛身带简单的行李，对她说："你把小孩带好，我打工去了，可能要很长时间才能回来。"但她不知道儿子去哪里打工。

唐某毛与张某娟原为夫妻关系，张某娟 34 岁，唐某毛 45 岁，两人在广东打工时相识并结婚，有一个 8 岁的儿子。据知情人反映，唐某毛怀疑张某娟在外打工期间曾经做过"小姐"，要求对儿子做亲子鉴定，张某娟认为是对她的人格侮辱，由此造成夫妻双方感情破裂，导致离婚。

唐某毛到底去了哪里？其亲友都说不清楚。唐某毛已换手机，亲人无法与其取得联系。侦查人员了解到唐某毛在广西全州有个姨妈，于是赶到全州，找到其姨妈。唐某毛姨妈说唐某毛在她家住了一天，第二天就到南宁去了。侦查人员赶到南宁，但线索中断。犯罪嫌疑人活动范围广，而且更换了通信工具，怎么办？要想在短时间内将嫌犯捉拿归案，看来已难以实现。于是，专案组将唐某毛列为网上在逃人员进行追捕。

2012 年 2 月 14 日，根据网上信息，专案组终于在浙江诸暨市刑警大队的协助下，将躲藏在诸暨市店口镇南塘村的唐某毛抓获。被抓获时，唐某毛的大拇指包着纱布，失去的指甲还没有长出来。

根据犯罪嫌疑人唐某毛交代，2012 年 12 月 3 月，他在东安火车站附近遭陌生人威胁并被打，怀疑是离婚后的张某娟所指使。当晚 23 时，唐某毛到张某娟住处问："小宝（张某娟小名），是你叫人在东安火车站打我是吧？"张某娟说："我叫人打你，怎么了？"唐某毛质问："你凭什么叫人打我？"张某娟说："打你还需要理由吗？"听到此话，唐某毛伸手就抓张某娟，张某娟张开嘴将对方大拇指甲咬掉，唐某毛拔出套在钥匙扣上的水果刀向张某娟大腿刺了两刀，张某娟受伤倒在床上。唐某毛用手掐住张某娟的脖子，直至确定对方已经死亡，用被子盖住尸体，将门反锁后回到家中，第二天逃离。

尾 声

"命案必破"，口号铿锵，做起来难。每一起命案成功侦破的背后，都有一种说不出的艰辛，但他们无怨无悔，只留下一个又一个感人的故事。因为，为了人民的生命财产安全，为了社会正义，他们早已将自己的辛劳和生死置之度外。

2011 年“清网”行动中，一个星期天的傍晚，两名涉嫌盗窃、杀人而被追捕已久的的网上在逃人员在县城出现。城东派出所民警彭炜、唐湘荣接到命令后，迅速出警，按要求对犯罪嫌疑人进行控制并展开封锁、围堵，伺机抓捕。

当时，被彭炜、唐湘荣围堵至一网吧内的两犯罪嫌疑人，见无路可逃，手持砍刀和匕首冲出网吧，强行闯关，其中一名歹徒将唐湘荣捅伤倒地后逃跑。彭炜紧追不放并果断开枪击伤犯罪嫌疑人，却被另一名歹徒从身后袭击，连刺数刀。当所长张智民接到命令，带领民警赶到时，彭炜已负伤倒地，血流满面。见到张智民，彭伟第一句话就是：“我没事，你赶快去救唐湘荣，他被捅了，很危险！”张智民所长找到倒在血泊中的唐湘荣，发现他的伤势较为严重。唐湘荣见到所长的第一句话是：“别管我们，我们能挺住，快去追捕，别让他们跑了！”

“放心，他们跑不了。”张智民一边安慰他，一边派人迅速将两人背上车，送往人民医院抢救。在车上，唐湘荣对彭伟说：“兄弟，假若你挂了，后悔吗？”彭伟说：“不后悔！你呢？”唐湘荣说：“我也不后悔，选择当警察，就不后悔。”听到两人的对话，张智民眼泪刷刷直下。

100 起命案完美收官，13 年实现命案全破，对于东安县公安局全体民警来说，只是一个阶段性的胜利，也只是一个阶段性的总结。其实，“命案必破”不仅是对全县 63 万人民的一个承诺，也是公安民警的职责所在，不管今后的路有多漫长，不管以后还会发生什么命案，发生多少命案，但为了人民群众的安宁和社会的和谐，为了东安这片蓝天更加明朗，我们的公安民警一定会用汗水甚至鲜血去兑现这个庄严的承诺。

（作者：东安县公安局　魏龙元）

永州公安赋

——为纪念改革开放40周年永州公安而作

五岭北麓沃野地，蓝山深处湘江源。古郡零陵，边城永州，一地二名归潇湘；沿海腹地，内陆前沿，经济梯度占区位。湘南门户，扼粤湘桂三省之交；湖广通衢，坐云贵川渝经由处。苍梧之野舜帝魂，湖湘文化融中原。千家峒祥发万千瑶，玉蟾岩衍传稻作农。阳雕阴刻鬼崽岭，华夏考古奇迹；千古之谜女书符，世界文化奇葩。三山两水一部书[①]，三溪八记画不如[②]，三湘四水称雄奇。河山锦绣铺就文化厚蕴，得天地灵气之毓秀；社会和谐保定百姓安康，赖民警忠勇之奇功。

忆往昔，峥嵘岁月稠。十一届三中全会肇始，拨乱反正，开华夏改革开放之门。乃至今，蓦然回首，四十载保驾护航风与雨，八千里路云和月。晨风破露起，披星戴月归；捷报相频传，丰碑一座座。何耶？

立警为公，执法为民，使命在肩也！权为民所用，情为民所系，利为民所谋，心为民所想，事为民所做，正义之师哉！警风优良，历届党委班子锻造之；作风过硬，几代公安民警养成之。老一辈艰苦奠基，根深叶茂；新一辈接力前行，发扬光大；又一辈勇立潮头，乘风破浪。薪火相传，挥洒血汗；筚路蓝缕，勤勉开拓。人一之我十之，人十之我百之，砥砺前行。火热传奇写丹青，前仆后继书新章。

居安思危，守土有责，齐勠力也！确保政权稳定首当其冲，铁肩担道义；维护社会秩序中流砥柱，丹心照日月。公共秩序严抓共管，扫黄打非重拳出击。铁路护路联防风雨无阻，民航运输保卫常备不懈。森林、水上、单位、行业治安良好，交通、人口、户籍、出入境管理有序。黄赌毒丑无处藏身而遁形，信廉诚美雨后春笋而彰显。突发事件处置当，特种行业管控严；危爆物品无死角，道路交通有严规。消防大事，人命关天。救生命财产于烈火，责任重于泰山，官兵奋勇当先；保家国集体于久长，私益轻于鸿毛，牺牲在所不惜。社会防控体系立体架构，信息化网格化一键到位；综合治理大业全员参与，街道有小区有一呼百应。综治民调百姓称好，幸福之乡九州扬名。文明卫生城市，交通模范城市，原始森林城市，生态宜居城市，永州一片蓝天，清风徐来矣！

社会转型，沧海桑田，律法与时俱进也！依法治国进行时，法律体系全面建成[3]；经济社会发展中，刑法新典几度修订。可举其一：曾几何时，酒后驾车律法不问。乃至人车路复杂，酒驾入典，醉驾获刑，民警严查，驾驶人不可侥幸[4]。可见一斑：举杯邀明月，对影成三人，还他二人酒不沾边驾车行。家喻户晓，严管厚爱也。

嫉恶如仇，利剑出击，警威常在也！破大案、打团伙、追逃逸、除黑恶，刑警扬威，侦防有两手；勘现场、排线索、擒凶顽、申正义，命案必破，打击无一漏。百日会战挤压违法犯罪时空，严打有力；专项行动提升百姓平安指数，防控有效。雷霆亮剑罪犯震慑，公开返赃群众感恩。特大抢劫银行杀人案，案犯难逃法网；特大部督制毒贩毒案，民警完美收官。香港英皇钟表珠宝店钻石项链被盗案，一举破获；“善心汇”组织领导全国传销犯罪第一案，一战成名[5]。万里追逃，则天涯海角无罪孽容身之处；跨境缉拿，则异邦他乡非法律规避之所。天网恢恢，疏而不漏也。

科技强警，公安信息化建设突飞猛进也！大数据警务战略实施站位高，大格局一平台五中心应用广[6]。警情研判云计算，数据交换秒处理。多手段管控见实效，多警种协作聚合力。现场勘察痕迹检验装备精良，电子物证声像实验科学严谨。信息流百川归海一片集成电路，社会面万象可观几帧电子荧屏。科技威力，如虎添翼也。

不惧流血，无畏牺牲，为民舍生忘死也！王贵军、廖广球、马后有、蒋学远、李国勤、彭海燕、彭士顺、唐奎林、杨勇飞。英雄精神贯日月兮，浩气长存；烈士英名照汗青兮，后世景仰。长歌当哭，欣慰有加。呜呼尚飨，魂兮归来！

忠于职守，乐于奉献，爱岗敬业也！王恩琴、龚秋光、刘祖明、杜宏槐、周巧云、黄辉庆、黄超富[7]。英模事迹遍传湘警兮，光环璀璨励志有例；先进典型声名海内兮，百舸竞流争先力争。热情似火警营熔炉炼红心，忠爱可贵潇湘大地付青春。

犹喜今日斐然业绩，有目共睹；赖有一贯执着追求，问心无愧。“三条火线”用人导向，科学得力；“六大战役”政府决策，落地生根[8]。公安工作风生水起，高潮迭起，全线飘红。每每全方位收官，年年大满贯领奖，声名鹊起冠湘省；场场现场会盛开，种种好经验推广，口碑交好传八方。市委政府号召学永州公安精神，不虚此番努力；省厅部门大力树永州公安典型，理当实至名归⑨。国内警界赴永参观千有余人，八方来客络绎不绝为取真经。此功此业，恐前无古人；敢做敢为，贵后有来者。

噫嘻！江山代有人才出，事业后继不乏人；改革大潮潮中立，永警扬帆正远航！

注释：

①“三山”：九嶷山、阳明山、舜皇山；“两水”：湘江、潇水；“一部书”：湖南省委原副书记文选德称永州为一部书，比之张家界“一幅画”，喻其厚重的历史文化底蕴。

②“三溪”：濂溪、愚溪、浯溪；“八记”：柳宗元传世散文经典《永州八记》。

③至2010年，中国社会主义市场经济法律体系全面建成。

④永州公安查处酒驾醉驾连年排名全省第一，系多项连年排名全省第一成绩之一。

⑤经典案例：2005年永州警方侦破冷水滩区信用联社上岭桥信用社港子口分社特大持枪抢劫银行杀人案；2015年破获部督“7·3”制毒案，抓获犯罪嫌疑人18名，摧毁制毒工厂1个，缴获毒品K粉535公斤、制毒原料3860公斤、猎枪一支、子弹10发及大量制毒设备，扣押涉案车辆8台，缴获毒资13万元；2015年破获部督并指定管辖香港英皇钟表珠宝店价值1582万元钻石项链案；2016年破获部督“10·20”特大贩毒案，抓获犯罪嫌疑人24名，缴获毒品15公斤；2017年成功侦办习近平总书记在全国金融工作会议上作出重要指示的全国经济犯罪第一案、全国传销犯罪第一案、党的十九大维稳安保第一案——深圳市“善心汇”组织、领导传销活动案。

⑥“一平台五中心”：永州市公安局在全省率先建成大数据实战平台、指挥情报中心、侦查实战中心、治安防控中心、新闻舆情中心、执法监管中心。

⑦2018年9月14日，中宣部通过中央电视台“时代楷模发布厅”向全社会发布中船重工第七六〇研究所抗灾抢险英雄群体先进事迹，授予在“8·20”抢险中舍生忘死保护国家试验平台的17名勇士“时代楷模”称号。借调到中船重工第七六〇研究所工作的永州市公安局零陵分局珠山派出所民警黄超富作为其中一员，在此次抗灾抢险行动中光荣负伤。湖南省公安厅给黄超富记个人一等功，湖南省委、永州市委部署“向黄超富同志学习”活动。

⑧“三条火线”：永州市公安局战时激励机制，即火线入党、火线记功、火线提拔；“六大战役”：永州市委、市政府新时期经济社会发展决策，即脱贫攻坚、城镇提质、旅游升温、交通提速、环境整治、园区升级。

⑨永州市公安局被省人社厅、省公安厅评为2012—2017年“全省优秀公安局”，被省综治委评为全省首届“十大平安创建示范单位”；2017年12月，市委、市政府作出“市直学公安、县区学江华”决定，弘扬“永州公安精神”和“江华速度”；2017年，全省公安机关社会治安防控体系建设、全省公安机关刑事技术工作、全省公安监管信息化建设、全省做好涉众型经济犯罪案件处置、全省公安机关视频图像侦查实战团队建设暨人像识别技术建设应用等5个现场会相继在永州召开，隆重推介永州公安经验。

（永州市公安干校法学副教授　郭金原）

后 记

2016年7月，市公安局成立《永州市公安志》编纂委员会，由市人民政府副市长、市公安局局长刘新良任主任，市公安局党委班子各成员为副主任，市公安局各直属单位及各县（区）公安局（分局）主要负责人为成员。编纂委员会下设编纂办公室，具体负责编纂工作的组织、实施、协调、统筹、审稿、组稿、统稿等各项工作。编纂办组织编辑人员赴省公安厅公安志编纂办汇报、学习和取经，并于7月27—28日参加由市政府举办、市史志办组织的《永州市志》及部门志编纂培训班专题培训。之后，编纂办成员进行了紧张的志书研读、修志工作相关法律法规的学习以熟悉方志编修工作业务。经过认真、仔细、反复的分析、研究、构思和规划，编纂办主持制订出《永州市公安志（1993—2015）》（前志《零陵地区公安志》时间下限为1992年）实施方案及《篇目设计与责任分工》。

根据《实施方案》，市公安局于2016年8月18日召开续修公安志全警动员大会暨编纂业务工作专题培训，对全体参编人员进行志书编修业务培训，公安志编纂工作正式拉开帷幕。

2017年1月底，市公安局各承纂单位经过资料搜集与整理、资料长篇的汇辑，

2016年9月14日，市公安局召开第一次公安志编纂工作推进会

完成初稿写作，编纂办进行认真、仔细、严格的审核，并提出修改意见，对初稿进行反复的增删、修稿、补充、润色与打磨。市公安局部门志编纂工作进度走在全市前列，经市史志办推荐，市商粮局、市民政局、市烟草专卖局、市广电局、市《政务志》编写组先后来我局编纂办考察、交流。

2017 年 3 月 17 日，市民政局修志人员到市公安局考察交流

3 月 28 日，《永州市志》及部门志编修工作启动一周年之际，市史志办在《永州日报》专版发文总结部门志编修与推进情况，重点推介了公安志等部门志编修工作经验。同日，市公安局召开第三次由局属各单位负责人和主笔参加的公安志编纂工作推进会，按照“横分门类、纵述历史”与“横不缺项、纵不断线”的原则，进一步对初稿修改提出要求并明确初稿完稿时限。截至 4 月 18 日，各单位按补漏要求，依据编纂办对各章节列出的具体缺项断线清单，在规定时间内完成补充收集资料并修改志稿，全部初稿基本解决缺项断线问题。

8 月 30 日，局党委会再次研究公安志编修议程，要求公安志编修工作加快进度，确保成书质量。为此，公安志编纂办负责人王丽波主持召开编纂办工作会议，制订编修工作时间表，各项工作明确到每一周甚至每一天，以保证按局党委会要求如期完成编纂工作任务。

2018 年 2 月 1 日，市公安局组织召开《永州市公安志（1993—2015）》稿评审会，志稿通过专家评审。市史志办主任李俊江认为，公安志编修的阶段性成果充分展现了永州公安队伍的执行力、意志力和战斗力，为永州修志事业树立了一个榜样。《永州市志》副总纂、市史志办副主任高波对公安志送评稿的总体评价是：志稿观点正确、篇目框架基本合理，做到了横不缺项、纵不断线、资料丰富，时代特色、地方特色、公安特色鲜明，是一部基础较好、质量上乘的评议稿。公安志送评稿取得的成绩，充分体现了以副市长刘新良为班长的市公安局党委对地方志编修事业的高度重视，其“接受任务不讲价钱、执行任务不打折扣、完成任务不留隐患”的执行力成为全市二轮修志的风向标。

编纂办认真归总整理专家评审意见与建议，按评审要求组织对志稿的进一步修

副市长、市公安局局长刘新良听取公安志编纂工作汇报并审稿

市公安局党委委员、政治部主任张珞（左）听取汇报并审稿

改完善及保密审查，调整全篇结构布局、补充完善相关内容，增设“人物”与“附录”两篇，并一支笔统稿成篇以保证全篇风格的统一，经市史志办再一次审阅后送方志出版社。

《永州市公安志（1993—2015）》能在短时间内编修成稿、出版成书，是在市公安局党委正确领导和科学决策下，各方面共同努力的结果。局党委高度重视，局长刘新良作出指示：“足够重视、足额保障”。并从传承警察文化、弘扬使命和奉献精神、以史励志、以史育警的高度来部署公安志的编修工作，实行全警动员、全员参与、全体关注，营造一种积极、热情的修志氛围。局党委对编纂办提请解决的问题和困难，基本上照单全收，局党委委员、政治部主任张珞对编纂办的工作有求必应，全力支持，以此确保编修工作的顺利推进。

市公安局十分重视建立一支高素质的修志队伍，遴选政治素养高、文字功底深、熟悉公安业务工作、实践经验丰富、事业心和责任感强的人才构筑修志队伍。由局党委委员、政治部主任张珞任编纂办主任，正处级领导王丽波任常务副主任，抽调市公安干校一名副教授任副主任，抽调一名年轻政工干部为成员，返聘两名熟悉公安业务、文笔好的老同志充实编辑队伍。抽调人员原则上与原单位工作脱钩，不参加与公安志编纂工作无关的会议、活动和其他工作，考评、考核由市公安局负责。在市公安局机关办公楼安排一间办公室作为编纂办专用办公室，配备公安内网及互联网、电脑、空调以及其他必须的办公设备与办公用品，保障办公硬件设施设备完全到位。

根据本部门志《实施方案》，市公安局编纂办与各承纂单位分工负责、明确职责。编纂办建立定期与不定期联系、指导、督办机制，定期通报全局编纂工作进展情况，研究解决出现的问题，确保整个编纂工作快捷、高效、保质保量顺利完成。将修志工作纳入市公安局机关精细化管理考核，设置2分分值，实行奖优罚劣，对不能按时完成任务或达不到质量要求的按精细化考核予以扣分并通报。

编纂办自始至终了解、掌握各承纂单位编纂工作进展情况，从各单位组织领导、人员配备（主笔、资料员）、条件保障，做到全程联络、跟踪、反馈。初稿的审阅实行包干到人，逐篇逐章逐节审查，提出修改意见与补充收集资料的方法或线索，然后经集体讨论形成书面修改意见，责成各单位主笔严格按要求修改。在充分掌握各单位编纂工作进展情况的基础上，编纂办先后两次形成公安志“撰写进展情况汇报”材料呈报市公安局领导，在局领导高度重视下多次召开本志编修工作推进与协调会，通报各单位编修工作进展情况，表扬顺利推进的单位，督促进展缓慢的单位，听取各单位主笔、资料员的意见，联系各单位领导解决有关实际问题与实际困难，保证编修人员有时间、有精力、有热情从事资料收集和志稿修改工作。

《永州市公安志（1993—2015）》编纂工作时间紧、任务重。市公安局在公安业务工作极其繁重的情况下，抽调调精兵强将，压实多部门搜集资料的任务。编纂办全体工作人员以及各承纂单位的主笔、资料员，以高昂的斗志，不怕苦、不怕累，响应副市长刘新良“要做推土机，不做拖拉机”的号召，将公安志编纂工作向前推进，不管工作量有多大，都扎扎实实把工作落到实处。局属各承纂单位主笔、资料员共收集资料1000余万字，全书初稿近100万字，最终形成近80万字送审稿。全体参编民警充分展现出永州公安“是铁打的，不是打铁的”的工作风貌，克服重重困难，把不可能变成可

主编王丽波在审稿

主笔黄和平及其搜集的资料

2018 年 2 月 1 日，《永州市公安志》编辑人员与评审会领导、专家合影

能，在如此之短的时间里完成了一项看似“不可能完成的任务”，顺利完成本部门志编修、出版任务，体现了永州公安干警雷厉风行的工作作风。

本志编修从动员、资料收集、资料长篇的汇辑，到初稿写作、修改、定稿，自始至终得到市史志办的指导与支持，主任李俊江亲自过问，听取汇报并提出指导意见。副主任高波多次直接参加座谈并就志书的规范性和如何提高志稿质量提出修改意见与建议，付出大量的心血。在此，对《永州市志》总纂蒋政平为促使《公安志》的谋篇布局更加科学合理而提出的中肯建议，一并表示衷心感谢！同时，谨向关心本志编修工作的老领导与各界同仁致以崇高的敬意！

本志记述起讫时间 23 年，横跨两个世纪，早年档案资料散失较多，2005 年之后以电子文档为主的资料存档备份亦欠规范、系统，加之编写人员水平所限，疏漏、失误之处在所难免，敬请批评指正！

编　者

2018 年 12 月

索 引

说明：本索引中章节目名称按第一个字的汉语拼音首字母顺序排列。

R

S

T

W

X

Y

Z